吴敬琏集

当代中国经济改革

吴敬琏 著

中国出版集团 東方出版中心

图书在版编目（CIP）数据

当代中国经济改革 / 吴敬琏著．-- 上海 ： 东方出版中心，2024．8．--（吴敬琏集）．-- ISBN 978-7-5473-2497-4

Ⅰ．F121

中国国家版本馆 CIP 数据核字第 20243HG377 号

吴敬琏集·当代中国经济改革

著　　者　吴敬琏
丛书策划　陈义望
项目统筹　郭银星
责任编辑　韦晨晔
特约编辑　刘亚萍
装帧设计　钟　颖

出 版 人　陈义望
出版发行　东方出版中心
地　　址　上海市仙霞路345号
邮政编码　200336
电　　话　021-62417400
印 刷 者　徐州绪权印刷有限公司

开　　本　710mm × 1000mm　1/16
印　　张　43.75
字　　数　480千字
版　　次　2025年8月第1版
印　　次　2025年8月第1次印刷
定　　价　198.00元

《吴敬琏集》总序

1930 年，我在一个青年知识分子家庭里出生。不幸的是，我刚满一岁，父亲就因肺结核去世。在出身于有几代民族资产阶级传统的家庭的母亲的哺育下，我从少年时代就开始接触“怎样才能振兴中国”这个好几代中国人魂牵梦萦的问题。那时，我的理想是科学救国和实业救国，以为依靠现代科学与技术就能够发展起现代工业，抵御洋人的坚船利炮和货物倾销，建设富强的中国。至于要依靠什么样的社会制度来实现这种理想，我却几乎完全没有思考过，以为沿着先人们的足迹，在当时的制度下发展现代产业，似乎是顺理成章的。特别是在 1945 年下半年国共两党在谈判中达成和平建国的“双十协定”和 1946 年 1 月政治协商会议根据中国共产党提出的《和平建国纲领草案》通过了《和平建国纲领》之后，我更加相信这条道路走得通。

在我即将跨进成年人门槛的时候，这一切却急剧地改变了。

1946 年 2 月，我在重庆目睹了国民党顽固派破坏政协成果的暴行，这使我强烈感到，在国民党一党专政的统治下，想要通过和平手段实现中国的振兴，是不可能做到的。这样，我逐渐由一个只关心“数、理、化、生”的中学生，变成了积极参与爱国民主运动的“前进分子”。

经过疗养肺结核病期间几年的阅读和思索，我对毛泽东在《新民主主义论》《论联合政府》等著作中阐明的革命道理完全心悦诚服，认为只有在共产党的领导下，打倒旧政权，建立新中国，中国才有振兴的希望。经过三年准备和十年建设，等工业化发展到一定程度后再进一步过渡到社会主义理想社会，成为我坚信不疑的道路。

虽然当时自以为已经成为一个追随共产党的革命青年了，其实我对于社会主义和它的理论基础马克思主义知之甚少，不仅缺乏对资本主义经济规律的认识，更谈不上对马克思社会主义纲领的真正领会。尽管我读过一些阐释马克思主义经济学的著作，西方文学作品揭露的“维多利亚时代”劳动阶级的悲惨生活也曾在我心中引起震撼，但总觉得那毕竟是在遥远的西方国度发生的事情，对我们具有现实意义的还是实现共产党的最低纲领，夺取政权和建设新民主主义经济。那时的我，就像我在 1957 年以后的多次政治运动中检讨过的，充其量只是一个“民主革命派”，或者叫作共产党在民主革命中的“同路人”。

由于既缺乏良好的理论素养，又没有经受过实际斗争的锻炼，我的思想在往后的历史风浪的冲击下就显得忽左忽右，缺少定力。

我就是在这种思想状态下迎来了中华人民共和国的诞生。怀着参加新民主主义经济建设的巨大热情，我在 1950 年春季进入金陵大学学习经济学。不过正规的经济学学习只进行了不到一年，我就投入到从抗美援朝开始的一连串政治运动，成了运动积极分子，并在 1952 年 9 月加入中国共产党。

1952 年院系调整，金陵大学经济系并入复旦大学经济系。开学不久，就按照 1951—1954 年整党中提出的“共产党员标准的八项条件”关于“现在为巩固新民主主义制度而斗争，在将来要为转变到社会主义而斗争”的规定，开展了为巩固新民主主义和准备向社会主义过渡的学习运动。在四年（1950—1954年）大学期间，我主要学习的是当时刚刚由中国人民大学的苏联专家传授给中国教员的“社会主义政治经济学”和它在各个部门的应用——财政学、货币与银行、工业经济学等等。按照当时大学中占主导地位的观点，马克思对资本主义经济的分析，已经穷尽了有关市场经济的真理；而西方经济学在20世纪中叶以后，就再没有科学性可言了。列宁，特别是斯大林“在空地上”建立起来的社会主义政治经济学，囊括了社会主义经济的一切主要规律。因此，“苏联的今天，就是我们的明天”。只要遵循这一系列“社会主义经济规律”，也就掌握了政治经济学社会主义部分的真谛，它将指引中国迅速走向繁荣富强。

现在回想起来自己也感到相当奇特的是：使我对这些理论观点深信不疑的，并不是有关苏联社会主义经济的各种事实材料（对这类材料，我和我的老师们都掌握得不多），而是对“走俄国人的路”这一历史结论的信念。这种信念又因我国20世纪50年代上半期在“三年准备、十年建设”所取得的成就而得到加强。既然共产党的最低纲领的实施已使我们百孔千疮、灾祸纵横的祖国起死回生，当我们实现了党的最高纲领——建立社会主义社会和共产主义社会的时候，还有什么人间奇迹不能被我们创造出来呢？

1954年，我从复旦大学毕业进入中国科学院哲学社会科学部（即中国社会科学院的前身）经济研究所从事研究工作。刚参加工作不久，就赶上了学习和贯彻过渡时期总路线以及实现农业、手工业和资本主义工商业改造的“社会主义高潮”。在敲锣打鼓进入社会主义社会欢欣鼓舞之后，迎来的却不是苏联政治经济学教科书描画的光昌流丽的图景，而是经济增长疲软、服务质量普遍下降的乱象。

加之 1956 年 2 月的苏共二十大揭露的事实，打破了我们对斯大林神话般的迷信。在经济研究所担任高级顾问的苏联财政专家毕尔曼（Aleksandr M. Birman）也向我们证实，苏联的经济管理体制存在严重缺失。当听到毛泽东《论十大关系》讲话集中批评苏联体制下权力和利益过分集中的弊病的党内传达时，我衷心地认为，他以自己敏锐的眼光洞察了事情的底蕴，也指出了改正的方向。根据《论十大关系》讲话精神，国务院在 1956 年 5—8 月召开“全国体制会议”并制定了《国务院关于改进国家行政体制的决议（草案）》，这个决议（草案）在 10 月获得中共中央政治局的批准，由此开始了中国的第一次经济体制改革。

1956 年，我满怀热情地参加了经济管理体制改革的调研工作。我奉派参加对机械工业、轻工业、纺织工业和冶金工业企业的调查和对财税体制改革方案的研讨，从此开始了对中国社会主义经济体制问题的研究。

从 1956 年到 1976 年“文化大革命”结束，我国的经济体制是在两种对立的指导思想的支配下演进的：一种是在保持苏联式的计划经济的基本框架和国有经济的主体地位的前提下，扩大地方政府和生产单位的自主权，加强“对价值规律的自觉运用”，以便为命令经济注入某些活力；另一种是不断进行“经济战线、政治战线和思想战线上的社会主义革命”，加强政府对国民经济的管控，以便动员群众去实现国家的目标。这两种思路交替使用，而我自己则在两种思路之间摇摆。

在 1956 年从苏联模式“解冻”和重新思考中国国家工业化道路的浪潮中，我曾经热衷于按照第一种思路设想一种能够让价值规律发挥更大作用的社会主义经济管理体制。

20世纪50年代中后期，反右派运动和批判修正主义的浪潮使经济研究所的研究工作不能继续下去了。加上我父母双双被打成右派，我自己被定成“中右”，我只有怀着力求涤除“资产阶级知识分子”和“民主革命派”“原罪”的心情，努力去跟上愈来愈“左”的时代潮流。在这样的背景下，我在1960—1964年期间写了好几篇所谓“符合社会主义政治方向”的论文，其实只不过是用寻章摘句、注经解经的方法来为“最高指示”作多少带有“理论色彩”的说明。

1966—1976年的“文化大革命”彻底中断了经济研究所的工作。然而，我在晦暗时期的干校“牛棚”中，竟与顾准这位比我有更长的“革命”经历，也比我更早地对“左”的路线的实质有深刻认识的思想家结成了忘年之交，这使我获得了一个特别的思考的机会。我们冷眼观察当时的疯狂表演，以世界历史的发展为背景，对近代中国人走过的道路，特别是新中国成立20年的经历进行了认真的思索。通过这种反思，我对“四人帮”宣扬的“无产阶级专政下继续革命”理论的社会实质和政治经济后果有了更深一层的认识：若沿着他们鼓吹的路子走下去，势必走上“封建社会主义”之类的邪路。

在1977—1978年间我参加了经济学界批判“四人帮”的活动，在于光远等师长的教导和帮助下，我开始在批判极左路线的基础上对所有制关系、商品生产与商品交换、企业经营机制、知识分子的地位与作用等问题上做进一步的探索，寻求改善我国经济体制的道路。

1978年年底召开的十一届三中全会做出了把全党工作重点转移到社会主义现代化建设上来、实行改革开放的历史性决策。但是，由于多年闭关锁国和文化禁锢，1978—1980年间关于经济体制和经济政策的讨论，以今日的眼光看，无异是在黑暗中摸索，这就使得这些研究缺乏系统性，也没有形成整体性的分析框架。直到 1980 年年初和 1981 年春波兰市场社会主义学派的传人布鲁斯（Wlodzimierz Brus）和捷克斯洛伐克 1968 年经济改革的主要领导人锡克（Ota Sik）先后来华讲学，我才意识到，我们从苏联人那里习得的“社会主义政治经济学”，从理论范式到具体结论都存在很大的毛病，需要按照马克思主义“实事求是”的根本原则进行更新。

布鲁斯和锡克的讲学不但大大增进了我对波兰和捷克斯洛伐克这两个东欧改革先行国家理论创新和改革进程的了解，而且获得了更具普遍意义的两个重要启发：

第一，他们两位的讲学阐明了这样一个道理，即任何一种经济体制都是由一系列互相联系的经济关系组成的整体，每种体制都有自己逻辑一贯的运行规则。既然经济体制改革是由一种经济系统到另一种经济系统的跃迁，那么零敲碎打的改革不但不利于实现这种变革，还会引起经济运行的混乱。这也促使我把研究重点转向不同经济体制的比较和不同发展战略的比较。除了对苏联、东欧社会主义国家经济发展史的研究，我在这个时期还深入研究过日本、联邦德国和“亚洲四小龙”二战后的体制变迁和经济发展历程。

第二，他们两位在讲学中不但娴熟地运用马克思主义的理论工具，而且运用了不少现代经济学的新的分析手段，使长期闭塞的国内经济学家耳目一新。这也使我产生了出国访学的愿望。

对于我来说，更加具有基础性质的学术思想提升发生在 20 世纪 80 年代中期，1983—1984 年我到美国耶鲁大学做了三个学期的客座研究员。在耶鲁，我一边在社会政策研究所（ISPS）做“比较经济体制”研究，一边从“经济学 101”的经济学原理课程学起，对现代经济学进行系统性的补课。通过重新学习经济学，我品尝到了运用现代经济学的分析工具解答经济问题的愉悦。尤其重要的是，通过这一学习，我对市场经济的运作规律有了较之前清晰得多的认识。在这以前，我虽然和大多数赞同市场取向改革的同行一样，认同亚当·斯密（Adam Smith）用隐喻方式表达的一个观念，即在市场经济中有一只“看不见的手”能够引导只考虑自身利益的商品生产者去追求并不是出自本心的增进社会财富的目标，但是我们对于这只手的实际内容和运行机制却又不甚了了。这就使我们很容易接受所谓“市场社会主义”的改革主张，也就是在保持计划经济基本框架的前提下，扩大企业自主权，同时有条件地发挥政府管控下的市场（regulated market）对企业决策的影响。而由于这种认知缺失在当时的经济学界具有相当的普遍性，这对我国经济科学的发展和社会经济改革的实际进程都造成了很大的消极影响。就我个人而言，通过微观经济学的学习，我认识到市场决定价格是市场在资源配置中起主导作用的关键。在自由竞争的市场经济中，由供求关系决定的价格反映了各种资源的相对稀缺程度，因而基于市场价格的交换活动能够引导资源流向效益最高的地方，从而实现资源的有效配置，趋向于新古典经济学所说的“帕累托最优”状态。在理论认识提高之后，我对现实问题提出的意见也就有了更扎实一些的基础。

1984年年底，在参加中共十二届三中全会前期理论准备工作和中央财经小组为上海制定发展战略的调研工作所取得的成绩的鼓舞下，我加入国务院经济研究中心（现国务院发展研究中心的前身之一），从此开始了令人兴奋而紧张的政府咨询工作。在20世纪80年代到90年代初，我的工作主要集中在分析经济和社会发展形势，研究经济改革的目标模式、战略选择和方案设计等方面。其间，我参加了1986年国务院领导提出的“价、税、财配套改革”的方案设计工作，并担任“方案办”的领导成员。在“方案办”的领导班子中，我与思路相近的周小川、楼继伟等成为与“企业改革主线论”主张不同的“整体改革论”的主要代表。

90年代初期，我和一批有志于继续推进市场化改革的经济学家一起，系统总结了前期改革的经验，深入地研究了与进一步改革有关的理论和实际问题。我们课题组的研究成果为1992年中共十四大确定市场经济的改革目标和1993年中共十四届三中全会通过《中共中央关于建立社会主义市场经济体制若干问题的决定》制定全面改革的方案提供了经济学的支持。我在80年代中期比较明确地提出了中国的经济体制改革必须走出“一放就乱、一收就死”的怪圈，走市场经济的改革之路的思想。这些思想充分体现在这一时期的研究工作和改革方案设计之中。

与此同时，我的思想主张时常受到来自两方面的反对：一方面是反对市场经济的人们，他们坚持认为，计划经济才是中国走向富强的必经之路；另一方面是改革阵营的某些朋友，他们对我的责难是“理想主义”“急于求成”等。在“文化大革命”后期对过去的经历进行反思的时候，我就下定决心吸取自己以前由于“唯上”“唯书”竟至违背科学良知的教训。如果发现自己的认识是错误的，自然要从善如流，知错即改；如果还没有证明自己的认识是错误的，也不因“上”面讲过或“书”上讲过或者某种流行观点的压力而轻易改变。

1992年邓小平南方谈话之后，中国进入了一个新的改革时期。当时大部分生产资料价格已经在宏观经济紧缩的条件下自然而然地放开的情况下，营造市场经济的微观基础、增强市场微观主体就成为改革工作的重点，需要研究的新问题层出不穷。我开始更加深入地研究国有企业的公司化改革、现代金融体系和资本市场的建设、新型社会保障体系的建立、中小企业及高新技术产业的发展等问题。

1997 年爆发的亚洲金融危机也波及中国。如何为国企解困，特别是如何保障数千万国企下岗职工的基本生活，成为亟待解决的问题。当时一种占主导地位的意见是，采取扩张性的宏观经济政策，“用急药、用猛药”，靠财政金融当局大量“放水”拉动经济增长。我认为这种凯恩斯主义式的政策只是一种短期有效的救急措施，发挥民间创业的积极性才是长久之计。事实上，我从 90 年代初期起，就注意到了东南沿海地区的浙江等地兴起的民营中小企业的发展对地方经济繁荣起到了非常重要的作用。问题在于：一方面，这些地区民营经济在国民经济中发挥着越来越大的作用，有望成为经济增长的引擎、国有企业下岗职工再就业的主要途径乃至解决“三农”问题的钥匙；另一方面，民营经济的成长环境和自身的经营又亟待改善。政府大力为民营经济的发展创造有利的环境，才是解决问题的正途。我为制定和实施“扶持民营企业发展的大战略”奔走鼓呼并在 90 年代后期取得一定的成效，为克服经济困难添加了一份不小的助力。①

由于市场化改革一度推进缓慢和法治不兴，某些有权力背景的人得以利用物资分配和价格决定的“双轨制”，用市场价格倒卖他

① 吴敬琏（1998）：《对经济形势的估量和放手发展中小企业的对策建议》，载《吴敬琏改革文选：探索与反思（上卷）》，香港：香港城市大学出版社，2021 年，第 488—494 页。

们用低价获得的商品，攫取骇人听闻的巨额财富。面对愈演愈烈的“官倒”横行的腐败现象，由我和赵人伟、荣敬本两位研究员主持的《社会经济体制比较》杂志引进了“寻租”这个新的政治经济学概念，发动了一场以剖析腐败现象的制度根源、动员社会力量剔除腐败行为体制基础的大讨论。对于“寻租”问题的深入研究使我的思想超出了经济问题的范围。在1998年10月与经济学家汪丁丁的对话中，我提出要避免权贵资本主义的发展，“从经济的角度讲，就是要发展独立的民间经济和民间力量；从政治方面讲，就是要确立游戏规则，实行法治”。接着，受到钱颖一教授2000年1月《市场与法治》讲演的启发，我们正式提出“建设法治的市场经济”的纲领性口号。2001年我受邀参加中共中央组织的知名学者北戴河休假，与同样受邀参加这次活动的法学泰斗江平教授一见如故，由于都怀着经济学家和法学家联手共同推进现代国家建设的愿景，我们作为联席主席成立了上海法律与经济研究所（后来迁到北京并改名为洪范法律与经济研究所），与众多学者共同努力为建设法治中国作出自己的贡献。

我除了在国务院发展研究中心从事咨询研究工作，也涉足其他的领域。比如，我在国家信息化专家委员会担任副主任，并积极参加了上海市委为半导体攻关战役做准备的调研工作。还在中国社会科学院研究生院、北京大学经济学院担任博士研究生导师，在中欧国际工商学院（CEIBS）担任终身荣誉教授。21世纪初国有企业公司化改革时期，我还兼任过几家境内外上市公司的独立非执行董事。这些经历给了我更深入地感知资本市场运作和大公司运营的机会，磨炼了我对于经济现象的敏感，使我能够把自己在各个领域的研究连贯打通。

回首改革开放以来的40余年，可以聊以自慰的是，我努力恪守经济学人的职责，坚持我认为利国利民的主张。然而，我还是有许多的遗憾。我这一代人由于被卷入各种各样的政治运动，有一大半的时间都是在各种政治运动中被批来斗去，从而耽误了太多读书做学问的时间。虽然我从事经济学工作有70余年，但是真正的学术生涯却是从1976年“文化大革命”结束以后才开始的。因此，不敢稍有懈怠。

大约在3年前，资深出版人郭银星女士最先提出了将这些学术成果整理出版的动议并做了很多前期准备工作。经过各方努力，特别是在以陈义望先生为首的东方出版中心编辑团队的积极推动下，这项工作得以在今年年初正式启动。这套文集主要收录了本人的著作和文章，著作独立成卷，文章按照写作时间顺序编排并分卷。为了保存历史原貌，本次出版除对原稿的文字错讹做了修正，对注释、索引、参考文献等按照规范化的格式进行完善外，基本论点和行文均未做改动。

需要说明的是，中国的改革开放成绩斐然，但也并非一路凯歌行进，有时遭遇风霜雨雪，有时曲折迂回。哪怕在今天，基本的方向应该是明确的，但我们仍然会碰到许多疑难的问题，这些疑难问题的解决，一方面要学习新的东西，用新的技术、武器去解答这些问题；另一方面，就是总结过去的经验和教训，从中找到力量往前走。我作为一名在这一特定历史时期工作的学者，便不可避免地要在激烈的理论争论和各种利益冲突中艰难前行。我的思想在这40多年中有许多发展变化，在从旧时形成的种种观念出发逐步趋近符合于实际的认识的过程中，旧思想的影响是逐步消除的，前后的提法和论述也常常有所不同。有些时候确实是走了弯路，但也引发了我的重新思考。我们这一代人经历过的历史正在逐渐远去，但是那些历史波动和曲折所提供的经验教训还是可能为勠力同心建设美好中国和世界的人们提供参考的。

吴敬琏

2024 年 7 月

吴敬琏集

当代中国经济改革

出版说明

本书作者从1995年开始为中国社会科学院经济系的博士研究生开设“中国经济”课程，接着也在中欧国际工商学院（CEIBS）为MBA和EMBA学生开设同样的课程。1998年，作者将逐渐完善的课程讲义汇编成一本以《当代中国经济改革：战略与实施》命名的专著，于1999年初由上海远东出版社出版。在此后的20余年中，随着中国经济的发展和自身认识的深化，作者在原有框架下对本书做了多次修订和增补，并于2004年出版了第二版和2010年出版了第三版。此外，本书还收录于中信出版集团出版的《中国改革三部曲》（2017年）和上海三联书店出版的《吴敬琏论改革基本问题》（2021年）。本次出版按照收录于《吴敬琏论改革基本问题》（2021年）的版本排印。

由于改革开放以来中国国力的强劲增长和中国对世界经济兴衰的影响日益增强，中国经济的现状和未来发展方向受到境外读者的密切关注。为回应研究中国经济发展的需求，近年来该书已推出多个外文版本，包括英文版 *Understanding and Interpreting Chinese Economic Reform*（1st ed, Thomson/South-Western, 2005；2st ed, Gale Asia, 2014）、日文版《現代中国の経済改革》（青木昌彦、日野正子译，日本NTT出版，2007年）、韩文版《当代中国经济改革1956—

2020：改革、转型及其历史结构发展》（金贤锡、李洪圭译，韩国 Geulhangari 出版公司，2024 年）等。

《当代中国经济改革》除对中国改革的历史背景、不同改革战略和策略的选取和改革的历史过程做了比较详细的讲述外，还运用现代经济学中比较制度分析的分析框架进行了贯穿始终的理性分析。因此，既被看作一本可供大众参阅的中国改革史读物，也被看作一本就实论虚、对中国改革和经济发展进行比较制度分析的理论著作。

2025 年 7 月

前　言

30 年来的强劲经济增长，使中国成为当代世界关注的一个焦点。人们无论对中国怀有什么样的感情，都希望了解中国，因为它的现状如何、将向何处发展，都会对整个世界产生重要的影响。然而，要理解中国经济的现状和未来并不是一件容易的事情。即使我们这些长期生活在其中，甚至亲身经历过最近半个世纪中国变迁过程的人，对它的了解也往往是零散的、表面的，知其然而不知其所以然。于是，在我的脑海中产生了写一本运用现代经济学的分析工具考察中国改革的著作的愿望。

从 1995 年开始，我为中国社会科学院研究生院经济系的博士研究生开设“中国经济”课程，随后也为中欧国际工商学院（CEIBS）的 MBA 和 EMBA 学生开设了同样的课程。这门课程伴随中国经济改革和经济发展而成长。1998 年，我将在“教学相长”过程中逐渐完善起来的讲义分列 12 章，写成《当代中国经济改革：战略与实施》一书，并于 1999 年初出版。此后，我还将这本书用作基本教材，为我在北京大学经济学院的博士生讲授。这本书同时也是一本大众读物，受到了海内外关心中国经济发展的读者的关注，因此陆续出版了英文版、日文版和中文繁体字版。

2003 年，根据变化了的情况和发展了的认识，我在原有的章节框架下，对全书作过一次修订。

现在呈现在读者面前的，是该书的第3版。自上一版出版5年多来，中国的经济生活和社会生活中又出现了许多新事物，发生了许多新变化，经济学家的认识也随之而深化。因此，在修订中，我一直努力吸收这些新材料和新认知，把它们呈献给读者。

在对社会主义国家向市场经济的转型过程进行比较分析上，曾经流行一时的方法是将它们的转型战略区分为激进的和渐进的两种：前者以俄罗斯等国在“苏东剧变”以后的转型为代表，采用“休克疗法”（shock therapy）或“大爆炸”（big bang）的方式，在极短的时间内实现私有化和价格自由化；后者则以中国的经济转型为代表，采用渐进主义（gradualism）的方式，逐步实现向市场经济的转型。这种着重以速度作为划分标准，对不同转型方式的长短优劣进行的讨论，由于比较表面化，很难得出有意义的结论。进入21世纪以后，中国学术界仍然有比较多的人从这一视角来比较各国的经济转型方式，而在国际学术界已经很少有人继续沿用这种分析框架了。哈佛大学和布达佩斯高等研究院（Collegium Budapest）的经济学家科尔奈（Janos Kornai）提出了一个更能触及事物本质的理论框架。他认为，就纯粹的形态而言，“后社会主义”的转型有两种基本的战略，其中战略A，或称有机发展战略，把最重要的任务确定为创造有利条件，使私有部门得以从下而上地生长起来；而战略B，或称加速私有化战略，则把最重要的任务确定为尽可能快地通过国有企业私有化消灭国有制。中欧和东欧各国的转型经验表明，战略A由于能够促进资本积累、培育企业家阶层和加速规范市场制度的形成，是一种较为有效的转型战略，而战略B由于无法做到这一切而不能提高效率，弄得不好，还会形成被一小撮寡头控制的无规则的市场，贻害无穷。

在我看来，如果对科尔奈的区分标准稍作变通，从着重非国有企业成长或着重国有企业改造来分析问题，这一理论框架完全可以用来分析中国改革战略的演变，评价它的得失。

虽然中国领导层一直强调国有企业改革是改革的中心环节，但从20世纪80年代初期以来，改革的实际进展却是沿着类似于科尔奈的“战略A”，即“有机发展战略”的路径推进的。例如，80年代初期的农村承包制催生了几千万个农民家庭农场，把中国农民天生的企业家精神解放了出来。随之而来的是如雨后春笋般发展的乡镇企业和异军突起的私有企业。它们开拓了市场，培育出大批企业家，产生了对建立有序市场的强烈要求。这一发展，反过来又促使国有经济的改革走向深入。

中国由于采取这样的战略（在本书中我把它叫作“增量改革战略”）从下而上地发展民营经济，避免了经济社会的剧烈震荡，使转型的过程较之苏联和东欧社会主义国家更加顺利，30年来始终保持了GDP高速增长的态势。

然而，这种转型方式也有它的不利方面，这就是由于强大的国有部门基本上未受触动和经济运行出现了“双轨并存”状态，不但形成了滋生腐败的寻租（rent-seeking）环境，还给之后的经济和社会进一步转型增添了困难。

本书的一个重要增补，是加强了对“双轨制”及其经济和社会－政治影响的分析，并据此对中国进一步改革的必要措施和可能前景做出了估量。

中国经济改革是一个庞大的叙事。如何向本书的读者提供一个清晰的理论线索和分析框架是一件颇费思量的事情。这是因为，经济转型虽然是通过若干这样或那样的政策措施来实现的，但它有一根主线，这就是从计划制度到市场制度的变革。既然是制度变革，所有的改革势必是不同利益取向的人群之间反复博弈之后的产物。因此，它往往表现为杂乱无章的事件，并不符合某个统一的思想逻辑。而中国改革采取了这样一种进行方式：允许试验。一项措施取得实效，就加以推广；失败了，则另辟蹊径。并且，改革在多个领域的推进，并非直线式的，而是时常有曲折和反复。这样的改革特征，对理论上的归纳梳理造成了一定的困难。我在构建全书的框架时，时常为此而感到困扰。这次修订，仍然保持了 2003 年第 2 版的布局，将全书分为 4 篇：一、总论；二、部门专论；三、宏观经济和社会层面的问题；四、简短的结论。

第一篇分为两章。

第 1 章提出问题。中国之所以在 20 世纪 50 年代提出需要对传统的集中计划经济体制进行改革，是因为这种经济体制存在着巨大的弊病。然而，这种经济体制却是 19 世纪下半叶和 20 世纪上半叶的社会主义者作为可以救治社会弊病的理想制度而提出来的。于是，这里就有两个问题必须加以回答：（1）社会主义作为一种追求社会公正和共同富裕的社会理想，怎样一步步地具体化为国家主导的集中计划经济制度？（2）为什么在这个被许诺为理想王国的经济制度建立起来以后，各社会主义国家又不约而同地要求对它进行改革？

第 2 章对中国 50 余年的经济改革全过程进行鸟瞰式的考察。从 1956 年至今，中国已经进行了半个多世纪的改革探索，在这一历史进程中，各个阶段的多种多样的改革穿插错落地进行。我们在这一章里，根据每个时期的主要改革措施把中国的改革过程分为三个阶段：（1）1958—1978 年，行政性分权改革；（2）1979—1993 年，增量改革；（3）1994 年至今，“整体推进”逐步全面建立市场经济制度。

第二篇以 6 章的篇幅分门别类地讨论各部门的改革。

中国计划经济制度的建立是从粮食统购统销发端的，而 1978 年以后的改革取得突破也是从农村开始破除集体经济、实行家庭承包制起步的。因此，把农村改革作为首先需要加以考察的课题（第 3 章）。接着考察企业部门的转型，即中国国民经济如何从庞大无比和无所不包的“国家辛迪加”转化为多种所有制经济共同发展的有机机体。转型沿着三条路径进行：一是改造国有“单位”，使之成为与市场经济相适应的现代企业；二是国有资本逐步从一般性竞争领域退出；三是以多种形式发展民营经济，使之成为“社会主义市场经济的重要组成部分”。这三部分内容分别在第 4 章和第 5 章中进行讨论。第 6 章考察现代经济最重要的架构之一——由金融机构、金融市场和金融监管构成的金融体系的建立问题。第 7 章以 1993 年为界，分别介绍了前后两个时期的财政税收体制改革。前一时期的财政税收体制改革，着重在“调动地方积极性”上做文章，采取了“分灶吃饭”、财政“大包干”的财税承包制。后一时期则以“建立适应社会主义市场经济要求的公共财政框架”为目标，调整和优化财政收支结构，规范支出范围，逐步退出一般的“经济建设”领域，增加对教育、科技、卫生、公共安全、社会保障、基础设施建设等的保障力度。第 8 章是关于与经济改革交互作用的对外开放。在扩大对外贸易、建立经济特区、对外开放城市和吸引外商直接投资等方面取得巨大成果之后，中国终于在 2001 年 12 月加入世界贸易组织（WTO），步入全面开放的新阶段。

第三篇讨论宏观经济和社会政治层面的问题，包含 3 章：第 9 章考察新的社会保障体系的建立问题，围绕与建立新的社会保障体系相关的政治经济学问题进行探讨。第 10 章分别从短期视角和长期视角讨论在转型时期的宏观经济问题，包括常常被人们所忽视的如何通过转变经济增长模式和提升产业素质来实现可持续稳定发展的问题。第 11 章考察转型时期的社会关系和政府职能。转型时期是一个社会矛盾错综复杂，甚至形成尖锐的社会冲突的时期。在中国改革开放以后，社会结构发生了一些积极的变化，例如一个主要由专业人员（白领工人）组成、追求社会和谐稳定的中间阶级或称中等收入阶层正在成长。但与此同时，一些新的社会矛盾，如腐败蔓延、贫富差距扩大也凸显出来。在这样的社会矛盾的影响下，由 20 世纪 70 年代末改革初期的维护命令经济与主张市场取向改革这两种社会势力，分化出主张在双重体制下保持强化行政权力和扩大寻租环境的第三种社会势力。这种代表寻租利益的特殊利益集团力图扭转市场化改革的历史车轮，使它偏离法治市场经济的方向，走上权贵资本主义或称官僚资本主义的歧路。于是，到底要建立一个什么样的经济体制和政治体制，就成为转型时期一个尖锐的社会政治问题。它的核心就是如何在大变革中力求保持社会公正。由此，政府如何在经济转型中履行它的社会职责就显得格外重要。而要想使政府履行它应有的职责，就必须加快政治改革，提升政治文明，建立民主政治，建设法治国家。

最后一篇是第 12 章，以少量篇幅作出全书的小结。其中也表达了我本人对完善社会主义市场经济，即建设以社会公正和共同富裕为目标的市场经济的未竟改革任务的思考。

为了便于缺乏必要的经济学基础知识和实际经验的读者理解和掌握本书的内容，除了各章的主体部分，还在各章的开头部分用一节的篇幅简要介绍作为本书讨论背景的经济学理论进展，以此作为分析问题的理论框架。例如，第 4 章 4.1 节介绍了现代经济学的企业理论和公司理论；第 8 章 8.1 节介绍了现代贸易学说，以及发展中国家对外经济关系的基本类型；如此等等。

如前所述，中国的经济改革处在现在进行时，同时由于作者的功力有限，本书肯定尚有许多不尽如人意之处，希望阅读本书的学生、教师、学者、政府官员，以及各行各业的朋友不吝批评指正。让我们共同思考和探讨如何进一步推进中国改革，支持中国走向更美好的未来。

吴敬琏

2009 年 8 月

目　录

第一篇　总　论

第二篇　部门专论

第四篇　简短的结论

第一篇　总　论

第 1 章　计划经济的建立与改革问题的提出

从 1956 年中共八大决定进行“经济管理体制改革”算起，中国经济体制改革已经进行了半个多世纪。放在全球范围内观察，我们很容易发现，中国推进改革的努力并不是孤立的现象。在同一时期，其他许多社会主义国家也或多或少地用引进市场力量的办法进行改革，以便克服苏联式集中计划经济体制（或称“命令经济”[①]体制）效率低下的缺点。

既然改革集中计划经济体制是世界性的现象，人们就免不了要问：为什么社会主义国家都把集中计划经济体制当作社会主义的标准经济模式？而当这种体制建立起来后，它们为什么又先后提出了要对这种经济体制进行改革？

---

① 计划经济的经济学原义，是指由一个所谓“社会主义的生产部”来制定和实施经过科学计算的计划，以实现资源的优化配置。由于信息成本和激励成本过高，这种资源配置方式在作出决策和执行决策时都会遇到难以克服的困难。因此，在以苏联为代表的传统社会主义国家的经济实践中，实际上实行的往往是科尔奈所说的直接的行政协调（IA 模式），即由最高领导给出工农业生产总值和重要产品产量的增长目标，中央计划机关以此为依据推演出具体投入和产出的指标，然后层层分解下达直至企业。“国家的计划就是法律”，企业必须服从，否则可能受到处罚，所以，许多人把这种经济称为“命令经济”（command economy）。

本章将从历史和逻辑的角度，围绕这两个问题展开讨论。

1.1　社会主义者的经济体制构想

作为社会主义国家经济改革起点的集中计划经济体制，是社会主义者提出的社会理想在经济制度上的体现。不过，早期的社会主义者限于历史条件，并没有提出切实可行的制度设计。此后，经过 200 多年的发展，马克思（Karl Marx，1818—1883）、恩格斯（Friedrich Engels，1820—1895）在大量吸收借鉴以前社会主义思想的基础上，才提出了更具现实可能性的社会主义经济体制设想。

1.1.1　早期社会主义者的理想社会

“社会主义”（socialism）一词是 19 世纪 20 年代后才开始流行于英法两国的[①]，但在 16 世纪初西欧封建庄园制度开始瓦解、资本主义制度曙光初露时，社会主义者的基本主张就已经由一些先行者提出来了。这种社会主张反映了在资本主义新社会诞生阵痛中挣扎的劳苦大众对转型时期种种社会不公正的抗议和对一种更美好的社会的向往。

资本主义的诞生，打破了持续千余年的西欧封建庄园制，建立了以雇佣劳动为基本特征的经济制度。正是借助于这种新的社会制度，西欧社会在此后几百年中实现了飞跃发展和进步。正如马克思和恩格斯在《共产党宣言》中指出的，资产阶级像用魔法一样唤醒了沉

① 据考证，“社会主义者”（socialists）一词的首次使用可以追溯到 1827 年英国的一份欧文主义杂志，“社会主义”则是 1832 年由圣西门（Saint Simon，1760—1825）的一位门徒提出来的。

睡在社会劳动中的生产力，在它的不到一百年的阶级统治中所创造的生产力，比过去一切世代创造的全部生产力还要多，还要大。①

然而，新社会诞生的阵痛却使广大底层民众受到了严重的伤害。在庄园制母腹中创建资本主义经济制度的首要行动，是瓦解以大地产为基础的人身依附关系，把农奴从他们所依附的领主土地上解放出来，进入劳动力市场。以英国为例，从15世纪末开始，英国的毛纺织业快速兴起，羊毛等农产品价格大幅上升。在牟利冲动驱使下，贵族和教会住持大量圈占公共牧场，雇工放养羊群。成千上万名农民由此获得了人身自由，却失去了赖以为生的土地，沦为一无所有的游民无产者。他们流入城市，寻找栖身之地和生活出路。而统治者则采取包括鞭打、割耳、绞刑在内的种种严刑酷法来惩治无业游民。即使有幸在手工作坊和工场找到工作，其劳动条件和生活待遇也是极其恶劣悲惨的。

在这种情况下，一些思想界的先驱人物起来抨击当时普遍的社会不公，提出了自己对理想社会的设想。1516年，身为英国贵族高官的托马斯·莫尔（Saint Sir Thomas More，1478—1535）写了一本名为《关于最完美的国家制度和乌托邦新岛既有益又有趣的金书》（*A Most Pleasant, Fruitful and Witty Work of the Best State of a Public Weal, and of the New lsle Called Utopia*，简称《乌托邦》）的书，借书中航海家之口抨击为富不仁者的疯狂掠夺，呼吁消灭“一方面贫困不堪，另一方面却奢侈无度”的丑恶社会现象，描述了一个名为“乌托邦”（Utopia）的美好国家。在这个国家里，一切财产共有，全体公民都可以享有平等富足的生活。这是社会主义思潮的第一声号角。

① 见马克思、恩格斯（1848）：《共产党宣言》，《马克思恩格斯选集》第1卷，北京：人民出版社，1995年，第277页。

在莫尔之后，还有许多位思想家以类似的方式提出自己的社会理想。[①] 这些早期社会主义者的社会理想是实现社会公正和共同富裕。他们根据这种理想构思的社会经济体制通常具有两项共同特征：

第一，实行财富的社会共同占有。按照莫尔的说法，“使社会获得幸福的唯一康庄大道就在于大家的经济平等，而在我看来，凡有财物作为私有财产占有的地方就不可能。因为如果每个人都借一定的口实和法律的名义，尽其可能把财物掠为己有，那么全国财富就只归少数人占有，而给其余大众所残留的只有困苦和贫乏了”。[②]

第二，否定货币和市场在新社会中的存在。本来，从财富的共同占有出发，就可以合逻辑地推导出否定商品货币关系的结论。可是，早期社会主义者常常以一种带有强烈感情色彩的方式来表达对金钱和市场制度的否定态度。其原因可能是在新旧社会方生未死的过渡过程中，一小批掌握权力的豪门寡头利用当时封建秩序已经瓦解、基本的市场秩序还有待建立的机会，巧取豪夺，使自己成为巨富，这使一部分下层群众误以为在瓦解封建庄园制度中起了革命性

① 主要代表人物还有：闵采尔（Thomas Munzer，1489—1525），生于德国，提出建立财产公有的“千年天国”，1525 年领导起义军推翻缪尔豪森城的贵族议会，成立革命政权“永久议会”，并任主席。康帕内拉（Tommaso Campanella，1568—1639），生于意大利，1601 年在狱中写成《太阳城》。培根（Francis Bacon，1561—1626），生于英国，1626 年出版《新大西岛》。温斯坦莱（Gerrard Winstanley，1609—1652），生于英国，1649 年出版《正义新法》，1652 年发表《自由法》。维拉斯（Denis Vairasse，1630—1700），生于法国，其游记小说《塞瓦兰人的历史》含有 18 世纪法国共产主义理论的萌芽。

② 托马斯·莫尔著：《乌托邦》，戴镏龄等译，北京：商务印书馆，2007 年。

作用的市场是自己苦难的根源，形成了对市场制度畏惧和敌视的心理。例如，在莫尔的《乌托邦》中，黄金就只能用来制造便器和刑具，以示对货币的憎恶。这种感情倾向成为后世社会主义者从莫尔等思想前辈那里继承下来的一项重要思想遗产。①

到了 17—18 世纪，资产阶级先后在英、法等国取得政权，并为资本主义的迅速发展开辟了道路，但他们关于自由、平等、博爱的承诺，对广大平民和无产者来说依然是镜花水月。而争取使所有人在一切生活领域中权利平等、共同富裕和社会公正的理想，在渴求改变自己的经济政治地位的劳动者中却产生了极大的吸引力和号召力。于是，社会主义思潮在 19 世纪发展成为具有影响力的社会运动。三大批判的社会主义者圣西门、傅立叶（Charles Fourier，1772—1837）和欧文（Robert Owen，1771—1858）就是这种思潮的重要代表人物。他们和莫尔等 16—17 世纪的社会主义者一样，没能脱离小生产的窠臼，仍然以家长制的、自给自足的小共同体作为理想社会构想的基本参照物。这就使他们的理论带有浓厚的道德批判和理想主义色彩，因而他们被马克思和恩格斯称为“空想社会主义者”。

① 早期空想社会主义者对商品货币关系的这种义愤和消灭货币的种种预想，甚至在过去了 400 年以后仍然从现代社会主义者那里得到回响。列宁在实行新经济政策初期发表的《论黄金在目前和在社会主义完全胜利后的作用》一文中写道：“我们将来在全世界范围内取得胜利以后，我想，我们会在世界几个最大城市的街道上用黄金修建一些公共厕所。这样使用黄金，对于当今几代人来说是最‘公正’而富有教益的，因为他们没有忘记，怎样由于黄金的缘故，在 1914—1918 年伟大的解放战争中……1 000 万人死于非命，3 000 万人变成残废。”（《列宁全集》第 42 卷，北京：人民出版社，1987 年，第 248—249 页）

专栏 1.1 莫尔的《乌托邦》和“欧文的平行四边形”

莫尔在《乌托邦》一书的第二部分，以他和一位虚构人物对话的方式，描绘了自己心目中的理想社会：

在名为乌托邦的海岛上，有 54 座城市均匀地分布于广阔的乡村之间。每座城市分成四个相同的区，居住 6 000 户居民，每户居民的人口都在 10 ～ 16 人。城市所有的适龄人口都要劳动，每天工作 6 小时。产品集中到位于各区中心的市场，由各户户主任取所需。居民们按每 30 户一厅的规模集中用餐，最美味的食品由老年人首先食用，然后大家再平均分配。在乡村，每户不少于 40 人，外加 2 名农奴。每家农户都自给自足，没有的物品则可以到城市领取。每个城市家庭每年要派出 20 人到乡村从事农业劳动，而乡村每年也让 20 人返回城市。乌托邦因为没有游手好闲的人，所以能够生产出用之不竭的产品。城市之间可以互通有无，但是同样不需要用货币来交换。他们把大量的剩余产品运到国外，换回自己缺少的产品。乌托邦的所有财产都不属于任何个人。但乌托邦人也有阶级之分。除了选举官员管理公共事务，还要选出 500 名学者，不必参加劳动。官员和学者还可以得到特殊的照顾。乌托邦还有一个处于社会最底层的奴隶阶级，他们由罪犯和自愿前来的外国人构成，从事屠宰等下等职业。

莫尔这个建立在农业和手工业生产方式基础之上且无匮乏之虞的乌托邦，成为后人据以演绎出社会主义理想社会的蓝本之一。

300 年之后的 1820 年，一位英国工厂主——欧文在《致拉纳克郡报告》中提出了基于联合劳动、共负支出、财产共有和权利平等基本原则的社会主义设想。欧文不但向郡政府提出自己的建议，还在自己拥有的新拉纳克毛纺厂中开始了改善劳动者工作和生活条件的试验。

这种试验获得了极大的成功。但是，欧文的志向更为远大，他要以社区公社为起点改造整个社会。1825 年，欧文在美国的印第安纳州购置土地，设计和建造房舍，开始了建设“新和谐”社区的社会实验。

在被称为“欧文的平行四边形”（Owen’s parallelograms）的社区设计中，每个村庄的居民人数被限制在 500 ～2 000 人。种植面积在 600～1 800 英亩[①]。村庄中心是个大平行四边形的建筑，它的四边划分为若干区域，有的是成年人的寝室和起居室、入学儿童的公共宿舍，有的是存放产品的仓库、客舍和医疗所等，还设有教堂、学校、厨房和公共食堂等公共设施。所有的人都在公共食堂就餐。公社按需生产，根据物资和每个人的劳动贡献向他们发放“劳动券”，用于公社内部的交换；公社之间则可以用剩余产品互相进行交换。人们身着统一的服装，接受统一的教育，可以自由调换职业，随意领取消费品。

这个试验只持续了两年就失败了。一贫如洗的欧文于 1829 年回到英国以后，继续进行平等劳动交换市场等社会主义的试验，但都以失败告终。

根据托马斯·莫尔《乌托邦》、卡尔·考茨基《莫尔及其乌托邦》和玛格丽特·柯尔《欧文传》编写。

1.1.2　马克思的“科学社会主义”和“社会大工厂”模式

马克思主义的创始人马克思、恩格斯和早期社会主义创立者具有相同的价值追求。但是，他们没有停留在对资本主义的道德批判或沉溺于对传说中的理想国的向往之中，而是从资本主义社会的现实矛盾出发去探寻社会发展的方向和路径。这样，他们从新近产生的机器大工业中找到了实现社会公正和共同富裕社会理想的物质技术基础。他

① 1 英亩 $=4.046\,856\times10^3$ 平方米。

们认为，经过他们的批判性努力，社会主义由一种空想变成了经过严密科学论证的学说，并将自己的社会学说称为“科学社会主义”。

在马克思和恩格斯看来，社会主义之所以会取代资本主义，源于资本主义社会中生产力和生产关系之间，即社会化的生产力和资本主义私人占有制度之间的冲突。恩格斯这样论证马克思社会主义理论的科学性：

一切社会变迁和政治变革的终极原因，不应当从人们对永恒的真理和正义的认识中去寻找，而应当从生产方式和交换方式的变革中去寻找。对现存社会制度的不合理和不公平日益清醒的认识，只是一种征象，它表示生产方法和交换形式已经静悄悄地发生了变化，适合于早先的经济条件的社会制度已经不再和这些变化相适应了；同时，这还说明，用来消除已经发现的弊病的手段，也必然以多少发展了的形式存在于已经发生变化的生产关系本身中。正如从前工场手工业以及在它影响下进一步发展了的手工业同封建的行会桎梏发生冲突一样，大工业得到比较充分发展时就同资本主义生产方式用来限制它的框框发生冲突了。新的生产力已经超过了这种生产力的资产阶级利用形式。现代社会主义不过是这种实际冲突在思想上的反映。[①]

这就是说，在产业革命后的经济发展中，随着社会分工的深化，生产由个人行动变成了一系列社会行动，而产品也从个人产品变成了社会产品。这种日益社会化的生产力与资本主义私人占有制度之间产生了剧烈的冲突。这种冲突表现在社会生活的各个方面，例如：生产

① 见恩格斯（1880）：《社会主义从空想到科学的发展》，《马克思恩格斯选集》第3卷，北京：人民出版社，1972年，第376—443页。

无限增长倾向和最终消费不足的矛盾、企业内部的计划性和社会经济的无政府状态、周期出现的经济危机、无产阶级的贫困化和阶级矛盾的尖锐化等等。恩格斯说，高度社会化的生产力所要求的社会对生产的统一管理，只有在社会公众占有生产资料的情况下才有可能实现。总之，资本主义基本矛盾要解决，“只能是在事实上承认现代生产力的社会本性，因而也就是使生产、占有和交换的方式同生产资料的社会性相适应。而要实现这一点，只有由社会公开地和直接地占有已经发展到除了适于社会管理之外不适于任何其他管理的生产力”。①

他们认为，公有制代替私有制，或者说产权的社会化，并不是由人的主观愿望决定的，而是一种在资本积累时自发发生的“自然历史过程”。“资本主义积累的规律”，是“较大的资本战胜较小的资本”。“在一个生产部门中，如果投入的全部资本已融合为一个单个资本时，集中便达到了极限。在一个社会里，只有当社会总资本或者合并在唯一的资本家手中，或者合并在唯一的资本家公司手中的时候，集中才算达到极限。”②在资本积累过程中形成的垄断越来越成为日益社会化的生产力进一步发展的桎梏，生产资料的集中和劳动的社会化，达到资本主义外壳不能相容的地步时，“这个外壳就要炸毁了。资本主义私有制的丧钟就要响了。剥夺者就要被剥夺了”。③

完成了社会对极少数垄断了生产资料的资本家的剥夺，整个社会

① 恩格斯（1880）：《社会主义从空想到科学的发展》，《马克思恩格斯选集》第3卷，北京：人民出版社，1972年，第437页。

② 马克思（1867）：《资本论》第一卷，北京：人民出版社，1975年，第688页。

③ 马克思（1867）：《资本积累的历史趋势》，《资本论》第一卷，北京：人民出版社，1975年，第831—832页。

就成为一座建立在生产资料公共所有制的基础上的大工厂。[①] 在这种“社会大工厂”式的经济中，商品生产、货币交换和市场关系都将消亡。

这个硕大无比的“社会大工厂”是怎样组织起来并进行管理的呢？马克思说，它“将是这样一个联合体，在那里，每个人的自由发展是一切人的自由发展的条件”。[②] “自由人的联合体”是一个全社会规模的鲁滨逊，组成这个联合体的全体社会成员“用公共的生产资料进行劳动，并且自觉地把他们许多个人劳动力当作一个社会劳动力来使用。在那里，鲁滨逊的劳动的一切规定又重演了，不过不是在个人身上，而是在社会范围内重演”。[③]

经过 20 世纪将近 100 年的试验，我们再回过头来，应当怎样看待马克思关于资本主义和社会主义的论断呢？

从资本主义经济的现代发展情况看，马克思主义先驱者对 19 世纪资本主义“强盗贵族”（robber baron）种种非正义行为和资本主义经济运行中种种矛盾鞭辟入里的批判性分析，至今仍闪烁着先知的

① 马克思早在《哲学的贫困》中就说过：“如果我们以现代工厂中的分工为典型，把它运用于整个社会，那么我们就会看到，为了生产财富而组织得最完善的社会，毫无疑问只应当有一个起指挥作用的企业主按照预先制定的规则将工作分配给共同体的各个成员。”［马克思（1847）：《哲学的贫困》，《马克思恩格斯选集》第 1 卷，北京：人民出版社，1995 年，第 163 页。］在《资本论》里，马克思把公有制条件下的生产比之为工场内部有计划的分工，说资本主义“工厂制度的热心的辩护士们在斥责社会劳动的任何一种普遍组织时，只会说这种组织将把整个社会变成一座工厂，这一点是很能说明问题的”。（《资本论》第一卷，北京：人民出版社，1975 年，第 395 页）

② 见马克思、恩格斯（1848）：《共产党宣言》，《马克思恩格斯选集》第 1 卷，北京：人民出版社，1995 年，第 294 页。

③ 马克思（1867）：《资本论》第一卷，北京：人民出版社，1975 年，第 95 页。

光芒。但是，他们对社会主义将在发达资本主义的废墟上建立的预言并没有应验，20世纪陆续建立起来的、以苏联为首的社会主义国家主要是在落后国家中产生的。这与三个方面的因素有关：

首先，马克思对资本主义社会矛盾的具体分析是以他所处时代经济增长方式作为背景的。这种以投资作为主要驱动力的增长方式，必然造成资本总量中“不变资本”（物质资本）比重的上升和“可变资本”（劳动者收入）份额的降低，并由此导致消费需求不足和经济衰退的周期性发生，及失业人口的增加和劳动者的贫困化。实际上，在19世纪后期第二次产业革命发生后，情况已经有了很大的改变。① 在被称为“现代经济增长”的新增长模式中，技术进步和效率提高成为经济增长的主要驱动力量，因而马克思所提出的“两大经济规律”，即“平均利润率不断下降”的规律和“相对过剩人口（失业人口）不断增加”的规律并没有成为现实。

马克思关于资本主义经济将通过“大资本剥夺小资本”而发展成为一个“社会大工厂”的论断也大体如此。在马克思的分析中，显然把生产社会化和企业大型化这两个不同的概念混为一谈了。实际上，前者指的是随着分工的深化，生产之间彼此依赖和相互联系加强，后者指的是通过资本的积聚和集中，生产单位的规模扩张。高度分工的生产者之间的交换，既可以通过生产的纵向一体化，即企业大型化实现，也可以通过相对较小的企业之间的市场交换来实现。在18—19世纪第一次产业革命中发展起来的、以蒸汽机为代表的技术把规模经济提到首位，所以直到20世纪初期，工业企业的大型化和进行大规模生产（mass production）还被看作工业发展的主导趋势。但随后的技术革命，如电的应用，已经改变了这种趋势的技

① 参见《吴敬琏集·中国增长模式抉择》第2章。

术基础。特别是20世纪中期服务业的发展和20世纪下半期高技术（Hi-tech）产业的勃兴，使小企业在某些行业中凸显了自己的优势。[①]企业大型化并没有成为生产社会化的唯一趋势。[②]

其次，他们没有预见到，西方国家政府会采取反垄断措施和社会改进政策。在马克思去世7年后的1890年，美国制定了第一部反托拉斯法——《谢尔曼法》（Sherman Act），1914年又制定了《克莱顿法》（Clayton Act），认定垄断为非法行为，首开西方国家反垄断立法的先河。第二次世界大战结束以后，几乎所有发达国家都加强了反垄断立法和执法，使垄断遭到法律的禁止。因此，即使在经济上存在资本集中和企业大型化的趋势，整个社会也难以变成几个乃至一个垄断性的“大工厂”。在民主和法治不断完善的情况下，各国政府应社会需求，零敲碎打地推行了各式各样的社会改革，社会大众的权利和生活条件得到了普遍改善。

最后，马克思设想的社会主义社会中，“每个人的自由发展是所有人的自由发展的前提条件”，因而可以不需要国家强制，而由一个“自由人的联合体”来管理。这种状况如果能够实现，自然是十分理想的。人们可以从马克思的有关设想中感受到他对人的自由和人的

① 未来学家托夫勒（Alvin Toffler）指出，“大规模生产体系”是建立在第一次产业革命所提供的技术基础之上的工业化生产方式，即“第二次浪潮”的核心。在这种生产方式中，“大”成了“有效率”的同义语。而在世纪之交兴起的“信息社会”（“第三次浪潮”）中，小型企业却往往具有优势。见托夫勒（1980）著：《第三次浪潮》，朱志焱等译，北京：生活·读书·新知三联书店，1983年。

② 关于马克思主义经典作家根据19世纪工业发展状况作出的上述推断的缺陷，请参阅吴敬琏（1985）《“生产社会化”的概念和社会主义的商品生产观》，原载《马克思主义研究》，1986年第1期，见《吴敬琏选集》，太原：山西人民出版社，1989年，第271—303页。

全面发展的高度关注。然而，这种人与人之间、个别人和全体人之间不存在利益矛盾乃至冲突的情况，只有在经济资源不存在稀缺性，或者财富能够无限“涌流”的条件下才有可能出现。而现实世界中显然并不存在这样的前提。

1.1.3 20世纪社会主义运动的分裂和“福利国家”模式

1883年，马克思去世。1884年，西欧各国的社会主义政党在恩格斯等人的领导下，联合起来成立了国际工人协会（即“第二国际”）。1895年，恩格斯去世后，德国社会民主党领导人伯恩斯坦（Eduard Bernstein，1850—1932）重提恩格斯在世时已经提到过的可以通过议会斗争取得政权的思想[①]，提出通过和平道路走向社会主义的主张。由此形成了一直延续到今天的社会民主主义（或称民主社会主义）思潮。

社会民主主义者认为：“民主是手段，同时又是目的。它是争取社会主义的手段，又是实现社会主义的形式。”[②]按照伯恩斯坦所称的“社会主义并不是一种具体的社会模式，而只是一种社会进程”的观念，他们把社会主义看作社会改良的一个原则，也就是说，按照人的自由发展、共同富裕和社会公正的原则改进社会。[③]

20世纪上半期，一些国家的社会民主党（如瑞典社会民主党、奥地利社会民主党）和英国工党成功赢得大选并成为执政党，得以运用自己的政治影响施行其社会政策。在开始时，这些执政的社会党往往认为实行国有化有利于社会主义目标的实现。但是随后的实践使他

① 见恩格斯（1895）：《卡·马克思〈1848年至1850年的法兰西阶级斗争〉一书导言》，《马克思恩格斯选集》第4卷，北京：人民出版社，1995年，第516—518页。

② 伯恩斯坦（1899）：《社会主义的前提和社会民主党的任务》，北京：生活·读书·新知三联书店，1965年。

③ 此小节参考托马斯·迈尔（1980）：《社会民主主义导论》，北京：中央编译出版社，1996年。

们相信，国有化和建立在国有制基础上的计划经济既损害经济效率，又妨碍自由和公正，因此，这些政党先后放弃了国有化的目标，转而主要采取税收、社会福利等政策措施来实现社会主义的基本诉求。①

与此同时，还有一些社会主义者坚持暴力革命的主张。1905 年，坚持武装起义夺取政权的布尔什维克从俄国社会民主工党中分离出来，并在 1912 年建立独立的政党“俄国社会民主工党（布尔什维克）”[1918 年改称“俄国共产党（布尔什维克）”]。以列宁为首的共产党人认为，社会主义有四个标志：（1）通过暴力革命夺取政权，建立无产阶级专政；（2）剥夺私有财产并代之以国有制；（3）实行计划经济；（4）采取按劳分配的分配原则。

我们将在下一节对列宁和他的后继者斯大林的社会主义模式进行更详细的讨论。

1.2 苏联式社会主义制度的建立

斯大林体制长期被看作社会主义经济的标准模式。例如，1949 年中华人民共和国成立以后，就通过“一边倒”地向苏联学习，在 20 世纪 50 年代中期建立了集中计划经济体制。与此同时，这种体制也是中国经济改革过程的出发点。因此，我们在研究中国经济改革问题之前，需要先了解斯大林体制是如何形成的，它具有哪些基本特征。

1.2.1 列宁的“国家辛迪加”模式

列宁（Vladimir Ilyich Lenin，1870—1924）的社会主义模式既

① 参阅杨启先（2001）：《一篇迟到的“考察纪要”》，荣敬本等编：《政党比较研究资料》，北京：中央编译出版社，2002 年。

源于马克思的理论，又有自己的特点。它最突出的方面，就是引入无产阶级专政国家的强制力量作为社会主义经济的组织者和管理者。这一变化使苏式社会主义经济体制避免了马克思的“社会大工厂”和“自由人联合体”的设想所具有的理想主义色彩，但同时也由于这一模式中隐含的东方式“国家主义”而偏离了西欧的社会主义传统。

列宁在他写于十月革命前夕的著作《国家与革命》中把社会主义经济比拟为一家“国家辛迪加”（the state syndicate），即一家由政府垄断经营的大公司。他说，在共产主义社会的第一阶段即社会主义社会里，“全体公民都成了国家（武装工人）雇用的职员。全体公民都成了一个全民的、国家的‘辛迪加’的职员和工人”“整个社会将成为一个管理处，成为一个劳动平等和报酬平等的工厂”。[①]

国家的引入，使马克思主义关于公有制的学说发生了变形。在列宁以前，马克思主义者对“国家迷信”嗤之以鼻。他们认为，“国家再好也不过是在争取阶级统治的斗争中获胜的无产阶级所继承下来的一个祸害”，因此主张要创造条件使得“在新的自由的社会条件下成长起来的一代有能力把这全部国家废物抛掉”。[②]恩格斯说，在无产阶级取得政权以后，“国家真正作为整个社会的代表所采取的第一个行动，即以社会的名义占有生产资料，同时也是它作为国家所采取的最后一个独立行动。那时，国家政权对社会关系的干预在各个领域中将先后成为多余的事情而自行停止下来。那时，人的统治将由对物的管理和对生产过程的领导所代替”。[③]而列宁和他的后继者把国家的作用

---

① 《列宁选集》第 3 卷，北京：人民出版社，1995 年，第 202 页。

② 恩格斯（1891）：《〈法兰西内战〉1891 年单行本导言》，《马克思恩格斯选集》第 3 卷，北京：人民出版社，1995 年，第 13 页。

③ 恩格斯（1878）：《反杜林论》，《马克思恩格斯选集》第 3 卷，北京：人民出版社，1995 年，第 631 页。

提升到极高的地位，把国家所有制看作社会主义的唯一经济基础，与马克思和恩格斯设想的“自由人联合体”是全然不同的。

布尔什维克党取得政权后，小农经济仍然在俄国经济中占统治地位。对于在这样一个国家里能否马上建立社会主义的经济基础这一问题，布尔什维克党领导层内部有着很不相同的意见。列宁本人也多少有些举棋不定。他在 1918 年 5 月所写的《论“左派”幼稚性和小资产阶级性》[①]一文中，提出了经过一个多种经济成分并存的历史阶段逐渐向以国有制为基础的“完全的社会主义”过渡的考虑。

可是，外国干涉和 1918—1920 年国内战争的爆发促成了实行全面国有化和转入命令经济的决定。对经济实行严格的军事管制和全面的配给制度本来是一种任何战时紧急状态下的必要举措，但这种被称为“战时共产主义”的体制却被 1919 年的俄共（布）八大作为标准的社会主义经济体制写入了俄共党纲。当时俄共（布）的两位最著名的理论家布哈林（Nikolai Bukharin，1888—1938）和普列奥布拉任斯基（Evgennii Preobrazhensky，1886—1937）为阐释俄共（布）八大党纲所写的宣传小册子《共产主义 ABC》[②]，就是以战时共产主义的经济体制和经济政策作为原型来描述社会主义经济制度的。这样，苏维埃政府就以“战时共产主义”的形式，建立了世界上第一个计划经济体制。

① 《列宁选集》第 3 卷，北京：人民出版社，1995 年，第 510—540 页。

② 布哈林、普列奥布拉任斯基（1919）：《共产主义 ABC》，北京：生活·读书·新知三联书店，1982 年。布哈林和普列奥布拉任斯基的这本小册子得到列宁的很高评价，并且在中国的老一代革命家中有着广泛而深刻的影响，以致邓小平在他 1992 年南方谈话中讲到“学马列要精，要管用的……要求都读大本子，那是形式主义的，办不到”。他特别指出：“我的入门老师是《共产党宣言》和《共产主义 ABC》。”参阅邓小平（1992）：《在武昌、深圳、珠海、上海等地的谈话要点》，《邓小平文选》第三卷，北京：人民出版社，1993 年，第 382 页。

专栏 1.2 “战时共产主义”：苏联建国初期的社会主义经济模式

1919 年 3 月，俄共（布）在第八次代表大会上通过了夺取政权以后的第一个新党纲。新党纲为社会主义经济制度设计了第一个实践性的原则框架。党纲通过以后，由俄共的重要理论家布哈林和普列奥布拉任斯基在《共产主义 ABC》《过渡时期经济学》[①]等书中作了权威的解释。

他们认为，资本积聚和集中倾向的“数学界限”是使整个国民经济转变成一个“绝对统一的联合托拉斯”，而无产阶级取得政权以后，首先就要剥夺大资本，实现这个托拉斯的国有化。然后，要根据一个总的国家计划把所有的经济活动统一起来，由最高国民经济委员会及其下属各级工业局层层管理。同时消灭商品市场，使货币变为计算单位，实行全国范围内的有组织的生产。

在俄国这样的落后国家，要使小农经济转变为“社会主义大经济”，在发达地区，具体的办法是兴办国营农场；在落后的农村，则要把众多的“小经济”联合起来，组织成为公社和劳动组合。公社不仅是农民在劳动方面的联合组织，也是他们在分配和生活方面的联合组织。在产品分配方面，苏维埃政府还要建立一个统一的分配机构，对粮食、住宅等重要的消费资料进行统一分配。

银行也要实现国有化，它是生产的统计机构和财政分配机构，它的所有业务都要由国家垄断。社会主义最终要消灭银行，把它变成社会的总会计处。同样，货币也要逐步退出流通。首先在国有化企业内部的产品交换领域内取消货币，然后在国家同国家工作者之

① 布哈林（1920）：《过渡时期经济学》，北京：生活·读书·新知三联书店，1981 年。

间的结算领域内取消，下一步在国家和小生产者之间以商品交换取代货币，最后是使小经济和货币一起消失。

根据萨穆利（Laszlo Szamuely，1974）《社会主义经济制度的最初模式》（长沙：湖南人民出版社，1984 年）等资料编写。

战时共产主义实行严格的军事纪律和配给制度，这固然帮助布尔什维克党保住了新生的苏维埃政权，同时也造成了严重的经济和社会问题。内战结束后，农民群众尤其感到不堪忍受，不满情绪日益加剧。列宁开始认识到，“用无产阶级国家直接下命令的办法在一个小农国家里按共产主义原则来调整国家的产品生产和分配”的做法是行不通的①，需要重新探索建设社会主义经济基础的途径。于是，苏维埃政府转而实行新经济政策。它的主要内容是恢复“商品交换”，发展“适应社会主义建设需要的商业”，并在一切工商企业中实行“商业化原则”和“商业核算”。通过“新经济政策”，在国家政权掌握“经济命脉”②的条件下，苏维埃政府恢复了市场制度。③

① 列宁（1921）：《十月革命四周年》，《列宁选集》第 4 卷，北京：人民出版社，1995 年第 3 版，第 570 页。

② 1922 年 11 月，列宁在共产国际第四次代表大会上的演讲中使用一个德文词 Kommandohöhen，即“制高点”，来形容新经济政策条件下无产阶级国家必须控制的重要行业和关键领域，《列宁全集》中文版将它译为“命脉”。

③ 1923 年 4 月俄共（布）第十二次代表大会《关于工业的决议》指出：“既然我们已经转而采取市场的经济形式，国家就一定要给各个企业在市场上从事经济活动的必要自由”；“总管理委员会的行政手段已经为机动灵活的经济手段所代替。”《苏联共产党代表大会、代表会议和中央全会决议汇编》第 2 分册，北京：人民出版社，1964 年，第 259—261 页。

1.2.2 斯大林体制

在“新经济政策”下，经过4年的努力，苏联的工农业生产在1924年大体上得到恢复。同年，列宁去世。这时，在俄共（布）领导层中就新经济政策的存废问题开始了一场新的论战。

论战的导火线，是苏联工业化的方法和速度问题，但它的实质却在于苏联应当继续实行“新经济政策”和市场经济，还是应当建立行政集权的计划经济制度。在争论中，俄共（布）领导层分成三个政治派别，他们分别是以托洛茨基（Lev Davidovich Trotski，1879—1940）为首的“左派”、以布哈林为首的“右派”和以斯大林（Joseph Stalin，1878—1953）为首的“中派”。

从理论方法上讲，这次论战被称为“发生学”（embryology）与“目的论”（teleology）之间的论战。持“发生学”观点的布哈林在论战中遵循的逻辑，是从现实的经济情况出发来规划工业化的进程，主张工农业的平衡发展。他说：“农民的实际需求越大，我们的工业就会发展得越快。随着农民经济积累速度的加快，我们工业的积累速度也会更快。”为了与农民结成联盟，就必须实行“新经济政策”和保留市场制度。持“目的论”观点的“左派”和“中派”，则主张按照高速实现工业化目标的要求来制定经济发展的方向和计划。正如当时争论的参与者之一、“目的论”者费尔德曼（Grigory Alexandrovich Feldman，1884—1958）所说：“无产阶级成了生产的主体，可以在生产资料生产和消费资料生产之间任意分配自己的力量。”[①]这样，就能

① 章良猷（1985）：《苏联六十年来社会主义政治经济学若干问题的争论》，《经济研究》编辑部编：《中国社会主义经济理论问题争鸣（1949—1985）》下册，北京：中国财政经济出版社，1985年，第597—599页。

够通过提高生产资料生产部门的比重，以极高的速度实现工业化。

在党内斗争中先后击败了“左派”和“右派”的斯大林随后采取了较之托洛茨基“左派”更为激进的方针，批判和清洗“迷信市场自发力量”的布哈林等“右倾机会主义者”，否定了新经济政策。在“反右”的基础上，斯大林在1929年掀起了强制集体化运动，建立起集中计划经济制度，并在这一制度的基础上推行他的优先发展重工业的“社会主义工业化路线”。

虽然斯大林没有提出系统的经济理论观点，但是他充分运用无产阶级专政国家的行政强制力量，使列宁的“国家辛迪加”由一种理论模式变成现实。斯大林确立的“社会主义经济＝占统治地位的国有制＋计划经济”的公式统治了社会主义国家半个多世纪。在他的亲自指导下，由苏联科学院经济研究所写作的《政治经济学教科书》把国家所有制和由国家机关组织实施的计划经济列为社会主义最基本的经济特征。其中，国家所有制更被看作是整个社会主义制度的基础。虽然斯大林的社会主义定义带有强烈的“国家迷信”的色彩，但在相当长的时期中被不少社会主义国家领导人视为马克思主义的天经地义。

有些研究苏联问题的“苏联学”专家往往把苏联依靠国家力量进行强制集体化和建立高度集权的行政社会主义归因于斯大林粗暴的性格特征。这种分析似乎把问题简单化了。充分运用国家的强制力量来推行国家的发展计划，实现国家目标，是俄罗斯从彼得大帝（Peter the Great，1672—1725）以来一直的传统。在依靠国家的强制力量来组织社会主义经济这一点上，斯大林所建立的集中计划经济体制，和列宁的“国家辛迪加”模式并没有原则上的不同。在经济基础还很薄弱的条件下实行超高速的重工业优先发展的工业化，无法通过市场用轻工业品去交换农民的粮食和农产品原料，以快速形成大量积累，于是只能使用强制的方法征集农产品和从农民那里取得“贡款”。[①]

斯大林对列宁的社会主义经济模式也有所发展，这就是在苏联第一个五年计划（1928—1932）的执行遇到麻烦的情况下，把某种市场因素（“价值规律的辅助作用”）以“经济核算制”的形式引入“国家辛迪加”模式。[②]第二次世界大战后，他又进一步承认，由于两种公有制形式长期并存，“商品生产和商品流通……仍是必要的东西”。[③]不过，所有这些都只是局部的修补，而不涉及以国有制为基础的计划经济的基本框架。

专栏 1.3　苏联《政治经济学教科书》论社会主义基本经济特征

20 世纪 80 年代末至 90 年代初，苏联与东欧各国社会主义制度解体之前，社会主义国家对社会主义基本经济特征的正统诠释，都源自苏联科学院经济研究所于 1954 年出版的《政治经济

① 斯大林认为，布哈林的主要错误，“是他在城乡之间的‘剪刀差’问题即所谓‘贡款’问题上对党的路线进行了机会主义的歪曲”。斯大林强调，农民除了向国家缴纳普通税款之外，还应当通过工、农产品价格的剪刀差，缴纳一笔超额税。这笔超额税是“为了推进工业的发展，消除我国的落后状态”而缴纳的。参阅斯大林（1929）:《论联共（布）党内的右倾》,《斯大林选集》下卷，北京：人民出版社，1979 年，第 148—149 页。

② 1931 年 6 月，斯大林在经济工作人员会议上的演讲中强烈批评了苏联经济中种种“平均主义”的做法，提出了要规定差别工资，刺激工人上进，并在国营企业中实行经济核算制。参阅《新的环境和新的经济任务》,《斯大林选集》下卷，北京：人民出版社，1979 年，第 276—297 页。

③ 斯大林（1952）:《苏联社会主义经济问题》,《斯大林文选》，北京：人民出版社，1962 年，第 578—582 页。

学教科书》。这本在斯大林亲自指导下由苏联科学院经济研究所撰写出版的教科书，用自己特有的逻辑和语汇，建立起号称“社会主义政治经济学”的体系，长期被看作关于社会主义经济的标准理论。

《政治经济学教科书》认为，社会主义生产关系，是一套以两种形式的——国家的（全民的）和集体的——生产资料公有制为基础的制度。其中，“国家所有制是高级的最发达的社会主义所有制形式”，它体现着“最成熟、最彻底的”社会主义生产关系，“在整个国民经济中起着主导的和决定的作用”。两种社会主义公有制的发展前景，是向全面的全民所有制（国有制）过渡。国家（政府）对国民经济进行全面的计划领导，被看作社会主义经济最重要的特征。

社会主义的商品生产和流通仅限于个人消费品。劳动力不是商品，因此，工资不是劳动力的价格。社会主义的货币是国民经济计划、计算和监督商品生产与商品流通的工具。在商品流通中起决定作用的是国营和合作社形式的市场，其价格是由计划规定的。

根据苏联科学院经济研究所编（1954）《政治经济学教科书》（北京：生活·读书·新知三联书店，1959 年）编写。

20 世纪 30 年代以后，斯大林的经济模式不但在苏联被奉为圭臬，也为其他社会主义国家所仿效。

1.3 对集中计划经济体制的经济学分析

经济学对集中计划经济体制的认识，是随着计划经济实践经验的积累和经济科学本身的发展而逐渐深化的。

1.3.1 新古典经济学家对计划经济体制可行性的论证

最先对集中计划经济的可行性作出经济学论证的，不是马克思主义经济学家，而是某些 20 世纪初的新古典经济学家（neoclassical economists）。

新古典经济学家帕累托（Vilfredo Pareto，1848—1923）在《社会主义制度》（1902—1903）和《政治经济学手册》（1906）中首次提出，由一个“社会主义的生产部”来制定和实施经过科学计算的计划，可以实现资源的优化配置。接着，帕累托的追随者巴罗尼（Enrico Barone，1859—1924）在他的著名论文《集体主义国家中的生产部》（1908）中对帕累托的思想进行了详细的论证。①

帕累托和巴罗尼在新古典经济学信息充分、不存在交易成本因而制度安排与效率高低无关的假设前提下证明：计划经济条件下的资源配置，和市场制度条件下资源配置的本质是相同的，都是求解一组经济均衡方程，以求得各种稀缺资源的相对价格，只不过求解的方法不同。② 这一组方程式可以通过千百次的市场交易求解，也可以通过“生产部”即中央计划机关的直接计算求解。只要这个“生产部”能够求解这一联立方程组，据此确定各种稀缺资源的价格，并使各个生产单位按照能够反映资源稀缺程度的相对价格进行交换和安排生产，经济计划就可以达到市场竞争所导致的同样效率。因

① 巴罗尼（1908）：*The Ministry of Production in the Collective State*，中译文见《经济社会体制比较》，1986 年第 3 期。顾准在熊彼特（Joscph A. Schumpeter，1942）《资本主义、社会主义和民主主义》（*Capitalism, Socialism and Democracy*）（北京：商务印书馆，1979 年）一书的中译本中，把这篇文章的标题译为《集体主义国家中的生产部》。

② 熊彼特（1942）在《资本主义、社会主义和民主主义》一书中对巴罗尼的论证做了概略的介绍（见前引书，第 214—233 页）。

此他认为，社会主义的计划经济具有可行性。

帕累托和巴罗尼的这些思想，对20世纪20—30年代西方学术界社会主义论战中形成“市场社会主义”思想发生了重要影响。

1.3.2 20世纪20—30年代西方经济学界的社会主义论战

这次关于社会主义经济制度是否具有可行性的论战是由奥地利学派的经济学家米塞斯（Ludwig von Mises，1881—1973）和哈耶克（Friedrich von Hayek，1899—1992）挑起的。他们认为，在资源配置过程中，市场价格和竞争机制的作用是至关重要的。社会主义国家并不存在市场机制，因此无法确立合理的价格和激励机制。

社会主义的同情者很快就站出来应战。其中，泰勒（Fred M.Taylor，1855—1932）、勒纳（Abba P.Lerner，1903—1982）和兰格（Oskar Ryszard Lange，1904—1965）等提出的通过计划机关模拟市场的“竞争解决法”，在社会主义同情者中具有重要的影响。

兰格是一位出生在波兰的经济学家。社会主义论战发生时，他已在美国完成学业，并在美国一所大学任教。他在1936年和1937年分两次发表了著名论文《社会主义经济理论》。在这篇论文中，兰格在帕累托和巴罗尼的论述的基础上进一步提出，在还不具备快速求解资源配置方程组的技术手段的情况下，可以由计划机关用与竞争性市场机制相同的“试错法”（trial and error），按照供求情况来调整价格。[①] 兰格的“竞争社会主义”将社会主义经济体制分为三个决策层次。最高层次是中央计划委员会，其职能有二：一是制定生产资料价格；二是分配由国家所有的生产资源生产的社会所得（租金和利润）。中间层次是产业管理部门，其职能是决定各生产部门的发

① 兰格（1936）著：《社会主义经济理论》，北京：中国社会科学出版社，1981年，第10页。

展。最低层次是国有企业和居民家庭，企业根据价格信号，按照两条原则进行生产：一是产出要达到使该产品的价格等于边际成本的水平；二是在这一产出水平上使生产成本达到最低。家庭则可以自由地决定提供多少工作量，并分配个人收入。兰格模式实质上是由中央计划机关来模拟市场：它根据供求情况调整价格；企业则根据价格信号决定生产什么和生产多少。

这种在国有制基础上由计划机关模拟市场定价和国有企业之间某种程度的竞争，以此来改善经济运行效率的设想，后来被称为“市场社会主义”（market socialism），在第二次世界大战后的社会主义各国的改革中产生了重要影响。

针对社会主义同情者的观点，哈耶克在20世纪30—40年代发表了一系列论著，详尽地论证了兰格模式在现实中是行不通的。其中，最有代表性的有以下三篇论文，即《社会主义的计算（一）：问题的性质与历史》（1935）、《社会主义的计算（二）：辩论的状况》（1935）和《社会主义的计算（三）：作为一种“解决方法”的竞争》（1940）。[①] 他在这些文章中指出，由于中央计划权威的信息不完全和知识不完备，以及消费者选择的不确定性，社会主义的中央计划机关不可能合理地计算价值和价格，因而也就不可能合理地配置资源。而且，在中央计划权威控制之下的模拟竞争，也不可能代替真实的竞争，取得与竞争性市场相同的绩效。

在论战中，哈耶克的经济理论还没有得到学术界的充分理解，而兰格等维护社会主义经济制度的观点则明显地以当时的新古典经济学为依据。此时，由于西方经济正深陷于自1929年开始的世界性

① 载哈耶克（1940）著：《个人主义与经济秩序》，邓正来译，北京：生活·读书·新知三联书店，2003年，第175—302页。

大危机中，而苏联经济的阴暗面还没有充分暴露出来，这样，争论似乎没有分出什么胜负。这场论战虽然对苏联国内的事态发展几乎没有任何影响，但争论双方所提出的论点和论据，此后一直在理论讨论和改革实践中回响。

第二次世界大战结束后，兰格回到了波兰并在政府中担任要职。以兰格为首的波兰经济学派所倡导的市场社会主义思想在东欧改革中具有广泛的影响。1989 年后，在总结东欧社会主义国家改革失败的教训时，人们普遍认识到，集中计划经济缺乏效率，是由其制度决定的，而不是靠市场社会主义的技术改进所能解决的。[①]

1.3.3 20 世纪后期对计划经济的再认识

20 世纪 70—80 年代，经济学有了新的突破，对计划经济制度也做出了更加透彻的分析。

正如 1993 年斯蒂格利茨（Joseph Stiglitz）在他的《经济学》第 1 版《序言》中所说，新古典经济学的完全竞争模式在 20 世纪 50 年代达到十分完善的境地。从那时起，经济学家在几个方向上超越了那一模式。在此之前，人们对于动机的重要性和由有限信息引起的问题固然做出了表面的考察，但是仅仅在过去 20 年间，对这些问题的理解才真正取得了进展，而且立即得到了应用。[②]

当人们放宽了新古典经济学信息完全的假定，再来对计划经济制度进行考察，对它的弊病就有了更清晰的认识。

计划经济的实质，是把整个社会组织成为单一的大工厂，由中央

① 对于“市场社会主义”的批评，可以参看科尔奈（1989）：《走向自由经济之路》，太原：山西经济出版社，1993 年。

② 斯蒂格利茨：《经济学》，北京：中国人民大学出版社，1997 年，第 16 页。

计划机关用行政手段配置资源。这种配置方式的要点是：用一套预先编制的计划来配置资源。主观编制的计划能否反映客观实际，达到资源优化配置的要求，以及能否严格准确地执行，决定了这一配置方式的成败。因此，计划经济能够有效运转的隐含前提是：第一，中央计划机关对全社会的一切经济活动，包括物质资源和人力资源的状况、技术可行性、需求结构等拥有全部信息（完全信息假定）；第二，全社会利益一体化，不存在相互分离的利益主体和不同的价值判断（单一利益主体假定）。不具备这两个条件，集中计划制度就会由于信息成本和激励成本过高而难以有效率地运转。问题在于，在现实的经济生活中，这两个前提条件是难以具备的，因此，采取这种资源配置方式，在做出决策和执行决策时会遇到难以克服的困难。

首先，为维持计划经济的运转，需要付出极大的信息成本。现代生产具有如下特点：（1）技术飞速进步，产品结构、工艺路线、生产方案等选择的可能性极多；（2）消费结构十分复杂，而且变化极为迅速；（3）随着社会分工的不断深化，社会成员和经济单位之间必然发生日益广泛和复杂的联系。在这种情况下，就出现了“信息爆炸”的问题。为了准确、及时地取得在社会各个角落分散地发生的数以亿万计的数据，及时地加以处理，求解有成千上万个未知数的均衡方程，编制出无所不包的计划，并层层分解下达到执行单位，没有一个极其灵活而又极其有效的信息系统，是根本完成不了这个任务的。在采取计划经济制度的情况下，生产者和消费者之间缺乏横向的联系和有效的反馈机制，经济信息要在行政体系内实现上级对下级的命令和下级对上级的报告纵向传输，不但传输距离很大，通道狭窄，不免经常发生延误和壅塞，而且由于传输经过的环节太多，信息不免扭曲。生产单位由于不能直接取得需求和技术信息，也不能对复杂多变的需求状况和技术可能性做出灵活的反应。正如哈耶克所说，没有一个全知全能的管理者能够及时掌握分散发生的有关千百万种资源相对稀缺程度的知识，它们只能通过价格体系的中介才能有效率地传递到全社会，使有关人员能够取得做出决策所必需的信息。[①] 通过交易成本的分析，我们可以得出结论，在中央计划机关掌握和处理各种微观事务的情况下，为及时取得保证经济系统畅通运作所必需的全部信息，其成本几乎是无限大的，因而是决不可取的。

至于激励机制，说到底也是一个交易成本问题，也就是在委托人和代理人之间信息不对称条件下的激励兼容性问题。在以计划手段为主的资源配置方式下，资源配置决策由代表社会整体利益的中央计划机关集中做出，并通过按层级制原则组织起来的社会全体成员加以执行。这就要求社会的一切成员和所有组织，都像马克思描绘的“社会鲁滨逊”的肢体那样，只是绝对忠诚地执行上级下达的计划任务，而没有自己的任何特殊利益；同时在向计划机关提供数据、报告工作和在执行社会统一计划时，也不会发生任何偏离。事实上，这是不可能做到的，因为每一个经济活动当事人，包括计划的制定者在内，都有他们自身的、同整体利益不完全一致的利益。这种利益同社会的整体利益经常有矛盾。于是在编制计划和执行计划的整个过程的各个环节上，都免不了由于这种矛盾而发生扭曲和偏离，各个利益主体之间还会因为利益矛盾而发生纠纷（“扯皮”）。为了克服这种扭曲和偏离所需付出的成本，包括制定计划所需的费用、监督计划执行所需

① 哈耶克在这方面的著述很多，可以参看《知识在社会中的运用》（1945），见《个人主义与经济秩序》，邓正来译，北京：生活·读书·新知三联书店，2003 年，第 116—136 页；《知识的僭妄》，见《哈耶克文选》，冯克利译，江苏人民出版社，2007 年，第 405—415 页。

的费用、防止机会主义行为的费用等，也是极高的。

这样就可以得出结论，计划经济缺乏效率，同这种资源配置方式的本质紧密联系，因而它的缺陷是难于弥补的。

市场经济的情况则有所不同。由市场竞争形成的各种资源的相对价格，承载了各种资源相对于全社会千百万种其他资源而言的稀缺程度信息，社会个别成员通过商品的相对价格就掌握了竞争的态势，可以据此做出正确的资源配置决策，从而大大降低信息成本。与此同时，市场活动的每一个参加者都既受到竞争约束，又受到产权约束，因而可以大大降低监督成本。这两个方面综合起来，使市场经济成为一种具有静态和动态资源配置效率的经济制度。不建立这样的经济制度，社会资源配置就缺乏可靠的指引，经济资源就不可能得到有效的配置。如果没有经济的高效率，任何美好的社会理想都会由于缺乏物质基础而成为空中楼阁。弄得不好，甚至会成为“宁要社会主义的草，不要资本主义的苗”的“普遍贫穷的社会主义”。因此，在计划经济和市场经济之间的取舍，实际上别无选择。

1.4 苏联、东欧的经济改革

计划经济是一种优劣互见的体制。它的优势在于，可以利用强制手段来动员资源，并把资源配置到国家指定的用途上；它的致命弱点是，过高的信息成本和缺乏激励造成经济效率低下。在资源不太紧缺、有较大的粗放发展余地的经济发展初期，在面临战争威胁或在战时紧急状态下，或者在资源配置有旧章可循的经济恢复时期，计划经济制度利用自己强有力的动员资源能力和经济活动参与者对个人物质福利要求较易满足的条件，往往能够更好地实现国家的目标。不过，一旦条件变化，提高效率和追求生活质量成为主要的诉求，它的缺陷就会很快暴露出来。

苏联在第二次世界大战前和战后恢复时期的确保持了较之资本主义各国高得多的经济增长率。据美国经济学家伯格森（Abram Bergson，1914—2003）估计，1928—1955 年苏联国民收入的年均增长率为 4.4%—6.3%。1928—1932 年的“一五”计划期间，苏联工业年增长率达 19.2%；1933—1937 年“二五”期间为 17.8%；1938—1942 年“三五”期间为 13.2%。1950 年，苏联社会总产值比 1913 年增加了 17.2 倍，其中工业产值增加了 12 倍，工业中生产资料生产的增加高达 26 倍，社会国民收入总额也增加了 7.8 倍。[①] 计划经济体制对苏联的工业化和做好反法西斯主义战争的物质准备有一定贡献——虽然苏联为此付出了惨重的物质代价和生命损失。

到 20 世纪 50 年代，战后的恢复时期已经结束，集中计划体制的缺陷日益显露。苏联、东欧国家经济增长率不断降低，效率下降，技术进步缓慢，同资本主义经济的差距越拉越大，各国先后提出了改革原有经济体制的问题。

1.4.1 苏联改善经济的努力及其失败

斯大林逝世以后，苏共领导人迫切希望使苏联经济有所进步。赫鲁晓夫（Nikita Sergeyevich Khrushchev，1894—1971）在取得苏联共产党的领导地位以后，首先从 1954 年开始对极其落后的苏联农业[②] 进行

① A. Bergson (1961): The Real National Income of Soviet Russia Since 1928 (《1928 年以来苏俄国民收入的实际增长》), Harvard University Press.

② 据苏联官方的报告，1953 年苏联粮食的单位面积产量和人均产量都低于沙皇俄国 1913 年的水平。

改革。这一改革延续了许多年，但是并没有促成苏联农业的稳定增长。

1957 年，赫鲁晓夫发动了以向地方政府放权为特征的“地区国民经济委员会改革”。这次改革的目的是把国民经济的中央和部门行政管理改为地区行政管理。采取的主要措施是撤销了 25 个主管经济工作的联盟兼共和国部、113 个主管经济工作的加盟共和国部，它们的职能改由新成立的 105 个经济行政区委员会行使；将本来隶属于联盟和加盟共和国的企业下放给地区国民经济委员会管辖；中央管辖的工业产值由 45% 降至 6%；计划物资也由以中央平衡为基础改为以地区平衡为基础。这样做的结果，不但用行政命令配置资源的固有弊端没能克服，而且由于打乱了原有的经济联系格局，加剧了地方分割而使经济出现了混乱。赫鲁晓夫分权改革的失败促成了 1964 年苏联领导层的“宫廷政变”和赫鲁晓夫的下台。

赫鲁晓夫之后，工业管理专家柯西金（Alexei Nikolayevich Kosygin，1904—1980）担任苏联总理，先恢复了以“条条”（行业）为主线的集权管理体制，接着在 1965 年开始进行以放松计划控制、扩大企业自主权和实行“完全经济核算制”为主要内容的改革。这一改革是以苏联经济学家利别尔曼（Evsei Liberman，1897—1981）1961 年提出的、以扩大企业自主权为核心的改革方案[①]为蓝本的。柯西金改革取得了短时期的增产增收效果，但不久以后，由于激励效应衰减、财政状况恶化和打乱了计划经济秩序，不得不停止了这种向企业放权让利的改革。

在柯西金改革失败以后，苏联领导人不再试图改革苏联的经济体制，而是企图在计划经济的框架内做某些改良。当时采取的主要

① 利别尔曼在 1961 年提出的对苏联经济进行改革的建议，被认为是 1965 年柯西金改革的理论基础。

措施如下。

1. 要求“转变经济增长方式”

自从1928年开始第一个五年计划以来，苏联的经济增长率一直远远高于西方各主要国家。但是，为什么苏联经济却又落后于西方经济呢？经过研究，经济学家得出的结论是：问题出在“增长方式”上。这就是说，苏联过去的高速增长主要是靠外延增长（extensive growth，或译粗放增长），也就是靠大量增加要素投入，特别是资本投入取得的。因此增长率虽高，却没有多少实惠。而且随着资源日渐紧缺，这种实惠很少的高速度也很难维持下去（表1.1）。为了克服这种缺陷，苏联经济学家提出应当实现由外延增长向内涵增长（intensive growth，或译集约增长）的转变。[①] 苏共领导人接受了这种意见，把发展科学、增强研究开发（research and development, R&D）工作、加快技术引进和企业的设备更新改造确定为第九个五年计划（1971—1975）的重点，并要求在这个五年计划中实现“由粗放增长方式到集约增长方式的转变”。由于没有抓住要领，忽略了外延增长方式是计划经济体制的产物这个最重要的事实，把问题的重点放在技术问题上，企图用行政命令和大量投资加快“技术进步”，在体制方面只做一些小的修改。这样，虽然往后几个五年计划都要求“实现经济增长方式的转变”，但是直到苏联解体，苏联经济也没有达到主要靠提高效率来实现高速增长的要求。

① 匈牙利经济学家科尔奈在《社会主义体制》一书中，对苏联和东欧社会主义国家的增长方式从外延（粗放）到内涵（集约）的转变问题作了细致分析。见科尔奈（1992）：《社会主义体制》，北京：中央编译出版社，2007年，第171—178页。

表 1.1　苏联经济的年均增长率（1951—1985）　　（%）

	1951—1960 年	1961—1965 年	1966—1970 年	1971—1975 年	1976—1980 年	1981—1985 年
苏联官方统计	10.1	6.5	7.8	5.7	4.3	3.6
美国中央情报局的估计	5.6	4.9	5.1	3.0	2.3	0.6
苏联学者的估计	7.2	4.4	4.1	3.2	1.0	0.6

资料来源：A. Hewett Ed(1988): *Reforming the Soviet Economy*（《改革苏联经济》）, The Brookings Institute, 37—59。

2. 计划工作的“科学化”

苏联改善计划经济的另一项举措，是运用现代计算技术来提高计划决策的科学性和改善计划管理。直到戈尔巴乔夫（Mikhail Sergeyevich Gorbachev，1931—2022）于 1985 年接任苏共中央总书记，苏共领导人都坚持“计划化过去是、现在仍然是管理社会主义经济的主要杠杆”[①]，同时他们也允诺改进计划方法。应当说，苏联计划机关在运用现代计算技术方面的水平是不低的。它们早就不限于用实物平衡表来编制计划，而是广泛运用了各种数学模型。从 1969 年起，根据苏联计划委员会的决定，在计划工作中采用了包括原材料消耗定额、设计能力运用定额等在内的完备定额体系，加强了对企业各方面活动的定额管理。从 1976 年开始的第十个五年计划期间，又增加了对劳动消耗、工资、资金及其利用等定额的管理，还采用了苏联国家计委和各科研机构共同制定的社会生产经济效率计划指标体系。特别重要的是，1971 年苏共二十四大决定在已有的国家计算中心网和全国统一的自动化通信网的基础上建立“自动化计

① 本段主要取材于阿·瓦·巴楚林（1977）：《计划经济管理方法》，北京：生活·读书·新知三联书店，1980 年。

划计算系统”。他们认为，依靠这一系统，运用经济数学方法和通信手段编制计划和监督计划的执行，就能使计划趋于完善。这个由苏联国家计委领导的、由140多个科研机构和设计机构参加建立的信息系统，其第一期工程在1976年交付使用，第二期工程也在1980年交付使用。① 至此，苏联计划编制程序从技术上说已经尽善尽美，但是由于计划经济制度本质性的缺陷，苏联经济的运行状况非但没有任何改进，反而从20世纪70年代初开始进入长达近20年的“停滞时期”。

苏联经济的不良绩效，不仅表现为增长率的持续下降，更重要的是表现为效率的持续下降。根据苏联科学院院士阿甘别疆（Abel Gezevich Aganbegian）的计算，1961—1984年期间，苏联的全要素生产率（total factor productivity, TFP）除柯西金改革阶段获得稍有提高的较好成绩以外，一直是下降的（表1.2）。

表1.2 苏联生产率变化趋势（1961—1984） （%）

	1961—1965年	1966—1970年	1971—1975年	1976—1980年	1981—1984年
全要素生产率	0.5	1.2	–0.5	–0.9	–0.3
其中：劳动生产率	3.4	3.2	2.0	1.5	1.9
资本生产率	–3.5	–2.0	–4.0	–4.0	–3.4
土地生产率	4.4	5.6	2.9	2.7	2.8
外延增长 / 内涵增长	0.10	0.23	–0.14	–0.35	–0.11

资料来源：A. Hewett Ed (1988): *Reforming the Soviet Economy* (《改革苏联经济》), The Brookings Institute, 74。

① 金挥、陆南泉、张康琴主编:《论界联经济：管理体制与主要政策》，沈阳：辽宁人民出版社，1982年。

戈尔巴乔夫在1985年上台后，采取的第一项重振经济和收服人心的措施是，提出所谓旨在提高经济增长速度的“加速战略”。可是回避改革、谋求加速的实际结果却是非但没有使经济加速，反倒使增长率下降到零。这种情况促使戈尔巴乔夫于1987年提出改革，但对改革的目标是什么及如何改，一直没有明确可行的方案。直到1989年中期以后，才明确了要向某种市场经济体制过渡，但此时苏联领导人对大局已经失去控制，领导层陷入政治斗争。此后，虽然制订了一个又一个改革“计划”“方案”和“纲领”，但经济体制基本上原封未动，而苏联经济则一步步滑入深渊，直到最后发生经济的剧烈波动和苏维埃政权的解体。

1.4.2 南斯拉夫的“自治社会主义”改革

1948年，由苏联以及东、西欧一些国家的共产党组成的共产党和工人党情报局在斯大林的指示下将南斯拉夫共产党开除出情报局。1949年又通过《关于南斯拉夫共产党在杀人犯和间谍掌握中》的决议，号召推翻南斯拉夫领导。在极端孤立的情况下，南斯拉夫领导人为了寻求群众支持，在20世纪50年代初期首先打破了斯大林的社会主义模式，走上了独立发展“自治社会主义”的道路。

南斯拉夫改革可以大致划分为以下三个阶段：

（1）20世纪50年代初至60年代初：扩大企业自主权。虽然提出了“企业自治”的口号，南斯拉夫仍然保持着计划经济的基本框架，企业并没有做到真正的“自治”。企业扩权调动了企业领导者和职工的积极性，经济增长加速，促使南斯拉夫领导人进一步推进改革。

（2）20世纪60年代初至70年代初：实行基于“自治企业制度”的市场经济。1961年，南斯拉夫先后取消了对工资、投资、外贸、价格的计划控制，企业在选择产品结构、决定供销、进行收入分配和投资等方面获得了完全的自由，南斯拉夫经济开始活跃起来。但是，经济体制仍然存在两项重要缺陷：第一，“社会所有制”的产权制度安排模糊不清。按照南斯拉夫共产主义者联盟领导人、“自治社会主义”制度的主要设计者卡德尔（Edvardj Kardel，1910—1979）的说法，社会所有制是一种“非所有制”，“财产属于所有的人，又不属于任何人”。实际上，它是各企业在职职工的集团共有制。由于企业追求职工在职期间收入的最大化，造成了美国加州大学教授沃德（Benjamin Ward，1926—2002）著名的“伊里利亚模型”（Illyria Model）所指出的“短期行为症候群”，包括力求“少扣多分”“举债投资”及追求投资的高技术构成等。第二，市场发育不良，秩序混乱。重要的制度缺陷加上缺乏有效的宏观经济管理，很快造成了通货膨胀加剧、失业率上升和居民收入差距扩大等问题，并引起社会动荡。它使反改革的力量将这一切诿过于市场力量的扩大。

（3）20 世纪 70 年代初至 1988 年：实行“契约社会主义”。南斯拉夫共产主义者联盟领导人在 70 年代初开始采取排挤主张自由市场经济的经理人员和技术知识分子，即“专家治国主义者”（technocrats）的政策，强调加强“工人的决策权”。1974 年，宪法提出了“自治协议”和“社会契约”等概念。按照新宪法，各个商业组织之间及商业组织与政府之间的经济联系，由“自治协议”和“社会契约”来协调。其中，“自治协议”是商业组织（“联合劳动组织”）之间就价格、供货条件、信贷和投资关系等订立的契约。它被用来代替市场供求关系和价格机制。事实上，这种协议很难对订约各方有约束力。于是，南斯拉夫经济中出现了“既无计划也无市场”的混乱状态。而“社会契约”则是企业和政府之间就社会经济发展的目标和企业的财政义务等问题签订的契约。20 世纪 70 年代中期以后，各级政府广泛运用行政手段处理经济问题，它们几乎每天都要发布大量的行政法规和命令来规范经济组织的行为。“契约社会主义”把市场力量和行政权力奇怪地结合起来。南斯拉夫经济学家巴伊特（Aleksander Bajt，1921—2000）认为它“在某种程度上类似于封建式的经济管理”[①]。这不但造成了经济的低效率和社会的不稳定，而且共和国和自治省权力的扩大，强化了行政性分权的倾向，割裂了国内市场，造成了一种被称为“多中心国家主义”的状况。到 20 世纪 80 年代，南斯拉夫终于陷入严重的经济和政治危机。

1.4.3 匈牙利的“新经济机制”

在一位老资格的共产党领导人卡达尔（Janos Kadar，1912—1989）的领导下，匈牙利从 1968 年 1 月 1 日开始了建立“新经济机制”的改革。受到东欧“市场社会主义”思潮把计划和市场的优点结合起来的思想的影响，匈牙利的“新经济机制”并没有取消计划体制，而只是用政府对企业的间接控制体系代替了直接干预，严整的计划体系缓慢地解体。“新经济机制”具有如下特点：短期经济决策由企业按照盈利最大化的要求，根据市场情况来决定；而有关将会产生重大影响的发展和结构调整计划，有关消费品价格中的优惠补贴政策及有关公共服务原则的决策，则由中央计划机关作出。具体地说：

（1）最重要的建设项目由中央计划规定，并由国家投资完成，其他投资项目由中央和企业形成综合决策，共同分担投资；

① 参阅巴伊特（1985）：《南斯拉夫经济体制改革经验》，中国社会科学院经济研究所发展室编：《中国的经济体制改革——巴山轮“宏观经济管理国际讨论会”文集》，北京：中国经济出版社，1987 年，第 72—82 页。

（2）市场价格和固定价格并存，1987 年以后市场价格才在商品市场的价格体系中占主导地位，要素价格则始终没有放开，金融压制仍然存在；

（3）工资和奖金增长幅度与企业盈利挂钩；

（4）逐步放宽了对非国有小企业的限制，同时允许在有限的范围内成立小型私有企业，但仍然不允许建立大的私有企业；

（5）进口仍受许可证限制。

匈牙利的上述改革没能克服原有的体制缺陷，也未能防止建立在这种经济体制基础上的政治体制的崩溃，但它使匈牙利得以避免严重的社会震荡，并且为比较顺利地过渡到市场经济准备了某些条件。

1.4.4 波兰走走停停的改革

20 世纪 50 年代中期，波兰完成工业化和农业集体化后，社会与经济生活中的矛盾不断滋生和加剧。1956 年，赫鲁晓夫的“解冻”之风吹进波兰。在那以后，农业合作社被解散，从此开始了走走停停的改革。但先后进行的四次改革都没有取得成功。

（1）1957—1958 年，进行了以放权让利为主的改革。由于缺乏充分的思想和组织准备，改革在 1958 年陷于停顿状态。

（2）20 世纪 60 年代中期，苏联与东欧各国的改革进入高潮，波兰国内经济矛盾加剧，波兰统一工人党领导人哥穆尔卡（Wladyslaw Gomulka，1905—1982）部署了第二次改革。这次改革同样由于缺乏充分的思想与组织准备，没有实质性的进展，经济和社会矛盾也没有得到缓解，最后导致了 1970 年 12 月群众与政府冲突的流血事件。

（3）1973 年，发动以“高速发展战略”为先导的改革。这种服务于高速增长战略的改革，不但未能从根本上触动传统体制，反而使经济生活中的矛盾与日俱增。错误的发展战略导致波兰经济在短时间繁荣之后，愈发走上了不可收拾的普遍萎缩之路，最后酿成了1980年以“团结工会”为首的工人与政府的巨大冲突，使已经岌岌可危的波兰经济走向崩溃的边缘。

（4）波兰统一工人党和政府在1980年秋组建了经济改革委员会，着手进行第四次改革的准备工作，但这次改革也未能绕过改革的许多险滩暗礁，未能挽回颓势。

1.4.5 捷克斯洛伐克半途夭折的“布拉格之春”

第二次世界大战前的捷克斯洛伐克经济发达，已经步入欧洲仅次于英国和法国的发达国家行列。但在苏联式的集中计划经济体制下，只是在恢复时期有过几年较高的增长。

1962年，捷克斯洛伐克经济陷入了危机，工人中出现强烈的不满。在这种情况下，捷共领导人任命改革派经济学家锡克（Ota Sik，1919—2004）担任副总理，主持改革方案的设计和实施。1967年1月1日正式开始进行较之匈牙利更为彻底的市场化改革，随后，群众掀起了以民主化为基调的运动来支持改革，这就是著名的1968年“布拉格之春”。捷克斯洛伐克民主运动的高涨和经济改革步伐的加快，使苏联领导集团感到恐慌。他们终于诉诸武力，于1968年8月20日派兵入侵捷克斯洛伐克，逮捕捷克斯洛伐克共产党和国家领导人，强迫签订了全盘否定改革的《莫斯科条约》，全盘恢复了中央集权的计划经济体制。在这以后，捷克斯洛伐克虽然也进行过一些小的改革，但直到1989年政治体制崩溃，始终没有重大突破，也未能挽回经济和政治的颓局。

1.4.6 小结

苏联与东欧国家在改革上所走过的历程，可以为我们提供一些重要的经验教训：（1）经济体系的低效率来自计划经济体制的固有制度缺陷，不对旧体制进行彻底的改革，就不可能改变这种状态。（2）任何真正的改革都是市场取向的改革，建立自由的企业制度和竞争性的市场体系是改革成功的关键。（3）改革需要以建立市场经济制度为目标进行整体设计，各项改革措施要配套进行和得到良好的实施。（4）经济改革必须在较为稳定的宏观经济和社会政治环境中进行，并得到群众的支持。

专栏 1.4 “市场社会主义”：布鲁斯的分权模式

作为波兰“市场社会主义”学派的传人，布鲁斯（Wlodzimierz Brus，1921—2007）的经济理论，对 20 世纪 70—80 年代东欧乃至中国的改革思潮有广泛的影响。

布鲁斯把经济决策划分为三个不同的层次：第一层是宏观经济决策，它涉及的是整个国民经济的战略问题；第二层是企业经常性决策，它涉及的是单个企业生产什么、生产多少、为谁生产等微观问题；第三层是个人经济决策，它涉及的是个人的职业选择和对消费品的选择等。根据这三类决策的集中和分散程度的不同，布鲁斯把不同的经济运行模式划分为四种：（1）三层决策都是集中化的模式，如战时共产主义的经济体制；（2）第一层决策和第二层决策是集中化的，第三层决策是分散化的，称为“集权模式”，即苏联模式；（3）第一层决策是集中化的，第二层和第三层决策是分散化的，称为“分权模式”（又称“含有可调节市场机制的中央计划经济模式”）；（4）三层决策全部是分散化的，这种模式以完全自由放任的经济为背景。布鲁斯认为，第一和第四两种模式绝不可取，只能在第二种或第三种模式之间进行选择，他主张实行“分权模式”。

布鲁斯指出，集权模式具有能够强制动员资源、允许迅速行动、拥有高度选择能力的优点，但同时也带有诸如不讲求经济效果、缺乏责任制等许多弊端。如果说在有大量闲置资源的条件下采用这种模式，得失还可以相抵，到了资源紧缺、需要转向内涵增长时，它的缺陷就远远超过了优点。

布鲁斯主张把计划与市场结合起来，实行“分权模式”。在这种模式中：（1）宏观经济活动由中央政府决策，中央政府的职能有二：一是制定生产资料的价格；二是分配由国有生产资源所产生的社会所得（地租和利润），并进行投资决策。国家通过宏观决策为企业以至个人的活动划定范围，并运用价格、工资、信贷、税收等“经济参数”使企业的经济活动符合国家的要求。（2）企业层次的决策由企业根据市场和自身盈利最大化的要求做出。企业之间通过市场保持买卖双方的自由合同关系。（3）最低的层次是家庭，它们可以自由地决定自己的工作和支配收入。

在布鲁斯看来，“分权模式”既在国家的调节下充分利用了市场机制，又保持了国民经济发展的计划性。“在分权模式中利用可调节的市场，并不是不要计划，而是要利用市场机制来完善它。在这里，市场机制并不是一种使生产和交换服从于自发过程的工具，而是使个别企业的活动服从于表现在计划中的社会偏好的工具。”

布鲁斯在1968年退出波兰统一工人党和1972年移居英国以后，他的思想发生了很大的变化。在他晚年的著作中，布鲁斯批判了自己想用市场手段增强计划经济的想法，转向完全的市场取向改革。他说，我们“力图把宏观经济的集中计划同市场调节下国有企业的自主权融合在一起”，但是，“这一折衷方法在理论上是不能成立的，如果市场化是变化的正确方向，那就应当始终如一地走下去”。

根据布鲁斯和拉斯基（1991）《从马克思到市场》（上海：上海三联书店，1998年）等资料编写。

1.5 中国计划经济体制的建立和改革问题的提出

1.5.1 集中计划经济体制在中国的形成

在1949年获得全国胜利以前，中国共产党的政治纲领是根据毛泽东（1893—1976）在1940年的《新民主主义论》中提出并由1945年中共七大确立的中国革命分“两步走”的思想制定的。这就是说，在夺取政权以后，第一步先建设新民主主义社会，实现由农业国到工业国的转变；第二步再实现由新民主主义社会到社会主义社会的转变。在民主革命取得胜利以后建立的新民主主义经济，就是在以国有经济为领导和在“节制资本”[①]原则的指导下允许私人资本主义存在的混合经济。[②]

毛泽东在1945年中共第七次全国代表大会的政治报告《论联合政府》中，对《新民主主义论》的许多观点做了进一步阐明。他在对

① “节制资本”来自1924年国共合作的国民党第一次全国代表大会宣言：“凡本国人及外国人之企业，或有独占的性质，或规模过大为私人之力所不能办者，如银行、铁道、航路之属，由国家经营管理之，使私有资本制度不能操纵国民之生计，此则节制资本之要旨也。”

② 毛泽东（1940）：《新民主主义论》，《毛泽东选集》第二卷，北京：人民出版社，1991年，第662—711页。

这个报告做进一步解释时指出："这个报告与《新民主主义论》不同的，是确定了需要资本主义的广大发展，又以反专制主义为第一……资本主义的广大发展在新民主主义政权下是无害有益的……"[①]

1948年9月的中共中央政治局扩大会议和1949年3月的中共七届二中全会重申了中国建设新民主主义政治制度和新民主主义经济制度的纲领。[②]虽然随着胜利的临近，毛泽东向党的领导干部"点明资产阶级民主革命完成之后，中国内部的主要矛盾就是无产阶级和资产阶级之间的矛盾"[③]，他对何时才开始向社会主义过渡估计得比较长远。在他的副手刘少奇（1898—1969）讲到民主革命胜利后不应过早地采取社会主义的政策，为了建设新民主主义经济，共产党至少可以和资产阶级"搭伙10年至15年"时，毛泽东补充说："到底何时开始全线进攻？也许全国胜利后还要15年。"[④]

1949—1952年间，中共领导按照"三年准备、十年建设"，然后采取适当步骤向社会主义过渡的设想部署工作。[⑤]1949年9月，中国人

① 毛泽东（1945）：《对〈论联合政府〉的说明》，《毛泽东文集》第三卷，北京：人民出版社，1996年，第272—279页。

② 毛泽东（1949）：《在中国共产党第七届中央委员会第二次全体会议上的报告》，《毛泽东选集》第四卷，北京：人民出版社，1991年，第1424—1439页。

③ 毛泽东（1948）：《在中共中央政治局会议上的报告和结论》，《毛泽东文集》第五卷，北京：人民出版社，1996年，第131—150页。

④ 薄一波：《若干重大决策与事件的回顾》上卷，北京：中共中央党校出版社，1991年，第46—66页。

⑤ 1951年5—7月，刘少奇根据毛泽东的意见，先后向中共党内高级干部全面阐述了"三年准备、十年建设"的指导思想。参阅刘少奇：《"三年准备、十年建设"》《春耦斋讲话》，中共中央文献研究室编：《刘少奇论新中国经济建设》，北京：中央文献出版社，1993年，第178—210页。

民政治协商会议讨论具有临时宪法性质的《共同纲领》时，有的民主人士建议文件中要提到社会主义，共产党的领导人也没有接受，而是把工人阶级、农民阶级、城市小资产阶级和民族资产阶级在共产党领导下的大团结表现在中华人民共和国的国旗——五星红旗上。[①]在那以后，不但刘少奇等领导人要求不要“过早地限制私人资本主义”[②]，毛泽东本人也告诫各级党政领导干部绝不可以“四面出击”“树敌过多”。[③]

在这样的背景下，中华人民共和国成立之初建立的经济体制自然不会是苏联式的计划经济，而是某种政府主导的市场经济。在这样的体制下，即使国有企业的营运，也是市场导向的。

到了 1952 年，当土地改革结束和朝鲜停战谈判开始以后，党和政府的方针发生了重大变化。1952 年 6 月 6 日，毛泽东在对中共中央统战部的一份文件批示中重提“中国内部的主要矛盾即是工人阶

① 见五星红旗设计人曾联松的设计寓意说明。转引自王兴东：《曾联松，让我读懂五星红旗》，《光明日报》，2009 年 10 月 17 日。

② 刘少奇在中共七届二中全会时即提出了这一主张，进北京以后，又在 1943 年四五月间的“天津讲话”和 5 月 31 日为中共中央起草的《关于对民族资本家政策问题致东北局电》等文件中重申了这一观点，批评超越新民主主义的“左”的错误。见薄一波前引书，第 46—66 页；《刘少奇年谱》下卷，北京：中央文献出版社，1996 年，第 211—213 页。

③ 毛泽东（1950）：《不要四面出击》，《毛泽东选集》第五卷，北京：人民出版社，1977 年，第 21—24 页。和刘少奇不同的是，毛泽东的这一指示只是策略性的，而不是战略性的。他后来解释说：“一九五〇年，我在三中全会上说过，不要四面出击。那时……农民还没有完全站到我们这边来，如果就向资产阶级开火，这是不行的，后来实行土地改革，特别是把农民组织到农业生产合作社里来，这就会使资产阶级最后地孤立起来，便于最后地消灭资本主义。在这件事情上，我们是很没有良心哩！马克思主义是有那么凶哩，良心是不多哩，就是要使帝国主义绝种，封建主义绝种，资本主义绝种，小生产也绝种。”见毛泽东（1955 年）：《农业合作化的一场辩论和当前的阶级斗争》，同上书，第 198 页。

级与民族资产阶级的矛盾”，并且着重指出“不应再将民族资产阶级称为中间阶级”。[1] 9月24日，他在中共中央书记处的一次会议上提出：“我们现在就要开始用10年到15年的时间基本上完成到社会主义的过渡，而不是10年或者以后才开始过渡。”1953年6月15日，他在中共中央政治局会议上正式提出“过渡时期总路线”，同时批评了刘少奇“确立新民主主义的社会秩序”的方针，说那是一种“右倾机会主义的观点”。[2]

1953年8月，过渡时期总路线被正式确立为全党都必须遵循的路线：“从中华人民共和国成立，到社会主义改造基本完成，这是一个过渡时期。党在这个过渡时期的总路线和总任务，是要在一个相当长的时期内，基本上实现国家工业化和对农业、手工业、资本主义工商业的社会主义改造。这条总路线，应是照耀我们各项工作的灯塔，各项工作离开了它，就要犯右倾或‘左’倾的错误。”[3]中共中央批准的中共中央宣传部《过渡时期总路线宣传提纲》指出：“这条总路线的实质，就是使生产资料的社会主义所有制成为我们国家和社会的唯一的经济基础。”[4]

① 毛泽东（1952）：《现阶段国内的主要矛盾》，《毛泽东文集》第六卷，北京：人民出版社，1999年，第231页。

② 毛泽东（1953）：《批判离开总路线的右倾观点》，《毛泽东选集》第五卷，北京：人民出版社，1977年，第81—82页；毛泽东（1953年6月）：《在政治局会议上的讲话提纲》，《建国以来毛泽东文稿》第四册，北京：中央文献出版社，1990年，第251页。

③ 毛泽东（1953）：《党在过渡时期的总路线》，《毛泽东选集》第五卷，北京：人民出版社，1977年，第89页。

④ 中共中央宣传部（1953）：《为动员一切力量把我国建设成为一个伟大的社会主义国家而斗争——关于党在过渡时期总路线的学习和宣传提纲》，《社会主义教育课程的阅读文件汇编》（第1编）上册，北京：人民出版社，1957年，第341—374页。

1953年10月15日，毛泽东在与陈伯达（1904—1989）、廖鲁言（1913—1972）谈话时，点明总路线的要旨在于“解决所有制的问题”：扩大国有制，将私人所有制改变为集体所有制和国有制，“这才能提高生产力，完成国家工业化”。[①]接着，他在中共中央书记处的会议上正式提出消灭资产阶级、消灭资本主义工商业的要求。[②]

1955年7月，毛泽东在中共中央召开的省、市、自治区党委书记会议上所作《关于农业合作化问题》的报告中提出，农村中合作化的社会改革的高潮即将到来，同时不点名地严厉批评主张合作化不能太快的中共中央农村工作部部长邓子恢（1896—1972）犯了“右倾错误”。随即在全国范围内开展了“反右倾机会主义”和加速农业合作化的运动。[③]然后只用了大约一年的时间便废除了农民的个体私有制，将农民的家庭农场合并为农业生产合作社。随后又在1958年的“大跃进”运动中将农业生产合作社合并为“政企合一”“工农商学兵五位一体”的“大社”，即“人民公社”。

个体农民的消失，使私人工商业也失去了存在的理由。[④]毛泽东

① 毛泽东（1953）：《关于农业互助合作的两次谈话》，《毛泽东文集》第六卷，北京：人民出版社，1999年，第298—301页。

② 毛泽东改变原来观点和提出“过渡时期总路线”的过程，见薄一波：《若干重大决策与事件的回顾》上卷，北京：中共中央党校出版社，1991年，第64—65、213—230页。

③ 中共中央文献研究室编：《毛泽东年谱（1949—1976）》第2卷，北京：中央文献出版社，2013年，第409—412页。

④ “实现粮食统购统销，割断了农民同市场的联系。”“到1954年底，全国公私合营工业的户数有1 700多户……这时，实行公私合营的主要是大中型企业，剩下来的小型和比较落后的中型企业处境困难……与国营、公私合营企业剧烈竞争的企业确实难以生存了。因此，他们愿意实行全行业的公私合营。”“随着农业合作化高潮的到来，资本主义工商业也掀起了全行业公私合营的高潮。”见薛暮桥：《薛暮桥回忆录》，天津：天津人民出版社，1996年，第218—222页。

在1955年10月召集全国工商联执委会成员座谈私营工商业的改造，号召工商业者"准备共产"，即实现国有化。[①]在这样的环境下，工商业资本家纷纷提出申请，要求国家用"全行业公私合营"的形式对自己实行"社会主义改造"。

虽然1953年提出的过渡时期总路线计划用15年甚至更长一点时间实现"社会主义改造"的任务，但实际上这一任务仅仅用了不到3年的时间，便完全实现了。1955年以后，国家所有制和准国有的集体所有制成为国民经济的唯一基础，并在这种所有制基础上全面建立了苏联式的集中计划经济体制。

在中华人民共和国成立后急速地由新民主主义转向社会主义，对于毛泽东而言，是早在新中国成立以前就已经有所谋划的，而对于多数人，包括一些党的高级干部来说，却没有足够的思想准备。它之所以能够在短短一两年中顺利实现，其主要原因是：

（1）从意识形态层面看，仿效苏联的榜样，废除私有财产和市场制度，在国有制的基础上建立以高度集中的行政协调为特征的计划经济，在很长时期中曾经被认为是社会主义的天经地义。中华人民共和国成立后，"苏联专家"以斯大林的政治经济学对中国经济学教育进行了全面改造，使其成为唯一通行的经济学理论。按照这种理论，建立集中计划经济体制被认为是理所当然的事情。

（2）从国际背景说，朝鲜战争爆发以后，面对西方国家的封锁和包围，加强国防力量被提到中国领导人议事日程的首位。为此，中国领导人选择了集中动员和配置资源的制度安排，以便把有限的

---

① 毛泽东1955年10月27日和29日同工商界代表人物的两次对话，见中共中央文献研究室编：《毛泽东文集》第六卷，北京：人民出版社，1999年，第488—503页。

资源运用到以军事工业为核心的重化工业中去。

（3）承受了100年半殖民地屈辱的中国人普遍怀有赶超西方发达国家的强烈愿望。这使中国领导人认为仿效苏联的榜样，建立集中计划制度，以便充分动员和集中使用人力、物力、财力，在很短的时间内实现工业化的计划能够得到民众的支持。

（4）中国长时期以来是一个小农充斥的国家，“行政权力支配社会”形成牢固的历史传统。中华人民共和国成立以后，毛泽东依靠自己在长期革命战争中形成的崇高威望，建立了在自己领导下的全能政府。[①] 这是中国能够在短短几年内完成社会主义改造和施行计划经济制度的政治基础。

1.5.2 中国改革问题的提出

中国经济在1951—1955年的迅速恢复和稳定增长，赢得了普遍的赞誉。但是，在20世纪50年代中期，集中计划经济体制刚刚全面建立，就遭到众多的批评。在混合经济条件下具有比较大自主权的国有企业，这时变成了上级行政管理机关的附属物，人、财、物，供、产、销全都由国家计划决定，失去了生机与活力。同时，工商业的服务质量下降，消费者啧有烦言。

1956年秋季和1957年春季正是毛泽东提倡“百花齐放、百家争鸣”的时期，政治环境比较宽松，学术讨论相当活跃，一些经济学家对计划经济模式提出了尖锐的批评。其中一位著名的代表人物是

① 全能主义（tatalism）是芝加哥大学和北京大学教授邹谠提出来的一个概念。见邹谠：《中国二十世纪政治与西方政治学》，《经济社会体制比较》，1986年第4期。3B说所说的“全能主义”的含义，与西方政治学中所说的“极权主义”（totalitarianism）不同，是指运用强有力的政治组织控制社会生活的各个领域以便改造或重建社会这样一种状态。

当时任国家统计局副局长的孙冶方（1908—1983）。

孙冶方在自己的工作中深切地感受到了集中计划经济的弊病，因此他以1956年的《把计划和统计放在价值规律的基础上》和《从“总产值”谈起》[①]两篇论文为开端，把批判的锋芒指向这种僵硬无效的经济体制，并开始构建自己的社会主义经济模式。

孙冶方作为从一开始就接受苏联的政治经济学教育的经济学家，对马克思主义的计划经济理论模式仍然深信不疑。但是，在解决现实问题时，他的许多政策主张倾向于更多地发挥市场（“价值规律”）的作用。这样，他的经济学理论体系也存在着深刻的内部矛盾：一方面，他反对“自然经济论”，提出“千规律、万规律、价值规律第一条”等精辟主张；另一方面，他反对社会主义条件下存在市场作用的“商品经济论”，并且说自己讲的“价值规律”不是指市场规律，而是指社会平均必要劳动量决定商品价值量的规律。

孙冶方根据他的社会主义经济理论，提出应当“提高利润指标在计划经济管理体制中的地位”[②]。以此为主线，孙冶方设计了自己的社会主义经济模式。这个模式的要点，用他自己的话来说，是以资金量为标准，“大权独揽、小权分散”。所谓大权，是指资金量扩大再生产范围内的决策；所谓小权，是指原有资金量上的简单再生产范围内的决策。前一类决策由政府做出；后一类决策则根据价值规律，由企业自行决定。换句话说，孙冶方模式的特点，是在保持国家所有制和国家对企业供销关系的计划管理的条件下，给予企业在日常决策（“简

① 见孙冶方：《孙冶方选集》，太原：山西人民出版社，1984年，第117—146页。

② 孙冶方（1961）：《关于全民所有制经济内部的财经体制问题》，《孙冶方选集》，太原：山西人民出版社，1984年，第367页。

单再生产”决策）上的较大自主权。从这里可以看到，孙冶方模式和布鲁斯市场社会主义的“分权模式”在实质上是相同的。

虽然孙冶方只是在核算工具的意义上强调价值规律和利润指标的重要性，但是这仍然使他成为中国自 20 世纪 60 年代中期开始的对“修正主义”大批判的第一位受害的经济学家，被当时主管意识形态的康生（1898—1975）称为“比利别尔曼还利别尔曼的修正主义者”。

当时，对问题看得更为深刻的是在中国科学院经济研究所工作的另一位经济学家顾准（1915—1974）。他在 1956 年就指出，社会主义经济的问题是废除了市场制度。因此，为了提高效率，社会主义可以选择的经济体制，是由企业根据市场价格的自发涨落来做出决策。[①] 换句话说，应当让市场力量在资源配置中起决定性的作用。遗憾的是，这在当时并没有引起仍然拘囿于传统社会主义经济学褊狭见解之中的大多数经济学家的注意。不久以后，顾准被划为“资产阶级右派分子”，他的学术观点更被断定为异端邪说，从此湮没无闻了。不过，无论如何，顾准仍是中国改革理论发展史中提出市场取向改革的第一人。

面对前述的经济情况，党和政府的领导人作出了反应。作为经济工作主要负责人的陈云（1905—1995）提出，要对经济政策做出若干调整，形成一种“三为主、三为辅”的社会主义经济格局，也就是：（1）在工商经营方面，国家经营和集体经营是工商业的主体，但是附有一定数量的个体经营，这种个体经营是国家经营和集体经营的补充；（2）在生产计划方面，计划生产是工农业生产主体，按照市场变化而在计划许可范围内的自由生产是计划生产的补

① 顾准（1956）：《试论社会主义制度下的商品生产和价值规律》，《顾准文集》，贵阳：贵州人民出版社，1994 年，第 32 页。

充；（3）在社会主义的统一市场里，国家市场是它的主体，但是附有一定范围内国家领导的自由市场，这种自由市场在国家领导之下，作为国家市场的补充。[①] 陈云的这一思想后来被概括为“计划经济为主、市场调节为辅”，在 1976 年以后的中国经济改革目标讨论中有着重要的影响。

更加重要的，是毛泽东对改革苏联式集中计划经济提出的指导性意见。1956 年初，中国领导人为预定在 1956 年 8 月举行的中国共产党第八次全国代表大会做准备，对第一个五年计划前几年的工作进行了总结。人们普遍认为，20 世纪 50 年代中期建立起来的这一套经济体制，虽然能够高强度地动员资源，集中用于政府所关注的重点建设，使以重工业和军事工业的增长为核心的工业化能够较快地进行，但也有不少缺陷需要消除。当时对传统体制弊病的认识，集中地反映在 1956 年 4 月毛泽东在中央政治局的讲话《论十大关系》中。毛泽东认为，这一体制的弊病主要在于“权力过分集中于中央”，管得过多，统得过死。[②] 因此，改革现有体制的根本措施在于向下级政府和企业下放权力。根据毛泽东提出的方针，中共八大一次会议决定进行“经济管理体制改革”。在改革中，对毛泽东提出的方针又做了一些修正，把重点放到了在各级行政机关之间权力和利益的划分上，形成了“行政性分权”的改革思路。按照这种思路，中国在 1958 年开始了“经济管理体制改革”（详见第 2 章 2.1 节）。

① 陈云（1956 年 9 月）：《社会主义改造基本完成以后的新问题》，《陈云文选（1956 ～ 1985）》第三卷，北京：人民出版社，1986 年，第 1—13 页。

② 毛泽东（1956 年 4 月）：《论十大关系》，《毛泽东选集》第五卷，北京：人民出版社，1977 年，第 272—276 页。

专栏 1.5　毛泽东的《论十大关系》

为准备 1956 年秋季召开的中国共产党第八次全国代表大会，毛泽东继刘少奇之后在当年 2—5 月听取了 34 个部委和若干省（自治区、直辖市）的工作汇报。各部委和各地方在汇报中反映出来的全局性问题主要有农业、轻工业和重工业的比例关系，沿海工业和内地工业的关系，国防工业建设的规模和速度问题，国家、集体、个人的权利、责任、利益分配关系，中央和地方的关系，以及今后还要不要学苏联和怎样学等问题。

汇报结束后，中共中央政治局反复进行了讨论。政治局会议认为，新的世界大战短时间内打不起来，可能出现十年或更长一点的和平时期。基于这种分析，毛泽东提出要把常规兵器工业的步子放慢，重点加强冶金、机械和化学工业。此前，刘少奇在听取汇报时也提出过，要重视发展轻工业和农业，重视发挥沿海工业的潜力，重视发挥地方的积极性，重视发挥技术人员的作用，学习苏联应该有所学有所不学。这些观点对毛泽东后来提出处理十个重大关系的方针也产生了重要的影响。

1956 年 4 月底到 5 月初，毛泽东在中共中央政治局扩大会议和最高国务会议上先后两次论述了以下十大关系：

重工业和轻工业、农业的关系，要适当增加对轻工业和农业的投资比例；沿海工业和内地工业的关系，在和平时期，要注重发展沿海工业；经济建设和国防建设的关系，要适当降低军政费用的比重；国家、生产单位和生产者个人的关系，三者的利益关系必须同时兼顾；中央和地方的关系，要扩大一点地方的权力，给地方更多的独立性，发挥地方的积极性；汉族和少数民族的关系，要着重反对大汉族主义，同时也要反对地方民族主义；党和非党的关系，共产党和民主党派要长期共存、互相监督，要反对官僚主义，精简党政机构；革命和反革命的关系，要改造反革命，化消极因素为积极因素；是非关系，对犯错误的同志采取“惩前毖后，治病救人”的方针；中国和外国的关系，要学习一切民族和国家的长处，但是要有分析有批判地学，不能盲目地学，不能一切照抄照搬。

毛泽东在《论十大关系》讲演中提出的处理“国家、生产单位和生产者个人的关系”以及“中央和地方的关系”的方针，成为之后中国“经济管理体制改革”的指导思想。

根据毛泽东《论十大关系》和薄一波《若干重大决策与事件的回顾》编写。

第 2 章　中国改革战略的演变

1956 年的中共八大提出进行经济管理体制改革，开始了中国经济改革的长征。在之后半个多世纪的改革过程中，中国先后采取多种措施对集中计划经济体制进行变革。这些措施以不同的经济理论和改革思路为背景，往往方向各异，有时甚至相互矛盾。而且，各个阶段的多种改革措施相互穿插：前一阶段施行的改革中往往蕴含后一阶段主要改革措施的某些萌芽；后一阶段施行的改革，又常常保留前一阶段改革的某些遗产。如果按照具体事件发生的历史顺序对这些改革措施逐一进行讨论，就不免由于头绪纷繁而难以进行深入分析。

有鉴于此，本章以主要的改革措施为标志，将中国经济改革的历程划分为以下三个阶段，然后对这些改革措施的利弊得失，以及这种措施背后的改革思路做出分析。（1）1958—1978 年：行政性分权，改革的重点是中央政府向下属各级政府放权让利。（2）1979—1993 年：增量改革，改革主要在国有部门以外的经济领域中推进，并以民营经济的成长壮大来支持和带动整个国民经济的发展。（3）1994 年至今：整体推进，以建立市场经济体系为目标进行全面改革。

2.1 行政性分权（1958—1978）

1957 年，中国政府根据中共八大一次会议的决定（见第 1 章 1.5.2 节），制定了以向各级地方政府放权让利为主要内容的改革方案，并从 1958 年初开始了“体制下放”。由“体制下放”和农村的“人民公社化”所形成的地方分权型的命令经济体制就成为毛泽东在 1958 年发动的“大跃进”运动的制度基础。

2.1.1 “体制下放”方针的确定

1958 年经济管理体制改革的重点是向各级地方政府放权让利。这一方针与毛泽东在《论十大关系》中提出的向地方、生产单位和生产者个人放权让利的原意不完全符合，后面两种放权让利退居到微不足道的地位。其中的原因，主要是 1957—1958 年国内的政治事态发生变化，使得向国有企业和职工放权让利变得“政治上不正确”了。

第一，关于向国有企业放权让利。在 1956 年的中共八大以前，不少经济领导部门的官员和国有企业的领导者曾经怀着很大的兴趣研究南斯拉夫的“企业自治”试验，希望中国能够有所借鉴。刘少奇代表中共中央委员会向中共八大所作的政治报告也提出，国有企业应当“在计划管理、财务管理、干部管理、职工调配、福利设施等方面，有适当的自治权利”。[①] 在这种思想的指导下，1956 年末到 1957 年初由国家经济委员会组织的“全国经济管理体制调查”，突出地反映了企业要求扩大企业自主权的呼声。然而从 1957 年开始，中共对南斯拉夫共产联盟“自治社会主义”的批判逐步升级，扩大企业自主权的问题自然从中共的改革纲领中被删除。

① 刘少奇（1956）：《中国共产党中央委员会向第八次全国代表大会的政治报告》，北京：人民出版社，1956 年。

第二，关于向生产者个人放权让利。毛泽东《论十大关系》中关于要向生产者个人放权让利，以便“调动”他们的“积极性”的思想，是和其他社会主义国家在“非斯大林化”[①]过程中加强对国有企业职工的物质刺激的思想潮流相一致的。1956年初，赫鲁晓夫激烈批评斯大林的经济政策时，也提出了加强“物质刺激”的主张。毛泽东本人历来主张用“精神刺激”而反对用“物质刺激”来激发劳动者的积极性。1957年，中共和苏共之间在对待斯大林主义的问题上的分歧已经露出端倪。同时，“反右派”运动后期，更把“个人主义”定性为“右派反党反社会主义的思想根源”，要求人们“斩断名缰利锁”。此时，通过对劳动者个人的“物质刺激”来“调动积极性”，就明显地与主流的意识形态相冲突了。

在这样的政治环境下，放权让利就只能以各级地方政府为对象。这样，向各级地方政府下放权力和与此相联系的利益，就成为1958年改革的基本内容，而“体制改革”也就被定义为“体制下放”。这种改革思路对中国以后的经济体制和经济发展产生了深远的影响。

2.1.2 “体制下放”的实施

1957年9月召开的中共八届三中全会，是发动“大跃进”运动的一次会议，同时也是开始“经济管理体制改革”来“为跃进运动准备体制基础”的一次会议。这次会议原则通过了在中央经济工作五人小组组长陈云的领导下起草的《关于改进工业管理体制的规定》《关于改进商业管理体制的规定》和《关于划分中央与地方对财政管理权限的规定》，并将这三个规定草案提交给全国人民代表大会常

① 以1956年2月24日赫鲁晓夫在苏共二十大上发表《关于个人迷信及其后果》的报告开始，苏联开始全面清算斯大林的“非斯大林化”运动。

务委员会审议通过。这三个文件总的精神，就是向各级地方政府放权让利，以便进一步发挥地方和企业的主动性和积极性，因地制宜地完成国家计划。接着，全国人大常委会批准了这些规定，决定自1958年起施行。

1958年的“体制下放”主要包括以下几方面的内容：

1. 下放计划管理权

中共中央在1958年9月发布《关于改进计划管理体制的规定》，要求将原来由国家计委统一平衡、逐级下达的计划管理制度改变为“以地区综合平衡为基础的、专业部门和地区相结合的计划管理制度”，以地区为主，自下而上地逐级编制和进行平衡，使地方经济能够“自成体系”。这份文件规定，地方政府可以对本地区的工农业生产的计划指标进行调整；可以对本地区内的建设规模、建设项目、投资使用等进行统筹安排；可以对本地区内的物资调剂使用；可以对重要产品的超产部分，按照一定分成比例自行支配使用。

2. 下放企业管辖权

1958年4月11日，中共中央和国务院发布《关于工业企业下放的几项规定》，提出将国务院各主管部门所管理的企业，除极少数重要的、特殊的和试验性的企业仍归中央继续管理外，一律下放给地方政府管理。6月2日中共中央发出通知，要求国务院各部门在6月15日以前将应当下放的企业和事业单位下放完毕。这样，原中央各部委所属的企业和事业单位，有88%下放到各级地方政府，有的还下放到街道和公社；中央直属企业的工业产值占整个工业产值的比重，由1957年的39.7%下降为1958年的13.8%。[①]

① 转引自周太和等（1984）：《当代中国的经济体制改革》，北京：中国社会科学出版社，1984年。

3. 下放物资分配权

一是减少由国家计委统一分配的物资（“统配物资”或称“一类物资”）和由国务院各部管理的物资（“部管物资”或称“二类物资”）的品种和数量。1959 年，统配、部管物资由 1957 年的 530 种减少到 132 种，其余下放给各省、直辖市、自治区管理。二是对保留下来的统配、部管物资，也由过去的中央“统配”改为各省、自治区、直辖市“地区平衡，差额调拨”，中央只管各地区之间供需差额的平衡和调出调入。三是在供应方面，除铁道、军工、外汇、国家储备等少数部门外，不论中央企业还是地方企业所需物资，都向所在省、自治区、直辖市申请，由地方政府的计划机关负责分配和调拨。

4. 下放基本建设项目的审批权、投资管理权和信贷管理权

对于地方兴办的限额以上项目，只需将简要计划任务书报请国家计委批准，其余的设计文件和预算文件一律由地方审批；限额以下的项目，完全由地方自行决定。1958 年 7 月，进一步决定对地方建设项目实行投资“包干”制度，即改变其建设投资一律由国家拨款、专款专用的办法，允许地方政府在中央下拨的资金和地方自筹的资金总额的范围内兴办各种事业。同时，改变原来高度集中的信贷制度，实行“存贷下放、差额管理”的办法，下放信贷权。地方银行可以根据各地“生产大上”的要求，“需要多少就贷多少，什么时候需要就什么时候贷”。

5. 下放财政权和税收权

为了增加地方的财力，扩大地方政府的财权，决定实行“包干制”。具体办法是：将中央与地方间的财政收支划分从“以支定收、一年一变”改为“以收定支、分级管理、分类分成、五年不变”；把

城市房地产税、文化娱乐税、印花税等7种税收划为地方固定收入；对商品流通税、货物税、营业税、所得税等大宗税收，实行中央与地方收入分成；改变中央企业利润地方不分成的办法，实行中央企业20%的利润由所在省（自治区、直辖市）的地方政府分成。同时，给予地方政府广泛的减税、免税和加税的权限。

6. 下放劳动管理权

改变劳动用工计划由国家计划委员会统一制定、层层下达的做法，各地招工计划经省、自治区和直辖市确定以后即可执行。

1958年的改革虽然把向企业放权让利从公开纲领中删除，但实际上也采取了一些向企业放权让利的措施，它们包括：（1）减少指令性计划指标，将国家计委层层下达给工业企业的指令性指标由12项减为主要产品产量、职工总数、工资总额、利润等4项；（2）将原来分不同行业按一定比例从利润中提取少量“企业奖励金”（厂长基金）的制度①，改为一户一率的“全额利润留成”制度②；（3）扩大了企业的人事安排权，除企业主管人员和主要技术人员外，其他一切职工均由企业负责管理，企业还有权在不增加职工总数的条件下自行调整机构和人员；（4）部分资金可以由企业调剂使用，企业有

---

① 在这一制度下，企业完成了总产值、利润和利润上交指标后，就可以按国家给自己所属部门规定的比例从计划利润和超计划利润中提取不低于工资总额4%的企业奖励金，但企业奖励金总额不能超过工资总额的10%。

② 企业利润留成比例，以主管部为单位计算。以第一个五年计划期间提取的企业奖励金、财政拨付的技术改造措施、零星基本建设等“四项费用”，再加上40%的超计划利润留成，除以同一时期内实现的利润总额，即为该部今后的利润留成比例。留成比例确定后五年不变。主管部在本系统留成所得总额范围内，根据各企业的具体情况，分别确定它们的留成比例。

权增减和报废企业的固定资产。

2.1.3 “体制下放”造成的经济混乱及其救治

在分权型计划经济体制的支持下，各级政府响应毛泽东“三年超英、十年超美”[①]的号召，充分运用自己调动资源的权力，大上基本建设项目，大量招收职工，无偿调拨农民的资源，来完成“钢铁生产一年翻一番”之类绝无可能实现的高计划指标。[②]结果很快爆

① 1957年11月18日，毛泽东在莫斯科社会主义国家共产党和工人党代表会议上提出：“赫鲁晓夫同志告诉我们，十五年后，苏联可以超过美国。我也可以讲，十五年后我们可能赶上或者超过英国。”[毛泽东（1957）：《在莫斯科共产党和工人党代表会议上的讲话》，《建国以来毛泽东文稿》第六册，北京：中央文献出版社，1992年，第635页。] 随着“大跃进”的进展，“超英赶美”的时间不断提前。1958年4月，毛泽东认为：“我国在工农业生产方面赶上资本主义大国，可能不需要从前所想的那样长的时间了。”“十年可以赶上英国，再有十年可以赶上美国。”[毛泽东（1958年）：《介绍一个合作社》，《建国以来毛泽东文稿》第七册，北京：中央文献出版社，1992年，第177—179页。] 1958年6月21日，毛泽东在中共中央军事委员会扩大会议上的讲话中进一步宣布：“我们三年基本超过英国，十年超过美国，有充分把握。”[薄一波（2008）：《若干重大决策与事件的回顾》下册，北京：中共党史出版社，2008年，第494页。]

② 按照毛泽东的说法，“大跃进”的两项基本内容是“以粮为纲、全面发展”和“以钢为纲、带动一切”。为了确保粮食和钢铁两位“元帅”“升帐”，在粮、钢两方面都规定了不切实际的高指标。1958年中共中央制定的《十五年社会主义建设纲要（初稿）》要求到1972年全国粮食亩产达到5 000—10 000斤（编注：1斤=500克），棉花亩产达到500—1 000斤，全国耕地实行“三三制”（1/3种农作物，1/3休闲和种植绿肥，1/3种树种草）。1958年6月，毛泽东亲自制定的钢铁生产计划是：1958年达到1 070万吨，比1957年的535万吨翻一番；1959年达到3 000万吨，首先超过英国；1962年达到8 000万吨到1亿吨。参见薄一波（2008）：《若干重大决策与事件的回顾》下册，北京：中共党史出版社，2008年，第486页。

发了各地区、各部门、各单位争夺资源的大战，“一平（平均主义）、二调（无偿调拨）、三收款”的“共产风”，导致经济秩序一片混乱。1958—1960年，固定资产投资每年平均增长39.5%；3年投资总额高达1 007.4亿元，比“一五”时期五年合计的588.5亿元还多71%。由于劳动管理权下放，1958年一年国有企业职工人数就由2 451万人增加到4 532万人，净增2 081万人，增长84.9%。1960年，职工总人数达到5 969万人，3年净增143.5%。城镇人口从1957年的9 949万人增加到1.3亿人，增加了3 000多万人。[①]

由于经济效率大幅度下降，耗费大量资源所换得的，只是一大堆虚夸数字。后来的事实证明，当时声称已完成钢铁、粮食等生产指标的“丰功伟绩”，全都是编造的。

然而，当时一些领导人仍然陶醉在自己制造的幻象之中。在食品供给出现短缺、全国性的饥荒即将爆发的时刻，毛泽东却提出“粮食多了怎么办”的问题，要求采取“休耕制”“敞开肚皮吃饭”[②]等措施来解决即将出现的粮食过剩问题。人民公社也纷纷采取了

① 见周太和等（1984）：《当代中国的经济体制改革》，北京：中国社会科学出版社，1984年，第73—75页。

② 时任国务院副总理的薄一波后来回忆说：“1958年8月4、5日，毛主席视察徐水、安国。在徐水……问粮食多了怎么办？可考虑让农民一天干半天活；另外半天搞文化，学科学，闹文化娱乐，办大学、中学。在安国提出：粮食多了，每人每年可吃六七百斤，土地实行轮作。”［薄一波（2008）：《若干重大决策与事件的回顾》下册，北京：中共党史出版社，2008年，第739页。］1958年9月16—20日，毛泽东在视察安徽舒城县舒茶人民公社时得知这个公社实行“吃饭不要钱”“敞开肚皮吃饭”以后指示说：“吃饭不要钱，既然一个社能办到，其他有条件的社也能办到。既然吃饭不要钱，将来穿衣服也就可以不要钱了。”（《吃饭不要钱以后》，《人民日报》，1958年10月8日。）

“公共食堂”“五包”“十包”[①] 等共产主义“各取所需”的分配办法。

1958 年末，这种完全脱离实际的做法的消极后果开始显现，生产下降、大批工商企业出现亏损、生活必需品供应不足，经济陷入严重困难。

面对这种严峻的局面，中共中央在 1958 年 11 月的郑州会议、政治局武昌扩大会议和 1959 年 4 月的中共八届七中全会上，要求“压缩空气”，纠正“左”的偏向。1959 年 7—8 月，中共中央在庐山召开政治局扩大会议和八届八中全会（史称“庐山会议”）。毛泽东在会议开始时提出，这次会议要进一步总结“大跃进”以来的经验，而且承认“大跃进”存在“没有搞平衡”，打乱了整个国民经济的比例关系，“‘四权’下放多了一些”等缺点。[②] 可是后来因为中共中央政治局委员彭德怀（1898—1974）致信毛泽东希望认真总结“大跃进”和人民公社化运动的经验教训，毛泽东临时决定延长会期，对彭德怀的“右倾机会主义反党活动”进行严厉的批判。由此掀起了全国范围的“反右倾运动”。整个政治气氛从“纠‘左’”转向“反‘右’”。

“反右倾运动”导致的第二次“共产风”使经济和社会状况进一步恶化。1959 年全国共生产粮食 1 700 亿千克，比 1958 年的实际产量 2 000 亿千克减少了 300 亿千克；1960 年粮食产量降到 1 435 亿千克，比 1951 年的 1 437 亿千克还低。由于在全国普遍发生饥荒的情况下封锁消息和缺乏拯救措施，城镇地区广泛出现因营养不良导致

① 所谓“五包”即包产、包工、包费用、包现金收入、包伙食供给，“十包”是指包吃、包穿、包治病、包死葬、包结婚、包教、包住、包烤火、包理发、包看戏看电影生活费用。

② “四权”指人权、财权、商权、工权。毛泽东（1959）：《庐山会议讨论的十八个问题》，《毛泽东文集》第八卷，北京：人民出版社，1999 年，第 75—82 页。

的浮肿病，农村地区则出现了大量“非正常死亡”。[①]

1960年秋季，中共中央确定了对国民经济实行“调整、巩固、充实、提高”的“八字方针”，采取坚决的措施来克服“大跃进”和“人民公社化”造成的严重经济困难。这些措施包括：

（1）1962年1月召开有中央、中央局、省（自治区、直辖市）、地、县五级干部参加的“扩大的中央工作会议”，史称“七千人大会”。刘少奇代表毛泽东和中共中央在会上表示承担错误责任以平息干部的怨气，同时要求加强团结，加强纪律，加强集中统一，做好工作，战胜困难。与此同时，恢复了以陈云为组长的中共中央财经领导小组，统管“调整国民经济”的工作。[②]

（2）根据国务院和中央财经领导小组建立比1950年统一财经时“更严更紧”的体制的要求，中央政府各部门在财政、信贷和企业管辖权等方面收回了在1958年改革中下放的权力。例如，发布了加强计划纪律的“十项规定”，对金融、财政和统计实行中央的垂直领导，还将1958年下放给地方管理的企业收回到中央，由各行业部管理。

（3）凭借这一套高度集中化的体制实行稀缺资源的再配置，主要措施是：大炼钢铁中兴建的“小土群”和“小洋群”冶炼设施全部“下马”；将“大跃进”中“招之即来”、进入城镇就业的约3 000万名农民工“挥之即去”，全部退回农村；对城市工业企业进行

① 对于“大跃进”和人民公社化后全国因饥馑而“非正常死亡”的人数，参见孙冶方：《加强统计工作，改革统计体制》，《经济管理》，1981年第2期；李成瑞：《大跃进引起的人口变动》，《中共党史研究》，1997年第2期；曹树基：《大饥荒：1959—1961年的中国人口》，《中国人口科学》，2005年第1期；杨继绳（2008）：《墓碑》，香港：天地图书有限公司，2008年。

② 关于“七千人大会”，见张素华（2006）：《变局：七千人大会始末》，北京：中国青年出版社。

"关、停、并、转"的调整。

经过几个月的调整，中国经济逐渐稳定下来，到1964年大体上恢复到1958年以前的状态。

不过人们在庆幸经济秩序恢复的同时，却发现集中计划经济的所有弊病又都卷土重来。于是酝酿再次进行改革。

但是直到1976年"文化大革命"宣告结束，由于存在社会主义只能采取行政命令配置资源这样的意识形态障碍，市场取向改革很难在政治上被接受，向地方政府下放计划权力几乎成了唯一可能的改革选择。因此，此后仍然进行过多次类似于1958年的"体制下放"。例如，1970年以"下放就是革命、下放越多就越革命"为口号的大规模经济管理体制改革，就是1958年"体制下放"的重演。当时毛泽东对国际形势的判断，是战争随时可能爆发，提出了要把对付国外敌人的大规模入侵当作压倒一切的中心任务。因此，这次下放有着明确的"准备打仗"的军事目的，即把全国划分为十个协作区，要求各协作区乃至各省（自治区、直辖市）都要建立能够适应"各自为战"需要和能够"自己武装自己"的独立完整的工业体系。这次大规模下放的结果也和1958年毫无二致。一方面，从各协作区到所有的人民公社，都掀起了大办工业，追求高速度、高指标的热潮；另一方面，各地又从本位利益出发进行争夺资源的斗争，使国民经济陷于混乱。[①] 这样，在1971年林彪出逃坠机身亡后由周恩来（1898—1976）主持的"批林整风"和1975年邓小平（1904—1997）

① 周太和等在前引书中把这次"以盲目下放为中心的经济体制的大变动"的内容和后果，概括为以下三个方面：1. "盲目下放企业，加剧了生产经营管理的混乱状况"；2. "实行财政收支、物资分配和基本建设投资的'大包干'，没有取得预期的效果"；3. "简化税收、信贷和劳动工资制度，削弱了经济杠杆的作用"（见该书，第134—146页）。

主持的“全面整顿”中都进行了经济管理体制的重新集中化。

总之，1958—1976年间的多次“体制下放”，无一例外地以造成混乱和随后重新集中告终。在“一放就乱”“一管就死”的循环下，形成了“放—乱—收—死”的怪圈。

2.1.4 对行政性分权的经济学分析

中国理论界第一个对“体制下放”思路提出批评的经济学家是孙冶方。他在1961年给中国经济工作领导人的上书中指出，经济管理体制的中心问题，不是中央与地方政府之间的权力应当如何划分，而是“作为独立核算单位的企业的权力、责任和它们同国家的关系问题，也即是企业的经营管理权问题”。在孙冶方看来，只有企业有了自主权，“才能调动其积极因素，全面地把国家交给它的担子挑起来”[①]。不过，孙冶方的这种批评，仍然是在“放权让利”以便“调动积极性”的理论框架下进行的。因此，他并没有从理论上讲清楚为什么向地方政府放权让利不能解决问题，而向企业放权让利、“扩大企业的管理权”就能提高效率。而且，在当时的情况下，即使孙冶方这种要求在计划经济的框架下扩大企业自主权的主张，也不可能被接受。所以他在提出上述观点后不久，就被当成是“修正主义分子”而受到批判和迫害。直到1976年极“左”路线的统治倾覆后，孙冶方的意见才重见天日，并为许多人所接受。

在“文化大革命”结束时，由于还没有分析清楚“体制下放”的本质和弊端所在，中国领导人虽然已经不再把“体制下放”视为改革的主线，但在那以后也不乏这方面的具体措施。例如，在财税体制方面，1980年在全国普遍推行了“分灶吃饭”的体制（详见第7章7.2.1

① 孙冶方（1961）:《关于全民所有制经济内部的财经体制问题》，《孙冶方选集》，太原：山西人民出版社，1984年，第242、286页。

节）；在宏观经济管理、货币政策的实施上，长期实行了中央和省“两级宏观调控”；在计划管理体制方面，从 20 世纪 80 年代中期起批准了一批城市为“计划单列”，使它们具有和省级政府相同的计划权力[①]；如此等等。这些做法对后来改革的进程也产生了相当大的影响。

直到 20 世纪 80 年代中期，人们才开始运用现代经济学理论去分析“体制下放”的利弊得失。在讨论中形成了两种主要的认识。

一种观点认为，“体制下放”对中国经济发展具有重要的推动作用。特别是向地方政府下放财权所导致的地区间的竞争，促进了民营企业的产生和发展。[②]在地方政府拥有某种财政独立性的情况下，地方官员为了追求本地的利益，运用手中的权力使乡镇企业得到融资、生产、销售等方面的某些保护或便利，是中国非国有企业迅速发展的重要原因。[③]张五常教授在总结中国市场化改革 30 年的论文中，对向地方政府放权让利（层层承包）给予极高的评价，认为正是由此造成的“县际竞争”促成了中国经济的迅速发展。[④]

① 曾获得“计划单列”权力的省辖城市，有沈阳、大连、长春、哈尔滨、南京、宁波、厦门、青岛、武汉、广州、深圳、成都、重庆、西安等 14 个。

② 张维迎、栗树和（1998）:《地区间竞争与中国国有企业的民营化》,《经济研究》，1998 年第 12 期。

③ 许成钢和钱颖一的《中国经济改革为什么与众不同——M 型的层级制和非国有部门的进入与扩张》（1993）一文运用企业组织结构中 U（unitary，单一制）型和 M（multi-division，多事业部）型结构的二分法指出，区别于东欧和苏联以职能和专业化“条条”原则为基础的“U 型经济结构”，中国在 1958 年以来就存在的以区域“块块”原则为基础的多层次、多地区的“M 型经济结构”，是中国改革期间非国有部门持续进入和强有力扩张的主要原因。见钱颖一:《现代经济学与中国经济改革》，北京：中国人民大学出版社，2003 年。

④ 张五常（2008）:《中国的经济制度》，http：//zhangwuchang.blog.sohu.com。

持另一种观点的经济学家对那种把“体制下放”作为改革的主线的想法和做法持批评态度。[①] 他们认为，不应当笼统地把改革的目标规定为“分权”，而应当区分性质完全不同的两种分权，即市场经济下的分权状态（“经济性分权”）和计划经济下的分权状态（“行政性分权”）[②]。能够从根本上改善经济运行状况和提高整体效率的分权只能是经济性分权，而不能是行政性分权。他们的具体论证如下：

第一，从计划经济的角度看，要使计划体制多少行得通，必要条件是在集中进行经济计算的基础上编制计划，并且中央政府有足够的权威来贯彻计划。如果不是这样，而是政出多门，按照地方的利益和长官意志配置资源，结果只会使整个经济陷于混乱。由于计划经济的资源配置方式在本质上要求集权，分权的计划经济是较之

① 参阅吴敬琏（1984）：《论城市经济改革——1984 年 8 月 2 日在沈阳市干部会议上所作报告》，《经济改革问题探索》，北京：中国展望出版社，1987 年，第 218—227 页；吴敬琏：《城市改革的关键是增强企业的活力——1984 年 9 月 15 日在上海〈世界经济导报〉星期讲演会上的报告》，《世界经济导报》，1984 年 9 月 24 日，楼继伟（1985）：《应避免继续走地方分权的道路》，吴敬琏、周小川等：《中国经济改革的整体设计》，北京：中国展望出版社，1988 年，第 204—216 页。

② 因而不得不实行重新集中化［H. F. Schurmann (1966): Ideology and Organization in Communist China(《共产主义中国的意识形态与组织》), University of California Press］。1977 年美国比较经济学家鲍恩斯坦（Morris Bornstein）在美国国会就东欧经济改革情况作证时也指出，在东欧经济改革的讨论中，所谓从中央机构向下分权有两种不同的概念：一是“行政分权”（administrative decentralization），一是“经济分权”（economic decentralization）；其中，前者的目标是改进原有的行政管理方法，使之更为有效，后者的目标则是走向有政府规制的市场经济（regulated market economy）［Morris Bornstein(1977): “Economic Reform in Eastern Europe(东欧经济改革),” in Eastern European Economies Post-Helsinki(《赫尔辛基会议后的东欧经济》), Washington D. C.: US Government Publishing Office, 1977, 102—134］。

集权的计划经济还要糟的计划经济。要摆脱“集权的计划经济就是死，分权的计划经济就是乱”这一两难境地，唯一的出路是进行市场取向的改革，建立反映资源稀缺程度的价格信息横向传输、分散决策的市场制度，使之在资源配置中起基础性作用。

第二，从建立市场制度的观点看，行政性分权的确有激励地方政府积极支持个人和企业等独立的市场主体发展的作用，因而有利于市场因素在命令经济内部产生和发展。但是由此形成了企业与当地政府关系过于紧密的体制，既会促成地方保护主义蔓延，也容易滋生腐败。①

从后一种观点看来，中国在1958年、1970年和1980年实行的行政性分权的财政体制，的确为市场关系在地区之间竞争的缝隙中成长起来提供了可能性，但另一方面，又使地方保护主义和市场割据的倾向得以滋长。到20世纪80年代中期，地区间相互封锁、分割市场以及对本地企业实行行政保护等行为已经成为形成国内统一市场（integrated market）的重大障碍。甚至有人把当时的中国经济称为“诸侯经济”。这种情况，与西欧历史上市场关系的产生颇有类似之处。在“普天之下莫非王土”的东方专制国家，至高无上的王权和不为私有财产提供保护的法律制度使市场体系很难产生和成长；而在西欧的封建制度下，市场关系却是在不同封建领地之间的缝隙

① 行政性分权造成的消极后果，在《吴敬琏集·论竞争性市场体制》中有较深入的讨论。到2001年中国加入世界贸易组织时，地区封锁和市场分割仍旧是中国国内统一市场形成的一个重大障碍。世贸组织总干事素巴猜（Supachai Panitchpakdi）曾以上海和武汉两地政府互相对对方生产的轿车征收附加许可费和销售税来保护本地生产商的事件，来说明这一问题在中国的严重程度。见素巴猜、克利福德（2002）：《中国重塑世贸：WTO总干事解读入世》，北京：机械工业出版社，2002年，第159页。

处生长出来的。然而，当市场力量增强到一定程度，为了打破市场割据，新兴的市民阶级提出了建立民族国家和统一市场的要求。因此，对于20世纪80年代中期的中国来说，打破地区封锁和形成统一市场就成为改革的一项重要任务。

2.2 增量改革（1979—1993）

1976年10月，以江青为首的“四人帮”被逮捕，“文化大革命”随即宣告结束，使中国经济和社会发展出现了转机。“文化大革命”结束后的经济社会体制改革，是从扩大国有企业的自主权开始的。在扩大企业自主权试验不成功、国有经济改革停顿不前的情况下，中国领导人把取得进展的希望放到了非国有经济方面，力图通过一些变通性的制度安排使民营经济得以破土而出和逐渐发展壮大，成为中国新的经济增长点。我们把这种改革战略叫作增量改革战略。此后，中国经济改革和经济发展所取得的成就，在很大程度上与这一新的改革战略有关。不过，由这种改革战略所带来的“双轨体制”，也造成了之后的一系列问题。

2.2.1 对于改革目标的初步讨论

由于十年“文化大革命”把整个社会变成牢笼，上亿人遭到迫害[①]，绝大多数中国人对“全面专政”制度彻底绝望，朝野上下一致

① 叶剑英在1978年12月13日中央工作会议闭幕式上的讲话中指出，“文化大革命”中受到迫害的达1亿人，占当时全国人口的九分之一。李先念在1977年12月20日全国计划会议上说，“文化大革命”十年造成的国民收入损失高达5 000亿元，超过了30年中国形成的固定资产总值。

认为旧路线和旧体制再也不能继续下去了。由此形成了必须通过改革开放救亡图存的共识。这正像邓小平所说："不改革不行，不开放不行。过去二十多年的封闭状况必须改变。我们实行改革开放政策，大家意见都是一致的，这一点要'归功'于十年'文化大革命'，这个灾难的教训太深刻了。"①

启动改革的第一项行动，是中共十一届三中全会发动解除极"左"思想束缚的"思想解放运动"。在这之前，中央直属的主流媒体《人民日报》《红旗》和《解放军报》发表的社论《学好文件抓住纲》，提出了所谓"两个凡是"的方针，即"凡是毛主席作出的决策，我们都坚决维护；凡是毛主席的指示，我们都始终不渝地遵循"。"两个凡是"意味着继续执行造成了巨大灾难的极"左"路线和相关制度。这与当时全国上下普遍提出的终结极"左"路线、实现"拨乱反正"的诉求是完全对立的。在当时主持中共中央党校工作的胡耀邦的指导下，以 1978 年 5 月 11 日《光明日报》发表的评论员文章《实践是检验真理的唯一标准》为开端，在全国掀起了一场以"解放思想"为基本内容的启蒙运动。"解放思想"意味着原来认为天经地义的"阶级斗争为纲""无产阶级专政下继续革命"之类的理论是可以怀疑的，原来认为神圣不可侵犯的计划经济制度和"对党内外资产阶级（包括所谓'资产阶级知识分子'）全面专政"的政治制度是可以改变的。这次思想解放运动打破了数十年僵化思想的束缚，激发了工人、农民、知识分子和机关干部开动脑筋去寻找挽救危亡、求得发展的出路。他们认真总结自己的教训，学习他国的经验，提出了各种各样变革的设想。中国政府也派出了许多代

① 邓小平（1987）：《思想更解放一些，改革的步子更快一些》，《邓小平文选》第三卷，北京：人民出版社，1993 年，第 265 页。

表团，到西欧、美国、东欧和东亚的一些国家去考察取经，力图汲取它们在中国经济停滞衰退的20年中所取得的经济发展经验。[①]

在这种氛围下，中共决策层提出了改革的问题。1978年7—9月召开的国务院务虚会印发了南斯拉夫、罗马尼亚等国进行企业改革和引进外资促进经济高速发展的材料。国务院副总理李先念在务虚会上作总结报告时指出，当务之急是既要大幅度地改变目前落后的生产力，也要多方面地改变生产关系，改变上层建筑，改变工农业企业的管理方式和国家对工农业企业的管理方式，改变人们的活动方式和思想方式。[②] 至于如何进行经济体制的改革，大致有以下两种不同的想法。

一种以扩大国有企业自主权为主要内容。在"文化大革命"结束以后的政治思想和经济政策的"拨乱反正"中，绝大多数国有企业领导人和党政领导人认同孙冶方的经济思想，认为应当把扩大企业经营自主权和增强企业活力放在改革的中心地位。

李先念在国务院务虚会的总结中指出："过去20多年的经济体制改革的一个主要缺点，是把注意力放在行政权力的分割和转移上，由此形成了'放了收、收了放'的'循环'。在今后的改革中，一定要给予各企业以必要的独立地位，使它们能够自动地而不是被动地

① 仅在1978年，前后共有12位国务院副总理及全国人民代表大会副委员长以上级别的中央领导人先后20次访问了50多个国家。邓小平先后4次出访，到过8个国家。他说："最近我们的同志出去看了一下，越看越感到我们落后。什么叫现代化，五十年代一个样，六十年代不一样了，七十年代就更不一样了。""要横下一条心，少说空话，多做实事，大胆借鉴，迎头赶上。"见《邓小平思想年谱》，北京：中央文献出版社，1998年，第66、76、77页。

② 李先念（1978）：《在国务院务虚会上的讲话（1978年9月9日）》，《李先念文选》，北京：人民出版社，1989年，第324—336页。

执行经济核算制度，提高综合经济效益。”[①]

许多经济学家也持有类似的观点。例如，时任中国社会科学院工业经济研究所所长的马洪（1920—2007）在1979年9月的一篇论文中指出，“改革经济管理体制所以必须从扩大企业自主权入手”，扩大企业在人、财、物和计划等方面的决策权力。[②]该研究所副所长蒋一苇（1920—1993）针对中央集权的“国家本位论”和行政性分权的“地方本位论”，提出了“企业本位论”。他认为，改革的方向应当是“以企业（包括工业企业、商业企业、农业企业等）作为基本的经济单位。企业在国家统一领导和监督下，实行独立经营、独立核算，一方面享受应有的权利，一方面确保完成对国家应尽的义务”。他主张“企业应当是企业全体职工的联合体……企业的权是掌握在全体职工的手里”，实行独立经营、独立核算的。[③]时任中国社会科学院经济研究所副所长的董辅礽（1927—2004）则把改革归结为“改变全民所有制的国家所有制形式”，即使全民所有制经济单位“具有统一领导下的独立性，实行全面的独立的严格的经济核算”，“各经济组织中的劳动者有权在维护和增进全体劳动者的共同利益的前提下，在统一计划的指导下，结合对本单位和自身的利益的考虑直接参加经营”。[④]

另一种意见的思考范围更加宽广，认为改革的目标应当是建立

① 李先念（1978）：《在国务院务虚会上的讲话（1978年9月9日）》，《李先念文选》，北京：人民出版社，1989年，第330页。

② 马洪（1979）：《改革经济管理体制与扩大企业自主权》，《马洪集》，北京：中国社会科学出版社，2000年，第228—245页。

③ 蒋一苇（1979）：《企业本位论》，《中国社会科学》，1980年第1期。

④ 董辅礽（1979）：《关于我国社会主义所有制形式问题》，《经济研究》，1979年第1期。

一种完全不同于苏联模式的新经济体制——社会主义的商品经济[①]。例如，中国经济学界的宿将、中华人民共和国成立后长期担任中央政府经济领导工作的薛暮桥（1904—2005），在1980年初夏为国务院体制改革办公室起草的《关于经济体制改革的初步意见》中明确提出："我国经济改革的原则和方向应当是，在坚持生产资料公有制占优势的条件下，按照发展商品经济的要求，自觉运用价值规律，把单一的计划调节改为在计划指导下充分发挥市场调节的作用。"薛暮桥在1980年9月召开的各省（自治区、直辖市）第一书记会议上就这个意见做说明时说："所谓经济体制的改革，是要解决在中国这块土地上，应当建立什么形式的社会主义经济的问题，这是社会主义建设的根本方针。将来起草的经济管理体制改革规划，是一部'经济宪法'。"[②]薛暮桥起草的该意见得到了胡耀邦等中国领导人的支持，但是这种想法并没有最终形成政府的决定。

另一位对中国经济改革理论和政策有着重要影响的是杜润生（1913—2015），他长期从事农村经济研究，曾经辅佐过被毛泽东批评为1952—1962年"十年一贯制""右倾"的中国农村工作领导人邓子恢（1896—1972）[③]。杜润生早在20世纪80年代初期就在推行农

① "商品经济"是对市场经济的俄语称谓，在改革开放初期讨论中国经济改革的目标模式时，为了回避意识形态的风险，中国经济学家一般都把市场经济称为"商品经济"。

② 薛暮桥（1996）:《薛暮桥回忆录》，天津：天津人民出版社，1996年，第356—357页。

③ 邓子恢早在国内革命战争时期就已成为中国共产党的一位领导干部，中华人民共和国成立以后担任负责农村工作的主要官员。他曾经因为主张在土地改革完成后实行雇工、借贷、土地租种和买卖的"四大自由"，在20世纪50年代中期反对合作化问题上的冒进和在"大跃进"失败后主张包产到户，一再受到毛泽东的严厉批评。

村承包制中重新发挥他在制定农村经济政策方面的影响。他广泛吸收了现代经济学的理论成果，主张全面建立市场经济体系。

长期在中共中央宣传部门工作的于光远（1915—2013）站在恢复马克思主义本来面貌的立场上，也批评斯大林、毛泽东的经济理论和经济体制。在早期，他和他的追随者更多地倾向于南斯拉夫共产主义联盟提出的“企业自治”和“社会所有制”的经济体制（关于这种体制，见第 1 章 1.4.2 节）。后来，于光远成为社会主义市场经济的坚定支持者。

2.2.2 “扩大企业自主权”的“体制内改革”未能取得成功

在上述两种思想中，第一种思想更加受到实际工作者和国有企业领导人的支持。受这种思想的影响，四川省率先开始了“扩大企业自主权”的改革。1978 年 10 月，四川省选择了 6 家国有工厂进行扩大企业自主权试点，取得了明显的成绩。随后，四川省的试验扩大到 100 家国有企业。1979 年 7 月，国务院发布《关于扩大国营工业企业经营管理自主权的若干规定》等文件，要求各地、各部门选择一些企业按照这些规定进行扩大企业自主权的试验。到 1979 年底，全国试点的工业企业达到 4 200 家。到 1980 年，又扩大到 6 600 家，它们的产值占全国预算内工业产值的 60%，利润占全国工业企业利润的 70%。

“扩大企业自主权”改革的内容与 1965 年苏联“完全经济核算制”改革（第 1 章 1.4.1 节）大体类似，主要包含两方面的内容：一是简化计划指标，放松控制；二是扩大奖励基金的数额，强化对企业和职工的物质刺激。

在开始的几个月内，“扩权”显著地提高了试点企业职工增产增收的积极性。但是，与 1965 年苏联的“柯西金改革”相类似，它的局限性很快表现出来。在新体制下拥有某些自主权的企业不受市场竞争的约束，也不处在价格信息的引导之下，因此，企业增产增收“积极性”的发挥往往并不有利于社会资源的有效配置和社会收益的增加，因而造成了总需求失控，财政赤字剧增和经济秩序的混乱。

于是，中共中央在 1980 年冬季决定，1981 年集中力量“进一步调整国民经济”（见第 10 章 10.2.2 节）。

在宏观经济发生混乱和改革推进困难的形势下，经济领导部门和经济学界发生了一场关于改革大方向的新争论。当时主要有两派意见：一种意见主张中国的经济改革应当“计划取向”，而不是“市场取向”。国有企业扩大企业自主权改革未能取得成功，增强了主张“计划经济为主”的人们的地位。他们说，当时出现的困难是由过分强调市场和货币的作用引起的，主张改变改革的“市场取向”，转到完善计划和严肃计划纪律的方向上去。

主张改革的经济学家反对上述“计划取向”的观点。他们指出，困难之所以发生，并不是因为进行了市场取向的改革，而是因为改革的方法不适当。实际上，主张市场取向的改革、时任国务院体制改革办公室负责人的薛暮桥早在 1980 年就已明确地指出了放权让利改革的局限性，主张逐步取消行政定价制度，建立商品市场和金融市场。[①] 薛暮桥的意见的实质，在于确认改革的正确方向是建立以市场为基础的经济体系。

在 1981—1982 年的经济和政治形势下，主张“计划取向”的政治家和理论家占了上风，从而导致在政治上对“社会主义经济是商品经济”的否定，并在党政机关发布的文件中确认了“计划经济为

① 薛暮桥（1980）:《关于经济体制改革的一些意见》,《论中国经济体制改革》，天津：天津人民出版社，1990 年，第 211—218 页。

主，市场调节为辅”的方针。[①]在这样的气氛下，城市改革失去了方向，虽然工商企业的“承包”试验仍然在首都钢铁公司等几家企业进行[②]，但实现企业的自主经营、自负盈亏以及建立商品经济体系的问题就很少有人提起了。

专栏 2.1　改革的不同目标模式

随着20世纪80年代初期对改革研究的日益深入和对外国发展经验的更多汲取，中国改革理论的研究逐渐超越了70年代末期着重讨论调动积极性的具体措施的水平，进而研究应当用什么样的经济体制来取代计划经济的旧体制的问题。在政界、经济界和学术界对经济体制改革大致提出了三种可供借鉴的体制模式：

一是“市场社会主义模式”(“苏联、东欧模式”)。苏联和东欧的改革理论和改革实践对国内经济学界最先产生广泛影响。一些学

① 在当时的情况下，胡耀邦也不得不在1982年9月代表中共中央委员会在中共十二大上所做的政治报告中肯定：“贯彻计划经济为主、市场调节为辅的原则，是经济体制改革中的一个根本性问题。”《邓小平文选（一九七五——一九八二）》在1983年出版时，也将1980年《目前形势与任务》的讲话中“计划调节和市场调节相结合”的提法，改为“在计划经济指导下，发挥市场调节的辅助作用”。直到1994年邓小平亲自审查《邓小平文选》的新版本时才重新改回来。参见《百年潮》对吴敬琏的访谈录——《关于计划经济与市场经济的论争》,《百年潮》，1998年第2期，第1—10页。

② 1979年5月，国家经济委员会、财政部等6个部门在北京、天津、上海等地选择了首都钢铁公司等8家国营企业进行以利润留成为核心的企业改革试点。1981年将首钢试点内容确定为实行“利润递增包干”，即包死每年递增7%的利润上交基数，超额利润自留，国家也不再向企业拨给投资。这种办法一直实行到20世纪90年代中期。

者主张在计划经济的框架下给予企业更大自主权，这种与20世纪60年代苏联“利别尔曼建议”大体类似的想法首先在70年代末中国的“扩大企业自主权”改革中得到了应用。在这一改革遭遇困难以后，“扩大企业自主权”仍不断被作为“搞活企业”的一种措施提出来。另一些学者在对东欧社会主义国家的改革历程做了深入的比较研究后，对东欧的市场社会主义改革理论和改革实践做了系统介绍，并在中国改革界掀起了南斯拉夫热、匈牙利热等。20世纪80年代中后期，苏联、东欧改革已经普遍陷入困境，这种模式的影响力也逐渐消失。

二是政府主导的市场经济模式（“东亚模式”）。第二次世界大战结束以后，日本、韩国、新加坡等东亚国家采用威权主义政府和市场经济相结合的办法，形成带有重商主义[①]色彩的政府主导的市场经济体制。在这种体制下，政府运用其产业政策和“行政指导”对经济进行协调、规划和干预。这种体制模式对中国具有很大的吸引力。在改革开放初期，大批官员到日本和其他东亚国家考察，并对它们的经济体制、发展政策和政府的作用做了介绍，产生很大的影响。

三是自由市场经济模式（“欧美模式”）。许多理论界人士，特别是经济学家通常认为，政府的基本职能是提供公共品（public goods），而不是在市场上提供私人品（private goods）；过多的政府干预会妨碍市场的有效运作并且滋生腐败。因此，他们更倾向于

① 重商主义（mercantilism）是16、17世纪盛行于西欧的一种思潮。它力主政府对经济生活进行强力干预，以便积累货币财富，实现富国强兵的国家目标。亚当·斯密在他的名著《国富论》中对重商主义的理论和政策进行了深刻的批判。

欧美类型的市场经济，即自由市场经济体制。随着掌握现代经济学的学者愈来愈多，这种思想的影响力也愈来愈大。

在 20 世纪 80 年代初期，随着改革理论和改革进程的深化，“市场社会主义模式”的影响逐渐消退，后两种模式占了上风。在后两种模式中，大致地说，“东亚模式”往往为官员们所钟爱。像邓小平本人就十分欣赏“四小龙”，特别是新加坡的许多做法。[①] 而欧美模式则为具有现代经济学知识的学者所向往。虽然这两种模式在政府的作用问题上存在原则性的差别，但在当时命令经济还占有统治地位的条件下，这种差别并不显著。而且即使以自由市场经济作为改革最终目标的人们，也深受格申克龙（A. Gerschenkron）[②] 等发展经济学家的影响，认为在落后经济高速发展的冲刺中，强有力的政府往往是利大于弊的。

根据吴敬琏（2008）《中国经济改革三十年历程的制度思考》，中国经济 50 人论坛编《中国经济 50 人看三十年：回顾与分析》（北京：中国经济出版社，2008 年）等资料编写。

2.2.3 改革重点从“体制内”转向“体制外”

当国有企业的改革陷入困境以后，已经掌握领导权的邓小平把改革的重点从城市的国有经济转向农村的非国有经济。其中最重大

① 例如，邓小平在 1992 年南方谈话中讲到“坚持两手抓”时指出：“新加坡的社会秩序算是好的，他们管得严，我们应当借鉴他们的经验。”见《邓小平文选》第三卷，北京：人民出版社，1993 年，第 378 页。

② Alexander Gerschenkron (1962): *Economic Backwardness in Historical Perspective, A Book of Essays.* Cambridge MA: Harvard University Press. 他在书中用的“Advantages of Economic Backwardness”一词，常被译为“后发优势”。

的举措，是解除了对“包干到户”“包产到户”等的禁令[①]，转持允许和支持的态度。

1980年9月，中共中央批转的《关于进一步加强和完善农业生产责任制的几个问题——1980年9月14日至22日各省、市、自治区党委第一书记座谈会纪要》指出：“在那些边远山区和贫困落后的地区，长期‘吃粮靠返销，生产靠贷款，生活靠救济’的生产队，群众对集体丧失信心，因而要求包产到户的，应当支持群众的要求，可以包产到户，也可以包干到户，并在一个较长的时间内保持稳定。”[②]此后仅仅两年时间，家庭承包制，即家庭农场制就在全国绝大多数地区取代了人民公社“三级所有、队为基础”的制度。农村经济从此气象一新。在此基础上，以集体所有制为主的乡镇企业也蓬勃地发展起来。从这时起，中国开始采取了一种有别于苏联和东欧社会主义国家以改革现有国有企业为主的新战略。这就是不在国有经济中采取重大步骤，而把改革的重点放到非国有部门去，在那里创建市场导向的企业，并依托它们来实现增长。这种战略被称为“增量改革”战略或“体制外先行”战略。

当增量改革战略在农业中取得初步成功以后，中国党政领导将这种经验推广到其他部门，采取的策略是在保持国有经济主体地位的条件下，逐步放开对私人创业活动的限制，加上在这之前已经开始的对外资开放国内市场，为民营经济的发展开拓出一定的空间，

① 1978年12月中共十一届三中全会讨论、1979年9月中共十一届四中全会正式通过的《中共中央关于加快农业发展若干问题的决定》（以下简称《决定》）明确禁止“分田单干”（即指“包干到户”）和在一般地区“包产到户”。《决定》写道：“不许分田单干。除某些副业生产的特殊需要和边远山区、交通不便的单家独户外，也不要包产到户。”

② 中共中央文献研究室编：《三中全会以来重要文献选编》上册，北京：人民出版社，1982年，第507页。

使非国有经济（民营经济）得以自下而上地发展起来。

发展非国有经济的战略主要表现在以下三个方面。

第一，允许民营企业，即非国有企业的成长。

是否允许非公有经济的发展，在中国一直是一个在政治上非常敏感的问题。即使在1976年以后几年的“拨乱反正”时期，“愈大愈公愈好”“割资本主义尾巴”“要让资本主义绝种”等教条仍然统治着人们的头脑；因此在改革开始时期，允许非公有制经济的发展只能采取迂回曲折的方式。[①]“包产到户”取得成功以后，这种思想禁锢才被进一步突破。1983年，事实上已取消了对私人企业雇工人数的限制。也就是说，私有企业取得了合法地位。在那以后，私有部门得到了愈来愈快的发展（详见第5章5.1.2节）。

第二，营造“经济特区”的“小气候”，实现部分地区与国际市场的对接。

在各国以往的经济发展史中，国内市场的发展往往是旷日持久的，需要很长时期才能形成。本来旧中国的商业文化传统就十分薄弱，中华人民共和国成立后，经历了30年的计划经济实践，市场力量几乎被消灭殆尽，国内市场的形成就更加困难。面对这种情况，要在改革开放初期的短时期内形成国内市场，并全面与国际市场对接是完全不可能的。于是，中国政府汲取其他国家建立出口加工区

① 例如，20世纪70年代末期允许私人商贩进行长途贩运，是作为解决就业问题的权宜措施提出来的。允许雇工的论据，则是马克思在《资本论》第一卷第9章“剩余价值率和剩余价值量”中用假定数字演示如何计算“剥削率”的一个算例，在这个算例中，自己从事劳动的雇主雇工在8人以下仍然属于个体劳动者，而不算剥削者。改革派经济学家利用这一算例论证可以适度开放雇工的策略说服政治家，取得了成功。1980年以后，中国政府把雇工不超过8人的个体业主制企业与仍然被禁止的“私营企业”区别开来，称之为“个体经济”。

和自由港的经验，利用沿海地区毗邻港澳台和海外华侨、华人众多的优势，通过营造地区性的“小气候”作为对外开放的基地。1978年12月，中共十一届三中全会正式宣布实行“对外开放”的方针，积极发展同世界各国平等互利的经济合作。1979年中国政府确定对广东、福建两省实行“特殊政策、灵活措施”，以便发挥它们的区位优势。1980年建立了深圳、珠海、汕头、厦门等四个经济特区，1984年又决定开放沿海14个港口城市，逐渐在沿海、沿江、沿边地区形成了有一定纵深的开放地带（详见第8章8.3节）。

对外开放促进了国内经济改革。参与国际市场的激烈竞争，使中国的经营管理人员对国际市场有了更好的了解，同时也使他们对提高产品质量和降低生产成本产生了紧迫感。为了在竞争中生存，取得更大的自主权和改进经营管理成为十分必要的事情。参与进出口贸易竞争，也促使中国国内价格结构向国际市场看齐，加快了国内价格改革的进程。

第三，建立经济体制改革综合试验区，实行改革开放的“地区推进”。

在市场取向的改革不能在全国同时铺开、改革又需要有系统性的条件下，选择沿海某些市场一向比较发达又具有较好对外开放条件的地区建立改革试验区，在改革和开放这两个方面结合运用前面讲到的两种做法，可以让市场经济体系相对完整地建立起来，然后通过它们的示范和辐射，带动内地的改革和开放。自从1985年广东省的广州、佛山、江门、湛江等4个城市被国务院确定为“全国经济体制综合改革试点城市”以来，经过十来年的发展，到20世纪90年代中期，中国从辽东半岛到广西沿海一线已经涌现了一些成片的市场开始形成、经济具有很强活力的地区。在内地，也出现了某些初步“搞活”的地区。市场力量的作用，正在从这些地区向四面八方辐射。它们已经成为推动市场化改革的强大基地。

2.2.4 民营经济的产生和发展

实施增量改革战略的最重要的成果，是使民营经济得以从下而上地成长起来，并且日益发展壮大。20 世纪 80 年代，中国民营工业的增长率约为国有工业的 2 倍。到 80 年代中期，民营经济成分无论在工业生产中还是在整个国民经济中，都占据了举足轻重的地位。在工业中，其产出份额已经达到 1/3 以上（表 2.1）；在零售商业中，民营经济成分的份额增长得更快（表 2.2）。

表 2.1 中国各种经济成分在工业总产值中所占比重（1978—1990）（%）

	1978	1980	1985	1990
国有企业	77.6	76.0	64.9	54.6
集体企业	22.4	23.5	32.1	35.6
其他*	0.0	0.5	3.0	9.8

资料来源：《中国统计年鉴》。

* 其他包括私营企业和外资企业。

表 2.2 中国各种经济成分在零售商业销售额中所占比重（1978—1990）（%）

	1978	1980	1985	1990
国有企业	54.6	51.4	40.4	39.6
集体企业	43.3	44.6	37.2	31.7
其他*	2.1	4.0	22.4	28.7

资料来源：《中国统计年鉴》。

* 其他包括私营企业和外资企业。

十余年的增量改革，给中国经济带来了高速增长。在 1978—1990 年的 12 年中，国内生产总值年均增长 14.6%，城镇居民家庭人均可支配收入年均增长 13.1%（表 2.3）。

表 2.3　中国经济增长情况（1978—1990）

	1978	1980	1985	1990
国内生产总值（亿元）	3 624.1	4 517.8	8 964.4	18 547.9
工业总产值（亿元）	4 237.0	5 154.0	9 716.0	23 924.0
进出口总额（亿元）	355.0	570.0	2 066.7	5 560.1
出口总额（亿元）	167.6	271.2	808.9	2 985.8
社会消费品零售总额（亿元）	1 558.6	2 140.0	4 305.0	8 300.1
城镇居民家庭年人均可支配收入（元）	343.4	477.6	739.1	1 510.2

资料来源：《中国统计年鉴》。

苏联和东欧的社会主义国家专注于国有经济的改革。由于它们既要改革国有经济这种占统治地位的经济成分，又要靠它支撑国民经济，在国有经济改革难以在短期内取得成效的情况下，不免捉襟见肘，因而这些国家在经过 10 年、20 年改革后，都陷入进退维谷的困境。而中国的增量改革战略却表现出以下明显的优势：（1）趋易避难，较快地发展起一批在经济上具有活力的企业和地区，使人民群众和广大干部从切身利益中直接感受到改革的成效，认识到只有改革才能摆脱困境，走向振兴；（2）日益活跃的非国有经济是缓冲改革中不可避免的经济震荡、保持经济繁荣和政治稳定的支撑力量；（3）通过示范效应和竞争压力，促进原国有部门的改革。非国有经济的蓬勃发展与国有经济本身的发展互相促进，创造了一种只有沿着市场化改革道路前进才能保持经济繁荣、才有出路的态势。

1989 年东欧社会主义国家发生剧变。1991 年苏联解体。在此之后，俄罗斯和中欧、东欧诸国在新的政治体制下都进行了以市场经济为目标的转型。一些经济学家把这些国家的转型区分为“休克疗法”（shock therapy）和“渐进主义”（gradualism）两种主要类型。他们往往认为，俄罗斯在1991—2000年的转型中出现严重的经济衰退、有组织的犯罪活动、社会动荡不安、国有资产被鲸吞等不良后果，正是因为他们采用了“休克疗法”或“大爆炸”的策略。

匈牙利经济学家科尔奈对向市场经济转轨的策略做了与此不同的总结。他认为，“休克疗法”和“渐进主义”的分类隐含的标准是速度，而速度不应成为衡量改革成功与否的主要标准。他认为，从纯粹形态上说，向市场经济的转型有两种战略。其中，战略A又称有机发展战略（the strategy of organic development），其主要任务被规定为创造有利条件使私人部门自下而上地成长起来；战略B又称加速国有企业私有化战略（the strategy of accelerated privatization），其主要任务被规定为尽可能快速地把国有企业改制为私有企业（表2.4）。

表2.4 科尔奈两种转轨战略的主要特征

战略A（私有部门的有机发展战略）	战略B（加速私有化战略）
1. 最重要的任务在于创造保护私有产权、自由进入*等有利条件，使私有部门得以自下而上地成长起来；	1. 最重要的任务是尽快地消灭国家所有制；
2. 以出售为基本手段，将大多数国家拥有的公司私有化；	2. 私有化的主要手段是采用认股权证等形式的无偿分配；
3. 反对以任何形式无偿分配国有财产；	3. 偏好形成分散的所有权结构，以便使“人民资本主义”得到发展；
4. 必须优先考虑能够产生有核心所有者的企业出售方案；	4. 支持私有企业的发展和提升私有部门的地位，但并不予以强调；
5. 必须硬化对企业的预算约束，以维持金融秩序，确保市场经济的有效运行。	5. 认为只要实现私有化，硬预算约束就会自动产生。

资料来源：科尔奈：《〈通向自由经济之路〉出版十周年之后的自我评价》，《后社会主义转轨的思索》，长春：吉林人民出版社，2003年。

* 指市场的自由进入（market access），在中国往往被不确切地翻译为“市场准入”。

科尔奈认为，东欧后社会主义国家转型的经验表明，促进私有部门有机发展的战略 A 是正确的选择。匈牙利和波兰的转型反映了战略 A 的优点：私有部门的健康发展和预算约束的硬化使企业界经历了一场优胜劣汰的自然选择过程，打断了公司间的债务链条，加强了金融纪律，改善了合约履行和信用状况，银行部门开始得到巩固和加强。所有这一切促进了生产率的提高和失业问题的缓解。与之形成对比的是：加速国企私有化的战略 B 充其量只是一种次优的选择。俄罗斯为战略 B 的失败提供了最惨痛的例证。它体现了战略 B 的各种特征：大量国有财产被转移到经理人员和特权官僚手中，自然资源尤其是石油和天然气的所有权被“寡头”所掠夺。1998 年，匈牙利的劳动生产率较之 1989 年提高 36%，波兰和捷克也分别提高 29% 和 6%，俄罗斯却下降了 33%。①

自下而上成长起来的私有部门的发展对于后社会主义国家成功地实现向市场经济转型具有重要意义。在分析中国从计划经济到市场经济的转型时，它同样具有借鉴意义。增量改革战略创造了民营企业得以破土而出的条件，培育了市场和企业家，对于中国经济改革的成功起了积极的推进作用。

2.2.5 “双轨制”的形成和由此导致的社会经济问题

实行增量改革战略，在大体维持国有经济现有体制的条件下，容许私有经济的发展和引入部分市场机制，使中国出现了命令经济和市场经济双轨并存的状态。这种经济体制双轨制最集中的表现，是生产资料供应和价格的“双轨制”。

① 科尔奈（2000）：《〈通向自由经济之路〉出版十周年之后的自我评价》，《后社会主义转轨的思索》，长春：吉林人民出版社，2003 年，第 8 页。

在计划经济条件下，生产资料由国家在国有经济单位之间统一调拨，价格只是这些单位之间进行核算的工具；消费品由国营商业系统统一经营，各级物价管理部门统一定价。

在改革开放之初，国有企业获得了销售产品的自主权。1979年7月国务院发布《关于扩大国营工业企业经营管理自主权的若干规定》，允许企业自销超计划产品[①]，在计划轨之外开辟了物资流通的“第二轨道”——市场轨。与此同时，没有物资调拨指标的民营企业的产生和发展，也增强了扩大生产资料市场的必要性。到20世纪80年代中期，民营工业企业产值已经占到全国工业总产值的31%，通过市场流转的生产资料的份额也不断提高。在这种情况下，1985年1月，国家物价局和国家物资局下发《关于放开工业生产资料超产自销产品价格的通知》，正式取消原定的企业自销产品价格不得高于国家定价20%的上限，放开了自销价格。与此同时，国务院决定对有权取得计划内调拨物资的国有企业，仍然根据1983年调拨数（即“83年基数”），由国家按调拨价供应所需生产资料；超过“83年基数”的部分，则由企业按照市场价格从市场上购买。

在实行增量改革战略的情况下，由于国有部门和私有部门双轨并存，除生产资料分配和价格的“双轨制”外，还在其他领域形成了多种“双轨制”，如国家银行贷款利率和市场利率的“双轨制”、外汇牌价和调剂市场价格的汇率“双轨制”等。

① 这份文件规定给予企业对计划外产品有一定限制的自销权和定价权：“企业按照补充计划生产的产品，首先由商业、外贸、物资部门选购，商业、外贸、物资部门不收购的，企业可以按国家规定的价格政策自行销售。”自销价格一般不得高于或低于国家定价的20%。这一限制后来被逐步取消。

对于“双轨制”的利弊得失，经济学家有很不相同的看法。

刘遵义、钱颖一、罗兰（Gérard Roland）和张军对价格双轨制在稳定国有经济的生产和实现帕累托改进等方面的积极作用做出了肯定的评价。他们根据一般均衡分析，论证了双轨价格自由化的特性。[①]

国家经济体制改革委员会体制改革研究所 1986 年的一份研究报告从经济和政治两方面论证了价格双轨制的积极作用。报告认为，从经济上看，在双轨制的条件下，“企业无论是增加或减少生产品或投入品，其增减变化部分的价格实际是按市场价格计算的。这也就意味着，市场价事实上已对企业的边际产出和投入发生了决定性作用，通过这种边际作用，形成了调整短期供求的信号和影响力量”。从政治上看，“在双轨经济中有一种能够用行政权力分配资源的机制存在。在一定条件下，这种凭证的货币化会向权力的货币化转化，即分配凭证的权力，实际上是分配货币的权力，也就是说权力本身能够用货币度量了……当中央与地方利益分开了，出现了独立利益的需要，它完全可以把权力变成一种货币。这种腐化行为在经济上是非常合理的。只要凭证货币化的机制发挥作用，计划所派生的行政权力又有所保留时，把对各种资源的分配权力当作一种资本来运用，就完全是一种非常自然的情况”。[②] 这份研究报告把“行政权力

① 参见 Lawrence Lau, Yingyi Qian & G. Roland (1997): *Pareto Improving Economic Reforms through Dual-Track Liberalization*（《通过双轨自由化实现帕累托改进的经济改革》）. Economics Letter, 55(2): 285—292；张军：《“双轨制”经济学：中国的经济改革（1978 ～ 1992）》，上海：三联书店，上海人民出版社，1997 年，第 219—288 页。

② 参见刁新申（1986）：《价格：双轨制的作用和进一步改革的方向》；同见《“给政策”引出的改革思路——刁新申谈双轨经济中的“权力货币化”》，《经济学周报》，1989 年 3 月 5 日。

货币化”和“资本化”当作推进改革的重要手段来使用，显然是一个十分重要的政治判断。

美国经济学家墨菲（Kevin M. Murphy）、施莱弗（Andrei Shleifer）、维什尼（Robert W. Vishny）和诺贝尔经济学奖获得者弗里德曼（Milton Friedman，1912—2006）对此持有不同的看法。他们认为，如果所有的价格不是一起放开，就会产生资源配置的扭曲。[①] 而且，它会在能够获得变相补贴的国有企业与只能以市场价格获得原料、设备和贷款的民营企业之间造成不平等的经营条件，因此愈到后来就愈益成为阻碍民营经济进一步壮大的因素。[②]

弗里德曼还向中国领导人郑重指出：“中国现在对许多产品实行的双重价格体制是对腐败和浪费发出的公开邀请。”因此，必须在控制货币总量增长率的条件下，“尽可能快、而且全面地放开对个别价格和工资的控制”。[③]

另外一些中国学者对持续的“双轨制”带来的社会政治后果也给予高度关注。他们认为，“双轨制”的制度安排所造成的经济和社会后果是双重的：一方面，正像前面一些学者所说，它给民间创业活动一定的空间，使各种类型的民营企业得以成长；另一方面，如果持续地给国有经济优惠待遇，又会在一定程度上阻

① K. Murphy, A. Shleifer & R. Vishny (1992): *The Transition to a Market Economy: Pitfalls of Partial Reform*. Quarterly Journal of Economics, 107: 889—906.

② 热若尔·罗兰（2000）著：《转型与经济学》，张帆等译，北京：北京大学出版社，2002 年，第 147—150 页。

③ 见弗里德曼（1988）：《致中国领导人的备忘录》，英文原文载 Milton Friedman and Rose Friedman: Two Lucky People, Chicago: University of Chicago Press, 1998；中译文载《改革》，1988 年第 5 期。

碍民营经济的发展。特别值得警惕的是，这种“权力货币化”和“权力资本化”的制度安排造成了广泛的寻租环境，埋下了腐败蔓延的祸根。如果不能及时地通过进一步的市场化改革消除这一祸根，就有可能助长权贵资本主义的发展，酿成严重的经济、社会和政治后果。[①]

“双轨制”下的权力寻租问题是在20世纪80年代中期讨论“官倒”现象时进入人们的视野的。

专栏2.2　寻租

20世纪70年代以来，一些西方学者在分析某些国家的贪污腐败现象时发现，根本的问题在于政府运用行政权力对企业和个人的经济活动进行干预和管制，妨碍了市场竞争的作用，从而创造了少数人通过特权取得超额收入的机会。根据美国经济学家布坎南（James M. Buchanan，1919—2013）和克鲁格（Anne O. Krueger）的论述，这种超额收入被称为“租金”（rent），谋求得到这种权力以取得租金的活动，被称作“寻租活动”（rent-seeking activities）。

“租金”的本意专指地租。但在马歇尔（Alfred Marshall，1842—1924）那里，租金泛指各种生产要素的租金。租金来源于对该种要素的需求提高，而供给却因种种原因难于增加所产生的差价。现代国际贸易理论及“公共选择理论”中，租金仍指由于缺乏供给弹性而产生的差价收入。但是，这里的供给弹性不足，特别针对政府干预和行政管制（如进口配额、生产许可证发放、物价管制乃至特

① 参见《经济社会体制比较》编辑部编（1989）：《腐败：货币与权力的交换》，北京：中国展望出版社，1989年。

定行业从业人员的人数限制）抑制竞争造成的结果。为了区分这两种性质不同的租金，有的经济学家把后者叫作“非直接生产性利润”（directly unproductive profit, DUP）。

寻租，就是由于政府对经济活动进行管制，增加官员的干预权力，使得能够接近这种权力的人利用合法或非法手段，如游说、疏通、走后门、找后台等，得到占有租金的特权。由于行政权力可以创造寻租的条件，所以就有人利用权力进行“设置租金”（rent-setting）的活动，以便造成新的寻租的可能性。于是，为了寻求租金，寻租者向官员行贿；从租金中得利的官员，又力求保持原有租金制度和设立新的租金制度，形成行政管制，由寻租到设租，便产生了一个贪污腐化蔓延、因果联系的恶性循环圈。

对于中国在20世纪80年代起市场化改革中出现的腐败现象，有几种很不相同的认识：（1）腐败是市场经济中司空见惯的正常现象，既然认定了要实行市场取向的改革，就只能容忍它的发展，而不必少见多怪；（2）腐败是市场经济的必然产物，改革开放和市场经济是腐败流行的罪魁祸首，制止腐败行为应当加强行政管制，最好回到计划经济；（3）利用寻租理论和比较经济研究得出，腐败并不是市场经济的必然产物。腐败的根源在于旧的行政权力垄断，它并不是由市场取向的改革所产生，反而是由于改革不够快和不彻底而造成的。因此，必须把政府的行政管制限制在绝对必要的范围之内，对必要的行政权力进行监督和约束，同时确立平等竞争的市场经济新秩序，才能铲除寻租活动的基础。

根据《经济社会体制比较》编辑部编（1989）《腐败：货币与权力的交换》（北京：中国展望出版社，1989年）和其他资料编写。

在计划经济时期，所有的工业和商业都是由国家垄断经营的，政府可以人为地把农民生产的粮食、棉花、原材料价格压低，在工业里又把上游产品的价格压低，这样就把农业和上游工业的利润转移到了商业，国家可以从国家垄断经营的商业环节上把利润全部拿到自己手里，派作各种用途。改革开放初期，政府开始允许机关、事业单位开办自己附属的服务企业。谁能得到这种“办（第）三产（业）”的权力，谁就可以分享这种垄断利润（租金）。于是形成了“工农兵学商，一起来经商”的热潮。后来放开对办商业的限制，这种寻租的可能性才告消失。20 世纪 80 年代初期，企业获得了一定的自主权，可以按市场价格出售自己的产品。由于调拨价和市场价差距悬殊，如果有人能够拿到低价物资（或者调拨物资的“批文”），然后把它卖到自由市场上去，就能获得暴利。到 20 世纪 80 年代中期，双轨制成为正式的制度，就出现了大量“倒爷”在两个市场之间从事倒买倒卖活动，在很短的时间内成为百万富翁。“倒爷”发财的秘密在于具有掌握调拨物资的权力背景，所以人们就把从事这种倒买倒卖活动的人叫作“官倒”。

对于“官倒”现象，当时有两种截然对立的意见：一种观点认为，腐败是一种旧社会才有的丑恶现象，解放以后它本来已经归于消灭，是因为市场取向的改革促使人们追求财富，对金钱的贪欲促成了腐败的死灰复燃。因此他们认为，抑制腐败的正确方针，应当是改正改革的方向，从市场取向转向计划取向。另一种观点虽然承认市场作用的增大会使人的贪欲提高和腐败行为增加，但是他们强调，如果不放开市场，中国就富不起来，因此，腐败的重新滋生是实现民富国强所不能不付出的代价，不应为了保持道德上的纯洁性而牺牲经济发展的根本利益。

以上两种说法虽然立意相反，但在把腐败同市场经济联系起来这一点上，却是共同的。然而揆诸历史，上述论断并无事实根据。例如，16—18世纪西欧的“重商主义”时代，是一个腐败行为猖獗的时代，史学界早有定论，其根源并不在于市场经济，而在于市场发育不良和行政特权的多方面干预。① 再如第二次世界大战后发展中国家在实行市场化的过程中，并没有统统出现严重的腐败现象。而且和上述论断相反，越是市场化进行得迅速和顺利的国家，腐败现象就越是不那么严重。

20世纪80年代后期出现了第三派意见。一些经济学家运用政治经济学和国际经济学在20世纪70年代提出的“寻租”理论，来分析腐败问题。他们承认，市场的发展、货币作用的加强，会因为财富的范围不再受实物的限制而使某些人的致富欲望增强。但是，问题并不在于人们的贪欲有多大，而在于是否存在使这种贪欲得以实现的制度条件。这就是权力对交换活动的干预造成的寻租可能性。

① 在西欧16—18世纪的“重商主义”时代，腐败最易于蔓延，其原因，一是行政权力对经济干预过多，造成了“寻租”条件；二是市场机制发育不良，出现大量非公正竞争行为。国有部门改革滞后和双重体制并存，使这两个条件都充分具备。这就是说，在一个货币化了的经济中广泛保留政府的行政干预，“看得见的脚踩住了看不见的手”，造成了利用权力寻租的巨大机会，使腐败行为高潮迭起。参见毕焦（1989）：《从专制到民主：寻租社会由兴至衰的历史轨迹》，《经济社会体制比较》编辑部编：《腐败寻根：中国会成为寻租社会吗？》，北京：中国经济出版社，1999年，第252—268页。此文由Barry Baysinger, Robed B. Ekelund Jr. & Robert D. Tollison, *Mercantilism as a Rent Seeking Society*（《作为寻租社会的重商主义》）编译而成，原文参见James Buchanan, Robert D. Toilison & Gordon Tullock(eds.) *Toward a Theory of the Rent Seeking Society*（《关于寻租社会的理论》）, College Station, Texas: A & M University Press, 1981。

此后，租金总额与国民生产总值的比率大小，就被公认为一个国家腐败程度的标志。①

总之，从双轨并存的体制确立之日起，中国社会就始终存在一个两种趋势的消长选择问题。如果沿着完善市场经济的道路前行，限制权力，建立法治，就有可能建立起能够实现社会公正和共同富裕的社会主义市场经济制度。反之，如果沿着重商主义的道路前行，强化政府支配稀缺资源的权力，扩大它对经济活动的干预，走向权贵资本主义（或称“官僚资本主义”“资本–官家主义”），也不是没有可能的。②

---

① 克鲁格（Anne O. Krueger, 1974）：《寻租社会的政治经济学》，《美国经济评论》，1974 年 6 月，转载于《经济社会体制比较》，1988 年第 5 期。据克鲁格的计算，印度的租金总额为国民生产总值的 7.3%，土耳其的租金总额为国民生产总值的 15% 以上。由于贿赂等寻租成本小于租金总额，所以，租金总额可以看作寻租成本的上限。如果撇开其他条件，一个国家租金总额占国民生产总值的比重愈大，则其腐败的程度也愈高。

② 吴敬琏在 1998 年提出过这样的问题：“为什么规范的市场化改革往往步履维艰，而花样百出的‘寻租’活动，鲸吞公共财富的‘产权改革’，圈地运动式的‘土地批租掠夺广大股民的金融魔术等等却被有些人以‘改革’的名义歌颂备至，瞬息间就风行全国？这些奇怪的现象层出不穷，不是足以发人深省吗？”“中国回到计划经济模式是不大可能了，但搞得不好就会发展成 Crony Capitalism……或权贵资本主义……中国在这方面的苗头已经十分明显了。要避免其恶性发展，从经济角度讲，就是要发展独立的民间力量；从政治方面讲，就是要确立游戏规则，实现法治。”［吴敬琏、汪丁丁（1998）：《关于中国改革前途的对话》，《财经》，1998 年第 11 期。］吴思认为，用“权贵资本主义”来描述当今中国社会现象是不确切的，应当称为“官家主义”或“资本–官家主义。”［吴思（2005）：《置疑“权贵资本主义”》，《凤凰周刊》，2005 年第 13 期（总 182 期）］

2.3 “整体推进”（1994 年至今）

采取增量改革战略，目的是减少改革阻力，积蓄改革力量，缩短改革进程，最终目的是建立统一的市场经济体系。当民营经济的发展已经为全面建立市场经济制度准备了必要条件时，就应当抓住时机，对占用了国民经济中大部分重要资源的国有部门进行整体配套的改革，实现由计划经济到市场经济的全面转轨。

由于没有能够及时实现改革战略的转变，国民经济中已经搞活的“体制外”部分和在很大程度上仍受传统经济体制束缚的“体制内”部分之间出现了剧烈的摩擦，国民经济的稳定发展经常受到威胁。正如青木昌彦（1938—2015）在《比较制度分析》一书中所指出的，一个体系中的各种制度具有战略互补性，某一项或几项制度发生变革，其他的制度要么进行相应的变化，要么就会与新制度不相配合，对新制度体系的建立产生阻碍作用。[①] 因此，制度变革本质上就应该是整体推进的，虽然在实施上可以分步进行，否则就会存在巨大的制度运行成本。所以，“双轨制”拖得愈久，其消极后果也体现得愈严重。

随着社会经济矛盾的加剧，由局部市场化转向全面改革的呼声也在 20 世纪 80 年代中期变得愈来愈强烈。1986 年，在改革派领导人的推动下，终于开始了进行全面改革的尝试。

2.3.1 1984—1986 年：进行全面改革的初次尝试

邓小平是“增量改革”的倡导者，但他并不满足于改革前期在非国有部门取得的成就。当非国有经济已经能够为整个改革提供支撑点

① 青木昌彦、奥野正宽编（1999）：《经济体制的比较制度分析》，北京：中国发展出版社，1999 年，第 30—31、309—310 页。

的时候，他提出了转移改革战略重点、把改革推向国有部门的要求。他在 1984 年 6 月指出，在农村改革见效以后，“改革要从农村转到城市。城市改革不仅包括工业、商业，还有科技、教育等，各行各业都在内”。[1] 同年 10 月召开的中共十二届三中全会通过的《中共中央关于经济体制改革的决定》提出了实施这一战略转变的要求。

专栏 2.3　中共十二届三中全会《中共中央关于经济体制改革的决定》

1984 年 10 月 20 日，中国共产党召开了第十二届中央委员会第三次全体会议。会议通过了《中共中央关于经济体制改革的决定》，要求“加快以城市为重点的整个经济体制的改革的步伐”“发展社会主义商品经济”。

决定指出，“社会主义的根本任务就是发展社会生产力”，“是否有利于发展社会生产力”是“检验一切改革得失成败的最主要标准”。“商品经济的充分发展，是社会经济发展的不可逾越的阶段，是实现我国经济现代化的必要条件。只有充分发展商品经济，才能把经济真正搞活，促使各个企业提高效率，灵活经营，灵敏地适应复杂多变的社会需求。”

决定还指出，为了发展社会主义商品经济，必须执行以下方针：第一，“增强企业的活力，特别是增强全民所有制的大、中型企业的活力，是以城市为重点的整个经济体制改革的中心环节。”第二，“要建立合理的价格体系，使价格能够比较灵敏地反映社

① 邓小平（1984 年 6 月）：《建设有中国特色的社会主义》，《邓小平文选》第三卷，北京：人民出版社，1993 年，第 65 页。

会劳动生产率的变化和市场供求关系的变化。”“价格体系的改革是整个经济体制改革成败的关键。”第三，“坚持多种经济形式和经营方式的共同发展，是我们长期的方针，是社会主义前进的需要。”

邓小平对这次全会及其决定作出了极高的评价。他说：“党的十二届三中全会将在中国的历史发展中写上很重要的一笔。”[①]“全会的决议公布后，人们就会看到我们全国改革的雄心壮志。”[②]“什么叫社会主义，什么叫马克思主义？我们过去对这个问题的认识不是完全清醒的。”[③]“这次经济体制改革的文件好，就是解释了什么是社会主义，有些是我们老祖宗没有说过的话，有些新话。我看讲清楚了。”“我的印象是写出了一个政治经济学的初稿，是马克思主义基本原理和中国社会主义实践相结合的政治经济学。”[④]

根据中共十二届三中全会有关文献编写。

为了落实中共十二届三中全会决定和1985年《中共中央关于制定国民经济和社会发展第七个五年计划的建议》提出的通过企业、市场体系和宏观调控体系等三方面互相联系的改革，“在今后五年或者更长一些的时间内，基本上奠定有中国特色的、充满生机和活力的社会主义经济体制的基础”的要求，中国政府在1986年初部署了新的改革举措。

① 邓小平（1984）：《我们的宏伟目标和根本政策》，《邓小平文选》第三卷，北京：人民出版社，1993年，第78页。
② 邓小平（1984）：《我们把改革当作一种革命》，同上书，第82页。
③ 邓小平（1984）：《建设有中国特色的社会主义》，同上书，第63页。
④ 邓小平（1984）：《在中央顾问委员会第三次全体会议上的讲话》，同上书，第83、91页。

时任国务院总理的赵紫阳（1919—2005）宣布的1986年工作方针是：在继续加强和改善宏观控制的条件下改善宏观管理，在抑制需求的条件下改善供应，同时做好准备，使改革能在1987年迈出决定性的步伐。[①] 接着，赵紫阳就改革形势和"七五"（1986—1990）前期改革的要求在政府内部的会议上多次发表讲话，指出当前面临的许多问题都是来自"新旧体制胶着对峙、相互摩擦、冲突较多"的状况。这种局面不宜拖得太长，需要在1987年和1988年采取比较重大的步骤，促使新的经济体制能够起主导作用。要在市场体系和实现宏观经济的间接调控这两个问题上步子迈大一点，为企业能够真正自负盈亏并在大体平等的条件下展开竞争创造外部条件。"具体说来，明年的改革可以从以下三个方面去设计、去研究：第一是价格，第二是税收，第三是财政。这三个方面的改革是互相联系的。""关键是价格体系的改革，其他的改革围绕价格改革来进行。"[②]

为了进行拟议中的配套改革，国务院在1986年4月建立了经济改革方案设计办公室。[③] 这个办公室在国务院和中共中央财经领导小组的领导下，拟定了"七五"前期以价格、税收、财政、金融和贸易为重点的配套改革方案。其中的价格改革，准备采取类似于捷克斯洛伐克在1967—1968年改革的做法，用"先调后放"的办法实施

① 赵紫阳在全国经济工作会议上的讲话，《人民日报》，1986年1月13日。

② 1986年3月13日，赵紫阳在中共中央财经领导小组会议上的讲话和3月15日在国务院常务会议上的讲话（打印稿）。

③ 这个办公室的正式名称是"国务院经济体制改革方案研讨小组办公室"，简称"方案办"。

价格市场化（自由化）[1]：先根据计算全面调整价格，然后用一到两年的时间将价格全面放开，实现价格自由化。在财税体制方面的主要举措则是将当时实行的“分灶吃饭”体制（revenue-sharing system），改变为“分税制”体制（tax-sharing system）以及引进增值税（value-added tax，简称 VAT），等等。[2] 上述配套改革方案在 1986 年 8 月获得国务院常务会议的通过，并得到邓小平的支持。在 1986 年 9 月 13 日听取中央财经领导小组关于改革方案的汇报时，邓小平对这个配套改革方案做出了很高的评价，要求照此执行。

与此同时，邓小平在 1986 年再次要求启动以“党政分开”为重点的政治体制改革，使中国的政治体制适应市场经济的需要。20 世纪 80 年代双轨并存引致的诸多矛盾表明，问题的症结在于“国家辛迪加”中政府控制和支配基本经济资源的遗产尚未得到消除，使矛盾集中在政府身上。要消除这些遗产，就不能不进行国家领导体制的改革。正是由于认识到政治改革的重要性，邓小平在 1986 年重提进行政治体制改革的问题。“不改革政治体制，就不能保障经济体制改革的成果，不能使经济体制改革继续前进，就会阻碍生产力的发

① 当时对于如何从“价格双轨制”过渡到单一的市场价格制度，中国学术界有多种建议，如“调放结合”的方案、“以放为主”的方案等。在 1986 年的经济改革方案设计中，中国领导人准备采取的，是捷克斯洛伐克改革时任副总理的锡克 1981 年在北京讲学时介绍的“先调后放”的做法。锡克的讲话见锡克（1981）:《论社会主义经济模式》，中国社会科学院经济研究所学术资料室编:《论社会主义经济体制改革》，北京：法律出版社，1982 年，第 105—114 页。

② 参见楼继伟、肖捷、刘力群（1986）:《关于经济运行模式与财政税收改革的若干思考》和楼继伟、刘力群（1986）:《改革财政体制解决财政赤字问题的设想》，吴敬琏等著:《中国经济改革的整体设计》，北京：中国展望出版社，1988 年，第 111—151 页。

展，阻碍四个现代化的实现。”[①]

根据邓小平的这些指示，1987 年的中共十三大对政治改革做出了新的部署，决定采取一系列具体措施来实现“党政分开”“下放权力”“以党内民主逐步推动人民民主”等方针。

但两方面的改革都没有能够进行下去。

在经济改革方面，在政府内部和学术界一直存在不同的意见。国务院领导原来坚持“价、税、财配套改革”，但是到 1986 年 10 月，国务院领导改变了原来的想法，转向以国有企业改革为主线，并在 1987 年和 1988 年实行了“企业承包”“部门承包”“财政大包干”“外贸大包干”和“信贷切块包干”五大“包干”制度，回到了维持市场经济与命令经济双轨并存体制的老做法。由于丧失大步推进改革的时机，寻租腐败、通货膨胀等问题愈演愈烈，最后以 1988 年的抢购风波和 1989 年的政治风波而告终。[②]

专栏 2.4　1986 年关于改革战略的争论

20 世纪 80 年代中期，经济学界对改革走向的不同看法，集中地表现在对 1986 年配套改革方案，特别是在当时应否进行价格改革的问题上。

---

① 邓小平（1986）：《在听取经济情况汇报时的谈话》《在全体人民中树立法制观念》《关于政治体制改革问题》，《邓小平文选》第三卷，北京：人民出版社，1993 年，第 159—160、163—164、176—180 页。

② 对这一问题的说明，请参阅吴敬琏：《从“增量改革”到“整体推进”的改革战略——1994 年 4 月 13 日在中央党校第三期省部级主要干部研讨班上的讨论发言》，见《构筑市场经济的基础结构》，北京：中国经济出版社，1997 年，第 44—56 页。

1.“企业改革主线论”

1986年3月，赵紫阳提出“价、税、财配套改革”的思路，并且设立“方案办”进行具体的方案设计以后，一部分人士提出了不同的意见。其中一位代表人物是北京大学的厉以宁教授。他在1986年4月提出了“中国的改革如果遭到失败，可能就失败在价格改革上；中国的改革如果获得成功，必然是因所有制的改革获得成功”的著名论断。①

厉以宁认为：“价格改革主要是为经济改革创造一个适宜于商品经济发展的环境，而所有制的改革或企业体制改革才真正涉及利益、责任、刺激、动力问题。”② 中国当前的经济处于非均衡状态。“在非均衡条件下，价格调节的作用是有限的，指望通过价格改革来理顺经济关系不具有现实性。中国唯一可以选择的途径是：先进行所有制改革，在所有制改革取得成就的基础上，使市场体系逐步趋于完善，同时，分阶段调整商品比价，最后着手全面的价格——工资体系的改革。”③ 由此，他提出的改革顺序是“绕开价格改革，先进行所有制改革”④，用15年左右的时间实现所有制改革以后，再进行价格改革。⑤ 他所说的“所有制改革”，是指将规范

① 厉以宁（1986）：《经济改革的基本思路——1986年4月25日在北京大学“五四”科学讨论会上的报告》，《中国经济改革的思路》，北京：中国展望出版社，1989年，第3—14页。

② 同上书，第3页。

③ 厉以宁（1987）：《关于经济改革基本思路的进一步说明——1987年6月2日在“国民经济管理学”课程结束前对北京大学经济学院各班干部专修班学员所提问题的回答》，《中国经济改革的思路》，北京：中国展望出版社，1989年，第15页。

④《金融时报》，1988年1月18日。

⑤《理论信息报》，1986年11月3日；《金融时报》，1987年12月3日。

化的“股份制”和非规范化的“承包制”这两种形式结合起来，通过“先包后股”“先股后包”“只包不股”或“只股不包”的办法，把国有企业改造成为“真正自负盈亏的公有制企业”。[①] 这种意见在1986年的讨论中起初处于劣势，10月以后为国务院领导人所接受，并在1987—1988年期间得到实施。

反对“价、税、财配套改革”的另一位代表人物是大型国有企业首都钢铁公司的领导者。他们以首钢经济研究所的名义上书言事，认为改革应当“以承包为本”，离开了企业承包制，改革就背离了正确的方向。[②]

2.“整体协调改革论”

被称为“整体协调改革论”的学术派别，是在1986年“价、税、财配套改革”方案设计的过程中形成的。早在1985年，中国社会科学院研究生郭树清、刘吉瑞、邱树芳等就上书国务院领导提出，“双轨制”是一种“冲突型”的双重体制，它的长期持续，必然引起经济生活的混乱，甚至会导致改革的“夭折”。[③] 接着，郭树清、楼继伟、刘吉瑞、许美征等在国务院领导的支持下草拟了综合配套改革方案。[④] 在国务院经济体制改革方案设计办公室工作的吴敬琏、周小川、楼继伟、李剑阁等人围绕“七五”前期改革发表了不少论著，围绕建立“商品经济”（市场经济）的中心思想，逐

① 《深化改革的重点是公有制形式的改革——著名经济学家厉以宁和本报记者的一次谈话》，《金融时报》，1987年12月3日。

② 首都钢铁公司经济研究所1986年印发的一份材料（打印稿）。

③ 郭树清、刘吉瑞、邱树芳（1985）：《全面改革亟须总体规划——事关我国改革成败的一个重大问题》，《经济社会体制比较》，1985年第1期。

④ 郭树清、楼继伟、刘吉瑞等（1985）：《关于体制改革总体规划的研究》，《经济研究参考资料》，1986年第35期。

步形成了一套可以称作“配套改革论”或“市场经济论”的改革理论。它的要点是：

——旧体制的根本特征在于通过行政命令和指令性计划来配置稀缺资源，这种资源配置方式不能克服信息机制和激励机制上的重大缺陷，因而不可能有效率。把传统体制的弊病归结为“权力过分集中”，是一种肤浅的论断。如果不改变计划的资源配置方式，企图用“放权让利”来实现经济运行状况的根本改变，是不会奏效的。

——唯一能够取代行政命令的资源配置方式，是以市场机制为基础的资源配置方式，它能克服命令经济在信息机制和激励机制上的缺陷，使经济资源得到最有效的配置和利用。

——市场经济是一个有机的体系。这个体系主要是由自主经营、自负盈亏的企业，竞争性的市场体系，以及主要通过市场进行调节的宏观管理体系三者组成。作为一个体系，以上三个方面是互相联系、密不可分的。只有这三个支柱初步树立起来，这种经济体系才能有效率地运转。因此，经济改革必须在这三个互相联系的方面同步配套地进行。[①]

根据有关资料编写。

2.3.2 1993年：中共十四届三中全会开辟了改革整体推进的新局面

经历了1988年的经济危机和1989年的政治风波以后，邓小

① 吴敬琏、周小川等（1986—1987）：《中国经济改革的整体设计》，北京：中国展望出版社，1990年。

平在1992年南方谈话中所批评的“政治家和理论家”[①]把这次经济和政治动荡归罪于市场取向的改革，指责“取消计划经济，实现市场化”就是“改变社会主义制度，实行资本主义制度”。[②]于是，发生了改革开放以后的又一次思想回潮。直到1992年初邓小平做了推动进一步改革开放的南方谈话[③]以后，才迎来新的改革开放热潮。

1992年10月，中共第十四次全国代表大会确定了建立社会主义市场经济的改革目标。1993年11月的十四届三中全会又做出了《中共中央关于建立社会主义市场经济体制若干问题的决定》，在以下问题上获得重要突破：

第一，明确提出“整体推进、重点突破”的新的改革战略，不仅在“体制外”的边缘地带进行，而且要在国有部门打攻坚战，要求在20世纪末初步建立社会主义市场经济制度。

第二，为财税体制、金融体制、外汇管理体制、企业体制和社会保障体系等重点方面的改革提出了目标，拟定了方案。

① 邓小平说：“现在，有右的东西影响我们，也有‘左’的东西影响我们，但根深蒂固的还是‘左’的东西。有些理论家、政治家、拿大帽子吓唬人的，不是右，而是‘左’。‘左’带有革命的色彩，好像越‘左’越革命。”参阅邓小平（1992）：《在武昌、深圳、珠海、上海等地的谈话要点》，《邓小平文选》第三卷，北京：人民出版社，1993年，第375页。

② 王忍之：《关于反对资产阶级自由化——1989年12月15日在党建理论研究班的讲话》，《人民日报》，1990年2月22日；《求是》，1990年第4期。

③ 邓小平（1992）：《在武昌、深圳、珠海、上海等地的谈话要点》，《邓小平文选》第三卷，北京：人民出版社，1993年，第370—383页。

专栏 2.5 中共十四届三中全会《中共中央关于建立社会主义市场经济体制若干问题的决定》

1993 年 11 月 11—14 日，中共十四届中央委员会召开了第三次全体会议。会议审议并通过了《中共中央关于建立社会主义市场经济体制若干问题的决定》，对如何实现社会主义市场经济的改革目标做了全面的表述。

决定提出“整体改革和重点突破相结合”“既注意改革的循序渐进，又不失时机地在重要环节取得突破，带动改革全局”的改革战略，要求在 20 世纪末初步建立社会主义市场经济体制。

决定为社会主义市场经济的财税、金融、企业等子系统确定了改革的目标和实施方案，它们包括：

1. 建立新的财政税收体制

财政体制改革的基本目标是将原来的财政包干制（亦称中央地方财政包干制）改造为合理划分中央政府与地方政府（包括省和县级政府）职权基础上的“分税制”。税收体制改革的基本要求是：按照“统一税法、公平税负、简化税制、合理分权”的原则规范税制，建立起符合市场经济要求的税收制度，以便促进平等竞争。

2. 金融–银行体系的改革

主要任务是建立以国有商业银行为主体、多种金融机构并存、政策性金融与商业性金融分离的金融组织体系和建立统一、开放、有序竞争、严格管理的金融市场体系。具体工作包括：建立在中央政府领导下独立执行货币政策的中央银行体制；实现现有国有“专业银行”的商业化经营和商业银行的多元化；组建国家开发银行、进出口信贷银行和农业发展银行等政策性银行，以便承接原来由专业银行承担的政策性业务，在国家指定范围内向某些建设周期长、盈利水平低但外部效益高的项目进行低息融资。

3. 外汇管理体制改革

外汇管理体制改革分两步进行：先分国内企业和国外企业两个步骤取消双重汇率制，实现汇率并轨和经常项目（current account）下人民币有管理的可兑换。然后，再视情况的发展，考虑取消对资本项目的外汇控制，实现人民币的完全可兑换（fully convertable）。

4. 国有企业改革

提出要“进一步转换国有企业经营机制，建立适应市场经济要求、产权清晰、责权明确、政企分开、科学管理的现代企业制度”。根据这一决定，全国人民代表大会通过了《中华人民共和国公司法》。

5. 建立新的社会保障体系

决定建立包括社会保险、社会救济、社会福利、优抚安置和社会互助、个人储蓄积累保障等内容的多层次社会保障制度。其中，城镇职工养老和医疗保险实行社会统筹与个人账户相结合的制度。

根据中共十四届三中全会有关文献编写。

根据中共十四届三中全会的决定，从1994年初开始，中国政府在财政、金融、外汇管理等方面采取了一系列重大措施来推进改革。到20世纪90年代后期，以上诸方面的改革大体上达到了中共十四届三中全会的要求。其中，外汇改革进展最为顺利，提前实现了决定所规定的在经常账户下实行“有管理的浮动汇率制”的目标，为全面实施出口导向政策提供了有力支撑（详见第8章8.1.3节）。财税体制也进入了预定的轨道（详见第7章7.3节）。

不过，其他方面改革的进度并没有达到中共十四届三中全会的要求。例如，中共十四届三中全会要求在养老和医疗这两项最重要的职工社会保障中引入个人账户制，并实行社会保障的行政管理与社会保障基金的经营分开的原则。这些原则的贯彻，由于涉及原有行政管理机关的权力和利益而存在阻力与障碍，从而使全会所设计的社会保障体系迟迟未能建立。

20世纪90年代后期，中国在所有制结构的调整和完善方面取得了重大的进展。由于非国有经济（民营经济）的兴起，国有经济在国民经济中所占比重有了较大的下降。不过直到那时，虽然国有经济在国内生产总值（GDP）中所占的比重已经不到一半，但政府和国有企业仍然是稀缺经济资源的主要支配者，加之政府仍然保持着对微观经济活动的诸多干预权力，因此，从资源配置权力分配的角度来看，中国改革的大关还没有过。

2.3.3 世纪之交经济改革的进展和问题

1. 世纪之交经济改革的重要突破

面对中国经济改革所遇到的旧所有制结构的障碍，1997年的中共十五大取得了重要的突破。

中共十五大否定了把国有经济的比重大小同社会主义性质的强弱直接联系起来、认为国有经济在国民经济中所占比重愈大愈好的苏联式观点，明确肯定多种所有制共同发展是至少100年的社会主义初级阶段的“基本经济制度”。据此，大会要求根据有利于发展生产力、有利于增强综合国力、有利于提高人民的生活水平的判断标准，调整和完善国民经济的所有制结构，建立中共十四届三中全会决定所规定的基本经济制度。

所有制结构的调整和完善包括三项主要内容:(1)对国有经济的布局进行调整,缩小国有经济的范围,国有资本从非关国民经济命脉的领域退出;(2)寻找能够促进生产力发展的公有制实现形式,发展多种形式的公有制经济;(3)鼓励个体、私营等非公有制经济的发展,使之成为社会主义市场经济的重要组成部分。

专栏 2.6　中共十五大和中央委员会的报告

中共第十五次全国代表大会1997年9月12—18日在北京举行。会议通过了江泽民总书记代表中央委员会所作的报告:《高举邓小平理论伟大旗帜,把建设有中国特色社会主义事业全面推向二十一世纪》。报告具有深远意义的内容是:确定"公有制为主体、多种所有制经济共同发展"的制度是"至少100年"的社会主义初级阶段的基本经济制度;要求按照这一基本经济制度,调整和完善中国的所有制结构。在阐述"调整和完善所有制结构"这一重大任务时,报告对"公有制为主体""国有经济为主导"等原有提法作出了更加明确的界定,并且在此基础上提出了调整和完善所有制结构的具体做法。

(1)对国有经济布局进行"有进有退"的调整,国家只需控制"关系国民经济命脉的重要行业和关键领域",由此导致的国有经济比重有所减少,"不会影响我国的社会主义性质"。

(2)"公有制经济不仅包括国有经济和集体经济","要努力寻找能够极大促进生产力发展的公有制实现形式","一切反映社会化生产规律的经营方式和组织形式都可以大胆利用"。

(3)"非公有制经济是我国社会主义市场经济的重要组成部分。

对个体、私营等非公有制经济要继续鼓励、引导，使之健康发展。”

报告还指出，“调整和完善所有制结构”应当遵循邓小平提出的“三个有利于”的判断标准[①]，即“一切符合‘三个有利于’的所有制形式都可以而且应该用来为社会主义服务”。

1999年的中共十五届四中全会《关于国有企业改革和发展若干重大问题的决定》把国有经济需要控制的“重要行业和关键领域”进一步规定为以下三个行业和一个领域：（1）涉及国家安全的行业；（2）自然垄断的行业；（3）提供重要公共品和服务的行业；（4）支柱产业和高新技术产业中的重要骨干企业。

根据中共第十五次全国代表大会和十五届四中全会相关文献编写。

1999年，中共十五大的上述决定被写入《中华人民共和国宪法修正案》：“国家在社会主义初级阶段，坚持公有制为主体、多种所有制经济共同发展的基本经济制度。”“在法律规定范围内的个体经济、私营经济等非公有制经济，是社会主义市场经济的重要组成部分。”“国家保护个体经济、私营经济的合法的权利和利益。”

在此后几年中，中国在所有制结构的调整和完善方面的改革取得了不小的进展。

第一，所有制结构明显优化，从国有经济一家独大变为多种所有制企业共同发展。除少数行政垄断的行业外，民营经济成为比重

① 邓小平说：“判断的标准，应该主要看是否有利于发展社会主义社会的生产力，是否有利于增强社会主义国家的综合国力，是否有利于提高人民的生活水平。”参阅邓小平（1992年2月）：《在武昌、深圳、珠海、上海等地的谈话要点》，《邓小平文选》第三卷，北京：人民出版社，1993年，第372页。

最大的经济部门（表 2.5）；在就业方面，民营企业也成为吸纳就业的主体，2006 年民营企业就业人数达到全国城镇就业人数的 72%。这样，就在沿海各省形成了多种所有制经济共同发展、具有很大竞争活力的广大地区（详见第 5 章 5.2.4 节）。

表 2.5　各种经济成分在 GDP 中的比重[①]（1990—2001）　　（%）

	国有部门	集体部门	民营部门*
1990	47.7	18.5	33.8
1995	42.1	20.2	37.7
1996	40.4	21.3	38.3
1997	38.4	22.1	39.5
1998	38.9	19.3	41.9
1999	37.4	18.4	44.2
2000	37.3	16.5	46.2
2001	37.9	14.6	47.5

资料来源：《中国统计年鉴》。

* 此处民营部门指所有非国有和非集体所有的农村和城镇经济实体。

第二，国有企业改革取得重大进展。作为中国企业改革乃至中国经济体制改革的中心和重点，国有企业改革所取得的进展主要表现在：一是国有企业已从国有独资的产权结构，变为以股权多元化的公司制企业为主。目前在非金融类企业方面，绝大多数国有二级企业[②]已经改组为国家相对或绝对控股的股份有限公司（详见第 4 章

① 引自许小年、肖倩（2003）：《另一种新经济》，中国国际金融有限公司研究部报告。

② 非金融类国有企业大多实行多级法人制，其一级企业一般为全资国有公司。

4.3.1 节）。在金融类企业中，21 世纪初实现中、农、工、建四家国有商业银行的海外整体上市，为中国金融市场提供了必要的微观基础（详见第 6 章 6.2.3 节）。二是这些公司在股权多元化的基础上搭起了公司治理结构的基本框架。

2. 21 世纪初改革放缓和社会矛盾的变化

中国虽然在 20 世纪末初步建立起市场经济制度的基本框架，但是市场经济的若干重要架构，如规范的金融市场，以及现代市场经济所必需的法治体制并没有建立起来。所以，距离原来确定的国企改革目标还有不小的差距。因此，2003 年的中共十六届三中全会通过了《中共中央关于完善社会主义市场经济若干问题的决定》，但是，执行情况并不理想。

首先，按照中共十五大和中共十五届四中全会的要求，国有经济的布局调整和国有企业的股份化改制都有了重要的进展。到了 21 世纪初期，全国中小型国有企业，包括基层政府所属的乡镇企业已经全面改制，其中绝大部分成为个人独资或公司制企业。但是，当国有经济改革涉及能源、电信、石油、金融等重要行业的国有垄断企业时，改革的步伐就显著地慢了下来。

近年来，围绕重要行业中国有企业究竟应当“进”还是应当“退”的争论又起。有些论者提出，在这些行业中，国有经济的比重不但不应当降低，还应当提高。2003 年，国资委中有官员宣传一种“国有经济是共产党执政的经济基础”的观点，引起相当程度的思想混乱。尽管 2004 年中央经济工作会议上党政领导对此做出了澄清，但类似的论调在一部分人中间仍然很有市场。2004 年爆发市场化改革的大方向是否正确的争论以后，社会上又出现了被媒体称为“再国有化”或“新国有化”的“国进民退”现象。这种“回潮”趋势主要有两种表现形式：一是有些领域在已对民营企业进入发放“许可证”的情况下，又往后退缩，不让民营企业继续经营；二是一些国有独资和国有绝对控股的公司对民营中小企业展开了收购兼并，使这类企业的垄断地位进一步强化。[①]

其次，政府对企业微观经济活动的行政干预在“宏观调控”的名义下有所加强。

从2003年第四季度开始，中国经济出现了“过热”的现象。为了保持经济的持续稳定增长，中国政府决定采取措施促使经济降温。在经济学上，宏观是一个总量的概念。在发生了宏观经济过热，即总需求大大超过总供给的情况下，理应按照市场经济的常规，以基准利率、存款准备金率等间接手段为主进行总量调控。在市场经济体制还不够完善的情况下，还有必要运用某些行政手段，如以银行信贷的“窗口指导”作为补充。但是必须明确，它们只能是辅助性的手段，而且在运用这种手段的时候，对它们的局限性和副作用要有充分的估计。但是，在当时领导机关对宏观经济形势进行分析时，主流意见却把问题的性质确定为“局部过热”，采取的主要措施也是由主管部委联合发文，采用审批等行政手段对钢铁、电解铝、水泥等“过热行业”的投资、生产活动进行直接控制。从那时起，“宏观调控要以行政调控为主”就成为正式的指导方针。[②]

在这种思想的指导下，各级政府部门纷纷以“宏观调控”的名

① 参阅《中国新闻周刊》，2006年3月27日；《经济观察报》，2006年4月12日；《民营经济报》，2006年5月12日。

② 参阅明军：《中国严防经济局部过热》，《经济导报》（香港），2004年第3期；同见吴立波：《行政调控为何忽然发力》，《瞭望东方周刊》，2004年5月17日。

义加强了对微观经济的干预和控制，使行政力量配置资源的能力和手段大为强化，而市场配置资源的基础性作用则遭到削弱。正如英国的阿克顿勋爵（Lord Acton）所说："权力易于导致腐败，绝对的权力会导致绝对的腐败。"行政权力的扩张导致寻租活动制度基础的扩大，使腐败日益盛行。

最后，政治改革滞后的情况没有明显改变。1980 年，邓小平在发动全国农村承包制改革的同时，在中共中央政治局会议上做了著名的"八·一八"讲话，启动了政治改革。1986 年，他又多次指出，不搞政治改革，经济改革也难于贯彻，要求加快政治改革。不过这两次改革都没有能够进行下去。邓小平逝世以后，新一代领导人在追悼会上再次提出政治改革的问题。1997 年的中共十五大提出了建设社会主义法治国家的口号，中共十六大又重申了这一主张，而且还提出建设民主政治和提升政治文明的问题。但是，10 年来进展十分缓慢。例如《中华人民共和国物权法》《中华人民共和国反垄断法》等市场经济的基本法律，用了 13 年的时间才得以出台。对于一个所谓"非人格化交换"占主要地位的现代市场经济来说，没有合乎公认基本正义的法律和独立公正的司法，合同的执行就难以得到有效的保障。在这种情况下，经济活动的参与人为了保障自己财产的安全，就只有去"结交官府"。于是，形成了从事寻租活动的"新动力"。[①]

由于寻租规模的扩大，腐败活动日益猖獗。根据 1988 年以来若干学者的独立研究，中国租金总数占 GDP 的比率高达 20%—30%，年绝

① 参阅吴敬琏（2006）:《警惕寻租新动力》,《呼唤法治的市场经济》,北京：生活·读书·新知三联书店，2007 年，第 360—364 页。

对额高达 4 万亿—5 万亿元。[1] 巨额的租金总量，自然会对我国社会中腐败蔓延、贫富分化加剧和基尼系数的居高不下产生决定性的影响。

由于“双轨制”下存在法治的市场经济和权贵资本主义两种不同的发展前途，近年来就一直存在这样的情况：当市场化改革大步推进，例如当 20 世纪 90 年代初期商品价格放开，商品市场寻租的可能性大幅缩减时，腐败被抑制，大众满意的声音居于支配地位。当世纪之交包括大量“苏南模式”的乡镇企业在内的中小企业实现“放小”改制，促成了沿海地区经济的大发展，居民生活水平普遍提高时，虽然出现了某些局部性的不公正行为，满意的声音仍然占有优势。反之，当进一步的改革受到了阻碍，如国有垄断企业的改革停顿不前，或改革遭到扭曲，如推行了所谓“斯托雷平式”的权贵私有化[2]时，就会造成腐败活动猖獗、贫富差别扩大的态势，而党政领导和大众诉求之间的矛盾也有可能加剧。

① 参阅胡和立（1989）：《1988 年我国租金价值的估计》,《经济社会体制比较》编辑部编：《腐败：权力与金钱的交换》（第 2 版），北京：中国经济出版社，1993 年，第 20—46 页；万安培（1995）：《中国经济转型时期的租金构成及主要特点分析》，吴敬琏等编：《建设市场经济的总体构想与方案设计》，北京：中央编译出版社，1996 年，第 331—364 页；高辉清等（2006）：《2004 年中国收入分配中非正常成分的价值估算》，中国经济体制改革研究会公共政策研究中心系列研究报告，2007 年 9 月 16 日；王小鲁（2007）：《我国灰色收入与国民收入差距》,《比较》第 31 辑，北京：中信出版社，2007 年。

② 时任俄罗斯首相的斯托雷平（Peter Stolypin，1862—1911）于 1906 年发动旨在摧毁农民村社、扶植富农阶级的改革，使大批农民失去土地，难以维生。秦晖、金雁（2002）：《转轨中东欧国家的民间组织》，中国青少年发展基金会、非营利组织研究会编：《扩展中的公共空间——中国第三部门研究年鉴》，天津：天津人民出版社，2002 年，第 340—373 页。

第二篇　部门专论

第3章　农村改革

从20世纪50年代中期开始经济管理体制改革以来，中国始终把这种改革的注意力集中在城市国营工商业方面，进行了成效不彰的努力。直到1980年秋季在农村大规模实行农村家庭承包经营制，中国经济才出现“柳暗花明又一村”的新局面。所以，农村改革是中国经济改革实践的真正起点。

本章的任务，就是分析农村改革的起因、成果以及进一步改革的前景。

3.1　农业在国民经济中的地位及其对经营制度的特殊要求

农业是人类社会生存和发展的基础，一切发展都是从这里开始的。尤其在发展中国家，农业的状况如何，在很大程度上决定了这些国家的发展态势。

3.1.1　农业在经济发展中的地位和作用

经济学家通常把农业对经济发展的作用归纳为以下四个方面[①]：

① 张培刚（1945）：《农业与工业化》，武汉：华中工学院出版社，1984年，第14—22页；Simon Kuznets (1965): *Economic Growth and Structure: Selected Essays*（《经济增长和结构：论文精选集》），（转下页）

一是产品贡献。在所有的产业部门中，“农业是唯一生产食品的部门。没有钢或煤，或者没有电，人类仍能生存，但是绝对不能没有粮食。大多数制成品实际上都有替代品，但粮食却无可替代。”[①]农产品商品剩余的增长，是非农产业部门发展的先决条件。二是市场贡献。在发展的早期阶段，农业是工业以及整个非农产业产品的主要购买者和消费者。三是要素贡献。同样，在发展的早期阶段，农业既是国内储蓄和投资的主要来源，也是劳动力的主要供给者。在经济发展比较落后的国家，以农产品剩余为代表的农业储蓄和农业剩余劳动力的转移，是非农产业部门发展的原始动力。四是外汇贡献。对于大多数发展中国家来说，由于工业还没有成长到足以用自己生产的工业品出口换取自身所需要的资本品的程度，农业就成为出口换汇的主要部门。

在发展的不同阶段，以上四方面的作用并不是同等重要的。在发展的早期阶段，农业作为国民经济中的基本部门，所做的产品贡献、要素贡献、外汇贡献具有决定性的意义。在发展的后期阶段，工商业的主导作用渐趋突出，农业的要素贡献、外汇贡献和市场贡献的作用逐步削弱。但是，随着城市人口增长，农业部门对经济增长的产品贡献作用再次突现出来。即使已经实现初步工业化的国家，如果农业基础受到削弱，也会对经济和社会的稳定发展造成损害。

（接上页）New York: Norton, 1965, 244—245；加塔克（Subrata Ghatak）、英格森特（Ken Ingersent）：《农业与经济发展》，北京：华夏出版社，1987年，第27—75页。

① 吉利斯（Malcolm Gillis）、波金斯（Dwight H. Perkins）、罗默（Michael Roemer）、斯诺德格拉斯（Donald R. Snodgrass）（1996）：《发展经济学》第4版，北京：中国人民大学出版社，1998年，第410页。

当人均收入水平超过一定阶段后，社会对农产品的需求增长由上升转为下降。[①] 与此同时，出于对高品质生活的需求，人们愈来愈期待农业能提供良好的“生态环境”，为社会提供休闲、旅游和教育等产品。于是，以绿化、美化和保护人类生存环境为目的的植树造林、种草种花等生产和经营活动，在农业中迅速发展起来，形成了一种新的农业贡献，即生态环境贡献。世界银行的报告认为，农业作为环境功能的提供者，通过固碳（指捕获、分离、存储，或再利用二氧化碳）、流域治理和保持生物多样性等一系列手段，向社会提供了多样化的保持生态环境的功能。[②]

中国大部分地区属于大陆性季风气候，降水集中于夏季，农业依靠人工灌溉，大型水利工程还需要由国家来兴办。因此，从远古以来，中国农业就保持着土地、水利和农耕三位一体的格局。秦汉时期，采用了授田制，土地虽然归国家（皇室）所有，但这些土地交给农民耕种，国家收取赋税，土地所有权与使用权长期分离。到唐代，形成了土地租佃制度，不论官田、私田都租给农户耕种，纳租方式一般采用定额租制，实行分成制的比较少。到明代以后，土地制度更趋成熟，出现了永佃制。所谓永佃权，指的是“一田三主”制度。“三主”是指业主、大租主和佃户。业主指原来的地主，拥有“田底权”；大租主即拥有永固权的佃户，为提高地力曾进行过资本投入，在所租土地上兴修水利，进行土地整治，提高土壤肥力，拥有“田面权”；有时“大租主”还将土地转租给更小的佃户，使这些

① 世界银行:《1982 年世界发展报告：发展与环境》，北京：中国财政经济出版社，1982 年，第 43 页。

② 世界银行:《2008 年世界发展报告：以农业促发展》，北京：清华大学出版社，2008 年，第 1、4 页。

小佃户能在租来的土地上建立自己的家庭农场。此外，政府也在兴修大规模水利工程上发挥了重要的作用。

3.1.2 农业是一个适合于家庭经营的生产部门

虽然农业在经济发展中具有非常重要的地位和作用，但仍然有许多国家的农业处于衰败状态，影响了整个经济的稳定和发展。这种情况之所以会发生，往往与没有选择适宜的农业经营方式有关。

农业有两种最基本的经营方式：一种是以家庭为基本经营单位；另一种是以资本主义的或公有的大农场为基本经营单位。

在社会主义各国曾普遍流行着集体农业优越于家庭农业的论调。即使共产党内对农民问题有较开明态度的人士也反对"先合作化、后机械化"，他们并不否认集体农业更为优越，而只是认为生产力决定生产关系，集体化是机械化的必然产物，因而反对超越生产力的发展水平、拔苗助长地发展集体农庄。即使中国农村实行家庭承包制以后，人们的头脑中还是普遍存在着这样一种观念，那就是家庭承包是在农业生产力水平较低时才需要采取的制度，待到农业生产力有了提高，实现了机械化，就要"重新归大堆"（再次合作化）。

以上这些观点的共同的理论根据，是马克思根据英国19世纪的情况作出的论断：和在工业中一样，在农业中也是大生产优于小生产，大生产排挤小生产；由于农民的家庭农场具有落后性，它不是为资本主义的大农场所代替，就是为社会主义的大农场所代替。马克思说："大工业在农业领域内所起的最革命的作用，是消灭旧社会的堡垒——'农民'，并代之以雇佣工人。"[①] "农业和工业完全一样受

① 马克思（1867）：《资本论》第一卷，北京：人民出版社，1975年，第551页。

资本主义生产方式的统治，也就是说，农业是由资本家经营。”[①]

19 世纪末 20 世纪初，在社会主义运动中发生了一场关于农业中大生产是否比小生产更优越的争论。当时，社会民主党的领袖人物大卫（Edward David，1863—1930）和伯恩斯坦等质疑马克思的论断，认为以家庭为单位的农民经济还有进一步发展的潜力。考茨基（Karl Kautsky，1854—1938）在《土地问题》一书中捍卫了马克思的观点，断言“资本主义性质愈来愈发展的大农业”正在取代农民的小生产，“社会发展方向在农业中和在工业中是一样的”。[②] 列宁高度评价考茨基的这本著作，认为它是“《资本论》第三卷出版以后当前最出色的一本经济学著作”，[③]并在自己的《俄国资本主义的发展》等著作中阐述了相同的观点。

改革前，苏联、东欧、朝鲜、越南、古巴和中国等社会主义国家实行的是计划经济制度。在这些国家里，政府为了控制与农产品生产和消费有关的经济活动，首先在农业中推行了集体化，将土地、牲畜等农业生产资料收归公有，建立起以准国有的集体所有制为基础的集体农庄或人民公社。对农产品生产和流通实行指令性计划，集体所有制单位有义务按计划的要求将自己的产品以极低的价格“交售”给政府。

但是，无论在理论上还是在实践中，这种观点都是有争议的。

一些学者指出，目前多数市场经济国家选择了以私人农场为基

① 马克思（1861—1863）：《剩余价值理论》，见《马克思恩格斯全集》第 26 卷第二册，北京：人民出版社，1995 年，第 263 页。

② 考茨基（1899）：《土地问题》，北京：生活 · 读书 · 新知三联书店，1955 年，第 14—15 页。

③ 列宁（1899）：《书评》，《列宁全集》第 4 卷，北京：人民出版社，1990 年，第 79—85 页。

本经营单位的农业组织模式。私人农场可以是实行雇佣劳动制度的资本主义大农场，也可以是以农场主家庭成员劳动为主的家庭农场。资本主义大农场制度一度在英国等国家盛行，但20世纪发达国家的农业发展情况表明，即使在机器耕种和农业高度社会化的情况下，家庭农场制度仍然具有优越性和生命力。在大农场曾经一度占有优势的英国，目前家庭农场仍然占农场总数的52%，大农场仅占23%。①

在中国，长期领导农业工作的杜润生首先提出集中经营的农业生产合作社与农业生产的特点不相适应的问题。他说，农业生产是有生命的物质生产和再生产，它具有以下三个特点：（1）农业受自然界变化多端的多种因素的制约，需要有人细心地、随机应变地以高度主人翁的责任感来照管它；（2）农业的收益集中在最终产品上，这就要求把生产者的利益和最终经济成果挂上钩；（3）农业的主要生产资料——土地是一种特殊的生产资料，要努力养地，才能越种越好，这就要求生产者与土地之间建立稳定的切身利益关系，使生

① 秦晖（2004）：《马克思主义农民理论的演变与发展》，武力、郑有贵主编（2004）：《解决“三农”问题之路——中国共产党“三农”思想政策史》，北京：中国经济出版社，2004年。坚持“大生产”优越于“小生产”的论者常常把占有土地的多寡与“大生产”“小生产”的区分混为一谈。即使按照马克思主义经典作家的观点，区分二者的标准，也应是主要依靠雇佣劳动，还是业主自身的劳动；而“按照土地面积对农场分类，在绝大多数情况下，会对整个农业的发展，特别是农业中资本主义发展得出过于简单粗浅的概念”。［列宁（1915）：《关于农业中资本主义发展规律的新材料》，《列宁全集》第27卷，北京：人民出版社，1990年，第176—194页。］秦晖在该文中指出，第二次世界大战结束以来，主要资本主义国家农业中雇佣劳动的比重不升反降。1966—1967年欧共体创始6国的农业中，雇佣劳动包括临时短工在内也仅占农业劳动者的14%。

产者从长远利益出发，高度关怀土地。凡此种种，都使家庭承包经营具有强大的生命力。[①]

农业经济学家陈锡文把杜润生的以上思想发展为不仅适应于此时此地的中国农业，而且适应于农业一般的理论。他指出，农业生产最突出的特点是：第一，它的生产过程是与动植物的生命过程合二为一的。这就要求生产者经常和细心地照料作为劳动对象的动植物的生活和生长，及时根据它们的成长情况采取对应的措施。第二，它受到气候等非人力所能控制而且变动不居的日照、降水、气流等地球自然过程的决定性影响。这些与工业有很大区别的特点对农业生产者提出了特殊的要求，也就是必须准确地掌握动植物的生命状况和自然界变化的信息，及时地采取相应的措施。这两个方面决定了农业最有效的制度安排必须具有生产者（劳动者）拥有包括特指控制权和剩余控制权在内的全部控制权的特点。[②]

如果仅仅是为了适应上述特点，经营活动由所有者进行，而直接生产活动由雇来的劳动者进行也是可行的和有效率的。但是，农业生产中对雇佣劳动进行激励的难点在于：由于动植物的生命活动具有连续性，劳动者付出的全部劳动最后将体现在动植物的产量上，而不可能像在工业中那样，分别计量生产过程各个环节上劳动者付出的有效劳动的数量和质量。如果不联系最终的产量来评价劳动者

① 杜润生（1982）：《家庭联产承包制是农村合作经济的新发展》，《杜润生文集》，太原：山西人民出版社，2008年，第84—102页。

② 陈锡文：《中国农村改革：回顾与展望》，天津：天津人民出版社，1993年，第57—60页。关于特指控制权和剩余控制权，本书第4章有相关论述：对一个企业的所有权（ownership），是指对该企业拥有剩余索取权和剩余控制权。现代公司中出现的所有与控制的"两权分离"，即所有权与控制权（特指控制权）分别由股东和执行人员掌握。

所付出的劳动，亦即不使每一个劳动者的劳动作用于生物的整个生命周期，就不可能准确地计量劳动者所付出的劳动。农业劳动工种繁多、作业分散、季节差别大，就更增加了问题的复杂性。但是，如果把这个问题交给家庭去处理，事情就简单多了。由于家庭是一个关系十分紧密的经济利益共同体，家庭成员之间目标差异和利益摩擦不大，很少计较每个人的劳动付出和经济收入，这就大大降低了交易成本。

具体说来，家庭经营具有这样的优点：（1）可以实现家庭内部劳动力的优化组合与优势互补。家庭协作使他（她）们具有一个共同的目标函数，交易成本较低。（2）决策成本很低，家庭决策主要是几个关键成员的共同决策，信息比较充分。家庭决策具有快速、灵活、方便、权威、随机等优点，很能适应变化的情况。（3）承担风险的能力比较强。由于在家庭内部存在着血缘关系，凝聚力强，对投资收益的计算也比较充分。（4）在家庭内部进行分配，节省了分配的成本，避免了结算、计量、划分、监督的成本。（5）管理成本较低，利用机会的成本也较低。总之，由于家庭是一个集生产、消费、教育、抚养子女于一体的社会基本经济细胞，具有持久的稳定性，利用了家庭内部的自然分工，减少了决策成本，几乎不存在度量、监督等交易成本，这使家庭经营较之其他经营形式具有无可比拟的优势。因此，正像经济学家林毅夫等人所说："农业因具有内部规模经济不显著、劳动的监督和度量都极其困难等特点，而成为一个适宜家庭经营的产业。"[①]

也有一些学者不同意上述观点。他们认为，马克思主义关于农

① 林毅夫、蔡昉、李周：《中国的奇迹：发展战略与经济改革》，上海：上海三联书店，1994年，第123页。

民家庭农场将被资本主义或社会主义的大农场所取代的传统论断是无可辩驳的；农民家庭农场富有生命力的观点，“不仅在理论上是站不住脚的，而且在实践上也是极其有害的”。[①]

20 世纪 70 年代末“文化大革命”结束以后，在农业凋敝、农村经济极为困难的情况下废除了人民公社制度，并以包产到户的形式转向了以家庭为基本生产单元的农业生产模式，促进了农业的迅速恢复和发展。但是，在农业生产力有了较大发展以后是否需要再次进行集体化，以公有制的大农场取代个体家庭农场，还是人们热烈争论未作定论的问题。直到 20 世纪 90 年代末，经过多年的实践和研究，中共中央才做出了官方的结论。1998 年中共十五届三中全会《中共中央关于农业和农村工作若干重大问题的决定》指出：家庭“经营方式，不仅适应以手工劳动为主的传统农业，也能适应采用先进科学技术和生产手段的现代农业，具有广泛的适应性和旺盛的生命力，必须长期坚持”。[②]

3.2　承包制改革以前的农业经营方式和组织形式

中华人民共和国成立前后，通过土地改革在全国范围内（西藏自治区除外）实现了“耕者有其田”的目标。但是不久以后，就通过农业“合作化”运动和“人民公社化”运动，将农民的土地收归集体所有，并在 1958 年确立了“一大二公”“农村政社合一”的

① 张新光（2008）:《小农经济范畴的历史考察》,《贵州社会科学》, 2008 年第 1 期。

②《中共中央关于农业和农村工作若干重大问题的决定》，1998 年 10 月 14 日中共十五届三中全会通过。

“人民公社”制度。

3.2.1 从“合作化”到“人民公社化”

1948—1952年，中国各地区从北到南地完成了土地改革。在农民分得了一份土地以后，中国农业就面临发展个体农业还是实现农业集体化的两条道路的选择。当时在中国共产党的领导层中存在两种互相对立的意见：一方面是得到刘少奇支持的中共中央农村工作的主要领导人邓子恢等。他们认为，社会主义只能建立在高度社会化的生产力的基础上。在这种思想指导下，他们遵循1945年中共七大确定的实现社会主义要分两步走的纲领，认为应当给予农民土地买卖以及租赁、雇工、借贷的自由以发展农业；并且认为那种企图立即动摇、削弱甚至否定私有基础、实现农业合作化的想法，是一种“错误的、危险的、空想的农业社会主义思想”。[①] 另一方面以毛泽东为代表，认为土地改革的胜利完成已经结束了民主革命，应当把“做社会主义革命的文章”提上议事日程，其办法是大力开展互助合作运动，实现“农业社会主义改造”。[②]

这一争论的结果是，毛泽东在1955年中期发动了对中共中央农村工作部部长邓子恢等人的“右倾路线”的批判，然后就在各级党政机关的推动下，掀起了“农村的社会主义高潮”。

毛泽东在1955年发动农业集体化，是1952年以来中国事态发展的必然产物。第一，1952年土地改革胜利完成以后，毛泽东在

① 《刘少奇对中共山西省委〈把老区的互助组织提高一步〉的批语》（1951年7月3日），根据中央档案馆原件打印，http：//www.ce.cn/xwzx/gnsz/szyw/200705/28/t20070528_11515310.shtml。

② 1952年11月毛泽东和邓子恢、杜润生的谈话，见杜润生：《忆50年代初期我与毛泽东主席的几次会面》，《杜润生文集》下册，太原：山西经济出版社，1998年，第780—796页。

1953 年初形成了不要在十到十五年的新民主主义阶段之后再考虑向社会主义过渡，而是现在就要把过渡任务提上日程的新设想，在 1953 年 6 月中旬的政治局会议上，批评了要巩固新民主主义秩序的右倾观点，提出了党在过渡时期的总路线，要求在十年到十五年的时间内基本上完成国家工业化及对农业、手工业和资本主义工商业的社会主义改造。[①] 第二，从 1953 年开始执行第一个五年计划，实施优先发展重工业的工业化路线。在集中力量发展重工业因而没有足够的工业生产消费品去换取农民生产的农产品的条件下，如何通过非市场的方式取得国家工业化所必需的资金、粮食和农产品原材料，就成为必须解决的一个重大问题。正如毛泽东所说，国家工业化“所需要的大量资金，其中有一个相当大的部分是要从农业方面积累起来的”，“如果没有足够的粮食和其他生活必需品，首先就不能养活工人，还谈什么发展重工业？”[②]

1952 年 1 月，主管经济工作的中共中央书记处书记陈云提出：为了取得足够的粮食，今后若干年内粮食将是不宽裕的，因此，征购粮食，把全部余粮按国家规定的价格掌握到国家手中是必要的。“目前先做准备工作，在 1952 年夏收时，采取合作社动员收购和地方政府下令征购的方式，重点试办，以观成效。如试验成功，即于 1952 年秋后扩大征购面，逐渐在全国实行。”[③] 陈云认为：“如果继续

① 中共中央文献研究室编：《毛泽东年谱（1949—1976）》第 2 卷，北京：中央文献出版社，2013 年，第 31—42 页、第 115—117 页。

② 毛泽东（1955）：《关于农业合作化问题》，《毛泽东选集》第五卷，北京：人民出版社，1977 年，第 182 页；毛泽东：《论十大关系》，同前书，第 268 页。

③ 陈云（1952）：《1952 年财经工作的方针和任务》，《陈云文选（1949—1956）》第二卷，北京：人民出版社，1984 年，第 160 页。

采取自由购买的办法，我看中央人民政府就要天天做‘叫化子’，天天过‘年三十’。”他说，在实行统购统销以前，也曾认真考虑过，是否会出什么乱子。“但是，回过头来想一想，如果不这样做又怎么办？只有把外汇都用于进口粮食。那么办，就没有钱买机器设备，我们就不要建设了，工业也不要搞了。”[①]因此，中国政府在开始执行第一个五年计划后不久，即1953年10月，宣布对粮食、棉花等农产品实行“统购统销”，即计划收购和计划销售制度。

在存在成千上万户独立农户的条件下实行统购统销，用政府规定的价格从千家万户农民手中收购农产品，是有很大困难的。由于统购价格通常低于市场价格的水平，政府的征购受到个体农民的强烈抵抗，而政府很难加以控制。于是，在1954年出现了“家家谈粮食，人人说统购”的全国性风潮。这一风潮清楚地表明，不把农民组织在国家控制的集体经济组织中，就很难从农民手中拿到足够的资金、粮食和农产品原料。这使毛泽东在1955年夏季发动了农业合作化的“社会主义高潮”。

这次运动以批判邓子恢为代表的“右倾路线”开始。在政治运动的强大压力下，只用了大约一年的时间便废除了农业的家庭农场制度，实现了“高级合作化”。1955年夏，全国还只有500个高级农业生产合作社，入社农户占全国农户总数的3.45%。在发动合作化运动17个月以后的1956年末，高级社已有54万个，入社农户占全国总农户的88%。到1957年冬，政府宣布实现了合作化，全国有近1.2亿个个体家庭农户被组织成为75.3万个高级农业生产合作社。[②]

① 陈云（1953）：《实行粮食统购统销》，《陈云文选（1949—1956）》第二卷，北京：人民出版社，1984年，第208—211页。

② 林毅夫：《制度、技术与中国农业发展》，上海：上海人民出版社、上海三联书店，1994年，第19—21页。

在实现合作化以前，中国农村存在少量以土地参与分红的初级农业生产合作社为主要形式的互助合作组织。在社员自愿加入并拥有自由退出的权利的条件下，这些互助合作组织能够通过如林毅夫所说的“自我实施的协约”来解决对劳动的度量和监督的问题[①]，因而具有一定的制度效率，农业生产也是不断提高的。1955 年的“合作化高潮”改变了合作社的性质，合作社由自愿加入变为在“大批判”的社会强制下组建，实质上是准国有制的经济组织。

在高级农业生产合作社中，个体农民的财产已经合并为不可分割的集体财产，在社员不能自由退社以及合作社由“干部”进行管理和支配产品的条件下，除了国家不包工资分配外，它已经与国营企业没有区别。同时，粮食和其他农产品都掌握在干部手里，不怕农民不向国家交售。

不过，这些农业生产合作社细小分散，每个合作社只有一两百个农户，全国有 75 万多个合作社，基层政府很难直接控制。为了“便于领导”[②]，中共中央在 1958 年 3 月 30 日发布指示，要求把小社并成大社。1958 年 6 月进一步号召把高级社合并组成“一大二公”“政社合一”“工农商学兵五位一体”的人民公社。[③]由此在全国掀起了“大办人民公社”的运动。1958 年秋季在全国范围内实现了人民公社化。

① 林毅夫（1990）：《集体化与中国 1959 ～ 1961 年的农业危机》，《制度、技术与中国农业发展》，上海：上海人民出版社、三联书店，1994 年，第 16—43 页。

② 1958 年 8 月 9 日，毛泽东在视察山东农村时指出：“还是办人民公社好，它的好处是，可以把工、农、商、学、兵合在一起，便于领导。”见新华社 1958 年 8 月 12 日济南电：《毛主席视察山东农村》，《人民日报》，1958 年 8 月 13 日第 1 版。

③ 陈伯达（1958）：《在毛泽东同志的旗帜下——在北京大学庆祝党成立 37 周年大会上的讲话》，《红旗》，1958 年第 4 期。

人民公社最初实行“一级核算”即单一的公社所有制，原来的高级社并入公社，成为公社和生产大队下属的三级机构——生产队[①]，它们拥有的土地和其他生产资料都无偿地转归公社所有，由公社统一支配；全公社的劳动力则按照军事编制归公社统一调配。在这种产权制度的基础上，实行公社统一经营，统一分配，统负盈亏。在公社化的条件下，农民被编进了公社这个具有严整纪律的军事化组织；连一日三餐，也要“组织起来”在公共食堂进行。

专栏 3.1　人民公社化运动

1958 年 7 月 1 日，毛泽东的秘书、中共中央政治局候补委员陈伯达在北京大学庆祝“七一”中共建党 37 周年大会的讲演中，传达了毛泽东的一段“最新指示”：“我们的方向，应该逐步地有次序地把‘工（工业）、农（农业）、商（交换）、学（文化教育）、兵（全民武装）’组成一个大公社，从而构成为我国社会的基本单位。”随后，中共中央政治局做出决议，确认“人民公社将是建成社会主义和逐步向共产主义过渡的最好的组织形式”；“共产主义在我国的实现，已经不是什么遥远将来的事情了，我们应该积极地运用人民公社的形式摸索出一条过渡至共产主义的具体途径。”

于是全国农村迅速兴起了“人民公社化运动”：将高级农业生产社合并为人民公社；原高级社的一切财产交给公社；社员也全部交出自留地，并将私有房基地、牲畜、林木等生产资料悉数上交，归公社所有。经过这场“一平二调三收款”的“人民公社化运

① 其二级机构先称为生产大队，后来改称为管理区。

动”，到1958年10月底，全国原有的74万多个高级社已经被改组为2.6万个人民公社，平均28.5个高级社合并成一个人民公社，每个公社平均有4 500多农户。公社下设生产大队，作为管理生产、进行经济核算的单位，盈亏由公社统一负责；在分配上，除实行固定工分制外，还实行粮食供给制，即不论每户劳动力多少，都按照人口定量免费供应粮食，并以生产队为单位组织公共食堂，所有社员都必须在公共食堂领取饭食，严禁在家开伙。

但是，人民公社化运动很快就造成了灾难性的后果。1959年全国的谷物产量下降了15%，1960年又降了10%。1960年，城乡人均粮食消费量由1957年的203千克下降到163.5千克，下降了19.5%；农村人均粮食消费量更是下降了23.4%。于是，在城市居民中普遍出现了由于营养不良引起的浮肿病。在农村，更使2 000万～4 000万人因饥饿而死亡（见第2章2.1.3节）。这样，农业就成为计划经济体制下受伤害最深的部门。人民公社的合法性受到了广大农民的质疑。形势迫使政府调整原来的政策。

1959年2月，中共中央政治局郑州会议决定将人民公社的规模划小，公社总数由原来的2.6万个增加为7.5万个；同时，决定把公社所有制改为以生产队为基础、分级领导的体制，生产队的平均规模为100～200户，相当于高级社。1960年11月，中共中央决定赋予生产队下属的生产小队（平均规模约为20～30户，相当于原来的初级社）小部分所有权。1962年2月，中共中央决定将原来的生产小队改称为生产队（同时将原生产队改称为生产大队），并以之作为人民公社的基本核算单位。

1961年5月，中共中央工作会议修订的《农村人民公社工作条例》修改了原来社员只能在公共食堂吃饭的规定，改由社员自己决定。同时，社员被允许经营少量自留地和小规模的家庭副业。不过，1962 年毛泽东在北戴河中央工作会议上批评“三自一包”［自留地、自由市场、（个体工商业户）自负盈亏和包产到户］是“复辟资本主义的黑暗风”以后，自留地再次作为“资本主义尾巴”被取消。

1976 年“文化大革命”结束之后，从安徽和四川两省开始，农民自发地要求实行包产到户。1980—1982 年，农村普遍实行了家庭承包经营制度，同时实行政社分设。到 1984 年，占全国 99% 以上的农村地区完成了政社分设，建立了 9.1 万个乡（镇）政府，同时成立了 92.6 万个村民委员会。这样，人民公社也就不复存在了。

根据国家经济体制改革委员会编《中国经济体制改革十年》（北京：经济管理出版社、改革出版社，1988 年）和其他材料编写。

3.2.2 “人民公社”制度下中国农村的基本状况

在政府控制农产品的生产、销售和定价权的情况下，政府从 20 世纪 50 年代开始通过工农业产品剪刀差等多种形式，从农业取得大量收入。

据有关部门测算，1951—1978 年，农民以税收形式给国家提供了 978 亿元，以工农业产品剪刀差形式给国家提供了 5 100 亿元；同期国家对农业的投资仅为 1 763 亿元，收支相抵，农民共为工业化提供净积累多达 4 340 亿元。1962—1978 年的 16 年间，粮食生产只有 5 年略有盈利，每亩[①] 平均盈利仅为 2—5 元，其余年份均出现亏损，就连简单再生产也难以维持。1957—1978 年的 21 年间，农民年人均收入由 73 元增加到 133.6 元，平均每年增加 2.9 元，扣除物价提高

① 1 亩等于 1/15 公顷，下同。

因素，实际纯收入平均每年增加 1 元。[①] 国家一级财政收入中，直接或间接来自农业的约占一半，1952—1978 年的 20 多年间，农副产品及其加工品的出口额占外贸出口额的 62.6%—90.6%。[②] 农民创造的大部分收益被拿走。[③]

由于“人民公社化”运动和“大跃进”运动造成了生产下降、粮食短缺等严重的经济困难和社会灾难，政府不能不对人民公社和农业政策做出调整。从 1959 年 2 月的中共中央政治局郑州会议开始，人民公社实行了“生产队所有制为基础，分级所有”的体制，基本核算单位也从公社逐步下移。1962 年 2 月，中共中央发出《中共中央关于改变农村人民公社基本核算单位问题的指示》，决定人民公社实行以生产小队（这时已改称生产队）为基本核算单位的“三级所有，队为基础”的体制。这种体制一直维持到 1976 年“文化大革命”结束。

虽然经过了以上调整，农业的经营体制和农村政策仍然未能改变其不利于生产力发展和不受农民群众欢迎的基本状况。对于合作社时期和人民公社时期中国农民、农业和农村的基本情况，中共十一届四中全会曾经作出了如下的估计：“从一九五七年到一九七八年，全国人口增长三亿，非农业人口增加四千万，耕地面积却由于基本建设用地等原因不但没有增加，反而减少了。因此，尽管单位面积产量和粮食总产量都有了增长，一九七八年全国平均每人占有的粮食大体上还

① 陈吉元主编：《中国农村社会经济变迁》，太原：山西经济出版社，1993 年，第 585—586 页。

② 周日礼：《农村十年改革的成果评价与发展思路》，《安徽日报》，1989 年 12 月 30 日。

③ 据研究，1980 年农业提供的总积累为 360.74 亿元，扣除国家用于农村的部分，农业净流出资金为 278.62 亿元。见冯海发、李微：《我国农业为工业提供资金积累的数量研究》，《经济研究》，1993 年第 9 期。

只相当于一九五七年，全国农业人口平均每人全年的收入只有七十多元，有近四分之一的生产队社员收入在五十元以下，平均每个生产大队的集体积累不到一万元，有的地方甚至不能维持简单再生产。”[①]

具体的情况，可以从以下几个方面说明：

第一，政社合一制度（包括户籍制度、粮票制度、口粮制度以及政治学习制度等）的确立，使农民失去了支配自己财产、劳动和产品的权利乃至人身自由。生产什么、生产多少、生产资料由谁供应，直到每月吃多少斤粮食，其中粗粮、细粮各占多少，甚至可不可以进城访友购物，都一概由政府和干部说了算。计划层层下达，各级干部催种催收、分钱分粮，作为生产主体的农民只能被动接受；政府对粮、棉、油菜籽等主要农产品实行统购统销，由国营商业部门和准国营的供销社垄断经营，严禁农民从事长途贩运等商业活动。

第二，以激励方式而论，在高级社时期，对社员实行评工计分制度。[②]到了人民公社时期，大多数地方采取了“死分死记”、固定工分的做法：生产队为年龄相仿、性别相同的劳动者制定了相同的工分标准，然后按出工日数计工。在人民公社“出工一窝蜂，干活大呼隆”的集体劳动中，“干多干少一个样，干好干坏一个样”。于是，“搭便车”成为一种普遍现象，打击了农民的劳动积极性。

---

① 《中共中央关于加快农业发展若干问题的决定》，1979 年 9 月 28 日中国共产党第十一届中央委员会第四次全体会议通过。

② 评工计分有若干种不同的方法：（1）“死分死记”：一般根据每个社员体力强弱、技术高低和通常的劳动表现，按 6—10 分的量纲评出个人劳动一天应得的工分即底分，社员每出工一天，不论实际劳动情况如何，都按底分记分。（2）“死分活评”：底分的评定办法同上；区别是，要定期由社员集体对各社员的实际劳动表现进行评议，增减底分。（3）“定额计工”：按各种农活的难易定出各种农活的工分定额，然后按照完成的农活计算工分。

第三，从农民收入看，他们终年劳累，收益却极低。即使在没有出现大灾的年份，温饱往往也难以得到保障，更没有储蓄可言。1978年还有约 2.5 亿农民，即全体农村居民的 30.7% 处于赤贫状态。[①]

3.3 农业承包经营（“包产到户”）的推行和效果

农民是“一大二公”体制的主要受害者。他们一有机会就要求退回到“单干”的经营制度去。从 1956 年实现合作化到 1976 年“文化大革命”结束前，农民“包产到户”的努力曾经三起三落，直到 20 世纪 80 年代初期，各种形式的农业承包经营（“包产到户”）制度才得到广泛普及，并使中国经济面貌发生了根本性的转变。

3.3.1 1976 年以前“包产到户”的三起三落[②]

“包产到户”是我国农村改革中一项发挥了重大作用的制度安排，但正如本章 3.1.1 节指出的，在中国农业发展历史中，早就有过这类将小规模的家庭经营与较大规模的地产联系起来的制度安排。所以，土地转归集体所有以后，农民往往很自然地还希望自己能够包租集体的土地，建立自己的家庭农场。但是，农民的这种诉求遭到了坚决的拒斥和严厉的打压。于是，就有了 1976 年之前“包产到户”的三起和三落。[③]

① 国家统计局农调队：《中国农村贫困监测报告（2000）》前言附表 2，北京：中国统计出版社，2000 年。所用贫困标准为年收入人民币 100 元。

② 陈锡文在《中国农村改革：回顾与展望》（天津：天津人民出版社，1993 年，第 39—49 页）一书中对这一过程做过详细叙述。本节的讨论在很大程度上依据他的叙述。

③《中共中央关于目前农村工作中若干问题的决定（草案）》，1963 年 5 月 20 日。

下面简略地考察一下这三次“包产到户”的来龙去脉。

第一次“包产到户”浪潮发生在1956年秋季，即高级社刚刚普及不到一年时间。当时农村自发地出现了包产到户、按农业最终产量来计算社员报酬的做法。这种做法最先产生于浙江温州、安徽芜湖和四川成都等地区。其中温州地区有1 000多个高级社17.8万农户实行了“包产到户”，占全区农户总数的15%。时任中共温州专区永嘉县县委副书记的李云河总结该县燎原社“包产到户”的经验，写了一篇文章为《“专管制”和“包产到户”是解决社内主要矛盾的好办法》，发表在《浙江日报》上①，并得到县委的支持。

1957年夏开展“反右派运动”以后，中共中央发出指示，要求在全国农村进行“社会主义和资本主义两条道路的大辩论”。在批判斗争中，“包产到户”被贴上“走资本主义道路”的标签。10月9日，《人民日报》发表《温州专区纠正“包产到户”的错误做法》的报道说：中共温州地委在8月中旬召开的扩大会议上对“包产到户”开展了批判，决定“坚决、彻底地纠正这种错误做法”。温州专区各县也在干部中开展了批判“大辩论”，许多干部遭到批判和处分。李云河被打成“右派分子”，下放劳动改造。全区因参加“包产到户”被判刑的多达20余人。在此期间，《人民日报》和各地党报也纷纷发表文章，对“包产到户”进行严厉的批判。

第二次“包产到户”浪潮发生在1959年。在人民公社化运动中和实现公社化以后，农村大刮“共产风”“浮夸风”“命令主义风”“瞎指挥风”和“干部特殊化风”，农民深受其害。眼看着农业生产和农民基本生活很难维持，一些地区为谋求自救之道，就在把

① 《浙江日报》，1957年1月27日。转引自艾丰：《已是山花烂漫时》，《人民日报》，1984年10月12日。

基本核算单位下放到生产小队的同时，搞起了“包产到户”。但是，这些地方刚刚开始实行“包产到户”，就遇上了庐山会议后的“反右倾运动”。于是，它就被当作“右倾机会主义”的重要表现受到批判。11月2日，《人民日报》发表评论员文章，说是“1959年5、6、7三个月中国农村出现了资本主义的幽灵，要把人们拖回‘一小二私’的互助组或者单干户的老路上去”。这篇评论员文章认为：“‘包产到户’是右倾机会主义的主张和活动。”“‘包产到户’是极端落后、倒退、反动的做法。”因此，“‘包产到户’这种毒草必须连根拔掉，统通烧毁，一个‘点’也不许留！”《光明日报》也在12月4日发表《“包产到户”是右倾机会主义分子在农村复辟资本主义的纲领》的署名文章，把“包产到户”的性质提高到“复辟资本主义的纲领”的高度。许多支持农民“包产到户”要求的干部也被戴上了“右倾机会主义分子”的帽子。

时间没过多久，这些极“左”做法的恶果就全面暴露出来了。农村的情况尤其严重，出现了全国范围的大饥荒（见本书第2章2.1.3节）。

在这种情况下，出现了第三次“包产到户”的浪潮。当时，一些地区的农民饥寒交迫，非正常死亡大量发生，集体经济已经完全没有力量维持社员的基本生存条件。在这种情况下，安徽省原来也是头脑发热的领导人开始冷静下来，采取了“定产到田、责任到人”的办法，希望依靠这种办法恢复农业生产和维持农民的生计。到1961年3月，实行“责任田”的农村人民公社生产队，已经占到安徽农村生产队总数的39.3%。其他一些地方也采取了类似的做法。

但是，毛泽东认为人民公社实行“三级所有、队为基础”，把基本核算单位降到生产小队，就能在集体经济的范围内解决农民缺乏积极性的问题，而“包产到户”属于私有性质，是绝不能接受的。

所以，在1961年11月中共中央发出的《中共中央关于在农村进行社会主义教育的指示》明确指出："目前在个别地方出现的包产到户和一些变相单干的做法，都是不符合社会主义集体经济的原则的，因此也是不正确的"，"要逐步地引导农民把这些做法改变过来"。在1962年1月召开的中央工作会议（即"七千人大会"）上，毛泽东批评了中共安徽省委负责人支持农民搞"责任田"的做法。3月20日，安徽省委做出《关于改正"责任田"办法的决议》。但是也有一些领导人认为，"包产到户"不失为当时形势下可以选择的一种办法。例如，1962年6月下旬中共中央书记处开会听取华东地区的汇报，与会人员中赞成和不赞成"包产到户"的各占一半。邓小平在会上引用四川农民的话说："不管黑猫黄猫，能逮住老鼠就是好猫。"会后，陈云和邓子恢也向毛泽东提出，有些地方可以用"包产到户"的办法来调动农民的积极性，以迅速恢复农业生产。[①]

这么多的党内领导都同意实行"包产到户"，于是毛泽东在1962年8月的中央北戴河工作会议和9月24—27日召开的中共八届十中全会上，发表了"重提阶级斗争"的多次讲话。在这些讲话中，他严厉地批判了所谓"复辟资本主义"的"单干风""翻案风""黑暗风"，提出了阶级斗争要"年年讲、月月讲"。1963年5月20日，中共中央发出《中共中央关于目前农村工作中若干问题的决定（草案）》，认为中国农村中出现了严重的、尖锐的阶级斗争情况，提出了"任何时候都不可忘记阶级斗争、不可忘记无产阶级专政""阶级斗争，一抓就灵"等口号，决定要在全国农村开展大规模的社会主义教育运动。这个政治运动，正是十年"文化大革命"的序曲。

① 马齐彬等：《中国共产党执政四十年》（增订本），北京：中共党史出版社，1991年，第217页。

3.3.2 1980年以后“包产到户”（“包干到户”）的迅速普及

“文化大革命”结束以后，面对满目疮痍的农村经济，安徽等省的党政领导焦急地寻求摆脱困境的道路。一些地区的农民再次提出“承包”的要求，这次努力终于得到了一些较为开明的领导干部的支持。

当时各地出现的农业承包制度存在“包工到组”“包产到户”“包干到户”（又称“大包干”）三种最主要的形式。[①] 我们现在通常称为“包产到户”的，其实是“包干到户”（“大包干”）这种形式的承包制。

“包工到组”是集体经济内部的一种劳动组织方式和劳动报酬分配方式。它的基本做法是：生产队将规定了工作时间、作业质量和报酬标准的作业量包给作业组，并根据承包者完成任务的好坏给予报酬。由于工作的数量、质量和应得报酬都有明确的规定，而且作业组通常可以自愿组合，所以它与“大呼隆”的作业形式相比，能够减少监督费用和“搭便车”行为，较好地调动起劳动者集体的生产积极性。

“包产到户”是集体经济内部的另一种劳动组织方式和劳动报酬分配方式。它的特点是，改变了对劳动的考核方式，由直接计量劳动的数量和质量改为通过产出计量劳动的数量和质量。它的基本做法是：作为土地所有者和农业经营者的生产队将规定了产出要求的土地发包给农户耕作，收获的包产部分全部交给生产队，超产部分全部留给承包户或由承包户与生产队分成。“包产到户”与“包工到组”的区别是：（1）绕开了农业中阶段劳动成果不易考核的难题，由承包生产过程的某一个阶段扩展到承包整个生产过程；（2）绕开

① 周太和等在《当代中国的经济体制改革》（北京：中国社会科学出版社，1984年，第269—270页）一书中对这三种形式做了详细的分析。

了作业中的劳动监督难以实施、“搭便车”行为难以制止的难题，将承包主体由作业组群体改为单个农户。

“包干到户”意味着农业经营方式的根本改变，由集体经营改为农户在承包（承租）来的土地上经营自己的家庭经济，被人称作“分田单干”。它的基本做法是：作为土地所有者的集体（一般由村委会代表）按人口多少或按劳动力多少将土地发包给农户经营；农户按承包合同完成国家税收、统派购或合同订购任务，并向生产队上缴一定数量的提留，用作公积金和公益金等，余下的产品全部归农民所有和支配。“包干到户”和“包产到户”的最大区别是取消了生产队统一经营和统一分配，“交够了国家的，留足了集体的，剩下全是自己的”。

专栏 3.2　安徽凤阳小岗村农民的契约

1978 年，安徽 9 个月没下过透雨，出现了百年不遇的大旱，秋种无法进行。针对这种情况，中共安徽省委决定让农民“借地度荒”，即由集体借给每个农民三分地种菜；对能够播种小麦的土地只要能够种上就不计征购；利用荒岗湖滩种植粮油作物，谁种谁收。凭着“借地”的缘由，“包产到户”找到了复活的机会。

这年秋季，安徽滁县地区的一些公社采取了“包产到组”形式的联产承包责任制。他们把这种做法称为抵御旱灾的“秘密武器”。

更进一步的做法是滁县地区凤阳县梨园公社小岗生产队带头实行的“包产到户生产责任制”。有 20 户人家的小岗生产队，先分成 4 个作业组，没有干好。又分成 8 个作业组，还是干不好。刚担任生产队副队长的严宏昌去向老农关庭珠请教。关庭珠说：“1961

年的‘救命田’很中用，一干就增产。”严宏昌说：“好，就那么干，干脆一杆子包到户！”在社员大会上，严宏昌说：“咱们干脆承包到户，秋后打下粮食，交够国家的，留足集体的，剩下都是自己的，再不用记工分了。”参加会议的人一致叫好。到会的21位农民，在下面的字据上3人盖了私章，18人按了手印：

> 1978年12月　地点：严立华家
>
> 我们分田到户，每户户主签字盖章，如以后能干，每户保证完成每户全年的上交公粮，不在（再）向国家伸手要钱要粮。如不成，我们干部坐牢杀头也甘心。大家社员们保证把我们的小孩养活到18岁。

当年，小岗生产队粮食产量即达到13万多斤。这一事件后来就成为中国经济体制改革的突破性标志。1979年，中共安徽省委又将肥西县山南公社自发实行的包产到户正式定为试点。

根据杨继绳《邓小平时代——中国改革开放二十年纪实》上卷（北京：中央编译出版社，1998年）编写。

以“大包干”为主要形式的“包产到户”浪潮首先在安徽兴起。1978年末，安徽实行“包产到户”的生产队达到1 200个，1979年又发展到3.8万个，约占全省生产队总数的10%。四川、贵州、甘肃、内蒙古、河南等地的“包产到户”也有了相当规模的发展。

但是，当时的中央领导仍然谨守“两个凡是”的原则，自然就不会允许毛泽东所反对的“包产到户”。1978年12月的中共十一届三中全会所审议的《中共中央关于加快农业发展若干问题的决定（草案）》也没有能够摆脱极“左”的思维定势，规定了“不许分田单干”和“不许包产到户”。1979年9月中共十一届四中全会正式通过的《中共中央关于加快农业发展若干问题的决定》，把“两个不许”改为“一个不许、一个不要”，即“不许分田单干”和“不要包产到户”。“包产到户”由“不许”改为“不要”，口气比较缓和了；“分田单干”即“包干到户”仍然严格禁止。[①]

在1978年12月中共十一届三中全会后的思想解放运动中，“两个凡是”的方针受到了批判。1980年2月，中共十一届五中全会选举胡耀邦担任中共中央政治局常委、中央委员会总书记，主持中央工作。这意味着邓小平掌握了实际的领导权。但在各级党政机关仍有不少人坚持反对“包产到户”，认为这“无异于背弃社会主义道路”。

1980年5月31日，邓小平在同中央负责工作人员的谈话中，明确肯定了一些地方进行的“包产到户”和“大包干”试验。[②]同年9月，中共中央印发省、自治区、直辖市党委第一书记专题座谈会纪要《中共中央关于进一步加强和完善农业生产责任制的几个问题》（中发〔1980〕75号）。这份文件强调，推广责任制要因地制宜、分类指导，“允许有多种经营形式、多种劳动组织、多种计酬办法同时存在”。“凡是有利于鼓励生产者最大限度地关心集体生产，有利于增加生产，增加收入，增加商品的责任制形式，都是好的和可行的，都应加以支持，而不可拘泥于一种模式，搞一刀切。”“在那些

① 1979年9月中共十一届四中全会通过的《中共中央关于加快农业发展若干问题的决定》指出，可以在生产队统一核算和分配的前提下，包工到作业组，联系产量计算劳动报酬，实行超产奖励。不许分田单干。除某些副业生产的特殊需要和边远山区、交通不便的单家独户外，也不要包产到户。

② 邓小平（1980）：《关于农村政策问题》，《邓小平文选》第二卷，北京：人民出版社，1983年，第315—317页。

边远山区和贫困落后的地区，长期‘吃粮靠返销，生产靠贷款，生活靠救济’的生产队，群众对集体丧失信心，因而要求包产到户的，应当支持群众的要求，可以包产到户，也可以包干到户，并在一个较长的时间内保持稳定。”这一文件下发后，多种形式的承包责任制都有所发展。其中发展最快的是“双包”，即“包产到户”和“包干到户”。

1982年1月，中共中央、国务院发出的关于农村经济政策的第一个“1号文件”①中更明确地指出：“一般地讲，联产就需要承包。”包工、包产、包干三者中，“包干”“取消了工分分配，办法简便，群众欢迎”。这就使“包干”的存在有了正式的政策依据。

在这两份中央文件的指导下，“包产到户”和“包干到户”的经营方式迅速推广。1982年末，实行“双包”的生产队已占到全国生产队的93%，其中大部分是“包干到户”。②“包干到户”成为家庭联产承包制的主流，标志着中国农业实现了由人民公社集体经济制度到农民在“承包”土地上建立的家庭农场制度的过渡。

中国农村经营制度变革能够在极短的时间内得以实现的主要原因是：（1）“承包制”是中国农民比较熟悉，也最容易接受的一种农业经营制度安排。在保持集体所有的土地制度不变的情况下，让农民在“包”（租）来的土地上建立自己的家庭农场，是一种最便捷的选择。“包产到户”正是这种农业经营方式。（2）向承包经营制转化没有严重的社会障碍。在向承包经营制的转变中，不但农民有得无

① 1982年1月，中共中央批转了1981年12月在北京召开的《全国农村工作会议纪要》，作为当年的中央第1号文件下发。

② 中国社会科学院农村发展研究所：《中国农村经济体制的改革》，国家经济体制改革委员会编：《中国经济体制改革十年》，北京：经济管理出版社、改革出版社，1988年。

失，其他社会集团的利益也不会受到大的伤害，因此这一变革易于被社会所接受。对农民而言，在计划经济体制下，农民和工人不同，他们不能得到像城市职工那样的福利保障。农民向来都是要由自己承担风险，对自己的生活负责，而没有“大锅饭”可吃。所以，在从集体经济向家庭承包经营制的转变中，他们几乎没有损失。而对于农村干部而言，“文化大革命”的巨大灾难使社会濒于溃败，一些务实的农村干部也认为应当支持农民的制度创新。与此同时，“包产到户”不会使他们失去多少权力和利益，相反还会使他们的家庭和自己增加收益，因而不少干部在家庭承包制的制度创新中，起到了良好的作用。

3.3.3 “包产到户”促使农业产出迅速增长

20 世纪 70 年代末 80 年代初，在中国普遍推行的家庭承包经营制，极大地促进了农业的发展（表 3.1）。

表 3.1 主要农产品产量变化（1978—2010） （万吨）

	粮食	棉花	油料	糖料	猪牛羊肉	奶类	水产品
1978 年	30 477	217	522	2 382	865	—	466
1980 年	32 056	271	769	2 911	1 205	137	450
1985 年	37 911	415	1 578	6 047	1 761	289	705
1990 年	44 624	451	1 613	7 215	2 514	475	1 237
1995 年	46 662	477	2 250	7 940	3 304	673	2 517
2000 年	46 218	442	2 955	7 635	4 743	919	3 706
2005 年	48 402	571	3 077	9 452	5 474	2 753	4 420
2010 年	54 641	597	3 239	12 045	6 121	3 570	5 366

资料来源：《中国统计年鉴》。

1984 年，全国粮食总产量达到创纪录的 40 731 万吨，比 1978 年增长 33.6%，年平均增长 4.95%；棉花总产量达到 625.8 万吨，比 1978 年增长 1.89 倍，年平均增长 19.3%；油料总产量达到 1 191 万吨，比 1978 年增长 1.28 倍，年平均增长 14.7%；糖料总产量达到 4 780 万吨，比 1978 年增长 1.01 倍，年平均增长 12.3%。[①] 据林毅夫的测算，各项农村改革对 1978—1984 年的农村产出增长贡献率总和为 48.64%，其中，承包经营制的贡献为 46.89%。[②] 从 1978 年到 1984 年，农业生产发生了中华人民共和国成立以来从未有过的变化。

农业制度创新也为畜牧业以及水产业的快速发展提供了条件。1988 年全国猪牛羊肉总产量达到 2 193.6 万吨，比 1978 年增长 1.56 倍，年均增长 9.9%，相当于 1978 年以前 26 年平均增长率的 2.75 倍；奶类产量 418.9 万吨，比 1980 年增长 2.06 倍，年均增长 11.857%；就水产业来看，1988 年全国水产品产量 1 060.9 万吨，比 1978 年增长 1.28 倍，年均增长 8.6%。[③] 农牧渔业产品的增长，极大地提高了人民生活水平。1988 年全国平均每人占有粮食 362 千克，棉花 3.8 千克，油料 12.1 千克，猪牛羊肉 20.2 千克，水产品 9.7 千克，比 1978 年分别增长 13.5%、65.2%、120%、124% 和 98%。[④]

3.3.4 农民生活水平的提高和财产的增加

随着农业的快速发展，我国农民收入也有了大幅度的增长。农

① 国家统计局编：《中国统计年鉴》（1995），北京：中国统计出版社，1995 年，第 347—348 页。

② 林毅夫：《制度、技术与中国农业发展》，上海：上海人民出版社、上海三联书店，1994 年，第 95 页。

③ 同上书，第 354—356 页。

④ 朱荣等主编：《当代中国的农业》，北京：当代中国出版社，1992 年，第 369 页。

村年人均纯收入由1978年的134元增加到1985年的398元、1990年的686元和2010年的5 919元（表3.2）。[①]

表3.2 农村居民家庭人均总收入和纯收入（1978—2010） （元）

	1978	1980	1985	1990	1995	2000	2005	2010
总收入	152	216	547	990	2 338	3 146	4 631	8 120
纯收入	134	191	398	686	1 578	2 253	3 255	5 919

资料来源：《中国统计年鉴》《中国农村统计年鉴》。

人均收入的迅速增长，使我国农村从1978年的2.5亿绝对贫困人口、贫困人口发生率30.7%下降到2007年末的1 479万人、贫困人口发生率1.6%。随着人均收入水平的提高，农民在温饱问题解决之后，食品消费支出占生活消费支出的比重即恩格尔系数明显下降，从1978年的67.7%降低到2007年的43.1%，这表明农村居民从总体上说过上了温饱有余的生活。[②]

"包产到户"对农民收入产生的一项具有深远意义的影响在于，农民从没有财产权利到拥有自己的财产权利。

在农村改革以前，农民们家徒四壁，除了住宅（不含宅基地）以外，几乎没有自己的财产。1978年全国农业人口平均每户财产估价不超过500元。集体财产也少得可怜。当年全国农村集体所有经济的固定资产总共只有720亿元，平均每个劳动力不到240元。[③]

实行家庭承包经营制改革以后，我国农民的资产有了巨大的增

① 据《中国统计年鉴》（2008）计算。

② 国家统计局（2008）：《城乡居民生活从贫困向全面小康迈进》，www.ce.cn/ztpd/xwzt/guonei/2009/jjchj/jjchjxbt4/200908/07/t20090807_19734607.shtml。

③ 国务院研究室编：《调查与研究》，1978年第12期。

长，到 2006 年，中国农村居民家庭拥有固定资产原值达到 19 288 亿元，平均每户 7 647.1 元，其中 50.7% 为农业资产，18.7% 为牧业资产，12.1% 为交通运输仓储等资产，7.2% 为制造业资产。[①] 固定资产投资增长更能说明问题。从 1981 年到 2006 年，农村集体单位固定资产投资由 83.7 亿元增长到 12 193.3 亿元，名义上增长了 144.7 倍，农民个人固定资产投资由 166.3 亿元增长到 4 436.2 亿元，名义上增长了 25.7 倍。[②] 改革以后，农民获得了三种形式的财产权。一是私人财产，主要由存款[③]、私宅、家用生产资料和生活资料构成。二是承包期间的土地使用权。土地所有权尽管属于集体，但由于其经营权归农民，由农民长期承包，使农民获得了前所未有的收益权利。三是农民支配自己的人力资本的权利，在流动和择业的过程中，其观念、意识有了很大改变，素质有了很大提高。

3.3.5 乡镇企业异军突起和农村富余劳动力转移

“包产到户”还有一个重大的影响，就是促成了乡镇企业的“异军突起”，大大加快了中国的工业化和城市化进程。

世界各国工业化的经验和发展经济学的理论分析表明，实现农村富余劳动力向城市非农产业的转移，是工业化和现代化的一项基本内容，也是提高农民生活水平的一条有效途径。解决这一问题的速度快慢，在很大程度上决定了各国工业化进程的差别。例如，美国农业人口占全部人口的比重在 1870 年还有 50.0%，1920 年大体实现工业化时降到 30.1%，1955 年又进一步降到 11.6%，到 2005 年该

① 《中国农村统计年鉴》(2007)。

② 同上书。

③ 农户在农村信用社的存款 1992 年为 2 107.8 亿元。见《中国统计年鉴》(1993)，第 664 页。

比重仅为1.9%。日本农业人口比重在1870年高达70.1%，1950年降到48.3%，到2005年，该比重仅为2.9%。韩国在1963年农业人口比重高达63.2%，1995年已降到12.5%，2005年降到6.4%。①

同工业化国家相比，中国人口基数大，农民人数众多，耕地不足，每个农民占有的资源有限。首先是土地资源数量太少，劳动报酬递减的趋势十分明显。因此，农村富余劳动力向非农产业转移的必要性就显得更加突出。如果不能把大量富余劳动力转移出去，不论政府在提高农产品价格等方面采取什么样的措施，农民的收入水平都难以有大的提高，他们的生产和生活条件也很难有大的改善。因此，要解决“三农”（农民穷困、农业停滞和农村凋敝）问题，其根本途径是实现农村富余劳动力向非农产业的转移。

专栏3.3　二元经济（Dual Economy）模型

很早以前，经济学家在研究经济发展过程时，就认识到在这一过程中工业和农业互动关系的重要意义。最先用一个简化模型来说这两个部门之间的基本联系的是李嘉图（David Ricardo，1772—1823）。他在1817年出版的《政治经济学与赋税原理》中设计了影响深远的第一个“两部门模型”，分析了工农两个部门间的互动关系：（1）农业部门存在收益递减规律；（2）工业部门吸收农业部门大量存在的剩余劳动力，一般不会引起城市或乡村工人工资的上升。

① 国家统计局：《国际统计年鉴》（2008），北京：中国统计出版社，2008年，第132页。

20世纪50年代，一些荷兰经济学家在研究荷属东印度经济时指出，荷属东印度经济中存在“从外国输入的现代部门”和“土生土长的传统部门”之间的矛盾冲突。

诺贝尔经济学奖获得者刘易斯（William Arthur Lewis，1915—1991）是这种“两部门模型”或“二元经济模型”的集大成者。刘易斯认为，发展中国家经济的一个基本特征，是“弱小的资本主义部门”（刘易斯所说的资本主义与社会制度或所有制成分无关，而是指雇佣工人、创造利润，并再生产资本的经济）和“强大的传统农业部门”或“自我雇佣的农业”并存。在这种二元经济中，传统农业部门存在着大量的剩余劳动力，同时随着人口的迅速增加，劳动力的供给会异常充足。这样，在资本主义的工业部门中，工人的工资就不会是由工人的边际生产力和劳动力市场的供求关系来决定的，而是由传统农业部门农民的平均收入来决定的。只要工人的工资略高于农业部门的人均收入，农业部门的剩余劳动力就会源源不断地涌入工业部门。在这种情况下，非农业部门的就业和产出增加，并通过资本积累而得以扩大。只有农业部门的剩余劳动力都被工业部门所吸收，农业部门劳动者的工资才会提高，整个经济才会转入现代增长。

美国经济学家古斯塔夫·拉尼斯（Gustav Ranis，1924—2013）和费景汉（1923—1996）发展了刘易斯的“二元经济理论”，对剩余劳动力从庞大的“自然经济的农业部门”到“比较小的但不断商业化的工业部门”的转移过程做了更深入的分析。

根据吉利斯等（1996）《发展经济学》（北京：中国人民大学出版社，1998年）和其他资料编写。

在“文化大革命”结束前，中国政府采取户籍制度，隔绝城乡，通过政府主导的强制积累方式实现工业化，“农转非”（农业户口转为非农业的城市户口）受到控制。即使农村发展一些“社队企业”，也必须遵循“三就地”（就地取材、就地加工、就地销售）的原则，也就是说，不能发展面向广大市场的加工业，而要把自己的生产限制在自给性经营的范围内。为了防止农村“自发的资本主义势力”[①]的滋生，政府还一直对“社队企业”采取政治的、经济的等各种手段，力图把它们的发展严格限制在自然经济的范围之内。[②]从这个意义上说，“社队企业”或许属于“二元经济”的“传统的自然经济部门”（natural traditional sector），而不是二元经济理论所谓的“现代部门”。[③]因此，农业积存了大量的剩余劳动力。

“包干到户”意外地使得从“社队企业”演变而来的乡镇企业蓬勃发展起来，这为农村富余劳动力就业开辟了新的门路。经过多年持续高速成长，到20世纪90年代中期，乡镇工业在我国的工业生产中已经三分天下有其一，占据了举足轻重的地位。从数字上说，1978年，“社队企业”创造的增加值只占当年全国国内生产总值的5.7%，1990年乡镇企业的这个数字已上升至13.4%，2000年又上升至27.4%。

虽然改革开放初期的大部分乡镇企业是从“社队企业”演变而来，但与“社队企业”明显不同的是，在普及家庭承包经营制的农

① 这种政策的“理论根据”是列宁关于“小生产是经常地、每日每时地、自发地和大批地产生着资本主义和资产阶级”的判断。参阅列宁（1920）:《共产主义运动中的“左派”幼稚病》,《列宁选集》第4卷，北京：人民出版社，1995年，第135页。

② 陈锡文:《中国农村改革：回顾与展望》，天津：天津人民出版社，1993年，第76—77页。

③ 费景汉、古斯塔夫·拉尼斯（1964）:《劳动剩余经济的发展》，北京：华夏出版社，1989年。

村制度环境中，乡镇企业的迅猛发展获得了强有力的推动。这可以从三个方面得到说明：首先，家庭承包经营制的推行，使农村剩余劳动力从原来在人民公社体制下的隐蔽状态中显现了出来，并且合法地拥有了向非农产业流动的自由。这一方面为乡镇企业的发展提供了充足的劳动力供给；另一方面也使农村中的各种“能人”得以发挥出自己的创造精神，而这正是熊彼特（Joseph A. Schumpeter，1883—1950）所说的“企业家精神”。其次，家庭承包经营制的推行，也解放了长期以来束缚在人民公社体制下的农村生产力，使农业生产有了一定的剩余，可以转化为发展农村工业的积累。最后，农民的生活水平较之实行家庭承包经营制之前有了提高，消费需求增加，而且打破城乡隔离制度后，城乡交流的发展也为乡镇企业的产品开辟了市场。

伴随着乡镇企业的发展，大量农村富余劳动力转移到非农产业部门就业。1980—1990 年，农村非农产业吸纳劳动力就业人数从 3 057 万人增加到 8 673 万人，增加了 1.84 倍。[①] 在 20 世纪 80 年代，政府仍然认为农村企业应当坚持“三就地”原则，希望农民“离土不离乡，进厂不进城”。所以，20 世纪 80 年代，农村劳动力的转移主要是在农村内部实现的，其中乡镇企业是农业剩余劳动力向非农产业转移的主要渠道（表 3.3）。但是沿海地区的乡镇企业往往是在城镇中建立的（后来许多城镇发展为大、中、小型城市），而转移到城镇中就业的劳动者也突破了“三就地”原则，从事加工和商业等服务。这样，劳动力转移就超出了本地区乃至农村的范围，进入城市，成为所谓的“农民工”。1992 年初邓小平南方谈话之后，各地政府都实施了引导农村

① 马晓河：《结构转换与农业发展——一般理论和中国的实践》，北京：商务印书馆，2004 年，第 136 页。

劳动力在地区之间有序流动的政策。相应地，在 20 世纪 90 年代后，农村劳动力转移主要通过跨区域流动和进城打工实现。[①]

表 3.3 乡镇企业单位数和就业人数（1978—2010）

	1978	1980	1985	1990	1995	2000	2005	2010
单位数（百万个）	1.5	1.4	12.2	18.5	22.0	20.8	22.5	27.0
职工人数（百万人）	28.3	30.0	69.8	92.6	128.6	128.2	141.8	158.9
增加值（亿元）	208.32	285.3	772.3	2 504.3	14 595.2	27 156.2	46 600	106 250

资料来源：《中国统计年鉴》《中国乡镇企业统计年鉴》。

3.4 后家庭承包制的农村改革前景

农村承包制改革推动了中国农村的进步和农民生活水平的提高，城乡居民收入差距在 1978—1989 年间出现了缩小的趋势。但是，农民多、土地少这个中国农业的基本问题并没有完全解决，1989 年以后农民生活水平提高速度一直落后于城镇居民收入增长速度，农民穷困、农业停滞和农村凋敝的“三农”问题还没有完全解决，这要求农村改革做进一步的努力。

3.4.1 统筹城乡，加快农村富余劳动力转移

正如本章 3.3.5 节所指出的，在二元经济条件下解决“三农”问题的根本出路，在于帮助我国农村富余劳动力尽快到城市工商业中就业，并创造条件帮助进城务工农民尽快转化为城市市民。

① 孙政才主编（2008）：《农业农村改革发展 30 年》，北京：中国农业出版社，2008 年，第 225 页；中华人民共和国农业部：《中国农业发展报告（2008）》，北京：中国农业出版社，2008 年，第 140 页。

自从《中共中央关于1984年农村工作的通知》(中发〔1984〕1号)提出“各省、自治区、直辖市可选若干集镇进行试点，允许务工、经商、办服务业的农民自理口粮到集镇落户”，打开了森严的城乡壁垒后，农民到城市就业变得合法化。此后，城乡统筹的就业制度逐步形成。据国务院发展研究中心估计，1983年，跨乡镇劳动力流动数量大约有200万人，1989年增加到3 000万人。上亿的农民转化为城镇工商业从业人员，是农村改革，也是中国改革开放以来取得成就的坚实基础。

根据过去的成功经验，2003年的中共十六届三中全会着重指出：“农村富余劳动力在城乡之间双向流动就业，是增加农民收入和推进城镇化的重要途径。建立健全农村劳动力的培训机制，推进乡镇企业改革和调整，大力发展县域经济，积极拓展农村就业空间，取消对农民进城就业的限制性规定，为农民创造更多就业机会。逐步统一城乡劳动力市场，加强引导和管理，形成城乡劳动者平等就业的制度。深化户籍制度改革，完善流动人口管理，引导农村富余劳动力平稳有序转移。加快城镇化进程，在城市有稳定职业和住所的农业人口，可按当地规定在就业地或居住地登记户籍，并依法享有当地居民应有的权利，承担应尽的义务。”[①]

也有的学者不同意把加快城市化和使农民变市民作为解决“三农”问题的主要途径的主张。他们认为，加快城市化将会造成成千上万农民失地和大量城市贫民窟，并由此引发巨大的社会动荡。因此，还是应当把农民稳住在农村，通过新农村建设来解决“三农”

① 见《中共中央关于完善社会主义市场经济体制若干问题的决定》，2003年10月14日中国共产党第十六届中央委员会第三次全体会议通过。

问题。[①]

2005年10月，中共十六届五中全会提出建设社会主义新农村的口号。接着，中共中央和国务院发出《中共中央、国务院关于推进社会主义新农村建设的若干意见》（中发〔2006〕1号文件）。这份文件认为，中国总体上已进入以工促农、以城带乡的发展阶段，初步具备了加大力度扶持“三农”的能力和条件，要按照“生产发展、生活宽裕、乡风文明、村容整洁、管理民主”的要求，统筹城乡经济社会发展，扎实推进社会主义新农村建设。[②]

自从做出新农村建设部署以来，国家连续大幅度增加了农业、农村基础设施建设投资，全面取消了农业税，扩大了对农民的补贴范围并不断提高补贴标准，在农村普遍实行义务教育阶段“两免一补”政策[③]，在全国普遍建立新型合作医疗制度，建立农村最低生活保障制度等。经过几年的新农村建设，以水、电、路、气为主的农村基础设施得到明显改善，农村公共服务事业取得了较快发展，农民收入也获得了20世纪90年代以来最快的增长。但是，在开展新农村建设过程中，部分地区还存在着盲目性和片面性，重视“面子”工程，对农村产业建设支持不够；重视政府的作用，对调动和充分发挥社会力量和农民

① 温铁军（2005）：《“三农”问题的本土化思路》，《凤凰周刊》，2005年第9期。

② 中共中央文献研究室编：《中共中央关于制定国民经济和社会发展第十一个五年规划的建议》，《十六大以来重要文献选编》（中），北京：中央文献出版社，2006年，第1061—1085页。中共中央文献研究室编：《中共中央、国务院关于推进社会主义新农村建设的若干意见》，《十六大以来重要文献选编》（下），北京：中央文献出版社，2008年，第139页。

③ “两免一补”指对农村九年义务教育阶段学生全部免除学杂费，对其中贫困家庭学生免费提供课本和补助寄宿生生活费。

的积极性不够；重视中央政府的作用，地方政府对农村投入不足；重视硬件建设，忽视软件建设，对农民的素质教育、法制教育及基层组织建设等关注不够。最重要的是，新农村建设与国家工业化、城市化的全局结合还不够紧密。比如，建立城乡统一的就业市场、户籍制度、金融制度、均等化的基本公共服务，以及进一步促进农村富余劳动力向城市非农产业的转移和实现“农民工”的市民化等方面相对滞后。

看来，新农村建设还是需要和国家工业化与城市化有更紧密的结合。要将农村发展与城市化战略结合起来统筹考虑，才能彻底解决“三农”问题。而我们在这两个方面还有许多工作要做：

第一，加快农村富余劳动力到城市工商业就业。

从农村转移到城市工商业就业，对农民来说通常还是一个坎坷的历程。不少城市以优化产业结构、提升产业竞争力等理由，对外来务工人员在学历和从业资格证书等方面出台许多限制农民进城就业的规定，包括各种“许可证”“上岗证”等要求；进入21世纪后，国民经济结构出现了大型化和重化工业化的趋势，对新增劳动力就业非常不利，劳动力转移速度明显放慢；城市化过程存在大、中型城市和小城市发展不协调的问题，也限制了吸收劳动力就业的能力。

进一步推进农村富余劳动力转移到城市工商业就业，需要大力改善城市就业环境。尽快消除城市为限制农民进城制造的各种障碍，进一步落实《中共中央、国务院关于做好2002年农业和农村工作的意见》中关于对农民进城务工要公平对待、搞好服务的规定；进一步便利和支持吸纳新增就业能力强的工商业发展，特别是民营中小企业、服务企业，减少进入障碍，创造更多的劳动力转移和就业机会；调整现有城市化战略，大力发展中等城市，鼓励农村富余劳动力向城市转移。

第二，加快“农民工”向市民的转变。

长期以来，我国实行的是城乡分割的二元户籍管理制度，在城镇户籍管理制度背后，依附着教育、卫生医疗、住房、养老、最低生活保障、失业保险等远远优惠于农村户籍制度的公共福利政策。由于这种户籍制度，进城农民工既难以落户城市真正变为市民，也难以享受当地市民的公共福利政策。大量进城农民工无法被城市接纳，甚至常常受到体制或政策歧视，劳动权益难以保障，社会保障权利缺失，享受公共服务不平等，参与城市发展的民主权利也无保证，长期处于城市的边缘。这不仅抑制了农村富余劳动力向城镇转移，而且使城市化无法健康进行。进城务工的人口在城市里工作，却不能融入城市，他们离开了土地，而心思还在土地上，这种“生活在别处”的状态导致大量的心理、家庭和社会问题。

创造条件，使这些城市常住人口扎下根来，享受城市居民应有的各项服务，是减少农民数量、实现农村发展的必要举措，也是保持经济稳定和繁荣的长远大计。具体来说，政府需要在完善劳动力市场的基础上，加强和改善就业和再就业培训，发展创业咨询；允许“农民工”组织起来，切实保护其合法权益；加快社会保障制度改革，形成便利跨地区人口流动的最低生活保障制度和养老金保障制度；大力改进对新转移到城市就业人口的住房、教育、医疗保健服务；改善农民工的生活条件，保障农民工家庭融入城市社会；等等。总而言之，要深入贯彻中共中央、国务院提出的“统筹城乡”“以城带乡”的要求，切实建立起这样的长效机制来。

3.4.2 完善土地制度，维护农民土地权益

家庭承包经营制度不改变土地的集体所有权，但使农民可以在“包”来的土地上建立自己的家庭经济，这对促进农业发展起了重要

作用。为了稳定农民对土地承包的预期，中共中央和国务院在过去30年中两次延长了农地承包合同期限。1984年的中共中央1号文件提出土地承包期应在15年以上[①]；1993年《中共中央、国务院关于当前农业和农村经济发展的若干政策措施》提出将土地承包期再延长30年。[②]2008年中共十七届三中全会又提出现有土地承包关系要保持稳定并长久不变。这些决定受到农民的普遍欢迎。

但是，目前农民的土地承包期的延长并不意味着完全实现了“耕者有其田”的目标。按照现行法律的规定，农村土地归农民集体所有：属于村内两级以上农村集体经济组织的农民集体所有的土地，由村内各该农村集体经济组织或者村民小组经营管理；已经属于乡（镇）农村集体经济组织的农民集体所有的土地，由乡（镇）农村集体经济组织经营管理。但在实际操作过程中，农村土地事实上由干部控制，不管农地的征用、占用，还是承包土地的内部调整，以及向集体经济组织以外的单位或个人转让承包经营权，实际上都由干部决定。面对这样的现实，农民并不认为土地是属于他们自己的财产，他们对这种状况十分不满。

既然农民并没有获得承包地的永久使用权，更没有所有权，他们对保护耕地和对土地长期投资缺乏热情。法律和政策又明确土地

---

① 1984年1月1日，中共中央发出《中共中央关于1984年农村工作的通知》。文件强调，要继续稳定和完善联产承包责任制，规定土地承包期一般应在15年以上，生产周期性和开发性的项目，承包期应当更长一些。

② 1993年11月5日，针对一些较早实行家庭承包经营的地方第一轮土地承包即将到期的实际情况，中共中央、国务院下发《中共中央、国务院关于当前农业和农村经济发展的若干政策措施》，文件规定，“为了稳定土地承包关系，鼓励农民增加投入，提高土地的生产率，在原定的耕地承包期到期之后，再延长三十年不变”。

承包经营权和宅基地不能抵押，也不允许农民房地产跨村交易，资产有限的使用权也就无法转化为可以流动的资本，限制了农民筹集资金创业的能力。

更为重要的是，由于农民土地所有权的缺失，集体土地是否应该出售、土地出售给谁、价格水平怎么定、土地出售收益怎么分配，都不是农民自己说了算，于是农村集体土地屡屡被随意滥占、乱卖，农民无法从土地转让中获得相称的补偿。20 世纪 90 年代以来，工业化和城市化快速推进，农村土地被大量征用和占用，这些土地的“农转非”，许多都是政府利用农村干部有权支配土地而以极低的价格获得的，用以支持庞大的“形象工程”和“政绩工程”建设。农村问题专家于建嵘指出，1990—2002 年的 13 年间，全国非农建设占用耕地达 4 736 万亩，估计约有 6 630 万农业人口失去了赖以为生的土地。加之他们获得的补偿金不足以在城市安家和创业，导致部分失地农民成为社会流民。[①]以土地出让收入为例，2005 年全国共出让土地面积 244.8 万亩，出让价款 5 505.15 亿元，平均每亩出让金为 22.9 万元，而政府“招拍挂”出让土地每亩平均价格为 45.69 万元，

① 于建嵘指出，目前中国农民失地失业问题已十分严重。“据统计，从 1990 年到 2002 年全国用于非农建设占用耕地达 4 736 万亩。其中，1990 年至 1996 年非农占地共 3 080 万亩，平均每年 440 多万亩；1997 年至 2002 年非农占地 1 646 万亩，平均每年约 274 万亩。因这些非农建设占地主要集中在城郊和人多地少的经济发达地区，这些地区一般人均耕地不足 0.7 亩，每占用一亩耕地就会造成 1.4 人失去土地，依此推算，13 年来全国共有 6 630 万农业人口失去了赖以生存的土地。而由于征用补偿标准低，失地农民所获得的土地补偿费不足创业，又没有建立合理安置和社会保障制度，导致这些失地农民大都成为无地可种、无正式工作岗位、无社会保障的社会流民。”见于建嵘：《深入到失地农民中去》，《南方周末》，2005 年 7 月 14 日。

价差总额达5 680亿元。即使是在报价低的土地出让中，农民获得的收入也只是很小部分，大部分都以税费形式被各级政府收走。据对上海、杭州、合肥、哈尔滨、南宁等城市的调查，政府各种税费占项目征地成本的60%，而征地补偿安置费只占30%—40%。土地出让价格标准远低于土地市场价格水平，农民所获补偿费远低于各级政府获得的各项税费。①

有的经济学家提出，“由于土地是农民的最后保障，土地不能交给农民，只有实际控制在政府手里，否则将引起流民的增加，造成社会动荡的后果”。提醒人们注意我国农民缺乏最低生活保障、需要尽快加以补救的现实情况，无疑是十分必要的。但是，既然承认土地是农民的命根子，就更有必要使农民有权把土地控制在自己手里，不让政府干部为所欲为。

此外，2008年全球金融危机发生以后，数以千万计的农民工回乡后遇到的情况表明，要靠农村的土地为进城务工、经商，特别是那些已经在城市生活多年的前农民提供基本生活来源，是并不现实的。所以，出路还是在于：一方面，尽快实现最基本的社会保障体系的全民覆盖；另一方面，加快农村富余劳动力向城市（包括本地城市）非农产业转移的进程，改善政府对进城务工人员医疗、养老和教育方面的服务，使他们和他们的子女尽快融入城市社会，成为新市民。

从维护农民权益出发，需要进一步完善土地制度，真正实现“耕者有其田”的目标。在具体步骤上，可以通过认可现有承包地的农民永久使用权来实现，并放开对农地抵押和流转的限制。当然，

① 韩俊主编：《中国经济改革30年·农村经济卷》，重庆：重庆大学出版社，2008年，第62页。

土地产权制度改革必须得到政治、法律等其他方面改革的支持，才能有效保障农民的财产权利不受侵犯。否则，根据过去的经验，土地流转的实现反倒可以成为权势者掠夺农民土地的合法依据。

3.4.3　保证微观活力，巩固粮食流通体制的市场化成果

1998年5月国务院发布《国务院关于进一步深化粮食流通体制改革的决定》，粮食流通体制实行“四分开一完善”，即实行政企分开，储备与经营分开，中央与地方责任分开，新老财务账目分开，完善粮食价格形成机制，逐步实现市场化。2001年7月国务院发布《国务院关于进一步深化粮食流通体制改革的意见》，将粮食流通体制向市场化方向推进了一步，放开了浙江、上海、福建、广东、海南、江苏、北京和天津等8个主销区的粮食购销市场。中发〔2003〕3号文件提出，从2004年开始，全面放开粮食收购和销售市场。到此为止，为计划经济体制配套的主要农产品统购统销制度被彻底废除，我国粮棉油、畜禽、水产品等农产品全部实现了市场化。

由于粮食市场具有明显的震荡波动特征，20世纪90年代末期以后，政府建立了农产品价格保护制度，改造、新建了粮棉油等仓储设施，健全农产品进出口和吞吐调节机制。在粮食等主要农产品丰收之年，政府通过实行粮食最低收购价政策，增加粮食储备，适当出口，抑制市场粮价过度下降，稳定农民收入。在粮食减产之年，在鼓励农民增加粮食生产的基础上，通过减少储备和适当进口增加市场供给，抑制粮价过度上涨。

但是，现有调控遇到的难题是，当经济高速增长来临、通货膨胀严重发生时，为了抑制粮油等主要农产品价格过快上涨，不断减少库存增加市场供给，结果是，尽管农产品价格快速上涨的势头得到抑制，但农业生产资料价格的上升幅度却远远超过农产品价格的

上升水平。尽管政府增加了农业生产资料的价格补贴，但仍不足以弥补农民的损失。还有，当一些重要农产品（如猪肉）生产周期从上行阶段转为下行阶段时，市场价格大涨，政府为了稳定市场供给，以补贴等方式扶持农民生产，结果使得这些农产品生产的下行阶段提前结束，上行增产阶段提前到来，市场价格又提前下跌。

当与市场经济相适应的政府调控遇到困难时，人们往往产生一种由政府直接控制价格的冲动。事实表明，这种走回头路的做法是行不通的，还是要坚持市场化改革的方向，巩固粮食流通体制的改革成果。这需要在两个方面做出努力：

第一，培育和发挥农民中介组织在粮食流通中的作用，政府应进一步完善农产品市场流通体系，维护交易双方的合法权益，更好地在农户与公司等经济组织之间发挥协调作用。

第二，区分微观经济与宏观经济，减少对粮食市场的直接价格干预。一般物价水平的持续涨跌都会扭曲资源稀缺程度信号，不利于资源的有效配置，因而宏观经济管理部门及时出台熨平经济周期的措施是非常必要的。但是，政府直接干预粮食和副食品等个别商品的价格的微观干预措施，只会扭曲价格信号，造成资源错配和政府的被动，应当尽力避免。[①]

3.4.4 发展农村专业合作组织，解决小农户与大市场的矛盾

农产品的生产在空间上是分散的，在时间上带有季节性；相反，市场对农产品的消费在空间上是集中的，而在时间上却带有持续

① 由于农产品关系人民的基本生活需要，当农产品价格发生剧烈波动时，政府往往需要介入。例如，当粮食（口粮）和副食品价格发生较大波动时，政府需要对低收入居民进行补贴。但是即使在这种情况下，也不宜采取价格管制的办法。

性。特别是目前我国农业经营规模很小，单个农户提供市场的农产品商品量十分有限，小农户的供给和大市场的需要之间就存在很大的矛盾。

在改革过程中，政府一度提倡的分散农户与市场联系的形式，是让各类龙头企业，例如外贸公司、大型商业机构与农民建立利益联结机制，将农产品生产、加工和销售相结合，实行专业化生产、企业化管理、社会化服务、一体化经营。据农业部资料，2007年底，中国共有农业产业化组织近17.2万个，带动农户9 511万户。[①] 在这种模式下，“公司+农户”“公司+中介服务组织+农户”等形式发展较快，也取得了明显的成效。显然，在公司与农户之间，产业化龙头企业一般拥有较强的资金、技术、市场信息方面的优势。它们与众多农户建立了较为稳定的经济联系和利益分享机制。农户按照预购合同规定的价格等条件向公司提供农产品原料或初级产品，供公司加工销售。通常公司还会对农户提供种苗、技术、资金等方面的帮助。这有利于降低农产品的市场风险，增加农民收入，并能促进农业现代化建设。但不容忽视的是，实践中往往出现两种不利的情形：一是相对于有权力背景的公司，农户谈判地位低下，在合作中处于弱势地位，结果公司常常通过合同漏洞、延迟甚至不履约、压级压价等形式盘剥农民。[②] 二是面对分散、有自主决策能力的农户，公司在信息的获取和掌握上处于弱势地位，当公司没有权力背

① 孙政才主编（2008）:《农业农村改革发展30年》，北京：中国农业出版社，2008年，第197页。这里的产业化组织包括了龙头企业、中介服务组织、批发市场等类型，其中龙头企业占44%、中介服务组织占49.1%、批发市场占6.9%。

② 张晓山等：《联结农户与市场：中国农民中介组织探究》，北京：中国社会科学出版社，2002年。

景时，它往往因农民不守合约而造成公司利益受损。这两种局面都需要特别注意，应尽量减少这些情况的发生。

市场经济国家更普遍采用的个体农户与市场的对接形式，其实是在农业产前、产中、产后服务的各个环节上建立农民合作组织。比如在西欧、北美的许多国家，有 80% 以上的农场主参加了不同类型的合作社。西欧农产品市场上合作社经营的产品份额占到 60%，丹麦的奶制品有 90% 是由合作社经销的，荷兰合作社销售的花卉、水果、蔬菜分别占到该国市场份额的 95%、78% 和 70%。美国的农业合作社也十分发达，仅谷物销售合作社就有 2 000 个左右，全国 1/3 的农场主通过合作社出售谷物，这些合作社控制了美国国内谷物市场 60% 的市场份额，并提供了全美出口谷物 40% 的货源，堪萨斯的农田产业合作社、圣保罗的收获联盟、加利福尼亚州的新奇士（Sunkist）合作社，还有遍及多个州的蓝宝石合作社（杏仁加工、销售）也在世界赫赫有名。这些合作社为许多农场主销售谷物、蔬菜、水果等农产品，并提供市场需求信息以及技术信息，是农场主与市场之间的桥梁和纽带，是农场主规避市场风险、保护自身利益的重要途径。

在 20 世纪 50 年代中期的“农业合作化运动”中，中国除建立农业生产合作社外，在农村普遍建立供销合作社和信用合作社。但是这种合作社其实和农业生产合作社一样，都是由国家控制的，与国营企业的区别只不过是在这种“集体经济”中，“国家管制但却由农民承担管制后果”[①]。改革开放以后，政府恢复了“文化大革命”期间被正式并入国有经济的供销合作社和信用合作社。但是，它们仍

① 金雁、秦晖（1990）：《现代化进程中的农民》，《经济转轨与社会公正》：河南人民出版社，2002 年，第 263 页。

然没有恢复由社员自愿组成、由他们当家作主的合作组织的性质。[①]

直到20世纪末期，全国各地开始出现由农民和其他经营者自发建立的一些新的合作经济组织。这类组织有些被称为“协会”，也有些被称为“各种类型的专业合作社”。由于它们是以市场为导向，完全按照自愿参加、共同经营、民主管理、收益返还的合作制原则建立起来的，受到农民的热烈欢迎。为响应农民对自己的合作社的需求，2002年农业部在全国选出100个专业合作组织、6个地级市以及浙江省作为综合试点单位。2006年，全国人大常务委员会通过了《中华人民共和国农民专业合作社法》，对农民专业合作社的成员、组织机构、财务管理、扶持政策等做了全面规定，农民专业合作社从此具备了法人地位。法律和政策环境的改善进一步促进了农民合作社的发展。目前，全国农民专业合作组织有15万多个，其中，截至2008年3月底，在工商行政管理部门新登记的农民专业合作社有4.3万多个。[②]

农民专业合作组织进一步发展，还必须解决以下几个问题：

第一，健全农民专业合作组织的内部治理机制。目前，不少农

① 2000年末，全国基层供销社有2.8万多个，全系统职工362万人；农村基层信用社约4万个，股本金720亿元。此外，还有由人民公社转移而来的社区合作经济组织223.4万个，其中乡（镇）一级3.7万个，村及村以下219.7万个。社区合作组织虽然挂着合作的牌子，但他们大多附属于乡镇政府和村委会，而且往往还行使着基层政权管理经济的职能，因此有人就将乡（镇）农工商总公司称为“政府的派出机构，扮演第二乡（镇）政府的角色”。见张晓山等：《联结农户与市场：中国农民中介组织探究》，北京：中国社会科学出版社，2002年，第14、91—92页。

② 孙政才主编（2008）：《农业农村改革发展30年》，北京：中国农业出版社，2008年，第211页。

民专业合作组织章程内容不完整，规章制度不健全，管理运作不规范，产权关系不清晰，经营和财务管理不公开，农民与合作组织利益关系不紧密，内部主要事务由大户或外部力量控制，所有这一切都影响了农民合作组织的发展壮大。因此，必须完善专业合作组织的章程，规范管理制度，引导农民建立合理、科学的组织结构，进一步明晰产权关系，健全内部民主管理机制，使其真正实现自主决策、自我发展、共同经营、民主管理。

第二，加强对农民专业合作组织的政策支持。各类农民合作组织的发展需要政府的支持。近年来，为了支持农民合作组织的发展，中央和各级地方政府出台了许多扶持和优惠政策，从登记、财政、税收、信贷、用地、运输、人才培训等方面给予了一些鼓励支持政策。但是，从实施效果来看，农民专业合作组织发展过程中依然存在着登记门槛高、财政支持少、贷款难、公共服务缺位、技术供给不足、经营范围限制严格等问题。今后，各级政府需要进一步强化对农民专业合作组织的政策支持，简化审批手续，降低登记门槛，执行各项税收优惠政策，放宽经营范围限制，帮助改善它们的经营环境，支持开展各种形式的技术培训，搞好合作组织的各项服务。由于改革前的中国长期存在官办合作社的传统，政府在加强对专业合作社的政策支持的同时，还必须注意防止直接对合作社发号施令和干预合作社的内部事务。

第4章　企业改革

计划经济向市场经济转型过程的一个重要内容，是企业部门（corporate sector）中的基础经济体由“国家辛迪加”中不具有自主性的“单位”转变为真正的企业。企业部门转型的基本途径有三条：一是私有企业的成长；二是国有资本从竞争性领域退出；三是改善企业的治理。只有这三个方面配合行动，才能逐步形成多种所有制经济共同发展的格局，构成现代市场经济的微观基础。

从第2章关于转型战略的讨论中可以看到，在以上三方面改革中，私有部门的成长具有基础性的作用。然而在改革的起始时期，最先提出的却是在不调整国有经济占统治地位的布局、不改变国有制企业基本治理框架的前提下改革国有企业的内部管理，此后才将国有经济布局调整和私有企业发展提上议事日程。因此，本章先从国有企业改革谈起，而把第一和第二个问题放到第5章去讨论。

4.1　企业制度和现代公司

为了充分理解国有企业改革和整个企业部门转型的复杂性以及转型的各种政策选择，有必要先对现代企业理论和现代公司制度作一概括性的介绍。

4.1.1 企业及其所有权

企业（firm，也译为厂商）是一种从古代起就已存在的经济组织形式。在20世纪30年代以前，企业在经济学家的眼中只是一个“黑箱”：人们把土地、劳动、资本等生产要素投入企业，然后从企业获得产出。至于企业内部的制度结构如何，经济学并没有做太多分析，因为企业作为追求利益最大化的独立经济主体，它和个人的外部行为特征并没有区别。经济学就以企业和个人（家庭）等独立经济主体作为最小的分析单位，研究如何通过市场机制在这些处于社会分工不同分支上的经济主体之间有效地配置资源。

罗纳德·科斯（Ronald H. Coase，1910—2013）在1937年发表的开创性论著《企业的性质》[①]，使情况发生了变化。科斯在这篇论文中提出什么是企业、为什么会有企业，以及企业的边界如何决定等问题，促使人们思考企业这一习以为常的经济组织的本质何在。科斯认为，企业是一种可以与市场相互替代的协调生产，即人们互相交换自己的活动（交易）的方法。在企业之外，市场交易通过价格变动来协调生产；而在企业之内，复杂的市场结构被企业家（entrepreneurs，或译企业主）和企业家统帅下的层级组织（hierarchical organization）所取代，企业家通过这个层级组织来指挥生产。这个层级组织就是企业。科斯提出了一个问题：如果生产能够方便地由市场和价格变动来协调，为什么还会有企业组织存在呢？他对这个问题的回答是：这是因为，交易是有成本的，在某些特定的条件下，运用企业来组织交易，比通过市场进行交易的成本

① 科斯（1937）：《企业的性质》，《企业、市场与法律》，上海：上海三联书店，1990年，第1—23页。

要低。可是，既然如此，“为什么市场交易仍然存在呢？为什么所有生产不由一个大企业去进行呢？”科斯的解释是，企业内的组织交易也是有成本的，当企业扩大时，“企业内部组织追加交易的成本可能会上升”。[①] 因此，“在边际点上，在企业内部组织交易的成本或是等于在另一个企业中的组织成本，或是等于由价格机制‘组织’这笔交易所包含的成本”。他认为，这种均衡是通过企业家们“不断地进行实验”来维持的。[②]

科斯之后，许多像威廉姆森（Oliver Williamson）[③]、格罗斯曼（Sanford J. Grossman）和哈特（Oliver Hart）[④]等经济学家进一步地阐明了这一问题。

尤其是20世纪70年代以后，随着微观经济学在信息经济学（information economics）、合同理论（contract theory，或译契约理论）和博弈论（game theory）等方面的突破性发展，经济学对企业的制度和内部结构的研究迅速深化，形成了一个新的经济学分支。现代微观经济学关于企业的理论，其基本着眼点是投入企业的各生产要素的所有者之间的合同关系。企业作为一种制度安排，实质上就是这些要素所有者之间的一组合同关系的连接点（nexus）。比如，一个企业为了生产财富，需要从大量资本所有者那里筹集

① 科斯（1937）：《企业的性质》，《企业、市场与法律》，上海：上海三联书店，1990年，第9页。

② 同上书，第18页。

③ 威廉姆森（1985）：《资本主义的经济制度》（*The Economic Institutions of Capitalism*），北京：商务印书馆，2007年。

④ S. Grossman and O. Hart (1986): “*The Costs and Benefits of Ownership: A Theory of Vertical and Lateral Integration*” (《所有制的成本和收益：关于纵向一体化和横向一体化的理念》), Journal of Political Economy, 1986, 691—719.

资本，也需要大量劳动者投入他们的劳动，包括具有经营管理才能的劳动者（即经理人）的劳动。此外还需要土地等多种投入。在现代大企业中，一个企业所涉及的要素所有者的数目可以成千上万。如此众多的个人把他们的生产要素投入企业共同生产财富，首先必须通过确立一种合同关系，在他们之间分配决策权、利益和风险责任，否则生产活动无法进行。从这个角度看，企业存在的意义在于，每一个要素所有者只要和企业确立合同关系，也就和所有其他要素所有者确立了合同关系。企业因此而成为一组合同关系的连接点。

进入合同关系的那些要素所有者被分成了两类。第一类要素所有者可以获得的收入以及享有的决策权利，已经在他们和企业确立的合同中得到了清楚明确的规定。换句话说，他们获得的是“合同权利”和“合同收入”。第二类要素所有者获得的是“剩余权”（residual rights，或称 residual control rights 即“剩余控制权”）和“剩余收入索取权”（residual income claim），也就是说，他们的收入等于企业的总收入在完成企业与其他要素所有者之间订立的合同之后的剩余，他们享有的权利等于其他要素所有者合同权利之外的一切权利。这第二类要素所有者就是企业的“所有者”，或称“业主”（owner）。

为什么会出现这样一种产权制度安排呢？经济学家对此有多种解释，其中之一是由哈特集其大成的不完全合同理论。按照这种理论，所谓“完全”的合同，是指立约各方在订立合同时能够预见到合同有效期内所有可能出现的情况，并明确规定在不同的情况发生时，权利、利益和风险责任将如何分配。如果合同是完全的，由于每一个要素所有者获得的权利都是合同中规定的合同权利，每一个要素所有者获得的收入都是合同中规定的合同收入，就不会有剩余收入。但是，现实中的合同都是“不完全”（incomplete）的，于是，就出现了剩余收入。由于企业剩余收入的存在，在企业所涉及的那一组合同关系中必须有一方，即作为中心签约人和剩余控制权的拥有者的企业业主来“兜底”，否则交易成本就会过高。所以，在合同具有很大不完全性时，以剩余控制权和剩余收入索取权为核心的企业产权制度，就成为一种节约交易成本的制度安排。在这个意义上，不完全合同理论代表着科斯所开创的企业理论的进一步深化和发展。

值得注意的是，对剩余收入的索取权利本身也同时意味着风险责任。如果剩余收入是负数，企业的所有者应负责清偿。在承担风险方面，资本的所有者比劳动力的所有者具有更大的优势。劳动者的人力资本尽管在生产中有很高的价值，但却有一个重要的性质，即不能与劳动者的人身相脱离，这就是哈特等人所说的“人力资本的不可分割性”(inalienability of human capital)①；而资本的所有者则可以用自己的实物资本或金融资本来承担风险，表现为失去自己的资本。因此企业的业主一般由资本的所有者担当。

4.1.2 企业的三种基本法律形式

最简单的企业形式是所谓的“业主制企业”（entrepreneurial proprietorship）。业主制企业建立在业主家庭财产的基础之上，由一个自然人或一个家庭充当它的所有者。在中国，业主制企业被1999年颁布的《中华人民共和国个人独资企业法》命名为“个人独资企

① Oliver Hart & John Moore: “*A Theory of Debt Based on the Inalienability of Human Capital*”. Quarterly Journal of Economics 109 (November, 1994), 841–879.

业”。由于业主制企业与私人家庭财产的紧密联系，业主制企业的另一个典型特征是业主对企业债务承担无限责任。也就是说，如果企业使用其全部资产仍不能清偿到期债务，业主必须以其个人财产进行清偿。

如果把几个业主叠加在一个企业中，就产生了企业的第二种基本法律形式：合伙制企业（partnership）。合伙制企业的所有者是其合伙人。在通常的情况下，和业主一样，合伙人也对企业债务承担无限责任。中国的合伙制企业由1997年颁布、2006年修订的《中华人民共和国合伙企业法》所界定和调整。

在现代市场经济中居于主导地位的企业形式是公司（corporation）。公司是以股东为成员组合起来的法人组织。所谓法人，是一个与自然人相对应的法学概念。法人不是一个“人”，而是一个由其成员（在公司中就是交足了股金的股东）组织而成的组织。这种组织具有和自然人相同的民事行为能力和民事责任，它可以签订合同，提起诉讼，也可以应诉。在公司制度下，民事责任是由公司法人独立承担的。公司的债务因此也是公司法人的债务而不是股东的债务，股东仅以其投入公司的资本额为限对公司债务承担有限责任。这也就是公司的有限责任制度。

公司的法人财产归根到底是股东的财产，但是这部分财产与股东的其他财产之间有着明确的界限。股东一旦入股，就不能再直接支配他已入股的那部分财产，因为这部分财产已与其他股东的财产融合为一，形成公司的法人财产，具有独立的生命。个别股东只有通过一定的组织体系和一定的程序才能支配公司的财产。

虽然业主制、合伙制和公司制是企业的三种基本法律形式，但现代市场经济中也有一些更为复杂的企业形式。例如，从合伙制企业派生出来的有限合伙制企业（limited partnership），就是风险投资行业通行的企业组织形式。2006 年修订后的《中华人民共和国合伙企业法》也引入了有限合伙制度。简单来说，有限合伙制的要点是决策权、利益和风险责任在普通合伙人和有限合伙人这两类合伙人之间的不同分配。从决策权分配来看，普通合伙人操持企业的业务，有限合伙人则需要与决策活动“保持距离”，不参与合伙企业业务的执行。从利益分配来看，有限合伙人只能获得投资回报，普通合伙人还可以获得执行合伙事务的报酬。与此相对应，风险责任的分配是，有限合伙人对合伙企业债务承担有限责任，普通合伙人则要承担无限责任。

有限合伙制度的例子说明，剩余收入索取权和剩余控制权的配置可以有多种灵活的组合。在权、责、利统一的总原则下，企业可以根据不同的实际需要设计多样化的制度。例如，为了满足一些投资者的特殊需求，公司制企业可以设置优先股。所谓优先股，就是持有这种股份的投资者虽然是企业的股东，但放弃参与公司决策的权利，换取在企业破产时居于所有债权人之后、普通股东之前的优先清偿地位。

4.1.3 现代公司制的产生

现代公司制是公司制的高级形式。从公司制萌芽到现代公司制确立，大致经历了四个阶段。

1. 中世纪后期萌芽状态的公司

公司制企业萌芽于中世纪后期的西欧。当时，地中海沿岸各国之间的航运业和航海贸易有了比较大的发展。这种贸易需要较多的资本，风险也比较大，个体业主制和合伙制都难以适应。于是，就产生了一种实质相同、名称各异的联合组织，如康门达（commenda）、柯立干札（colleganza）等[①]，这种组织的特点是由若干个商人凑钱购船、买货，然后委托其中某个商人聘任经纪负责经营。贸易结束后按股还本和分利。这种联合组织通常是一次性或有时间限制的，下一轮贸易要重新组织一个新的联合体。

2. 17—18 世纪的特许公司

1492 年，西班牙航海家哥伦布（Christopher Columbus）首航到被称为“新大陆”的西印度群岛。6 年以后，葡萄牙航海家达·伽马（Vasco da Gama）绕过好望角航行到印度。他们的航海发现开通了欧洲到美洲和远东的远洋贸易。于是，在中世纪地中海贸易中产生的康门达等临时性企业组织形式进一步发展为永久性的公司组织。由于当时西欧各国的重商主义政府（第 8 章 8.1.1 节）不承认平民百姓有经商的自由权利，设立公司要有皇家或议会授予的特许（charter），所以这时的公司被称为特许贸易公司（chartered trading company）。接着，英国国王授予特许贸易公司以法人（legal person, corporation）地位。[②]特许贸易公司与近代注册设立的公司有很大区别。它由政府特许设立，拥有某些特权，并对政府负有特殊义务。

3. 19 世纪中期普通公司法的确立

在 18 世纪初的英国，民间适应经济发展的需要自发建立了许多未经政府特许的公司，称为合股公司（joint-stock company，早期也

① 黄仁宇（1982）:《资本主义与二十一世纪》，台北：联经出版事业公司，第 79—80 页。

② 法人（corporate 或 corporation）在欧洲中世纪法律中是指行会、教会、自治城市等具有与自然人相同民事行为能力的非营利性组织，在特许贸易公司获得法人地位以后，也被用来称呼这些营利性的企业，于是现代英语中的 corporation 一词有双重含义：一个是法人组织，一个是从事工商业的法人制企业，在中国被称为公司。

译为股份制公司）。特许贸易公司认为这些民间公司损害了自己的特权利益，便游说国会在 1720 年 6 月通过了名为《取缔投机行为和诈骗团体法》[①] 的法律，禁止民间自行建立公司。即使建立，在法律上也不承认它们具有法人身份，因而这些公司的股东仍需对公司债务负无限责任。经过多年抗争，到 1837 年，第一部普通公司法才在美国康涅狄格州议会获得通过。按照这一法律，只要符合一定条件并经过注册，任何公司都可以获得法人地位。接着英国在 1844 年通过了类似的公司法。这样，公司制度才正式建立起来。

4. 所有与控制相分离的现代公司

早期的公司照例由大股东和他们的亲属或亲信担任高层乃至中层经理人员，但随着公司规模日益扩大和业务日益复杂，这种情况发生了变化。

美国著名企业史专家小钱德勒（Alfred D. Chandler, Jr., 1918—

① 即“*Bubble Act*”（《泡沫法》）。具有讽刺意味的是，这一法案是在一个大投机和诈骗团体——海公司（South Sea Company），这个由英国皇家特许进行南海（南大西洋）贸易的特许贸易公司的策动下制定的。南海公司制造了 1720 年的“南海泡沫事件”。一直流行到现在的“泡沫经济”（Bubble Economy）一词，就是由这一事件得名的。曾经有不少人认为，《泡沫法》是当时的英国下院议长沃普尔（Robert Walple）和国王乔治二世作为对投机的警告制定的。其实根据考证，英国议会在特许贸易公司的策动下制定《泡沫法》的真正目的，是为了“限制扩容”，使民间公司不能分流股市泡沫形成过程中的入市资金。果然，在英国政府根据《泡沫法》取缔未经特许的公司以后，南海公司的股价进一步猛涨，在 1720 年 8 月初达到最高点，直至 9 月突然崩盘。见 John Carswell (1960): *The Southsea Bubble*(《 南海泡沫》), London: Cresset Press, 转引自金德伯格（Charles Kindleberger, 1978）: *Manias, Panics, and Crashes : A History of Financial Crises*（《疯狂、恐慌和崩盘——金融危机史》), New York: John Wiley & Sons, INC, 1996, 84。

2007）在《看得见的手：美国企业的经理革命》[1] 一书中指出，美国的第一批现代企业，是 1850—1860 年间在铁路运输业中诞生的。建造铁路所需的资本大大超过了购置种植园、纺织厂等所需的资本，因此，单独一个企业家、家族或合伙人的小集团几乎不可能拥有铁路；同时，如此众多的股东或其代理人也不可能亲自去经营铁路。管理工作不仅繁多而且复杂，需要特别的技巧及训练才能胜任，只有专职的支薪经理才是适当人选。由于铁路管理人员需要特殊的技能和训练，也由于管理层级制的存在，使得铁路经理们不同于种植园的监工或纺织厂代理人。他们把自己的工作视为终身事业，希望能终其一生在此管理层的阶梯中逐级擢升。这使铁路经理越来越把他们的工作看成一种专业职业。由于对本企业的持续繁荣承担了紧密的个人义务，他们在企业经营方面，也几乎具有和股东一样的发言权。到了 19 世纪 80 年代以后，其他公司也开始采取经营者与所有者逐渐分开的制度。到 20 世纪中叶，这种所有者和经营者分离的现代公司已成为大工商业中占统治地位的企业组织形式。

1932 年，美国法学家小伯利（Adolf A. Berle, Jr.，1895—1971）和米恩斯（Gardiner C. Means，1896—1988）在《现代公司与私人财产》[2] 一书中提出了"所有与控制相分离"（a separation between ownership and control，在中国通常译为"所有权和经营权相分离"）

---

① Alfred D. Chandler, Jr. (1977): *The Visible Hand: The Managerial Revolution in American Business*, Cambridge MA: Harvard University Press. 参见《看得见的手：美国企业的管理革命》，北京：商务印书馆，1987 年；中译本书名中的"管理革命"一词，应是"经理革命"的误译。

② Adolf Berle & Gardiner Means (1932): *The Modern Corporation and Private Property*（《现代公司与私人财产》）, New York: Commerce Clearing House. 参见该书中文繁体版译本，台北：台湾银行出版社，1981 年中文版。

的概念。他们指出，在大多数美国大公司中，股东已经不自己经营企业了，真正控制企业的是最高层的经理人员。由于这一重要发现，该书成为一本论述现代公司制度的经典性著作。不过，这并不是说，现代公司中股东作为所有者已经完全失去控制权。在治理结构健全的现代公司中，股东通过有效的股东大会和董事会等机制，仍然拥有剩余控制权，行使着对公司的最终控制。

根据公司制的这种发展，小钱德勒在书中给现代企业下了一个被普遍接受的定义："由一组支薪的中高层经理人员所管理的多单位企业"。他把现代公司称为"经理人员企业"（managerial enterprises），而与传统的"业主制企业"相区别；随着"经理人员企业"的建立，"业主制的资本主义"（entrepreneurial capitalism）也转化为"经理人员的资本主义"（managerial capitalism）。[①]

由于历史背景和法律框架等方面的差异，世界各国的公司制度也有一些各自的特点，连各类公司的称谓也有所不同（表 4.1）。

表 4.1　各国公司制度称谓的区别

	英美	德国	日本	中国台湾	中国大陆
有限责任公司（LTD）	公司（公众）（Public, PLC）	股份公司（AG）	株式会社	股份公司	股份有限公司
	公司（私人 / 封闭）（private/closed）	有限公司（GmbH）	有限会社	有限公司	有限责任公司
有限合伙（limited partnership）		两合公司	两合公司	两合公司	有限合伙制企业
无限公司或合伙制企业（unlimited company）		无限公司	无限公司	无限公司	合伙制企业

① Alfred D. Chandler, Jr. (1977): *The Visible Hand: The Managerial Revolution in American Business*, Cambridge MA: Harvard University Press. 参见《看得见的手：美国企业的管理革命》，北京：商务印书馆，1987 年，第 3 页。

4.1.4 现代公司的治理结构

现代公司中出现的所有与控制的“两权分离”，导致了公司治理（corporate governance，或译公司管治）的问题。狭义地说，公司治理指的是在所有与控制分离的情况下，投资者与公司之间的利益分配和控制关系。① 广义而言，公司治理是以公司价值最大化为目标的一整套约束激励手段和制衡机制，用以规范和协调公司包括股东、债权人、管理人员、员工、供应商、零售商、消费者和社区居民在内的利益相关者（stakeholders）之间的关系，其要旨是在履行公司的财务、法律和其他合同义务（即保护其他利益相关者的利益）的前提下使公司价值最大化。②

公司治理的核心问题是如何处理股东和职业经理人之间的关系。经济学家通常把这种关系归结为“委托 – 代理关系”。“代理问题”的产生，源于代理人和委托人之间的潜在的利益冲突：代理人一方有权采取行动，委托人一方为行动的后果承担责任。这一利益冲突的症结在于所有者和经营者之间的信息不对称。当股东将公司的部分控制权授予职业经理人时，面临着两类信息不对称问题：第一，在挑选经理时，他们对于候选人能力如何、是否称职、较之候选人本人所知道的要少得多。也就是说，当经理同股东或公司签订合同时，他掌握着一些股东不知道的“私有信息”（private information），因而股东就有可能被候选人提供的信息所误导并发生选择上的错误。第二，即使选对了人，股东对于经理的忠实尽职的程度，也较之经

① Andrei Shleifer & Robert Vishny (1997): “*A Survey of Corporate Governance*”(《对公司治理的考察》). The Journal of Finance, 52: 737–783.

② Magdi R. Iskander & Nadereh Chamlou (2000): *Corporate Governance: A Framework for Implementation*. (《公司治理：一个可供实施的框架》) Washington D. C. : The World Bank.

理本人知道的少得多。这两个问题，即所谓“逆向选择”（adverse selection）[①]和“道德风险”(moral hazard）[②]的存在，使得经理有可能偏离股东的目标，或者利用公司的资源去追求自己的私利。这类偏离或者侵占股东权益的例子不胜枚举。按照施莱弗和维什尼的看法，18、19世纪的英国和欧洲大陆各国公司法改进的重点，正是集中于解决“管理层盗窃”（managerial thief）的问题。[③]

公司的集中型所有权结构，即将股东们分散的权益组合成为具有独立生命的公司财产（corporate property，也可以译为法人财产），可以看作是强化股东对管理层的监督和约束的一种制度。但公司财产的存在本身又产生了另一种类型的代理问题，即控制性大股东与其他股东之间的代理问题。大股东往往能得到更多的信息，在管理人员的挑选上有更大的权力，并且参与重要决策。实际上，大股东侵夺小股东利益的现象已经变得像经理侵夺股东利益的现象一样普遍。从这一点来看，公司治理也可以看作是一套保护小股东免遭大股东剥夺的规则和机制。由于大股东直接参与公司经营管理[④]的情况相当普遍，两类代理问题常常被发现是交织在一起的。因此，公司治理有时也被描述成一套保护外部股东，也就是少数股东免受“内部人”即管理层和大股东侵害的规则和制度。

① 逆向选择是指由于买卖双方对于商品信息的了解不同，而造成的资源误配情况。例如，在二手车市场上，只有卖者知道自己的旧车的内在质量，而买者无法确切知道车的优劣，致使保养较好的车也卖不出好价钱。

② 道德风险是指从事经济活动的人在最大限度地增进自身效用时做出不利于他人的行动。

③ Andrei Shleifer & Robert Vishny (1997): “*A Survey of Corporate Governance*”. The Journal of Finance, 52: 737 – 783.

④ 在这种情况下，大股东往往被称为内部股东（inside shareholders）。

从这个意义上说，公司治理也是一种将负外部性（negative externalities）[①]最小化的机制。当股东（或小股东）的权益被侵犯时，经理（或大股东）从中获利，而让股东（或小股东）承担由此产生的成本，这和一个生产者靠污染环境而获得私人利益具有相同的性质。因此，保护股东或保护小股东的权益就意味着将侵犯产生的成本内部化，使负外部性减少到最低限度。负外部性还有另一种情况，这就是大股东和经营者通过侵犯企业职工、债权人、供应商、消费者等其他利害相关者的利益获取自己的利益。例如，当公司裁员增加利润时，公司雇员对专用于该公司的特定技能上已有的沉积投资会被侵蚀，在诸如住房、配偶的工作、子女的学校、社会关系等工作之外的资本也会受到损失。材料供应商和消费者也会因同公司的关系造成沉积投资，成为公司追求利润最大化行为的受害者。当公司通过污染环境或者贿赂政府官员以追求利润最大化时，整个社会都要遭受损失。

这一认识使人们从更广的角度，即利益相关者的角度，观察公司治理问题，并导致了一场争论。[②]争论一方赞成从利益相关者角度理解公司治理，另一方则坚持传统的股东价值观念。前一观点有两层引申的含义：第一，更宽泛的管理层使命。这就是说，管理层应当使各类利益相关者的剩余的总和最大化，而不是仅仅保证股东价值最大化。第二，利益相关者对控制权的分享。尽管相关的争论仍然在继续，但对利益相关者的保护无疑是公司治理的一个重要方面。

① 经济学上的外部性，是指一个经济主体采取某一经济行动，但不承担全部成本（负外部性）或未得到全部收益（正外部性）的情况。

② Jean Tirole: “*Corporate Governance*”（《公司治理》）. A paper presented in the Lectures on Modern Econcmic Theory, 2000, Beiing.

良好的公司治理应当是在履行公司的财务、法律和其他合同义务（即保护各利益相关者的利益）的前提下使公司价值最大化（即保护股东利益）。

专栏 4.1 公司治理的主要机制

公司治理的主要机制有如下几种：

（1）信息披露。信息披露制度的目的就是最大限度地消除信息不对称，使易受损害的一方尽可能掌握充分的信息，做出“信息充分的决策”（informed decisions），以便尽可能地保护自己的利益。因此，全面、准确、及时的信息披露是良好的公司治理的基础。在这方面，会计、审计和信息披露的规则，会计和审计机构的建设，都具有重要的意义。

（2）股东大会。股东大会是公司的股东依据所持股票份额行使自己的法定权利的机构。股东的权利包括：对利润的索取权，即分红的权利；发言权和投票权；知情权和监察权，包括对未尽到应有责任的董事的起诉权。股东大会分为例行年会和特别会议两种。例行年会一般由董事会组织召开，其主要内容是：讨论和批准公司年度报告和其他财务报表；修改公司章程；决定公司的合并或解散；讨论和通过董事会关于增减公司资本的建议；选举和改选董事会；讨论和批准董事会提出的股利分配方案。特别会议是指不定期召开的股东会议，可以由董事会召开，也可以由持有一定数目股权的股东提议召开，或由法院根据任何一个董事及有表决权的股东的申请发布命令召开，讨论特定事项。

（3）董事会（在德国式的公司治理中称为监事会）。公司的股东将公司交给董事们托管。负有信托责任的董事们组成董事会集体行使他们的职权，因此董事会是公司的法定代表机关。董事会的主要职责是：批准公司的经营目标、重大方针和管理原则；挑选、任命和监督经理人员，并掌握经理人员的报酬与奖惩；协调公司与股东、管理部门与股东之间的关系；提出盈利分配方案供股东大会审议。在法律上，董事会的权限受到三个方面的限制：董事会成员不得从事与公司有利益冲突的活动；董事会不得越出股东授予的权限范围行事；如果董事会的决议与股东大会的决议发生冲突，应以股东大会的决议为准。股东大会有权否决董事会的决议并改选董事会。一般来说，董事会下还要设立执行委员会以及审计、薪酬等专门委员会。

（4）执行机构。公司管理层由高层执行官员组成。执行机构的负责人称为首席执行官（Chief Executive Officer, CEO），可以根据公司章程或董事会的决定，由总经理、总裁或董事长担任。首席执行官的主要职责是：执行董事会的决议；主持公司的日常业务活动；根据董事会的授权，对外签订合同或处理业务；任免经理人员；定期向董事会报告执行业务情况，并提交年度报告。首席执行官员领导下的执行班子包括首席运营官（COO）、首席财务官（CFO）、首席技术官（CTO）等。首席执行官是管理层的核心，但他也不可以恣意妄为：一方面他大权在握，可以在董事会授权的范围内对一系列重大问题做出决策，并根据公司经营业绩得到报酬；另一方面，他又受到来自股东及其代表（主要是董事会）和市场（包括商品市场、资本市场和经理人员市场）的严格监督。

（5）公司控制权市场。所谓公司的控制权指的是公司控股股东根据正式规则或施加影响而具有的选择公司多数董事的权力。公司控制权市场的主要功能是，在股东大会和董事会不能有效地发挥作用时，通过购并、更换董事会或经理层等事项。在存在一个股价能够反映企业的预期盈利能力、较为有效的证券市场中，如果企业经营不好，股东“用脚投票”（vote by foot），售出所持股票，招致“袭击者”（raiders）的“恶意收购”（hostile buy out），并改组董事会和解雇高层执行人员。这是悬在高层执行人员头上的一把利剑，迫使他们不能不为股东的利益努力工作。

根据吴敬琏、钱颖一（1993）《关于公司化》（《经济日报》，1993 年 8 月 24 日）等资料编写。

目前发达国家公司治理的组织架构有两种主要类型：德国类型和英美类型。它们之间的主要差别如下：

（1）德国类型的公司治理结构主要通过有形组织，即股东大会—监事会（相当于英美公司的董事会）—执行机构来建立所有者和经营者之间的制衡关系。做到这一点的最大困难在于，执行人员的绩效很难准确地加以衡量。为了解决这一难题，英美类型的公司治理结构不但运用上述有形组织，还在很大程度上依靠股票市场来实现对主要执行人员的监督和激励。除了用前面所说的“用脚投票”等方式起到监督的作用，在英美两国还广泛采用给予高层经理人员股票期权、限制性股权等办法来进行鼓励。在英美大公司高层经理人员的薪酬包中，来自股权激励的报酬通常占有最大的份额。

（2）英美公司实行董事会中既包括独立于执行层的非执行董事（美国称为外部董事），又包括身兼执行人员的执行董事（美国称为内部董事）的“单层结构”。而在德国类型的公司治理中，公司的监事会成员和经理理事会成员互不兼职，因此被称为“双层结构”。“双层结构”的好处是，有利于加强对执行人员的监督。但是这种制度由于监事会成员全都置身于公司之外，不了解公司的运作情况，存在信息不够充分的缺点。“单层结构”的优点，是董事会中既有非执行人员，也有执行人员，有利于他们之间长短互补。但是，弄得不好，也容易造成经理人员主导、内部人控制，董事会成为“橡皮图章”的弊病。

（3）德国公司有“职工参与决定制度”，而英美则没有这种制度。职工参与决定制度主要有两方面的内容：一是对有关职工利益的问题参与决定；二是对企业重大经营决策的参与决定。职工对企业重大经营决策的参与决定是通过职工代表进入公司领导机构（监事会、理事会）实现的。在拥有 1 000 人以上的大企业中，监事会成员中有一半要由职工选出。

4.2 传统国有企业制度和以放权让利为主线的改革

中国在 1956 年“敲锣打鼓进入社会主义”，随后就在全国范围内建立了苏联式的国有国营的企业制度。

4.2.1 传统国有企业制度的主要特点

集中计划经济或“国家辛迪加”体制下，国有企业具有以下特点。

1. 国有企业是“国家辛迪加”的基层单位，由政府直接经营

传统的国有经济都是按照列宁的“国家辛迪加”模式建立起来的（见本书第 1 章 1.2.1 节）。在用户籍制度把城市和乡村分割为两大部门之后，整个城市非农业经济被组织成为一个规模无比巨大的企业，

全体居民都成了政府的雇员。在这样一个国家大公司[①]中，所谓“国营企业”实际上都只是一个进行成本核算的基层生产单位，而不具有我们在本章开头部分谈到的企业所必须具备的各种特征。国有企业作为党政机关的附属物，基本的任务是贯彻执行上级的指示和指令。在经济方面，国有企业的首要任务是完成政府下达的计划，而不是进行创新活动。企业生产什么、生产多少、用什么办法生产、原材料从哪里进、产品销给谁，都由政府机关通过计划指令决定。企业管理层的任务就是执行。因此，一些经济学家指出，在传统体制下，根本不存在本来意义上的企业。[②]国营企业既没有动力，也没有可能根据自己的利益和市场变动自主地做出资源最优配置的决策，而是纵向从属于既掌握所有权又作为社会经济调节者的上级行政机关。

2. 多重角色和多重目标

在党政经高度一体化的体制下，国有企业不仅仅是生产单位，同时也是国家政治体系的基层组织，承担着广泛的社会政治职能。[③]与此相适应，国家作为国有企业的所有者，其所有者职能与其他政治社会职能也高度合一，其结果是国有企业的多重目标经常发生冲

① 由于列宁－斯大林模式中执政党在国家组织中占有绝对支配地位，匈牙利经济学家乔纳蒂（Maria Csanadi）把这种国有经济叫作“党－国经济”（Party-State Economy）；列宁的“国家辛迪加”也可以叫作党－国大公司（Party-state Inc.）。见乔纳蒂（1997）：《转型：透视匈牙利政党－国家体制》，长春：吉林人民出版社，2002 年。

② 日本经济学家小宫隆太郎在 1985 年 5 月 11—14 日于冲绳召开的“中日经济学术讨论会”上提交的论文《竞争的市场机制和企业的作用》中指出：我的印象是，中国不存在企业，或者几乎不存在企业。见吴家骏、汪海波编：《经济理论与经济政策》，北京：经济管理出版社，1986 年，第 328—329 页。

③ 在“文化大革命”期间，国有企业的这种职能被强调到了极致。当时的提法叫作“企业是无产阶级专政的堡垒”。

突。国家把国有企业当作工具来实现政治经济目标，如建立强大的重工业、赶超西方国家等。因此，国有企业管理人员和党政机关工作人员一样被视作“国家干部”，在与党政机关相同的体系中，用同样的方法加以管理。此外，国有企业集就业、社会保障和社会救济职能于一身，为其职工提供“从摇篮到坟墓”的全方位社会服务。

3. 所有权被割裂

国家所有权的行使是通过一套横向和纵向分割、权利和责任不对称的组织体系来实现的。首先，经营国有企业的任务由中央和地方各级政府分担。国有企业按照“隶属关系”，由各级政府管理。其次，在每一级政府，经营国有企业的权力又被各行政部门分割：涉及投资和生产的决策权由计划委员会、经济委员会等行政机关行使；企业主要管理人员的任免、考核和监督则主要由党的组织部门和政府的人事机关进行；财政部门相当于国有企业的总财务部，管理着国有企业的收入和支出，同时征收税费和利润；工会则成为执行“民主管理”的权力机关。总之，出现了一种被称为“五龙治水”的状况。这是一种缺乏效率的制度安排。因为这样一来，统一的所有权被割裂，各个党政部门按照自己的要求甚至自身的利益来行使它们被赋予的权力，而并不对企业经营的综合结果承担责任。

4. 预算约束严重软化

由于产品市场、要素市场都不存在，企业不必考虑市场供求，也不必面对市场竞争。它们的主要工作是和政府机关打交道。首先，它们的管理制度和经营方式要保证能实现政府的目标，而不是满足市场需求。其次，它们必须不断地和上级行政管理机关谈判，以便取得更多的资源供应，取得更有利、更易于完成的任务指标。国有企业与政府的关系的最重要特征是匈牙利经济学家科尔奈所界定的

“软预算约束”（soft budget constraint）。由于决定企业生存和发展的主要经济参数，如价格、投资、税收等的决定权都掌握在国家手中，企业总是可以通过和政府谈判来改变自己面对的约束条件。“如果企业遇到财务困难，国家将用减税、优惠贷款、财政拨款、承担亏损或允许涨价等办法帮助企业来解脱。”“如果这种干预相当频繁，企业的行为准则就会建立在期望干预的基础上。”[①]

4.2.2 “放权让利”改革未能取得预期效果及其原因

在中国，改善国有企业经营状况的努力可以追溯到国有企业制度全面建立之初。从1956年中共八大决定实行“经济管理体制改革”，直到1993年中共十四届三中全会提出国有企业改革的方向是企业制度创新和“建立现代企业制度”，国有企业改革的基本目标是在不改变国有企业基本制度的条件下“搞好搞活”企业，而“搞好搞活”的具体标准通常都是减少账面亏损或增加账面利润。所实行的改革措施种类繁多，但主线是调整政府和企业内部人——管理人员和职工——之间权、责、利的分配，向企业内部人“放权让利”。

以“放权让利”为主线的各项改革措施是基于对国有企业问题的一系列基本诊断而设计的。按照这种诊断，国有企业之所以缺乏效率，根源不在于国有企业的基本制度，而是由于权力和利益过分集中于政府，以至于产生企业管理层和职工缺乏积极性、企业的社会负担过重、企业的技术改造资金不足等问题。而所有这些问题，都可以在不改变国有企业基本制度框架的条件下，通过“放权让利”而得到解决。“放权让利”有三种主要形式，即“企业下放”“扩大企业自主权”和“企业承包”。

① 科尔奈（1980）：《短缺经济学》下卷（*Economics of Shortage*），北京：经济科学出版社，1986年，第279页。

1. 企业下放

“企业下放”是1956—1978年中国国有企业改革的最主要形式。所谓“企业下放”，就是把隶属于中央政府的企业下放给省和省以下各级地方政府管理。它的逻辑是，国有企业之所以缺乏效率，是因为管理国有企业的权力过分集中于中央政府，以至于企业的行政主管机关远离企业现场，难以做出正确、及时的决策。如果把企业下放给地方政府管理，当地政府机关更了解实际情况，而且利益联系更为密切，就可以改善政府对企业的管理和改善企业的经营业绩。

“企业下放”的思想首先形成于1956年9月的中共第八次全国代表大会。大会根据毛泽东在《论十大关系》中提出的方针，要求政府“根据统一领导、分级管理、因地制宜、因事制宜”的原则，划分企业、事业、计划和财政的管理范围，适当扩大各省、自治区、直辖市的管理范围。正像本书第2章2.1节中已经讨论过的，1958年，中央管理的全部9 300家企业和事业单位中的8 100家被下放给地方政府，中央直属企业在全国工业总产值中的比重由1957年的39.7%下降到了13.8%。但是企业和其他方面的行政性分权并没有能改善中国宏观经济和微观效率。相反，中央权力下放和“大跃进”导致的混乱迫使政府进行行政集权的调整。1961—1965年，一些国有企业被陆续上收中央，加上新建企业，到1965年，中央企业在工业总产值中的比重提高到42.2%。①

1958年“企业下放”的失败并没有改变大部分人对国有企业弊病的诊断。所以，随着权力上收之后，国有企业原来存在的各种问题重新出现，向地方分权再次成为决策者选择的解决办法。1966

① 周太和等（1984）：《当代中国的经济体制改革》，北京：中国社会科学出版社，1984年，第70—100页。

年，毛泽东再次提出："一切统一于中央，卡得死死的，不是好办法"。[1]1970 年，在"下放就是革命，下放越多越革命"的口号下，国务院再次组织实施"企业下放"。下放之后，中央直属民用工业企业只剩下 142 家，中央直属企业工业产值在全民所有制工业总产值中的比重下降到 8% 左右。[2] 这次下放的结果和 1958 年大同小异，严重地加剧了经济混乱的局面，最后也以权力重新上收而结束。

管理国有企业的权力由中央政府向地方政府转移的行政性分权，只是改变了中央政府和地方政府之间在管理企业方面的关系，而并没有改变政府和企业的关系，更没有改变国有企业的基本制度。因此，它不可能改善国有企业的绩效。

2."扩大企业自主权"

毛泽东时代结束以后，企业界和经济学界的大多数人否定了"企业下放"的国企改革方式。他们普遍认同孙冶方的观点[3]，认为国有企业之所以缺少活力与效率，是因为政府管得过多、统得过死，改革的方向应当是对企业放权让利。20 世纪 70 年代末期，对企业"松绑放权""扩权让利"成为经济领导部门的主流意见。[4] 从那时起

① 毛泽东（1966）：《关于农业机械化问题的一封信》，《人民日报》，1977 年 12 月 26 日。

② 周太和等（1984）：《当代中国的经济体制改革》，北京：中国社会科学出版社，1984 年，第 137 页。

③ 孙冶方对企业下放的批评，见本书第 2 章 2.1.4 节。

④ 中国国企改革的重要领导人袁宝华在一次访谈中详细说明了"扩权让利"方针的决策过程。据袁宝华回忆，受李先念的托付，1978 年 10—12 月，国家经委代表团对日本企业进行考察。代表们"深感我们的企业必须进行改革，要给企业更多的自主权"。李先念在听取代表团汇报后说，经济要搞好，首先是企业要搞好，要扩大企业自主权。见贺耀敏：《扩权让利：国有企业改革的突破口——访袁宝华同志》，《百年潮》，2003 年第 8 期。

到20世纪90年代初期，中国国有企业反复进行了“扩大企业自主权”的改革。

1978年10月，四川省首先选择了重庆钢铁厂等6家企业进行“扩大企业自主权”的试点。首先赋予企业管理层的权力包括：(1)在增产节约的基础上，企业可以提取一定数额的利润留成，向职工个人发放奖金；(2)在完成国家计划的前提下，增产市场需要的产品，承接来料加工；(3)销售多余的物资、销售商业部门不收购的产品和试销新产品；(4)提拔中层管理干部。①1979年7月，国务院颁发《国务院关于扩大国营工业企业经营管理自主权的若干规定》《关于国营企业实行利润留成的规定》和5个相关文件，向全国企业推广扩大企业自主权和实行利润留成的改革措施。到1980年，这些措施已经扩及占全国预算内工业产值60%、利润70%的6 600家国有大中型企业。这次改革很快就由于出现了经济秩序混乱、财政赤字剧增和通货膨胀等弊病而受到质疑。1980年末，中国政府决定对国民经济进行调整，国有企业也由进行“扩权”改革转向强化企业对完成国家计划的“责任制”。1984年5月国务院发布的《关于进一步扩大国营工业企业自主权的暂行规定》(“扩权十条”)和1992年7月23日国务院发布的《全民所有制工业企业转换经营机制条例》(“转机条例”)再次赋予国有企业多项自主权。

这些规定和条例给予企业的权利主要包括“放权”和“让利”两方面的内容：

所谓“放权”就是向企业管理层转移一部分过去由政府掌握的控制权，这意味着放松政府行政机构对企业的计划管理，允许企业

① 周太和等(1984)：《当代中国的经济体制改革》，北京：中国社会科学出版社，1984年，第166页。

管理层自主做出一些过去只能由政府主管部门做出的经营决策。

“让利”的最初形式是允许国有企业保留其利润的一定部分形成“三项基金”，即“职工奖励基金”“职工福利基金”“生产发展基金”，由企业自行支配。1983—1984年的“利改税”改革以后，将国有企业上缴财政的大部分利润改以企业所得税、“调节税”等形式向财政缴纳，余下的部分留归企业。1994年税收制度改革之后，国有企业除按统一的税率上缴企业所得税外，不再向国家财政上缴利润。

专栏4.2 《全民所有制工业企业转换经营机制条例》中规定的企业经营权

企业经营权是指企业对国家授予其经营管理的财产享有占有、使用和依法处分的权利。

1. 企业享有生产经营决策权。

2. 企业享有产品、劳务定价权。

3. 企业享有产品销售权。企业在完成指令性计划的产品生产任务后，超产部分可以自行销售。

4. 企业享有物资采购权。

5. 企业享有进出口权。企业可以在全国范围内自行选择外贸代理企业从事进出口业务，并有权参与同外商的谈判。

6. 企业享有投资决策权。

7. 企业享有资产处置权。

8. 企业享有联营、兼并权。

9. 企业享有劳动用工权。

10. 企业享有人事管理权。

11. 企业享有工资、奖金分配权。

12. 企业享有内部机构设置权。

13. 企业享有拒绝摊派权。

14. 企业经营权受法律保护，任何部门、单位和个人不得干预和侵犯。

国务院:《全民所有制工业企业转换经营机制条例》(节选)，1992年7月23日发布。

“扩大企业自主权”改革尽管在一定程度上调动了国有企业的积极性，但由于它只是在国家的业主地位完全不变的前提下对管理体制进行的修补，无论是“放权”还是“让利”，都不可能完全到位。而如果“放权”和“让利”真正到位，又必然导致产权约束缺失和内部人控制的问题。

拿“放权”来说，在中国的语境中，“放权让利”改革要求下放给企业的“经营权”，往往指的是作为企业产权基本内容的剩余控制权，如投资、合并、分立等方面的权利与确定税后留用利润中各项基金的比例和用途的权利，等等。因此，对企业“放权”就意味着企业内部人与国家分享对企业的剩余控制权。拿“让利”来说，让利实际上意味着企业内部人与作为所有者的国家分享剩余收入索取权。

中国自改革以来，已经经过好几轮对国有企业放权让利的改革，但是每一次改革开始不久，就陷入了两难困境：如果坚决落实企业和企业领导人的“自主权”，企业就不再受到国家所有权的约束，而成为内部人控制下的企业；如果坚决维护国家所有者的权利，改革措施就不可能真正落实。通常的结果是：一方面，内部人控制的种种弊端日趋严重；另一方面，国家对国有企业管理人员的任免和重大决策的行政控制也不可能消除。所以，每一次"扩大企业自主权"的改革都以虎头蛇尾而告结束。

对于"扩大企业自主权"的改革为什么没有取得预期的成功，有很不相同的分析。国有企业改革领导部门的主流意见，是扩权让利还不够彻底。于是，他们决定把农村改革的"承包"方式引入国有工商企业，实行企业承包。[①]

3. 企业承包

从20世纪80年代初期开始，在农村家庭联产承包责任制取得成功，而国有企业改革又没有找到适当途径的情况下，承包制自然而然地被引入了国有企业的改革。

所谓企业承包经营责任制是这样一种制度，即发包人将自己的财产交给承包人经营，双方达成协议，保证承包人对所有者（国家）上缴固定数额的收益，超过上缴基数的收益则归承包人支配，或按一定比例在双方之间分配。[②] 它实质上是一种层级制的产权安排，即由下一级所有者在交付定租或分成租的条件下，从上一级所有者取得承包期间的剩余控制权，并对扣除租金后的经营成果享有剩余索

① 例如，在国家经济贸易委员会的领导看来，1978—1980年扩大企业自主权的"五个文件名义上叫扩权让利的文件，实际上是扩权有限，让利也有限"。见贺耀敏：《扩权让利：国有企业改革的突破口——访袁宝华同志》，《百年潮》，2003年第8期。

② 1988年2月国务院发布的《全民所有制工业企业承包经营责任制暂行条例》规定："承包经营责任制，是在坚持企业的社会主义全民所有制的基础上，按照所有权与经营权分离的原则，以承包经营合同形式，确定国家与企业的责权利关系，使企业做到自主经营、自负盈亏的经营管理制度。"企业承包制处理国家和企业之间分配关系的原则是："包死基数、确保上交、超收多留、歉收自补。"

取权。

1983 年初，中共中央书记处领导提出“包字进城，一包就灵”（即在城市的国营工商业中也实行类似于农村“包产到户”的承包制）的口号，要求在城市工商业中全面推行企业承包制。在短短两三个月的时间内，全国国有企业普遍实行了承包制。但是它很快就导致了经济秩序的混乱和物价的上涨，这使国务院领导促使中共中央做出决定，除首都钢铁公司等少数几家企业外，停止推行企业承包制。

1986 年末，国务院领导决定停止执行配套改革方案（参见第 2 章 2.3.1 节）以后，转向以“企业改革为主线”的改革。曾试图以公司制（当时叫“股份制”）作为新企业体制的主要形式，但由于当时人们对公司制相当生疏，而且现代公司制度所要求的基本经济条件和法制环境都不具备，于是，再次选择了容易为人们接受的企业承包制度。1986 年 12 月，国务院提出要“推行多种形式的经营承包责任制，给经营者以充分的经营自主权”。1987 年中期掀起了企业承包的第二轮高潮。到年底，全国 80% 的大中型国有企业实行了承包制。

国有企业承包制的主要形式包括：（1）“上缴利润定额包干”；（2）“上缴利润基数包干，超收分成”；（3）“上缴利润递增包干”；（4）“亏损企业减亏包干”；（5）承包的主要内容是“两包一挂”：包上缴国家利润、包完成技术改造任务，实行工资总额与经济效益挂钩。

承包制并没有使企业在产权明确的基础上获得充分的经营自主权，反而刺激了普遍的短期行为。虽然后来人们提出了各种矫治措施，如“风险抵押承包”“科学确定承包条件”“风险担保承包”等，试图对承包制加以完善，但是最终也未能实现使企业既负盈又负亏的目标。究其根源，是因为承包制这种制度安排具有本质性缺陷，即把承包期内的剩余控制权和部分剩余收入索取权转交给承包人。这使企业的产权界定变得更加模糊，发包者与承包者之间的利益冲突进一步加剧，双方相互侵权的行为更容易发生。此外，由于企业承包有一个具体的期限，承包人往往不愿意进行长期投资，这就造成了承包企业缺乏长期增长的动力，甚至有可能发生掏空承包企业的“老本”的行为。到了20世纪80年代末、90年代初，除极少数人外，绝大多数企业界人士都不再认为企业承包是国有企业改革的有效方式。

4.2.3 放权让利改革正负两方面的效应

在成功保持社会、政治稳定的前提下，作为中国整个经济体制改革的一部分，以放权让利为主线的国有企业改革使国有企业逐步脱离了传统的集中计划经济体制，开始参与和适应与非国有企业的市场竞争，在各主要行业都出现了一些业绩比较好的企业。

放权让利的改革之所以能够有所成效，是因为其在国家与企业内部人之间关系的几个重要方面改善了传统的国有企业制度。首先，在激励机制方面，由于国有企业的管理层和职工事实上可以与国家分享企业的利润，原来是行政机关附属物、以完成国家计划为满足的国有企业被程度不等地注入了利益动机。对于那些盈利前景比较好，只要管理层和职工付出努力就可以大大提高盈利水平的企业，这种动机尤其强烈。利益动机使企业具有了一定的活力和自我发展的冲动。其次，在信息机制和决策效率方面，由于企业管理层被赋予了广泛的经营决策自主权，政府行政干预大为减少，与过去政府行政机关指挥一切相比，决策已经大大分散化，大量的信息收集和整理工作由政府转向了企业，使企业管理层决策较之过去及时和有效。

然而，放权让利的改革措施所能达到的成效是十分有限的。这主要是因为放权让利的改革没有改变国有企业的基本制度，没有建立起在本章 4.1.1 节中讨论过的有效的激励机制，因而也就不可能解决国有企业的各种深层次问题，如目标多元化、所有者职能的横向与纵向分割和权责不对称、预算约束软化等。与此同时，放权让利的改革还由于把“所有权与经营权的分离”演绎为所有权在国家和企业内部人之间的分割，造成了产权关系的混乱和相当严重的“内部人控制”问题。①

以企业承包制为背景于 1988 年制定实施的《中华人民共和国全民所有制工业企业法》，对“两权分离”作了一些规定，例如将企业的厂长确定为企业的“法定代表人”（工商行政管理部门则称之为“法人代表”），并在公司治理机制缺位的情况下，赋予“法定代表人”（“法人代表”）以一系列超越支薪经理人职权的权利。这样，就给国有企业的内部人提供了实现“内部人控制”的法律依据，使他们可以在国有企业改制过程中用廉价“自卖自买”的办法化公为私。在一系列国有企业“法定代表人”的腐败案件中，都可以发现这种制度混乱引起的有害后果。

① “内部人控制失控”是现代公司治理结构中容易出现的缺陷。当现代公司的股东由于股权过于分散或其他原因失去了对公司的剩余控制权时，就会出现剩余控制权与剩余收入索取权不相匹配的情况。公司被“内部人”所控制，往往会做出损害股东利益的决策，并使公司走上衰败的道路。近年来，西方企业管理学刊物上有大量文献讨论如何防止这一问题的发生，说明它对企业经营危害的严重性。

专栏 4.3　1988 年《中华人民共和国全民所有制工业企业法》和它对 1993 年《中华人民共和国公司法》的影响

以国有企业的承包制为蓝本在 1988 年制定的《中华人民共和国全民所有制工业企业法》(简称《企业法》)，通常被看作新型国有企业的规范。它对“所有权和经营权分离的原则”所作的界定在企业改革中具有广泛的影响，例如：

• 国有“企业的财产属于全民所有，国家依照所有权和经营权分离的原则授予企业经营管理。企业对国家授予其经营管理的财产享有占有、使用和依法处分的权利”。

•“企业依法取得法人资格，以国家授予其经营管理的财产承担民事责任。经营管理的财产受法律保护，不受侵犯。”

•“企业实行厂长（经理）负责制”,“厂长是企业的法定代表人”[①]。

以上规定意味着，在《企业法》规范的国有工业企业中，作为企业产权所有者的国家，已经把产权的基本部分授予企业“法人”的“法定代表人”——厂长经理去行使，自己只保持抽象的“所有权”。这种规定混淆了支薪经理人员在所有者授权范围内拥有的特

① 企业的“法定代表人”是在我国开始对国有企业进行改革时出现的特殊概念。1982 年颁行的《中华人民共和国民事诉讼法（试行）》第 44 条第 2 款规定：“企业事业单位、机关、团体可以作为民事诉讼当事人，由这些单位的主要负责人作为法定代表人。”最高人民法院 1984 年《关于贯彻执行民事诉讼法（试行）若干问题的意见》进一步对法定代表人做出界定，指出：“企业事业单位、机关、团体的法定代表人，应是该单位的正职行政负责人。”1986 年《中华人民共和国民法通则》第 38 条规定：“按照法律或者法人组织章程规定，代表法人行使职能的负责人，是法人的法定代表人。”至此，法定代表人的概念在我国法律中正式确立。

指控制权和企业财产所有者拥有的剩余控制权，成为国有改制企业中广泛出现的内部人控制的法律依据。[①]

《企业法》对于职业经理人的职权与所有者的产权的这种混淆，在1993年颁布的《中华人民共和国公司法》(简称《公司法》)中也有所表现。不论是有限责任公司、股份有限公司还是国有独资公司，《公司法》规定，“董事长是公司的法定代表人”。用法律来规定由董事长作为公司的当然“代表人”是违反民法的基本原则——私法自治原则的。由此在实践中滋生了不少弊端。[②]2005年修订的《公司法》仍然保留设立这种固定的“法定代表人”的条款，只是规定“法定代表人”可以“依照公司章程的规定，由董事长、执行董事或经理担任”。

根据《中华人民共和国全民所有制工业企业法》和《中华人民共和国公司法》相关内容撰写。

① 也有些经济学者认同这种对“两权分离”的理解，比如，有的学者认为日本企业成功的重要经验在于“架空所有者”的制度安排(见吴家骏:《日本的股份公司与中国的企业改革》，北京：经济管理出版社，1994年)。这种认识一直延续下来。还有一位曾经考察过日本多家企业的经济学家就主张，在国有企业改造的过程中首先应通过企业法人间相互持股实现股权多元化和分散化，使经营者主宰企业，架空所有者，实现企业自主经营；另一方面建立一个合理的利益结构，构筑“利益防线”，使企业经营者的利益不与股权挂钩，而是主要源于工资、奖金等经营业绩上，在此基础上实现企业的自负盈亏。见赵杰:《独立董事是否画饼充饥？》，《财经时报》，2001年8月21日。

② 吴敬琏(1996):《公司应否设立固定的“法定代表人”》，《构筑市场经济的基础结构》，北京：中国经济出版社，1997年，第117—124页；方流芳(1999):《国企法定代表人的法律地位、权力和利益冲突》，《比较法研究》，1999年第3—4合期。

4.3　国有企业的公司化

由于放权让利无助于建立起有效的企业制度，国有经济的情形每况愈下。在1988年以前，国有企业的亏损面一般不超过20%。但到20世纪90年代初，国有企业出现了盈亏“三三制”，即三分之一亏损，三分之一虚盈实亏，只有三分之一还赚钱。到了1995年亏损面已达到33.3%，1997年进一步发展到43.9%。如果再进一步比较国有企业的全部盈利额和全部亏损额，问题的严重性就更加明显。1994年两相比较，国有企业总体上还有净盈利900多亿元；1996年上半年出现了国有部门净亏损130多亿元的情况，下半年因商业银行两次降低贷款利率才有所好转；但1997年第一季度净亏损20多亿元，1998年全年净亏损78亿元（表4.2）。[①]

表4.2　全国国有企业盈利亏损状况（1990—1998）　（亿元）

	国有工业企业亏损面（%）	亏损国有企业亏损额	全部国有企业实现利润
1990	30.3	932.6	491.5
1991	28.0	925.9	744.5
1992	22.7	756.8	955.2
1993	29.8	479.4	1 667.3
1994	32.6	624.5	1 608.0
1995	33.3	802.1	1 470.2
1996	37.5	1 127.0	876.7
1997	43.9	1 420.9	539.8
1998	47.4	1 960.2	–78.0

资料来源：《中国财政年鉴》。

① 《中国财政年鉴》，北京：中国财政经济出版社；谢春涛：《国有企业改革的曲折与前景——专访中国经济体制改革研究会副会长杨启先》，《百年潮》，1997年第6期。

1993 年中共十四届三中全会《关于建立社会主义市场经济体制若干问题的决定》提出，深化国有企业改革必须“着力进行企业制度的创新”。这标志着国有企业改革的思路由放权让利转向了企业制度创新。如何实现制度创新？决定的回答是“建立现代企业制度”。所谓现代企业制度，指的就是所有与控制分离的现代公司。不过，为了适应于一般官员的阅读习惯，决定并没有对现代公司制度做出界定，甚至没有提到作为现代公司核心架构的公司治理，而是用四句话来对现代公司的特点加以概括，叫作以“产权清晰、权责明确、政企分开、管理科学”为基本特征的企业制度。

同年 12 月 29 日全国人民代表大会通过，并于 1994 年 7 月 1 日正式实施的《中华人民共和国公司法》，大体上按照各国公司制度的通例，以法律的形式对公司制度做出了规范。

4.3.1 大型国有企业的公司化改制工作的推进

1994 年 11 月，国务院决定选择 100 家国有企业进行公司制改革试点。由于没有强调要通过股权多元化把原有的国有企业改组为真正的企业，绝大多数参加这一试点的企业只是在形式上改组成了国有独资公司，而没有实质上的改变，更没有建立起有效的公司治理，以至于在 1996 年末原定的试点验收阶段，几乎没有一个试点企业达到了公司制企业的标准。只是到了 1997 年的中共十五大特别是 1999 年中共十五届四中全会通过的《中共中央关于国有企业改革和发展若干重大问题的决定》后，才进一步明确了公司化改制，特别是强调了要在多元持股的基础上建立有效的公司治理，国有大中型企业的公司制改革才真正进入了按照国际通行的规范建立现代公司的阶段。

中共十五届四中全会通过的《中共中央关于国有企业改革和发

展若干重大问题的决定》，对于国有大中型企业的公司化改制提出的主要新要求是：第一，除极少数必须由国家垄断经营的企业外，“积极发展多元投资主体的公司”；国有大中型企业“要通过规范上市、中外合资和企业互相参股等形式，改为股份制企业，发展混合所有制经济”。第二，“能够在所有者和经营者之间建立起制衡关系的法人治理结构是公司制的核心”，要求改制后的公司都要建立有效的公司治理。[①]

1998年以后的国有大中型企业的公司化改制，大体上包含了三个互相衔接的步骤。

1. 实现政企职责的分离

在计划经济时期，政府作为社会管理者的职能和作为所有者的职能是集于一身的。国营“公司”和“集团公司”等经济组织既是行政机关，又是所谓的“企业”。为了把政企职责分开，由不同的组织行使，1998年就任的新一届政府采取了一项重大步骤，将中央政府所属的兼有政企两方面职能的部级机构的行政职能移交给国家经济贸易委员会（以下简称“经贸委”）的“国家局”[②]，随后又将这些“国家局”并入经贸委的各职能司。那些原来的“行政性公司”被取消了行政机构的地位，成为不具有行政职能的企业。

2. 打破垄断，促进竞争

在计划经济条件下，为了追求规模最大化，通常一个行业或一

① 《中共中央关于国有企业改革和发展若干重大问题的决定》第一次在中央文件中对公众公司提出建立有效的公司治理（当时称为“法人治理结构”）的要求。

② 外贸行业和电信行业的行政管理职能不是由经贸委的国家局行使，而是由对外经济贸易合作部（MOFTEC）和信息产业部（MII）分别行使。

个子行业只建立一个具有垄断性的企业。1998 年以后，中国政府采取了分拆改组的办法来打破垄断，形成竞争局面。以石油工业为例，在改革开放以前，国家设立石油工业部和石油化学工业部，分别管理其上游业务和下游业务。随后这两个部又分别改组为中国石油化工总公司（SINOPEC）和中国石油天然气总公司（CNPC）这两个兼具行政职能和企业职能的“行政性公司”。1998 年 6 月，这两个公司的行政职能移交给国家经贸委的国家石油工业局以后，政府决定将它们都改组为综合性石油公司。具体办法是：将北方地区中石化的炼油、零售等下游装置移交给中石油，将南方地区中石油的油田移交给中石化，并允许它们在对方地域内投资和营运。这两个公司再加上原来从事海上石油开采的中国海洋石油总公司（CNOOC），中国就有三个相互竞争的综合性的石油公司。其他行业也采用类似的办法形成竞争的局面。对于包含某些具有自然垄断性质的行业，也采用近 20 年来各国改革垄断行业的成功做法，把垄断经营限制在最必要的范围中，并使这类垄断企业在社会的监管下运营。①

3. 企业重组上市

经过上述改革的国有企业，一般仍然机构臃肿、冗员众多、债务沉重、资产质量很差。针对这种情况，公司化改制可以选用两种不同的方法来进行：一种方法是先分拆非核心资产，为多余人员办理退休或介绍就业，然后对核心资产进行重组、首发（IPO）和上市（listing）。这种办法，在中国被称为“**整体上市**”。另一种方法是将核心资产从原企业中剥离出来，进行重组、首发和上市，而将非核

① 例如，电力部门采用“网厂分开，竞价上网”的方针，将发电和售电两个环节放开，至于输电和配电两个环节则组织垄断性公司，让它们在国家电力监管委员会的监管下经营。

心资产、不良债权、富余人员等保留在原有企业中，以保证新设立的企业在账面上有良好的财务业绩并确保上市成功。这种办法在中国被称为“**剥离上市**”。

在以上两种办法中，前一种办法的效果较好，但是需要比较长的时间。后一种方法见效快，但遗留的问题比较多。中国国有工商企业的重组多半采用后一种办法。例如，1999 年 10 月中国石油集团（CNPC）将其采油—冶炼—化工—零售的核心资产剥离出来，改组为中国石油天然气股份有限公司（Petro China，简称“中国石油”）。在 CNPC 的 154 万原有员工中，106 万人由“存续企业”保留，其余 48 万人受雇于中国石油天然气股份有限公司。后者于 2000 年 3 月通过首发公募引进部分公众投资者和战略投资者，改变全资国有的性质，并分别在香港证券交易所和纽约证券交易所以 H 股和存托股（ADR）的形式首发和上市。[①]

在股权多元化的基础上，改制上市的企业多数搭建了公司治理的基本架构。

4.3.2　改制公司在治理上存在的问题

中共十四届三中全会之后，在国有资产管理体制改革方面，为比较多的人接受的思路是一种“三层次”的架构：第一层次是政府层次。在这里设立一个国有资产管理委员会，集中行使国家的所有者职能。第二层次是所谓“国家授权投资机构”，如“国家投资公司、国家控股公司、国有资产经营公司、具备条件的企业集团的集

① 20 世纪末期，原有的国有大型企业在海内外证券市场陆续上市的有：青岛啤酒（1993 年香港 H 股，同年上海 A 股）、中国移动（1997 年香港红筹股）、中国石油（2000 年香港 H 股，2007 年上海 A 股）、中国联通（2000 年香港红筹股，2002 年上海 A 股）、中国石化（2000 年香港 H 股，2001 年上海 A 股）、宝钢股份（2000 年上海 A 股）等等。

团公司”[1]等。这些机构在第三层次的改制公司中行使股东权利。

这样的国有资产经营架构存在一些重要的制度缺陷。

1. 上市公司作为“国家授权投资机构”的“下属企业”，很难成为具有完全独立性的法人实体

政府为了掌握“控制权”，一般在改制公司中占据控股地位。而且，这种控股股权通常由国有独资的“国家授权投资机构”行使。这种情况导致了两方面的后果：第一，具有“国家授权投资机构”背景的董事（通常是它的高层经理人员）在上市公司董事会中占有统治地位。第二，虽然中国证监会要求上市公司与它的控股母公司之间实现人员、资产、账目“三分开”，但上市公司董事长（通常由“国家授权投资机构”的 CEO 担任）并不在限制之列，而根据《公司法》的规定，股份有限公司的董事长通常是该公司的“法定代表人”，是“公司财务的最终控制者”，掌握“企业签订合同的最终决定权”，其权力“渗透到企业的全部活动”。[2]这样一来，即使是实现了股权多元化的上市公司，它也在国有独资的“授权投资机构”的完全控制之下，很难具有市场经济所要求的经营独立性。

2. 旧体制下的“存续企业”作为控股股东控制上市公司

采取“剥离上市”的办法，国有控股公司、资产经营公司、行业总公司、企业集团未被剥离的资产（“存续企业”）仍被保存在原有企业，即“国家授权投资机构”中。由以旧体制的“存续企业”

① 洪虎（1995）:《〈关于选择一批国有大中型企业进行现代企业制度试点的方案〉（草案）的说明》，国家经贸委企业司编（1995）:《全国建立现代企业制度试点工作会议文件汇编》，北京：改革出版社，1995 年，第 85 页。

② 方流芳（1999）:《国企法定代表人的法律地位、权力和利益冲突》，载《比较法研究》，1999 年第 3 期。

为实体的“国家授权投资机构”代表国家去控制建立在市场经济新体制基础上的上市公司，显然不利于真正将后者改造成为具有市场竞争力的企业。而且，由于“存续企业”集中了大量非核心资产和富余人员，它必须不断地从上市子公司获得资源供应，否则就难于生存。与此同时，“存续企业”作为上市公司的控股股东，有足够的条件用关联交易等方式从上市子公司取得资源。于是就出现了一些母公司“掏空”上市公司和通过上市公司从股市“圈钱”的事例。有些作为“国家授权投资机构”的集团公司还采取“明修栈道，暗度陈仓”的方式，将优质资产转移出去，而将债务集中在集团公司，最后由集团公司申请破产，逃废债务，将风险转嫁给政府或银行。

3. 内部人行使所有权

由于广泛采用“授权”的方式确定上市公司国有股的持有人，在相当多改制公司中，行使国有控股权的都是全资国有企业，即被政府授权的那些控股公司、资产经营公司、集团母公司等“国家授权投资机构”。在多数情况下，这些被授权的全资国有公司并未实现所有与控制的分离，只有一个统一的“领导班子”。“领导班子成员”具有双重身份，既是国有股东的全权代表，又是国有股东所雇用的经理人员，结果在这些“国家授权投资机构”中，就没有形成所有者与经营者之间的制衡关系，而是由这些“领导班子成员”自己监督自己。

在中国公司化改革的过程中，最突出的问题是公司治理蜕变为“内部人控制”。

“内部人控制”是原社会主义国家在早期经济转型过程中常常遇到的问题。日本经济学家青木昌彦在研究了这些国家的企业制度后指出，“内部人控制”是“转轨过程中所固有的一种潜在可能现象”，必须采取措施加以克服。[1]这种现象也广泛地存在于中国转型过程中的国有企业、获得了“经营自主权”的企业、承包制企业及“股份制企业”。由于现代公司本来就具有所有与控制分离的特征，公司化改制中的种种不规范做法，就使内部人控制取得了“合法”和“合规”的形式。例如，前面讲到的所谓“公司制的实质是股东所有权与企业法人财产权的分离”的说法、为公司设立固定的“法定代表人”或“法人代表”的法律规定等等，都使内部人控制更容易畅行无阻。

4.3.3 国资委成立后的国有企业改革

2003 年 3 月，全国人大通过了设立国务院国有资产监督管理委员会（简称“国资委”）的决定。国资委在中央所属非金融企业中代表国家履行出资人职责。地方企业的国有资产则由省、市（地）两级政府的国资委负责管理。根据国务院《企业国有资产监督管理暂行条例》（2003）的规定，国资委的主要职责是：（1）依照《公司法》等法律和行政法规履行出资人职责，指导推进国有企业改革和重组；（2）代表国家向部分大型企业派出监事会；（3）对企业负责人进行任免、考核并根据其经营业绩进行奖惩；（4）对所管国有资产的保值增值情况进行监管；（5）拟订国有资产管理的法律、行政法规和制定规

① 青木昌彦（1994）：《对内部人控制的控制：转轨经济中公司治理结构的若干问题》，青木昌彦、钱颖一编：《转轨经济中的公司治理结构：内部人控制银行的作用》，北京：中国经济出版社，1995 年，第 15—36 页。对于青木昌彦以及其他人对于这一问题的论述，有些中国经济学家有异议。后者认为，“国有企业某种形式的‘内部人控制’，能够产生直接的激励效果，硬化预算约束，从而大大提高国有企业的经营效率”。见张曙光：《企业理论创新及分析方法改造——兼评张维迎的〈企业与企业家——契约理论〉》，《中国书评》，1996 年 5 月总第 10 期，第 44—45 页。

章制度，依法对地方国有资产管理进行指导和监督。2008 年，国资委的职能进一步扩展到监管企业工资分配、负责国有资本经营预决算编制和执行、督促检查所监管企业安全生产等领域。①

国务院国资委的成立，意味着中国国有企业的改革和运营在一个全权履行出资人职责的权威机构的领导下进行，在改变“五龙治水”（见本章 4.2.1 节）的状况方面前进了一大步。按照中共中央和国务院的有关决定，国资委的工作主要集中在两个方面：一是“调”，即进一步推进国有经济的布局调整，实现国家从一般竞争性领域有序退出；二是“管”，即在国家尚未退出的公司中管理国家股权，行使股东权利。但从 2003—2008 年的实际情况看，国务院国资委成立以后的国有企业改革在“调”的方面进展缓慢，在有些领域甚至出现了“国进民退”的趋势。国资委的工作重心越来越多地放在了“管”的方面，在推进大型国有企业的公司治理改革方面取得了一些进展，但也出现了超越《公司法》规定的所有者的权限范围，管得过多、过细的问题。

国资委成立后，针对国有企业改制过程中产权转让程序中存在的漏洞，迅速采取行动加以弥补。2003 年 12 月，国资委和财政部联合发布《企业国有产权转让管理暂行办法》。这一规定和随后发布的一系列相关文件规范了国有产权转让的程序，堵塞了此前多年公共财产向少数人转移的一个重要通道。同时，国有企业改制出售的决策程序得到了进一步的明确，国有产权出售过程的透明度也有所提高。这些都有助于保证国有资本退出过程的有序和公正。

然而，在从 2004 年开始的“第三次改革大争论”（参见本书第

① 见 http://www.sasac.gov.cn。

11章11.3.3节）中，质疑和否定改革开放的思潮在国有企业改革的领域内首先爆发。随着强调国有经济对于社会主义国家重要性的声调的提高，国有经济布局调整的步子开始放慢，注入到国有企业中的经济资源则持续增加。2007年，国资委管理的中央国企的资产总额达到14.6万亿元，比2002年翻了一番。财政部统计的全部非金融类国有企业的资产在2002—2006年期间也增加了54%。[①] 在能源、原材料、交通、通信等国民经济的上游行业，中央企业形成了强大的垄断优势。国资委的资料显示，中央企业承担着几乎全部的原油、天然气和乙烯生产，提供了全部的基础电信服务和大部分增值服务[②]；其中，发电量约占全国的55%，民航运输总周转量占全国的82%，水运货物周转量占全国的89%，汽车产量占全国的48%，生产的高附加值钢材约占全国的60%，生产的水电设备占全国的70%，火电设备占75%。[③] 国有企业依托在这些行业的垄断地位获取了巨额利润，而这些利润又不需要向国家这个大股东分红，因而不能被运用到急需加强的公共服务领域，而是留在这些国有企业，由它们自行支配。2007年，中央所属的国有企业的利润总额达到11 000亿元，全部非金融类国有企业利润总额为16 200亿元，占GDP的比例分别为4.5%和6.6%。[④] 国有企业巨额利润不经财政预算程序而自动转为投资资金，是近年来中国经济增长过度依赖投资而消费增长乏力的一个重要原因。

2009年，国有经济布局调整工作任务中已经没有国有资本退出

---

① 见《中国财政年鉴》。

② 见《上海证券报》，2008年8月26日。

③ 见 http://www.gmv.cn/01w2b/2008-08/31/Content_830979.htm。

④ 见 http://finance.sina.com.cn/china/hgjj/20080124/09054446605.shtml。

的内容，而以“提高国有经济控制力”为主要目的。[①]

国资委成立之初，国有企业公司治理的一个重要缺陷是内部人控制。因此，国资委成立后着力于“管”，强化了国家所有者在公司治理中的地位，遏制了内部人控制的趋势。

首先，国资委建立和实施了一套中央企业“负责人”（包括董事长、总经理、总会计师，部分企业也包括副董事长、副总经理）的业绩考核制度。业绩考核分年度经营业绩考核和任期经营业绩考核。年度考核以年度利润总额和净资产收益率为基本指标，任期考核以国有资产保值增值率和三年主营业务收入平均增长率为基本指标。年度经营业绩考核和任期经营业绩考核的最终结果分为A、B、C、D、E五个级别。国资委通过将考核结果与企业负责人薪酬中的“绩效薪酬”部分挂钩实行奖惩。

其次，国资委积极探索在海内外经理人员市场上公开招聘中央国有企业负责人。中央国有企业面向海内外公开招聘高级管理人员始于2001年，由中共中央组织部组织进行。2003年国资委成立后到2009年，已经与中组部一起组织了7次公开招聘，92家中央企业招聘了108名高级管理人员[②]，所招聘的职位从副职到正职、从会计师到总经理，重要性不断提高。

在进行业绩考核和招聘高级管理人员时，国资委超越了其股东

① 2009年国资委的工作重点是：“加快推进国有经济布局结构调整”“进一步提高产业集中度，不断提高国有经济的活力、控制力和影响力。要进一步加大企业重组调整力度，支持、鼓励与中央企业的联合重组、跨区域的联合重组，发展壮大一批对当地经济发展有重大带动作用的大企业大集团，加快形成一批主业突出、实力较强、拥有自主知识产权和知名品牌的优势企业。”见www.qstheory.cn/jj/qyzh/201205/t20120509-156829.htm。

② 见http://www.sasac.gov.cn/n1180/n1566/n259730/rl26468/6136182.html。

角色，行使股份有限公司董事会通常行使的职能。而在当时，国资委所面对的一级公司（控股公司、集团公司等）多是国有独资公司，这类公司要么没有董事会，即使有，也是上级机关任命的“领导班子”（特别是“一把手”）说了算，董事会根本不起作用。国资委的领导认识到，改善国有企业管理的“核心是完善公司法人治理结构，关键在建设规范的董事会”。[①]有鉴于此，2004年6月，经国务院批准，国资委发出了《关于中央企业建立和完善国有独资公司董事会试点工作的通知》和《关于国有独资公司董事会建设的指导意见（试行）》等文件，启动了从宝钢集团开始的建立和完善董事会试点工作。到2008年底，已经有17家中央国企进行了这项工作。以后试点的范围陆续扩大。与传统的国有企业“领导班子”相比，董事会试点所“试”的主要是两方面的新机制：一是引入相当比例的外部董事，二是在董事会和以总经理为首的经理层之间形成制衡关系。

在规范董事会试点的基础上，2008年10月，国资委党委和中共中央组织部联合印发了《关于董事会试点中央企业董事会选聘高级管理人员工作的指导意见》，第一次把中央国企高管的选聘权交给了董事会，建立了出资人机构选派董事会、董事会选聘和管理经理层的国有企业领导者分层分类管理的新体制。[②]

国有经济的布局调整和国有企业的公司治理建设，是国有企业改革战略中相互联系的两个方面。世界各国的实践表明，在国有独

① 李荣融：《在国资委直属机关深入学习实践科学发展观活动总结大会上的讲话》，2009年2月23日，http://www.sasagov.com/Content/2016/02-01/2036018233.html。

② 李荣融：《在国资委直属机关深入学习实践科学发展观活动总结大会上的讲话》，2009年2月23日，http://www.sasagov.com/Content/2016/02-01/2036018233.html。

资或绝对控股的企业中建立有效的公司治理，即便不是完全不可能，难度也极大。因此，在加强国有企业公司治理改革的同时，必须大力推进国有经济布局调整，从国家可以退出的领域中尽可能退出，收缩国有经济的战线，同时在那些国家一时或长期不能退出的企业中，尽可能地引入非国有资本，实现股权多元化。2004 年第三次改革大争论爆发以后，国有资本退出的步伐陷于停顿，而在国有企业建立董事会的改革进展缓慢的情况下，长期下去，国资委有可能在“不能不管”的压力下向一个跨行业的“婆婆”（企业的“上级行政主管机关”）回归。

因此，有必要重新强调中共十五大确定的关于国有经济布局调整的方针，重新启动国有经济的布局调整。可以考虑采取的措施有以下几个方面。一是就国有资本退出一般竞争性领域制定专门的规划，责成国资委贯彻落实。二是采取积极措施对国有企业高度垄断的行业进行改革。《中华人民共和国反垄断法》（以下简称《反垄断法》）第 7 条要求政府对国有企业的经营行为实施监管和调控，以“维护消费者利益，促进技术进步”。垄断行业改革的第一步可以是制定一个实施条例，落实《反垄断法》规定的政府责任。三是结合财政体制改革，通过法定预算监督程序对国家公共财政资源注入国有企业进行严格审查和控制，其中包括国有企业利润留成和其他形式的国家对国有企业的新增投资。

与此同时，还需要采取有效措施改变国有企业，包括国有控股企业的激励机制。其中一个重要方面是进一步明确国资委的股东角色，对其超越法定的股东权利的行为进行限制。2009 年 5 月 1 日开始实施的《中华人民共和国企业国有资产法》第 14 条规定，国资委“除依法履行出资人职责外，不得干预企业经营活动”。这里的“依法”，应明确界定为依据《公司法》。《公司法》是规范公司制企业中各类利益相关者行为的基本法律，国资委在已改制为公司的国有企业中代表国有股东行使“管人、管事、管资产”的职权，当然也必须在《公司法》的框架内进行。

就“管人”而言，《公司法》规定股东拥有“选择管理者”的权利，但这里所说“选择管理者”的权利具体是指，在股东会中投票“选举和更换董事”，然后通过董事会间接“选择管理者”的职权。而2004—2008年发生在电信[①]、银行[②]等大型国企（包括上市公司）中的“高层轮岗”，往往还未走完“董事会批准”这一形式上的程序，就已经由有关行政部门宣布，是违反《公司法》的规定的，在资本市场上造成了很不好的影响。

就“管事”而言，《公司法》规定股东在公司中享有“重大决策权”。所谓“重大决策权”，除上面讲到的在股东会中投票选举、更换董事和决定董事报酬的权利外，还有以下10项权利：（1）决定公司的经营方针和投资计划；（2）选举和更换由股东代表出任的监事，决定有关监事的报酬事项；（3）审议批准董事会的报告；（4）审议批准监事会或者监事的报告；（5）审议批准公司的年度财务预算方案、决算方案；（6）审议批准公司的利润分配方案和弥补亏损方案；（7）对公司增加或者减少注册资本作出决议；（8）对发行公司债券作出决议；（9）对公司合并、分立、变更公司形式、解散和清算等事项作出决议；（10）修改公司章程（第38、100条）。对于有限责任公司，《公司法》还增加了股东的另外一项职权，这就是“对股东

① 见 http://finance.sina.com.cn/roll/20041114/110041256t.shtml。

② 见 http://finance.sina.com.cn/money/bank/bank_yhpl/20080505/02524827240.shtml。

向股东以外的人转让出资作出决议”。

至于以上两类公司的其他决策，则已经授权给公司董事会，应当由董事会或者由董事会授权的经理人员做出。股东会不应越俎代庖。个别股东，即使是控股股东也不能直接干预。

就“管资产”而言，国有资产以资本金的形式投入公司后，依法形成该公司的“法人财产”，公司的“法人财产权”受到法律的保护。出资人（股东）只有在《公司法》规定的公司治理框架内维护自己的权益，而不能直接干预公司法人财产的运作。

2003 年国务院颁发的《企业国有资产监督管理暂行条例》中的有些规定与《公司法》相冲突。应当根据“下位法服从上位法”的原则加以修订。[①]

4.4 改善大型企业的公司治理

改善公司治理，是保证现代公司制度稳定运行的永恒主题。公司治理的挑战产生于所有者与经营者之间、大股东与小股东之间的信息不对称以及企业经营所面对的不确定性。由于这种不对称性和不确定性永远不可能完全消除，改善公司治理对企业来说就是一场没有终点的长征。在公司治理方面的落后，最终必然反映为创新能力和竞争力的落后。在这个意义上，改善公司治理乃是所有企业都必须高度重视的一个课题。对于建立历史还很短、公司治理还很不健全的中国企业，不论是国有公司还是民间公司，更是一个必须面

① 吴敬琏（2003）:《关于国资委成立后国有经济改革的若干建议》，见《吴敬琏文集》，北京：中央编译出版社，2013 年，第 648—655 页。

对的挑战。

4.4.1　公司治理改革的国际趋势

第二次世界大战结束以后，大型企业内的各种矛盾在英美类型的公司和德国类型的公司中分别以不同的形式表现出来。前者的问题是，由于股权高度分散化，多数小股东宁愿充当“搭便车者”（free riders）而使执行人员脱离所有者的控制与监督；后者则表现为公司治理过度向职工的利益倾斜。这两种倾向，都使股东的利益受到损害，并使企业竞争力下降。①

针对这些问题，20 世纪 90 年代初期首先在英美类型的国家掀起了以强调股东价值和股东对公司的控制为主题的“公司治理运动”。20 世纪 90 年代的公司治理改革，是以 1992 年伦敦股票交易所发表卡德伯里爵士（Sir Adrian Cadbury）领导的委员会关于改善公司财务信息披露的研究报告②为开端的。该报告为加强公司治理提出的一系列建议，如引进独立董事制度和设立审计等专门委员会，在 20 世纪 90 年代中期为业界所普遍接受。公司治理运动与其他公司制度改革，如证券法、证券交易法的制定相区别的一个重要特点是，采取了首先由各种非政府组织发布自律性、指导性行为规范的办法，促进企业改善公司治理。随后，国家机构再以行政法规的形式确认这些规范。到了世纪之交，加强公司治理已经成为一种国际潮流。

---

① 耶鲁大学的汉斯曼（Henry Hansmann）和哈佛大学的克拉克曼（Reinier Kraakman）把前者叫作“经理人员主导型公司”，而把后者叫作“职工主导型公司”。在他们看来，有效的公司治理应当是“股东主导型的”。见 Hansmann H. and Kraakman R.(2000): The end of History for Corporate Law（《公司法历史的终结》），打印稿。

② Cadbury Report (1992): *Financial Aspects of Corporate Governance*（《公司治理的财务问题》），伦敦证券交易所发布。

公司治理改革往往是由危机和丑闻所推动的。20 世纪 90 年代英美等国公司治理运动，是由内部人控制所招致的丑闻迭出所激发的。2001—2002 年，美国的安然（Enron）和世界通信（WorldCom）等大公司发生了严重的丑闻，激起了对公司治理的新的思考和新的改革努力。其成果之一就是《萨班斯奥克斯利法案》(*Sarbanes-Oxley Act*)，简称《索克斯法案》(*SOX Act*)（专栏 4.4）。

专栏 4.4　2002 年美国《索克斯法案》的新规定

在安然等公司丑闻的激发下，2002 年 7 月，美国国会以压倒多数通过了《索克斯法案》。这一法案的颁布，被认为是“从罗斯福时代以来有关美国商业实践的影响最为深远的立法”。《索克斯法案》对上市公司的新要求包括：

公司的首席执行官（CEO）和首席财务官（CFO）必须对公司财务报告进行个人书面认证。如果他们明知报告不符合《证券交易法》有关要求仍然作出书面认证的，并处 100 万美元以下的罚款和 10 年以下的监禁；如果是蓄意行为，并处 500 万美元以下的罚款和 20 年以下的监禁。

禁止公司向 CEO 和 CFO 提供贷款。

公司如果发生重大违规，管理者将失去领取业绩报酬的权利。

保护举报人。如果公司雇员向上级管理者、监管机关和国会议员报告公司欺诈行为因而受到解雇、降职、停职、威胁、骚扰或其他任何形式的歧视，该雇员可提起诉讼并得到赔偿。

美国证券交易委员会（SEC）可不经过法院、直接禁止违规与不称职的董事和其他管理者在公众公司担任董事或其他职务。

公司必须设立全部由独立董事组成并有一名为财务专家的审计委员会，听取和审议公司财务报告，直接负责对外部审计的聘用、解聘、监管和报酬事项，并有权聘用独立财务顾问来处理疑难问题，公司审计委员会要对公司内部审计系统的有效性负责。

设立由SEC控制的、大部分由业外人士组成的“公众公司财会监管委员会”，强化对外部审计会计师的行业监管。

根据方流芳《乱世出重典——2002年美国公司改革法案述详》(《21世纪经济报道》, 2002年8月24日）等材料编写。

经济合作和发展组织（OECD)、世界银行等国际组织在推动全球性的公司治理改革方面发挥了重要作用。早在1999年，OECD就应其成员国要求，提出了一套公司治理的原则。2002年，OECD再次应其成员国要求，开始对1999年后公司治理领域的新变化进行研究，在修订1999年公司治理原则的基础上，于2004年推出了新一版的《OECD公司治理原则》[①]。OECD的公司治理原则着重强调了保护股东及利益相关者的权益并发挥其在公司治理中的作用，提高透明度，以及强化董事会的责任。

2005年，OECD出版了专门适用于国有企业的《OECD国有企业公司治理指引》(以下简称《指引》)[②]。关于国有企业的公司治理，该《指引》首先强调要建立有效的法律和监管框架，其核心是保证建立一个国有企业与其他企业平等竞争的环境。其次，该《指引》就政府如何做一个合格的所有者提出了若干具体原则。除了政府不要干预企业日常经营活动,《指引》也倡导建立“集中化”的所有权

① 北京：中国财政经济出版社，2005年中文版。
② 同上。

代表机构，并对社会公布自己的"所有权政策"，明确界定其作为所有者所要追求的目标，以及实现这些目标的手段。所有权代表机构要接受议会的监督。在信息披露方面，《指引》建议，所有权代表机构应该公开出版年度报告，向议会、媒体和公众披露国有企业的信息。年报应集中于国有企业的财务业绩和国有资产价值，以及加总的财务信息，如销售额、主营业务利润、现金流量、投资、股权回报率和分红。《指引》还认为，作为公共企业，国有企业不管是否上市，其透明度都应该达到上市公司的水平，具体的披露要求应该与《OECD 公司治理原则》中对上市的公众公司所提出的披露标准相同。

在中国，2002 年 1 月，中国证监会和国家经济与贸易委员会发布了强制性的《公司治理规范》，要求所有上市公司建立有效的公司治理。在改善中国企业公司治理的工作中，显然需要更多地汲取发达国家公司治理的经验与教训。

4.4.2 保护股东权益，强化信息披露

首先，应当保证股东有效参与与公司治理有关的重大决策，如董事会成员的提名、选举以及公司的经营战略和薪酬政策等。董事会成员、主要执行人员和员工的薪酬计划中涉及股权的事项，例如期权计划，必须经过股东大会的批准。除了参与相关决策，股东在公司治理中行使自己权利的另一重要途径是制定公司章程。2005 年修订后的《公司法》加强了公司章程在公司治理中的作用，使股东可以充分运用制定公司章程的权力来设计企业的公司治理机制，更大程度地实现股东的"意思自治"。

其次，要保证平等对待所有股东，尤其要平等对待少数股东。保证少数股东平等地参与公司治理决策的一种重要机制是累积投票

制度。2005 年修订后的《公司法》第 106 条规定，“股东大会选举董事、监事，可以依照公司章程的规定或者股东大会的决议，实行累积投票制”[①]，以便保护中小股东在董事选举中事实上的决定权。

第三是要充分发挥机构投资者的积极作用。机构投资者的意义在于把众多的中小投资者的资金集中起来进行投资，可以在一定程度上避免中小投资者“搭便车”、不愿积极参与公司治理或者没有能力参与的问题。在发达的市场经济中，尤其是英美的市场经济中，机构投资者在公司股权结构中占有重要的地位。在美国，1994 年公司股权中有 46.2% 为各类机构投资者所持有，其中主要的两类机构投资者——养老基金和互助基金分别占 25.9% 和 11.9%。[②]

在中国国有企业的公司制改制中，机构投资者也是一种有很大潜力的所有权主体。其中最具潜力的是养老基金。首先应当用国家归还对老职工社会保障欠账的方式，积极培育作为机构投资者的社会保障基金。这样做的合理性在于：现有的国家财产中有很大一部分是由职工过去以“低工资”形式预交的社会保险金形成的，老职工以之换取国家对自己的社会保险承诺。这种承诺是政府的一笔隐性负债。为了偿还这笔负债，不少经济学家主张从现有国有资产中“切出一块”，转移到社会保障基金，用于弥补养老制度改革中对国有企业老职工的欠账。这样的措施如能实现，可以收到“一石二鸟”

① 所谓累积投票制，就是允许股东将所拥有的投票权集中使用。例如，如果某公司的大股东持股 85%，中小股东持股 15%，当股东大会选举 5 名董事的时候，如果按普通的投票规则，中小股东将事实上被排斥在决策之外。如果实行累积投票制，中小股东就可以在前 4 名董事的选举中不投票，而将其投票权（$5 \times 15\% = 75\%$）累积起来，用于选举第 5 名董事。

② Margaret Blair: *Ownership and Control*, Washington DC: The Brookings Institute, 1995, 46.

之效，即既能解决养老制度改革中的历史遗留问题，改善社会保障体系的资金状况，又能在政府之外创建新的机构投资者，有效地加强所有者的监督，改善公司治理。[①]

股东要在公司治理中充分发挥作用，必须有充分的信息作为保证。因此，公司信息的透明度对保护股东权益至关重要。很多公司治理丑闻，从我国的琼民源（详见第 6 章专栏 6.3）、银广夏到美国的安然和世界通信，都与信息披露机制的失灵密切相关。阳光是最好的消毒剂。如果信息披露的机制正常运作，这些丑闻都是不可能发生的。因此，大型企业加强公司治理，必须大力加强财务会计制度和信息披露制度，保证股东的知情权。

4.4.3　健全董事会的治理机制

董事会制度是现代大型企业公司治理制度的核心。由于大型公司股东人数众多而且分散，公司是在董事会的领导下运作的。一般而言，现代大型企业的董事会通常都具有两方面的功能：一是做出公司经营的战略决策；二是选聘、激励和监督公司经理层。在很多创新型现代公司，董事会还经常负有运用其专业知识为经理层提供咨询建议的责任。

建立董事会治理机制需要创造的第一个条件是，明确界定控制性股东与董事会的权利边界，保证董事会的权威。

如前所述，在国有控股的大型企业，国资委事实上行使着董事会的许多职能，董事会本身则多数仍处在发展的初期阶段，基本上

① 吴敬琏（1993）：《现代公司与企业改革》，天津：天津人民出版社，1994 年第 2 版，第 262—263 页；吴敬琏（2002—2004）：《政府应当归还对老职工的社保欠账》，《呼唤法治的市场经济》，北京：生活 · 读书 · 新知三联书店，2007 年，第 382—390 页。

就是原来国有企业的“领导班子”。在非国有大型企业，董事会也往往是大股东或“控股股东”手中的橡皮图章。有的企业甚至沿袭家族企业的传统，大股东“一竿子插到底”，集股东会、董事会和总经理职能于一身。如果企业只有一个所有者，由业主自己直接经营企业而不要董事会和经理层，自然也没有什么错，多数家族式中小企业都曾经有过这样的发展阶段。但大公司的大股东并不是唯一的股东。董事会形同虚设，意味着其他股东无法影响公司的运作，却必须承担大股东经营失败所带来的风险。这样的机制也为大股东以其他形式侵犯其他股东的利益提供了便利。因此，在股权多元化的大公司，大股东和董事会之间必须有明确的权利边界。决定高层经理人员任免，并对他们进行经常性的监督是董事会的核心职能之一。为了确保出资人的利益和公司的目标，董事会特别是它的独立董事必须牢牢掌握住高级管理人员的人事任命权和决定其报酬的权力，以及对公司全部财务进行经常性审计的权力。

实行董事会治理的第二个条件是，董事会必须有足够的能力胜任其角色。

现代公司的董事会与传统国有企业领导班子的一个重要区别是，前者具有全面的知识结构。大型企业的董事会通常都要包括与公司经营密切相关的一些领域的专家，如律师、会计师、工程师、科学家等。由于董事不是公司的全职雇员，公司可以在一个大得多的“人才池”中选聘董事，一个专家则可以在若干家公司兼任董事。

建立有效的董事会治理的第三个重要条件是，保证董事会的独立性。

如何在保证董事会有足够能力的同时保证其独立性，是现代公司治理改革的一个难点。从 20 世纪 70 年代起，一些发达国家就开始在上市公司中引入独立董事制度。现在独立董事制度已经成为全球公司治理的通行做法，独立董事在董事会中的比例和职责越来越重。根据 OECD 1999 年的调查，独立董事在大型上市公司董事会所占比重，美国为 62%，英国为 34%，法国为 29%。20 世纪 70 年代以后，一些公司开始在董事会中设立审计、薪酬、董事提名等专门委员会。1977 年，纽约证券交易所要求上市公司设立由独立董事组成的审计委员会。在上市规则中要求：独立董事所发表的意见应在董事会决议中列明；公司的关联交易必须经由独立董事签字后方能生效；两名以上的独立董事可提议召开临时股东大会；独立董事可直接向股东大会、美国证券交易委员会和其他有关部门报告情况。2002 年，美国国会通过的《索克斯法案》，要求所有上市公司都必须有一个完全由独立董事组成的审计委员会。另外，在美国的一些大型上市公司中，董事会的提名委员会和薪酬委员会也完全由独立董事组成。中国证监会于 2001 年发布规定，要求在上市公司中普遍实行独立董事制度。

关于独立董事的独立性，各个国家和地区有不同的定义。在通常人们所接受的定义中，“独立”包括如下几方面的含义：（1）独立于公司的管理层，例如没有在公司担任过经理等职务；（2）独立于公司的业务伙伴，与公司有业务关系的律师事务所、会计师事务所等没有利益关联，不是公司的重要客户或供应商；（3）独立于大股东，例如持有的本公司股份不超过公司发行在外的股份总额的 1%，也不是大股东的关联人士。当然，建立独立董事制度并不是搞好公司治理的充分条件。而且，独立董事本身也有一个是否胜任、如何激励和约束的问题。但不少案例表明，如果选人得当并赋予充分的权力，独立董事即使在中国这样的经济社会环境中也是可以发挥重要作用的。

实现董事会治理的第四个条件是保持董事对公司的忠诚。董事不是股东通过合同雇用、为挣薪水而为股东利益服务的雇员，而是受股东之托、代股东理财的受托人。因此，现代公司治理制度的重要支柱之一，就是董事对股东和公司的忠诚义务（duty of loyalty）和受托责任（fiduciary duties）。这是对董事（包括独立董事）进行激励约束的机制基础。按美国一本权威的公司法教科书的说法，“公司法的历史很大程度上就是把忠诚义务发展为可操作的内容的历史”。[①] 忠诚义务或受托责任的要义是，任何人一旦成为董事，就意味着接受了一种忠诚于股东、忠诚于公司的法律责任。如果被判定没有履行这一责任，其后果不仅仅是像普通雇员一样失去报酬、失去工作，而且可能受到法律制裁。2005 年修改后的《公司法》已经明确规定，董事“对公司负有忠实义务和勤勉义务”，并列举了一系列董事“不得”从事的行为。大型企业加强董事会建设的一个重要途径就是结合企业实际，把这一原则进一步具体化，并通过公司章程和其他形式将其制度化。例如，《公司法》规定，董事不得“未经股东会或者股东大会同意，利用职务便利为自己或者他人谋取属于公司的商业机会，自营或者为他人经营与所任职公司同类的业务”。这类条款的落实，将对改善中国公司治理起到重要的作用。

综上所述，董事会建设的关键可以概括为四个方面：权威、能力、独立性和忠诚。对于强调等级权威和个人专权的我国传统治理文化而言，以受托责任为支撑的董事会治理制度是一种生疏的“舶

① Robert Clark (1986): *Corporate Law*, Boston: Little, Brown and Company. 参见中译本：《公司法则》，北京：工商出版社，1999 年。

来品”。即使在非国有企业，形成有效的董事会治理也可能要经历一些失败和坎坷，需要付出长期不懈的努力。但如果中国的大型企业不能建立这样的制度，其成长和扩张就必然受制于大股东的资金实力、控制半径和管理能力。在当今这样一个全球化的时代，这样的企业在国际竞争中很难居于领先地位，在有些领域甚至根本无法生存。在国有大型企业，建立董事会治理的制度面临更多的困难，需要付出更大的努力。

4.4.4 充分发挥市场机制的作用，加强公司外部治理

如前所述，企业可以看作是一系列合同关系的连接点。从这个意义上说，企业是市场交易的产物。市场机制的完善能够对公司治理的改善发挥十分重要的作用。

首先，要充分利用经理人员的劳动力市场，改善对经理人员的激励和约束。为了确保经理人员为实现股东的目标而努力，不仅要对经理人员进行严格的监督，还应当对他们有足够的激励。否则就容易出现“58岁现象”①一类损害企业利益的事件。对经理人员的激励可以通过升职、在职消费、奖金、福利和股权激励等方式进行。这些方式各有优劣，可以综合地加以利用。在选择激励方式时，最需要注意的是保证对经理人员的激励与实现所有者目标的兼容性。在发达的市场经济国家，最经常采用的经理人员激励方式是股权激励。在一个有效的股票市场上，股票价格直接反映了公司的预期盈利能力，所以，给予股权激励对经理人员进行激励不但与股东目标具有很好的兼容性，而且刺激的强度也很大。不过，采用这种办法

① 所谓“58岁现象”，是近些年来在国有企业中相当广泛地发生的现象，即高层经理人员在临近60岁的退休年龄时，在退休前利用仍在手中的权力盗用公款、盗卖在职发明等敛财的不良行为。

对公司治理的有效性和股票市场监管水平的要求很高，需要做出很大的努力，创造条件，才能做到。

其次，要充分发挥债权人的作用。银行等债权人在多方面对企业公司治理起到加强的作用：一是减少企业管理层的决策失误；二是监控企业的重大风险；三是迫使企业管理层为经营失败付出代价。除了投资决策，贷款银行为自身利益考虑，必须监控自己的债务人企业可能面对的重大风险。其他投资者尤其是中小股东可以在这方面搭它们的“便车”。如果企业经营失败不能清偿到期债务，陷入破产境地，债权人尤其是主要的贷款银行就会成为企业事实上的控制人。在这种情况下，债权人会采取什么行动、企业管理层的利益会产生什么影响，企业管理层通常都会有其预期。这种预期是一种重要的威慑力量，使企业管理层更加注意规范自己的行为。

最后，要充分发挥证券市场的作用。正如本章 4.1.4 节讲到的，在英美的公司治理结构模式中，证券市场对于上市公司治理结构的有效运转起着十分重要的作用。它通过“用脚投票”、恶意收购、给予 CEO 股权激励等证券市场的运作，形成对高层经理人员很强的激励和约束。中国证券市场较难起到这方面的作用，必须花大力气予以解决。此外，和债权人一样，证券市场的很多其他参与者也可以在促进上市公司的公司治理方面发挥重要的作用。例如，如果信用评级机构行为规范并且有比较强的收集、处理信息的能力，它们也可以和银行一样起到监控上市公司重大风险的作用。证券市场上的各类分析师也是收集和处理企业信息的重要力量，他们的分析成果也有很强的外部效应，可供所有的投资者“搭便车”。

除了信用评级机构、市场分析师，财经媒体也是促进企业改善公司治理的重要力量。在这方面，中国的一些媒体在促进上市公司和证券市场监管机构改善公司治理方面所发挥的独特作用就是最好的例证。但财经媒体不是审计师，不是公诉人，也不是警察。它们的报道不可能像审计报告、起诉书那样确凿、严密、证据齐全。因此，必须在立法和执法两个层面为财经媒体提供合理的活动空间，防止法律成为治理不良的公司压制财经媒体对其进行监督的武器。

第 5 章　民营经济的发展

在只有一个单一所有者的“国家辛迪加”中，是不可能存在真正的市场交换，即不同所有者之间的产权交换的。要建立市场制度，就必须打破国有制一统天下的旧格局，使民营经济[1]从无到有、自下而上地生长出来。它的成长壮大，也形成了促使国有企业进行脱胎换骨改造的竞争压力。这样，就为中国的市场经济逐渐形成了多种所有制经济共同发展的新基础。

在国有经济占统治地位的环境中，中国民营经济的成长壮大经历了一个曲折的过程。它首先在 1978 年以后的增量改革的过程中开辟了道路，到 20 世纪 80 年代中期已经在国民经济中取得了举足轻重的地位。但是直到 1997 年中共十五大，才最终打破了对国有制的迷信，使民营经济摆脱了意识形态的压制，作为“市场经济的重要组成部分”载入《中华人民共和国宪法》。

① 本章的“民营经济”泛指非国有经济。“民营企业”是中国目前制度环境下的一个特定称谓。国家工商行政管理总局的企业注册类型划分并没有“民营企业”这一类，只有国有企业、集体企业、个体工商户、私营企业及外资企业等。广义的民营企业，泛指除国有企业以外所有类型的企业；狭义的民营企业，则是指私营企业。

5.1 国有制崇拜及其突破

按照苏联的社会主义政治经济学理论，国家所有制的统治地位和建立在国有制基础上的国家计划，乃是社会主义最主要的经济特征；即使劳动者的集体经济，也要在国家所有制这个“普照之光”的照耀下才具有社会主义性质；至于其他经济成分，则都应当被看作社会主义的异己成分而加以消灭。在改革过程中，这种传统观念被一步步地突破，民营经济成分得以逐步发展起来。

5.1.1 国有制“一统天下”的建立

在本书第 1 章 1.2 节已经讲到过，社会主义必须建立在国家所有制基础上的观念，并非来自马克思主义的创始人马克思和恩格斯，而是来自列宁和斯大林。马克思和恩格斯的确说过，在取得政权以后，“无产阶级将利用自己的政治统治，一步一步地夺取资产阶级的全部资本，把一切生产工具集中在国家即组织成为统治阶级的无产阶级手里，并且尽可能快地增加生产力的总量”。[①] 但是，这并不意味着马克思主义的创始人把国家所有制当作社会主义的目标。正如恩格斯所说，“国家再好也不过是在争取阶级统治的斗争中获胜的无产阶级所继承下来的一个祸害；胜利了的无产阶级也将同公社一样，不得不立即尽量除去这个祸害的最坏方面，直到在新的自由的社会条件下成长起来的一代有能力把这全部国家废物抛掉”。[②] 他们认为，生产资料变为国家财产，“消灭了作为无产阶级的自身，消灭了一切

① 见马克思、恩格斯（1848）：《共产党宣言》，《马克思恩格斯选集》第 1 卷，北京：人民出版社，1995 年，第 293 页。

② 恩格斯（1891）：《马克思〈法兰西内战〉1891 年单行本〈导言〉》，《马克思恩格斯选集》第 3 卷，北京：人民出版社，1995 年，第 13 页。

阶级差别和阶级对立，也消灭了作为国家的国家”。因此，“国家真正作为整个社会的代表所采取的第一个行动，即以社会的名义占有生产资料，同时也是它作为国家所采取的最后一个独立行动”。国家和国家所有制都将“自行消亡”。[①]

列宁和马克思的国家观有所不同。他提出了社会主义要以国家所有制作为自己的经济基础的思想。他认为，在社会主义制度下，整个社会将成为一个“国家的辛迪加”，“全体公民都成了一个全民的、国家的‘辛迪加’的职员和工人”。[②]1928—1930年间，斯大林充分运用国家的强制力量，消灭一切民营经济，进行农业集体化，实现了列宁把整个苏联社会组建成一个国家大公司的目标。

作为对苏联现实的理论概括，在斯大林的亲自指导下，苏联科学院经济研究所编写的《政治经济学教科书》写道：“社会主义公有制有两种形式：（1）国家全民所有制；（2）合作社集体农场所有制。”其中，“国家所有制是社会主义社会中占优势的、起主导作用的所有制形式”，体现着“最成熟、最彻底的”社会主义生产关系；国有制“这一社会主义所有制的高级形式，在整个国民经济中起着领导的和决定的作用”；集体所有制是在农业生产力发展水平不够高的情况下作为一种权宜之计保留下来的，当农业生产力得到一定程度的提高，集体所有制就应当逐步向“全面的全民（国家）所有制”过渡。[③]苏联《政治经济学教科书》传播的这种恩格斯曾经强烈批评

① 恩格斯（1878）:《反杜林论》，同上书，第630—631页。

② 列宁（1917）:《国家与革命》，《列宁选集》第3卷，北京：人民出版社，1995年，第202页。

③ 苏联科学院经济研究所编：《政治经济学教科书》（1958年修订第3版），北京：人民出版社，1959年，第114—117、352—356页。

过的“国家迷信”或“对国家以及一切同国家有关的事物的盲目崇拜”①，对社会主义阵营中各国的经济制度和经济政策产生了决定性的影响，在相当长的时间内被看作是社会主义的天经地义，不容任何怀疑和讨论。

改革开放以前的中国经济体制，就是在这种思想的指导下建立的。

正如本书第 1 章 1.5.1 节所述，在中华人民共和国成立以前，中国共产党根据 1945 年中共七大确定的方针，计划先经过恢复时期的 3 年准备，然后用 10—15 年进行新民主主义社会的建设，再开始向社会主义过渡。在新民主主义时期，对资本主义采取“公私兼顾、劳资两利”②的政策。但 1953 年毛泽东提出中共在过渡时期的总路线，要求用 10—15 年时间基本完成向社会主义过渡。在总路线确立以后，很快就在全国范围内掀起了“社会主义改造”的高潮。在“高潮”中，原定要用 10 多年时间完成的任务，只用了不到 2 年的时间就完成了。为了使公有制（包括国有制和准国有制的集体所有制）成为中国唯一的经济基础，此后又不断发动“割资本主义尾巴”的运动，使私营经济完全绝迹。

① 恩格斯（1891）：《马克思〈法兰西内战〉1891 年单行本〈导言〉》，《马克思恩格斯选集》第 3 卷，北京：人民出版社，1995 年，第 13 页。

② 1949 年 4 月，毛泽东在听取关于刘少奇“天津讲话”的汇报后，提出了著名的“四面八方政策”，即“公私兼顾、劳资两利、城乡互助、内外交流”。后来，这一方针在《中国人民政治协商会议共同纲领》中被表述为：“中华人民共和国经济建设的根本方针，是以公私兼顾、劳资两利、城乡互助、内外交流的政策，达到发展生产、繁荣经济之目的。”

专栏 5.1　对资本主义和资产阶级政策的变迁

1935 年 12 月的中共中央政治局瓦窑堡会议改变了过去排斥民族资产阶级的错误做法，决定了建立民族统一战线的策略。在此基础上，毛泽东在《新民主主义论》中提出中国革命必须分两步走：第一步是民主主义革命，第二步是社会主义革命。根据这一思想，1945 年中共七大确立了在革命取得胜利后建立“各革命阶级联合专政的新民主主义社会”的纲领。毛泽东在大会上指出，“资本主义的广大发展在新民主主义政权下是无害有益的”。

随着胜利的临近，新的矛盾开始显露。1948 年 9 月，在西柏坡举行的中共中央政治局会议上，一方面确定了“三年准备、十年建设”新民主主义社会，然后再开始向社会主义过渡的计划；另一方面，毛泽东和刘少奇都强调：“只要全国政权到手，民主革命就已经解决，已经结束了，与帝国主义和封建主义的矛盾已不存在，则社会的主要矛盾就是无产阶级和资产阶级之间的矛盾了。”

从 1947 年 11 月中国人民解放军占领石家庄开始，几乎每解放一个城市，都发生了部分干部依靠贫民或工人、店员仿照农村土改的办法向厂主、店主开展清算斗争的情况，以致私营企业开工严重不足，一些资本家逃往境外。

针对这种情况，刘少奇在 1949 年 4 月视察天津时，分别向干部、职工和工商业者发表长篇讲话，告诫职工和干部，目前还没有到消灭资本家的时候，职工的生活乃至社会经济生活的发展都还离不开资本家，希望缓解劳资关系紧张恶化的状况，调动工商业者恢复生产的积极性。与此同时，还通过中华全国总工会颁布了一系列法规，规定劳方有受雇解约的自由，资方也有按规定雇用和解雇职工的权利，反对工人、店员随意要求提高劳动待遇和任意怠工、罢工等做法。

随后，1949年，在制定《中国人民政治协商会议共同纲领》的过程中，中共代表否决了一些民主人士将社会主义写入纲领的建议，并且把新政府的根本经济方针归纳为："公私兼顾、劳资两利、城乡互助、内外交流。"

1951年冬，中共中央发动了反贪污、反浪费、反官僚主义的"三反"运动和"打退资产阶级猖狂进攻"的"五反"运动（反对行贿、反对偷税漏税、反对盗骗国家财产、反对偷工减料和反对盗窃经济情报）。毛泽东指出："这是人民政府在全国胜利后第一次大规模惩治资产阶级的犯法行为，这是完全必要的。"

激烈的阶级斗争引起了工商业者的恐慌，一些著名的企业家如卢作孚（1893—1952）、冼冠生（1887—1952）等自杀身亡。面对趋于恶化的经济和社会形势，毛泽东严厉地批评了"传播"民族资产阶级只有"落后反动的一面性"等"左"的思想的中宣部机关刊物《学习》杂志，要求予以纠正。有关部门也调整了对资本主义工商业的政策，以便调动工商业者维持和发展生产的积极性。

不过，这次政策调整并不意味着政府根本方针的改变。正如毛泽东后来所解释的那样，当时做出对民族资产阶级的政策调整，是因为土地改革和朝鲜战争还没有结束，向资产阶级"开火"的条件还不具备。至于从根本方针上说，"我们是很没有良心哩！马克思主义是那么凶哩，良心是不多哩，就是要使帝国主义绝种，封建主义绝种，资本主义绝种，小生产也绝种。"

这样，在土改结束、朝鲜停战谈判开始和"三反""五反"运动取得了决定性胜利之后，毛泽东在1952年6月明确提出："不应再将民族资产阶级称为中间阶级。"1953年，确立了"党在过渡时期的总路线"，计划用三个"五年计划"或者更长一点时间实现对农业、手工业、资本主义工商业的社会主义改造，过渡到社会主义社会。

1955—1956年中国顺利实现了"三大改造"，资本主义经济已经不复存在。在"三大改造"中留存的少量个体经济、集体农民的"自留地"、个体小业主在公私合营后的"自负盈亏"安排，以及农民交换家产农副产品的集市（"自由市场"），也在1958年的"大跃进"和"人民公社化"运动中作为"资本主义尾巴"而被消灭。这样，中国实现了"过渡时期总路线"所规定的"使公有制成为唯一经济基础"的目标。

根据毛泽东的有关著作以及杨奎松《建国前后中国共产党对资产阶级政策的演变》等资料编写。

根据社会主义必须以全面的国家所有制为目标的指导思想，毛泽东在1958年发动兴起"人民公社化"运动，这一运动的发展不仅把名义上属于集体所有制的合作社改变成"一大二公""政社合一"的国家组织，而且力图进一步跨到"破除资产阶级法权"，实行"按需分配"的共产主义。只是由于"大跃进"和"人民公社化"运动造成了极大混乱，才使毛泽东从"提前建成社会主义并逐步过渡到共产主义"的立场上退却。1958年12月10日，中共八届六中全会（武昌会议）通过《关于人民公社若干问题的决议》，宣布当前的任务还不是向共产主义过渡，而是"逐步地使社会主义的集体所有制过渡到社会主义的全民所有制，从而使我国的社会主义经济全面地实现全民所有制"，在"十五年、二十年或者更多一些的时间"内使国有经济成为唯一的经济成分。①

5.1.2 民营经济破茧而出和逐步壮大

20世纪70年代末期改革开放开始以后，突破意识形态禁锢、引入市场机制成为改革的中心任务。为了绕开来自意识形态的巨大障碍，邓小平等领导人采取了“不争论”的策略，着重在经济活动中逐步松动国有经济的统治。在政府方面，一开始就采取了一些变通的政策，使民间创业行为有更大的活动空间；在民间方面，利用这种新出现的机会，人们主动设法去开展创业活动。为了适应当时当地的政策环境，这种创业活动在行动上是小心翼翼的，形式上也灵活多样。

具体来说，逐步引入民营经济大体上采取了以下的方式。

1. 开放“个体经济”

“文化大革命”结束以后，约1 500万“上山下乡”知识青年回城，解决他们的就业问题成为摆在各级政府面前的一个紧迫问题。在这种情况下，经济学家薛暮桥提出了应当改变连小商贩的贩运活动都被当作刑事犯罪处理的做法，允许待业人员等个体经营者从事商业活动，以便开辟更多的就业门路。②1979年2月，国务院批转的国家工商行

① 《中共中央关于人民公社若干问题的决议》，1958年12月10日。

② 在改革开放以前，中国一直把“投机倒把”视为最重的罪行。即使1979年全国人民代表大会制定的《中华人民共和国刑法》，仍然把“投机倒把”列为一种刑事犯罪，直到1997年的刑法修正案才取消了这一刑项。于是，在改革开放前，被指作“投机倒把”的小商小贩长途贩运，也被视为刑事犯罪而遭到严厉打击。薛暮桥在1979年3月劳动部召开的“全国改革工资制度座谈会”上提出，应当鼓励和帮助城镇待业青年自找就业门路，发展一批个体经济和允许长途贩运。参阅薛暮桥（1979）：《谈谈劳动工资问题》《关于城镇劳动就业问题的几点意见》，《薛暮桥经济论文选》，北京：人民出版社，1984年，第216—235页。

政管理总局的报告接受了这一建议，指示各级工商行政管理局“可以根据当地市场需要，在征得有关业务主管部门同意后，批准一些有正式户口的闲散劳动力从事修理、服务和手工业的个体劳动，但不准雇工”。1980 年 8 月《中共中央关于转发全国劳动就业会议文件的通知》确认了“劳动部门介绍就业、自愿组织起来就业和自谋职业相结合的方针”（即“三扇门”的就业方针），要求“鼓励和扶植城镇个体经济的发展”。1981 年 6 月中共十一届六中全会通过的《中共中央关于建国以来党的若干历史问题的决议》肯定了“一定范围内的劳动者个体经济是公有制经济的必要补充”。这意味着正式承认个体经济的合法性。

2. 允许个体业主雇工

当个体业主单凭个人的能力不足以利用已发现的市场机会时，为了扩大经营，就需要雇用工人。然而在当时的环境下，雇工因为被看作“剥削”而被严格禁止。不突破这一禁区，民营经济就没有发展的空间。这时，正在中共中央书记处研究室工作的经济学家林子力（1925—2005）在参与政府文件起草时援引马克思在《资本论》中设定的一个算例，用以论证个体工商业者少量雇工仍旧不是以占有他人劳动作为主要的生活来源，因而保持着劳动者的身份。这种意见在政治上获得通过以后，国务院在 1981 年 7 月《国务院关于城镇非农业个体经济若干政策性规定》中规定，个体经营户必要时“可以请一至两个帮手；技术性较强或者有特殊技艺的，可以带两三个最多不超过五个学徒”。[①] 从此，雇工 8 人，就成为划分“个体企

① 1981 年 10 月 17 日《中共中央、国务院关于广开门路，搞活经济，解决城镇就业问题的若干决定》中，这一规定被正式表述为：“对个体工商户，应当允许经营者请两个以内的帮手；有特殊技艺的可以带五个以内的学徒。”

业”和“私营企业”的分界线。

3. 农民家庭农场的普遍建立

从1980年秋到1982年末，中国农村普遍实行“包产到户”，人民公社制度随之土崩瓦解。对于这种承包经济的性质，虽然政府文件通常仍然称之为“集体所有制的合作经济”[①]，但实际上，它乃是一种建立在“包”来的土地上的业主制企业（中国法律称之为“个人独资企业”）。中共中央1982—1986年连续五年发布“1号文件”，就巩固这种经营制度发出指示；后来在1991年的中共十三届八中全会和1993年的十四届三中全会的决定中，也都明确规定农村家庭承包经营制长期不变，使家庭农场制度进一步巩固。

4. 乡镇企业的发展

正如邓小平所说，农村改革的一个“完全没有预料到的最大的收获，就是乡镇企业发展起来了”。[②]20世纪80年代乡镇企业“异军突起”，出现了迅猛发展的势头。[③]进入90年代，乡镇企业已经成为中国经济的重要组成部分和高速增长的重要力量。各个地区的乡镇企业有着不同的特色，所有制形式也有比较大的差异：（1）苏南

① 1982年9月1日，胡耀邦在中国共产党第十二次全国代表大会上的报告《全面开创社会主义现代化建设的新局面》对当时所有制结构所做的描述是：由于我国生产力发展水平总的说来还比较低，又很不平衡，在很长时期内需要多种经济形式的同时并存。在农村，劳动人民集体所有制的合作经济是主要经济形式……在农村和城市，都要鼓励劳动者个体经济在国家规定的范围内和工商行政管理下适当发展，作为公有制经济的必要的、有益的补充。

② 邓小平（1987）：《改革的步子要加快》，《邓小平文选》第三卷，北京：人民出版社，1993年，第238—239页。

③ 陈乃醒等：《中国乡镇工业发展的政策导向研究》，北京：经济管理出版社，1994年，第262页。

地区乡镇企业的原型往往可以追溯到“文化大革命”时期的社队企业。改革开放之后，这些企业由村、乡、镇政府建立和拥有，利用与上海的紧密关系，获得技术和营销渠道而迅速发展。这种由基层政权代表社区建立和拥有的乡镇企业形式虽然被称为“苏南模式”，实际上是20世纪80—90年代全国各地最流行的乡镇企业形式。（2）浙江温州、台州乡镇企业也很发达，它们主要是由农民、手工业者等私人创立的个体工商户发展起来的。虽然这种“温台模式”的乡镇企业往往由于要寻求保护而“挂靠”到国有企业或集体企业名下（俗称“戴红帽子”），但实际上仍是私营企业。（3）“珠三角模式”的乡镇企业的特点是由港澳台投资者（包括内地在港澳开设的企业，即所谓“假洋鬼子”）拥有，其业务也多为外向型的。

5. 外国投资企业的发展

1978年中共十一届三中全会确立了改革开放的方针，决定调整对外经济政策，要求各地、各部门的公有制企业“在自力更生的基础上积极发展同世界各国平等互利的经济合作”。1979年颁布的《中华人民共和国中外合资企业法》，标志着中国从禁止外商直接投资转变为积极鼓励外商直接投资。外商投资企业的方式被划分为三种类型：合资企业、合作企业和外商独资企业。针对利用外资所带来的争论，中国政府在1979年到1988年先后创办了5个经济特区，确定了14个沿海城市率先开放。随着人们对外资看法的变化，各地从怀疑转为采取竞争性的政策，来吸引外商投资。

6. 私营经济的合法化

经过以上的改革，中国经济已向外资企业开放和有限度地向业主制企业开放，但是直到20世纪80年代初期，私人资本主义工商业仍在禁止之列。1982年12月通过的《中华人民共和国宪法》规定："中华人民共和国的社会主义经济制度的基础是生产资料的社会主义公有制，即全民所有制和劳动群众集体所有制。""国营经济是社会主义全民所有制经济，是国民经济中的主导力量。国家保障国营经济的巩固和发展。""在法律规定范围内的城乡劳动者个体经济，是社会主义公有制经济的补充。"这部宪法完全没有提到私营经济。但是，在允许雇工的大门打开以后，私营经济迅速发展起来，雇工人数也突破了8人的限额。1983年初，一些支持旧路线和旧体制的政治家、理论家惊呼，资本主义已经到处发生，要求加以限制和打击。他们从邓小平那里得到的回答是："放两年再看。"[①]于是，私营经济在"不争论，大胆地试，大胆地闯"[②]的保护下继续发展。1987年，中共十三大明确提出鼓励发展个体经济和私营经济的方针。[③]1988年4月，七届人大一次会议通过宪法修正案，其第11条规定："国家允许私营经济在法律规定的范围内存在和发展。私营经济是社会主义公有制经济的补充。国家保护私营经济的合法权利和利益，对私营经济实行引导、监督和管理。"

正如本书第2章2.2节所指出的，中国经济改革的第二个阶段以

① 邓小平后来回忆说："前些时候那个雇工问题，相当震动呀，大家担心得不得了。我的意见是放两年再看。"见邓小平（1984）：《在中央顾问委员会第三次全体会议上的讲话》，《邓小平文选》第三卷，北京：人民出版社，1993年，第91页。

② 邓小平后来在南方谈话中谈到："不搞争论，是我的一个发明。不争论，是为了争取时间干。一争论就复杂了，把时间都争掉了，什么也干不成。不争论，大胆地试，大胆地闯。"参阅邓小平（1992）：《在武昌、深圳、珠海、上海等地的谈话要点》，《邓小平文选》第三卷，北京：人民出版社，1993年，第374页。

③ 赵紫阳（1987年10月）：《沿着有中国特色的社会主义道路前进——在中国共产党第十三次全国代表大会上的报告》。

增量改革为基本特征。所谓增量，在很大程度上是指在原有国民经济中逐步增添新的非国有的经济成分。这些新的经济成分的成长是20世纪80年代中国经济持续高速增长得以实现的基础。

在当时，存在着国有企业和准国有的集体企业无法满足市场需求的巨大矛盾。于是，民间企业家就通过自己的创业活动来满足这种需求，同时也缓解了就业的压力。由于有这些效果，地方政府通常会程度不等地对非国有经济成分的发展采取默认、保护乃至支持鼓励的态度。中央的所有制政策也不断做出微调，以便容纳更大规模和更高层次的民营企业的发展。

这样，民营经济在国民经济中所占份额逐步壮大，国有经济所占份额逐步降低。到20世纪80年代后期，民营经济已经取得举足轻重的地位。

5.1.3 所有制问题论战和“基本经济制度”的确立

20世纪90年代初期民营经济地位的进一步提高，使1993年11月的中共十四届三中全会对“公有制为主体”的老口号做出了新的解释。全会通过的《中共中央关于建立社会主义市场经济体制若干问题的决定》指出：“就全国来说，公有制在国民经济中应占主体地位，有的地方、有的产业可以有所差别。公有制的主体地位主要体现在国家和集体所有的资产在社会总资产中占优势，国有经济控制国民经济命脉及其对经济发展的主导作用等方面。”“国家要为各种所有制经济平等参与市场竞争创造条件，对各类企业一视同仁。”

这一新阐释和民营经济的快速发展，引起了一些支持旧路线和旧体制的政治家、理论家的极大不满。他们在1995—1997年，先后写了四份基本倾向一致、内容和侧重点有所不同的长篇文章

（俗称“万言书”），对改革开放以来的方针政策提出了强烈质疑。[①] 特别是在1997年初中共十五大召开前夕，为了加强对改革开放方针的批判，他们发表了“第三份万言书”《关于坚持公有制主体地位的若干理论和政策问题》[②]。这份“万言书”认为，中共十四届三中全会对“公有制为主体”的新阐释“相当普遍地被接受”，“是一个不幸的事实”。同时，全面论证了自己的社会主义观念，即“社会主义把全民所有制（即国有制）作为公有制的高级形式和必须追求的目标”。

文章的作者声称，要坚持社会主义，就必须做到：第一，“国有经济，主要是几十万个大、中、小型独立核算的工业企业以及国家经济命脉部门保持统一完整的体系”；第二，“国有经济必须主导集体经济”；第三，“公有经济必须将非公有经济置于补充地位”。这份“万言书”还尖锐指责政府听任非国有工业的增长势头大于国有工业，“使国有工业的比重大幅下降”。它还声称，如果集政权与所有权于一身的社会主义国家不能用政权的力量保卫国有企业，就无异于在执行一种“戈尔巴乔夫式的错误路线”。

坚持市场取向改革的经济学家对“万言书”给予了正面的回应。其中，国务院发展研究中心“国有经济的战略性改组”课题组的研

① 马立诚、凌志军（1998）的《交锋：当代中国三次思想解放实录》（北京：今日中国出版社，1998年）一书对有关“万言书”的论战做了详细介绍。

② 见《当代思潮》特约评论员：《关于坚持公有制主体地位的若干理论和政策问题》（1996年12月21日至1997年1月20日修改定稿），打印稿。其中主要观点见《当代思潮》特约评论员：《以公有制为主体的基本标志及怎样才能坚持公有制的主体地位》，《当代思潮》，1996年第4期。

究具有一定的代表性。[①] 他们的主要论点是：

（1）社会主义的本质，在于追求社会公正和逐步实现共同富裕。“一个国家是否具有社会主义的性质，并不是由国有经济所占份额决定的……只要共产党采取正确的政策有效地防止了财富分配的两极分化，我们国家的社会主义性质都是有保证的。”

（2）所谓“社会主义把国有制作为公有制的高级形式和必须追求的目标”，无非是苏联《政治经济学教科书》关于社会主义基本经济特征的旧调重弹。这些观点已经成为进一步推进改革开放的主要障碍。十分有必要“摆脱苏联模式和《政治经济学教科书》的束缚，对社会主义作出更明确的定义，贯彻社会主义的本质是实现共同富裕的思想”。

（3）“公有制有多种实现形式。应当鼓励对多种公有制形式（如各种形式的基金和基金会、各种形式的合作组织、社区所有制）的探索和开拓，而不能将它局限于国家所有制和苏式‘集体所有制’，更不能把国家所有制看作‘公有制的最高形式和社会主义必须追求的目标’。”

（4）从目前的科学和技术革命走势可以预见，由于人力资本和个人创造作用的加强，即使到 21 世纪初步实现现代化以后，仍将采取多种所有制经济共同发展的方针。

1997 年 9 月中共十五大对这场争论做出了明确的结论。[②] 它把

① 吴敬琏、张军扩、刘世锦、陈小洪、王元、葛延风等（1997）：《国有经济的战略性改组》，北京：中国发展出版社，1998 年；吴敬琏（1997）：《关于社会主义的再定义问题》，《吴敬琏改革论集》，北京：中国发展出版社，2008 年。

② 江泽民（1997）：《高举邓小平理论伟大旗帜，把建设有中国特色社会主义事业全面推向二十一世纪——在中国共产党第十五次全国代表大会上的报告》。

"公有制为主体、多种所有制经济共同发展"确定为中华人民共和国的"基本经济制度"，把非公有制经济确定为"我国社会主义市场经济的重要组成部分"；同时决定按照"一切符合'三个有利于'[①]的所有制形式都可以而且应该用来为社会主义服务"的原则，对国民经济的所有制结构进行调整。针对国有经济在国民经济中所占比重将会下降的情况，中共十五届四中全会指出，经过调整，国有经济在整个国民经济中的比重减少，不会影响中国的社会主义性质。[②]

5.2 国有经济布局的调整和私有部门的成长

中共十五大调整和完善所有制结构的决定，主要是通过国有企业从非战略部门退出和私有部门发展这两个方面加以落实的。

5.2.1 国有经济布局战略性调整方针的制定

要完成中共十五大确定的按照"三个有利于"的衡量标准调整和完善所有制结构的任务，重点在于解决国有经济的规模过大和布局不合理的问题。由此，提出了对国有经济布局进行有进有退的"战略性调整"。

根据原国家国有资产管理局统计，截至1995年底，中国经营性

① 邓小平在南方谈话中提出了"三个有利于"的判断标准。他说："判断的标准，应该主要看是否有利于发展社会主义社会的生产力，是否有利于增强社会主义国家的综合国力，是否有利于提高人民的生活水平。"参阅邓小平（1992）：《在武昌、深圳、珠海、上海等地的谈话要点》，《邓小平文选》第三卷，北京：人民出版社，1993年，第372页。

② 中共中央十五届四中全会《中共中央关于国有企业改革和发展若干重大问题的决定》，1999年9月22日中共十五届四中全会通过。

国有资产约 4.5 万亿元，扣除军队、邮电、铁路等特殊单位后，分布于工商领域的国有资产大约为 3.6 万亿元。再考虑到中国工商企业的资产中约有 20% 的非生产性（如住宅、学校、医院等）资产，真正用于生产经营活动的国有资本数量实际上不足 3 万亿元。然而这不足 3 万亿元的国有资本却遍及从零售商业到远程导弹等几乎所有的工商领域，分布于 29.1 万户工商企业之中，平均每家企业所获得的能够真正用于生产经营的国有资本数量仅有 1 000 万元左右。

在市场经济中，公有制企业之所以会存在，是因为它们能够提供私人企业所不能或不愿提供的产品和服务，即具有非竞争性和非排他性的公共品（见第 7 章 7.1.1 节）。而在一般竞争性领域，国有企业并不具有私有企业所具有的灵活性和竞争力，无法为社会提供价廉物美的产品和服务。中国国有部门在规模和结构上还确实存在以下严重问题：一方面国有经济几乎无所不包，涉及许多不适于由政府经营的领域，因而普遍效率不高，服务不佳，甚至出现大面积的亏损。另一方面，由于国有经济分布过于分散，单个企业资金过少，这使在适合于由国有企业经营的领域，也难以实现规模经济和进行重大技术革新。而一般营利性事业占用了太多的国家资金导致的后果是，政府实现基本公共服务功能所需资金不能得到保证。例如，政府提供九年义务教育虽然早有《中华人民共和国义务教育法》的明文规定，但许多地方因为文教经费不足，要求家长缴纳学费，否则不允许入学。由于执法机关经费不足，有的地方甚至出现了办理刑事案件也要向受害者收费的不正常现象。

针对这种状况，最有效的办法乃是主动收缩国有经济过长的战线，退出一般性竞争部门，向国有经济需要发挥控制力的战略部门集中。根据 1999 年中共十五届四中全会的决定，所谓“战略部门”，主要包括“涉及国家安全的行业，自然垄断的行业，提供重要公共品和服务的行业，以及支柱产业和高新技术产业中的重要骨干企业”。[①]

在世纪之交，中共十五大和十五届四中全会的决议开始贯彻。

5.2.2 放开搞活中小型国有企业

在国有企业中，占绝大多数的是小型企业。1995 年全国共有独立核算国有工业企业 8.79 万户，按照国家统计局的标准划分，其中大中型企业约 1.57 万户，其余 7.22 万户是小型企业。此外，还有 50 多万户乡和乡以上政府所属的乡镇企业，共有近 60 万户。

到 20 世纪 90 年代中期，中国领导人开始认识到，要把这 60 万户中小型国有企业都搞好，是十分困难的。于是决定以“搞活整个国有经济”的口号取代早先提出的“搞好所有的国有企业”口号；对国有企业的方针，也变为“分类指导”“抓大放小”。江泽民在 1995 年中共十四届五中全会上的讲话中指出：“要研究制定国有经济的发展战略和布局，按照建立现代企业制度的目标积极推进国有企业改革，集中力量抓好大型国有企业，对一般小型国有企业进一步放开搞活。”

在经济学家和地方党政干部对这个新指导方针的讨论中，许多人指出，“抓大放小”，重点在于“放小”，即“放开搞活中小型国有企业”。于是，某些得风气之先的地方就开始大面积地进行“放小”的改革。

所谓小型国有企业是一个十分宽泛的概念。它大致上包含两类企业：一类是正式的国有企业，主要是地方国有企业中的中小企业；

① 中共中央十五届四中全会《中共中央关于国有企业改革和发展若干重大问题的决定》，1999 年 9 月 22 日中共十五届四中全会通过。

另一类是乡镇等基层政府所属的乡镇企业，俗称“苏南模式的乡镇企业”。

所谓“苏南模式的乡镇企业”，是在乡和乡以上政府的直接领导下建立的，原来大部分由基层政府全资拥有。在改革初期，这种企业形式由于能够得到基层政府的保护和有比较好的融资条件，曾经表现得很有生气。但是当改革深化，企业日渐做大以后，它们和国有企业相似的缺点就日益显现。20世纪90年代以来，部分地区乡镇企业增长率下降，困难户大量增加，说明这一部分企业也迫切需要进行改制。

针对国有中小企业（包括基层政府所属的乡镇企业），常用的管理办法是由管理层承包经营。这样做当然比政府直接管理更有利于发挥企业领导人增产增收的积极性。但是，也往往形成了“内部人控制”的局面，管理层行为短期化，流行着“有钱分晒”（“晒”，粤语：分光），缺钱靠贷，还债下届”的说法和做法。更有甚者挪用企业资金，投入股市、期市、不动产等高风险市场进行投机炒作。有的“账外有账，虚盈实亏，效益暗流”，侵吞公共财产，“把承包责任制变成了‘厂长所有制’、‘皇亲国戚所有制’”。[①]

早在1993年11月，中共十四届三中全会《中共中央关于建立社会主义市场经济体制若干问题的决定》就已指出：“一般小型国有企业，有的可以实行承包经营、租赁经营，有的可以改组为股份合作制，也可以出售给集体或个人”。同年，山东省诸城市做出决定，以“先出售后改制，内部职工持股”为主要形式，在市、乡企业中“全方位推行股份责任制”。1993—1994年，广东省顺德市对在80年

① 于成志：《社会主义改革史上的一大创举——顺德工业企业混合型产权制度的普遍意义》，《特区与港澳经济》，1995年第4期。

代初期组建的一批新的国有和乡镇集体所有制企业，进行了以所有权主体结构变革为核心的改革。不过由于有些人从“左”的观点出发，认为“放小”在政治上是“错误的”，造成了很大的意识形态压力，以至在相当长的时期中，除山东诸城和广东顺德等少数地方外，“放小”的工作并没有广泛开展起来。

专栏 5.2　山东诸城和广东顺德的“放小”改革

山东省诸城市和广东省顺德市是20世纪90年代中期率先实现“放小”的地级市。

诸城市的国有小企业不多，大部分是“苏南模式”的乡镇企业。这些企业规模不大，经营状况也不好，地方财政背负着沉重的企业亏损包袱。1992年9月，诸城市政府做出在全市范围内进行企业股份制改革试点的决定，首先在诸城电机厂试点。诸城市政府提出了两套方案供职工选择：一是由国家控股，个人股不超过20%；二是将企业资产出售给职工，国家以土地作价入股。但这两个方案均未被职工接纳。职工要求将企业资产全部买下，土地有偿使用。市政府同意职工的要求，由职工自愿认购评估后折成股份的企业净资产，建立了股份合作制的诸城市开元电机股份有限公司。改革后的诸城市开元电机股份有限公司绩效良好。于是，诸城市委、市政府于1993年4月做出决定，以“先出售后改制，内部职工持股”为主要形式，在市、乡企业中全方位推行企业改制。到1994年7月，全市乡镇以上274家企业（其中国有企业37家）进行了改制。其中，采取股份合作制形式的企业有210家；采取的其他形式还有有限责任公司、外资嫁接、无偿转让产权、破产、租赁及兼并等。

1993—1994年，广东省顺德市对在80年代初期组建的国有和乡镇集体所有制企业进行以所有权主体结构变革为核心的企业转制改革。转制的基本方式包括：组建上市或不上市的股份有限公司；向经营者和职工出售产权，形成混合型有限责任公司；向外商转让部分产权，建立新的中外合资企业；租赁经营；风险抵押承包；清盘拍卖；等等。在改制的同时，顺德市还采取了一些配套性措施，包括对老职工进行补偿和建立社会保障制度，改进投资体制，建立行业商会等。到1994年底，顺德全市有896家企业基本完成转制，占全年市镇两级公有制企业的82.7%。在转制企业中，有上市股份公司2家，股份公司7家，中外合资企业32家，公私合营企业124家，公有民营企业431家，职工持股的股份制企业78家，拍卖企业22家。在总资产中，市镇两级政府共占61.2%，民营资本占22.6%，外资占15%，市外公股占1.2%。但是，也有几个规模比较大的企业未能实现改制，以致造成较大的遗留问题。

根据黄少安、黄立君《"诸城现象"再析》(《改革》，1998年第2期)、刘世定《顺德市企业资产所有权主体结构的变革》(《改革》，1995年第6期)等材料编写。

1997年中共十五大以后，"放小"才在全国范围内开展起来。中小企业改制的方式主要有以下几种：(1)把部分或全部产权转让给内部职工，成为"股份合作制企业"。[①] (2)整体出售给非公有法人或自然人。出售后的企业成为独立的或附属于其他企业的民营企业、合资企业或外资企业。(3)按《公司法》规定的程序，改组为有限责

① 股份合作制企业是在中国经济改革过程中产生的全体职工入股的企业。它的治理兼有合作制"一人一票"和公司制"一股一票"的特点。

任公司或股份有限公司。改制后的公司有的保留国家股，有的以内部职工持股为主，有的成为中外合资公司。（4）通过兼并、联合，使之成为其他企业的组成部分或子企业。（5）把企业全部或部分资产租赁给其他企业或本企业的管理人员、职工经营。其中多数只将国有土地、厂房等不动产租赁给新业主经营，后者向国家缴纳租费，自负盈亏。

“放小”改制对中国的经济发展起了极大的促进作用。在改制以后的短短几年时间中，全国已经涌现出一大批具有很大活力的企业。同时，这些私有企业成为吸纳就业的主力，也为抗击1997年发生的亚洲金融危机、减少失业人口做出了巨大的贡献。

在中小企业改制的过程中，也出现了企业原有的干部“自买自卖”“明卖暗送”和不对老职工进行任何补偿等不良做法，损害了职工等利益相关者的权益。针对这种情况，政府也采取了一系列措施，要求在“放小”的过程中正确处理各方面的利益关系，特别是在企业财产价格决定和职工的社会保障等两个方面尽力保证社会公正。

本来，企业的价值取决于该企业未来的盈利能力，它只能由市场通过竞购来决定。但在资本市场尚未形成、干部又握有定价决定权的情况下，很容易出现作价过低，有时几乎等于无偿奉送的偏向。[①] 为了防止转让价格出现大的偏差，各地采取了以下防范措施：（1）以国有资产的管理机关为主，设立专门机构作为卖方的全权代表处理价格和其他有关产权转让的法律事宜。（2）在买卖双方谈判

① 吴敬琏（1997）：《别打股份合作制的歪主意》，《新闻报》，1997年11月6日；王晓冰等（2001）：《格林柯尔疑云》，《财经》，2001年10月5日。

企业产权转让价格之前，一律要由有法定资格的评估机构（会计师事务所等）进行资产底价评估。（3）引入市场竞争机制，是防止转让价格发生大的偏差的最有效的方法。在中国集中的证券交易市场不够发达且很不规范的情况下，有些地方（如上海）开办了产权交易市场进行竞价交易。

另一个热点问题是如何对职工社会保障基金进行补偿。[①] 企业资产是由所有者权益和负债两部分形成，由此提出了国家对职工的社会保障负债应当如何补偿的问题。实践中主要的处理办法有三种：一是在出售国有产权时，在价款中将预期的社会保障开支加以扣除，出售以后由新业主继续向离退休职工支付养老金等费用。二是从转让国有净资产价款中划出一部分资金，一次性支付给职工，在实际操作中被称为“买断工龄”。三是划出一部分国有产权交给有关的社会保障机构，所得的红利等收入用于支付职工的养老金等费用。以上三种做法中，第一种由新企业承接老企业支付社会保障费用的责任，虽然简便易行，但终非长久之计。第二种办法对于有能力支付的企业也比较简单易行，但是没有为职工建立养老基金，遗留的问题比较多。第三种办法虽然比较复杂，但从长远计，可能有更多的优越性。对于这种办法，我们将在本书第 9 章 9.3.2 节中做进一步的讨论。

5.2.3　1998 年：大力扶持民营中小企业的发展

1997 年，中共十五大对私有部门采取的另一项重大行动，是采取有效措施帮助民营中小企业的发展。

---

① 这里所说的职工社会保障基金补偿问题不仅会在“放开搞活中小型企业”过程中遇到，所有国有企业在改革过程中也都有这方面的问题（参见本书第 4 章 4.4.2 节）。

20世纪中期，人们对中小企业在国民经济中的地位和作用的认识有很大的变化。

1973年英国经济学家舒马赫（E. F. Schumacher，1911—1977）在著作《小的是美好的》（*Small is Beautiful*）中强调：企业、城市和国家都不是越大越好；大型化导致效率降低，环境污染，资源枯竭。相反，小企业有自身的优势，它有利于处理好企业内部的关系，充分调动每一个员工的创造力，形成更大的合力。这种观点得到愈来愈多的认同。

未来学家托夫勒（Alvin Toffler，1928—2016）在《第三次浪潮》[①]一书中指出，自18世纪后期第一次产业革命开始的工业化浪潮（“第二次浪潮”）中形成的观念是：大就是好，大就是美，大就是效率。而在20世纪50年代高新技术革命浪潮（“第三次浪潮”）兴起以后，人们却普遍认为“小才是好，小才是美，小才具有活力和竞争力”。发生这种变化的原因是：第一次产业革命的核心内容是以机器代替手工。在当时的技术条件下，规模经济是提高效率最主要的因素。由此形成的生产方式被称作“大规模生产方式”（mass production）。例如，美国福特汽车公司创造的“福特生产方式”，就是以扩大生产批量、降低生产成本、创造规模效益作为提高竞争能力的主要手段。围绕“大型化”形成了所谓“大型狂”，如著名的松下公司在其“社训”中就把“不断扩大规模”作为自己的基本信条。第二次产业革命以后，一方面电能的广泛运用使动力的分散供应成为可能。另一方面，资本密集和大量耗能的大规模企业的消极影响日益显露，人力资本作用的扩大使小企

① 托夫勒（1980）：《第三次浪潮》，北京：中信出版社，2006年中文版。

业的优势凸显。因此，人们逐渐改变了观念，认识到中小企业不仅能够创造大量新的就业岗位，而且是支持整个产业发展的基础，对保持经济活力、提高效益、促进创造发明、增强竞争力有着非常重要的作用。

特别是20世纪50年代以后，以信息产业为代表的高新技术产业发展起来。高度依赖个人才智的高新技术创新最适合采取小企业的形式。人们常常以为美国电子工业的活力来自如英特尔、微软、IBM、惠普、AT&T等大企业。其实小企业才是技术创新的主要来源。第一，这些大企业是由小企业一步步发展起来的；第二，在它们成为大企业后，还要靠收购和改善千千万万个小企业，创造自由竞争的空间。在这样的环境下，大量的小企业得以生存发展，始终保持发明创造的活力，才能保持经济的持续发展。由于认识到中小企业的发展对市场的完善和充分竞争的市场有着非常重要的意义，第二次世界大战后，各主要国家采取了更主动的手段来打破垄断，如美国的反垄断法、德国的反卡特尔法（中国的“自律价”其实是一种价格串谋的卡特尔行为）、日本的公平竞争委员会等。与此同时，形成了扶植中小企业的整套做法。

专栏5.3　一些国家和地区对小企业的扶植政策

美国　美国政府将年销售额在500万美元以下、雇员不超过500人的公司视为小企业。美国有大约2 300万家小企业，占全国企业总数的90%以上。虽然其产值占美国国民生产总值的39%，但它们却雇用着美国53%的非政府机构雇员，美国绝大部分新工作岗位由小企业提供。每年有55%的技术革新和发明来自小企业。

美国联邦政府根据1953年《小企业法》，设立内阁级的机构——小企业管理局（Small Business Administration, SBA），专门负责对小企业的扶持。SBA的任务是“通过保护小企业的利益，对小企业提供帮助和咨询，协助美国经济保持其活力”。SBA拥有4 000多名雇员，在全美设有10个区分局和约100个地区办公室，协同全国的信贷、教育、培训机构和拥有约1.5万名志愿人员的“退休经理服务团”，向小企业提供免费咨询服务。SBA对小企业的帮助主要有：提供管理、营销、技术的辅导和培训，金融协助，开展国际贸易方面的帮助，为小企业争取政府合同。

日本　第二次世界大战后，日本政府开始关注具有很大活力但不具备强大信息优势和开发能力的中小企业，使它们能够成为扩大就业和支持大企业集团实现“产业高度化”的基础力量。日本政府扶植小企业的政策在不同的时期有不同的重点：第二次世界大战后初期，通过财政和金融政策帮助中小企业发展；经济高速增长时期，促进中小企业的设备投资，提高其生产能力和设备的现代化；20世纪70年代“石油危机”后，采取综合对策指导中小企业从扩张型向集约型发展，重点帮助中小企业进行技术开发和提高产品的附加值，实现生产低能耗和低公害。1990年，日本经济泡沫破灭，经济陷入结构性萧条，小企业更是深受其害。经济衰退使日本朝野痛切认识到小企业对于保持经济活力的意义，着力帮助小企业发挥自己的优势，以“模块化生产”[①]的方式向信息和软件产业发展。

① 模块化生产是将一个生产系统划分为若干子系统，这些子系统之间相对独立并通过标准协议和接口标准在一个共同界面进行相互独立的自行改进，而不必对它们之间的接口和整个系统重新设计，因此可以加快技术创新的速度。

现在，信息文化软件产品（在日本被称为“酷产品”）的生产已成为日本最大的产业之一。

德国 德国322万家企业中，员工总数在500人以下的小企业占到99.6%。德国53%的GDP和45.6%的投资靠中小企业实现。1987—1996年，全国新增就业岗位250万个，其中小企业就占200万个。德国政府的中小企业扶持政策分为间接扶持和直接扶持两种：前者主要是政府投资兴建社会公共基础设施，供中小企业免费使用；后者主要有提供低息贷款和投资担保，提高其自有资本比例，发展科研开发和技术创新等。

韩国 韩国政府在20世纪70年代中期以后执行的是过分向大企业倾斜的政策。1997年亚洲金融危机发生后才认识到，没有雄厚健全的中小企业基础，就不可能有国民经济的均衡稳定发展。于是韩国政府设立“中小企业特别对策班”“中小企业振兴公团”，帮助中小企业克服资金困难，稳定它们的经营基础。韩国政府还把21世纪的头5年定为“提高中小企业技术能力的战略时期”，制定和落实中长期综合方案，重点培育2万个风险投资企业，推进中小企业向技术、知识集约型产业结构转变。

中国台湾 台湾地区对中小企业的支持始于1966年，先在“行政院”国际经济合作委员会成立“中小企业辅导工作小组”，经过几度演变，到1981年成立“经济部中小企业处”，以协助中小企业健全发展。其工作有：制定中小企业政策及辅导措施纲要；协助中小企业改善经营环境；设置中小企业发展基金；建立中小企业融资保障制度；建立中小企业服务网；建立中小企业十大辅导体系，包括研究开发、生产技术、工业安全辅导、污染防治、市场行销、财务融通、经营管理、资讯管理、互助合作、品质提升；人才培训；等等。

根据陈清泰主编的《加快中小企业改革的步伐》(北京：中国经济出版社，1996年)，吴敬琏、柳红的《台湾怎样扶植中小企业》(北京：中国经济出版社，1999年)和其他资料编写。

然而在传统的社会主义计划经济体制下，和偏重重化工业相适应，流行的是偏重大型企业的“大型狂”。加之，中国绝大部分小企业是民营企业，因而小企业就更容易受到政策上的歧视和国有大企业经济上的挤压。

我们在第4章4.2.3节中已经述及，20世纪90年代中期国有企业的经营状况已经到了山穷水尽的地步，出现了亏损企业占企业总数约一半，整个国有部门连续数月净亏损的情况。1997年7月开始的亚洲金融危机，更使国有部门雪上加霜。在这种情况下，中国实施了以“下岗分流、减员增效”为主要内容的“三年脱困”(1998—2000)计划。于是有数千万的国有企业职工“下岗”。①

在1998年4月的一次研讨国有企业下岗职工分流问题的会议上，一些学者和政府官员提出了“以民营中小企业作为国企下岗职工分流问题的主渠道”的建议，得到国务院领导的采纳。在中共中央和国务院6月发出的《中共中央、国务院关于切实做好国有企业下岗职工基本生活保障和再就业工作的通知》中，提出了把大力发展民营中小企业作为解决国有企事业下岗职工再就业问题的主要手段。为了支持民营中小企业的发展，政府在以下几方面采取了

① 由于在国有经济改组过程中失去工作的职工的数量十分巨大，所以中国政府没有采取解雇的办法，而是让这些失去工作岗位的职工留在企业内，并发给基本生活费。这些职工被称为“下岗职工”。1998—2001年，国有企业有2 550万名职工下岗，约占中国国有企业职工总数的1/4。

措施：

（1）消除妨碍私营企业发展的意识形态障碍，包括大力宣传中共十五大关于私有企业是“社会主义市场经济重要组成部分”的新定位，纠正各种歧视和排斥私有经济的旧做法。

（2）在原国家经济贸易委员会设立中小企业司，专门帮助中小企业解决发展中遇到的各种困难，促进它们的健康发展。许多地方政府也建立了类似的机构，促进中小企业的发展。

（3）要求各商业银行设立中小企业信贷部，改善对中小企业的信贷服务；放宽银行对中小企业贷款利率的浮动范围，逐步实现利率市场化；在各省（自治区、直辖市）组织带有某种政策性金融性质的中小企业信贷担保机构。

（4）要求财政部和国家税务总局对中小企业采取一系列减免税的优惠措施，例如将中小企业的增值税税率由6%降到4%等。

（5）全国人民代表大会于2002年6月通过并从2003年1月1日起开始实施《中华人民共和国中小企业促进法》。这一法律以“改善中小企业经营环境、促进中小企业健康发展，扩大城乡就业，充分发挥中小企业在国民经济和社会发展中的重要作用”为立法宗旨，确立了中小企业的法律地位，明确了政府管理部门的职责，并将促进中小企业发展的主要政策上升到法律的高度。这一法律以及与之相配套的法规和实施细则的贯彻执行，为中小企业的发展创造了良好的环境。

（6）改进政府和社会对民营企业的服务。中小企业迫切需要管理、技术、产业发展情况、世界市场的供求情况等信息，如果每一家企业都自己独立地取得，成本太高，如果由政府或其他社会组织提供则可以提高效率。

1998 年以后，民营中小企业迅速发展。据国务院发展研究中心、中国企业家调查系统等单位的联合调查，截至 2001 年底，中国共有中小企业 2 930 万户，从业人员 1.74 亿人。从产出上看，2001 年中小企业创造价值占中国 GDP 的 50.5%，解决就业占新就业总量的 75% 以上，缴纳税款占全国税收收入的 43.2%。① 按照国家工商行政管理总局口径统计的私营企业发展情况见表 5.1。

表 5.1 私营企业的发展（1989—2000）

	私营企业雇工人数		私营企业注册资本额	
	（万人）	增长率（%）	（亿元）	增长率（%）
1989	142.6	—	84.5	—
1990	147.8	3.7	95.0	13.1
1991	159.8	8.1	123.0	29.5
1992	201.5	26.1	221.0	79.7
1993	321.3	59.5	681.0	208.1
1994	559.4	74.0	1 448.0	112.6
1995	822.0	46.9	2 622.0	81.1
1996	1 000.7	21.7	3 752.0	43.1
1997	1 145.0	14.4	5 140.0	37.0
1998	1 445.3	26.2	7 198.0	40.0
1999	1 649.8	17.6	10 287.0	42.9
2000	2 011.2	18.4	13 306.9	29.4

资料来源：国家工商行政管理总局办公室编：《工商行政管理统计汇编》。

① 转引自艾芳、祝兴平、王智：《中小企业融资究竟难在哪？》，《经济日报》，2002 年 8 月 13 日。

5.2.4　多种所有制经济共同发展格局的形成

多种所有制经济共同发展的格局首先是在中国的东南沿海地区形成的，然后逐渐向中西部和其他地区延伸。

首先出现这种局面的是浙江。改革开放以前，浙江是一个中等发达程度的省份。1980 年，浙江的全部工业总产值只有 201 亿元。其中，民营工商业尤其落后，全省民营中小企业完成工业总产值 700 万元，约占全省工业总产值的 0.035%。1981—1985 年，是浙江民营中小企业起飞发展的时期。浙江的民营企业大多是从千家万户的家庭作坊和“前店后厂”的小企业开始，形成以专业化市场为依托的企业集群（clusters）和特色产品，在全国乃至世界市场上销售。1985 年已经有 26.4 万户农民个体企业和农民联户企业，也就是说，已经有数十万个原来的农业劳动力转入非农产业就业。与此相适应，5 年间农村居民纯收入年均增长率高达 20.14%。到 1986 年，浙江农村居民年人均纯收入已经位居除直辖市以外各省、自治区的首位。此后，民营中小企业继续迅猛发展。2000 年，城乡民营企业实现工业增加值已经占到全省工业增加值的 49%。从 1981 年到 2000 年的 20 年中，农村剩余劳动力大量向城镇非农产业转移。农业劳动力占全社会劳动力的比重，已经从 1980 年的 67.7% 降低到 2000 年的 37.2%，共下降了 30.5 个百分点。城市化率也从 1980 年的 14.9% 提高到 2000 年的 48.7%，共提高了 33.8 个百分点，比全国平均水平高出 12.5 个百分点。浙江全省的年人均国民生产总值和年人均收入都仅次于上海、北京等大城市，居于全国其他省级单位的首位。①这样，浙江经济在世纪之交呈现出多种所有制经济共同发展，城市与

① 关于浙江民营经济的发展情况，见史晋川等：《制度变迁与经济发展——温州模式研究》，杭州：浙江大学出版社，2002 年。

农村比翼双飞的喜人局面。

江苏的经济发展经历过一些曲折。20世纪80年代，“苏南模式”的乡镇企业较之当时占统治地位的国有企业曾经显示出很大的竞争优势，是全国学习的样板。然而到了90年代初期，这些“准国有”的乡镇企业虽然规模有了发展，却日益表现出类似于国有企业的缺点，出现了效率下降、增长乏力的趋势。过去，中国国民经济每一次出现衰退，江苏总是最先走出逆境，增长速度大大领先于全国各省。但在2000年中国经济出现转机时，江苏的表现甚至低于全国的平均水平，并被浙江所超过。因此，“苏南模式”的乡镇企业需要进行制度改革成为各界人士的共识。但是，“放小”很快出现了两个问题：一是掌权的人用很低的价格把企业“半卖半送”或“明卖暗送”给自己人。二是在改制成股份合作制的时候，不但不对原有的职工社员就劳保欠账做出补偿，还强迫他们交钱入股，否则扫地出门。这种不合理的做法引起了职工的强烈反应。针对这种偏差，国家经贸委发出通知要求“刹住这股风”，于是，有些地方停止了“放小”。停止“放小”的地方，经济更加恶化，以致这些地方在日子实在过不下去的情况下掀起了向温州、台州学习的热潮，借鉴了后者的企业制度，进行了产权重组，绝大部分都改制为个人独资或公司制企业。[①]从那以后，苏南的经济形势发生了急剧的变化，GDP增长、工业生产回升，投资非常活跃，表现出方兴未艾的活力。特别是它的外向型经济，情况很好。

苏南的外向型经济原来就比浙江强大。21世纪之初的几年，中

① 关于20世纪90年代末期江苏多镇企业的情况，参阅新望：《苏南模式的历史终结》，《中国经济时报》，2000年12月30日。该文记录了围绕苏南地区集体企业的改革重组而产生的种种争论。

国和新加坡合资建设的苏州工业园区引进了新加坡政府管理的全套“软件”（即规章制度），并向江苏的各个开发区移植，使江苏省的投资环境大为改善。加之苏南地区邻近中国最大的商贸、金融中心——上海，使境外投资得以大量涌入。

广东是中国一个老的改革实验地区，以外向型的乡镇企业见长，早就形成了多种所有制经济并存的格局。不过在20世纪末期，由于国有经济改革和法治环境的改善滞后，它在对内对外经济上的表现都较长江三角洲地区有所逊色。进入21世纪以来，广东有些地区已经在改善投资环境、推进国有企业改革等方面急起直追。如果能在与香港特区经济整合的过程中实现优势互补，其前途是不可限量的。

总之，到了世纪之交，中国东南沿海经济较为发达的省份，私营经济的规模和质量都得到了很大的扩展和提高，成为支持各地区经济增长的重要力量（表5.2）。

表5.2　浙江、江苏、广东经济增长速度（1997—2002）　　（年增长%）

	GDP			出口总额		
	浙江	江苏	广东	浙江	江苏	广东
1997	11.1	12.0	10.6	25.7	21.4	25.6
1998	10.1	11.0	10.2	7.5	11.1	1.4
1999	10.0	10.1	9.5	18.5	16.9	2.7
2000	11.0	10.6	10.8	51.1	40.8	18.3
2001	10.5	10.2	9.6	18.2	12.6	3.8
2002	12.5	11.6	11.7	28.0	33.3	24.1

资料来源：各省统计局年鉴，《中国对外经济统计年鉴》。

在沿海地区具有极大活力的"苏锡常"经济的带动下，到2002年，中国民营经济已经成为国民经济中所占份额最大的经济部门，以及支撑中国经济发展的基础性力量。表5.3显示了私营企业的快速成长。

表 5.3 民营经济在国民经济中的地位和作用（1997—2002） （%）

		1997	1998	1999	2000	2001	2002
固定资产投资占比	国有	52	54	53	50	47	43
	集体	16	15	14	15	14	14
	民营	32	31	32	35	38	43
城镇就业人数占比	国有	53	42	38	35	32	29
	集体	14	9	8	6	5	5
	民营	33	49	54	59	63	67

资料来源：《中国统计年鉴》。

民营经济不仅数量巨大，而且具有很大的素质优势。事实表明，民营经济是市场经济的基础和最活跃的成分，有利于培育庞大的中等阶级（middle class），是维护经济和社会稳定的基础性力量，也是技术创新的重要源泉。它在1997年东南亚金融危机后抗击经济衰退、促进经济回升中大显身手；担当了城市下岗职工再就业的主渠道，为化解农村贫困、提高农民收入开辟了道路，同时推动着中国市场经济向纵深发展。从世纪之交不同地区民营经济在经济中所占份额大小与该地区GDP增长快慢之间的相关性可以看到，民营经济所占份额愈大的地方，GDP的增长愈快（图5.1）。

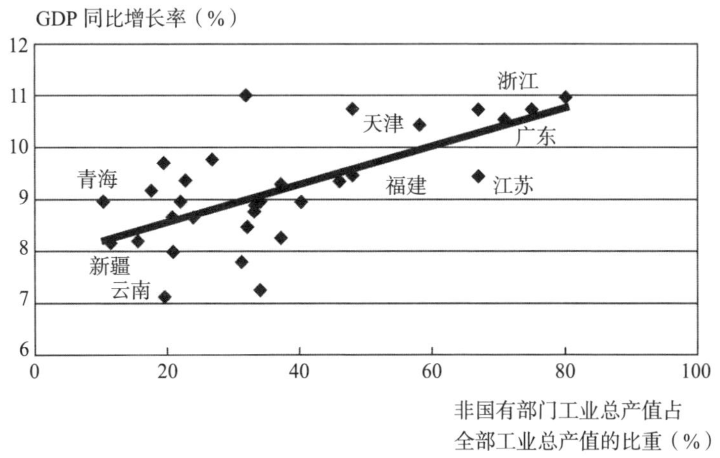

图 5.1　民营经济促进经济增长（以 2000 年为例）

资料来源：《中国统计年鉴》（2001）。

注：工业总产值的总数包括全部国有工业企业及年销售收入 500 万元以上非国有工业企业。

5.3　民营经济进一步发展的障碍及其克服

近年来，中国民营经济迅速发展壮大，为国民经济的健康发展做出了巨大贡献。但是直到现在，民营经济的经营环境还存在许多问题，特别是“左”的思想回潮，对民营经济的发展造成了很大的损害。另一方面，民营企业自身的组织制度、经营战略和激励机制也有不少弱点。为了保证它的进一步发展，这些问题都需要认真解决。

5.3.1　改善民营经济的经营环境

在中国，由于计划经济和“左”的意识形态留下的遗产，民营企业的经营环境兼具先天不足和后天失调的缺陷，政府必须采取主动行动，扫除民营经济发展的障碍。最突出的问题存在于以下几个方面：

第一，应当取消对私营企业的进入限制，真正做到“非禁即入”。私营企业在经营环境上遇到的第一个难题，是许多领域无法自由进入。在1976年以前的体制下，私人经济活动是被严格禁止和严厉打击的。改革开放以后，对私人经济活动的禁令逐步解除，但是直到1997年中共十五大，它仍然被限制在公有制的补充范围内。1993年中共十四届三中全会已提出“要为各种所有制经济平等参与市场竞争创造条件，各类企业一视同仁”，[①]但在1997年中共十五大明确宣布“非公有制经济是我国社会主义市场经济的重要组成部分”[②]以后，在许多领域中对私营企业的进入限制仍然没有取消。

2003年，中共十六届三中全会决定“清理和修订限制非公有制经济发展的法律法规和政策，消除体制性障碍。放宽市场准入，允许非公有资本进入法律法规未禁入的基础设施、公用事业及其他行业和领域。非公有制企业在投融资、税收、土地使用和对外贸易等方面，与其他企业享受同等待遇”[③]。2007年中共十七大重申,“坚持平等保护物权，形成各种所有制经济平等竞争、相互促进新格局”[④]。

为了限制政府设立行政许可的权力，全国人民代表大会于2003年8月通过了《中华人民共和国行政许可法》(简称《行政许可法》),

① 《中共中央关于建立社会主义市场经济体制若干问题的决定》，1993年11月14日中共十四届三中全会通过。

② 江泽民（1997）:《高举邓小平理论伟大旗帜，把建设有中国特色社会主义事业全面推向二十一世纪——在中国共产党第十五次全国代表大会上的报告》。

③ 《中共中央关于完善社会主义市场经济体制若干问题的决定》，2003年10月14日中共十六届三中全会通过。

④ 胡锦涛（2007）:《高举中国特色社会主义伟大旗帜，为夺取全面建设小康社会新胜利而奋斗——在中国共产党第十七次全国代表大会上的报告》。

并决定从2004年7月1日起实施。这项法律规定只有有权制定法律和行政法规的全国人民代表大会、国务院等少数机关有权设定行政许可。为了保证《行政许可法》的有效实施，国务院在2004年6月作出了《对确需保留的行政审批项目设定行政许可的决定》，宣布过去设定的审批项目，除500余项仍需保留外，全部取消。国务院为执行《行政许可法》和保障公民的市场进入权做出了一系列部署。

但是，以上这些决定和措施成效并不显著。由于受到命令经济的习惯势力和寻租活动特殊利益的抵制和阻碍，实施的情况很不理想。近年来，在有些地方和有些行业还出现了“国进民退”等“开倒车”现象。如果不能认真扭转，将使民营企业的经营环境进一步恶化。

第二，要改善民营企业的融资环境。民营企业缺乏通畅的融资渠道，也是一个社会反映强烈的问题。1998年以后，为了解决民营企业缺乏担保能力的问题，各地区普遍建立了中小企业信贷担保机构，为银行分担风险。同时，为了进一步开辟民营企业的融资渠道，也开始进行发展多种形式的民间金融机构的探索，并帮助它们开展金融业务。此外，初创企业融资，特别是高新技术企业种子期融资是一个信息不对称性较为严重的领域。从美国、以色列等国的经验来看，需要政府对风险投资加强立法和实施各类引导性的举措来缓解这一难题。

第三，要改善社会信用状况。市场经济必须建立在公正、透明的游戏规则上，也就是要建立市场的法治基础。目前，市场秩序比较混乱，失信、诈骗等现象十分普遍，这使得人们把设厂经商视为畏途。政府管的事愈少愈好的流行看法是片面的。目前，政府的问题是不该管的事管得太多，该管的事没有管。设定市场规则、培育支持性设施和严格公正地执法乃是政府不可推卸的责任。只有随着中国法治建设逐步推进，民营企业的经营环境才能逐步得到改善。从2001年开始，在一些政府机构的倡议下，上海地区进行了建立征信机构的试点，随后民间的征信组织和信用组织也开始发育。但是，如何建立竞争有序的征信市场，还有许多问题需要解决。

第四，要发挥商会（行业协会）及其他社会组织（如生产力促进中心）的作用。在中国，由上到下组织的行业协会往往被称为“中介组织”和被赋予“行业管理”的行政职能。这种由列宁的无产阶级专政体系下的“杠杆”“传动装置”演变而来的“二政府”组织实际上不能起到市场经济中民间组织保障一定社群的合法权益、反映它们的诉求，以及和其他社群协商对话的作用。商会应是企业家的自治组织，其宗旨是对企业家群体的利益进行自我保护，同时进行自我教育和自我监督及自律。①

5.3.2 民营企业需要加强自身的努力

民营企业在过去中国经济的发展中取得相当的成功，但其力量仍然十分稚弱。要想在全球化的条件下承担起中国经济发展主力的重任，还需要付出坚持不懈的巨大努力。

1. 完善企业制度

对于企业发展来说，良好的企业制度是一个基础性的条件。但是，中国大多数民营企业，无论是从“个体户”发展而来，还是由中小型国有企业和准国有的乡镇企业转制而成，都存在明显的体制缺陷。

企业理论告诉我们，适宜的企业制度是因时、因地、因所在行

① 关于民间商会的性质的讨论，参阅吴敬琏（2002）：《建设民间商会》，《吴敬琏自选集（1980～2003）》，太原：山西经济出版社，2003年，第350—360页。

业和发展阶段而有所不同的。市场经济中的企业制度门类众多，每一类企业制度都有它自己的特殊性，适应着不同行业、不同规模、具有不同特点的企业的要求。企业应当根据自身的特点，采用不同的组织形式和经营方式，并没有适用于所有企业的“最优”企业制度安排。企业制度的具体形式虽然各有不同，但所有有效的企业制度都有一个共同的特点，就是财产边界必须十分清楚。而对于规模稍微大一点的企业来说，还必须在充分明晰的产权基础之上建立有效的治理结构。

这样，问题就有两个方面。一方面是所有者要到位，另一方面是治理结构要充分有效。对于老板自己当家、自己经营的自然人企业来说，这比较容易处理，而对于合作社、公司等法人制企业来说，因为要委托经理人员来经营，存在所有与控制的分离，情况就不那么简单了，需要按照本书第 4 章中讨论过的公司治理的基本要求来加以处理。

目前，中国民营企业在企业制度方面有两个问题需要着重关注。

首先，是在国有企业和民营企业中都很流行的“多级法人制”的组织结构的利弊问题。

多级法人制是在国有企业“放权让利”改革中形成的一种组织结构。民营企业在由小到大的发展中收购兼并其他企业是一种有效的方法，而在一定时期内维持被收购兼并企业的独立地位，也是维系原有业主和职工的一种适宜手段。因此，许多民营大中型企业也都采取了包含“核心层”“紧密层”“松散层”等的多级法人结构。许多民营企业在发展到一定规模以后，也仿效国有企业，纷纷改制实行“多级法人制”。在“多级法人制”的企业集团中，企业总部下面一概设立有独立法人地位的子公司，子公司下面再设立若干有独立法人地位的孙公司、曾孙公司等。层级的数目可以达到5级、6级，甚至更多。

这种企业组织形式存在不少弊端。首先，“多级法人制”是一个与民法中的“法人”相冲突的概念。我们知道，所谓“法人”，是指具有和人格独立的自然人相同的民事能力和民事责任的组织。既然如此，“法人”就不能“多级”在“多级法人制”下，“二级法人”“三级法人”并不具有完全独立的权利。这就好像过去中国宗法制社会中的情况，一个人虽然已经成年，但只要父亲仍然在世，他就仍然在人格上从属于家长，不具有完全的独立性。

其次，“多级法人制”违反了有效激励的原则。一个有效的激励体系必须具备激励的兼容性，即既要调动下级组织或个人的积极性，又要保证被调动起来的积极性符合上级组织的目标，否则就会调动起下级组织的“积极性”来挖自己的墙脚。从企业组织学的角度看，这种“多级法人制”的制度安排，就像中国旧时没有分家的大家庭允许各“房”设立自己的小金库，有自己的“私房钱”那样，造成集团中各“成员企业”相互间的利益冲突。按照现代经济学不完全合同理论，凡是对各方应有的权利和应负的责任在合同上无法明确规定的经济活动，都只宜于放到企业内部，在一个行政权威的指挥和管理下完成。否则的话，就会发生具有利益冲突的独立主体之间相互侵权、相互要挟，以及无穷无尽的扯皮和摩擦等问题，大大提高交易成本。在一些民营企业的集团公司中，所谓核心企业和成员企业之间就存在这类摩擦。例如，因为许多独立的企业共用一个品牌，成员企业往往用偷工减料、降低产品质量的办法损公（集团公司）肥己（成员企业），而且屡禁不止。

事实上，在各国工业发展的早期阶段，较大的企业购并较小的企业，然后用控股公司的形式把这些小企业组织成一个集团，是一种常见的办法。但是，把“多级法人制”变为一种普遍适用的制度，并且到处推广运用，它的消极面就会愈来愈突出。中国的民营企业中出现的“多级法人制”既不是具有产权集中特点的公司，也与英国式的由母公司控股子公司的集团公司不一样。它们可以说是在中国文化背景下的特殊产物。租地小农户充斥的中国历来缺乏所谓“法人文化”，即不善于运用有严密规章制度的科层组织去组织大生产，而习惯于靠把产权切块，每一级给一份产权实行“分封诸侯”的办法来维系经济协作关系。这种制度通常会造成企业内部的割据状态和利益冲突，需要按照公司制的原则逐步加以改造。[①]

另一个值得关注的是家族企业问题。

关于家族企业，有两种流行的看法：一种认为这是一种具有极大优越性的企业制度形式，应当加以坚持和推广；另一种认为这是一种落后的企业组织方式，应当尽快改制为现代公司。看来，这两种极端的看法都具有一定的片面性。什么是适宜的企业制度要以条件为转移，而不能笼统地说哪种企业制度是放之四海皆准的。一般说来，在重视血缘纽带的华人社会中，中小规模的企业选择家族式管理具有增强企业内部凝聚力和降低交易成本的优点。然而当企业规模扩大以后，特别是具有很强经营能力的创业者退出历史舞台以后，企业需要由聘任的职业经理人管理，这时，选择所有权和经营权相分离的现代公司制度就成为一种客观的需要。但是由于现代公司制度的运作需要良好的法律框架和信用体系，在运作环境缺位的

① 吴敬琏（2003）：《现代大型公司的经营战略与组织结构》，《吴敬琏自选集（1980—2003）》，太原：山西经济出版社，2003 年，第 386—395 页。

情况下，创业者家族仍在董事会和执行机构中起决定作用的家族公司就有它的一定优势。

专栏 5.4 海外华人家族企业

至今，分布在海外的华人（包括华侨）约 3 000 万人，其中绝大多数生活在东南亚各国。第二次世界大战结束后，东南亚各国的华人家族企业得到蓬勃发展，成为当地不可忽视的经济力量，在某些行业甚至成为翘楚，有的还发展成国际知名的企业集团，如泰国的正大集团、马来西亚的郭氏兄弟集团、新加坡的丰隆集团、印尼的沙林集团和菲律宾的陈永栽家族集团等。这些家族企业和中国港台地区著名的李嘉诚集团、李兆基集团和王永庆集团等一起，由于其独特而颇具生命力的企业组织形式而受到世人的广泛关注。

概括起来，海外华人家族企业在发展过程中普遍呈现出以下特点：

首先，从经营形式上看，大多数华人家族企业经历了由小到大，由单业经营到多业经营的过程。海外华人企业往往是靠餐饮业、杂货零售业、制衣、洗衣业和理发等服务业起家的。随着第二次世界大战后居住地经济的快速发展，华人企业迅速成长，为了分散投资风险和创造更多的发展机会，华人企业家开始寻求经营领域的多元化。华人企业涉足的行业也扩大到包括金融、房地产、制造业、旅游及娱乐业等多个领域。20 世纪 90 年代以来，香港和台湾等地的华人企业进一步向高新技术产业拓展。与此同时，华人企业非常重视开拓国际市场，进行跨国投资、建立企业间的国际合作和战略联盟等。

其次，从企业组织管理上看，华人家族企业通常实行所有权与经营权紧密结合的家族式管理模式。一个华人企业或财团往往由一个家族绝对或相对控股，企业的董事长、总裁大多由创业家长来担任，家庭核心成员也位居要职，构成企业的核心决策层，远亲和朋友组成的经理层则负责企业的日常管理事务，再往外则是一般雇员，从而形成类似中国传统社会的“差序格局”。而且，企业内部分工不太明确和细致，“家长”往往事无巨细都要过问。

最后，从经营理念上看，华人家族企业重视东方的文化传统，对内强调忠孝、仁爱、勤俭、奋斗、服从家长权威，表现出很大的家族凝聚力。对外则强调和为贵、讲信用、重视建立关系网，包括与政府建立良好关系。

利用家族亲情关系降低交易成本，正是华人家族企业取得成功的重要因素。但是，这样的企业组织形式也存在一些弊病。在企业的进一步发展中，这些弊病往往给企业带来致命的打击。比如，由于决策权高度集中，企业的生存系于一人，一旦发生决策错误就无法挽回；企业的最高经营管理权父子相承，难以保证由最具有经营才能的职业经理人加盟管理企业；企业内部管理不透明，难以得到社会的信任，因而难以更多地利用社会的各种资源；重视通过血缘、地缘和业缘等关系网络来开展业务，缺乏法律观念，不利于企业规模的扩张；任人唯亲、唯情，不利于选拔人才，降低了企业的生产效率；过分重视与政府的关系，导致企业的经营受政局和政策的影响过大，不利于企业的稳定发展。随着华人家族企业由创业的第一代向接受了西方现代管理理念的第二代交班，加上受到全球化竞争的冲击，一些海外华人家族企业对上述问题已有所认识，开始进行观念和制度上的更新，比如对职业经理人的引进，进一步开放企业的股权结构，树立企业的公众形象，等等。也许，一种结合了中西方文化理念和管理实践的企业组织形式会在部分华人家族企业中悄然形成。

根据云冠平、陈乔之主编的《东南亚华人企业经营管理研究》(北京：经济管理出版社，2000 年)编写。

总的看来，家族公司的产权社会化和管理社会化是家族企业在发展壮大过程中的大势所趋。

第一，大型企业走向社会化的必然性是由下述客观原因导致的：首先，随着时间的推移，家族繁衍令家族成员间血缘关系逐渐淡化。分割继承了家族财产的成员相互之间的血缘关系也就逐渐地淡化了。从长期看，家族内部联系弱化，矛盾和冲突等原因导致家族企业的股权外流的概率大大提高。其次，企业规模扩大促使管理和融资社会化。家族企业发展、规模扩张，必然带来对管理专业化和外源融资的需求，引进外部管理人才和外部股东，就会加速家族企业管理者和所有权社会化水平的提高。最后一个因素是来自市场竞争的影响。当家族企业经营中出现某些困难时，常常会以转让部分股权甚至全部股权为代价来应对困难，其结果也促使家族企业产权社会化。

第二，中国的家族企业在走向社会化的过程中最突出的矛盾是经理人的问题，特别是创始人之后的继任人的选择问题，以及对职业化经理人才的引进问题。在选人的问题上，中国家族企业遇到两个主要的障碍：一个来自费孝通所定义的中国传统社会人际关系的“差序格局”。他说，中国“社会关系是逐渐从一个一个人推出去的，是私人联系的增加，社会范围是一根根私人联系所构成的网络”[①]，

① 费孝通(1947)：《乡土中国》，北京：北京出版社，2005 年，第 40 页。

"好像把一块石头丢在水面上所发生的一圈圈推出去的波纹"。[1]它以自己的利益为核心，近亲是最密切的"自家人"，非亲非故则被视为"外人"。所谓"非我族类，其心必异"，自然得不到信任。显然，这种以亲疏定关系的思维定势，是对在范围广大的陌生人市场（非人格化交换）中从事经营活动的现代企业的发展极其不利的。另一个障碍来自外部人才供给的不足。在中国目前的职业经理人市场上，选聘具有较高职业道德素养和管理才能的人才并非易事。这样的外部环境障碍并不是单个企业所能克服的。

第三，制度与文化的建设决定着家族企业发展的未来。从长远来看，家族企业的社会化有赖于内在的企业制度和企业文化的建设，也有赖于外在的法治和文化环境的进化。目前中国大部分家族企业宜在充分利用家族关系的优势的同时，积极引进职业经理人，赋予与他们才能相称的权力，并且促进公司文化的进步，使职业经理人有条件充分施展自己的才能，逐步实现向现代公司制度的转化。

2. 制定正确的经营战略

民营企业在起步时通常利用国有经济覆盖的空隙，采取用廉价商品挤入市场的策略发展自己。例如，浙江温州和台州地区通过专业市场打开销路，带动了千千万万户"前店后厂"小企业的生产。这些企业常常是"打一枪换一个地方"，什么能赚钱就做什么，并没有明确的发展目标和发展战略。这种做法适合于初创的中小企业和国有经济仍占优势的卖方市场条件，而在企业规模已经比较大、买方市场又已经初步形成的条件下，按照原来的路子走下去，路就会越走越窄。

首先，制定经营战略是企业成长至一定阶段的客观要求。在企

① 费孝通（1947）:《乡土中国》，北京：北京出版社，2005年，第32页。

业规模很小、职工人数很少或主要由家庭成员组成的情况下，经营的协调完全可以通过意会默契来实现。但在企业人数众多，而且来自四面八方的情况下，就需要有明确的经营发展战略，使全体职工首先是高中层经理人员将各自的努力协调地指向共同的目标。正如迈克尔·波特（Michael E. Porter）所说："参加竞争的每一个公司都有其显式的或隐式的竞争战略。"否则，"如果听任各部门自行其是，则它们不可避免地将依从于其业务性质和负责人兴趣的驱使而各自为政"。①

目前，中国民营企业在经营战略上的一种主要倾向，是以"打价格战"降价倾销作为主要的竞争武器。在过去卖方市场的条件下，几乎所有产品都供不应求，处于支配地位的国有企业处在"皇帝的女儿不愁嫁"的地位上，不需竭尽全力去满足市场需求。在这种情况下，民营中小企业的产品只要质量还过得去，价格又足够低廉，是不愁没有销路的。于是，许多中小企业就形成一种粗制滥造大路货、靠价格低的优势取胜的传统。现在市场情况变了，从原来供不应求的卖方市场变到了供大于求的买方市场，竞争大大加剧。在这种情况下，再按原来降价竞销的路子走下去，其恶性竞争使企业利润愈来愈薄，直到完全无力进行技术更新，甚至用偷工减料的方法来降低成本以求得生存。这样下去，势必把整个行业搞垮。波特指出，企业有三种基本的可以提供成功机会的战略，这就是总成本领先战略、标歧立异战略和目标集聚战略。②降价竞销要以实施其中的总成本领先战略为前提。然而正如波特所说，实施总成本领先战略需要持续的资本投资和工艺加工技能、对工人的严格监督、低成本的分销系统等基本的技能和资

① 波特（1980）:《竞争战略》，北京：华夏出版社，1997年，第1页。
② 同上书，第33—34页。

源，还要满足有结构分明的组织和责任、严格的成本控制等基本的组织要求。[①] 如果做不到这些，而是靠降低产品质量和压缩利润的办法降价竞销，这种企业求生的方法无异于自杀。

正像管理专家石滋宜在批评台湾某些企业挤在狭小的“有限利基市场”中进行恶性竞争时指出的，企业家不应当总想在别人已经占有的市场上比别人做得“好”，更重要的是要比别人“特”。这就是说，企业一定要避免和别的企业挤在同一个市场里，打价格战，最后弄得两败俱伤；而要采用顾客需要导向的差异化战略，以具有自己特点、适合于特定顾客群的产品和服务，在细分市场上找到自己安身立命的地方（图 5.2）。[②] 这样就能改变现在这种产品结构雷同，犹如千军万马涌向一座独木桥的恶性竞争状态，转而形成在波澜壮阔的大江大河上百舸争流的有序竞争局面。

中国民营企业在经营战略上的另一个常见问题是过度多元化。许多企业在稍具规模之后，就匆忙地进入多个行业。这些行业之间的关联度不高，造成了资金、技术和领导精力的分散，也不利于企业实施差异化战略。企业多元化需要把握的原则是，多元化涉足的新业务领域除本身具有较强的产业发展前景外，更重要的是它必须与企业现有的主营业务和核心竞争力具备良好的战略关联（strategic

① 波特（1980）:《竞争战略》，北京：华夏出版社，1997 年，第 34—36、44—45 页。

② 石滋宜（1996）:《利基策略——中小企业制胜之道》，北京：生活 · 读书 · 新知三联书店，2002 年。利基（niche）的原义是指天主教的神龛。所谓“利基市场”（niche market），是指提供特定商品或服务以满足特定需求的市场。石博士认为，任何一个市场的利基规模都是有限的，企业不应挤在别人有专长的利基市场上去和别人竞争，而应当培育自己的核心专长，开辟适合于自身特点的利基市场。

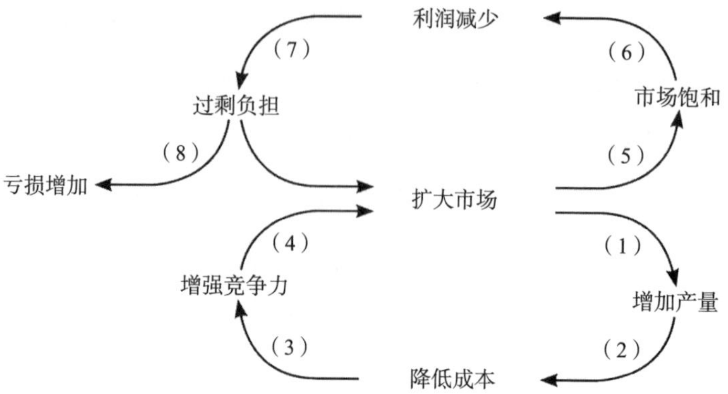

图 5.2　有限利基市场

资料来源：石滋宜（1996）：《利基策略——中小企业的制胜之道》，北京：生活 · 读书 · 新知三联书店，2002 年，第 52 页。

fits），即企业内部不同业务单元之间可以通过共享资源来组合生产经营，进行核心专长（如技术开发专长、管理能力，以及品牌和市场营销技巧）的转移，从而降低企业的成本，或者使企业产生相对于竞争对手的差异化优势。

3. “结交官府”不是企业家立业之本

近年来，由于各级政府支配资源的权力不减反增，在中国的发展中，一股官商勾结的腐朽之风大有不断滋生和蔓延之势。有一些民营企业家不是依靠开辟经济发展的新思路和努力创新，而是试图通过结交政府官员来寻求特殊的“照顾”和获得额外的资源。

应当说，官商勾结古今中外都不少见。特别是在旧中国的专制制度下，从皇帝到下级政府官员手里掌握了大量资源。因而在中国旧时的商业文化中，积淀起以“结交官府”进行权钱交易作为发财致富不二法门的恶习。改革开放以来，由于双重体制并存，行政权力在资源配置中还起着举足轻重的作用，因而我们在本书第 2 章 2.2.4 节中讨论过的寻租活动仍然广泛存在。近年来，中国的整个社会经济环境有了一定的进步，可是这种不良的经营环境还没有得到根本改变，因而有些企业家仍然企图在《胡雪岩》等描述“红顶商人”行迹的著作[①]中寻找旧时商人勾结官府的手段与技巧，企图靠钱权交易发财致富。他们的这种行为严重地损害了市场秩序，败坏了商业道德，威胁市场经济的正常运转，也是“权贵资本主义”瘟疫得以传播的主要根源。

这种官商勾结现象的出现，应该说其根源在于政府及其官员拥有过多不受约束的权力。由于当前各级政府仍然存在大量行政权力干预企业活动的行为。民营企业在面对激烈的市场竞争的同时，又在市场准入等诸多方面处于不利地位。如果政府既拥有支配资源的大权，又缺乏有效的制衡，企业家寻求与政府“合作”就成为一种理性的选择。然而，“官商勾结”以权力的介入破坏了市场经济机制对所有人权利的保护，损害了大部分人的利益而保护了少数人的利益，破坏了公平原则。而当走此捷径的民营企业家习惯于这种钱与权的交易，最终面对的反而是比市场环境更难把握的高风险。企业的命运、企业家本人最终都有可能沦为权力斗争的牺牲品。

为了杜绝民营企业走上勾结官府、权力寻租的歧途，关键是需要摆正政府的位置，建立起法治的市场经济。民营企业家自身要提高利益自觉，懂得勾结官府寻租发财绝不是企业家的本分；同时，要增强社会责任感，与官府和“官商”划清界线。随着市场逐步走向规范和政府官员的权力受到约束，靠勾结贪官污吏发家的暴发户

① 胡雪岩（1823—1885），名光墉，字雪岩，安徽绩溪人，是清末著名的“红顶商人”。他依靠结交官府大员，从杭州一个钱庄的小学徒，成就为浙江第一巨富，兼有布政使衔的从二品官阶。近年来中国流行一种说法，叫作“从商要读《胡雪岩》”，指的是台湾作家高阳所写的畅销小说《胡雪岩》三部曲。

式“企业家”将会由于失去生存的基础而走向没落。

5.3.3 中小企业的技术提升和产业升级

改革开放以来，中国的高技术产业从无到有地成长起来。现在，中国已经成为世界高技术产品特别是信息产品的一个重要生产国和出口国。问题在于，中国的高技术产业大而不强，出口规模很大的“高技术产业”也大多缺乏拥有自主知识产权的技术，只是低附加值的组装产品。针对这种情况，加快技术进步和增加附加值，就成为中国发展高技术产业的一项迫切任务。

而实现这一任务的关键，是发展中小企业和提升中小企业的创新能力。

高技术产业（hi-tech industries）和传统产业的最大区别在于，它是建立在知识的基础上。换句话说，在生产诸要素中，人力资本（human capital，即人的智识和技能）扮演着最为关键的角色。因此，只有有利于发挥掌握着人力资本的专业人员的积极性和创造力的制度安排、组织结构和文化氛围，才是适合高新技术产业发展要求的。

在这个问题上常见的认识误区是，以为只要有高额的研发投资和建设起具有先进设备的大型企业，就足以推进高技术产业的迅速发展。

回顾中国过去历次发展“新兴产业运动”和“高新技术产业运动”，所采取的路径大同小异，就是以政府为主导，确定科学和技术发展的重点，动员物质资源和分配技术力量进行“攻关”，并要求企业实现从新技术到产品的转化。在过去数十年间，制定了许多个发展高技术和高技术产业的规划，发动过多次科学和技术的“攻关”运动。政府的注意力集中于确定“攻关”的重点和为进行“攻关”分钱、分物、调配人力上。

现代关于技术和制度变迁历史的研究否定了上述“运动”和“攻关”的可行性。例如，道格拉斯·诺斯（Douglas North，1920—2015）和托马斯（Robert Thomas）的名著《西方世界的兴起》指出，18 世纪以后西欧之所以首先出现经济迅速发展、人均收入迅速增长的局面，是由于这些国家具有更有效率的经济组织。“有效率的组织需要在制度上作出安排和确立所有权，以便造成一种刺激，将个人的经济努力变成私人收益率接近社会收益率的活动。”“一个有效率的经济组织在西欧的发展，正是西方世界兴起的原因所在。”[①]罗森堡（Nathan Rosenberg，1927—2015）和小伯泽尔（L. E. Birdzell, Jr.）在《西方现代社会的经济变迁之路——工业化国家的经济演变》[②]一书中，用确切的历史事实表明：就科学技术本身而论，直到 15 世纪，中国和阿拉伯国家仍然显著地高于西欧，但西方国家很快后来居上，在经济上大大超过东方国家，原因是西欧在中世纪中后期建立了一种有利于不断创新的社会机制，如经济领域摆脱政治和宗教控制而实现自主发展，商人阶层出现，国内和国际贸易扩展，组织管理创新，等等。18 世纪中期第一次产业革命之所以能够发生，是因为已经存在一个经济增长体系作为制度基础。这种增长体制是在中世纪中后期的商业革命中逐渐形成起来的，如复式簿记是在 13 世纪发明的，公司制度是在 17 世纪初出现的，等等。没有这种制度上的变迁，产业革命是不可能发生的。因此完全可以说，产业革命其实是商业革命的直接后果。

① 诺斯、托马斯（1973）：《西方世界的兴起》，北京：华夏出版社，1999 年，第 5 页。

② 罗森堡、小伯泽尔（1986）：《西方现代社会的经济变迁之路——工业化国家的经济演变》，北京：中信出版社，2000 年。

总之，发展高技术产业，重要的问题在于建立能够培育和发挥创新创业精神的制度——制度重于技术。[1]

就企业制度而言，小企业才是技术创新的主要来源。事实证明，中小企业在技术创新方面具有领先于大企业的优势。据统计，美国2 700万个小企业创造了60%—80%的新就业岗位，雇用了全美40%的高技术员工。这些员工人均产生的专利数量是大企业高技术员工的14倍。[2]正因为如此，“小企业是美国经济的发动机”已成为民主与共和两党的共识。中国中小企业在技术创新方面也有很大的潜力。据科技部统计，自改革开放以来，大约70%的技术创新、65%的国内发明专利和80%以上的新产品来自中小企业，而90%的中小企业是非公有制企业。[3]在研究这一问题时，需要把适合于高技术创新的企业规模和适合于高技术产品制造的企业规模区分开来进行讨论。

对于高技术产品的制造而言，由于前期研发和设备投资的数额很大，而其边际成本又几乎可以忽略不计，企业的规模就具有决定性的意义，因而大企业具有很大的优势，甚至“赢者通吃”（winner takes all）。

然而对于技术创新而言，企业规模过大却有许多不利之处：第一，为了保证企业组织严整和人数众多的员工步调一致，大企业需要有严密的规章制度和严格的纪律，而这却被大多数具有创造才能和力图实现自己发明的人员看作是对自己个性的束缚。第二，在一

① 吴敬琏：《制度重于技术——发展中国高新技术产业》，北京：中国发展出版社，2002年。

② 美国小企业管理局：《小企业经济——致总统的报告（2008）》，华盛顿：美国政府印刷办公室，2009年，第47页。

③ 黄孟复主编（2007）：《中国民营企业自主创新调查》，北京：中华工商联合出版社，2007年，第5—6页。

个大的企业群体中，创新员工的贡献和他们所得到的报酬之间必然发生某种程度的疏离，削弱了研究人员的创新动力。第三，高技术创新通常是一个连续不断创新的高速发展过程。一项技术不能在最短的时期内实现突破，将很快被淘汰。大企业体量大，不像小企业那样能够灵活迅速地行动。因此，小企业成为高技术创新的主要来源。适应这种情况，一些大企业设立了自己的直接投资部，向从事研发的小企业投入资金，而在小企业的研发取得成功以后，用收购、兼并或购买专利的办法将新技术并入自己的系统。

经过改革开放30年来的经济发展，中国已经具备一定的技术研发能力和比较强的制造业基础。在这样的条件下，中国应当选择技术上有革命性突破的产业领域，加快新技术产业化，创建自己具有世界竞争力的拳头产业，从而实现产业振兴。

例如，“十三五”期间，信息通信领域成为全球竞争的焦点，并从技术竞争逐步演进到以互联网产业体系为核心，以网络治理、标准制定、规则主导、产业影响为重点的体系化竞争，国际规则、标准体系、资源分配面临调整变化。[①]中国完全有条件抓住这个重要技术迭代期和新兴业态启动窗口期的机遇。第一，中国拥有世界上最大的电信市场；第二，中国是世界上最大的电信产品制造基地；第三，虽然整体素质上还赶不上先进国家，但是中国受过高等教育的技术人员的数量早已位居世界第一。加之近年来中国的研发投入增加得很快，取得的专利授权也大量增加。[②]如果中国企业能够利用这

① 参见国家工信部：信息通信行业发展规划（2016—2020年）。

② 世界知识产权组织（WIPO）公布的数据显示，2015年，我国申请人通过《专利合作条约》（PCT）途径提交的国际申请数量达29 846件，稳居世界第3位，同比增长16.8%，增速居世界主要国家首位；占全球总量的13.7%，较2014年提高1.8个百分点。

些条件，在重大技术项目的最高级竞争——制定技术标准的竞争里取得成功，就能够建立起若干立足于自主知识产权的大产业，在这些市场潜力巨大的领域里占有一席之地。因此，在现阶段，怎样创造条件迅速推广自主知识产权的技术和完善市场竞争规则就显得极为迫切。过去的经验告诉我们，中国企业不是没有遇到过振兴产业使其具有国际竞争力的机会，而是当这种机会出现时往往因为技术准备不足、创新动力不强、产业组织落后或政策失误等原因，丧失转瞬即逝的宝贵机会。

总之，综观世界各国发展高技术产业的经验和教训，中国需要做出的努力是：

1. 正确发挥政府的作用

在中国高技术产业发展的历史上，有一个经常出现的认识误区，就是认为政府最有长远眼光，最能代表国家长远利益，最具有动员人力、物力、财力的能力，因此由政府来主导高技术的研究开发和组织高新技术产品的生产，最能收到效果。但是第二次世界大战结束以来，各国高技术创新的历史表明，事实并非如此。日本在 20 世纪 80—90 年代与美国高技术创新的竞赛中，继续运用 60—70 年代赶超欧美先进国家时所使用的方法，由政府制定计划，指定技术路线和组织社会力量来进行技术研发，结果事与愿违，以失败告终。[①] 究其原因，第一，赶超先进国家的活动，可以依靠已有的知识去进行，政府进行规划和组织，信息上没有太大的困难，而技术创新的

① 最突出的事例，是按照政府指定的模拟式的技术路线进行的高清晰度电视的开发。虽然投入了大量资金，并在早期表现出效果，但是由于被美国企业自主开发出来的数字技术所超越而全部作废。参阅吴敬琏（2000）：《中国怎样才能有自己的硅谷》，《发展中国高新技术产业：制度重于技术》，北京：中国发展出版社，第 77—103 页。

实质在于探索未知。技术决策所需要的知识不是政府所固有，而只能靠成千上万名科技人员在不断的“试错”中获得。第二，开发高技术要依靠专业人员的自由创造精神，政府的计划和行政纪律只会压抑创新的专业人员的积极性和创造性。第三，高技术产品的生产由政府和国有企事业单位来进行，由于没有竞争的压力，没有商业收入的支撑和盈利的激励，也不可能像民营企业那样有效率。因此，为了发展高技术产业，一方面要纠正前面讲到的政府越位和职能错位的偏向；另一方面，又要做到政府职能到位。在发展高技术产业中需要由政府从事的活动包括：（1）建立有利于高新技术创业活动的组织制度和法律体系；（2）用政府资金资助没有直接商业收益的基础研究和“竞争前的”技术开发；（3）对具有外部效益和有较大前期投入的新产品的需求方给予补贴；（4）组织共用技术的开发。

2. 建立适合于高技术创业企业的融资机制

高技术企业在不同发展阶段对融资形式的需求差别很大。中国应当根据高技术企业不同发展阶段的要求，不断完善多种多样的融资形式：（1）鼓励与促进为种子期创业企业融资的“天使投资”的发展。创业企业在成长初期面临“成长陷阱”，一方面要通过建立由政府支持的创新孵化器、政策性中小企业信贷担保平台、小额信贷机构来部分克服种子期创业企业融资的市场失灵；另一方面也要鼓励拥有专业能力的投资商和专业基金及民营企业、社会团体提供“天使资本”。（2）进一步完善以有限合伙制企业为主要形式的风险投资企业。（3）建立和完善柜台交易市场（over the counter market, OTC market）和创业板市场，解决成熟期的高技术企业继续融资和风险资本退出通道等问题。（4）完善关于私募股权基金（private equity fund）和收购、兼并的法规，为民间资本支持高技术产业成长提供更多渠道选择。(5)加快传统商业性金融机构的信贷创新，从以资产担保为基础转向以订单为基础的债务融资，如大力推出“供应链融资”。(6)借鉴美国“硅谷银行”[①]的经验，将针对不同阶段高技术企业融资的投资机构进行纵向整合，形成客户信息和资源共享的投融资平台。

3. 探索“产学研相结合”的有效形式

20世纪“向科学进军”运动以来，中国一直提倡企业、高等院校和科研院所之间在新技术产业化上的合作。但是，这方面取得的成效并不十分显著，还需加以改进。在中国，实现“产学研相结合”的一种重要形式是由科研院所和高等院校自办企业。院校自办企业是中国特有的现象。硅谷60%—70%的企业都是由斯坦福大学的学生或教师创办的，但是斯坦福大学没有一家校办企业。现代社会分工很细，高等院校和科研院所的任务是创造知识和传播知识，很难把经营好企业作为自己的主业。而在中国的校办、院办和所办企业这种特殊类型的国有企业中，发明家和企业家缺乏切身利益联系，也很难使他们充分发挥自己的才能。这些校、院、所通常只能从它们所办的企业中拿到有限的收入，可是由于精力和资源分散，反而削弱了科研和教学的本业。因此，这种组织形式既不利于专业人员的积极性、创造性的发挥，又影响高校和科研院所集中精力搞好教学和科研，应当尽快让它们分拆出来，独立发展。

① 美国硅谷银行(Silicon Valley Bank, SVB)成立于1984年，是一家专门以中小企业为主要服务对象的中小型商业银行。硅谷银行既保持商业银行的发展活力和有效的风险控制，同时，又采用债权和股权的多种投资方式参与新企业的成长。硅谷银行的特点在于将传统商业银行业务、投行业务及咨询业务等建立在与风险投资的密切联系和共同理念之上。

“产学研相结合”的另外一种重要形式，是由科研院所、高等院校与企业共同组织研发机构，进行“课题攻关”和新技术的产业化。但是由于科研院所、高等院校及其工作人员与企业的目标并不完全相同，他们之间往往存在许多难以解决的矛盾。从已有的经验看，为了尽力和尽快地开发出新技术和实现新技术的产业化，必须在它们之间建立起能够有效满足合作各方诉求的利益机制，才能使产学研各方既能够各司其职，又能够通力合作，共同促进高技术产业的发展。

4. 建设良好的创新基地

政府应和社会各方包括商业组织和中介机构等共同努力，为创业企业建设良好的“栖息地”或“孵化器”，为专业人员充分发挥他们的创造才能准备条件。由于原先社会资源条件比较差，法规也不健全，所以在开始建“孵化器”的时候，常常要由政府来设立，使它们变成一个由政府管理的有形机构，进入这样的机构和接受“孵化”，要先由政府来认定它的“高科技含量”。这类做法有很大的局限性，不利于发挥一切创业力量的积极性，所以要把“孵化器”的围墙打开，广泛吸收社会资源，让各种民间机构为初创企业提供更加专业化的服务，如咨询服务、融资服务、物业服务、秘书服务等，形成全社会共同努力振兴中国高技术产业的大好局面。

第 6 章　金融改革

由金融市场、金融中介和金融管理制度等构成的金融体系，是现代经济最重要的架构之一。从计划经济到市场经济转轨的一个核心内容，就是按照市场经济的要求重建金融体系。我们从计划经济下的金融体系和市场经济下的金融体系的原则区别开始，对这个主题展开讨论。

6.1　市场经济和计划经济下的货币与金融

6.1.1　市场经济中的货币和金融

市场经济中最重要的资源之一——资本，是通过金融体系在不同的市场主体之间作空间和时间上的配置的。下面对现代市场经济中的金融体系作一简要介绍。

1. 金融市场

金融市场的基本功能是从拥有富余资金的人手中把闲置的资金引导到资金短缺的人手中。可以按照不同的划分标准区分为若干子类：

货币市场和资本市场　根据金融市场上交易期限的长短，可以将市场划分为货币市场和资本市场。货币市场是指短期（期限为 1

年以下）金融资产交易的金融市场。货币市场上的交易对象主要有回购协议（repurchase agreement, repo）、短期国债（treasury bill）、可转让存单（certificate of deposit, CD）、商业票据（commercial paper, CP）、银行承兑票据（banker's acceptance, BA）及外汇等。货币市场一项重要的功能是决定基准利率。资本市场则是指长期（期限在1年和1年以上）金融资产交易的市场。资本市场上的交易对象则主要是股票、资产支持证券（asset-backed securities, ABS）、公司债券、中长期政府债券等。

信贷市场和证券市场 信贷市场指贷款主体和借款主体之间进行借贷交易而形成的市场。证券市场则是进行债券、股票等证券交易的市场。在信贷市场上，资金的融通通过商业银行等金融中介完成，所以信贷融资又称为间接融资。与之相对应，证券融资又称为直接融资。在证券交易发展起来之前，信贷市场就已经广泛存在，并在社会融资中承担着主要作用。随着其他金融市场的发展，信贷融资在发达国家的社会总融资中的份额呈现下降趋势，但依然起着基础性的作用。

信贷市场的信贷资产可从不同的角度进行划分。比如，住房按揭贷款可以按风险的高低分为优先（prime）贷款和次级（sub-prime）贷款；一般贷款可以按期限分为短期贷款和中长期贷款；也可以按贷款对象分为企业贷款和个人贷款；还可以按贷款用途分为固定资产投资贷款、流动资金贷款、住房抵押贷款、贸易融资贷款，等等。

债券和股票市场 企业在资本市场上通过发行证券取得资金的办法有两种：一是发行债券，筹资者承诺按期向这种金融资产的持有者支付利息，直至在一个确定的日期归还和支付剩下的本金和利息；二是发行股票，以获取资金。

一级市场和二级市场 一级市场（primary market），又称发行市场，是筹资机构向最初的购买者出售新发行的债券和股票等证券的金融市场。二级市场（secondary market），又称交易市场，是转让过去发行的证券的金融市场。

交易所和场外交易市场 二级市场有两种组织形态：一种是交易所；另一种是场外交易市场（又称柜台交易市场、店头交易市场）。两者最初的区别是，前者在固定的交易场所集中进行交易，而后者不必在固定的地点从事交易。公开发行上市的股票和一部分债券在交易所交易，而非上市的股票则在场外市场交易。前者实行集中竞价，后者实行买卖双方协商定价。前者有严格的信息披露标准和较高的准入门槛，而后者对参与者的准入要求相对较低。交易所内的交易因为标准化和参与者众多而成本较低，流动性较好。

2. 金融中介

金融中介是指介于资金富余者和资金短缺者之间的企业和其他社会组织，包括商业银行、投资银行、保险公司、基金等。它们至少可以起到以下三种作用：一是在储蓄者和借款人之间建立沟通渠道；二是在传导货币政策方面起到重要作用；三是提供多种金融服务，拓宽将储蓄变为投资的渠道。发达的市场经济中存在着三种类型的金融中介机构，即存款机构、契约性储蓄机构及投资中介机构。

所谓“存款机构”，是指从个人和机构接受存款并发放贷款的金融中介机构。货币银行学的研究对这类金融机构给予了更多的关注，因为它们能够吸收存款用于贷款发放，而这些贷款又可以派生出新的存款，从而构成货币供应的重要组成部分。这类金融中介机构包括商业银行、储蓄银行、互助储蓄银行及信用合作社等。

所谓“契约性储蓄机构”（如保险公司和养老金基金等），是指在契约合同的基础上按期获取资金的金融中介机构。由于能够比较准确地预计未来年度里必须向受益人支付的金额，资金的来源和运用具有可预期性，资产的流动性也不像存款机构那样重要，它们可以将资金投入长期证券，如公司债券、股票及抵押贷款等。

所谓“投资中介机构”，是指帮助客户进行投资的中介机构，主要包括证券公司、基金公司等。

3. 中央银行制度

中央银行是政府机构，主要负责拟定和实施国家的货币政策，保证货币体系的稳定。一般而言，中央银行是国家发行货币的银行。它是“银行的银行”，负责管理商业银行的准备金，提供银行间的清算服务，为商业银行提供再贷款和再贴现，充当“最后贷款者”的角色。中央银行还是“国家的银行”，为国家提供代理国库等金融服务，并代表国家参加国际多边金融组织。主要市场经济国家中央银行分别为：美国的联邦储备委员会（Federal Reserve Board, Fed）[①]、英国的英格兰银行（Bank of England, BOE）[②]和欧元区的欧洲中央银行（European Central Bank, ECB）[③]等。

货币政策指的是“中央银行采取的，影响货币和其他金融条件的，由以寻求实现持久的真实产出增长、高就业和物价稳定等广泛目标的行动”。[④]货币政策与财政政策组成市场经济下政府宏观经济

① 美国联邦储备委员会成立于1914年，但由于一系列历史原因，直到1951年才被赋予调节利率的权力。

② 英格兰银行1694年作为私有商业银行成立，1946年被国有化，直到1997年才被赋予独立执行货币政策的权力。

③ 欧洲中央银行是欧盟决定发行欧元后建立的中央银行，根据1992年的《马斯特里赫特条约》于1998年成立。

④ 《新帕尔格雷夫经济学大辞典》第3卷，北京：经济科学出版社，1996年，第545页。

政策的主要内容。

各国中央银行常用的货币政策工具有公开市场操作、存款准备金率、再贴现率和窗口指导。货币政策的变化会对金融市场上参与各方的行为产生很大的影响，是现代市场经济中企业和居民都十分关注的。

4. 监管制度

金融监管制度是界定金融市场参与各方的权利和责任，并规范和约束其行为的一套制度安排。根据信息经济学研究，金融市场较之其他市场信息不完全的特点更加突出。而且金融市场运转失灵或金融机构等市场参与者的经营失败，往往会对整体经济产生巨大的影响，因此经济学通常主张外界监管力量的介入，来保证市场的正常运行。西方市场经济国家的发展过程中，发生过多次金融危机。作为每次危机之后反思的成果，监管制度在不断完善。

各市场经济国家政府对市场的监管，通过执行强制性的信息披露制度和惩治违法违规行为来保护投资者特别是中小投资者的利益。根据国际证监会组织（IOSCO）1998 年颁布的《证券监管的目标与原则》的要求，所有的监管均应服从以下三个监管目标：第一，保护投资者；第二，确保市场的公平、高效、透明；第三，降低系统风险。

专栏 6.1　证券市场上的信息不完全性

由于信息具有共享的特点，它是一种准公共品。在信息不完全、买卖双方掌握信息能力不对称的情况下，经济人的有限理性和机会主义倾向会使交易费用上升，市场效率下降。在证券市场这种典型的不完全市场中，信息的不完全性表现为：（1）大部分证券购买者对证券发行者真实情况的了解程度比不上某些与发行者有关联的特殊人士，因此，对于买卖双方来说，证券交易是一种条件不对等的交易，大部分投资者是信息的弱势方，在交易中处于不利地位；（2）证券发行者的信息直接决定着证券的价格，而在充满风险的证券市场上，普通投资者为一笔证券交易而搜寻信息的边际成本非常高，以至于从证券交易中获得的收益不足以弥补信息成本，从而使大部分投资者对证券价格的把握程度不如证券发行者和某些关联人士，普通投资者往往成为只能“跟风”的受害者；（3）信息的不完全可能使证券市场中存在证券欺诈和操纵股市的坐庄行为，使证券的市场价格背离其内在价值，造成社会财富分配不公。因此，为解决信息不完全和不对称问题，需要政府制定一套有效的法律制度来规范和约束市场参与者的行为。

从微观经济学的观点看，作为一个不完全市场，股票市场并不存在一个具有帕累托效率的均衡点，而是在一个很大的区间内都能实现供求均衡和市场出清。股票价格的高低在很大程度上取决于买者和卖者对未来价格的预期，甚至对别人的价格预期的预期，因而这种预期具有“自我实现”的性质：“愈涨愈抢，愈抢愈涨”直到天价，或者“愈跌愈抛，愈抛愈跌”导致崩盘。所以，股票市场容易出现大幅波动和投机泡沫。有些人也可以利用权势和私有信息，采取内幕交易和操纵市场等手段进行金融欺诈活动。

根据许成钢的《中国经济改革与现代微观经济学理论》(《改革》，1993年第5期）及其他文献编写。

由于发展历程和法律体系的不同，各国的监管制度也呈现很大的差别。比较典型的有英国金融服务管理局（Financial Service Authority, FSA）主导的全能监管模式，美国联邦储备委员会、美国货币监理署（Office of the Controller of the Currency, OCC）、联邦存款保险公司（Federal Deposit Insurance Corporation, FDIC）和证券交易委员会（Securities and Exchange Commission, SEC）等机构的分业分层监管模式。

金融监管的适度、全面和有效，是保护金融市场参与者的正当权益、促进金融创新、提高金融市场效率和防止系统性风险的基础。在市场经济条件下，各国都在将完善和加强金融监管作为发展金融服务业、提高本国金融业竞争力的战略。遭遇 2008 年全球金融危机后，以美国为首的西方国家已经开始了新一轮监管制度的改革浪潮。[①]

6.1.2 计划经济下的“货币”和“金融”

在本书第 1 章 1.1 节里已经谈到，社会主义者历来认为，在社会主义社会中是不存在商品货币关系的。在计划经济时期，各社会主义国家的中央银行仍然要发行某种信用凭证，如卢布或人民币等，用来对劳动者提供的劳动进行计量和对企业进行经济核算。不过，在马克思主义的政治经济学看来，这种“货币”“同戏票一样，不是‘货币’”[②]，而只是一种表明社会成员在共同产品中占有份额的“凭

① 按照 2009 年 6 月 17 日美国公布的全面金融监管改革方案，美国将采取以下措施：创立一个新的消费者保护机构；强化美联储监管整个金融体系的权力；强化对证券市场的监管，包括增加市场透明度，强化对信用评级机构的管理；在国际合作方面制定了许多标准。

② 这是针对欧文的“劳动券”或“劳动货币”说的。在欧文的“新和谐”社区中，按照每个社员提供的劳动量发给他们一定数量的劳动券，用以领取自己应得的消费品。马克思说：“欧文以直接社会化劳动为前提，就是说，以一种与商品生产截然相反的生产形式为前提。劳动券只是证明生产者个人参与共同劳动的份额，以及他个人在供消费的那部分共同产品中应得的份额。”这种“‘劳动货币’，同戏票一样，不是‘货币’”。见马克思：《资本论》第一卷，北京：人民出版社，1975 年，第 112—113 页。

证”，“它们是不流通的”。[1] 由于“货币”的这种本质属性，计划经济下的金融体系便具有如下特征：

（1）除货币外没有其他的金融资产。

（2）货币只是作为计价算账工具的所谓“消极货币”。

（3）为了防止资源配置的“自发性”，采用“现金管理”等手段对现金的使用进行严格限制和控制；只允许工商企业与国家银行发生信用关系（银行信用），企业相互之间发生的信用关系（商业信用）则被严格禁止。

（4）银行只是作为国家财政的出纳机构存在，采取中央银行与商业银行合一的单一银行体制。

（5）银行只承担微不足道的资金跨时间配置功能，对企业的融资限于“非定额流动资金”（即流动资金的非常年占用部分）贷款。

（6）居民个人除了可以在银行开设储蓄存款账户外，不得涉足任何其他金融活动。

1949 年中华人民共和国成立前夕，中共中央就将华北解放区原有的中国人民银行改建为国家银行。1956 年，随着社会主义改造的实现，私营金融机构并入了中国人民银行，它既是国家金融管理和

① 马克思说：“在社会公有的生产中，货币资本不再存在了。社会把劳动力和生产资料分配给不同的生产部门。生产者也许会得到纸的凭证，以此从社会的消费品储备中取走一个与他们的劳动时间相当的量。这些凭证不是货币。它们是不流通的。”（见马克思：《资本论》第二卷，北京：人民出版社，1975 年，第 397 页。）按照马克思的理论，所谓凭证是“不流通的”，是指它不像货币那样，在交易中“不断地离开起点”，“从一个商品所有者手里转到另一个商品所有者手里”（见马克思：《资本论》第一卷，同前引书，第 134 页），而是作为领物凭证，在每一次交易后都重新回到发出这些领物凭证的国家银行。

货币发行机构，又是统一经营各项银行业务的银行。中国人民银行作为国家银行，建立了全国垂直领导的组织机构体系，并充分运用货币发行和信贷计划调控市场货币供求，支持国民经济的高速增长。

1958年的“大跃进”和“人民公社化”运动以后，在极“左”路线的指导下，经济生活趋于实物化，银行的作用更加弱化。“文化大革命”期间更直截了当地取消了中国人民银行的独立存在，将它并入财政部。

1949年10月，在接收的官僚资本保险机构的基础上，成立了中国人民保险公司，此后还成立了几个分公司。但这一时期，政府更注重保险业的财政手段和经济收益，而并不关注其社会保障作用，更没有将保险公司当作独立的经济实体看待。1952年6月，将中国人民保险公司划归财政部领导。“人民公社化”后，保险的作用消失，1958年，全国财政会议决定“立即停办国内保险业务”。

6.2 金融市场的建立和发展

改革开放开始后，中国的经济生活发生了重大变化。民营经济从20世纪80年代初期开始逐渐发展起来，它们的营运资金全得依靠自行筹措。在此情况下，银行作为金融中介的重要性有所提高，恢复金融体系的功能也提到日程上来。

6.2.1 20世纪80年代金融体系的轮廓初现

“文化大革命”刚一结束，中国政府就着手重建银行体系。

1978年1月，根据国务院的决定，中国人民银行从财政部分离出来，独立办公。1979年2月，国务院决定将中国银行从中国人民银行中独立出来，成为前者所属外汇专业银行。同时，中国农业银行也恢复设立，成为中国人民银行所属农村金融业务专业银行；农村信用社普遍恢复，成为中国农业银行的基层机构。同年8月，中国人民建设银行也从财政部独立出来，成为中国人民银行所属固定资产投资贷款专业银行。

专业银行从中国人民银行分离，为后者从单一国家银行转变为市场经济条件下的中央银行创造了条件。1983年9月，国务院颁布《国务院关于中国人民银行专门行使中央银行职能的决定》，明确了中国人民银行的中央银行地位。为了办理工商企业信贷和城市储蓄业务，1984年，另行成立了中国工商银行，并在全国范围内设立了它的分支机构。

除专业银行外，还开始建立多种形式的银行和非银行金融机构。1984年以后，地方银行、信托投资公司及金融租赁公司等金融机构开始建立。1979年，国务院要求开展保险业务。到1980年底，中国人民保险公司恢复了全国除西藏外的省级分支机构。20世纪80年代还发展了一批海外保险机构。1986年成立了新疆生产建设兵团保险公司。1988年在深圳设立了公司制的中国平安保险公司。1987年，建立了交通银行和附属于中国国际信托投资公司的中信实业银行两个全国性的股份制商业银行，组建了招商银行等地方性银行。这些机构开始在计划经济和市场经济间的缝隙中尝试按照市场经济的规则开展金融活动。

经过这些改革，中国的金融体系与市场经济国家在形式上已经接近，但在实质上与市场经济下的金融体系仍有很大的差别。

首先，这些“独立”的专业银行和金融机构仍然缺乏独立性，中央银行也仍然把它们当作自己的行政下属来管理。而且它们受到各级政府的种种行政限制。因此，这些金融机构无法自主地开展业务。同时，作为中央银行的中国人民银行也由于以下原因而无法有效行使稳定货币的基本职能：第一，中国人民银行职能不明确而且缺乏独立性。1986 年的《中华人民共和国银行管理条例》规定，中央银行、专业银行和其他金融机构的金融活动，都应当以发展经济、稳定货币、提高社会经济效益为目标。而在实际操作中，银行往往根据政府的要求把“发展经济”和“保持社会稳定”放在首要位置上，用扩张性的货币政策支持经济增长，使中央银行“稳定货币”的基本职能无法有效行使。第二，中国人民银行按行政区划层层设置分支机构，实行“两级宏观调控”，使中央银行分支机构经常受到地方政府影响，使货币政策的统一性受到影响，也妨碍了对货币供应量的总量控制。第三，中国人民银行将行政性的贷款额度控制作为实现货币政策目标的主要手段，在操作中漏洞很多。在外部的“倒逼机制”和银行系统内部的利益驱动下，宏观经济管理的效果很不理想。第四，中国人民银行分支机构实行的利润留成制度刺激货币的过量发行，而且，它们还兴办了不少营利性企业。这种做法与中央银行的性质不相吻合，使中国人民银行形成了内生的货币扩张动机。

同时，当时承担监管职责的中国人民银行对金融机构的经营行为也缺乏独立和专业的监管。社会上广泛存在金融机构违规开展业务和从业人员的败德现象。地方信托投资公司和信用合作机构等非银行金融机构的畸形发展，给后期市场规范甚至社会稳定带来了恶劣的影响。

经过 20 世纪 80 年代的探索和发展，1993 年，中共十四届三中全会对发展和完善金融市场提出了如下要求：

——在货币市场方面要发展规范的银行同业拆借和票据贴现，

中央银行要开展国债买卖，通过国债的公开市场业务吞吐货币。

——在资本市场方面积极稳妥地发展债券、股票融资。建立发债机构和债券的信用评级制度，促进债券市场健康发展。规范股票的发行和上市，并逐步扩大规模。

——改革外汇管理体制。建立以市场为基础的有管理的浮动汇率制度和统一规范的外汇市场。逐步使人民币成为可兑换的货币。

这些要求成为金融市场改革的方向性指导。

6.2.2 货币市场的建立和发展

1980—1984 年各专业银行开办商业票据贴现业务；从 1982 年开始首先在上海试点开办同城票据承兑贴现业务；1985 年中国人民银行允许银行间办理转贴现业务；中国人民银行于 1986 年开办再贴现业务，并允许入市转让，至此，票据市场基本形成。1981 年起财政部恢复发行国债；1987 年和 1988 年分别开放企业债券和国库券交易市场；从 1987 年开始，银行间拆借市场、银行票据贴现市场等逐步出现。这些市场的发展和壮大十分迅速。

但从总体上看，20 世纪 80 年代货币市场秩序混乱，发展畸形。首先，市场准入缺乏明确的规定，或者虽然有规定，但管理不严，常常发生不具备进入市场资格的投资者进入了该市场的情况。许多工商企业可以进入金融业同业拆借市场，使拆借市场失去本来意义，变成银行体系之外的信贷市场，导致期限过长、利率过高等问题。其次，国债市场缺乏金融系统的支持，没有形成财政与金融密切配合的国债市场运行机制。

1996 年，16 家商业银行总行之间形成全国统一的拆借市场。同时，地方金融机构短期资金余缺则在中国人民银行地方分行设立的区域性融资中心进行调剂。但因为准入标准不严、管理混乱，导致大量违约事件发生，这些区域融资中心被迫关闭。1997年，中国人民银行建立了银行间债券市场，该市场由全国银行间同业拆借中心提供技术支持，以中央国债登记结算公司为登记、托管机构，以机构投资者为主。此外，票据市场也得到了快速发展，商业银行之间的转贴现和商业银行与中央银行之间的再贴现交易活跃。

在产品创新方面，2002年，中国人民银行开始发行央行票据[①]，其发行量由于对冲货币的需要而迅速增加。2004年，在质押式回购的基础上推出了债券买断式回购。[②]2005年，引入短期融资券。[③]金融衍生产品也进一步丰富，推出了人民币利率互换交易及远期利率协议业务等。同时，货币市场机构投资者队伍不断发展，截至2017年2月，银行间同业拆借市场参与者包括银行、证券公司、财务公司、农联社、信托公司、保险公司等多种类型机构投资者1 693家[④]，并培育了像货币市场基金这样的投资工具和交易主体。

利率市场化一直是金融改革的热点问题之一。2007年，上海银行间同业拆借利率（Shanghai interbank offered rate, SHIBOR）推出。SHIBOR号称中国的LIBOR（London interbank offered rate，伦敦同

① 中央银行为调节商业银行超额准备金而向商业银行发行的短期债务凭证，实质上是中央银行债券。

② 债券买断式回购交易（亦称“开放式回购”）是指债券持有人（正回购方）在将一笔债券卖给债券购买方（逆回购方）的同时，交易双方约定在未来某一日期，再由卖方以约定价格从买方购回相等数量同种债券的交易行为。

③ 短期融资券是企业向合格机构投资者发行的短期固定收益产品，是以企业信用为基础的直接融资工具。

④ 数据引自中国外汇交易中心主办的中国货币网，http//www.china-money.com.cn。

业拆借利率），在市场化产品定价中得到了广泛运用，促进了货币市场的快速发展。经过多年持续不断的努力，历经银行间同业拆借利率和债券利率的市场化；贷款利率、贴现利率的市场化；存款利率的市场化三个阶段，至2015年底，中国的利率市场化基本完成。无论是贷款还是存款利率管制都已取消，金融机构有了利率的自主定价权，但利率形成机制还需要不断磨合、逐渐完善。

6.2.3 外汇市场

外汇市场存在的前提是拥有外汇的卖者和买者。在计划经济时代，中国实行统收统支的外汇管理体制，一切外汇收入必须按照官定汇率出售给国家，一切外汇支出都要由国家计划安排，因此，中国的外汇市场是在改革开放以后从无到有地建立起来的。

1. 1980—1993年的外汇调剂市场

在计划经济时代，中国一直实行本币价值高估的外汇政策。为了调动出口企业创汇的积极性，国务院于1979年8月决定在继续实行外汇由国家集中管理、统一平衡办法的同时，实行贸易外汇留成办法。所谓外汇留成是指出口企业将出口收入的外汇卖给国家后，国家按规定比例给予出口企业的地方外汇留成额度，用汇时，用汇单位用人民币配以额度，按国家规定的外汇牌价购买外汇。

外汇留成制度的主要缺点是，外汇供给和外汇需求错位，有外汇留成的企业并不一定需要使用外汇，有外汇需要的企业却往往没有外汇留成额度。这种供求的错位对开办外汇调剂市场产生了一种内在的需求。1980年10月，国家外汇管理局批准中国银行在北京、上海等12个大中城市办理外汇调剂业务，外汇调剂市场与官价外汇市场并存的"双轨制"由此产生。

最初外汇调剂的中介机构是中国银行，1986年移交国家外汇管理局办理。最初参与外汇调剂的主体仅限于国营、集体企事业单位，1988年起允许地方政府的留成外汇，华侨、港澳台同胞的捐赠外汇进入调剂市场，并从1991年12月1日起允许中国境内的中国公民及定居在中国境内的外国人参加外汇调剂。调剂价格最初以美元兑人民币的贸易内部结算价（1美元合2.80元人民币）为基础，在10%的幅度内浮动。1988年后放开了外汇调剂价格，调剂价格根据外汇供求自由浮动。1985年底在深圳设立了外汇调剂中心，此后在其他经济特区也相继设立。1988年在北京设立了全国外汇调剂中心，形成了全国统一的外汇调剂市场。

2. 1994年外汇管理体制改革

根据中共十四届三中全会提出的"建立以市场供求为基础的有管理的浮动汇率制度和统一规范的外汇市场"的要求，1993年底，中国人民银行发布了《中国人民银行关于进一步改革外汇管理体制的公告》，决定从1994年1月1日起对外汇管理体制进行新一轮的改革。主要内容有：

第一，从1994年1月1日起，取消外汇上缴和留成，对国内机构经常项目下的外汇收支实行银行结汇和售汇制度。国内机构经常项目下的外汇收入，除国家规定准许保留的外汇外，都须及时调回境内，按照市场汇率卖给银行。国内机构经常项目下的外汇支付，可以凭进口合同或有效商业票据按照市场汇率向银行购买外汇。

第二，建立银行间外汇市场，改革汇率形成制度，将原有的外汇牌价和调剂价合而为一，实行有管理的浮动汇率制。外汇改革第一天人民币对美元的汇率为8.72元人民币兑换1美元，较之1993年末的官方汇率5.70元人民币兑换1美元贬值33.3%。

第三，1996 年下半年起将外资企业纳入银行结售汇体系，比原来的计划提前实行经常项目下人民币可兑换。

这样，中国于 1996 年 12 月 1 日宣布正式接受国际货币基金协定第 8 款的规定，即包括避免限制经常性支付、避免施行歧视性货币措施等多项 IMF 会员国的义务。

中国外汇市场实行的这种“有管理的浮动汇率制”在往后的年代中发生过的变动，我们将在第 8 章 8.1.3 节和第 10 章 10.3.2 节中做进一步的讨论。

3. 2002 年以来外汇管理体制的不断完善

2001 年我国加入世贸组织之后，加速融入了经济全球化，市场体制进一步完善，对外开放进一步扩大，外汇形势发生根本性变化。特别是 2002 年之后，我国外汇储备大幅增加，对央行发行货币造成较大压力。外汇管理从“宽进严出”向均衡管理转变，有序推进资本项目可兑换，进一步发挥利率、汇率的作用，促进国际收支平衡，注重防范国际经济风险。

2005 年 7 月 21 日晚，我国再次宣布进行人民币汇率形成机制改革，从单一盯住美元改为实行以市场供求为基础，参考一篮子货币进行调节、有管理的浮动汇率制度；货币兑换起始水平从 8.276 5 元人民币 / 美元调整为 8.11 元人民币 / 美元。同时，实施一系列配套外汇管理政策，包括提高经常项目外汇账户限额，提高个人因私购汇指导性限额和简化手续凭证，扩大银行为客户办理远期结售汇业务和开办人民币与外币掉期交易，调整银行挂牌汇率管理[①]，等等。

① 李东荣：《中国外汇管理体制改革回顾与展望》，《当代金融家》，转引自 http://finance. sina. com. cn/ leadership/ mroll/20091210/00237081027.shtml。

这些举措为企业和银行逐步适应市场汇率波动的变化创造了条件。

2015年8月11日，央行宣布调整人民币对美元汇率中间价报价机制，做市商参考上日银行间外汇市场收盘汇率，向中国外汇交易中心提供中间价报价。这一调整使得人民币兑美元汇率中间价机制进一步市场化，更加真实地反映了当期外汇市场的供求关系。2015年8月11日至2016年8月11日，人民币兑美元汇率中间价最高为6.2298元，最低为6.6971元，终结了此前十年人民币兑美元累计33%的升值。这次汇改使人民币波动摆脱了受单一美元汇率的影响，由“单锚”机制转向“双锚”机制。“收盘汇率+一篮子货币汇率变化”的机制，也使得市场对于每日中间价走势的判断变得更加有迹可循，避免因中间价偏离市场预期而出现大幅波动。

6.2.4 信贷市场

金融改革的过程也是信贷市场从形成到发展的过程。虽然随着改革的深入，金融市场也日益多样化，但银行信贷始终是中国最主要的社会融资渠道。直到21世纪初，信贷融资占社会总融资的份额仍超过90%。

在计划经济体制下，银行资金采取“统存统贷”的计划管理体制。1979年这一体制改变为“统一计划、分级管理、存贷挂钩、差额控制”。1981年再改为“统一计划、分级管理、存贷挂钩、差额包干”。1985年又进一步改为“统一计划、划分资金、实贷实存、相互融通”的管理办法，由专业银行的省分行在计划规定的额度内向同级中国人民银行分行借款，然后逐级下拨给自己的基层行；各基层行将分到的资金存入当地中国人民银行，逐步使用。

在这一时期，原来由国家无偿拨付国营企业固定资金和定额流动资金的办法也有了改变。第一，从 1983 年 6 月起，国营企业流动资金的不足部分逐步改由银行贷款供应。第二，从 1985 年起，国家预算内基本建设投资也全部由拨款改为贷款，由恢复组建的中国人民建设银行依据国家基本建设计划发放贷款，按期付息，分年还款。于是，企业投资来自预算的份额逐年降低，来自银行信贷的份额则大量增加。国有企业固定资产投资来自国家预算拨款的比重，在 1979 年以前约占 2/3，到 20 世纪 80 年代中期只占 1/4。[①] 当时的专业银行既具有商业性职能，又要承担政策性的贷款业务，目标混乱，职责不清，一方面政策性任务缺乏必要的资金保证；另一方面经营性风险和亏损又被政策性任务掩盖起来。专业银行有利益驱动的信贷扩张冲动，却没有相应的风险约束机制。一方面计划内贷款缺乏资金来源；另一方面又以同业拆借、同业往来等形式增发贷款。一方面官方规定的利率通常很低，在大多数年份实际利率呈负值；另一方面，合法市场上资金紧缺，黑市和灰市上资金价格（利率）畸高，巨大的利差导致腐败寻租活动盛行，货币供应也难以得到有效控制。第三，虽然金融界和经济学界对专业银行综合性和多功能化发展的呼声很高，但政府始终没有明确的表示，与此同时，分专业管理的制度又很不完备，导致信贷资金通过所谓“表外业务”（资产负债表外的信贷活动）大量流向黑市和灰市。

20 世纪 80 年代是信贷市场从计划经济体制下初生的时期。当时信贷市场配置资金资源的效率低下。一方面，由于信贷市场上严格的利率管制，中国银行体系长期处在美国斯坦福大学教授罗纳德·麦金农（Ronald I. Mckinnon，1935—2014）和爱德华·肖

① 《中国统计年鉴》，北京：中国统计出版社。

（Edward S. Shaw，1908—1994）所说的“金融压制”的状态之中。[①] 人为造成的低利率乃至负利率状态（表 6.1），永远无法满足的信贷需求和“跑步（部）前（钱）进”[②] 的寻租行为使资金配置错位和效率低。另一方面，由于金融机构大多附属于政府，加上外部监管缺失，所以，政府实施约瑟夫·斯蒂格利茨（Joseph E. Stiglitz）所建议的政策，通过偏低的利率给金融机构提供租金以激励它们提供金融服务[③]，效应也表现得不明显。

表 6.1 国家银行贷款的实际利率（1985—1989） （%）

	名义贷款利率（a）	通货膨胀率（b）	实际利率（c）
1985	4.68	11.0	−7.22
1986	4.68	7.0	−2.23
1987	6.69	8.8	−2.11
1988	7.56	20.7	−13.14
1989	10.26	16.3	−6.04

资料来源：中国人民银行：《利率实用手册》。

注：a= 中国人民银行向金融机构贷款的年利率（加权平均）。

b= 零售物价指数（年对年）。

$c=a-b$。

① 肖（1973）：《经济发展中的金融深化》，上海：上海三联书店，1988 年；麦金农（1973）：《经济发展中的货币与资本》，北京：生活·读书·新知三联书店，1997 年。

② 在计划经济时代，由于资金资源是由行政领导机关集中分配的，下级政府和国营企业常常采用疏通或贿赂上级行政部门的官员的办法取得资源。这种行为俗称“跑步（部）前（钱）进”。

③ Joseph E. Stiglitz (1993): “*The Role of the State in Financial Markets*”(《国家在金融市场中的作用》), *World Bank Economic Review* (《世界银行经济评论》) 及 *World Bank Research Observer* (《世界银行研究观察》) 增刊,《世界银行发展经济学年会纪要》, Washington D.C.: The World Bank, 1994, 19–52.

这段时期官方利率经常处在实际资本资源难以通过市场得到有效配置，而是主要由行政计划决定其分配的状况之下。在这种条件下，很难保证经济有效率的增长和宏观经济的稳定。相反，国民经济经常出现“大起大落”的波动。

专栏 6.2 “金融压制”与“金融约束”的理论要点

第二次世界大战后，许多发展中国家企图采取人为压低存贷款利率的办法来支持投资，以便实现高速增长，结果产生了对贷款的过度需求和信贷配额控制，使这些国家的金融体系处于受压制的状态之下，不能根据价格信号，发挥有效配置资本资源的作用。在这一现实背景下，主张金融自由化的理论代表肖和麦金农在 20 世纪 70 年代初期提出了消除“金融压制”（financial repression）和实现“金融深化”（financial deepening）即金融自由化的理论。

根据该理论，金融压制下的经济有如下特征：（1）国内金融市场由于对资本项下的外汇管制而与外界相隔离；（2）银行系统作为储蓄人与投资人之间的中介起着重要的作用，而证券市场的作用微不足道；（3）政府能够从常规来源取得收入以支持经常预算和资本预算的能力受到限制；（4）在低利率状态下，货币当局被允许给予自己选定的贷款申请人以补贴性的贷款，而当在这种利率水平上无法动员足够的金融资源去弥补这种公开的或隐蔽的金融赤字时，通货膨胀就会生成。金融压制会造成两种不利的后果：一是减少国民经济中可贷资金的流量；二是受到官方机构关照的投资者能以负的实际利率取得贷款，这经常促成质量很差的投资项目上马，与此同时，别的拥有高收益项目的潜在借款人却受到严格的信贷配额限制。该理论影响了许多发展中国家，成为20世纪80年代以来全球金融自由化浪潮的理论支持。

当麦金农对20世纪80年代早期拉丁美洲放松金融管制所带来的问题进行反思之后，修正了其早期完全自由化的观点。他在1988年的一篇文章中写道，为了使金融更加促进经济的发展，“当存在道德风险时，政府应该实施利率管制和指定一些比如资产质量方面的要求；当不存在道德风险时，可能要靠银行自身来限制利率，保守地实施配给”。

另一方面，随着信息经济学的发展和它在金融领域的广泛运用，人们普遍认识到由于金融市场天生的信息不完全，某种程度的金融管制和政府干预是必要的。例如，斯蒂格利茨认为政府应该实施“金融约束”（financial restriction）以提高金融市场效率。“金融约束”的两个基本组成部分是利率管制和金融机构之间竞争程度的限制。“金融约束”可以为金融机构提供租金，以此激励金融机构为金融市场提供金融服务。持相近观点的文献很多，例如，卡普里奥（Gerard Caprio）和萨默斯（Lawrence H. Summers）证明了由于银行业普遍存在道德风险，存款利率管制可以促进银行行为的长期最优化。

根据青木昌彦等著《政府在东亚经济发展中的作用》（北京：中国经济出版社，1998年）等资料编写。

20世纪90年代，信贷市场经历了逐步规范的过程。在《中华人民共和国商业银行法》对信贷行为进行规范之后，中国人民银行于1996年6月28日颁布《贷款通则》，要求商业银行实行审慎经营原则，并从1998年起推广贷款五级分类方法，加强对信贷的风险管理。[1]

20 世纪 90 年代的信贷市场虽然有所规范，但由于国有商业银行在某种程度上依然依附于政府，信贷市场产生不良资产的机制依然存在，所以，不良信贷资产依然居高不下，信贷市场配置资金资源的效率依然不高。

进入 21 世纪，中国信贷市场发生了三大变化。一是商业银行经过改制，独立性明显增强，各级分行受地方政府的干预减少。二是贷款利率的管制有所放松。2001—2002 年，城市商业银行、农村信用社存贷款利率浮动范围扩大。2004 年 10 月，中国人民银行彻底放开商业银行贷款利率上限，城乡信用社贷款利率浮动上限也扩大到基准利率的 2.3 倍，同时实行人民币存款利率下浮制度。2013 年 7 月 20 日，中国人民银行全面放开金融机构贷款利率管制。取消金融机构贷款利率 0.7 倍的下限，由金融机构根据商业原则自主确定贷款利率水平。三是监管加强。特别是银监会成立之后，在信贷方面

① 所谓贷款五级分类是指商业银行按照贷款的风险程度，将贷款分为正常、关注、次级、可疑和损失五类。正常类是指贷款人能够履行合同，有充分把握按时足额偿还本息的贷款；关注类是指借款人目前有能力偿还本息，但是存在一些可能对偿还产生不利影响的因素的贷款；次级类是指借款人的还款能力出现了明显的问题，依靠其正常经营收入已无法保证足额偿还本息的贷款；可疑类是指借款人无法足额偿还本息，即使执行抵押或担保，也肯定要造成一部分损失的贷款；损失类是指在采取所有可能的措施和一切必要的法律程序之后，本息仍然无法收回，或只能收回极少部分的贷款。五级分类是多数市场经济国家采用的贷款分类和风险控制办法，既是监管机构的监管工具，也是商业银行内部管理的一种手段。为了进一步严格管理，西方银行在多年前、我国银行在近些年开始在内部实行更细致的资产分类方法，如“十二级资产分类法”，对不同类型的资产规定了不同的管理标准。

做出了很多政策指引或强制性规定，提示和要求商业银行注重信贷风险。

在商业银行改制并公开上市及外部监管加强之后，商业银行发放信贷的流程制度管理明显更加科学，对风险的识别、计量和控制等技术手段日渐进步，理性的风险文化也逐步建立。

6.2.5 债券市场

中国债券市场是从20世纪80年代开始逐步发展起来的，经历了以场外柜台市场为主、以交易所市场为主和以银行间市场为主三个发展阶段。

1. 债券市场发展的三个阶段

1988—1991年，债券市场以银行和信托公司的柜台交易为主。此时的债券投资者结构是以个人投资者为主体。

1990年上海证券交易所成立后，国债逐步进入了交易所交易。1994年开始，政府开始对国债柜台交易进行清理整顿，将国债集中到上海和深圳两个交易所来进行。1997年，中国人民银行要求商业银行退出交易所市场，银行间债券交易通过全国银行间同业拆借中心提供的交易系统进行交易。

在银行间债券市场刚成立的1997年，商业银行持有的债券资产占总资产的比重约为5%，债券市场的主要参与者还是以个人和小机构投资者为主。从2000年开始，保险公司、证券公司和基金管理公司等主要金融机构进入银行间债券市场。2002年，银行间债券市场准入由核准制改为备案制，企业等非金融机构也开始进入银行间债券市场，并逐渐成为市场的主体。从2001年开始，银行间市场的债券交易量首次大幅超过交易所市场的交易量，成为主要的债券交易市场。

2. 债券市场的创新

2003 年开始，在政府“积极拓展债券市场”[①]政策引导下，我国发债品种进一步创新，市场制度建设取得进展，投资主体日益多元化。

在产品创新方面，允许商业银行发行普通金融债券、次级债券、混合资本债券；允许地方政府发行融资平台债券和一般性市政债券；允许符合条件的财务公司发行普通金融债券；推动资产证券化试点；推出企业中期票据及债券远期交易；允许企业发行无担保信用债券、资产抵押债券、第三方担保债券等；推出可转债、可分离债、上市公司债等新品种。在此阶段，资本市场陆续出现了一些新的交易品种，如可转换公司债券、银行信贷资产证券化产品、住房抵押贷款证券化产品、企业资产证券化产品、银行不良资产证券化产品、企业或证券公司发行的集合收益计划产品，以及权证等。包括超短期融资券、短期融资券、中期票据、非公开定向债务融资工具、中小企业私募债券、非金融企业债务融资工具和资产支持证券等在内的各种流动性风险管理工具，便利了各金融机构根据资金需求调剂余缺，降低流动性风险，满足了社会资金的各种投资需求。

在市场制度建设方面，为明晰债权债务人关系、保障投资人的权益，先后成立了中央国债登记结算有限责任公司、中国证券登记结算有限责任公司、上海清算所，对不同的债券市场分别实施集中统一的证券登记、托管、结算制度。银行间债券市场的信息披露制度、信用评级制度及做市商制度等方面都取得进展。改革了企业债

① 中共十六届三中全会通过的《中共中央关于完善社会主义市场经济体制若干问题的决定》指出，要扩大直接融资，建立多层次资本市场体系，积极拓展债券市场。

券发行核准程序，企业可以用短期融资券和中期票据的形式筹资。2015 年，银行间债券市场取消交易流通审批。私募基金、货币经纪公司分别获准进入银行间债券市场和交易所债券市场。

随着创新产品的推出和基础设施的完善，债券市场的规模和影响日益扩大，正在吸引越来越多的非金融企业与金融机构等机构投资者积极参与市场活动。截至 2015 年底，中国债券市场托管量为 44.85 万亿元，全年债券发行量 16.82 万亿元，交易金额为 675.13 万亿元[①]，投资者涵盖了各类机构和个人，其中机构投资者数量超过 10 000 家。

3. 债券市场的对外开放程度提高，国际化步伐加快

2015 年 6 月，境外人民币清算行和参加行获准进入银行间债券市场，并可开展债券回购交易，回购资金可调出境外使用。7 月，境外机构（境外央行、国际金融组织、主权财富基金）获准进入银行间债券市场，且人民银行将审批制改为备案制，投资额度放开，交易品种也相应拓宽。截至 2015 年底，在中央结算公司开立账户的境外机构投资者超过 300 家，持有人民币债券资产超过 6 000 亿元。[②]

在境外发行人民币债券方面，自 2007 年 7 月香港发行第一只人民币债券后，境外发行的步伐日渐加快，债券品种日渐丰富，发行市场拓展到我国台湾地区和新加坡、马来西亚、伦敦等地。

4. 债券市场存在的问题

当前中国债券市场的主要问题是，产品结构依然主要以政府债

① 数据引自中央国债登记结算有限责任公司:《中国债券市场概览 2015》。

② 同上。

券和准政府债券为主，企业债券发展相对缓慢。（图 6.1）[①]

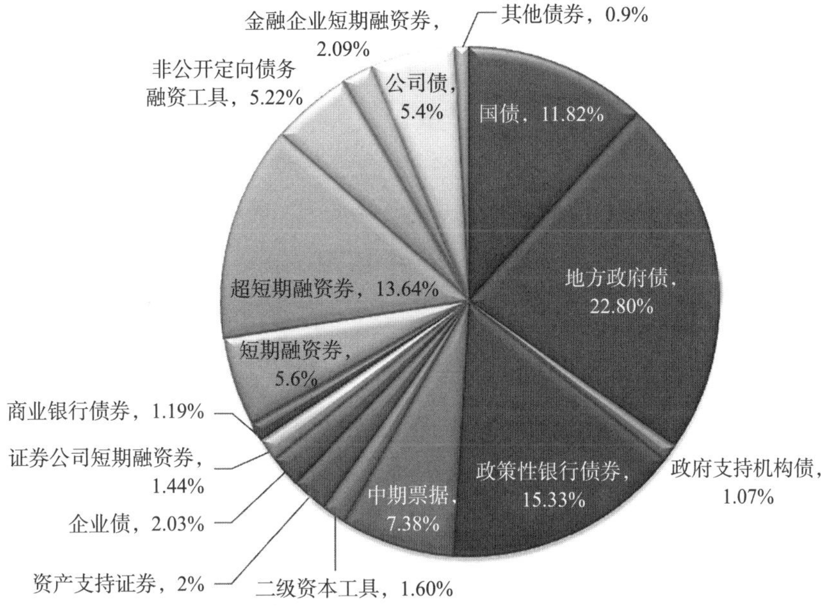

图 6.1　银行间债券市场 2015 年各券种发行量占比

数据来源：中国债券信息网、上海清算所网站。

究其原因，是由于市场化的债券信用体系没有建立，债券市场的多头管理的体制[②]以及银行间、交易所和银行柜台三个市场的相互分割，影响了企业债券市场的发展，限制了企业债券有效配置资本资源这一基本功能的发挥。

此外，我国社会信用基础薄弱，评级机构公信力不足也制约了

① 从全球范围看，近年来企业债券比重不断上升，政府债券比重不断下降。美国债券市场中公司债券的比重从 1990 年的 23.8% 上升至 2001 年底的 30.3%。尽管近年来由于资产支持债券发展迅速而导致公司债券比例有所下降，但依然保持在 20% 左右。

② 性质上完全相同的企业债券的发行被分割到三个不同的行政部门审批：发改委审批“企业债”的发行；证监会审批上市公司债的发行；人民银行审批企业“短期融资券”和“中期票据”的发行。

债券市场的发展。

6.2.6 股票市场

随着经济发展和市场化改革的向前推进，企业的融资需求出现多样化趋势，除了债权融资方式之外，股权融资和交易的需求也生长起来。作为资本市场分析基准（benchmark）的MM定理[①]指出，在满足信息完全对称等一系列假设的条件下，企业的市场价值与它的融资结构无关。但在现实经济生活中的信息不对称条件下，不同的融资方式对企业市场价值的影响是不同的。企业对股权融资和交易的需求催生了股票市场的形成和发展。

1. 20世纪90年代的股票市场

1990年12月19日，上海证券交易所正式开业；1991年7月3日，深圳证券交易所正式开业。沪深交易所的成立标志着中国证券市场开始形成。截至2000年11月底，在沪深两个交易所上市的企业股票达到1 063家，总市值4.6万亿元，境内上市公司累计筹集资金4 800多亿元。此外，通过H股、红筹股在香港联合交易所上市等诸多形式，中国企业不仅走向国际市场，还从境外融得600多亿美元资金。[②]

股票市场扩大了国内的投融资渠道，打破了原来的家庭只在银行储蓄和企业依靠银行贷款的单一格局，有利于资金资源的流动和优化配置；为国有企业的股权多元化和治理结构的改善开辟了新的道路，也为日后国有企业退出竞争领域提供了可能的途径；加大了

① 1958年，美国麻省理工学院的佛朗哥·莫迪利阿尼（Franco Modigliani，1918—2003）和芝加哥大学的默顿·米勒（Merton Miller，1923—2000）证明的定理，被称作莫迪利阿尼－米勒定理（Modigliani-Miller theorem），简称MM定理。

② 《中国证券市场写就十年辉煌》，新华社，2000年12月19日。

国民经济中存量资产的流动性，有助于投资者通过资产重组和收购兼并等方式进行产业结构的调整和提高存量资产的使用效率。

但是，20 世纪 90 年代股票市场初生时期，市场规模相对较小，行政干预多，投机之风盛行，市场呈现大起大落的特点。据统计，在 1990 年 12 月 29 日至 1999 年 5 月 17 日期间，上海股市共有 402 个交易周，其中处于上升波段的有 164 周，处于下跌波段的有 238 周。股指最高到 1500 点以上，最低则跌至 350 点以下，起落频繁，振幅巨大。①

此外，出现了大量的违法违规现象，如“琼民源”事件、“中科创业”操纵市场案、“银广夏”事件等。大量虚假陈述、内幕交易、庄家操纵等法律明文规定禁止的犯罪活动十分猖獗，甚至明目张胆、肆无忌惮地进行。一些不法分子利用混乱的市场环境轻易地聚敛巨额财富，而很少受到法律的惩处。投资者利益得不到有效保护，市场配置资金资源的作用得不到发挥。

对于中国股市违法违规活动盛行、股价大起大落的情况，经济学家们有着很不相同的认识和态度。一些经济学家认为，中国正处在最需要发扬扎实工作、艰苦创业精神的发展初期阶段，泡沫经济和违法违规活动对经济发展和社会稳定有巨大的危害。特别是对于那些家底不厚却被牛市的预期高收益吸引入市的中小投资者来说，一旦泡沫破灭，将使他们血本无归。由此引起的社会后果，是十分严重的。②

① 《在发展中规范，在规范中发展——写在中国证券市场成立十周年之际》，新华社，2000 年 12 月 19 日。

② 参见吴敬琏（2001）：《十年纷纭话股市》，上海：上海远东出版社，2001 年。

另有一些经济学家则认为“中国的市场投机不是太多，而是不够”。[①]1993 年夏季以后，宏观经济部门在采取紧缩性的货币政策、平息通货膨胀的同时，证券市场和房地产市场上的过度投机和经济泡沫也采取抑制的态度。然而，每当金融资产的价格有所下降时，就有人出来大声疾呼“股市低迷”“股市是改革的产物，要救改革就要救股市”。他们和某些官员一起对宏观经济部门施加压力，要求政府出面，以限制扩容、增加需求、降低税收等方式救市，以便股市重现狂热投机时的“辉煌”。[②]到了 1996 年，当股票炒卖热、房地产热和期货交易热中出现的泡沫经济的危害已经十分明显的时候，仍然有经济学家宣称“‘泡沫经济’论不仅危言耸听，而且颠倒了黑白”。“其实，在 1993—1995 年，中国哪里有什么‘泡沫经济’呢？”[③]

专栏 6.3 “琼民源”事件和“中科创业”操纵市场案

“琼民源”，全称海南民源现代农业发展股份有限公司，是 1996 年中国股市最耀眼的“黑马”，股价全年涨幅 1 059%。因被指控财务造假，自 1997 年 3 月 1 日股票停牌。经查，其 1996 年报 5.71 亿元利润中 5.66 亿元是虚构，并虚增 6.57 亿元资本公积金。其控股股东利用虚假信息操纵股价。1998 年 11 月，北京市中级人民法院对其董事长判处有期徒刑 3 年。1999 年 7 月，中关村

① 载《亚太经济时报》，1993 年 3 月 2 日。

② 参见毛毕华：《中国股市：困境和出路——著名经济学家萧灼基教授访谈录》，《首都经济》，1994 年第 3 期。

③ 厉以宁：《转型发展理论》，北京：同心出版社，1996 年，第 181 页。

科技发展股份有限公司收购琼民源。

1998 年 11 月至 2001 年 1 月间，吕新建（又名吕梁）与朱焕良合谋操纵“康达尔”（1999 年 12 月更名为“中科创业”）股价。他们以委托理财方式融资 50 多亿元，指使他人开设 1 500 多个证券账户，控制了“中科创业”55.36% 流通股，联合进行自买自卖等操纵活动。致使其股价从 1998 年初急升，最高至 84 元，升幅过 10 倍，轰动一时。2000 年底，“庄家”资金链断裂，股价连续 10 个跌停板，最低至 13.01 元，蒸发 50 亿元市值，普通投资者大受损失。该案于 2003 年 4 月公开宣判。

根据《财经》杂志编辑部《黑幕与陷阱》（北京：社会科学文献出版社，2003 年）、中国证券监督管理委员会编《中国资本市场发展报告》（北京：中国金融出版社，2008 年）等资料编写。

2. 进入新世纪的中国股市

进入新世纪，在不到 20 年的时间里，中国股市又经历了两轮堪称波澜壮阔的泡沫吹胀与破灭过程（图 6.2）。2007 年 10 月 16 日，上证指数到达历史新高 6124 点，经历了剧烈震荡及盘跌后，2014 年 7 月开始新一轮的上涨，于 2015 年 6 月 12 日达到 5178 点，此后爆发了严重的股灾，迫使政府为了维持金融稳定而出手救市。2010 年上市的股指期货被指“没有很好地发挥风险管理功能”[①]，原本呼之欲出的股票发行注册制改革戛然而止。

在中国股票市场的发展过程中，政府多次出面托市。虽然股市泡沫不可能长期维持，但是由于它能够为所有入市者带来短期利益，既能得到权力寻租者的赞许，也能得到最终会因泡沫破灭而血本无

① 参见《吴晓灵剖析“股灾”六大原因：监管制度存缺陷》，http://finance.jrj.com.cn/ 2015/11/19105620100070.shtml。

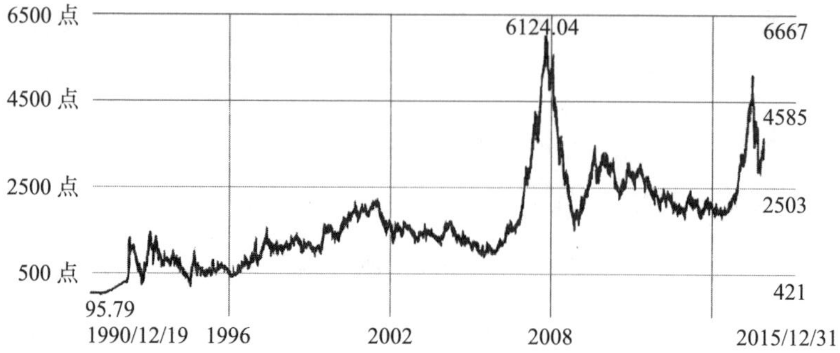

图 6.2 上证综指走势图（1990 年 12 月 19 日—2015 年 12 月 31 日）

资料来源：新浪财经。

归的中小投资者（所谓“股民”）看到高股价时的喝彩，而力主托市的人们也由此得到了某种“群众支持”。

1999 年 5 月 19 日，在管理部门的组织下，沪深两市出现了“井喷”，在往后的 20 天中，上证综指从 1059 点上升到 1427 点（6 月 14 日）。6 月 15 日《人民日报》发表评论员文章，肯定股价飙升反映了宏观经济发展的实际情况和市场运行的内在要求，是“正常的恢复性上升”“当前，我国宏观经济继续保持了持续健康发展，证券市场具有长期稳定发展的良好基础。”“让我们统一认识，坚定信心，共同努力，把一个规范的、充满生机与活力的证券市场带入 21 世纪。”①政府的明确表态，使更多的投资者坚定了信心，放心入市，于是股价一路飙升。到 1999 年 6 月 29 日，上证综指上升到 1739.20 点的高峰。2001 年 6 月 14 日，上证综指创历史新高 2245.44 点。然后开始步入连续 4 年的调整期，股票指数大幅下挫，2005 年 6 月 6 日，上证综指跌破 1 000 点，最低 998.23 点。这段时期，新股发行和上市公司再融资难度加大，周期变长；证

① 《人民日报》特约评论员：《坚定信心，规范发展》，《人民日报》，1999 年 6 月 15 日。

券公司遇到了严重的经营困难，到2005年，全行业连续4年总体亏损。

在市场仍处于狂热中时，曾经发生了一场关于股市的大辩论。

专栏6.4　2001年“股市大辩论”中双方的论点和论据

2000年10月，《财经》杂志刊登《基金黑幕》一文，对基金操作中存在的违规行为进行了揭露，10家基金管理公司随后发表联合声明进行反击。10月29日，吴敬琏在接受中央电视台《经济半小时》记者采访时，对内幕交易和操纵市场的行为表示反对。2001年1月13日播放的中央电视台《对话》节目中，吴敬琏在答现场观众问时表明了对中国股市的看法和主张规范市场的态度。随着证券监察机构监管举措的加紧加强，以及2001年1月9—10日宣布查处涉嫌操纵“亿安科技”和“中科创业”股价的案件，股价从1月15日起大幅连跌4天。一场关于股市的大辩论旋即在报纸上、互联网上展开。

2001年2月8日，《证券市场周刊》发出“九问吴敬琏”，辩论开始升级。11日，厉以宁、董辅礽、萧灼基、韩志国和吴晓求五人联袂与记者举行恳谈会，反击吴敬琏的有关观点。3月，吴敬琏《十年纷纭话股市》一书出版，他在该书《前言》中对诘难做出了全面、系统的回答。

辩论的双方主要围绕“全民‘炒’股好不好”“中国股市是否投机太甚”“股市市盈率是否过高”“如何看待庄家”“初期股市应不应该加以规范”，以及“应该建立什么样的市场经济”等问题进行了针锋相对的论战。

以厉以宁等五位为代表的一方的主要观点是：（1）全民炒股是形成社会化投资体系的一个有机组成部分；中国炒股的人还不够多，要为越来越多的人炒股叫好。（2）没有投机就没有证券市场。（3）看待市盈率要考虑我们是一个资金缺乏的国家，供给不足，而供给不足的商品价格自然会高；市盈率高是新兴市场的共同特点；5～60倍市盈率绝对不算高，是合理区域。（4）没有主力，没有庄家，证券市场只会是一潭死水；没有庄家就没有证券市场。（5）中国股市一开始就规范是不正常的；整个市场发展的过程就是管理者与投资者共同学习的过程，这种学习过程本身就带来不规范；股市是一个婴儿，一个孩子，要加以呵护，即使有毛病也不可用猛药。（6）争论的实质，是要建立一个有发达的金融体系和资本市场的市场经济，还是要建立一个只有小商品批发市场的市场经济。

吴敬琏的主要观点是：（1）资本市场要扩大，应该吸引越来越多的人进行包括购买股票在内的直接投资，但是购买股票不能与作为做短线的“炒股”混为一谈，全民“炒股”是不正常的。（2）投机活动在市场经济中有它不可或缺的功能，它有助于实现市场均衡，从而达到资源的优化配置。但是，只有当投机活动与投资等活动结合在一起，实现良性互动时，它对经济的作用才是积极的，单纯的炒作并不能增加社会财富。（3）市盈率要和公司的成长性亦即未来的营业表现结合在一起，才能反映和考评股票的投资价值。如果上市公司的成长性很好，市盈率高一些并不足为虑；在中国上市公司的成长性不良，甚至回报每况愈下的情况下，过高的市盈率终究会使投资者吃到苦头。（4）“庄家”通过操纵股价来获取暴利，是触犯中国刑法的犯罪行为，对这类行为听之任之，有损中国法律的尊严，应有司法机关介入，对触犯刑律者绳之以法。（5）初创时期的股市也要在规范的基础上求得发展。（6）所谓传统的市场经济和现代的市场经济之别并不在于实体经济或虚拟经济，小商品批发市场或发达的金融体系之分，问题的真正实质是要建立一个以法治为基础的现代市场经济，还是一个权力干预市场交易、鱼肉百姓的权贵资本主义。

根据《财经时报》2001年2月13日《五位经济学家质疑吴敬琏》和吴敬琏《十年纷纭话股市》（上海：上海远东出版社，2001年）《前言》编写。

通过这场辩论，越来越多的人认识到，国有企业不仅不可能靠“圈钱”提高经济效率和改善财务状况，到头来还会对民营企业产生挤出效应并拖累资本市场。而股票市场不能正常运行，对上市公司乃至整个国民经济都会造成严重的消极影响。政府和证券交易监督机构的职责重点是加强对违法违规活动的监管工作，严格执行信息披露制度和股票市场交易规则，制止和惩处违规违法活动，提高市场诚信水平。

遗憾的是，2014—2015年，中国股市又重复了几乎相同的故事。2014年7月18日，沪深交易所向券商下发了修订融资融券交易实施细则的征求意见稿，允许融资融券合约展期、放宽信用账户的功能限制。从新的一周开始，上证指数“九连阳”，这一天被认为是新一轮牛市的开始。9月，新华网3天连发数篇文章，力挺中国股市[①]，开始了官媒第一轮唱多A股市场的先声。2015年3月31日，当股指

① 《中国需要“有质量的牛市”》《搞活股市对推进转型升级至关重要》《国企改革和新产业培育或引领第三次牛市》《经济新常态形成A股转型晴雨表功能渐显》《改革效应显现A股价值投资回归正当时》，新华网，2014年9月。

连涨数日后拉出一根阶段大阴线时，官媒重新现身为市场保驾护航："专家普遍认为，股市连续上涨本身有调整需求，短期风险释放后仍将随中国经济步入健康的'慢牛'通道""业内人士大多认为，支撑当前牛市的逻辑没有变。"[①]"一个必须面对的事实是，今年经济运行面临较大压力，尤需股票市场提供有力支持，维护股市稳定运行十分关键。"[②]"在经济运行压力较大时，来自股票市场的支持可谓雪中送炭。"[③]"股民对中国经济走势积极认可，'可以说，大家用手里的钱投了中国经济未来一票'。""如果将A股看作'中国梦'的载体，那么其蕴藏的投资机会是巨大的……这轮牛市有别于2007年的市场行情，背后的原因是中国发展战略的宏观支撑以及经济改革的内在动力。4000点才是A股牛市的开端。当前国内资本市场的火热，也是市场对于国家经济变化的正常反应和判断。从历史上看，中国并没有像有的西方国家那样具备制造泡沫的'传统'和'动力'"。[④]然而，随后到来的股灾让一切成了泡影。

3. 中国股票市场的问题成因

中国股票市场出现上述不正常状况的主要原因有两条，即市场定位不准和监管路线偏差。以下就这两个方面的问题分别进行说明：

其一，关于股票市场的功能定位。现代经济学认为，股票市场的基本功能是通过股市交易和股价变动，使资本资源流向效率较高的地方，实现资本资源的优化配置；与此同时，利用股价对公司绩

① 《股市震荡不改"慢牛"趋势》，《人民日报》海外版，2015年4月1日。

② 《"风口"上的中国股市》，新华网，2015年4月7日。

③ 《经济降速股市为何任性上涨》，《人民日报》海外版，2015年4月10日。

④ 《4000点才是A股牛市的开端》，人民网，2015年4月21日。

效的度量作用，对公司经营作出评价并对经理人员进行监督。在中国股市建立后的相当长时间里，管理部门认为股票市场的基本功能是为企业首先是为国有企业融资，采取了“证券市场要为国企服务”的方针。[①]尽管在后来的改革中，此方针得到了一定程度的纠正，但其影响仍然一定程度地存在。

第一，在发行和上市审批中“向国有企业倾斜”，以便国有企业筹资“脱困”。在发达的市场经济国家，公司的成立和公开募集通常采取注册制。但在中国，在相当长的时期中，对公司首发公募（IPO）和上市（listing）要经过省级政府推荐、中国证监会批准给予上市名额，然后确定上市额度和发行价格等多道审批程序。能够通过层层审批的，基本上是国有企业。民营企业很少得到上市的机会。直到 1998 年 3 月，民营企业新希望集团控股的四川新希望农业股份有限公司（股票代码：000876）才成为第一家获准上市的民营企业。另外，有一些民间资本控股的上市公司，是靠“借壳”上市的。

第二，规模控制和“股权分置”抬升了股价，使得到上市权的公司能够以更高的溢价筹到更多的资金。在“为国企服务”的思想指导下，一些具体的制度安排都是向首发新股和上市后增发有较高的溢价倾斜，从供给和需求两个方面拉升了股价。

供给方面的两种主要做法是：（1）控制新股发行节奏与审批，“限制扩容”，限定发行股本数量。（2）在 2005 年 4 月证监会启动“股权分置改革”以前，中国一直实行划分“流通股”和“非流通股”，只让约 1/3 的“流通股”股票上市流通。“股权分置”的办法，大大减少了新股

① 《前任中国证监会主席周正庆回首来时路》，《证券时报》，2000 年 12 月 11 日；《股市舆论不能偏颇暴涨暴跌都应调控》，《证券日报》，2002 年 3 月 16 日。

的供给，抬升了股价。在需求方面的主要做法，则是鼓励和组织各种资金入市，大型国企发行新股时往往有数万亿元资金申购。[①] 正是从供求两方面双管齐下的这些做法，导致一级市场上新股发行与二级市场的股票转让存在巨大价差，有权发行新股者和获得新股购买权者获得了巨额非生产性利润。中小投资者也不顾泡沫终究要破灭的风险蜂拥入市。

其二，关于监管路线。正如我们在本章6.1.1节中已经讨论过的，证券市场之所以需要行政监管，主要的原因是这个市场上存在严重的信息不对称状况。由此可见，股市合规性监管最重要的职能，就在于通过强制性的信息披露制度，缓解信息不对称的问题，保护投资者的利益不受侵犯。

但是中国却长期采取了另外一种监管思路，即行政性审批的监管路线。[②]

① 20世纪90年代证券市场新股收购的无风险收益率一直很高，新股申购成为大批资金蜂拥投机的对象。这种现象一直延续到21世纪，例如，2007年11月22日，中国中铁股份有限公司A股发行吸引了3.38万亿元资金申购，超过此前中国石油天然气股份有限公司冻结的3.378万亿元的A股申购资金量。

② 曾经长期担任中国证监会领导职务的高西庆教授在1996年指出："现在还不能确定，中国证券市场的管理层已经在强制性信息披露制度和实质性审查制度之间作出了任何倾向性的选择。实质性审查的权力仍然是证券市场管理层握在手中难以割舍的一把'利剑'。1996年，证监会成立4年来，经其手批准发行、上市的公司已有360家之多，全国31个省（直辖市、自治区）、14个计划单列市主要领导人及各部门各级别官员、国务院各部委主管官员、各企业领导、工作人员等浩浩荡荡、络绎不绝、经年累月地出入于证监会等国家行政部门，以求获得其地区、其部门、其企业的公开发行权。放弃一个具有如此规模和深度的权力，对于任何一个机体，特别是一个从传统的中央集权计划体制下生长出来的机体来说，都恐怕需要经历一场'从灵魂深处爆发的革命'！"。见高西庆：《证券市场强制性信息披露制度的理论根据》，《证券市场导报》，1996年10月号，第4—17页。

股票市场定位不准和监管思路偏差，给股票市场直接带来了二级市场股价高企和违法违规行为盛行的问题。20世纪90年代和21世纪初期市场流通股的平均市盈率（P/E）[①]达到一二百倍的荒谬高度。这样，就使大部分股票完全失去了投资价值。而且，由于中国上市公司的现金分红占利润的比例仅为1/10左右，发达国家这个比例在1/3左右，所以和发达国家股市市盈率相比[②]，这样的市盈率水平对于长线投资者来说就更加缺乏吸引力。在这种情况下，入市者不能指望从投资中获得回报，只能期盼从投机炒卖中赚取差价。这就使整个股市笼罩着投机气氛，成了一个“没有规矩的赌场”。

应当看到，投机对于市场的有效运作有它不可或缺的作用。[③]这是因为，如果金融市场上只有长线投资者，市场就没有流动性，价格也不能被发现。投机者寻求风险收益使交易得以连续进行。但是问题在于，投机活动只有在与投资等活动结合在一起，实现良性互动时，才能够透过证券市场实现资本资源的优化配置，从而对经济起积极作用。单纯的投机炒作则不能起到这种作用，因为单纯的投机炒作并不能提高效率和增加财富，只不过是“钞票在不同人的口袋之间搬家”的零和博弈[④]，从总体上说，赢家所得决不会大于输家

① 市盈率（price-earning ratio, P/E，也可以译为本益比），是指股票市价对企业盈利的比率。市盈率对投资者的含义是，按照公司目前的经营状况，投资者通过以企业盈利为基础的股票收益要用多少年才能收回自己的投资。

② 有关中国上市公司现金分红的数据以及与发达国家的对比分析，见孙国峰：《2000年2000点，泡沫是怎样形成的》，《财经》，2000年第9期。

③ 关于投机在证券市场和期货市场上的作用，参阅吴敬琏（1993）：《谈谈“投机”》，《何处寻求大智慧》，北京：生活·读书·新知三联书店，1997年，第195—204页。

④ 零和博弈（zero-sum game）意味着参加博弈各方的总得益是一定值，一方所得必是另一方的所失。

所失。这就是股市格言所谓“久炒必输”的道理所在。

过度投机的一个直接后果，就是股价飙升，远远脱离了它的基本面，即公司未来的盈利能力，而使股市泡沫膨胀，这一点是与证券市场这一类资本市场的特性直接有关的。经济气泡不可能一直膨胀下去，在过高的价位上，一旦市价止升回跌，很快又会出现下行的正反馈振荡，导致市场崩溃（“崩盘”）。而在股市崩盘时，在牛市投机中取得的纸面上的亿万财富顷刻变得一钱不值，所谓“财富效应”也变成了“负财富效应”。某些有丰厚财力的投机家往往正是利用金融市场的这种特性“坐庄”炒作，坑害“跟风”的小投资者，使自己大发横财。

从 17 世纪的荷兰“郁金香狂热”、18 世纪英国的“南海泡沫”和法国的“密西西比泡沫”①、20 世纪 20—30 年代美国的“大牛市”和“大崩盘”②、80—90年代日本③和中国台湾④的泡沫经济，直到21世纪初美国的“网络泡沫”⑤,“狂热投机—恐慌抛售—市场崩溃”⑥的

① 查里斯·麦基（1841）所著《非同寻常的大众幻想与群众性癫狂》中，对“郁金香狂热”“南海泡沫”和“密西西比泡沫”有生动的记述（见该书中译本，北京：中国金融出版社，2000 年）。

② 参见加尔布雷斯（John K. Galbraith）:《金融狂热简史》，转引自吴敬琏（2001）:《十年纷纭话股市》，上海：上海远东出版社，2001 年，第 266—308 页。

③ 参见朱绍文:《日本泡沫经济的破裂及其教训》,《改革》，1993 年第 4 期。

④ 参见薛小和:《台湾岛是怎样落入“金钱游戏”的陷阱的》,《改革》，1994 年第 1 期。

⑤ 参见希勒（Robert J. Shiller，2000）:《非理性繁荣》，北京：中国人民大学出版社，2001 年。

⑥ Kindleberger, Charles P. (1989): *Manias, Panic and Crashes: A History of Financial Crises* (《狂热、恐慌和崩盘：金融危机史》), New York: John Wiley & Sons, Inc.

金融悲喜剧不断上演。中国的证券市场与早期市场经济中的情形有很多相似的地方，一些人凭借能够进行违法违规操作而不受惩罚的特权，在股票市场、期货市场和房地产市场上兴风作浪，进行狂热投机，这加剧了泡沫经济的生成和泡沫破灭时中小投资者血本无归的惨痛。

6.2.7 保险市场

自1980年中国人民保险公司恢复国内保险业务以来，保险业取得了飞速发展。表现为：保费收入大幅增长，从1980年的0元增长到2008年的9 784.1亿元；保险业总资产急剧增加，从1980年起步增长到2008年的3.3万亿元。

在保险资金的运用方面，1984年以前保险资金全部存入银行；1985年3月，国务院颁布的《保险企业管理暂行条例》明确了保险企业可以自主运用保险资金。1986年、1987年全国各省级保险公司相继成立了投资处和投资公司。不过，在随后一段时期，保险资金运用也出现了混乱现象。1989年政府开始整顿金融秩序，保险投资公司也成为整顿对象。

1991年治理整顿结束，加上宏观经济形势好转，人保总公司恢复了保险资金运用业务，中国平安保险（集团）股份有限公司和中国太平洋保险（集团）有限公司也先后开展保险资金运用业务。由于寿险和非寿险混业经营，不同性质的资金混合使用，违章现象严重，信用放款比重过大，形成大量不良贷款，最后不得不再次严厉整治。1995年颁布的《中华人民共和国保险法》对保险资金的运用做出了限制，“不得用于设立证券经营机构和向企业投资”。此后，保险资金运用逐步得到规范，保险资金的运用成为货币市场和资本市场的重要力量。

2001年12月加入WTO之后，中国履行承诺，不断扩大保险业开放的广度和深度。国外保险公司的进入提高了中国保险市场的竞争强度。2004年12月11日，保险业的WTO过渡期结束，中国保险市场全面对外开放。

中国保险市场还存在以下问题：一是保险中介市场不够发达。2014年底，保险经纪机构实现的保费收入占比仅为2.5%[①]（英国市场该比例约为60%）。二是再保险市场发展滞后。2013年再保费与总保费之比仅为7.2%[②]（发达国家一般为20%）。三是保险深度和保险密度[③]也远低于发达国家平均水平。四是退出机制不健全。到目前为止，中国保险业还没有发生过破产案例。五是法律规范和诚信体系也不健全。六是保险公司的治理结构有待完善，偿付能力、风险管理水平、盈利能力和服务意识有待进一步提高。

6.2.8 商品期货及其他衍生产品市场

商品期货市场在中国从试点探索至今，大体经历了三个阶段。

1990—1993年为初创期，最初以农产品期货交易为主。1990年10月，郑州粮食批发市场成立，首次引入期货交易机制。随后，各种期货交易所大量涌现，多达50多家；期货经纪机构1 000多家。这一发展阶段的经验表明，在农产品交易还以统购统销为主，交易主体以国有企业为主，现货市场还没有放开的情况下，期货市场必然充斥着操纵市场等违法违规行为，而不可能健康发展。

① 数据来源：中国产业信息网。

② 数据来源：和讯网。

③ 保险深度是指保费收入占国内生产总值（GDP）的比例，它反映一个国家的保险业在其国民经济中的地位；保险密度是指按照一个国家的全国人口计算的人均保费收入，它反映了一个国家保险的普及程度和保险业的发展水平。

1993—1999 年是规范整顿期。1993 年 11 月，国务院下达《国务院关于坚决制止期货市场盲目发展的通知》。经整顿，交易所减为 3 家，经纪公司减为 180 家左右，交易品种只保留 12 个。经过多年沉寂，1999 年国务院颁布《期货交易管理暂行条例》及四个配套管理办法，使期货市场正式进入法治轨道。

2000 年至今，期货市场进入规范发展阶段，出台了《期货经纪公司治理指引》和《期货交易保证金封闭管理办法》，实行了对期货公司的净资本进行监管、对期货保证金实行存管制度，建立了投资者保障基金。2003 年期货市场全面推行交易保证金封闭运行。2004 年起又陆续推出棉花、燃料油、玉米等商品期货新品种。2009 年 3 月推出钢材期货。2013 年 11 月，上海国际能源交易中心正式揭牌成立，标志着原油期货的上市迈出了关键一步。目前，中国期货市场共有逾 50 个交易品种，期货市场套期保值和价格发现的功能逐步发挥。

在其他金融衍生产品方面，1992 年 12 月，上海证券交易所允许部分证券公司进行国债期货的自营买卖，并于 1993 年 10 月向个人投资者开放。1995 年 5 月，因“327 国债期货风波”① 暂停国债期货交易。

2006 年 9 月，中国金融期货交易所成立。2010 年 4 月 16 日，股指期货在该所上市。2013 年，国债期货在该所恢复交易。

① 327 国债是指 1992 年发行的三年期国债，1995 年 6 月到期兑付。1995 年 2 月 23 日，327 合约大幅上涨，做空主力万国证券按其持仓量和价格，合约到期亏损将高达 60 多亿元。万国证券在 148.5 元价位封盘失败后，于交易结束前 8 分钟大量透支交易，以 700 万手、价值 1 400 亿元的巨量空单，将价格从 151.3 元打压到 147.5 元，使当日开仓的多头全线爆仓。当夜，上海证券交易所宣布当日最后 8 分钟 327 合约交易严重违规，判定无效。此次事件，史称“327 国债期货风波”。

6.3 金融机构的改革发展和金融监管制度的建立

6.3.1 20世纪90年代金融机构的改革发展和金融监管制度的初步建立

1992—1994年的新一轮经济过热和高通货膨胀，暴露了中国金融系统存在的严重问题，促使中国政府进一步深化对金融体系的改革。1993年11月召开的中共十四届三中全会做出了《中共中央关于建立社会主义市场经济体制若干问题的决定》，其中对金融机构改革的主要要求是：

——现有的专业银行要逐步转变为商业银行，并根据需要有步骤地组建农村合作银行和城市合作银行。商业银行要实现资产负债比例管理和风险管理。商业银行存贷款利率可以在规定幅度内自由浮动。

——规范与发展非银行金融机构。

——组建国家开发银行、中国进出口信贷银行和中国农业发展银行，承担法定范围内的政策性业务，使商业银行专注于商业性业务。

按照这一部署，从1994年开始，金融机构的改革有次序地展开。

1. 专业银行的商业化经营和其他商业银行的发展

这一时期的主要改革措施是：

第一，将原有的中国银行、中国农业银行、中国工商银行和中国人民建设银行（1996年更名为"中国建设银行"）4家专业银行转为国有独资的商业银行，实行商业化经营。

第二，国家开发银行、中国进出口银行及中国农业发展银行等3家政策性银行先后成立。

第三，增设了非国有独资的股份制银行。除1993年以前原有的交通银行、中信实业银行、中国光大银行、深圳发展银行、华夏银行、上海浦东发展银行、招商银行、广东发展银行、福建兴业银行、中国投资银行（图 6.3）外，1995 年增加了以民营经济为服务对象的中国民生银行和面向海南经济特区的海南发展银行两家股份制商业银行。同时，原隶属于首都钢铁公司的华夏银行改组为独立的公司制银行，中国光大银行成为首家吸引外国金融机构参股的商业银行。此外，在整顿城市信用社、化解中小金融机构风险的总体政策安排下，各地城市信用社开始合并组建为城市商业银行。

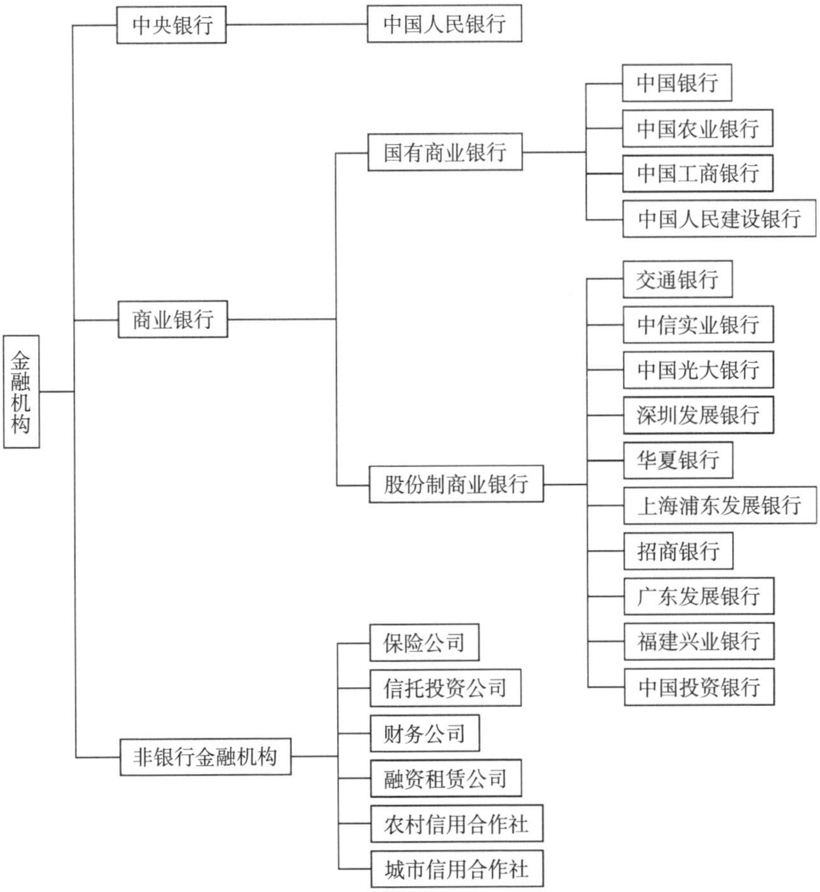

图 6.3　20 世纪 90 年代初期的中国金融机构

资料来源：中国人民银行《中国金融展望》（1994）及其他资料。

随着20世纪90年代中期经济过热和金融机构迅猛发展，金融系统中积累了许多问题。90年代中期，国家对经济过热采取的强烈紧缩措施和1997年7月开始的亚洲金融危机的冲击，使得这些问题明显地暴露出来。政府的不当干预、金融机构本身经营不善、内部控制薄弱、信贷欺诈违规现象大量存在，导致不良资产居高不下①，全行业在世纪之交已经陷入事实上资不抵债的窘境。虽然由于国家信用支持，全行业范围的支付危机并没有爆发，但一些中小银行金融机构的零星支付风险却时有发生。这直接威胁到了中国金融体系的安全。

为了规避因脆弱的金融体系而可能给经济带来的严重风险，中国政府从1999年开始着手整顿城市信用社、信托投资公司等金融机构，先后关闭了海南发展银行、广东国际信托投资公司等一批出现风险的机构。

此外，为了降低国有银行的不良资产率和提高它们的资本充足率，1998年发行了2 700亿元特别国债，用以充实国有银行的资本金。1999年陆续成立了信达、华融、东方和长城4家资产管理公司（AMCs），承接了4家国有商业银行的14 000亿元的银行不良债权。

2. 非银行金融机构的发展

经过调整和整顿，信托投资公司数量减少，同时开办了一批证券和保险机构。

① 据中国人民银行2003年的一项调查，在国有商业银行不良资产的形成中，由于计划与行政干预而造成的约占30%，政策上要求国有银行支持国有企业而国有企业违约的约占30%，国家安排的关、停、并、转等结构性调整约占10%，地方干预，包括司法、执法方面对债权人保护不力的约占10%，而由于国有商业银行内部管理原因形成的不良贷款占全部不良贷款的20%。详见周小川2004年12月2日在“经济学50人论坛”上的讲话（打印稿）。

1991年成立了中国太平洋保险公司，保险市场呈现人民保险、太平洋保险、平安保险三巨头鼎立的竞争格局。1992年，美国友邦人寿保险公司获准在上海经营业务，成为改革开放后第一家进入中国的外资保险公司，随后多家外资保险公司和中介机构进入中国。1997年，中国人民保险（集团）公司被撤销，分解为寿险、财险和再保险3家保险公司。

1990年末和1991年7月上海和深圳两个证券交易所建立以后，证券公司等中介机构如雨后春笋般发展起来。1992年9月，依托中国工商银行、中国农业银行、中国人民建设银行，第一批全国性证券公司——华夏证券、国泰证券和南方证券相继成立。此后，证券公司数量急剧增加，这些证券公司的股东背景基本上都是国有银行、地方政府和有关部委。1994年10月，第一家中外合资投资银行——中国国际金融有限公司成立。截至2000年11月，近百家证券公司的2 600多家证券营业部遍布全国各地，基金管理公司、律师事务所、会计师事务所和投资咨询机构也逐渐成长起来。

3. 中央银行制度和监管制度的建立

根据1993年中共十四届三中全会的要求，作为中央银行的中国人民银行的主要职能是，在国务院领导下独立执行货币政策。同时，按照货币政策的执行由多级调控改为（中央）一级调控的要求，中国人民银行分支机构改为总行的派出机构，并逐步实行跨行政区域设置。

1997年，为提高货币政策决策的科学性，成立了中国人民银行货币政策委员会，作为货币政策决策的咨询议事机构。1998年，为了进一步消除地方政府对中央银行执行货币政策和金融监管可能的干扰，撤销了中国人民银行按行政区划设置的31个省级分行，在9

个中心城市设立大区分行。

与此同时，货币政策的中介目标开始了由信贷资金规模向货币供应量的转化进程。中国人民银行从1994年第三季度起，推出了货币供应量统计监测指标，定期向社会公布。1996年4月中央银行试运行公开市场业务。1996年1月建立全国统一的同业拆借市场，6月1日起放开同业拆借利率。1998年起取消对国有商业银行贷款规模的限制，改为在推行资产负债比例管理与风险管理基础上的间接调控。

在监管方面，逐步形成分业监管的基本框架。1992年10月，国务院证券委员会和中国证券监督管理委员会（以下简称“证监会”）相继成立。1997年召开的全国金融工作会议确定了银行业、证券业、保险业分业经营、分业监管的原则。1998年4月，国务院证券委员会撤销，其全部职能及中国人民银行对证券经营机构的监管职能同时划归证监会。1998年11月，中国人民银行对保险业务、保险机构和保险市场的监管也交由新成立的中国保险监督管理委员会（以下简称“保监会”）承担。

这段时期，国家颁布并实施了一系列规范和发展金融业的法规制度。银行方面，1995年5月，全国人民代表大会通过了《中华人民共和国商业银行法》，对商业银行及其分支机构的设立、分立、合并的申报批准条件和程序做出了规定，明确对商业银行独立经营权进行保护的原则，为商业银行进一步改革提供了法律保证。证券方面，1993年5月，国务院发布《股票发行与交易管理暂行条例》，对股票发行、交易及上市公司收购等活动予以规范，建立了股票发行审批制度；1993年8月发布了《禁止证券欺诈行为暂行办法》。1997年3月14日新修订的《中华人民共和国刑法》在八届人大五次会议上获得通过，将内幕交易、编造传播虚假信息、操纵证券交易价格等确定为犯罪行为。1999 年 7 月 1 日《中华人民共和国证券法》开始实施。上述法规和规章规范了这段时期的证券市场，形成了资本市场监管制度的雏形。

在证券市场监管方面存在的主要问题，是没有看重建立强制性信息披露制度和进行合规性监管，而过分依靠实质性审批，可是无论是理论还是实践经验都已表明，行政审批不但无效而且会造成普遍的寻租环境，并使监管部门本身的腐败加剧，使股市变成了中小投资者的伤心地和权贵们的巨大“寻租场”（关于监管路线的讨论见本章 6.4.2 节）。

6.3.2　21 世纪初金融机构的改革发展和金融分业监管体系的形成

中国在 2001 年末加入世界贸易组织（WTO），并承诺进一步向外资银行开放市场。一时间，如何化解中国稚弱的金融体系的金融风险，增强金融企业竞争力，成为跨世纪的重要课题。

1. 实现国有商业银行改制

20 世纪 90 年代，在不改变银行基本制度的条件下，改善国有银行经营的一系列努力未能有效缓解银行体系资产质量严重恶化的问题。据 2002 年末的统计，四大国有商业银行的不良债权高达 20 770 亿元，占国有银行贷款总额的 26.12%，是当年新增贷款额的 1.61 倍；而且四大国有商业银行除中国银行外，都没有达到《巴塞尔协议》所要求的资本充足率。[①] 这一事实表明，如果不消除中国银行业产生坏账的内在机制，实行国有银行的改制，单纯依靠坏账剥离和核销难以化解中国银行体系的风险。

---

① 中国人民银行调查统计司:《各银行资产负债表（2002）》。

这样，中国政府在2003年以国有商业银行改制为中心进行了新一轮银行业改革。其中四大国有商业银行的改革目标，“就是要使国有商业银行走市场化的道路，推进产权制度的改革，推进公司治理结构的改革，真正把国有商业银行变成现代商业银行”。[①]四大国有商业银行的改革路径可以大体概括为：(1)通过国家注资和不良资产剥离进行财务重组，解决历史遗留问题。通过中央汇金公司这一专门设立的投资实体，国家合计动用790亿美元外汇储备对4家国有商业银行进行注资[②]，并先后从四大国有商业银行剥离不良资产总计约19 000亿元。(2)通过股份化和引进境内外战略投资者，改变产权结构和经营机制，健全公司治理。(3)通过首次公开发行股票(IPO)进一步充实银行资本金，强化市场约束，推进银行持续改革。

按照这一路径，中国建设银行、中国银行、中国工商银行先后在上海和香港证券交易所上市。[③]中国农业银行也于2009年2月改制成股份有限公司。

与此同时，包括进一步整顿中小银行金融机构、完善农村金融体系、推动政策性银行商业化改革等一系列金融稳定举措也陆续展

① 温家宝总理在2004年3月14日十届全国人大二次会议中外记者招待会上答记者问。

② 2003年9月，国有商业银行股份制改革启动，中国银行、中国建设银行率先进行试点，国家动用450亿美元外汇储备为2家试点银行补充资本金。此后，国家分别于2005年和2008年向中国工商银行和中国农业银行注资150亿美元和190亿美元。

③ 中国建设银行于2005年10月率先在香港联交所上市，2007年9月回归A股市场；中国银行的上市路径与之相同，2006年6月在香港联交所挂牌，7月在上海证交所挂牌；中国工商银行则于2006年10月同时在上海、香港两地挂牌。

开。股份制银行、城市商业银行、政策性银行[1]、邮政储蓄机构[2]及农村信用社等都加快了改革的步伐，通过坏账剥离、补充资本（包括引进战略投资者和上市）、转制及管理体制再造等多种方式化解金融风险，提升竞争力。尤其是在农村信用社改革过程中，国家不仅对农村信用社的管理体制、产权模式和组织形式进行了全面改革，还积极探索实践股份制、股份合作制等新的产权形式，组建农村商业银行、农村合作银行、县（市）统一的法人机构等。

在股权结构多元化的基础上，中国主要的商业银行已经初步建立起了相对规范的公司治理机制，一些上市银行还聘请了一定数量的独立董事，并在董事会下设立了审计委员会、薪酬与考核委员会、风险管理与关联交易委员会、战略委员会等专业委员会，使得决策规则和程序进一步明确，运作逐渐规范，内部监督得以加强。同时，信息披露也在向制度化和规范化迈进，信息透明度得到提高。

为继续履行中国加入 WTO 时的承诺，银行业对外开放的力度不断加大。四大国有银行的改制过程都引进了境外战略投资者，并与它们签订了战略合作计划，以期引进先进的经营理念和管理技术。2006 年 12 月，《中华人民共和国外资银行管理条例》开始实施，取消了对外资银行的一切非审慎性市场准入限制，按照国际通行做法，向在中国注册的外资法人银行全面开放人民币业务。

与此同时，国内银行在“走出去”战略上也取得实质性进展。2006 年以来，已有多家中资银行在海外实施并购或开设新的分支机构。

① 按照“分类指导、一行一策”的改革原则，国家开发银行于 2007 年底获得国家 200 亿美元注资，并于 2008 年 9 月正式改制为股份公司，率先走上商业化运作之路。

② 2007 年，我国对邮政储蓄体制进行改革，设立中国邮政储蓄银行。

在上述改革的推动下，银行业体系的财务状况明显好转，存量风险得以基本化解，银行抵御风险能力明显提高[①]，进一步强化了中国银行业的公司治理和信用文化，也在一定程度上提高了银行的风险管理和服务能力。

但是，仍然存在诸多问题，商业银行的改革仍然有待进一步深入。例如，改制上市后，商业银行在治理结构上存在“形似而神不似”的问题。高级管理人员的任免没有完全按照市场经济下的规则进行，银行的经营管理和行政体制仍然有千丝万缕的联系：始于2008年末的一轮信贷投放狂潮中，大量信贷投向政府主导的地方融资平台或基础设施项目，其背后都可以看到各级政府推动的影子；商业银行内部“官场文化”经久难绝，风险管理能力依然薄弱，服务意识和创新能力仍有待提升。

2. 非银行金融机构的新发展和监管的加强

进入21世纪以后，非银行金融机构在规范的基础上有了新的发展。其中最突出的表现在以下方面：

证券机构 世纪之交，证券机构长时期积累起来的问题突出地暴露出来，甚至行业的生存也受到挑战。2005年7月，国务院转发证监会《证券公司综合治理方案》，要求各地政府和相关部门积极配合，共同做好综合治理工作。截至2006年10月，证监会处置了南方证券、闽发证券、德恒证券、广东证券等31家证券公司。在综合治理之后，证券公司开始了快速发展。截至2015年底，中国共有

① 截至2008年末，中国进出口银行和中国农业发展银行表内按“一逾两呆”划分的不良贷款分别约为91亿元和575亿元；除政策性银行和农村信用社外，全行业不良贷款余额降至5 682亿元，仅占贷款总额的2.46%，且贷款损失拨备覆盖率达到115.3%。数据来源于银监会网站。

证券公司 125 家，净资产 1.45 万亿元，总资产 6.42 万亿元。[①] 虽然中国证券公司在总量上有了很大的增长，但相对国际大型投资银行，其规模仍然普遍偏小，盈利模式同质化，治理结构和内部控制机制有待完善，核心竞争力也有待提高。

随着 2004 年 6 月 1 日《中华人民共和国证券投资基金法》的实施，证券投资基金业独立发展的法律地位得以确立，基金业进入了一个新的发展阶段。截至 2015 年 12 月底，我国境内共有基金管理公司 101 家，其中中外合资公司 45 家，内资公司 56 家；取得公募基金管理资格的证券公司或证券公司资管子公司共 10 家，保险资管公司 1 家。以上机构管理的公募基金资产合计 8.4 万亿元。[②] 与此同时，随着保险、信托、企业年金及合格境外机构投资者（qualified foreign institutional investors, QFII）等各类机构投资者逐步进入中国资本市场，长期以来中国股票市场中机构投资者数量偏少的问题得到一定程度的缓解。

保险机构 保险类金融机构在这段时期也得到了蓬勃发展。截至 2015 年底，中国保险监督管理委员会网站披露的保险机构就有中国人保、中国人寿、中国平安、中国太平洋等 12 家保险集团公司，并有 74 家财产险公司、82 家人身险公司、10 家再保险公司、21 家保险资产管理公司和 187 家外资保险公司代表处。[③]

新型金融机构 2000 年 8 月，国家设立“全国社会保障基金理事会”，负责管理运营全国社会保障基金。2004 年底，国家成立了中央汇金投资有限公司，作为国有商业银行改制的投资平台。2007 年 9 月 29 日，国家成立中国投资有限责任公司，将中央汇金投资有限

① 数据来源于中国证券业协会官方网站。
② 数据来源于中国证券投资基金业协会官方网站。
③ 数据来源于中国保险监督管理委员会官方网站。

公司纳为子公司，作为中国的主权财富投资基金（sovereign wealth fund, SWF），承担起进行专业投资、为国家外汇储备保值增值的责任。近几年来，各类资产管理公司、私募股权投资基金（private equity fund, PE）和互联网金融公司等也纷纷成立。这些新型金融机构的出现，丰富了市场主体结构，为各类企业增加了新型的融资渠道，也对监管提出了新的挑战。

3.“一行三会”监管体制的形成

2003年4月，国家成立中国银行业监督管理委员会（以下简称“银监会”），将对银行业监督管理的职能从中国人民银行中分出来，以加强银行业监管。这样，银监会与1992年建立的证监会和1999年建立的保监会一起，形成了鼎足而立、“一行三会”监管格局。

银监会将资本监管和合规监管作为银行监管的核心内容。在资本监管方面，遵循“准确分类—提足拨备—做实利润—资本充足”的持续监管思路，加强了对银行的审慎监管，银行资本充足率得到明显改善。[①] 在合规性监管方面，银监会强化了对董事会及各级管理人员的“问责制”。通过各方的努力，近几年银行业内案件频发现象有所减少。[②] 不过，对于刚刚起步不久的中国银行业来说，合规性监管仍然是一个长期的挑战。

① 截至2008年第三季度，资本充足率达到8%的监管要求的商业银行共有192家，达标银行资产占商业银行总资产比重为84.9%，而2003年仅有8家银行达标，资产占比仅有0.6%。见《我们有能力做好银行业风险管控工作——蒋定之副主席在2008年北京国际金融论坛上的讲话》，银监会网站。

② 2008年，银行业金融机构累计发生各类案件309件，百万元以上案件89件，同比降幅为29%，银行按资产的平均发案率已接近国际较好水平。见《保增长、防风险、确保银行业稳健发展》，银监会网站。

证券方面，2000 年以后的证监会加大了市场监管力度，处置了一批问题券商和上市公司的违法违规问题。2001 年 1 月 14 日，时任国务院总理朱镕基召集全国银行、证券、保险工作座谈会，要求健全金融法治，严格执法。同时，部署了公安机关介入股市监管，打击证券犯罪活动。2002 年 3 月，公安部证券犯罪侦查局正式挂牌，与证监会协同打击证券市场犯罪行为。然而，在相当长的时期中，在按照什么样的思路来进行监管的问题上，管理层的认识并不是那样明确，不少人仍然倾向于依靠实质性审批制度进行监管。近年来证券市场的合规性监管有所加强，但是这些改革还不足以消除权力对市场的干预和对舞弊行为的纵容庇护，因此导致大案频发，引起了大众的强烈不满。

保险方面，从 2000 年开始，保监会先后在上海、广州、北京、沈阳等地设立了派出机构，加强对保险市场的监管力度。同时，确立了以偿付能力监管、公司治理结构监管和市场行为监管为支柱的现代保险监管理念，建立了以公司内控为基础、以偿付能力监管为核心、以现场检查为重要手段、以资金运用监管为关键环节、以保险保障基金为屏障的风险防范五道防线。

6.4 中国金融进一步改革的议题

6.4.1 银行业对内开放与发展

金融业是否应当对民间资本开放，是中国金融界长期争论的一个重要问题。在中国已经加入 WTO，中方承诺在加入 5 年后外资银行将享有同中资银行同等待遇的情况下，对本土民间资本的开放本来不应当再成为问题。2001 年 12 月 3 日国务院办公厅转发国家计委《“十五”期间加快发展服务业若干政策措施的意见》也指出，“凡鼓励和允许外资进入的领域，均鼓励和允许国内投资者以独资、合资、合作、联营、参股、特许经营等方式进入”。但是，是否应当允许民间资本创设包括民营银行在内的民间金融机构，有关的管理部门在很长时间内都没有达成一致的意见，直到 2014 年才开始民营银行的试点。

事实上，发展正规的民间金融机构，也是活跃金融市场和规范非正规金融的需要。在缺乏正规民间金融机构和民营企业的融资需求得不到满足的情况下，民营经济比较发达的地区通常存在着较为发达的非正规金融活动，包括私人间借贷、“地下钱庄”“抬会”等。非正规金融虽有灵活多样的优点，但是往往利率高、风险大。[①] 因此，在发展正规的民间金融机构的同时，需要对大多数地区的非正规金融做三件事：合法化，规范化，加强信用体系建设。

作为非正规金融重要替代物的小额信贷（micro-lending），具有重要意义。特别是创办发放小额贷款的格莱珉银行（Grameen Bank）的孟加拉国银行家尤努斯（Muhammad Yunus）和他的银行共同获得 2006 年诺贝尔和平奖以后，小额信贷更在中国引起了广泛的讨论。实际上早在 1993 年，中国经济学家茅于轼、汤敏就在山西临县地区开始了他们的小额贷款试验，以后逐步扩大营业范围。全国的同类试验还有许多。现在的问题，是要加大政府和社会各界对这一事业的支持，规范它的经营环境，使之发展得更迅速、更健康。

然而，中国监管部门对于完全开放民营银行业表现出了极大的

① 卢迈（2001）：《西部地区的民营部门的发展》（打印稿）。

谨慎[①]，原因在于，与一般行业不同，银行业是一个高风险、高负债行业，具有很强的外部性，一旦发生问题，可能会殃及整个金融系统。因此，在监管手段还比较落后、银行公司治理问题还没有得到有效解决、存款保险制度尚未建立的环境下，大范围开放民营银行业可能会带来意想不到的结果。从对内开放的实践看，监管部门采取了循序渐进的思路，允许一些民营资本通过投资入股的方式进入城市商业银行等中小金融机构，并出台多项措施[②]，引导包括民营资本在内的各种资本到农村地区组建村镇银行、贷款公司、农村资金互助社和小额贷款公司四类金融机构，并取得一定成效。[③]

银行业对内开放，会产生一批中小银行。有必要引进一种保证银行稳健经营、缓解系统性风险的制度安排一存款保险制度。长期以来，中国政府一直对个人存款实行全额担保，这对保护储蓄者利益、维护社会稳定具有一定的积极作用。但是，一方面，政府对个人存款的全额担保也弱化了存款人风险意识，削弱了银行面临的外部市场监督机制，不利于金融市场的稳定运行和市场经济的发展。不仅如此，

① 2003 年 7 月，一个由经济学家和金融界人士组成的民间机构长城金融研究所设计了 5 家民营银行的试点方案，并向银监会递交设立申请报告，但一直未得到批复。

② 2007 年 1 月 22 日，银监会发布了《村镇银行管理暂行规定》《村镇银行组建审批工作指引》《贷款公司管理暂行规定》《贷款公司组建审批工作指引》《农村资金互助社管理暂行规定》《农村资金互助社组建审批工作指引》等行政许可实施细则文件；2008 年 5 月 4 日，中国人民银行、银监会出台《关于小额贷款公司试点的指导意见》，5 月 8 日下发《关于村镇银行、贷款公司、农村资金互助社、小额贷款公司有关政策的通知》。

③ 截至 2008 年 12 月 31 日，全国已有 105 家新型农村金融机构获准开业，其中，村镇银行 89 家、贷款公司 6 家、农村资金互助社 10 家。见《我国新型农村金融机构已超百家》，银监会网站，2009 年 1 月 12 日。

沉重的财政负担使得政府在处理高风险银行时往往投鼠忌器，贻误了最佳处置时机，往往加大了最后的处置成本。另一方面，对机构存款的偿付政策一直不明确。实践中，倒闭的中小银行的机构债权人往往得不到政府担保，只能等待旷日持久的破产清偿。这不仅给企业的生产经营活动带来极大的冲击，而且还加剧了银行体系的脆弱性。

从国际经验看，建立覆盖所有存款人但赔付率有区别的显性存款保险制度，不仅有利于保护存款人权益，提高公众对银行业的信心，而且有助于规范银行退出机制，建立对银行的约束和激励机制，从而在一定程度上防范风险，利于推进金融业的稳健发展。在各方的共同努力下，国务院于 2016 年 2 月 17 日发布《存款保险条例》，并于同年 5 月 1 日正式实施。

6.4.2 亟须推进证券市场的进一步改革

中国证券市场出现诸多问题的一个重要原因，是国有企业产权不明晰造成的“所有者缺位”。这种情况使企业执行人员和证券业务的操作人员行为失当。在中国国有工、商、金融企业所有者缺位，“内部人控制”现象广泛存在的条件下，赔了是公家的，赚了是自己的或者大部分是自己的，就成为企业领导人从事高风险投机活动的巨大诱惑。过去几年，中国国有公司在海外金融市场上多次发生数额巨大的投机损失，其根源盖出于此。金融专家们在分析了 20 世纪末期几起大的金融丑闻以后得出结论，外部监管（证监会和中央银行的监管）作用有限，企业会不会出现大的风险，关键在其内部监管。因为外部监管很难及时发现和纠正经理人员直至操作人员的不当行为。而企业的内部监管却比较容易及时地发现问题。同时，作为企业所有者这个最终监督者，为了保护自己的财产不受损失，也有动力通过企业的治理结构对第一线操作者进行严格的监督。这就说明，必须在加强外部监管的同时，在建立起有效的公司治理的前提下强化企业的内部监管，并且将企业内部监管和外部监管两者紧密结合起来。

正如我们在第 4 章 4.4 节中讲过的，2000 年以来，为完善公司治理，中国证券监管机构出台了一系列规章制度，并引入独立董事制度，明确了董事会对加强内部监管应负的责任，如此等等。这些措施，一方面可以杜绝“内部人控制”或大股东控制过度等导致公司内部治理失效的问题；另一方面可进一步提高上市公司质量，夯实资本市场的基础。

证券发行体制采用核准制，和原来的行政审批制相比，有四方面的改进：一是在名义上取消了额度控制；二是取消了地方和主管政府机构的推荐职能；三是在名义上发行价格由发行人和承销商根据对市场情况的了解和机构投资者的询价协商确定；四是突出了强制性信息披露要求。但是，证券监管部门继续保留着不少行政性控制的权力，由监管部门对某些证券所代表的权利能否在一级市场上交易首先做出价值判断。这很容易导致证券市场权力滥用和腐败行为。中国股票市场仍然腐败大案、要案频发，就是绝对不受约束的权力绝对地导致腐败的一个有力的证明。目前，中国证券市场核准制的发行体制虽较之审批制有所进步，但还需要进一步向申报注册制过渡。

证券市场合规性监管的首要任务，是严格执行强制性的信息披露制度。2005 年修订的《中华人民共和国证券法》规定了上市公司的信息披露义务，1997 年修订的《中华人民共和国刑法》也把内幕交易和操纵股价定为刑事犯罪。1999 年开始，上市公司监管也逐步强化了信息披露工作，一系列旨在规范上市公司信息披露的制度相继出台。[①] 其中 2007 年

① 例如，2005 年 11 月发布《关于提高上市公司质量的意见》，2007 年 2 月公布《上市公司信息披露管理办法》等。

发布的《上市公司信息披露管理办法》，即是为适应股权分置改革后上市公司监管的新要求，进一步完善信息披露的规则和监管流程。而2007年9月公布的《上市公司监督管理条例（征求意见稿）》，在要求提高上市公司透明度、增强信息披露有效性的同时，进一步明确了监管部门在上市公司监管中的角色和定位，即对上市公司的监管将以信息披露为核心，促使上市公司真实、准确、完整、及时地向投资者披露信息。

证券市场产生"过度投机"的机制依然存在。从2006年开始，在货币大量超发、流动性严重过剩的影响下，中国股票市场的"过度投机"再次上演，使股票市场产生更大的泡沫，上证综指于2007年10月16日创出6124.04点的历史高位，在投机性资金的推动下，很多股票在很短时间内涨幅高达五六倍甚至10多倍。但"泡沫"不久再次破灭，在此后一年间，股票市场快速下跌，并在2008年10月28日跌至1664点，最大跌幅超过70%（图6.4）。在这个过程中，无数中小投资者付出了沉重的代价。要拆除形成"过度投机"的机制，需要继续深化多方面的改革。

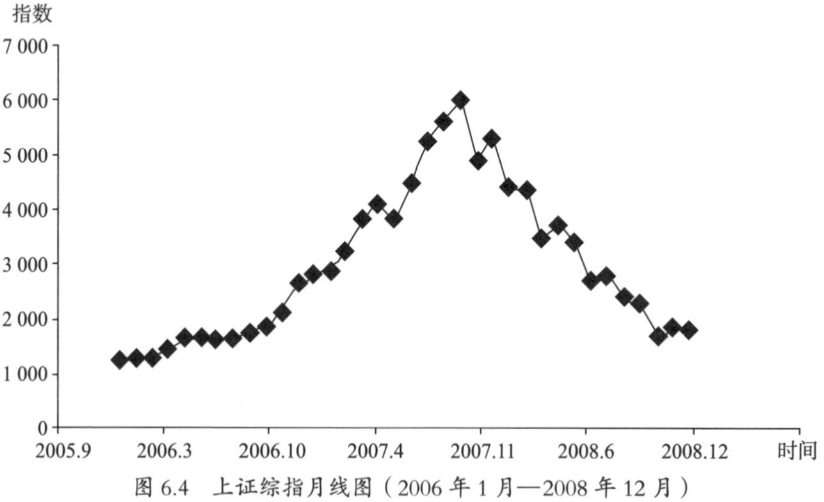

图6.4　上证综指月线图（2006年1月—2008年12月）

6.4.3 金融创新与金融监管

金融业的发展史就是一部金融创新的历史。对于银行业而言，金融创新是提高其竞争力和实现可持续发展战略的重要基础，也是有效对冲和分散风险的重要手段。面临国际同行的激烈竞争，金融创新同样是中国银行业实现自身发展与应对外部竞争的客观要求与必然趋势。目前，中国初步形成了有利于金融创新的体制和监管环境，金融创新势头迅猛。例如，资产证券化已经迈出步伐[①]，各类理财业务也纷纷开展。[②]

然而，与行业先进水平相比，中国金融业的金融创新程度还远远不够，表现为中国金融创新层次低、创新发展不平衡、创新策略不足、相关法规欠缺及风险防范经验不足等。同时，由于在产品定价和风险对冲方面缺乏相应的技术和经验，金融机构在新产品销售、资金运用和会计核算等方面尚不规范，创新业务中仍存在较大的风险隐患。[③]

---

① 2005 年 4 月 21 日，中国人民银行、中国银监会公布了《信贷资产证券化试点管理办法》，这标志着中国资产证券化业务正式进入规范实施的阶段，中国建设银行和国家开发银行获准首批进行资产证券化试点。2005 年 12 月，国家开发银行和中国建设银行在银行间债券市场首期分别发行了 41.77 亿元信贷资产支持证券和 30.19 亿元个人住房抵押贷款支持证券。

② 中国银监会于 2005 年 9 月发布了《商业银行个人理财业务管理暂行办法》和《商业银行个人理财业务风险管理指引》；2006 年 6 月印发《关于商业银行开展代客境外理财业务有关问题的通知》，明确商业银行开展 QDII 业务的方式、投资范围和托管资格管理等；2007 年 5 月印发《关于调整商业银行代客境外理财业务境外投资范围的通知》，将境外投资范围从固定收益类产品扩大到股票和基金等非固定收益类产品。

③ 2008 年 8—9 月间，因股指大跌，前期与股票市场挂钩的理财产品（如生命人寿保险的“投联险”产品）价值随之大跌，一些地方的投资者非常不满，甚至出现在金融机构网点聚众抗议的现象。

从2008年全球金融危机可以认识到，美国在金融创新过程中对风险管理的忽视，是引发危机的重要原因之一。这为中国金融业的金融创新提供了一定的借鉴。然而，对于创新严重不足的中国金融业而言，绝不能因噎废食，而应当在充分加强风险管理的同时，进一步积极推动金融创新，从而改善中国金融业收入结构，提高中国金融业抵御周期性信用风险的能力，并促进整体经济效率的提高。

第7章　财政税收体制改革

1949年中华人民共和国成立以后，逐步按照苏联模式建立了政企不分和高度集权的财政税收体制。这套体制在1958年曾经向行政性分权的方向跨出了不小的步子，但在“大跃进”失败后，通过加强行政集权来救治混乱，又在相当程度上向统收统支的财政体制回归。改革开始以后，1980年采取了重大步骤建立行政性分权的“财政分灶吃饭”体制，1988年又将它进一步明确为“财政大包干”。这种行政性分权的财政体制不但与正在成长的市场经济不相适应，反而使财税系统的原有矛盾加剧，预算内收入特别是中央政府的预算内收入逐渐萎缩，政府入不敷出的状况日益严重。1993年，中共十四届三中全会决定进行财政税收体制的全面改革，并且顺利地进入新的财税体制轨道，建立了一套与市场经济制度相衔接的财税体制框架。2003年以后，按照完善社会主义市场经济体制的要求，财税体制在一些重要领域迈出了新的改革步伐。

7.1　市场经济和计划经济下的财政

经济学把社会经济活动的主体分为三类：个人（家庭）、企业和政府，前两类主体属于私人领域（private sector），后一类主体则属于公共领域（public sector）。与之相对应，物品（goods）分为两类：私人品（private goods）和公共品（public goods）；财务活动也分成两个部分：私人财务（private finance）和公共财政（public finance），财政是后者在汉语中的简称，政府在执行它的职能时是需要耗费资源的。所以，无论在哪一种经济制度下，政府都需要组织收入来弥补它的支出，也就是说，都要有财政。但是，由于在不同的经济体制下政府起作用的范围和方式不同，财政体系也有很大的差别。

7.1.1 市场经济下的财税体制

在市场经济条件下，公共财政的基本职能，就是为政府向社会提供公共品筹措和分配资金。

专栏 7.1 公共品和公共财政

经济学通常按照是否具有竞争性（rivalrousness）和可排他性（excludability），将物品分为如下四类（见表 7.1）：

表 7.1 物品分类

	可排他性（excludable）	非排他性（non-excludable）
竞争性（rivalrous）	私人品（private goods） 食品、服装等	准公共品—公用物品（common goods）公共池塘、绿地等
非竞争性（non-rivalrous）	准公共品—俱乐部物品（club goods）卫星电视信号等	公共品 国防、社会治安等

纯公共品具备上述两个基本的特性：（1）具有“非竞争性”，也就是说，一个人对一种产品或服务的享用并不减少其他人对这

种产品或服务的享用，换句话说，额外一个人享用这种产品或服务的边际成本为零。（2）具有“非排他性”，也就是说，要排除任何一个人享受这种公共品要花费非常高的成本。

由于公共品具备上述两方面的特性，它便很难由私人提供。例如，国防是一种典型的公共品。国防保障不能只向付费者提供。因为如果这样，由于国防保障的非排他性质，每个人都会希望自己不付费而由别人付费，然后自己可以免费享受，成为“搭便车者”（free riders）。这样，国防经费就会严重不足。所以，公共品原则上应当由政府提供。但是这并不等于说，政府要自行生产构成公共品的一切产品和服务，因为政府生产这些产品和服务可能会比私人生产的效率低。政府完全可以用财政资金从私人部门购买这些产品和服务。

纯公共品和纯私人品之间还有一些“准公共品”（quasipublic goods）。准公共品有一定程度的“竞争性”或“可排他性”。例如，有线电视信号就是一种具有可排他性而不具有竞争性的准公共品。第二次世界大战结束以后，有的国家将某些准公共品改为收费服务，由商业化的机构提供。这种保证资源得到更好利用的办法在许多国家得到推广。

财政（public finance）或称公共财政的职能，是为政府提供公共服务筹措和分配资金。公共经济学的奠基人马斯格雷夫（Richard A. Musgrave，1910—2007）认为，公共财政具有三大职能：（1）配置职能，强调的是合理和有效地配置公共资源，以便保证社会成员共同利益的最大化；（2）分配职能，即一方面运用税收手段；另一方面通过公共教育、公共卫生服务等方式，进行收入再分配，以缓解社会矛盾；（3）稳定职能，指的是运用税收、公共支出等手段，通过政府收支差额的变化调节社会总需求，保持宏观经济的稳定。

根据斯蒂格利茨著《经济学》(北京：中国人民大学出版社，2000年)等资料编写。

任何社会公共品的供给过程都涉及四项权力的配置，即：(1)由谁决定生产什么和生产多少公共品；(2)由谁决定生产公共品所需资源的数量及其筹集方式；(3)由谁负责组织提供公共品；(4)由谁负责对公共品的生产效率和数量、质量进行监督。这四项权力的配置过程也就是公共财政框架建立的基本过程：通过税收筹措资金和通过预算制度配置资源。

税收是伴随国家的产生而发展起来的，是国家凭借其权力强制向所有居民收取的。税收的特点和征收原则，历来是财政学讨论的重点。目前，一般认为，亚当·斯密(Adam Smith，1723—1790)在《国富论》中提出的税收四原则，即平等原则、确定原则、便利原则和经济原则，是对税收原则最系统和最完整的表述。所谓平等原则，核心就是所有公民平等纳税；所谓确定原则，就是公民应缴纳的税收，必须明确规定而且不得随意变更；所谓便利原则，是指在纳税日期和纳税方法等方面应当给纳税人以最大的便利；所谓经济原则，就是指要将征税的交易费用降至最低。

在公共财政的框架中，税收可以看作社会公众购买公共品的价格，只不过由于公共品消费的非竞争性和非排他性，只能按全部公共品的总价值购买。与市场经济相适应的公共财政要求政府具有组织提供公共品的职能，而公共品需要多少资金、提供的数量和质量、提供的效率等涉及社会资源配置的其他三项权力，则由公共品的消费者——社会公众所拥有，具体而言，社会公众行使这些权力的工具就是现代政府预算制度。

现代政府预算制度可以溯源于1215年英国国王与贵族之间签订的《大宪章》(*Magna Carta*)[①]。此后经过数百年的演进，西欧国家的议会逐步掌握了批准税收、财政支出、公债发行和其他财政收支的权力，掌握了审查和批准年度财政收支计划的权力，形成了政府的预、决算制度。“预算制度是关于民众赞同和监督国家财政活动的制度，立宪政治的历史可以说是现代预算制度的成立史。”[②]

当代公共经济学所关心的另一个重要问题是多级政府下的财政问题，具体包括地方政府(subcentral authorities)的规模应该有多大，拥有多大程度的独立征税权，在多大程度上依赖于政府的转移支付或补助，适合征收哪些税种，以及如何分配中央政府对地方政府的补助等。

在多级政府体制下，公共品被分为全国性的公共品(national public goods)和地方性的公共品(local public goods)。在不同社会群体消费要求不同的情况下，如果在全国规模上强迫所有人都消费相同水平的地方公共品和服务，将会导致公共资源配置的无效率。由小规模的地方政府提供公共品有利有弊。它的主要优点是可以鼓励地方政府创新，能够更好地满足当地需要；主要弊端则是容易忽视外部效益，或由于规模小从而不具备规模经济。由于以上问题的存在，所以不能简单地由中央政府提供国家公共品、由地方政府提

① 1215年，英国国王约翰在贵族的压力下被迫签署了《大宪章》，宪章规定，国王不得随意征收税金和贡金，如需征收，必须召开“大议会”，征求“全国公意”。

② 井手文雄：《现代日本财政学》，北京：中国财政经济出版社，1990年，第173页。

供地方公共品，而是要根据最优规模分析来做出决定——当规模增加的收益恰好抵消了规模增加的损失时，公共预算职能的规模也就达到了最优。此外，为解决外部性问题而提供的服务也应遵循同样的原理。

涉及多级政府职能分配的另一个领域是马斯格雷夫所说的“有益品”（merit good）[①]——如教育——的提供原则。有益品如果完全由地方政府来负责提供，则有可能引起富裕人口的迁出和贫困人口的迁入。同样，由于地方政府不能使用货币政策这样的工具，只可能有限度地使用某种形式的财政政策，它们在保持宏观经济稳定方面的作用很小。地方政府政策干预比较富有成效的领域是区域政策，这是因为它们比中央政府更了解本地的需要，所以可以采取广泛的措施在本地经济发展中发挥重要作用。

地方政府主要有四种收入来源，即贷款（发债）、收费[②]、税收和补助。地方政府贷款（发债）融资的主要问题在于是否应当控制其用途。现代财政学的普遍认识是，应当将地方政府的贷款用途限制在资本项目支出上，原因是如果贷款可以用于经常项目支出，地方

① “有益品”在市场经济里有可能“未被充分生产”（under-produced）或者“未被充分消费”（under-consumed），这主要是由于消费者的短视行为，即他们更重视短期效益最大化，而不愿意消费能带来远期效益的物品。

② 世界银行财税和费作了如下区分：“税收是无偿性和强制性的支付，它主要由中央政府征收；而使用收费则是为公共部门所提供的特别商品和服务而进行的支付，它主要由国有企业和地方政府征收。”在中国“费”的用法较这里所说的使用费要宽泛得多，凡是非税法规定的政府行政收款往往都被称为“费”。见世界银行：《1988年世界发展报告：以恰当的公共财政政策促进稳定和发展》，北京：中国财政经济出版社，1988年。

政府就会倾向于过度支出。在许多国家，经常项目支出只能靠本地税收和中央政府的转移支付。

税和费也是地方政府重要的收入来源。最适合地方政府的税种是财产税，因为地方政府对纳税人情况更加了解，而且财产税的征收成本比较低。不适合地方政府的税种包括销售税及税收负担不易被本地居民觉察的税种，因为纳税人难以测量这类税收的负担。至于企业所得税是否适合由地方政府征收，则存在不同意见。支持者认为，企业要从地方政府提供的公共服务中获得好处，因此对其征收企业所得税是合理的；反对者则认为，地区性的企业所得税至少有一部分是转嫁到非本地居民的顾客和生产者身上的。

地方政府要从中央政府取得转移支付的理由主要有三：一是补助可以校正外部性；二是适合地方政府的税种较少，通常不足以弥补支出；三是中央政府需要利用补助来实现地区间的平衡，即提供平衡性补助（equalization grants）。

7.1.2 改革前的中国财税体制

计划经济的特点是把全社会组织成为一个大企业（“社会大工厂”或“国家辛迪加”），这样，也就消除了公共部门（public sector）与私人部门（private sector）的区别。政府作为国家大公司的总管理处，不但负责公共品的提供，而且负责私人品的提供。因此，计划经济下的财税体制具有的最大特点，就是公共财政与企业财务之间的界线消失了，后者为前者所吞并。

与此同时，在计划经济中，全部物品和服务供给的权力都集中在政府手中，仅仅在政府内部不同部门之间进行配置。社会公众作为公共品的消费者和纳税人，既没有公共品生产的决定权，也没有对公共品生产的监督权。由于在这种模式下，公众无法有效地显示自己对公共品的偏好，也无法形成对政府提供公共品行为的有效监督和控制，所以很难实现公共品的有效供给。

中华人民共和国成立以后，中国逐步建立起了适合于集中计划经济的财政税收体系。在1956—1979年的大部分时间里，中国的财税体制具有以下基本特点。

1. 政府的公共财政与企业财务合一，组成统一的国家财政系统

既然计划经济是在国有制基础上建立的全社会范围的大企业，它的财政体系就如同20世纪80年代中期出版的一本经济管理词典所说，它是“建立在生产资料公有制基础上的，全国经济是由国家统一领导的，所以财政不仅包括生产领域外的分配关系，而且包括生产领域内的分配关系，形成了一个包括国家预算、银行信贷和企业财务在内的社会主义财政体系”。[①]

2. 政府运用自己的定价权和国有企业的垄断权，通过税收以外的方式组织大部分预算收入

在计划经济的条件下，政府能够运用自己手中的定价权，对农产品原料和粮食等初级产品规定很低的价格，即“工农业产品价格剪刀差”，将非国有部门主要是农村集体部门创造的剩余转移到国有工商业，然后通过国有工商企业的利税上缴，把国民经济的几乎全部剩余纳入预算。与其他正在进行工业化的国家相比较，中国的工业部门在1956年全面建立计划经济体制以后，一直保持很高的盈利率。从1957年到1980年，工业部门上缴给预算的利润和税收，始终占财政收入的50%—66%。只是在1978年末开始改革以后，情况才逐渐改变。

① 《经济与管理大词典》，北京：中国社会科学出版社，1985年，第422页。

3. 在不同部门和不同企业之间利税等财政负担的差异很大

全国是一个大企业，被称为“企业”的经济单位只是“国家辛迪加”的一个车间或班组，不论是税收还是利润，从一开始就都属于国家。“企业”之所以还要向税务部门缴“税”，是因为税收在计划经济下的企业经济核算中有所谓“税挤利、利挤成本”的作用。因此，在设计税率时，通常采用“合理留利”的原则，运用税率杠杆，给企业留下等于某一社会平均利润率的计划利润。[①] 此外，政府还广泛运用税收政策贯彻自己在产业发展上的意图，对不同部门和产品规定了差别很大的税率。因此，计划经济不实行“税负平等”的原则，而是规定差别巨大、十分复杂的税率结构。例如，1980 年轻工业应缴工商税[②] 的平均税率为 18.9%（其中卷烟为 31.7%），重工业应缴工商税的平均税率为 4.6%，造成了“鞭打快牛”的棘轮效应，出现部门之间和企业之间“苦乐不均”的状况。

4. 具有高度集中的特点

1950 年 2 月，全国财政会议决定“统一全国财政经济工作”，建立了一个严格实行“统收统支”的财政体制：除按公粮（农业税）总额 5%—15% 计征的公粮附加和若干小的税种之外，全部公粮和税收都归中央政府调度使用。政府支出也按照中央规定的人员编制定额和供给标准开支。1953 年开始执行“一五”计划以后，建立了中央、省、县三级预算制度，使预算管理的集中程度稍有降低。1954 年，进一步实行预算收入的分类分成的办法，将国家预算收入划分

① 梅森堡：《苏联国民经济中的价格形成》，北京：财政经济出版社，1956 年。

② 财政部经国务院批准，1973 年将原来对工商企业征收的工商统一税及其附加、城市房地产税、车船使用牌照税、盐税、屠宰税合并为工商税。

为固定收入、固定比例分成收入和调剂收入三类。属于中央的固定收入有关税、盐税、烟酒专卖收入，以及中央管理的企业、事业收入和其他收入；属于地方的固定收入有印花税等 7 种地方税，以及地方国营企业、事业收入和其他收入。属于固定比例分成收入有农（牧）业税、工商业营业税、工商所得税。属于中央的调剂收入有商品流通税和货物税，这项收入由中央用于弥补地方的不足，每年调剂的具体比例由财政部分别核定。在预算支出方面，基本上按照隶属关系划分：属于中央的企业、事业和行政单位的支出，列入中央预算；属于地方的企业、事业和行政单位的支出，列入地方预算。第一个五年计划时期在全国财政总支出中，中央财政支出（包括用中央直接组织的收入和地方上解收入弥补的支出）占 74.1%，地方财政支出只占 25.9%。国家的重点建设项目和主要支出都是由中央统一拨款。“三级管理”预算体制的基本倾向仍然是集中。

此后，除 1958 年“体制下放”时期试行过中央和地方之间的“比例分成、三年不变”[①]、投资大包干、企业利润全额留成、流动资金全额信贷等行政性分权的体制外，直到 1978 年末开始改革，始终保持高度集中的财政体制。

7.2 1980—1993 年：以财政承包制为中心的财税改革

1979 年改革开始以后，中国政府对公共部门采取了“放权让利”

① “比例分成、三年不变”的具体办法是：将地方收入分为三类，即地方固定收入、从企业的分成收入和商品流通税等调剂分成收入。地方财政的收支范围、收入项目和分成比例确定以后三年不变。

的方针，对地方政府和企业也给予一定的经济激励来“调动”它们的积极性。这样，无论是中央政府与地方政府，还是政府与国有企业之间的关系都发生了变化。

7.2.1 中央、地方财政关系的变化

1976 年“文化大革命”结束后，百废待兴，为解决生产和生活上的多年“欠账”，公共财政出现多种增支减收因素。加上 20 世纪 70 年代末的“洋跃进”，不断追加基本建设投资，同时开始的国有企业“扩大企业自主权”改革，则扩大企业财权，增加工资、发放奖金。这些都增加了财政平衡的困难。于是在 1979 年出现了巨额的预算赤字，赤字占 GDP 的比重达到 3.4% 的空前高度；而赤字由中央政府承担，加大了中央政府的财政压力。为了调动地方政府增收节支的积极性和保证中央的财政收入不再下降，中共中央和国务院决定从 1980 年起，向地方政府下放财权，开始实行长达 13 年的地方财政包干制度。

1. 1980 年的“分灶吃饭”改革

对地方政府下放财权，让地方政府实行预算收支包干，是 1958 年体制下放时已经有过的做法。虽然下放了的财权在随后的“经济调整”中被收回，但许多人并没有放弃这种想法，因而在 1970 年的体制下放中，再度提出了实行“财政大包干”的设想。1976 年“文化大革命”结束后，国务院决定，在江苏省开始试行“划分收支、分级包干”的办法。

在 1979 年严峻的财政形势下，国务院决定除北京、天津、上海三个直辖市仍实行接近于统收统支的“总额分成、一年一定”办法外，其他省和自治区从 1980 年起全面推行“划分收支、分级包干”（俗称“分灶吃饭”的办法）。

所谓“**划分收支**”，是指明确划分中央和地方的收支范围。在收入方面，中央企业收入、关税收入归中央财政，作为中央财政的固定收入；地方企业收入、盐税、农牧业税、工商所得税、地方税和地方其他收入归地方财政，作为地方财政的固定收入；最重要的税收——工商税则作为中央和地方的调剂收入。在支出方面，国防费、中央所属企业的流动资金等归中央财政支出；地方统筹的基本建设投资、地方所属企业的流动资金等归地方财政支出。有些特殊开支，如特大自然灾害救济费、支援经济不发达地区的发展资金等，则由中央专项拨款。

所谓“**分级包干**”，是按照中央和地方各自的收支范围，以 1979 年收入预计数字为基数计算，地方收入大于支出的，按多余部分在地方收入中的占比确定今后收入的上缴比例；支出大于收入的，不足部分从工商税中确定一定比例调剂给地方；个别地方将工商税全部留下，收入仍小于支出的，由中央给予定额补助。分成比例和补助数额确定以后，五年不变。在包干的五年当中，地方多收了可以多支，少收了就要少支，自行安排预算，自求收支平衡。

实行“分灶吃饭”体制的 25 个省和自治区，采取了四种不同的办法。

第一，对江苏省继续实行固定比例包干办法。江苏省从 1977 年起就开始试行固定比例包干的财政管理体制。具体做法是根据该省历史上地方财政支出占地方收入的比例，确定一个上缴的固定比例，在中央财政和地方财政之间分成。实际上这个比例每年都会通过中央与地方之间的谈判有所调整。上缴中央和地方留用的比例，1977 年为 58∶42，1978—1980 年为 57∶43，1981 年为 61∶39，如此等等。

第二，对广东、福建这两个带头进行对外开放试验的省实行“划分收支，定额上缴或定额补助”的办法，即以这两个省 1979 年财政收支决算数字为基数，确定一个上缴或补助的数额，一定 5 年不变。广东省每年固定上缴 10 亿元，福建省每年固定补贴 10 亿元；执行中，收入增加或支出结余全部留归地方使用。

第三，对河北、辽宁、黑龙江、吉林、四川、陕西、甘肃、河南、湖北、湖南、安徽、江西、山东、山西、浙江等 15 个省，实行“固定收入比例分成”或“调剂收入比例分成”的办法。

第四，内蒙古、新疆、西藏、宁夏、广西 5 个自治区和云南、青海、贵州 3 个少数民族比较多的省，仍然实行民族自治地方财政体制，保留原来对民族自治地区的特殊照顾，并作两条改进：一是对这些地区也采取包干的办法，参照上述第三种办法划分收支范围，确定中央补助的数额，并由一年一定改为一定 5 年不变。二是地方收入增长的部分全部留给地方，中央对民族区域自治地区的补助数额每年递增 10%。

“分灶吃饭”办法的实施调动了各级地方政府发展本地经济的积极性，但在另一方面也暴露出了增加中央政府的财政负担、助长地方保护主义等缺点。随着 1984 年中共十二届三中全会明确了改革的市场取向目标，并且实施了“利改税”改革，国务院在 1985 年对“划分收支、分级包干”的体制做出调整，改为按税种划分中央和地方的财政收入，重新核定各级财政的支出范围，并在 1986 年制定“价税财金贸”配套改革方案，准备以“分税制”取代“分灶吃饭”体制，但是由于这一配套改革的流产，“分灶吃饭”非但没有被取消，相反还从 1988 年起，固化为一种正式的制度——“财政大包干”（见本书第 2 章 2.3.1 节）。

2. 1988 年的“财政大包干”

“财政大包干”是 1980 年“分灶吃饭”制的继续和发展。它的特点是将全国 37 个省、直辖市、自治区和副省级“计划单列市”全部纳入“包干”体系，分别实行以下 6 类包干办法：

第一类，“收入递增包干”。北京、河北、辽宁、浙江、河南、重庆等地采用这种办法。具体的做法是：以 1987 年决算收入和地方应得的支出财力为基数，参照各地近几年的收入增长情况，确定地方收入递增率（环比）和留成、上缴比例。在递增率以内的收入，按确定的留成、上解比例在中央与地方之间分成；超过递增率的收入，全部留给地方；地方收入达不到递增率，由地方用自有财力补足上解。

第二类，“总额分成”。山西、安徽、天津采取这种办法。具体的做法是：根据前两年的财政收支情况，核定收支基数，以地方支出占总收入的比重，确定地方的留成和上解中央比例。

第三类，“总额分成加增长分成”。具体的做法是：在上述“总额分成”的基础上，收入比上年增长的部分，另加分成比例，即每年以上年实际收入为基数，基数部分按总额分成比例分成，增长部分除按总额分成比例分成外，另设“增长分成”比例。实行这个办法的有 3 个地区，它们的总额分成比例和增长分成比例分别为：大连市 27.74% 和 27.26%，青岛市 16% 和 34%，武汉市 17% 和 25%。

第四类，“上解额递增包干”。广东、湖南采取这种办法。具体的做法是：以 1987 年上解中央的收入为基数，每年按一定的比例递增上缴。

第五类，“定额上解”。山东、黑龙江和上海采取这种办法。具体的做法是：按原来核定的收支基数，收大于支的部分，确定固定的上解数额。实行这个办法的有3个地区，它们的上解额分别为：上海市105亿元，山东省（不包括青岛市）2.89亿元，黑龙江省（不包括哈尔滨市）2.99亿元。

第六类，“定额补助”。吉林、江西、福建、陕西、海南、内蒙古、广西、贵州、云南、西藏、青海、宁夏、新疆、湖北等地实行这种办法。具体的做法是：按原来核定的收支基数计算出支大于收的固定数额进行补助。

7.2.2 政府、企业间财务关系的变化

1979—1993年，随着中央政府和地方政府之间的财政承包制的实施，政府与国有企业之间的财务关系也有了调整：由过去税利全部上缴财政和投资全部由财政划拨，改成不同形式的“留成”和“包干”的办法。

从20世纪70年代末开始，对国有企业先后试行了企业基金的办法、各种形式的利润留成办法和盈亏包干办法。除首都钢铁公司等3个实行“盈亏包干”的“企业承包制”试点单位外，实行“扩大企业自主权”改革的大多数国有工业企业和交通企业实行利润留成。到20世纪80年代初期，有6 600个国有企业实行了利润留成，1978—1982年的5年间留给国有工业企业和交通企业的财力约有420亿元。[①]

1983—1984年分两步全面推行了“利改税”改革，将国有企业的大部分利润以企业所得税的形式上缴给国家财政。1983年4月，国务院正式批转了财政部制定的《关于国营企业利改税试行办法》，

---

① 周太和等：《当代中国的经济体制改革》，北京：中国社会科学出版社，1984年，第457页。

即第一步利改税的办法，主要内容是扩大税收的比重，缩小利润的比重，实行税利并存。1984 年 9 月，国务院决定，从当年 10 月 1 日起在全国推行利改税的第二步改革。第二步利改税的基本内容是将国营企业应当上缴国家的财政收入设为 11 个税种，由税利并存逐步过渡到完全的以税代利，税后利润留给企业。

1987 年，在国有企业中普遍推广了“包死基数、确保上缴、超收多留、歉收自补”的承包制。在那以后，虽然中央政府再三发文禁止，但是各地通常的做法是将企业应缴的全部税金，包括流转税、企业所得税和利润一起都统统包死。在企业发生亏损时，就往往挤占国家税收。在这种情况下，“超收多留”倒是不难落实，而“歉收自补”却成为一纸空文，因而“包盈不包亏”就成了通例。据统计，1987—1991 年，承包企业歉收总额多达 51 亿元，其中，只有 37%，即 19 亿元由企业“自补”，余下的 32 亿元都成了财政预算的亏空。①

7.2.3 财政承包制的制度缺陷

实行“分灶吃饭”和“财政大包干”，原本是希望在确保中央预算收入稳定的前提下，明确各级财政的权利和责任，发挥中央和地方的“两个积极性”。实行这种体制以后，地方政府的积极性得到了一定程度的发挥，而且有着促使地方政府保护和支持本地企业（包括非国有企业）发展的作用（见第 2 章 2.1.4 节对行政性分权的经济学分析）。但是，它并没有能够实现增加中央财政收入的目标，而且从中长期的观点看，它还带来了一系列消极后果。

① 转引自亚洲开发银行（1996）：*From Centrally Planned to Market Economies : The Asian Approcach*, Vol. 2, Oxford University Press, 123。

1. 财政收入特别是中央财政收入下降过多，使国家财力不足以支持政府履行其社会职责

在地方政府拥有很大财政税收决策权的情况下，各地尽量少缴多留，倾向于越权减免和放松监管。在这种情况下，一方面，财政收入水平相对于国民经济活动总量逐年降低；另一方面，财政仍然要承担绝大部分原有的任务。于是，赤字大量增长，甚至无力支撑基本的公共服务。由于财政包干体制扩大了地方政府对财政收入的支配权力，但没有相应的约束机制，财政负担主要压在中央预算身上。因此，中央预算收入只在 1980 年实行“分灶吃饭”的初期稳定了一段时间，从 1986 年开始持续下降。

在财政包干体制下，由于不能保证政府财力必要的集中程度和中央财政收支与地方间合理的分配，中央财政不能随着经济的发展“水涨船高”。特别是在通货膨胀的情况下，中央预算收入往往不增反降。例如，1988 年实行财政大包干地区的上解中央的收入增长了 6.5%，而当年物价却上涨了 18.5%；这就是说，实际上解是负增长的。在地方收入增量中，地方财政留得过多，中央财政所得份额过少，导致中央财政在新增收入中的份额逐步下降（图 7.1）。1988 年地方组织的收入新增部分，中央分得 3.3%，地方政府分得 96.7%；1989 年，地方新增财政收入，中央分得 4.8%，地方财政分得 95.2%。[1] 中央财政如雪上加霜，积重难返。到 20 世纪 90 年代初期，中央政府支出将近一半要靠举债来维持。

① 叶振鹏、梁尚敏主编：《中国财政改革二十年回顾》，北京：中国财政经济出版社，1999 年。

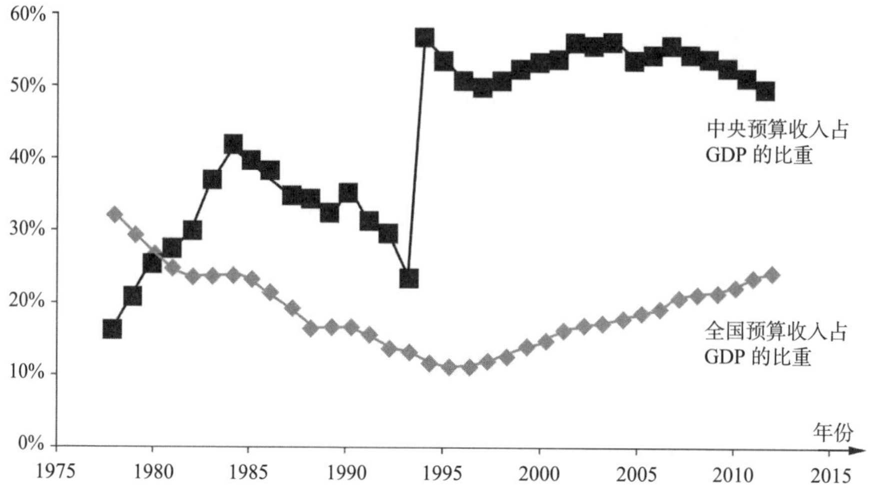

图 7.1 全国预算收入与中央预算收入情况（1978—2012）

面对这样的预算形势，中央政府的做法是：（1）几乎每年都要求地方预算在上缴基数之外再做“贡献”，即向地方政府“借钱”；（2）开征新的收入项目，如 20 世纪 80 年代中期开征“能源交通基金”，1989 年出台“预算调节基金”，使“预算外”收支规模不断扩大；（3）把一部分“事权”（即支出责任）下放给地方政府；（4）把一些应该由财政支出的项目，包括部分行政机关的开支和基础教育费用甩给有关事业单位，让他们靠“自筹”“创收”来解决，于是各政府部门和国有事业单位纷纷建立自收自支的“小金库”。这种做法极大地助长了义务教育、基本医疗等公共服务机构“乱收费”的不正常现象，权力寻租和腐败加剧，引起了社会的不满。

2. 分成率不公平造成各地区之间“苦乐不均”“鞭打快牛”

由于各地区的财政收入分成率是根据历史“基数”由中央政府和地方政府“一对一”谈判决定的，很难做到公平合理。这样就违背了地区间公共服务均等化原则，造成地方政府“穷的穷、富的富”

的状况。而某些地区由于原来的经济发展水平低，上缴基数也低，但在被确定为改革开放的试点地区后发展很快，收入增长也很快，从这种体制安排中得益就多。而一些老工业基地原来的基数高，改革开放以来发展慢，有很大的上缴任务，财政上就比较困难。这样，在财政收入分成率的决定上，有不少主观任意性的财政承包制就成为一种“寻租”体制，激励人们不是从节约开支和改革政府的公共服务，而是从承包条件的决定上寻租得到好处。[①]

3. 强化地方保护主义，市场割据加剧

有一种观点认为，行政性分权虽然不是改革的目标，但它毕竟向分权的方向跨出了一步，而且因为在分权过程中使各级官员得到利益，大大减少了改革的阻力。的确，行政性分权从短期来看有多重的好处，但是，从较长时期的跨度衡量一种制度变迁的利弊得失，必须注意制度变迁具有“路径依赖”（path dependence）性质，每一步改革都要注意不要为进一步改革造成障碍。事实上，虽然通过财政承包制给地方官员以利益，的确给改革减少了阻力、增加了动力，但这也促成了地方保护主义和对市场“切块、切条、切丝、切末”的倾向。[②]“分灶吃饭”和“财政大包干”按照行政隶属关系把国有

① 这个问题是拉迪（Nicholas Lardy）教授在 1987 年最先提出的。他指出，中国财政承包制下各级政府的财政收入分成，实际上是寻租社会的政治经济学所说的“租金”（rent）。他说，利润和税收分成制的推广，鼓励了地方政府寻求租金（rent-seeking）控制和实行地方保护主义。见拉迪 1987 年 12 月 28—30 日在芝加哥举行的美国经济学会（AEA）年会讨论“经济改革的比较战略”时宣讲的论文：《中国经济体制再造》，《经济社会体制比较》，1988 年第 2 期。

② 对中国改革过程中市场被“切块、切条、切丝、切末”“市场割据”和“诸侯经济”现象的批评。见《吴敬琏论改革基本问题》Ⅰ：《论竞争性市场体制》，第 7 章。

企业的利润和企业所得税规定为所属政府预算的固定收入，各级政府为增加收入，一方面千方百计地扩大基本建设规模，用政府投资兴办地方国有企业；另一方面广泛采用地方保护主义的地区封锁、税费歧视、变相补贴等办法保护“自己的”企业免受外地企业的竞争，甚至造成了市场割据的“诸侯经济”现象。[①]而且，在此基础上形成了以既得利益为基础的压力集团，阻碍财政体制向更加规范的、有利于公共服务均等化的方向推进。

7.3 1994年的财税体制全面改革

1992—1993年，中国出现了一次新的经济过热现象。人们普遍认为，这次经济波动不仅应当归咎于金融系统失范（见第6章6.2.2节），而且财政体制的缺陷也难辞其咎。这样，在1993年6月开始的“加强宏观调控”中，财政税收体制的改革也就被提到议事日程上来。1993年11月，中共十四届三中全会《中共中央关于建立社会主义市场经济体制的若干问题的决定》提出了财税体制改革的要点：一是在合理划分中央与地方事权[②]的基础上进行分税制改革；二是按

① 一些外国学者甚至把中国的财政“分灶吃饭”和“财政大包干”体制与18世纪法国国王路易十五时代的“包税制”（tax farming）相类比，认为它是一种极不利于统一市场形成和工商业发展的财政制度。见World Bank: “The Management and Organization of China’s State Owned Enterprises”; *Economist* (《经济学人》),《中国经济》特稿，1987年8月1日。

② 在市场经济的公共财政理论中，财政部门为公共服务提供财政支持被看作政府的“支出责任”，但在中国，由于计划经济的传统，它被称为“事权”。

照统一税法、公平税负、简化税制和合理分权的原则，进行税收制度改革，将原来实行的包干制改变为“分税制”。

7.3.1 财政体制的全面改革：以“分税制”取代“包干制”

“分税制”是在国家各级政府之间合理划分事权的基础上，结合税种的特性，划分中央与地方的税收管理权限和税收收入，并辅之以转移支付的预算管理体制。它在实质上就是市场经济国家通常采用的分权型预算制度——“财政联邦主义”（fiscal federalism）体制。“财政联邦主义”的要点，正在于按照各种财政支出责任的性质确定各级政府的收入和支出结构。

专栏 7.2 财政联邦主义

财政联邦制与国家政体组织上的联邦制并没有必然的联系，它只是一种处理中央政府与地方政府间财政关系的体系，其目标是根据在各级政府之间有效配置公共资源的要求，实现财政支出责任[①]与收入权力在各级政府间的最优配置。对它的研究是从对财政分权（fiscal decentralization）的研究开始的。

所谓“财政分权”，是指中央政府给予地方政府一定的税收权和划定其支出责任范围，允许地方政府自主决定其预算支出规模和结构。进入20世纪后半期，世界许多国家都进行了财政分权，把原来集中于中央政府统一管理的医疗、教育、住房、就业等公共服务下放给地方管理，同时赋予了地方政府相应的财权。这样做主要考虑的是，地方政府离它所服务的最终消费者更近，更了解他们的

① 中国在财政问题讨论中习惯使用的“事权”一词，在现代财政学中，通常称为“支出责任”。

需求，而且也更有利于降低提供这些公共服务的成本。

但是，简单地向地方政府分权也产生了新的问题，有些地方甚至出现了“独立王国”的倾向。由此，以弄清如何分权和分哪些权为主要目标的财政联邦主义研究逐渐深入。

财政联邦主义并不意味着在任何一种公共品的提供上，地方都优于中央。它更加强调的是根据各种公共品性质，即它是属于全国性的公共品，还是地方性的公共品，以及不同层级政府面临的约束来分配它们的职能以及相应的财政收支。美国财政学家奥茨（Wallace E. Oates）指出，财政联邦制在具备如下三个前提条件时，明显优于其他分权体制：（1）地方政府提供该产品或服务的成本小于中央政府，且不存在负的外部性；（2）采取财政分权制度提供某种公共品带来的福利增进与该物品的需求弹性成反比；（3）这种福利增进也与居民的迁移性成正比。在公共品融资问题上，奥茨首次明确提出，应将财产税作为地方性公共品融资的主要来源。

马斯格雷夫从公共财政职能的角度，研究在财政联邦制框架下，各级政府如何确定职能划分（assignment of functions），以及采用何种财政工具来实现这个目标。他从财政在市场经济条件下的基本职能出发，将财政收支在中央政府和地方政府之间进行了划分。他认为，保证国家安全、保持宏观经济稳定和进行收入再分配的职能应当由中央政府负责。这是因为，国家安全和宏观经济稳定这一类职能天然地应当由中央政府来行使，而收入再分配的职能如果由地方政府行使，则会引起富人的迁出和穷人的迁入。根据各地区居民的偏好不同，由地方政府进行有差别的财政资源配置，则更有利于提高经济效率和社会福利水平。马斯格雷夫还依据不同层级的政府职能，提出了中央和地方之间的税收划分原则。

古典的财政联邦主义是在新古典经济学（福利经济学）的框架下讨论财政体制对资源配置效率和收入分配的影响的。20世纪末期，政治理论家和新制度经济学家把它扩展到更宽阔的领域中去。例如，认为在作出财政联邦主义的具体体制安排时，不但要考虑经济效率，还应尽量扩大公民的政治参与。财政联邦主义的具体安排，应当提供维护市场效率的支持性的政治系统，限制政府的权力，防止政府妨碍市场竞争的行为，削弱寻租活动的制度基础。

根据 W. E. Oates(1999) “An Essay on Fiscal Federalism” (Journal of Economic Literature, Vol. XXXVII，1120–1149) 编写。

我们在第 2 章 2.3.1 节中曾经谈到过，20 世纪 80 年代中期，中国政府曾考虑采用“分税制”来取代“分灶吃饭”的财政体制。但是，后来这个计划被取消。随着财政包干制的缺点暴露得愈来愈明显，1992 年中国政府开始进行“分税制”改革试点。根据 1993 年中共十四届三中全会《中共中央关于建立社会主义市场经济体制若干问题的决定》，在全国范围内启动了“分税制”改革，对中央政府和地方政府的财权与“事权”（支出责任）进行重新划分。

此次“分税制”改革主要内容包括以下几个方面。

1. 调整中央与地方的事权的划分

调整后，中央财政主要承担国家安全、外交和中央国家机关运转所需经费，负责调整国民经济结构、协调地区发展、实施宏观调控所必需的支出及由中央直接管理的事业发展支出。地方财政主要承担本地区政权机关运转所需支出及本地区经济、事业发展所需支出。

2. 调整中央与地方收入权的划分

根据事权与财权相结合的原则，此次改革按照税种划分中央与地方的收入。在各种税种中，将维护国家权益、实施宏观调控所必需的税种划为中央税；将同经济发展直接相关的主要税种划为中央与地方共享税；将适合地方征管的税种划为地方税。此次改革充实了地方税种，增加了地方税收收入。税种划分的具体情况如下：

中央固定税收收入，包括关税，海关代征消费税和增值税，消费税，中央企业所得税，地方银行和外资银行及非银行金融企业所得税，铁道部门、各银行总行、各保险总公司等集中缴纳的收入（包括营业税、所得税、利润和城市维护建设税），中央企业上缴利润等。外贸企业出口退税，除 1993 年地方已经负担的 20% 部分列入地方上缴中央基数外，以后发生的出口退税全部由中央财政负担。

地方固定税收收入，包括营业税（不含铁道部门、各银行总行、各保险总公司集中缴纳的营业税）、地方企业所得税（不含上述地方银行和外资银行及非银行金融企业所得税）、地方企业上缴利润、个人所得税、城镇土地使用税、固定资产投资方向调节税、城市维护建设税（不含铁道部门、各银行总行、各保险总公司集中交纳的部分）、房产税、车船使用税、印花税、屠宰税、农牧业税、对农业特产收入征收的农业税（简称农业特产税）、耕地占用税、契税、遗产和赠予税、土地增值税、国有土地有偿使用收入等。

中央与地方共享税收收入，包括增值税、资源税、证券交易税。增值税中央分享 75%，地方分享 25%；资源税按不同的资源品种划分，大部分资源税作为地方收入，海洋石油资源税作为中央收入；证券交易税由中央与地方各分享 50%。

3. 实行税收返还

为了保护富裕地区在财政包干制下获得的“既得利益”，减小分税制改革的阻力，设立了中央财政对地方税收返还的缓冲办法。返还的数额以 1993 年为基期计算确定。这就是说，以中央从地方净上划的收入数额为基数，按照新体制计算的地方上划收入超过这一基数的部分，由中央返还给地方。增值税和消费税每增长 1%，中央财政对地方的税收返还增长 0.3%。“93 基数”的设定，使地方政府乐于接受新体制，减少了改革的阻力，但是由于 1993 年第四季度一些地方政府“大造基数”，把基数抬得很高，使实行新体制的最初几年中央预算增收的两税大部分返还给地方预算，中央预算没有足够的资金转移支付给不富裕的省区，加剧了地区间财力不平衡的状态。直到 20 世纪末期，基数过高、返还过多的问题才告解决。

7.3.2 税收制度的全面改革

“分税制”要求按照事权与财权相结合的原则按税种划分中央与地方的收入，原有税种设置和征收体制无法做到这一点。因此，在实行“分税制”财政体制改革的同时，进行了全面的税收制度改革。税制改革的基本要求是，按照“统一税法、公平税负、简化税制、合理分权”的原则规范税制，建立起符合市场经济要求的税收制度，理顺分配关系，促进平等竞争。它的内容有如下几个方面。

1. 建立以增值税为主体的流转税制度

在保持总体税负不变的情况下，在生产企业普遍征收增值税，并实现价外计税的办法，部分产品开征消费税，对提供劳务、转让无形资产和销售不动产保留征收营业税，重新规定了营业税的征收范围和纳税人，合理调整了营业税的税目。改革后的流转税制度，形成了以增值税为主体，消费税和营业税为补充，以公平、中性、透明和普遍征税为特征的现代流转税体系。按照从总体上“不挤不让”的原则，将一般增值税率设定为价值增值的17%，另设一个13%的优惠税率。

专栏 7.3 增值税

按照“税收中性”原则设立的增值税（value added tax, VAT）始于第二次世界大战结束后的法国，后来在西欧、北欧各国以及东亚新兴工业经济体中得到推广，现在已经成为许多国家广泛采用的一个税种。增值税的特点是对产品在其生产过程每个阶段的价值增值征税。产品从生产到销售要经历若干个阶段：生产者把产品出售给批发商，批发商又把它转售给零售商，最后由零售商出售给消费者，等等。在后面的环节按照产品的全部价值征收增值税时，要将前面环节已经征过的税额抵扣掉。因此，增值税不同于所得税，它是一种间接税，它的纳税人并不是税负的最终承担者。

按其对购进资本品在计算增值额时是否扣除和扣除时间的不同，增值税可以分为三种类型，即生产型增值税、收入型增值税和消费型增值税。三种形式的主要差别在于对购进资本品税款的抵扣上。生产型增值税对资本品的增值税不予抵扣；消费型增值税允许对资本品的增值税进行一次性抵扣；收入型增值税则是对资本品当期实现的增值额征税。由于计税依据有差别，不同类型增值税的收入效应和激励效应是不同的。从财政预算的角度看，生产型增值税的收入效应最大，收入型增值税次之，消费型增值税最小；从鼓励投资着眼，则次序相反。

从理论上讲，增值税的计征方法有三种：（1）将纳税单位纳税期内新创造的价值逐项相加作为增值额，然后按适用税率求出增值税额；（2）从企业单位纳税期内的销售收入额减去法定扣除额后的余额，作为增值额；（3）不直接计算增值额，而是从按销售收入额计算的税额中，扣除法定外购商品的已纳税金，以其余额作为增值税应纳税额。

增值税的优点，一是征税工作环环相扣，容易核查，有利于杜绝偷漏；二是税收额的大小不受流转环节多少的影响，避免重复征税；三是可以保证企业收入的稳定；四是对出口可以实行“零税率”——全额退税，比退税不彻底的一般流转税更能鼓励出口。

根据费希尔、唐布什（Stanley Fisher & Rudiger Dombusch，1983）《经济学》（北京：中国财政经济出版社，1989 年）等资料编写。

2. 统一企业所得税制度

在计划经济体制下实行国有企业上缴利润的制度，对国有企业是不征所得税的。为了理顺国家与企业的分配关系，1983 年在全国推行第一步“利改税”改革时，对国有大中型企业开始征收 55% 的所得税。税后利润则根据企业的不同情况分别采取递增包干、固定比例上缴、征收调节税、定额上缴等办法。1984 年实行第二步“利改税”。对国有大中型企业缴纳了 55% 的所得税后的利润统一开征调节税。1994 年的税制改革则取消了按所有制形式设置所得税的做法，对国有企业、集体企业、私营企业，以及股份制和各种形式的联营企业，实行统一的企业所得税制度，统一按 33% 的名义税率计征。同时，取消国有企业调节税，取消国有企业所得税前归还贷款的规定，取消了国有企业上缴国家能源交通重点建设基金和国家预算调节基金的规定。

3. 简并个人所得税

将过去的个人收入调节税、适用于外籍人员的个人所得税和城乡个体工商户所得税简并，建立统一的个人所得税。新的个人所得税法适用于有纳税义务的中国公民和从中国境内取得收入的外籍人员。个人所得税税率采取超额累进制。

4. 开征农业特产税

将原来的农林特产农业税和原工商统一税中的农林牧水产品税目合并，改为农业特产税，将烟叶、牲畜产品列入农业特产税的征收范围，解决了部分产品交叉征税的问题。改革后，烟叶产品、园艺产品、水产品、林木产品、牲畜产品、食用菌、贵重食品等 7 个税目的税率为 8%—31% 不等，其他产品的税率为 5%—20% 不等。

5. 其他税收制度的改革和调整

例如，开征土地增值税，改革资源税、城市维护建设税，征收证券交易税，将特别消费税和燃油特别税并入消费税，盐税并入资源税。

6. 划分国家税务局和地方税务局，加强税收的征收管理

组建国家税务局和地方税务局两套税收征管体系，中央专享税和中央与地方共享税由国家税务局征收，地方专享税由地方税务局征收。在加强税收稽征管理的同时，清理和整顿各级政府的收费、摊派项目和“预算外收入”，将保留的部分纳入法定的预算收入管理。

7.3.3 1994 年以后财税体制框架下的调整

1994 年的改革建立了适合于市场经济的财税体制的基本框架。但是，这个基本框架还存在若干明显的漏洞和缺陷，往后几年对这些漏洞和缺陷进行了弥补。

1. “预算外收入”的清理

中国各级政府的所谓“预算外收入”，早在中华人民共和国成立初期实行高度集中的财政制度时就已经存在。不过当时允许地方政府自收自支的预算外收入只是农业税附加和行政机关生产收入，数量很小。到 1957 年，预算外收入也不过相当于当年预算内收入的 8.5%。1958 年“大跃进”时期，由于经济体制改革和财权的下放，预算外资金的范围扩大。1978 年改革开始以后，在预算内财政收入趋向萎缩的同时，各级政府的预算外收入却日益增加。20 世纪 90 年代初期，开发预算外收入已成为从中央到地方的普遍现象。到 1996 年末，中央政府明文规定的收费项目有 130 多项。经过地方政府和主管部门的层层加码，到县和县级市一级的不完全统计，各种收费项目已达 1 000 项以上，各种基金 420 项以上。1992 年预算外资金达到 3 854.92 亿元，为当年全国财政收入的 110.67%。①

政府预算外收入的膨胀，造成了政府机构和官员贪污浪费盛行、企业和居民不堪重负等一系列恶果，社会反映强烈。1998 年，时任总理朱镕基宣布对预算外收入项目进行清理和整顿。清理和整顿方案包括五项内容:（1）对现有各种收费项目进行全面清理，对社会反映较多的明显不合理收费项目坚决予以取缔;（2）对必须保留的大部分收费项目进行“费改税”改造;（3）把公益性收费和政府行政事业性收费区别开来;（4）严格规范中介机构收费;（5）保留少量收费项目。对于既不能取消又难以改造的收费项目，以政府规费

① 转引自楼继伟:《中国三十年财税改革的回顾与展望》，中国经济 50 人论坛编:《中国经济 50 人看三十年》，北京：中国经济出版社，2008 年，第 330—331 页。

形式予以保留。这些保留的项目主要包括四个：一是依法进行注册、登记的证照费；二是法院诉讼费；三是特许经营收费，如出租车牌照等；四是主要针对污染型企业的环保收费。①

到世纪之交，清理规范预算外收入的工作取得了明显的成效。据财政部报告，中国政府预算外收入同预算内收入之比，最高年份是 1∶1。到 2000 年，这个比例已经降到了 0.28∶1。2001 年财政部对各预算单位进行“收支两条线”管理改革。这项改革的核心内容是预算单位收支脱钩、收缴分离，逐步淡化和取消预算外资金，全部纳入预算管理。2002 年，财政部规定部门的预算外收入全部纳入预算管理或财政专户管理，34 个中央部门实现了这一改革。② 从 2003 年开始，政府职能部门所有具有“执收执罚”的行政事业性收费和罚没收入都要缴入“财政专户”③，这意味着预算外收入的终结。

2.“分税制”的初步完善

1994 年的财税改革只是搭起了“分税制”的基本框架，1994 年以后，中国政府采取了一系列措施去完善“分税制”。其中最重要的是改善转移支付的方法，力求实现全国各地区间公共服务的均等化。

中央财政从本级收入中拿出一部分资金向经济欠发达、本级财政收入不足以支持基本公共服务的地区进行转移支付，以便实现全国公共服务的均等化，这是实现财政联邦主义目标的一项必要的制

① 《中国经济时报》，1998 年 11 月 2 日。

② 见时任财政部部长项怀诚于 2002 年 3 月 6 日在第九届全国人民代表大会第五次会议上《关于 2001 年中央和地方预算执行情况及 2002 年中央和地方预算草案的报告》，《财经时报》，2002 年 3 月 7 日。

③ 《收费罚款今年起统交国库“预算外收入”终结》，《财经时报》，2003 年 1 月 3 日。

度安排。转移支付应当采用一种以标准收入和标准支出的计算公式为基础、以公共服务均等化为目标的一般性转移支付办法。但在中国1994年实行“分税制”的初期，由于以下原因，中国实行的只是一种“过渡性的”财政转移制度：（1）在体制变动中需要照顾各地区财政上的“既得利益”，以便各地区财政收入水平留有较大差距；（2）中国地域广大，各地区之间发展水平差异很大，而中央财政可用于转移支付的财力有限，很难将公共服务水平一次调整到位；（3）存在统计数据不完整、测算方法不完备等技术限制。这样，当时所采取的所谓“过渡期财政转移支付办法”，保留了许多旧体制遗留下来的专项拨款的做法。

在这种财力性转移支付和专项转移支付并存的过渡性转移支付体系中，专项转移支付由中央部门或政府高级领导人拍板决定，因而很难避免主观任意性，而且会鼓励“跑步（部）前（钱）进”等非规范行为和腐败活动。为了均衡地区间财力差距，促进公共服务均等化，中国财政部门加强了建立和强化财力性转移支付制度、改进专项转移支付的分配和管理办法、形成较为规范的转移支付体系的努力。

7.3.4 财税体制改革的效果

虽然1994年的财税体制改革涉及巨大的利益关系的调整，特别是地区之间利益关系的调整，因而不能不遇到许多障碍和阻力；但是就整体而言，进行得还是比较顺利的。经过这次改革，建立了适合于市场经济的财政税收制度的基本框架。1994年的分税制财政体制改革，是中华人民共和国成立以来调整利益格局最为明显、影响最为深远的一次重大制度创新。“分税制”财政体制改革与以往历次财政体制改革的重要区别是，它着眼于促进政府之间财政分配关系更加规范、科学和公平，力求建立适应社会主义市场经济要求的财政运行机制。

从“分税制”改革后的财政运行情况看，1994 年的“分税制”改革的积极效应得到了初步显现：

首先，“分税制”改变了原财政包干时多种体制并存的格局，政府间财政分配关系相对规范化，建立了各级政府各司其职、各负其责、各得其利的约束机制和费用分担、利益分享的归属机制，理顺了各级政府间的责权关系。

其次，中央财政转移支付的力度大大加强，形成了较为合理的纵向财力分配机制。过渡期转移支付办法的出台，初步建立了较为规范的横向财力均衡制度，有利于缩小地区间政府服务水平的差距。

再次，“分税制”财政体制有效地促进了产业结构调整和资源优化配置，强化了对地方财政的预算约束，促进了地方政府经济行为的合理化。分税制将来自工业产品的增值税的大部分和消费税的全部划归中央，在很大程度上限制了地方保护和市场割据行为，而把来自服务业的税种和与农业特产有关的税种划归地方，刺激了地方政府发展服务业和农业特产的积极性。财政收入占 GDP 的比重在 1995 年的惯性下滑之后，1996 年起止跌回升，财政赤字占 GDP 的比重则逐年下降（见本书图 7.1）。

此外，经过十多年的努力，通过转移支付，实现公共服务均等化的情况有了较大的改善。

1. 转移支付力度逐步加大

2005 年中央对地方转移支付总额达到 7 330 亿元（不含税收返还），占地方支出总额的 29.4%；地方预算收支缺口将近一半由中央对地方的转移支付弥补（图 7.2）。

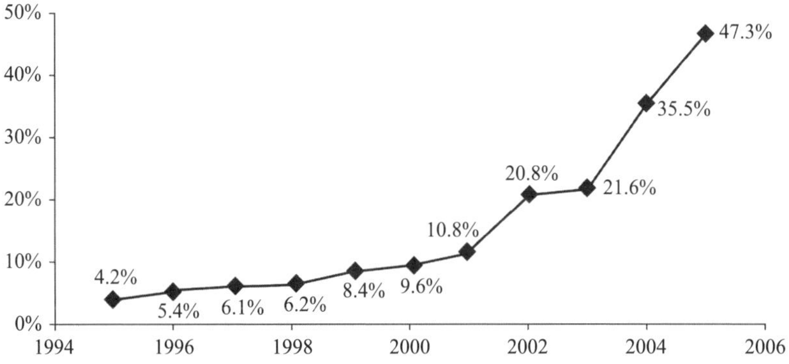

图 7.2　一般性转移支付系数（1995—2005）

资料来源：楼继伟《中国三十年财税改革的回顾与展望》，中国经济 50 人论坛编：《中国经济 50 人看三十年》，北京：中国经济出版社，2008 年，第 341 页。

注：一般性转移支付系数表示中央政府一般性转移支付规模对地方政府标准财政收支缺口的满足程度，即一般性转移支付额 /（地方政府标准财政支出—地方政府标准财政收入）。

2. 转移支付结构不断优化

近年来，中央财政致力于控制专项性转移支付的增长，加大财力性转移支付的力度，使财力性转移支付比重大幅上升（图 7.3）。

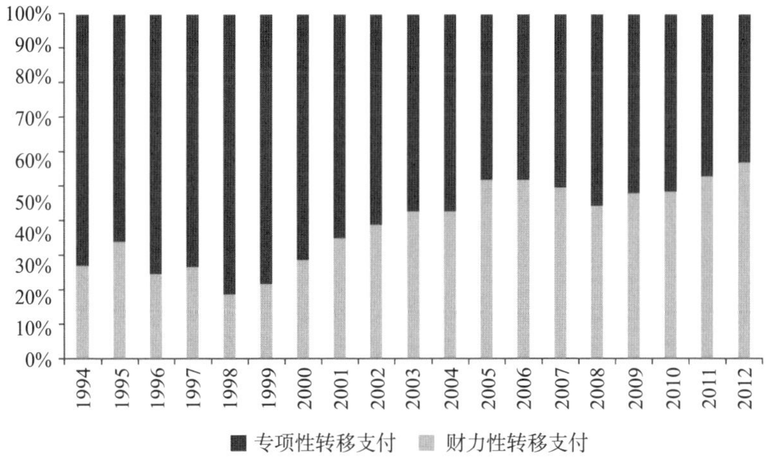

图 7.3　转移支付的结构（1994—2012）

资料来源：《中国财政年鉴》，北京：中国财政杂志社，各年。

3. 公共服务均等化效果日益明显

总体上看，财力性转移支付一般都考虑了各地的财政困难程度而进行了规范化分配，专项性转移支付也对民族地区及财力薄弱地区给予了倾斜，转移支付在均衡地区间公共服务能力方面的效果较为明显。这实际也加强了各级政府财力与事权（支出责任）之间的匹配（图 7.4）。

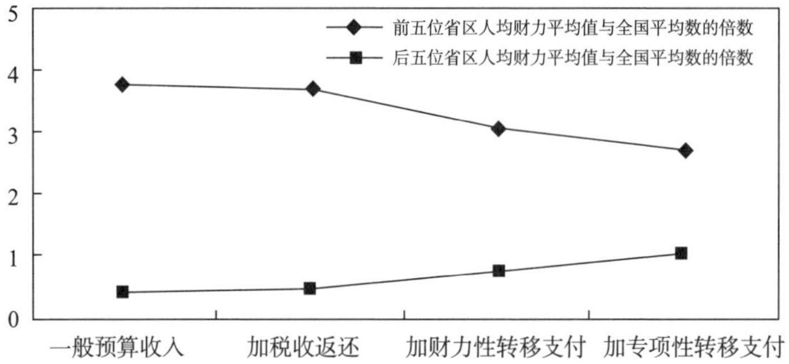

图 7.4 2005 年转移支付的均等化效果

资料来源：楼继伟《中国三十年财税改革的回顾与展望》，中国经济 50 人论坛编《中国经济 50 人看三十年》，北京：中国经济出版社，2008 年，第 342 页。

7.4 新世纪完善财政体系的课题

7.4.1 实现向公共财政制度的转变

财政的原始含义，本来就是“公共部门的财务”，但在计划经济体制下，无论公共部门还是私人部门都在全能政府统辖之下，财政也成了囊括这两个部门的所有财务活动的巨大系统，在这种体制下，管理国有企业的筹资和投资事务的“生产性财政”或“建设性财政”，成为财政部门的主要职能。这意味着政府仍然掌握着过大的配置经济资源的权力。

直到1990年后期，虽然经过了20多年的改革，中国财政系统依然保留了计划经济下财政体系的许多特征，导致了一系列消极的后果。首先，继续将大量财政资源投入竞争性领域的国有企业和各种“形象工程”“政绩工程”。与此相对应的是，政府缺乏足够的资源来支持在公共安全、义务教育、公共卫生等方面的公共服务。例如，由于缺乏必要的资金支持，直到21世纪初，中国的大部分农村没有普及法律所规定的九年义务教育。2003年的一场SARS（“非典”）暴露了公共卫生体系的严重状况。其次，正如我们在本书第4章4.2.1节“传统国有企业制度的主要特点”里已经谈到过的，在竞争性部门，国有企业并不具有非国有企业那样的市场适应性和竞争力。即使有些国有大企业能够获取巨额盈利，往往也是凭借垄断地位或者政府的“政策倾斜”获得的。显然，这样的配置实际上是社会资源的浪费。

针对这种情况，财政应当回归“公共财政”的呼声在社会上和政府中逐渐响起，然而，从理念的提出到被官方认可，并最终由中央层面把表述上的“框架”“形态”等归结为“体系”，则经历了相当长的时间。[①] 2000年，国务院领导正式提出“建立适应社会主义市场经济要求的公共财政框架”的目标。“建立公共财政的初步框架”的首要任务，是“进一步调整和优化财政收支结构，逐步减少盈利性、经营性领域投资，大力压缩行政事业经费，把经营性事业单位推向市场，将财力主要用于社会公共需要和社会保障方面”[②]。

① 刘克崮、贾康主编（2008）：《中国财税改革三十年：亲历与回顾》，北京：经济科学出版社，第434—437页。

② 《李岚清副总理在省部级财政专题研究班开班式上的讲话》，新华社，2000年11月20日北京电。

为此，国家财政要顺应政府职能转变的需要，进一步调整和优化支出结构，逐步规范公共财政支出范围；要逐步退出一般竞争性领域，逐步减少对企业的经营性发展项目、应用性研究项目的资助，增加对教育、科技、卫生、公共安全、社会保障、基础设施建设等的保障力度（图 7.5）。

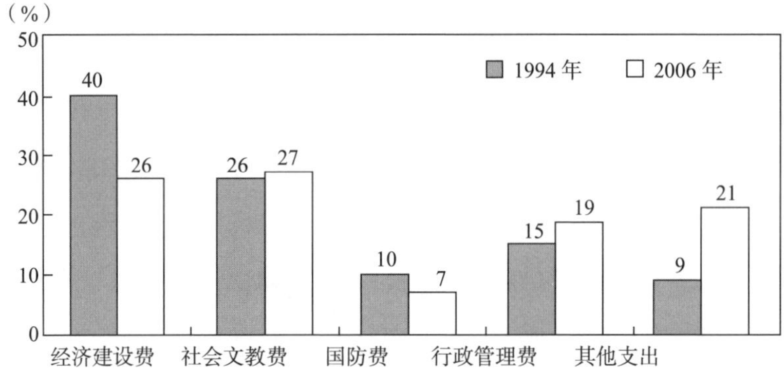

图 7.5　财政支出结构的优化

资料来源：《中国统计年鉴》（2007）。

基于为公共品的供给筹措资金的职能，公共财政制度应具有以下特征：

（1）公益性。公共财政制度以满足公共需要为目标，不应从事市场活动和追逐利润。若公共财政追逐利润，就会出现与民争利和权力寻租现象，扰乱公平竞争秩序，干扰甚至破坏市场经济的正常运行，财政资金也会趋向高利润项目而导致公共领域投资不足。

（2）公平性。市场经济的本质特征之一是平等竞争。公共财政制度在政策上，必须平等地对待不同社会地位的公民和不同所有制的企业，为他们提供平等的财政环境。而不能针对不同的社会集团、阶层、个人以及不同的经济成分，制定不同的财税法规和政策。

（3）规范性。公共财政要把公共管理的原则贯穿于财政工作的始终，管理要规范和透明。一方面政府的财政活动必须依法进行；另一方面人民代表大会和执法机关要对法律法规的执行进行强制保障，社会公众得以真正约束和监督政府的财政活动，才能确保其符合公众的利益。

（4）透明性。在公共财政体系中，必须保证作为委托人的社会公众即纳税人对作为代理人的政府行政机关进行严格的监督。“阳光是最有效的消毒剂。”有关政府收支信息，如预算、税法等的公开透明，就成为实施这种监督的最重要的前提。

为了实现向公共财政的转变，在以下方面采取了进一步的改革措施。

1. 财政国库管理制度改革

在计划经济时期，财政收支采取中央统收统支的办法。改革开始以后下放了财权，各种财政支出首先由国库拨付给预算单位，然后由预算单位按照预算支付。这样，各单位都建立了自己的金库，并有收入和支出的权力。这种体制弊病很多，削弱了财政监管，也容易滋生腐败。

为了建立国库集中支付制度，首先进行了“收支两条线”改革，建立收入与支出权力分离的体制。1998 年 6 月 19 日，中共中央办公厅、国务院办公厅转发了《财政部、国家发展计划委员会、监察部、公安部、最高人民检察院、最高人民法院、国家工商行政管理局关于加强公安、检察院、法院和工商行政管理部门行政性收费和罚没收入收支两条线管理工作的规定》的通知，要求所有行政事业性收费都要收支脱钩，并逐步纳入预算。“收支两条线”管理改革，从收入的角度看，要做到“取之合法、规模适当、收缴分离、纳入预算”，防止乱收、滥罚及坐收坐支；从支出的角度看，要实行“收支脱钩”，执收单位上缴收入不再与其支出安排挂钩。在公共财政体制框架建设的过程中，在公安、环保、工商、计划生育等执法部门实行“收支两条线”改革尤其重要。

在“收支两条线”改革的基础上，2001 年中国政府推出国库集中支付制度改革，也就是将在行政性分权改革中形成的以多重账户为基础的分散预算收付制度，改造为以国库单一账户为基础，所有资金交拨都由国库集中收付的现代国库管理制度。2001 年，国务院批准了财政部和中国人民银行提出的《财政国库管理制度改革试点方案》，同时，在水利部、科技部、法制办、财政部、中国科学院、国家自然科学基金会 6 个中央部门进行了试点。至 2008 年，实施国库集中支付单位级次、数量和预算资金范围已经扩大至所有中央部门及所属 1 万多个基层预算单位。中央级一般预算资金、政府性基金及国有资本经营预算资金全部实行国库集中支付，并将改革逐步扩大到部分中央补助地方专项性转移支付资金。至 2008 年底，绝大多数中央预算部门已经在本级推行了“公务卡”改革试点，并向中央二级预算单位及下级延伸，进一步规范和减少现金支出，扩大国库集中支付范围。

2. 进行部门预算制度改革和完善人民代表大会对财政预算的监督

公共财政处理的是公共资源的配置问题，理应受到公众通过他们的代表机构进行的严格监督。因此，产生于英国的议会监管的预算制度，逐步为世界各国所模仿和采用。由此而形成的各国预算制度，尽管具体形式和做法有所不同，但编制和执行的透明性、法治性等基本原则都是相同的，各国的预算编制、执行、监督和决算等基本程序也大致相同。[①] 中国当前预算编制过程中的突出问题是透明度不高和法治性不强。加强预算透明度和法治性的关键并不是立法，而是法律的贯彻执行。早在 1994 年，八届全国人大二次会议就审议通过了《中华人民共和国预算法》。这部法律对预算管理职权、收支范围、预算编制、预算审查和批准、预算执行和调整等方面提出了要求。然而，各级人大对政府预算的监督和控制力度仍然很弱。具体表现在，预算编制过程仍然很不透明，送交人大审议的预算草案科目太粗，人大的预算审查很难触及实质性问题，因而也就很难提出具体的修正意见。

加强人民代表大会的预算监督需要从两个方面进行：一方面是各级人民代表大会及其常务委员会认真肩负起自己的代表责任，做好监督工作；另一方面是各级政府的财政部门要自觉地把预算的编制、执行和决算过程置于人民代表大会及其常务委员会的监督之下。

为了使部门的预算内外资金按规范统一的标准在部门预算中完整地得到反映，1999 年下半年，财政部门开始进行部门预算制度改革。2000 年，将教育部、农业部、科技部、劳动和社会保障部 4 个部门的预算上报全国人大审议。2001 年，提交全国人大审议的国务院所属部门的部门预算增加到 26 个，预算内容进一步细化，形式进一步规范。2002 年，中央各预算单位都按规范的标准和新的政府收支分类进一步细化了预算编制。通过对部门预算内、外各项财政资金和其他收入的统一管理，提高了各部门收支的透明度。同时，地方的部门预算改革也加快了步伐。部门预算改革正向规范化的方向迈进。要求省级、地（市）级财政要对公安、法院、工商、环保、

① 张馨主编：《构建公共财政框架问题研究》，北京：经济科学出版社，2004 年，第 102 页。

计生等部门实行部门预算。省级财政要尽可能扩大实行部门预算的范围，地（市）级财政要为扩大部门预算改革范围做好准备。2015年，要求全面编制政府全口径预算，将政府所有收入全部纳入预算管理。

按照编制部门预算的要求，财政部还要求各部编制政府采购预算和制定集中采购目录，实行集中采购。进一步制定政府采购的相关实施办法，提高政府采购工作的法治化水平。同时扩大政府采购资金直接拨付的范围，推动政府采购公开招标制度的实行，做到政府采购管理部门和政府采购执行单位相分离，并加强对政府采购的检查和审计。2001 年全国政府采购金额为 653 亿元，此后不断扩大，2015 年首次突破 2 万亿元，占全国财政支出和 GDP 的比重分别达到 12% 和 3.1%。[①]

需要指出的是，部门预算改革以及与之相配套的国库集中支付制度、政府采购制度改革的目的是解决公共品供给过程中的监督问题。为了实现公共品的有效供给，还必须解决社会公众对公共品的偏好显示问题。因此，有必要改革和完善人民代表大会制度，加强人民代表大会作为立法机关在政府预算制订和执行过程中的实际权力，最终实现政府预算的法治化。

7.4.2 改善政府间财政关系

根据财政联邦制的基本原理，中央财政和地方财政各自的职责应当以它们提供的公共品的受益范围来划分。中央政府负责提供全国性公共品，如收入再分配、宏观调控等；而地方政府则应负责提供受益范围有限的地方性公共品，如地方行政服务、治安等。现行

① 数据来源：财政部国库司。

财税体制中各级政府的事权划分不合理。基层政府特别是县乡两级，承担着许多全国性的公共服务责任，包括普及九年义务教育、公共医疗卫生，担负着沉重的支出责任，却没有相应的收入来源。沉重的责任与不充分的收入来源的结合，造成了公共服务水平的巨大差异。

1994 年的财税改革没有改变中央、地方两级政府之间的事权（支出责任）划分，虽然以后进行了多次微调，但大多是由中央和地方共同负担，这不但没有解决基层政府收入来源和支出责任不匹配的问题，还造成了行政效率的降低。2006 年中共十六届六中全会提出要“进一步明确中央和地方的事权，健全财力与事权相匹配的财税体制”。财政部的负责官员也指出，支出责任的划分是与中央、地方政府职能的划分联系在一起的，而职能的划分应按照适宜性、受益范围等原则进行明确界定。各级政府自有收入与支出责任之间的缺口应由政府间转移支付制度解决。从目前情况看，“有必要对政府间财政关系进行一次基础性的改革，其中的根本是科学合理地划分中央与地方的政府职能。”[①] 比如说，世界上没有其他任何一个国家把社会养老保险划为地方事务，但中国却由地方管理，因而造成了某些混乱的局面。需要把现在由地方政府承担的社会保障事权上收，划为中央事务。对此，英国经济学家侯赛因（Athar Hussain）和斯特恩（Nicholas Stern）进行了详细分析。[②] 他们指

① 楼继伟:《中国三十年财税改革的回顾与展望》，见中国经济 50 人论坛编:《中国经济 50 人看三十年》，北京：中国经济出版社，2008 年，第 344 页。

② 侯赛因，斯特恩:《中国的公共财政、政府职能与经济转型》（为 2006 年 6 月中国财政部和世界银行共同主办的“公共财政与和谐社会”国际研讨会提交的论文），《比较》第 26 辑，北京：中信出版社，2006 年。

出，中央政府在向地方政府转交社会保障、基础教育、卫生医疗和公共安全的支出责任的同时，仅为这些服务提供了相当有限的资金。地级市和县级市负责社会保障方面的所有支出，包括养老金、失业保险和其他收入救济及福利项目。县和乡一起负责提供农村人口的基础教育和公共卫生方面的支出。这两级政府的支出占教育方面预算支出的70%，卫生方面支出的55%。为改善政府间财政关系，他们提出了三个方面的选择：一是改革转移支付制度，以确保每一级政府都有足够的财力提供一定质量的基本公共服务；二是重新分配融资责任，将为基本公共服务提供资金的责任从下级政府转移到上级政府；三是在各级政府税收协调所允许的范围内，扩大较低级次政府的征税权。

这种政府间关系的失衡造成了很严重的问题：一方面公共服务的质量和数量得不到保障；另一方面，地方政府也就有了“广开财源”的冲动和理由，表现在“乱收费”屡禁不止和变相借债[①]等方面。地方政府债务，尤其是隐形债务的潜在风险很大，主要表现在：规模庞大、结构分散、隐蔽性强、透明度差；缺乏统一口径、缺少预警体制、缺乏统一的统计数据。另外，地方政府债务问题违约率高、负作用大，缺乏统一管理，呈现加速倾向。[②]

2008年全球金融危机爆发后，为刺激投资，扩大内需，由国务院批准，财政部代地方政府发行了2 000亿元债券。由于债券冠以地

① 一般财政联邦制国家允许地方政府通过发行债券融资来从事地方事业发展。我国从防止财政风险的角度，未实施这一制度。《中华人民共和国预算法》也明令禁止地方政府发债券。

② 魏加宁：《中国地方政府债务风险与金融危机》，《商务周刊》，2004年第5期。

方政府名称，所以被媒体视为地方政府债券[①]融资即将放开的信号。2009年4月3日，简称“09新疆01”的新疆维吾尔自治区政府债券（一期）在上海证券交易所上市，标志着“地方债”正式进入资本市场。根据中央政府规定，此次发行的地方债券所融得资金主要安排用于中央投资地方配套的公益性建设项目及其他难以吸引社会投资的公益性建设项目，包括“三农”、民生等各项财政支出。地方政府债券预算管理办法和国库集中收付制度将有效监管资金用途，抑制地方政府计划外支出行为。

允许地方政府根据地方的发展规划发行债券补充地方财力，有助于地方政府更加灵活地筹集资金，增强自主发展的能力。但是与此同时，必须加快我国社会主义民主政治建设，使地方人大对地方政府行政行为的监督更加有力和有效。否则，如果地方政府发行债券行为缺乏严格的约束，地方政府过度举债甚至有可能导致一定范围的财政危机。这是必须注意防止的。

7.4.3 其他税费改革

1. 实现增值税由生产型到消费型的转变

增值税是中国目前税收体系中最重要的税种。增值税的转型改革主要围绕两个方面进行：一是由生产型增值税转为消费型增值税；二是扩大增值税覆盖范围。此前，增值税改革进展不快，考虑的主要问题是对财政收入的影响。1994年中国财政改革时之所以采用生产型增

① 地方政府债券是指某一国家拥有财政收入能力的地方政府及地方公共机构发行的债券。发行地方政府债券所融得资金一般用于交通、通信、住宅、教育、医院和污水处理系统等地方性公共设施的建设。地方政府债券一般也以当地政府的税收能力作为还本付息的担保。地方政府发债有两种模式：第一种是地方政府直接发债；第二种是中央政府发行国债，再转贷给地方。

值税，主要是从保证财政收入着眼的，因为生产型增值税较之消费型增值税更有利于提高财政收入，但由于生产型增值税对设备投资所含进项税金不予抵扣，存在对资本品重复征税的问题，对企业投资的积极性也有抑制作用，业界和学术界都一直呼吁向消费型增值税转型。

2004 年 7 月，中央政府在东北地区的装备制造业等八大行业实行了由生产型增值税向消费型增值税转型的改革试点，允许企业新购进机器设备所含的增值税进项税额在企业增值税税额中扣除。自 2007 年 7 月起，中部 6 省 26 个老工业城市的八大行业也纳入了增值税转型改革试点。2008 年 7 月，试点范围进一步扩大到内蒙古自治区东部五个盟市和四川汶川地震受灾严重地区。2008 年 12 月 15 日，国务院决定自 2009 年 1 月 1 日起在全国所有地区、所有行业推行增值税转型改革，并修订了《中华人民共和国增值税暂行条例》。主要内容包括：允许企业抵扣新购入设备所含的增值税，同时，取消进口设备免征增值税和外商投资企业采购国产设备增值税退税政策，增值税小规模纳税人由 4% 和 6% 的征收率统一降低至 3%，矿产品增值税税率由 13% 恢复到 17%。

2. 从营业税全面改为增值税

营业税是我国的第三大流转税税种，其课征对象主要是服务业。营业税征收制度主要是按照营业额征税，因此造成的弊端很大，重复征税及过重税负遏制了在中国增长模式转型中亟须发展的服务业的发展。

关于营业税的改革，在 21 世纪初，财政学界的共识是："随着增值税征收范围的扩大，增值税将取代营业税，但是目前营业税完全转变为增值税的时机还不成熟。"[①] 但随着经济转型的要求日益紧

① 许善达等：《中国税权研究》，北京：中国税务出版社，2003 年 9 月。

迫，2011年，经国务院批准，财政部、国家税务总局联合下发营业税改增值税试点方案。从2012年1月1日起，在上海交通运输业和部分现代服务业开展营业税改征增值税试点。自2012年8月1日起至年底，国务院将扩大营改增试点至8省市；2013年8月1日，“营改增”范围已推广到全国试行，将广播影视服务业纳入试点范围。2014年1月1日起，将铁路运输和邮政服务业纳入营业税改征增值税试点，至此交通运输业已全部纳入营改增范围；2016年3月18日，国务院常务会议决定，自2016年5月1日起，中国将全面推开“营改增”试点，将建筑业、房地产业、金融业、生活服务业全部纳入“营改增”试点，至此，营业税退出历史舞台。“营改增”统一了服务业和制造业的税制，打通了增值税抵扣链条，取消了重复征税，有助于降低税负。这是自1994年分税制改革以来，财税体制的又一次深刻变革，将鼓励分工深化，促进社会分工协作，提高市场效率，使我国财税制度更加符合市场经济的发展要求。

3. 农村财税改革

2000年，针对农民种地有关税费项目多、负担重等问题，按照中央统一部署，农村税费改革在安徽省进行了试点。截至2003年，农村税费改革试点在全国范围内全面铺开。第一阶段的改革重点是正税清费，农民除缴纳不超过7%的农业税和1.4%的农业税附加外，不再承担其他费用。

2004年开始，中共中央和国务院进一步提出“五年内取消农业税”。2005年12月，全国人大常委会正式做出决议，废除了《中华人民共和国农业税条例》，这标志着具有2 600年历史的以土地田亩为税基的农业税正式退出历史舞台。农村税费改革进入了综合改革阶段。

目前，农村综合改革正在围绕三个方面的问题进行。其中，乡镇机构改革主要围绕转变乡镇政府职能和精简机构人员展开。农村义务教育改革主要是将农村义务教育经费纳入公共财政保障范围内，2008年底，全国农村义务教育已经全部免除了学杂费和教科书费。县乡财政管理体制改革则主要围绕“省直管县”和“乡财县管”展开，到2008年底，全国已有24个省实行“省直管县”，29个省实行“乡财县管”。[①]

4. 实现内外资企业所得税统一

长期以来，所得税的征收按照企业性质适用于不同的法规，统一内外资企业税率的呼声很高。2007年3月，历经10多年波折后，新的《中华人民共和国企业所得税法》经全国人大审议通过，终于在WTO过渡期后的第一年实现了内外资两套企业所得税法的合并。

尽管在内外资企业税率上实现了统一，新的企业所得税法仍然存在一些不完善的地方。例如，国内各地区之间税负不均，企业所得税的税基表述还存在模糊之处，新法过渡期内优惠政策有待清理等。为了解决这些问题，还需要根据实际操作中的问题对实施细则加以修改。

5. 完善消费税制度

消费税的征收应当本着鼓励节约资源、促进环境保护、合理引导消费和间接调节收入分配的原则。2006年4月，财政部对消费税税率和税目进行了一次较大调整，新增了高尔夫球及球具、高档手表、游艇、木制一次性筷子、实木地板等项目。除此之外，2008年底，修订了《中华人民共和国消费税暂行条例》，对部分消费品的征收环节、计税办法和税率进行了调整完善。修订内容主要包括两个

① 国务院农村综合改革工作领导小组办公室（2008）：《公共财政覆盖农村的新举措》，谢旭人主编：《中国财政改革三十年》，北京：中国财政经济出版社，2008年，第196—198页。

方面：一是根据其上位法，将 1994 年以来已经实施的政策调整内容体现到修订后的细则中；二是与增值税实施细则在销售和有偿转让的定义、外汇销售额的折算、价外费用、纳税义务发生时间等规定进行衔接，保持一致。

6. 开征燃油税

燃油车辆的使用需要占用大量稀缺的土地等社会资源，产生大气污染和温室效应，具有很大的负外部性。因此，当今世界负责任的国家无不对燃油课以重税（税率可以高达 100%—200%），以促进资源的节约和环境的保护。但是中国一直沿袭计划经济的传统，对作为生产资料的燃油实行低税负政策，以至中国成为世界上燃油税负最低的国家之一。对于人均占有石油和土地数量大大低于世界平均水平的中国来说，这是极其不利的；对于耗费燃油较少的国民来说，也是很不公平的。所以社会上有识之士多年来一直呼吁开征税率较高的燃油税。

为响应上述呼吁，自 2009 年以来，中国决定实施成品油税费改革，取消原在成品油价外征收的公路养路费、航道养护费、公路运输管理费、公路客货运附加费、水路运输管理费、水运客货运附加费等六项收费，逐步有序地取消政府还贷二级公路收费；同时，将汽油消费税和柴油消费税做了一定幅度的提高。开征燃油税的做法是通过将各种养路费加到油价中，将每辆汽车所需要缴纳的养路费转换成税费。这意味着规范"预算外收入"，统筹规范行政事业性收费。更重要的是，它意味着实现了政府运用税收手段弥补由燃油使用的负外部性造成的社会成本，引导燃油消费者节能减排。但在实施中，有关部门一味强调"不增加车主的负担"，从而减弱了补偿外部效应、鼓励节约资源、保护环境的效应。

第8章　对外开放

中国在20世纪70年代后期着手进行国内经济体制改革的同时，启动了从内向型经济到外向型经济的转变。经过30多年的改革开放，中国已经连续多年成为吸引外商直接投资最多的发展中国家，并成为居世界第2位的贸易大国。对内改革与对外开放相互促进，推动了中国经济的高速增长。在2001年11月中国正式加入世界贸易组织（WTO）以后，中国进入一个全面建设开放经济的新境界。

8.1　中国从内向型经济到外向型经济的转变

在当代世界中，任何一个国家都不可能完全闭关自守而不与别的国家发展经济往来。以何种方式处理对外经济关系，就成为所有国家经济体制的重要组成部分。在不同国际贸易理论的基础上，形成了国与国之间有差别的对外经济政策。在过去30多年中，中国对外经济战略所经历的，正是从内向型经济到外向型经济的转变。

专栏 8.1　国际贸易理论的演进

国际贸易理论滥觞于16世纪的重商主义。几百年来，国际贸易理论的两大派别——自由贸易理论和保护主义理论不断发展，演化出不同的贸易政策。

自由贸易理论肇始于斯密的《国富论》。他指出了贸易的互利性，认为一个国家必须在某种商品生产上具有某种绝对优势，才能参与国际贸易。李嘉图（David Ricardo，1772—1823）提出了比较优势理论（Comparative Advantage Theory），为国与国之间的自由贸易奠定了理论基础。比较优势理论指出，拥有某种绝对优势并不是一个国家参与国际贸易的前提，只要各国专注于生产并出口在国内具有比较优势的商品，进口其具有比较劣势的商品，所有贸易参与国的福利都会比不进行贸易时得到提高。1935年，瑞典经济学家赫克歇尔（Eli F. Heckscher，1879—1952）和俄林（Bertil Ohlin，1899—1979）提出要素禀赋理论（Factor Endowments Theory），认为各国应从事专业化生产并出口那些密集使用本国相对丰富的生产要素的产品，进口那些密集使用本国相对稀缺的生产要素的产品。

1954年，里昂惕夫（Wassily W. Leontief，1906—1999）在运用投入产出表对比较优势理论进行实证时，发现美国出口的是劳动密集型产品而进口的是资本密集型产品，因而提出了“里昂惕夫悖论”（Leontief Paradox）。经济学家在尝试对“里昂惕夫悖论”做出解释时发现，作为决定国家比较优势重要要素的人力资本（即人的知识和技能），并不完全是一种天然禀赋，而是可变的。这一发现推动了古典静态比较优势理论向动态比较优势理论发展，进一步奠定了现代自由贸易理论的基础。

传统自由贸易理论有两个重要假设，一是市场是完全竞争的；二是不存在规模经济。20 世纪 70 年代和 80 年代，经济学家发现这两个重要假设在现实中并不成立。美国经济学家克鲁格曼在不完全竞争和规模经济这两个假设下提出，政府的适当干预可以为本国企业赢得竞争优势。这一理论又被称为新贸易理论。

1990 年，美国的波特在其名著《国家竞争优势》中提出了国家竞争优势理论（也称“钻石理论”），认为一国兴衰的根本原因在于其主导产业能否在国际市场上取得竞争优势，而竞争优势又取决于生产要素、国内需求、相关及辅助性产业，以及企业的战略结构与竞争等四大基本要素。波特认为，初级生产要素的重要性越来越低（当然，初级生产要素对农业和以天然产品为主的产业还是非常重要的），高级生产要素对获得竞争优势具有毋庸置疑的重要性。高级生产要素很难从外部获得，必须自己来投资创造。另外，政府的作用和可遇而不可求的机会是“钻石模型”中两个重要的辅助性因素。政府扮演好自己的角色，可以成为扩大国家竞争优势的力量。

贸易保护理论始于 1581 年英国的斯塔福德（William S. Stafford，1554—1612）提出的早期重商主义的观点，即贵金属的多寡决定一国财富的多少，导致贵金属流出的主要渠道是进口，因此，运用政府的力量实现多出口少进口，是增加一国财富的基本策略。晚期重商主义被称为贸易差额论，代表人物是英国的孟（Thomas Mun，1571—1641），他提出增加国家财富最重要的手段是增加本国商品的出口和减少消费品的进口。

18 世纪末和 19 世纪初，美国的汉密尔顿（Alexander Hamilton，1757—1804）和德国的李斯特（Friedrich List，1789—1846）先

后提出了幼稚产业保护理论，认为落后国家的新兴工业在初创阶段竞争力低下，必须给予保护，才能避免因来自发达国家的竞争而夭折。

国际贸易理论中还有一个不可忽视的派别，那就是最早由阿根廷经济学家普雷维什（Rual Prebisch，1901—1986）提出，并由埃及经济学家阿明（Samir Amin）和巴西经济学家多斯桑托斯（Theotonio Dos Santos）所发展的“中心-外围”（core-periphery）论。该理论把世界分为由发达国家构成的中心体系和由发展中国家构成的外围体系，两者在经济发展中处于不平等的地位：（1）在经济发展的自主性上，中心国家处于主宰地位，外围国家处于依附地位；（2）在经济发展的结构上，中心国家生产和出口制成品，进口原料、燃料和农产品等初级产品，外围国家则正好相反；（3）中心国家几乎独占技术进步带来的利益，而外围国家则难以分享。他们认为，造成这种不平等的原因主要为传统的国际分工体系导致外围国家经济结构的单一性和出口生产的被动专业化，以及外围国家贸易条件的恶化。基于该理论，他们主张发展中国家只有采取贸易保护政策，才能求得经济的自主发展和政治上的真正独立。

根据王厚双主编的《各国贸易政策比较》（北京：经济日报出版社，2002 年）等资料编写。

8.1.1 发展中国家对外经济关系的基本类型

第二次世界大战结束以后，世界上出现了大量新兴的独立国家。它们由于正在努力实现工业化和现代化，所以被称为发展中国家。利用对外经济关系来实现发展，是其发展战略的重要组成部分。从对外经济关系的角度看，发展中国家的经济政策可以分为内向型和外向型两大类型。其中，内向型又可以分为低级形态的闭关自守型和高级形态的进口替代型两个子类；外向型则可以分为低级形态的出口导向型（相对开放）和高级形态的完全开放型两个子类。其中，完全开放型意味着国内外市场完全打通，对外经济关系高度市场化（表 8.1）。

进口替代（import substitution）战略和出口导向（export oriented）战略都是后进国家在追赶先进国家时采取的工业化战略。这两种对外经济战略在配套政策，主要是贸易保护政策和汇率政策上有着各自鲜明的特点（表 8.2）。

表 8.1 对外经济关系的分类

	内向型	外向型
高级形态	进口替代	完全开放
低级形态	闭关自守	出口导向（相对开放型）

表 8.2 两种对外经济战略的配套政策

	进口替代	出口导向
贸易保护政策	高度保护	适度保护
汇率政策	本币高估	本币低估

具体来说，进口替代的基本做法是：根据历年进口数量，确定具有庞大国内市场的进口产品。然后，鼓励本地生产者运用引进的技术进行生产。最后，通过设置关税和非关税壁垒同时辅之以本币高估的外汇政策，用政府优惠政策降低国内生产者的高额创业成本，使目标工业的投资者有利可图，使本国生产的产品取代进口品。

出口导向战略着眼于在政府适度扶持下，促进本国具有比较优势的产品赢得国际市场。它的主要做法是：第一，通过周期性进行本国货币贬值，维持一个使国内生产者在国际市场出售农产品、制成品和劳务时有利可图的低汇率；第二，为某些出口产品提供补贴，引导生产者在扩大出口能力方面进行投资，同时以免税、出口退税、零部件进口税返还、降低利率，以及其他办法补偿出口商，帮助其克服进入国际市场的障碍；第三，采取“适度”而非“高度”保护的对外贸易政策，即避免对进口产品实行高度保护性关税或进行数量限制，使国内企业不至于由于过度保护而放弃开拓出口，转向价高利大的内销市场。

拉美国家最先开始踏上进口替代的道路。当阿根廷、巴西、哥伦比亚和墨西哥等国的幼稚工业在第二次世界大战期间诞生后，为了保护本国的幼稚工业，它们系统地设置进口壁垒，限制美国进口品的竞争。这种做法后来被许多发展中国家所仿效。第二次世界大战结束后，大多数新独立国家都走上了这条道路。然而，进口替代的工业化战略并没有获得预期的结果。例如，印度是一个严格执行进口替代战略的国家，但是经过 20 世纪 50 年代初到 70 年代初 4 个雄心勃勃的五年计划，它的人均 GDP 只比以前高出几个百分点。智利是另一个突出的事例。它在第二次世界大战后实行强力国家干预下的进口替代工业化战略，但并没有提高工业化速度，反而使智利经济在 20 世纪 70 年代陷入山穷水尽的困境。1973 年 9 月智利军政府上台以后，取消了进口限制，降低了关税税率。经过 10 多年起伏不定的转轨期，智利从 1983 年开始出现了稳定的强劲增长。1984—1994 年的年平均经济增长率达到 6.4%，超过 1952—1970 年 GDP 年平均增长率（3.8%），也大大超过了其他拉美国家。

和前述国家采取进口替代战略相反，东亚一些国家则采取了出口导向战略，又称新重商主义战略。日本在第二次世界大战后初期就采用了适度的关税保护和进口限制，以及本币低估的政策来推进这一战略的实施，创造了高速增长的“日本奇迹”。随后在20世纪60年代，中国台湾、韩国和新加坡也在这种战略的支持下开始了高速经济增长。

为什么进口替代的工业化不能像预期的那样发挥作用呢？根据克鲁格曼（Paul Krugman）的分析，最重要的原因是：发展中国家制造业发展程度低下，通常是由于缺乏熟练的劳动力、企业家、管理人才和社会组织方面存在问题等多方面的原因造成的；贸易保护政策非但不能为这些国家的制造业创造出竞争力，相反会使这些部门和企业效率下降。而且，进口替代战略还会因为给予少数受到保护的精英企业获得垄断利润的特权，而使二元经济及收入分配不均和失业等问题加剧。[①] 正因为此，进口替代的思路受到广泛的批评。

而作为外向型经济低级阶段的出口导向政策或新重商主义政策又为什么是必要的呢？新贸易理论指出，除了资源禀赋的比较优势外，规模经济对于一个国家能否从对外贸易中取得利益有至关重要的影响。出口导向的发展战略为新兴国家企业形成规模化生产能力、较高标准的生产效率提供了可能的途径。

不过，当发展中国家在成长壮大、规模经济已经获得以后，关税、汇率等保护措施由于妨碍了自由交换，就会从发展的动力变成阻力（表8.3）。在这种情况下，为了进一步从国际经济关系中取得利益，就要进一步对外开放，实现对外贸易和对外经济关系等其他方面的自由化。

① 克鲁格曼、奥伯斯法尔德（2001）：《国际经济学（第五版）》，北京：中国人民大学出版社，2002年，第240—251页。

表 8.3　进口替代战略与出口导向战略的优劣比较

	进口替代	出口导向
优点	促使一个国家发展实现现代化所必需的广泛的技能。	（1）需求不受本国收入的限制； （2）与外国生产者的竞争提供了强有力的市场检验； （3）较高的竞争水平促进效率提高和产业现代化。
缺点	（1）贸易壁垒可能保护落后和鼓励腐败； （2）贸易壁垒通常一经设置就难以消除； （3）对产品的保护提高了使用者的成本并降低了该产品的竞争能力。	（1）有可能导致劳动密集型产品的专业化，削弱长期增长的潜力； （2）发展出口市场可能并不容易； （3）出口以外的部门维持不发达水平。

资料来源：斯蒂格利茨《经济学》，北京：中国人民大学出版社，2000 年，第 888—892 页。

8.1.2　经济全球化的趋势

20 世纪 70 年代以后，以贸易自由化、投资自由化为主要内容的经济全球化进程不断深化，成为世界经济发展的主要潮流。所谓经济全球化（globalization），是指商品、服务、资本与信息的跨国界流动不断增加，障碍逐渐降低和规模不断扩大，从而使各国间经济相互依赖程度日益加深的趋势。

经济全球化反映了生产力发展的内在要求。技术进步，特别是运输与通信技术的进步，大大降低了运输与通信的成本，从而使经济活动的市场半径大大扩展，资源配置得以从一国之内扩展到国际之间。跨国公司是全球化的主导力量，2007 年，全球 7.9 万家跨国公司建立了 79 万家国外分支机构，其外国直接投资存量超过 15 万亿美元，全球外国子公司的附加值（总产值）约占全球国内生产总值的 11%，雇员人数达到约 8 200 万人。[①] 跨国公司在全球范围内配置其生产经营活动，以便增强自身的国际竞争力。

全球化条件下的国际经济环境具有以下特点：

第一，生产经营活动从纵向一体化趋于扁平化，企业的内部分工变为企业间的分工。相应于此，国家之间的分工从产业间分工变为产业链条内的分工，发展中国家的企业得以加入某些原来完全由发达国家的企业掌握的产业链。例如，一些美国公司将其呼叫中心、研发（R&D）等业务外包（outsourcing）到遍布世界的发展中国家，使发展中国家的企业得以参与相关产业的业务活动。[②]

第二，跨国投资迅猛增长，2007 年全球跨国直接投资流入量达到 18 330 亿美元，比 1982 年增长了约 30 倍；流出量达 19 970 亿美元，增长了约 73 倍。大东亚地区出现了明显的跨国产业梯度转移现象，劳动密集型生产活动从日本转向“四小龙”，再转到“四小虎”，再转到生产要素成本更低的其他发展中国家和地区。

第三，各国对外国直接投资（foreign direct investment, FDI）的政策发生了根本转变，由以往限制为主转向鼓励为主。自 1992 年到 2007 年，超过 100 个国家调整了对外资的政策，转向更加有利于 FDI 进入的政策。双边投资协定从 1980 年的 181 个增加到 2007 年的 2 608 个，避免双重征税协定从 1980 年的 719 个增加到 2007 年的 2 730 个。

① UNCTAD(联合国贸易和发展会议): *World Investment Report 2008: Transnational Corporations and the Infrastructure Challenge, Overview* [《世界投资报告（2008）：跨国公司和基础设施的挑战概览》].

② 弗里德曼（Thomas L. Friedman, 2005）：《世界是平的：21 世纪简史》，长沙：湖南科学技术出版社，2006 年。

第四，随着国际贸易壁垒不断削减，国际商品贸易高速增长，1980—1995 年平均增长率达到 5.6%，服务贸易异军突起，1980—2007 年平均增长速度达到 8.1%，均高于同期世界经济增长速度，各国贸易依存度均呈提高趋势。

第五，产业内贸易、服务贸易的增长速度高于国际贸易整体增长速度，其在国际贸易中的比重持续提高。

第六，经济全球化的国际规则不断强化。以关贸总协定和世界贸易组织（GATT/WTO）为代表，将经济全球化规则从以往的货物贸易领域扩展到服务贸易、与贸易相关的投资措施、知识产权等多个领域，对成员的要求越来越严格，发展中国家以往用于保证出口导向战略成功的一些产业扶持政策，受到越来越多的约束，实施出口导向战略的难度相应增加。

8.1.3 中国对外经济发展战略的演变

中国是世界上文明出现最早的国家之一，历史上同世界各国有广泛的经济和文化交流。载入史册的“丝绸之路”就是中国对外开放的丰碑。但是从朱元璋在 1368 年称帝时起，明朝就把实施海禁作为基本国策，濒海民私“寸板不得下海”。16 世纪，西欧国家开始了航海时代，但逐渐衰落的明朝却实行了更严厉的闭关自守的政策。到了清朝，继续实行严厉的闭关锁国政策，施行“海禁”，禁止船只、人员、货物的出入，把中国孤立于世界之外。直到西欧国家正处在产业革命高潮中的 1793 年，中国的乾隆皇帝在回答英国国王要求建立通商贸易关系的信函中还声称：“天朝物产丰盈，无所不有，原不借外夷货物，以通有无。”[①]明清两代几百年的闭关自守，把中国

① 《英使马戛尔尼访华档案史料汇编 · 上谕档》。

搞得贫困落后；而在这二三百年内，西欧封建制度瓦解，资本主义各国国内市场的形成和国际市场的开辟，极大地促进了生产力的发展，与中国经济的停滞不前形成了鲜明的对比。

1949 年以来，中国的对外经贸关系依次经历了五个不同的战略阶段。

1. 1949—1971 年：闭关自守

在中华人民共和国成立前后，中国领导人并没有设想要建立一个完全封闭的经济。但是 1950 年朝鲜战争的爆发和随后美国及其盟国对中国实施的封锁，使中国不得不与西方世界隔绝开来。1956 年以后，适应国内经济的集中计划体制，按照列宁“对外贸易全部实行国有化”[①]的外贸垄断制的原则，建立了以国家高度垄断为特征的对外贸易体制，即由各行业建立的国营进出口总公司[②]统一经营所属行业的进出口业务；进出口按国家计划委员会下达的指令性计划进行，出口商品实行计划收购，进口实行计划调拨销售，由国家财政统负盈亏。在这种体制下，进出口贸易的功能被定位在“互通有无”和“调剂余缺”上。

1958 年发动“大跃进”以后，特别是 20 世纪 60 年代初同苏联的关系恶化以后，中国领导人愈发强调“自力更生”，在国内鼓励各个地区建立“独立的经济体系”，在对外经济关系上更是进一步采取

① 1918 年 4 月 22 日列宁签署的《关于对外贸易国有化》的法令要求对外贸企业所有权、外贸管理权、外贸经营权实行“全部国有化”。

② 直属中央外贸部门的总公司包括中国粮油食品进出口总公司、中国土产畜产进出口总公司、中国纺织品进出口总公司、中国丝绸进出口总公司、中国轻工业品进出口总公司、中国工艺品进出口总公司、中国化工进出口总公司、中国机械进出口总公司、中国五金矿产进出口总公司等。

了闭关自守的政策。从那时起到20世纪70年代，对外贸易处于停顿不前的状态（表8.4）。

表8.4 中国对外贸易总额占世界贸易总额的比重（1953—1977）

	总额（亿美元）	占世界贸易的份额（%）
1953	23.7	1.5
1957	31.1	1.4
1959	43.8	1.9
1962	26.6	0.9
1970	45.9	0.7
1975	147.5	0.8
1977	148.0	0.6

资料来源：关贸总协定《国际贸易》，转引自N. Lardy (1994): *China in the World Economy*(《世界经济中的中国》), Washington, D. C. : Institute for International Economics, 1994, 2。

2. 1972—1978年：进口替代

到了“文化大革命”后期，中国在工业、技术、管理等各方面与工业化国家的差距变得愈来愈大。中国领导人意识到了长期闭关自守的危险性，于是有了1972年与美国的关系松动和中日邦交正常化，并开始转向与西方国家发展贸易关系的政策。特别是在1977—1978年的“洋跃进”[①]中，进口了许多套大型工矿设备，仅1978年一年，就签订了包括22个大型项目在内的78亿美元的化肥、冶金等成套引进项目合同。进出口贸易也有了比较快的发展。中国进出口

① 中国自1977年开始执行全国人大一次会议通过的《1976年到1985年发展国民经济十年规划纲要》。这个五届纲要对经济增长要求过急，引进的外国先进技术设备过多，与中国当时外汇支付能力和配套能力不相适应，因此又被称为“洋跃进”。

贸易总额从1972年几乎可以忽略不计的63.0亿美元增长到1978年的206.4亿美元。但是即使在这时，中国发展对外贸易的目的仍然不是建设开放经济，而是希望通过进口替代，建立“独立自主、自力更生”的经济体系。

3. 1979—1993年：从进口替代转向出口导向

“文化大革命”结束以后，中国领导人总结过去的经验，深切地认识到闭关自守只会阻碍和损害中国经济的发展。邓小平说：“现在的世界是开放的世界。中国在西方国家产业革命以后变得落后了，一个重要原因就是闭关自守。建国以后……三十几年的经验教训告诉我们，关起门来搞建设是不行的，发展不起来。”[①]“历史的经验说明，不开放不行”“你不开放，再来个闭关自守，五十年要接近经济发达国家水平，肯定不可能”。[②]

邓小平领导的对外开放采取的战略和20世纪70年代中期对外经济战略不同，不是进口替代，而是出口导向。在改革开放初期，中国领导人就为东亚地区的日本及中国香港、新加坡、中国台湾、韩国“四小龙”等发展外向型经济，推动整个经济高速成长的经验所吸引，决定采取出口导向的方针，充分发挥中国在劳动资源上的比较优势，以引进外资、发展劳动密集型产业、扩大制成品出口来带动本国经济的发展。但在1978—1993年，具体执行的政策实际上是进口替代与出口导向的结合，是一种逐步转向出口导向的过渡状态。

逐步转向出口导向的一个重要征兆是，同时实行双重汇率制度。

① 邓小平（1984）：《建设有中国特色的社会主义》，《邓小平文选》第三卷，北京：人民出版社，1993年，第64页。

② 邓小平（1984）：《在中央顾问委员会第三次全体会议上的讲话》，《邓小平文选》第三卷，北京：人民出版社，1993年，第90页。

在改革开放以前，中国一直实行外汇计划定价和计划分配的制度。和进口替代战略相配合，采取的是本币高估的政策。改革开放开始时，人民币的官定汇率处于 1.5 元人民币兑换 1 美元的高位。1980 年 10 月，国务院决定允许国营集体企事业单位通过中国银行在人民币贸易内部结算价（2.80 元人民币兑换 1 美元）± 10% 的浮动幅度内进行外汇调剂交易。这样就形成了官方市场和调剂市场并存的外汇市场双轨制。1985 年以后，首先在深圳等特区，随后在其他省市普遍设立了外汇调剂中心。同时，允许外商投资企业通过外汇管理部门买卖外汇。调剂汇率也逐步放开。浮动幅度限制完全由调剂市场的供求情况决定。

4. 1994—2001 年：全面的出口导向

此后，外汇市场的双轨制通过两条途径向单一市场并轨：一是人民币的官方汇率逐步贬值。到 1993 年末，人民币官方汇率贬值为 5.80 元人民币兑换 1 美元。二是调剂市场的成交额占全国贸易外汇成交额的比重不断提升。到 1993 年末，该比率达到 80%。

外汇市场和外汇汇率的双轨制，对外商投资企业投资环境的改善以及中国对外贸易和国民经济的发展起到了积极的作用。但是，这也导致了不平等竞争，并造成了巨大的寻租空间。因此，中国政府决定，1994 年 1 月 1 日起实行单一的有管理的浮动汇率制，将官方汇率与调剂市场汇率并轨。官方汇率由 1993 年 12 月 31 日的 5.80 元人民币兑 1 美元大幅贬值为 1994 年 1 月 1 日的 8.70 元兑 1 美元。此后又将外商投资企业也纳入银行的结售汇体系。

1994 年的外汇改革意味着全面实行出口导向战略。这对 20 世纪 90 年代中后期中国出口的迅猛增长起到了积极的推动作用（图 8.1）。

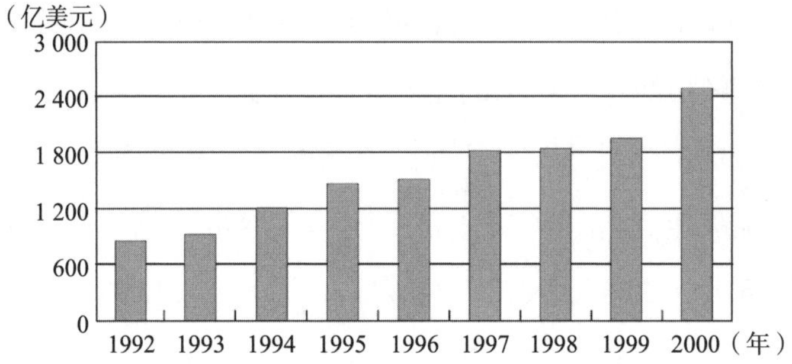

图 8.1　中国出口总额（1992—2000）

资料来源：《中国统计年鉴》（2001）。

5. 2001 年加入 WTO：走向全面开放

中国原来就是世界贸易组织前身关贸总协定的缔约国。1986 年，中国提出恢复关贸总协定缔约国地位的申请。这一行动本身就意味着中国进一步向世界开放和融入世界经济体系的决心。在 2001 年 11 月正式获准加入 WTO 以前 15 年的谈判过程中，中国政府在多方面采取措施，如大幅度降低了关税壁垒、废止进口配额、完善法律和执法系统，使中国更加适应于 WTO 的要求。

专栏 8.2　世界贸易组织

世界贸易组织（World Trade Organization, WTO）是在 1948 年关税与贸易总协定（General Agreement on Tariffs and Trade, GATT）的基础上建立的国际组织。关贸总协定各缔约国经过多次多边贸易谈判，达成了多项双边协议，大大推进了世界贸易自由化的进程。然而，GATT 组织过于松散，没有多少实际权力来执行自己的决定。在 1994 年 4 月 15 日的 GATT 乌拉圭回合部长级会议上，签署了于 1995 年 1 月 1 日生效的《建立世界贸易组织协定》，决定“建立一个完整的、更有活力的、持久的多边贸易体系”，这就是世界贸易组织（WTO）。

自由贸易是WTO的基本宗旨。实现这一宗旨的途径是：“各成员国在处理其贸易和经济关系时，应当确保充分就业，提高收入和扩大有效需求，扩大货物与服务的生产和贸易；以可持续的方式充分利用世界资源，保护和维护环境”“作出积极努力，确保发展中国家，尤其是最不发达国家在国际贸易增长中获得其经济相应的份额”“通过达成互惠互利协议，大幅度地降低关税和其他贸易壁垒，在国际贸易中消除歧视性待遇，为实现上述目的作出贡献”。

WTO的基本原则是继承GATT基本原则（主要来源于1994年签署的总协定），历经多边贸易谈判所达成的一系列协议。这些协定和协议所包含的原则包括：缔约一方给予任何一方的优惠，也给予所有缔约方；缔约方之间相互保证给予对方的自然人、法人和商船与本国自然人、法人、商船相同的待遇（国民待遇）；缔约一方不得对任何缔约方实施歧视性待遇，要使所有缔约方能在同样的条件下进行贸易；关税是WTO所认可的唯一合法保护方式，缔约各国应不断降低关税的总体水平；等等。

WTO较之关贸总协定的一项改进是，它的所有协议对成员国都具有约束力，并且建立了争端解决机构（dispute settlement body, DSB）来为争端寻求解决办法。DSB拥有独断的权力建立专家小组（panel），通过专家小组做出上诉报告，保持对裁决和建议的执行和监督权，在建议得不到执行时授权采取报复措施。

WTO现有140多个成员国。中国既是关贸总协定的创始缔约国，又是自始至终全面参加乌拉圭回合多边贸易谈判的国家。经过

15 年谈判后，中国在 2001 年 11 月加入 WTO。

根据汪尧田、周汉民《世界贸易组织总论》(上海：上海远东出版社，1995 年)，素巴猜、克利福德《中国重塑世贸：WTO 总干事解读入世》(北京：机械工业出版社，2002 年) 编写。

自 2001 年加入 WTO 至今，中国政府信守在加入 WTO 时所做出的广泛承诺，对外贸体制和外贸政策进行了全面的调整。目前，中国对外经济在法制建设、透明度、货物贸易、服务贸易、利用外资和保护知识产权等诸多方面都取得了长足的进步，中国的对外开放也进入到一个以多边规则为基础、全面提升开放水平的新阶段。

为了适应对外开放新阶段的要求，中国需要全面调整有关的政策。这种调整进行得如何，不但对中国的对外经济关系，而且对国内经济也会发生重大影响（见本章 8.5.1 节和第 10 章 10.3 节和 10.4 节）。

8.2 进出口贸易的发展

打破计划经济条件下的外贸垄断制，大力发展对外贸易，是中国对外开放战略中最基本的内容。

8.2.1 外贸体制改革的进程

从 1979 年开始，中国通过一系列改革，逐步实现了从计划经济下的外贸体制向市场化的外贸体制转轨。

1. 逐步打破外贸垄断制

计划经济体制下对外贸易最主要的特征，是实行列宁的“对外贸易垄断制”，即外贸所有权、管理权和经营权的“全部国有”。对外贸易由仅有的12家直属国家对外贸易部的外贸总公司垄断经营。因此外贸改革的首要步骤，就是打破外贸垄断制。在中国，这一改革是以渐进的方式进行的。

（1）下放外贸审批权。从20世纪70年代末期开始，中央政府逐步扩大了地方政府和中央行业部对外贸企业和出口生产企业外贸经营权的审批权，对设立外资企业的审批权，对来料加工、三来一补的审批权。全国各省、直辖市、自治区和“计划单列市”逐步开辟了有直接外贸经营权的口岸。

（2）批准成立了各工业部所属的外贸专业总公司，授予一批有条件的大中型企业以外贸自营权。除少数大宗的、有关国计民生和具有战略意义、在国际市场上竞争激烈的出口商品及有特殊要求的出口商品继续由外贸部所属外贸专业总公司经营外，其余商品由外贸企业的地方分公司和工业部门有外贸权的企业经营。

（3）赋予外商投资企业自营外贸权，即外商投资企业有权经营企业自用的原材料、零部件等的进口和产品的出口。

（4）赋予私营生产企业和科研院所自营进出口权。

2. 降低关税保护水平

1982年中国关税平均法定税率高达56%，1992年下降到43.2%，以后下调速度加快（图8.2）。在加入WTO后的三年过渡期末，中国的平均税率已达到与WTO其他发展中成员相当的水平。

3. 逐步取消进口配额和许可证限制

中国所使用的非关税壁垒包括贸易权限制、进口配额、许可证、进口替代名录、特定商品进口招标要求，以及质量与安全标准等。在20世纪80年代初期开始对外开放以后，仍然广泛使用配额、

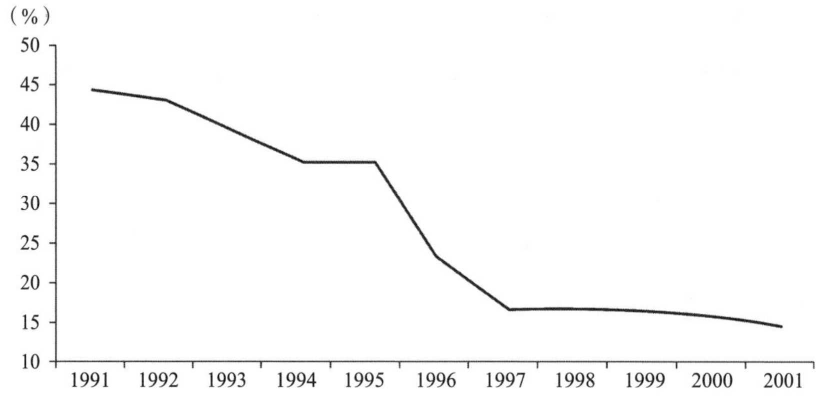

图 8.2　中国平均法定关税税率下降的轨迹（1991—2001）

资料来源：拉迪（2002）:《中国融入全球经济》，北京：经济科学出版社，2002 年，表 2-1 及其他资料。

注：图中的税率均按未加权计算。

许可证等手段来限制进口，到 20 世纪 80 年代末许可证商品达到 53 类，占所有进口商品的比重高达 46%。进入 20 世纪 90 年代，中国逐步减少许可证商品的种类，到 20 世纪 90 年代末，只有不到 4% 的应税进口商品受进口许可证的限制。在签署 WTO 的议定书中，中国政府承诺取消所有进口配额和许可证，在加入 WTO 后 2—4 年内逐步取消对科学仪器、建筑设备、农业设备、医疗设备等四大类产品进口的强制性招标要求。

4. 改革外汇管理体制

在传统内向型计划经济体制下，进出口等对外经济活动由计划调节，外汇由行政分配，汇率的作用十分微弱。随着对外经济关系的发展，汇率对涉外经济活动的影响日益显著，1981—1993 年，政府对官方汇率做了多次调整。1994 年中国实现了有管理的浮动汇率制下的人民币汇率并轨，并用了 3 年时间实现经常项目下人民币的自由兑换（见本章 8.1.3 节）。

8.2.2 对外贸易的发展

改革开放以来，中国一方面改革行政垄断性的外贸体制，实行人民币汇率的持续贬值，推动了一般贸易的快速发展；另一方面，还实施了一系列有利于加工贸易发展的政策。对用于加工贸易活动的进口品实行保税监管政策，同时除少数敏感商品外，取消加工贸易合同项下货物进口的许可证、配额等非关税壁垒，避免了高关税和非关税壁垒对贸易的扭曲，有力地促进了加工贸易的发展。所有这些都促成了中国对外贸易，特别是出口贸易的大发展。

1978—2008 年的 30 年间，中国的对外贸易总规模提高了 123 倍。中国在全球贸易中的地位，也从开放之初的第 32 位成为第 2 大出口国和第 3 大进口国，一些重要商品的进出口在国际市场上占有重要地位，成为世界贸易体系中一个重要成员（图 8.3）。

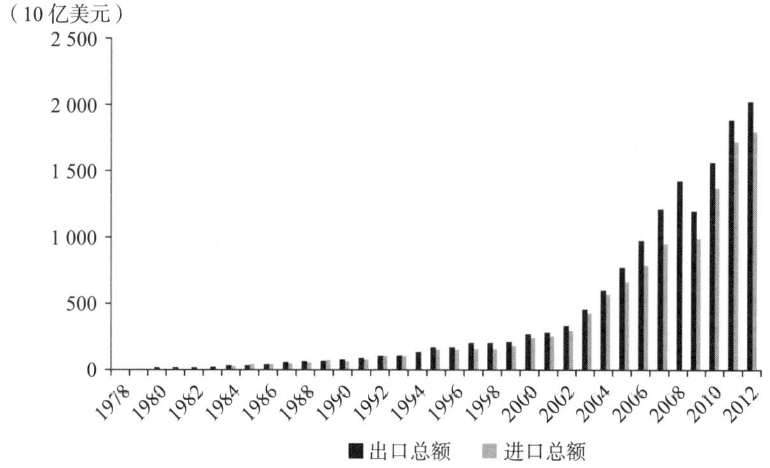

图 8.3 中国对外贸易的发展（1978—2012）

资料来源：《中国统计年鉴》。

注：1979 年及以前为外贸部业务统计数，1980 年及以后为海关进出口统计数。

加工贸易是贸易扩张的重要原因。中国对外贸易的增长速度远远高于世界贸易增长的平均速度。外贸高速增长的基本原因，除了中国经济规模扩张并由此导致的国际竞争力提高以外，更重要的原因在于加工贸易的迅猛发展。20 世纪 70 年代末开始，中国实行了“三来一补”的政策；20 世纪 80 年代中后期，实行“大进大出”的开放战略。由于这一战略适应了国际上产业转移的形势，发挥了中国在国际分工中劳动力、土地等要素价格较低的比较优势，所以取得了巨大的成功。中国的加工贸易具有以外商投资企业为主、以来料加工方式为主和以沿海地区为主的基本特征，目前加工贸易已经占中国对外贸易的半壁江山，是中国高新技术产品出口的主要方式。

随着对外贸易的快速发展，中国的贸易依存度[①]也不断提高，在 2005 年达到 63.0% 的高位，出口依存度亦达到 33.8%（表 8.5），此后有所回落。与世界各国贸易发展趋势相比较，第一，中国贸易依存度的提高是符合国际趋势的，世界平均的出口依存度从 1970 年的 14% 提高到 2007 年的约 24%；第二，如果考虑到各国 GDP 构成的差异，中国制造业的外贸依存度低于德国等发达国家，也远低于新加坡等所谓“小国开放经济”；第三，高比例的加工贸易使中国的外贸依存度数据高估了中国经济对国际市场的依赖程度；第四，如果剔除汇率的影响，2000 年时按购买力平价计算的贸易依存度，中国的开放程度（8.5%）只相当于低收入国家的平均水

① 贸易依存度（trade dependence ratio）是用来衡量一个经济体对国际商品市场开放与依赖程度的指标，通常用进出口总额与 GDP 的比值来表示。从长期看，大多数国家进出口是平衡的，因此，也有人用出口依存度（出口额与 GDP 的比值）或进口依存度（进口额与 GDP 的比值）来表示。

平（8.4%），远低于中等收入国家（16.7%）和高收入国家的平均水平（38.7%）。[①] 加入 WTO 后的 2002—2007 年，中国的出口取得了年均 28.8% 的高速增长，出口依存度在大国经济体中处于较高的水平。

表 8.5　中国经济的外贸依存度（1978—2012）（占 GDP 的 %）

	1978	1980	1985	1990	1995	2000	2005	2010	2012
进出口贸易总额	9.5	12.6	22.7	29.6	38.6	39.6	63.0	50.1	47.0
其中：出口	4.5	6.0	8.9	15.9	20.4	20.8	33.8	26.6	24.9
进口	5.0	6.6	13.8	13.7	18.1	18.8	29.2	23.5	22.1

资料来源：中国统计年鉴。

尽管中国外贸依存度高乃是要素禀赋极不均衡这一基本国情的反映，然而净出口（出超）增长过快，中国经济增长过度依赖外需，仍然引起了经济学家越来越多的关注。

除此之外，这种靠大量出口附加值很低的加工产品挣取外汇的贸易方式，由于受到资源和环境的硬约束，也是不能长期持续的。因此，出口导向的发展战略面临着调整。关于这个问题，我们将在本章 8.5.1 节中做进一步的讨论。

① 隆国强（2000）:《如何看待中国的外贸依存度》，国务院发展研究中心《调查研究报告》，2000 年第 66 号，《中国经济时报》，2000 年 8 月 10 日。

8.3 经济特区的构建和开放地区的扩展

中国在确定以出口导向为核心的对外开放战略以后，遇到的首要问题是，执行“四小龙”式的出口导向政策，需要有能够大量生产适合于发达国家市场需要的出口产品的生产基地，中国虽有丰富的劳动力资源，却缺乏拥有所需先进技术和先进管理的生产企业，而先进的企业只有在良好的经营环境中才有可能生存和发展。所以，中国的对外开放需要从培育具有良好经营环境的对外开放基地入手。

中国领导人从“四小龙”的成功做法中得到启发[①]，采取了建立经济特区和区域推进的办法来实施对外开放。建立经济特区的意义在于，中国幅员广阔，长期实行计划经济制度，要在短时期内形成国内市场并全面实行对外开放是不可能的。而利用深圳等沿海城市毗邻港澳台地区和海外华侨、华人众多的优势，就可以营造市场经济的“小气候”来与世界市场对接，吸引外商资金、技术和管理能力，发展外向型产业，而且这对全国的改革开放会产生重大的影响和巨大的推动作用。

中国的对外开放是以沿海地区为战略重点，分阶段、分层次地逐步推进的。

① 在“文化大革命”结束以后，中国派出了大批官员走访世界各国，寻求救亡图存和实现振兴的方策。邓小平本人在 1978 年 10 月访问日本，11 月访问泰国、马来西亚和新加坡三国。其中，新加坡的裕廊工业园区引入外资设厂发展外向型经济的做法给邓小平留下了深刻的印象。这使他坚定了对外开放的信心，并酝酿在毗邻香港的沿海城市建立经济特区。见李巨川（2008）：《裕廊山上那棵海苹果树》，《苏州日报》，2008 年 5 月 13 日。

8.3.1　20世纪80年代对外开放基地——特区的构建

20世纪80年代初，中国开始从一些沿海城市起步构建对外开放基地：

（1）1980年5月，决定对广东和福建两省实行对外开放的特殊政策和灵活措施。

（2）1980年8月，批准在深圳、珠海、汕头、厦门试办"以市场调节为主的区域性外向型经济形式"的经济特区。国家对特区各类企业的自用货物免征进口关税和工商统一税；对国外进口的商品实行减半征收进口关税和工商统一税；特区自产的商品在区内销售，也减半征收工商统一税。

（3）1984年5月，决定进一步开放大连、秦皇岛、天津、烟台、青岛、连云港、南通、上海、宁波、温州、福州、广州、湛江、北海（包括防城港）等14个沿海港口城市，给予外资企业与经济特区相类似的某些优惠待遇。

（4）1985年2月，又确定把长江三角洲地区，珠江三角洲地区，闽南的厦、漳、泉三角地区，以及胶东半岛、辽东半岛列为经济开放地区。

（5）1988年4月，决定兴办海南经济特区。

至此，中国沿海地区成为全方位对外开放基地的总体布局基本形成。

建设对外开放基地的重要意义在于：

第一，这些对外开放地区有效地利用国际资源，积极参与国际竞争，成为中国对外开放的先行区。据统计，1980—1990年，深圳等4个特区10年累计完成基本建设投资超过300亿元。14个沿海开放城市在"七五"（1986—1990）期间，外商直接投资超过100亿美元，已投产“三资”企业 2 000 多家。对外开放促进了外向型经济的强劲发展。沿海 12 个省（自治区、直辖市）1990 年的外贸出口额近 400 亿美元，约占全国外贸出口总额的 2/3。

第二，这些地区的对外开放有力地促进了经济的快速发展，成为区域经济中最具活力的高速增长区。大开放引进了大外资，推动了大外贸，带来了大发展。最早确立的深圳等 4 个特区，1985 年工业总产值只有 55 亿元，到 1990 年就达 495 亿元，5 年增长 8 倍多，平均每年增速高达 50%。

第三，这些地区发挥了外引内联的功能，成为连接内地与国际市场的枢纽。它们一方面可以吸收国外资金、先进技术和管理方式，大力发展出口贸易，不断发展壮大自己；另一方面可以把它们逐步向内地转移，推动内地的发展和振兴。

第四，更重要的是，上述特区和沿海开放地区成为建立现代市场经济制度的试验场。它们汲取发达市场经济的经验，大胆探索新的经济制度和政府管理经济的新体制，为全国性的经济体制改革积累了经验，树立了样板，提供了借鉴，成为改革的试验区。

专栏 8.3　苏州工业园区的经验

苏州工业园区是根据中国和新加坡两国政府 1994 年 2 月签署的《关于合作开发建设苏州工业园区的协议书》建立的。与国内其他开发区相比较，苏州工业园区的特点和优点是：学习运用新加坡公共管理的经验，把园区建设成为一个现代工业城。在中新两国政府签署合作开发协议书的同时，签署了《关于借鉴运用新加坡经济和公共管理经验的协议书》。为了传授经验，转让“管理软件”，新加坡方面设立了“软件转移办公室”，苏州方面设立了“借鉴办公室”。协议签订后的10年间，苏州共派出80多批1 200多人次赴新加坡学习。正是这种既结合国情又汲取了发达国家经验的制度化建设，极大地改善了外资企业的投资环境，这对于苏州工业园区成为亚洲著名的工业园区起到了决定性的作用。

（1）高效、廉洁和服务型的政府与具有“亲商”（即为客商服务）观念的公务员队伍。园区管委会在组建时，根据精简、统一、效能的原则进行机构和人员定编，部门和人员数量只是同类行政区划的1/3。管委会制定实施了一系列从人事、财务、基建到政府采购等方面的严格规章制度，并从1998年开始实行普遍社会服务承诺制度和服务体系。

（2）健全社会保障制度。1997年，园区根据新加坡模式和中国社会保障改革趋势实施新的公积金制度——个人账户积累制，规定园区内企事业单位必须将员工工资总额的25%会同单位拿出的同额的钱存入本人账户，该公积金存款用于职工养老、大病社会统筹，以及购房、医疗和失业救济。这一社保制度不但使园区内员工受益，而且也吸引了高素质人才来园区工作。

（3）人力资源的市场化配置方式。园区对人力资源选择了面向全国的市场化配置方式。园区管委会通过制定劳动管理暂行办法和就业许可证制度，既规范了劳动用工的管理，又促进了人才的有序流动。园区还设立人力资源开发公司来主动为客商提供国际化的人力资源服务工作。

（4）超前开发的大众住房和配套完善的社区服务。借鉴新加坡发展公共组屋的经验，园区推出的第一个2 500套大众住房项目，因房屋质量上等、售价合理，深受员工欢迎。邻里中心是园区在服务业及其经营管理方面，借鉴新加坡经验而兴建的一种新颖的社区服务形式，它由政府投资兴建，不以盈利为主要目的，集商业、文教和社区服务为一体，为周边居民提供综合性的生活服务。

（5）不断完善的法律体系。园区管委会一方面严格执行中国有关涉外的经济法律法规，另一方面也编制了《城市规划建设管理办法》《建设项目环境保护管理办法》《外商投资管理办法》和《公积金管理普通专户管理细则》等44项管理办法或法规性文件，其中40项已批准实施。

另外，园区管委会在环境保护、劳动关系、职业教育和海关管理等方面也有许多独到而有效的管理办法和经验。

根据王晓宏等的《苏州工业园区“亲商服务理念”解析》（《苏州日报》，2004年5月15—17日）等资料编写。

8.3.2 20世纪90年代：对外开放的区域性扩展

进入20世纪90年代，中国政府提出了对外开放的“四沿战略”，进一步扩大对外开放：（1）**沿海**是指侧重发展从渤海湾到北部湾的整个沿海地区。（2）**沿边**是指重点发展新疆、内蒙古和黑龙江的边境地区，以加强与独联体各国的经贸交流。发展云南和广西的边境地区，开通通往南亚和东南亚的商路。（3）**沿江**是以上海浦东开发开放为龙头，着重推动重庆以下长江流域的全面开发开放，以此贯通东西，辐射南北。（4）**沿路**是指作为连接欧亚“大陆桥”的一部分，在中国境内从东部港口至新疆阿尔泰山口这段铁路的沿线地区。

整个20世纪90年代，国内各地区的对外开放沿着两个主要方向展开。

首先，以上海浦东开发开放为龙头，进一步开放长江沿岸城市，逐步把长江两岸建成中国继沿海以后的又一条大的开放带。这是20

世纪 90 年代中国扩大对外开放最具有战略意义的事件。中国政府于 1990 年 4 月做出了开发开放上海浦东的战略决策。正如邓小平在 1992 年的南方谈话中所说，上海在人才、技术和管理等方面都有明显的优势。而且，它所辐射的长江流域是中国最大的产业密集带之一，长江两岸早已形成了上海、南京、武汉、重庆等一批专业化程度较高的综合性的工业基地。由于这一经济带技术实力雄厚，腹地范围广阔，它完全可以更大范围、更高起点地对外开放，提高对外开放的层次。在上海浦东开发开放的工作开始以后，中共中央和国务院又于 1993 年决定对芜湖、九江、武汉、岳阳、重庆五市也实行沿海开放城市政策。这样，以上海浦东的开发开放为龙头，强化了龙头的巨大辐射带动作用，同时也使长江流域的最大产业密集带，在龙头的带动下，有可能迅速腾飞。

其次，是加速内陆地区的开放步伐，进一步开放内地沿边城市，推动内陆地区经济的发展。内陆地区有发展的地域空间，有丰富的资源，可以充分开发利用，以对外开放为先导，以开放促开发、促发展。中共中央、国务院于 1993 年决定开放合肥、南昌、长沙、成都、郑州、太原、西安、兰州、西宁、贵阳、银川等 11 个省会城市，同时又把沿海沿边省份的 4 个省会城市哈尔滨、长春、呼和浩特和石家庄作为开放城市，享受沿海开放城市的优惠政策，为上述省份的发展注入了活力。

这样，中国在 20 世纪 90 年代中期就形成了全方位、多层次、宽领域的对外开放的新格局。

8.3.3 世纪之交：以开放促开发，加速内陆地区及环渤海地区发展

1999 年 9 月，中共十五届四中全会通过的决定明确提出：“国

家要实施西部大开发战略。”西部大开发战略直接关系到扩大内需、促进经济增长、促进民族团结和边防巩固，关系到东西部协调发展和最终实现共同富裕。为此，对在西部地区吸收外资的行业准入、税收等方面提供了更加优惠的政策，鼓励外商投资投向西部地区。

2003年10月，中共中央、国务院下发《中共中央、国务院关于实施东北地区等老工业基地振兴战略的若干意见》，正式提出了振兴东北地区等老工业基地战略举措。2005年7月，国务院办公厅下发《国务院关于促进东北老工业基地进一步扩大对外开放的实施意见》，旨在通过扩大开放，提高东北经济的外向度，促进体制机制创新，促进产业转型，促进东北老工业基地的振兴。

2006年4月，国务院常务会议决定批准天津滨海新区进行综合配套改革试点，这是继上海浦东新区之后，中国第二个综合配套改革试点区。天津滨海新区的功能定位是：依托京津冀，服务环渤海，辐射“三北”，面向东北亚，努力建设成为中国北方对外开放的门户、高水平的现代制造业和研发转化基地、北方国际航运中心和国际物流中心。

与此同时，中共中央和国务院出台《中共中央、国务院关于促进中部地区崛起的若干意见》。为了执行这一重大决策，国务院决定对中部地区加强中央外贸发展基金的政策支持力度，支持一类口岸建设，建好出口加工区，引导加工贸易向中部地区转移，引导有条件的中部企业“走出去”和扩大中部地区企业劳务输出的规模。

8.3.4 经济特区的发展前景

对于经济特区的功能和前景，一直存在着争论。

最初的争论焦点在于特区姓“社”还是姓“资”。20 多年来经济特区的发展表明，它适应了中国从封闭走向开放过程中政府管理能力和国内体制的要求，保证了改革开放从局部向全国的顺利推进；在改革开放的过程中起到了“窗口”与“试验田”的作用，成为中国利用外资、增加出口的基地，同时也成为建设现代产业特别是现代制造业的基地。所以，现在还认为建设经济特区的决策错误的人已经很少。

但是，当中国市场经济体制已经初步建立，“小气候”已经成为“大气候”的时候，特区的功能是否应当改变，就成为一个新的争论问题。20 世纪 90 年代中期，全方位、多层次、宽领域的对外开放的新格局初步形成。随着原来在经济特区实行的某些优惠政策和灵活措施在内地不少地方逐步推行，这时国内就出现了特区还要不要“特”的争论。对此，江泽民代表中共中央和国务院重申，“那种认为在全国形成全方位对外开放格局的新形势下，经济特区的地位和作用可以削弱甚至可以逐步消失的看法，是不对的”“毫无疑义特区还要‘特’”。问题在于，“原来主要靠实行一些优惠政策和灵活措施而形成的特区的一些特色，自然要有所变化。”“但保持特区优势的立足点和重点不应再放在这上面了，而主要应通过深化各项改革、调整经济结构、加强全面管理、提高人员素质、完善投资环境、增进经济效益、健全法制规范，使整体经济水平再上一个台阶。”①

随着中国市场经济基本框架的建立和加入 WTO，继续对特殊经济区内的企业给予税收等方面的优惠，不利于形成平等竞争的国

① 江泽民（1994）：《坚定不移地把经济特区办得更好》，《十四大以来重要文献选编》上册，北京：人民出版社，1997 年，第 865—866 页。

内统一大市场，也不利于缩小沿海与内地的差距。中国政府在加入WTO后承诺，将不再在特殊经济区实行有悖于国民待遇等WTO原则的政策。这就意味着，经济特区的功能，将主要表现为通过率先进行制度创新来赢得新的竞争优势。

8.4 外商直接投资

中国营建对外开放基地的核心任务，在于引进国外资金及先进的技术，获得国外企业在长期发展中积累的经营管理经验及世界市场的营销渠道。所有这些，都可以通过外商直接投资（FDI）较快地实现。[①] 因此，中国政府从一开始就把吸收外商直接投资作为对外开放政策的重要组成部分。

8.4.1 外商直接投资的规模扩大和质量提高

自20世纪70年代末改革开放以来，中国政府采取一系列优惠措施大力引进外资，外商直接投资逐年增长，取得了巨大的成就（表8.6）。截至2008年底，全国共批准外商投资企业近66万家，外商投资总额近8 800亿美元。1993年以来，中国已经连续多年位列发展中国家吸收FDI第一位，2002年中国曾超过美国成为世界上利用外商直接投资最多的国家。

① 中共十一届三中全会决定把工作重点转移到现代化建设上来。为了解决既要搞得快一些，又要不犯1958年“大跃进”的错误，就要利用外国资金和技术。参阅邓小平（1979）：《搞建设要利用外资和发挥原工商业者的作用》，《邓小平文选》第二卷，北京：人民出版社，1994年，第156页。

表 8.6 来华外商直接投资情况（1979—2012）

年度	合同外资金额（亿美元）	实际使用外资金额（亿美元）	实际使用外资金额占GDP比例（%）
1979—1982	49.58	17.69	—
1983	19.17	9.16	0.3
1984	28.75	14.19	0.5
1985	63.33	19.56	0.6
1986	33.32	22.44	0.8
1987	37.09	23.14	0.7
1988	52.97	31.94	0.8
1989	56	33.93	0.8
1990	65.96	34.87	0.9
1991	119.77	43.66	1.1
1992	581.24	110.08	2.3
1993	1 114.36	275.15	4.5
1994	826.8	337.67	6.0
1995	912.82	375.21	5.2
1996	732.76	417.26	4.9
1997	510.03	452.57	4.8
1998	521.02	454.63	4.5
1999	412.23	403.19	3.7
2000	623.8	407.15	3.4
2001	691.95	468.78	3.5
2002	827.68	527.43	3.6
2003	1 150.7	535.05	3.3
2004	1 534.79	606.3	3.1

（续表）

年度	合同外资金额（亿美元）	实际使用外资金额（亿美元）	实际使用外资金额占GDP比例（%）
2005	1 890.65	603.3	2.7
2006	—	630.2	2.3
2007	—	747.7	2.1
2008	—	923.95	2.0
2009	—	900.3	1.8
2010	—	1 057.3	1.8
2011	—	1 160.1	1.6
2012	—	1 117.2	1.4

资料来源：中华人民共和国商务部。

比起外商直接投资的数量增加，意义更加重大的是它的素质也有了提高。

1. 国际大财团、跨国公司投资比重的提高

在改革开放初期，中国对外开放地区范围较小，土地使用费和劳动力比较便宜，国家又在企业所得税方面给予优惠，对低层次的小型投资有较大的吸引力。随着对外开放的范围不断扩大，沿海经济发达地区的这些成本优势正在弱化，而它们的地理位置、投资环境、基础设施、零部件供应、服务体系、人才素质、科技水平、政府办事效率等方面的功能优势逐渐凸显出来。因此，20 世纪 90 年代中期以后，经营规模大、技术水平高的世界著名跨国公司和企业集团在沿海地区的投资比重有所上升。到 21 世纪初，全球 500 家最大的非金融公司绝大多数已经在中国拥有投资项目。

2. 资本和技术密集型项目比重增加

由于大型跨国公司投资比重上升和资本、技术密集型项目的增加，外商直接投资项目的技术含量大大增加，从而使中国在国际产业分工中的地位大大提高。外商直接投资在长江三角洲和珠江三角洲地区的聚集，使这些地区成为对国际市场有重大影响的IT产业集群（dusters），中国已经成为仅次于美国的世界第二大IT产品生产国。

3. 高端服务业外商直接投资的加速

服务业外商直接投资的多少是衡量一个国家利用外资整体水平的重要标准。中国服务业利用外资比例偏低，只有30%左右（图8.4），而美国等发达国家的外资流入则一直以服务业为主，比重甚至超过了60%。从来华外商直接投资的产业分布可以看到，制造业占有主导地位。一直以来，即使技术密集型的外资企业，它们的在华

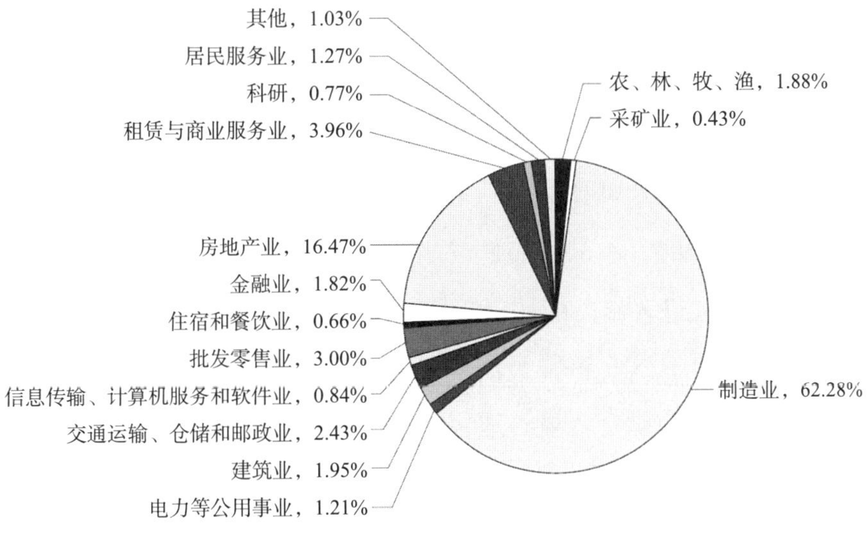

图 8.4　来华外商直接投资的产业分布（截至2007年底）

资料来源：中华人民共和国商务部。

经济活动也主要集中在产业链的低端，即加工和装配，而研发、设计、品牌营销、金融服务等现代生产性服务业则很少在华设立中心来开展业务。在服务业利用的外资中，近五成是房地产。

从 20 世纪 90 年代后期起，中国现代服务业利用外资的情况开始有了改变。其中一个明显的表征是外资企业在华设立研究和开发（R&D）机构。最先在华设立研发机构的是信息通信设备制造业，随后，医疗器械和制药业、化工产品制造业等技术密集产业也加入了在华设立研发中心的行列。据相关研究报告，到 2008 年末，外资在中国设立研发中心已经超过 1 200 家。其中，设立研发机构最多的是非金融类 500 强跨国公司。在 2000 年前，这类企业在华设立研发机构不足 100 家，到 2008 年末已达 340 家。据联合国贸发组织调查，62% 的跨国公司把中国作为 2005—2009 年设立海外研发机构的首选地，而且势头仍然没有减弱的迹象。[①]

4. 外商直接投资向内陆扩展

尽管中国政府鼓励外资投向较落后的中西部地区和东北老工业基地，但在 2002—2006 年的 5 年中，东部沿海地区在外商直接投资中的比重却持续提高，2006 年达到了 90.3%（表 8.7）。外商直接投资之所以出现这种地区分布特点，有着深刻的原因。第一，中国的开放始于沿海，东部沿海地区的政策更加开放；第二，来华外资大多从事“大进大出”的加工贸易，其原材料、配件要从海外进口，市场也在国外，这一特性要求其布局指向沿海地区；第三，沿海地区形成了较好的投资环境，这包括基础设施、产业集群、政府公共服务等。

① 《外资在华设研发中心成新趋势》,《解放日报》，2009 年 2 月 13 日。

表 8.7 来华外商直接投资的地区分布（2002—2010）

		2002	2003	2004	2005	2006	2007	2008	2009	2010
东部地区	金额（10亿美元）	45.73	45.95	52.21	53.56	56.92	65.64	78.34	77.59	89.86
	占比（%）	86.7	85.9	86.1	88.8	90.3	78.6	84.8	86.2	85.0
中部地区	金额（10亿美元）	5.01	5.83	6.68	4.83	3.92	5.45	7.44	5.34	6.86
	占比（%）	9.5	10.9	11.0	8.0	6.2	6.5	8.0	5.9	6.5
西部地区	金额（10亿美元）	2.01	1.72	1.74	1.94	2.18	3.68	6.62	7.11	9.02
	占比（%）	3.8	3.2	2.9	3.3	3.5	4.4	7.2	7.9	8.5

资料来源：《中国商务年鉴》编辑部：《中国商务年鉴》，北京：中国商务出版社。

注：2007 年统计中单列了“有关部门”。这部分没有分解到各地区的外资占比为 10.5%。表中的东部地区包括北京、天津、河北、辽宁、上海、江苏、浙江、福建、山东、广东和海南，总人口占全国的 41%；中部地区包括山西、吉林、黑龙江、安徽、江西、河南、湖北和湖南，总人口占 32%；西部地区包括内蒙古、广西、重庆、四川、贵州、云南、西藏、陕西、甘肃、青海、宁夏和新疆，总人口占 27%。

随着西部开发的展开和西部投资环境的改善，90% 左右的外资投向东部地区的情况从 2007 年起开始有了改变。这是一个更可喜的发展趋势。

8.4.2 对本土经济的促进作用

外商直接投资企业的发展，对中国本土经济的发展起到了积极的推动作用。它主要表现在以下几个方面。

1. 促使市场竞争环境的优化

外资企业长时期在成熟的市场经济条件下经营，对竞争规则透明的要求是多数企业对经营环境最主要的诉求。在改革开放的初期，中国以对外资企业实行优惠政策来回应这种诉求。例如，以税收优惠等措施来吸引外商。但是，长期只对外商实行优惠政策，一方面意味着把本国企业视为二等公民；另一方面也并不符合外商企业注重公平竞争环境的要求。因此从20世纪90年代中期开始，中国对税费政策进行了调整，如废止工商统一税，征收增值税、消费税和营业税，取消外资企业免税进口小汽车优惠，实现了内外资企业所得税的统一等，把工作的重点放到建设公平、法治的市场环境方面。特别是一些经济特区（如苏州工业园区）和开放城市（如深圳市），更是把借鉴国外经验、建立健全市场制度作为工作重点，起到了示范作用。

为积极改善投资软环境，中国政府在以下几方面采取了措施：一是大力改善外商直接投资的政策法律环境，提高依法行政水平。保持外商直接投资政策法律的稳定性、连续性、可预期性和可操作性，创造统一、稳定、透明、可预见的法律环境和政策环境。二是维护和完善公平、开放的市场环境，坚决制止对外商投资企业乱收费、乱检查、乱摊派、乱罚款，打破地方保护和行业垄断，保护知识产权，打击侵权盗版行为，完善外商投资企业投诉制度。三是进一步扩大服务贸易领域的对外开放。四是鼓励外商投资高新技术产业、基础产业和配套产业。五是进一步鼓励、促进外商到中西部地区投资。

与此同时，中国政府也根据国际惯例制定了一系列政策，以便增加中国产业对外资的吸引力和规范各方面的行为，鼓励外资进入和把它们引入正常的轨道。1995年，国家计划委员会、国家经济贸易委员会和对外贸易经济合作部联合发布了《指导外商投资方向暂行规定》和《外商投资产业指导目录》。2002年和2007年，两次修订了《外商投资产业指导目录》，以适应国际经济新形势。2000年以来，中国按照加入WTO谈判中的承诺，先后修订了《中华人民共和国外资企业法》《中华人民共和国中外合资企业法》和《中华人民共和国中外合作企业法》，取消了对外商投资企业在外销比例、本地含量、外汇平衡、技术转移和设立研发机构的要求，为在上述方面给予外商投资企业国民待遇提供了法律上的保障。

2. 外商直接投资促进本土企业竞争力的加强

外商直接投资对东道国经济发展的一项贡献是，带来东道国发展经济所需的资金、技术和管理，并通过强化市场竞争提高东道国经济效率与竞争力。另一个不可忽视的积极作用是促进国内经济体制的改革。对于东道国而言，最大的不确定性则是外商直接投资有可能在两个领域对国内企业产生“挤出效应”：一是在产品市场的竞争中对本土企业成长产生“挤出效应”；二是在金融和其他要素市场，通过减少本土企业可以获得的资金或其他要素，或提高本土企业获得这些资金和要素的成本，对本土企业产生“挤出效应”。[①]

东道国政府应当通过恰当的政策措施存利去弊，在保护外商合法利益的同时，减少和防止外商投资对本土企业发展的消极影响。

早期，中国对外商企业内销进行严格的限制，随着开放的不断深化，这种限制逐渐减少。中国加入WTO后取消了所有内销限制。随着外商投资企业在某些领域的市场占有额迅速扩大，兼

① 联合国贸易和发展会议（1999）：《1999世界投资报告：外国直接投资和发展的挑战》，北京：中国财政经济出版社，2000年，第11页。

并和收购了部分中国企业，如何在积极引进外资的同时，保护和促进本土企业发展成为一个需要应对的问题。这种情况引起了部分人士的疑虑，他们认为这样做的结果必然是“既丢了市场，又没有换来技术”，于是，提出要限制外商的进入，以便保护民族工商业。

对于“市场换技术”这个中国开放早期提出的口号需要进行分析。在改革开放的早期阶段，中国对外商的主要吸引力在于中国有广大的市场。从30年来的实践看，让外资企业进入中国，的确会让出一些市场，但总的说来是利大于弊，有利于生产技术的迅速提高和本土产业的健康成长。这里的关键，是政府要采取正确的政策，本土企业要付出“引进、消化、吸收、再创新”的艰苦努力。凡是这样做了的企业和产业，外资企业的进入和必然产生的技术溢出效应，都大大加快了本土企业的技术进步。与此同时，市场的完善和竞争的加强能够发挥其奖优汰劣的筛选功能，使有竞争活力的企业脱颖而出。在平等竞争的条件下，得地利、人和之利的本土企业不但不会衰败下去，反而会在国内乃至国际市场上站稳脚跟，发展壮大。

现在已有大量的事实表明，对外资企业开放的确起了这种积极作用，加快了市场制度建设的进程，也缩短了本土企业掌握先进技术的时间，或者建立了进一步赶超的技术基础，使具有国际竞争力的本土企业开始涌现。

当然，在某些领域中也存在“丢了市场却没有换来技术”的现象。对于产生这种现象的原因，需要做具体分析。从大量实例来看，这种现象之所以出现，除了各级政府符合国际惯例保护本国弱小企业的措施落实不到位外，主要是由于：（1）在开放和改革之间出现了不相衔接的情况，一些本土企业经营管理未上轨道，经营条件不如竞争对手，因而无法与外资企业竞争；（2）由于旧的资金供应体系已经不能有效运作，而资本市场发育不足，使得本土企业无法解决对它们生死攸关的资金筹措问题，而外资企业则可以凭借自己的资本优势和在国际金融市场上融资的便利条件，挤垮或吞并本土企业；（3）由于一些国有企业中建立现代企业制度的改革没有到位，企业缺乏自主创新的压力、动力和能力，没有能够做到“引进、消化、吸收、再创新”；（4）一些国有企业没有建立起激励兼容的薪酬制度，致使精干人员流失，部分人员加盟外资企业；（5）有些政府工作人员收受贿赂，“吃里扒外”协助个别外商企业打压本土企业。以上这些，都使本土企业在与外资企业的竞争中处于极为不利的地位。

针对这种情况，一方面政府要在坚持对外开放的同时，采取以下符合国际惯例和WTO规则的政策措施：确保国内市场的公平竞争，防止外资企业的倾销等不正当竞争行为；在那些对规模经济敏感的行业，对本国的幼稚工业进行适度的保护；对国内急需发展的产业采取国际惯例允许的形式（竞争前研发补助），支持产业的发展。

另一方面，本土企业自身必须尽一切努力，抓住机会提升自身的竞争能力。本土企业竞争力的提升主要来自：完善企业管理体制和激励机制，增强对人才的吸引力；提高自主创新能力，以便充分利用外商直接投资过程中技术和管理的“溢出”效应；提高战略管理能力，逐步形成全球竞争视野；等等。

而面对争论，人们有两种选择：一是放慢开放的速度，甚至把已经开放的大门重新关上，以便保护本土企业；二是加快经济体制、法律体制及其他方面的改革，增强企业活力，改善经营环境，以便支持那些有活力的企业站住脚跟，在公平竞争中取胜。无论是从国际经验还是从我们自己的经验来看，前一种办法都是不可行的，它不能使我们找到真正的出路。在一个开放的世界经济中，要保持闭关自守是不可能的。即使真能做到，由于不能通过自由贸易发挥比较优势，扬长避短、发展自己，无法利用国外的最新成果，也跟不上正在飞速发展的技术革命潮流。过度保护只能使本土企业变得愈来愈落后，最终只有垮台一途。我们应当采取的是第二种办法。这就是一方面完善各种涉外立法，防止外商采取不正当竞争手段排挤中国企业；另一方面，把主要精力和工作重点放在推进改革上，通过改革，使企业的自身机制和创新能力持续进步。这样，不但能够在开放的环境中立于不败之地，还能利用这一环境，实现引进—吸收—再创新。改革开放以来，已经有不少这样的本土企业脱颖而出。它们的涌现，证明了开放政策的正确性。

8.5 中国对外开放前景

正如本章8.1节所指出的，各国外向型经济的发展有一个递进的过程。出口导向政策所指引的对外开放发展到一定的水平，就需要进一步实行全面开放，而走向全面开放所面临的国际大环境并不容乐观。进入21世纪第二个十年，中国的对外开放开始面临着越来越复杂的困难形势。要想进一步坚持改革开放，只有通过深刻分析面临的困难和挑战，确立正确可靠的发展目标和措施并付诸实施，才能将中国经济发展推向更大的成功。

8.5.1 当前中国对外开放面临的重大挑战

1. 出口导向政策需要做出调整

正如本章8.2.1节中指出过的，由于中国有一支素质良好、成本相对较低的劳动大军，实施出口导向政策，对20世纪90年代以来的中国经济发展起到了十分积极的作用。但是进入21世纪以后，这种依靠政策支持扩大出口的做法的消极作用日益突出。问题在于在条件发生变化，特别是在中国已经培育出一支人数众多和具有相当强的技术创新能力的专业队伍的情况下，是否仍然只能为外国制造业提供"物美价廉"的简单劳动，而不能转变经济增长和外贸经营模式，提高中国产品的技术含量和附加值，从而使自己的人民从发展中得到更大的实惠呢?

继续维持出口导向政策不做调整，会造成以下的问题：

第一，出口商品附加值低，只能靠数量扩张取得微薄的利润。

改革开放以前，中国主要出口初级产品。30年来，对外贸易的产品结构不断改善，出口结构从开放初期以初级产品为主迅速转变为以制成品为主。到了世纪之交，中国已经成为世界上劳动密集型产品的主要出口国。虽然20多年来，随着加工贸易的发展，机电产品在中国出口产品中的比重不断提高，中国的一些机电产品如信息产品在国际市场上占有相当重要的地位，但是，相当一部分中国出口的资本和技术密集的机电产品，其核心技术和核心部件是从国外进口，最终在华完成组装的。因此，中国所从事的生产活动依然处于附加值较低的劳动密集的环节。目前，中国出口的加工制成品，很少包含有自主知识产权的技术，又缺乏自己的销售网络，出口产品的附加值很低。以加工贸易为例，2006年在中国的增值率只有

37%，有些加工出口企业的利润率只有 3%—5%。[①]

第二，出口产品结构的低端特性，使中国出口面临日益严重的技术性贸易壁垒（technical barriers to trade, TBT）的制约。

WTO 成员通报的技术性贸易措施和卫生检验检疫措施分别从 2002 年的 571 项和 612 项增加到 2006 年的 990 项和 1 155 项，年均增长 21.7% 和 24.9%。据中国商务部的调查，2005 年中国有 15.13% 的出口企业受到国外技术性贸易措施的影响；在 22 大类出口产品中，有 18 类产品由于国外实施技术性贸易措施而遭受直接损失，直接损失的金额达到 691 亿美元，约占 2005 年全年出口额的 9.07%；企业为应对国外技术性贸易措施所增加的生产成本为 217 亿美元，约占 2005 年全国出口贸易额的 2.85%；国外技术性贸易措施给中国企业造成的出口贸易机会损失高达 1 470 亿美元，约占 2005 年全年出口额的 19.29%。[②]

① 在这个问题上，有一个经典事例。《华尔街日报》在 2004 年初发表过一篇题为《中国的崛起有利于巩固美国的霸权》的文章。该文以世界最大的鼠标制造商罗技公司（Logitech）为例，说明中国的高速增长如何使美国受益。罗技是一家美国和瑞士合资的公司。它的制造厂设在中国的苏州。每年有 2 000 万个鼠标卖到美国。其中一种无线鼠标的售价是 40 美元。其中，这家公司自己分得 20%（8 美元），分销商零售商分得 37.5%（15 美元），还有芯片等元器件供应商分得 35%（14 美元）。而制造这些鼠标的罗技苏州工厂只得到 7.5%（3 美元），4 000 多名工人的工资、水电费等生产费用全在这总价 7.5% 的销售收入中开支。《华尔街日报》的文章说："罗技公司的苏州货仓可以说是当前全世界经济的缩影。"见 Andrew Higgins: "As China Surges, It Also Proves A Buttress to American Strength", Wall Street Journal，2004 年 1 月 30 日。

② 商务部世贸司负责人就《2005 国外技术性贸易措施对中国对外贸易影响调查报告》答记者问，http://www.mofcom.gov.cn/aarticle/zhengcejd/200612/20061204149873.html。

出口产品结构升级是中国出口可持续发展的突破口，但是，中国出口产品升级面临本国出口企业缺乏技术创新、产品升级积极性和发达国家知识产权的双重制约。从中国的贸易对象国方面来看，跨国公司掌握着全球85%以上的专利，它们利用其知识产权，一方面收取很高的专利费，另一方面作为限制其竞争对手的工具。WTO的《与贸易有关的知识产权协定》明确了各成员国在国际贸易中保护知识产权的责任。日益加剧的专利标准化[①]趋势，令发展中国家的企业处境更加困难。随着中国出口产品向技术密集程度更高的产品升级，中国已经日益感受到知识产权的制约。例如，中国出口的DVD机，支付给跨国公司的专利费超过总价格的1/3，本土品牌的DVD机已经不堪重负而难以出口。另外，中国的出口还受到贸易伙伴国知识产权法律的限制。中国目前已经成为受到美国超级301调查和337调查最多的国家。

第三，这种贸易方式使中国承受着愈来愈大的资源和环境压力。

中国是一个资源匮乏的国家，人均资源的占有水平远远低于世界平均水平。以附加值很低的加工产品为主的出口数量扩张，加剧了经济增长与资源、环境之间的矛盾。对外贸易在中国可持续发展中起到了双重作用。从积极方面看，中国从国际市场进口大量资源、能源，缓解了国内供给的不足。从消极方面看，对外贸易也加剧了中国在资源、环境领域所面临的困境。因为随着大量“中国制造”走向世界，中国也直接或间接地出口了大量能源、资源。这些消耗，相当一部分是对其他国家或地区能源、资源消耗的“替代”，是对世界能源、资源供应的贡献。[②]这样，大量出口低附加值的加工品导

① 专利标准化是指具有私权性质的专利成为国际或国家技术标准。

② 马凯（2007）：《转变经济增长方式实现又好又快发展——在中国发展高层论坛2007年会上的演讲》，2007年3月18日。

致了中国“消耗了大量不可再生资源，承受着环境的污染，背负着‘倾销’的恶名，可是利润的大头却不在自己手里”的消极后果。

近年来，国内工资成本上升、能源紧张、全球初级产品价格上涨、全球变暖等问题突显。转变中国的经济发展方式和对外贸易方式，变得更加紧迫。对外贸易作为国家发展战略的重要组成部分，必须按照转变发展方式的要求，相应地做出调整。①

第四，中国出口面临的贸易条件和国际市场环境日益恶化。

中国出口快速增长，国际市场份额快速提高，这反映了中国经济实力的快速增强。但是，中国所处的国际经贸环境日益严峻。一方面，在很长时期内，人民币币值低估，意味着中国出口品的人民币价值被低估，进口品的人民币价值被高估；另一方面，中国贸易顺差持续扩大，外汇储备居于全球首位，使中国近年来一直受到国际社会的压力。更为严重的是，中国由于处于东亚生产网络的下游环节，是东亚地区对欧美顺差的“二传手”，与主要贸易伙伴双边贸易不平衡的现象更为严重，中国是美、欧最大的贸易逆差来源国。针对中国的贸易摩擦持续上升，加之中国加入 WTO 议定书中 15 年的所谓“非市场经济”条款②，中国企业在应诉反倾销调查时处于不利境地，中国成为进口国反倾销调查的主要对象国。此外，自 2008 年全球金融危机爆发后，贸易保护主义在很多国家抬头。由于产品

① 以出口加工制成品为主的出口导向战略是否应当调整，在中国国内是有争论的。争论双方的论点和论据，见《吴敬琏集·中国增长模式抉择》，第 5 章。

② 在加入 WTO 的 15 年内，中国仍将被视为非市场经济国家，这是中国在加入 WTO 谈判中做出的重大让步之一。这一条款使外国企业只要能够证明中国产品的售价低于其他市场经济产品的成本，就能够轻易赢得反倾销诉讼。

档次、价格和市场份额、双边贸易不平衡等多方面的原因，中国可能成为贸易保护主义的重点目标，这就会使中国出口环境进一步恶化。

中国出口导向战略还面临导致宏观经济结构失衡的问题，并蕴涵着极大的金融系统风险。根据东亚采取出口导向政策的国家和地区的经验，中国亟需转变增长模式，从依靠投资和出口拉动的粗放增长模式转变为靠技术进步和效率提高驱动的集约增长模式。关于这个问题，我们将在本书第 10 章 10.3 节和 10.4 节中做进一步的讨论。

8.5.2 中国对外经济关系的新定位和新目标

中国经济迅速崛起成为全球经济的一个重要合作伙伴，是当代世界最引人注目的现象。一方面，中国经济对国际市场、资源的依赖程度越来越高；另一方面，中国经济对世界经济的影响也越来越大，中国需要进一步融入全球经济之中，分享国际分工的好处。在这种情势下，中国如何调适与国际社会的关系，在经济全球化的浪潮中为中国经济准确定位，就成为中国面临的重大挑战。

上述挑战的压力首先来自中国自身。第一，如上所述，中国对外部资源、能源的依赖程度过高，保障资源、能源安全的压力增大，提高中国在全球生产价值链中地位的要求越来越迫切，出口导向的开放战略亟待调整。第二，中国开放型经济的宏观管理面临挑战。作为最大的发展中经济体，中国经济宏观失衡现象较为严重，国际收支顺差特别是经常项目顺差占 GDP 比重迅速攀高，外需（净出口）对 GDP 增长的贡献率过大，导致外汇储备急剧增加，自主货币政策空间受到挤压，推动了资产泡沫与通货膨胀。

其次，中国经济处于日益复杂的外部环境中。第一，2008 年全球金融危机爆发后，以美元霸权为中心的后布雷顿森林体系的不合理、不公平性再次暴露无遗，国际金融体系迫切需要改革，但新体系的蓝图尚付之阙如。第二，多哈回合迟迟未能取得进展，贸易保护主义抬头。2008 年爆发的全球金融危机有可能引发新一轮贸易保护主义。第三，全球变暖问题成为人类社会面临的新挑战，将对各国的政策、产业结构产生深远的影响。对于已经成为全球最大温室气体排放国的中国而言，其国际责任将迅速增大。第四，国际社会对中国的人民币汇率市场化问题、服务市场开放问题、贸易顺差问题等的压力可能会越来越大。

2001 年加入 WTO 是中国为实现新目标而采取的一项重大步骤，意味着中国全面接受经济全球化的规则。同时，大幅度降低关税与取消非关税壁垒，对战略性行业的贸易保护程度大幅降低。通过转变政府职能、加快完善市场经济体制和减少对外商投资的限制，中国创造了一个富有吸引力的投资环境，以便吸引国际上的资本、技术、人才来中国集聚，建设开放型的经济。

2005 年 7 月的外汇改革，是指向新目标的另一项重大步骤。自 2002 年开始，国际社会要求人民币升值的压力越来越大。2005 年 7 月 21 日，重新恢复人民币汇率的有管理的浮动汇率机制，到 2008 年底，人民币兑美元名义汇率升值约 18%，但是，由于美元对其他主要货币持续多年贬值，人民币对欧元、日元的升值幅度较小。2008 年全球金融危机爆发后，由于美元对其他主要货币在短时期内大幅升值，人民币有效汇率在 2008 年 7—9 月间升值幅度超过 7%，对出口产生了很大的压力。面对金融危机，中国没有参与到货币贬值的“竞赛”之中，而是采取了保持人民币汇率稳定的政策。

根据世界各国经济发展的一般规律和中国政府公开宣示的方针，中国对外经济战略调整的基本方向无疑是指向进一步实现全面开放。尽管发生了百年一遇的全球金融危机，经济全球化的步伐可能在短期内放慢，但和平与发展依然是当代世界的主流，经济全球化的方向与趋势不会逆转。因此，中国必须继续坚持对外开放的基本国策。

8.5.3 中国对外经济关系的前景

在新形势下，中国未来的对外开放战略目标将进行重大调整，从以往的“出口创汇”转变为追求更加平衡的对外经济关系；发展对外贸易的主要目的也从用出口需求弥补国内需求的不足，转向扬长避短，改善资源结构，以便利用全球资源效率的增长。

1. 坚持互利共赢战略，营造良好的外部环境

中国的发展离不开世界，良好的外部环境对中国未来发展日益重要。中国的对外开放将始终坚持互利共赢理念，不断改善与国际社会的关系，为中国的发展营造一个良好的外部环境。第一，中国将在多边与区域组织中发挥建设性作用，推动建立一个更加自由、透明、稳定的贸易、投资多边机制；第二，中国将积极推进区域经济合作；第三，中国将加强与主要贸易伙伴的沟通，理性处理贸易摩擦；第四，中国将主动承担与其能力相符的国际责任；第五，中国将采取多种手段（援助、投资、合作等）改善与其他发展中国家的关系。

2. 提升中国在国际分工中的地位

目前中国已经成为世界上最具竞争力的低成本制造大国，但在国际分工中处于价值链较低的环节，未来开放战略中，要着力提升中国的国际分工地位。第一，中国应当进一步推进贸易投资的自由

化，扩大对外开放的领域，大力吸收资本密集、技术密集的外商直接投资；第二，大力推进服务领域的开放，发展现代服务业，不断增强服务业的竞争力；第三，大力发展和提升服务外包。中国具有发展服务外包的优势，中国将学习印度、爱尔兰等国的成功经验，采取得力措施发展服务外包，并致力服务外包产业链的高端升级。

3. 利用全球资源促进自主创新

中国已经将推进自主创新确定为国家战略，在经济全球化背景下，要坚持在开放中推进自主创新，利用全球资源促进自主创新。第一，中国将继续引进先进的技术与设备，高度重视对引进技术的消化、吸收和再创新。第二，充分发挥外商直接投资企业在自主创新中的积极作用，中国将为内外资企业的平等竞争创造更好的市场环境，通过竞争推动自主创新；中国将加强知识产权的保护，鼓励外商直接投资企业在华开展更高水平的研发活动；中国将鼓励外商直接投资企业在平等互利的基础上开展研发合作，引导外资企业与本土企业上下游合作；中国将在保护企业知识产权的基础上，鼓励人才的合理流动和公共技术信息的共享。第三，中国将扶持中国企业"走出去"，利用国际资源开展技术创新。

4. 优化开放布局，促进区域协调发展

中国的对外开放地区分布很不均衡，沿海地区集中了 90% 的外商直接投资和进出口贸易额，加剧了区域间发展的不平衡。扩大中西部地区的开放，将是未来中国对外开放的一个重要内容。内陆地区开放要因地制宜、扬长避短，不断改善投资环境，扩大对外开放的领域，着力吸引市场寻求型制造业和服务业的投资。

5. 健全对外开放的风险防范机制

面对国际金融市场风险因素持续增加的新形势，在对外开放中继续实现趋利避害，要求中国进一步完善、健全对外开放的风险防范机制。第一，完善开放型经济的宏观管理机制，为此，要实行有管理的弹性汇率机制、更加灵活的货币和财政政策；第二，把握好开放的进程与风险管理能力，循序渐进地推进对外开放；第三，加强国际合作，充分发挥国际合作机制在风险防范中的作用；第四，加强对跨境短期资本流动的监控和统计，防范“热钱”的冲击；第五，审慎推进资本项目可兑换。

第三篇　宏观经济和社会层面的问题

第 9 章　建立新的社会保障体系

中华人民共和国成立后，建立了覆盖城镇国有部门的社会保障体系。在这套体系覆盖范围内的国企职工和政府工作人员，按照规定的受益标准从国家获得医疗、养老、工伤等保障。但是，这套社会保障体系覆盖范围有限，在制度安排上也存在重大缺陷，在此后的实施过程中遇到很多困难。20 世纪 70 年代末市场化改革开始以后，社会结构大改组，更加迫切地要求尽快建立起覆盖整个社会的社会保障制度，以便为社会提供一个安全网。

9.1　社会保障体系的功能及其分类

由于社会保障对经济发展和社会稳定具有重要的促进和支撑作用，现代世界的各个国家都进行了社会保障体系的构建。在探索过程中，世界各国形成了各具特点的社会保障体系。本节将对其中的主要模式进行概括的分析。

9.1.1　社会保障的起源

社会保障是工业社会为其成员防范和化解生存风险、维持基本生活而提供的一种制度安排。在人类社会的早期阶段，化解生存风险和提供基本生活资源的保障功能，是由家族（extended families）承担的。从传统的农业社会走向工业社会，家族共居演变为以核心家庭（nuclear families）为主以后，家庭保障已不足以防范社会成员面临的各种风险，于是便产生了社会保障制度。

社会保障制度有几种不同的起源。一种是在西欧庄园制解体和工业化过程中社会自发产生的民间社会服务组织，如中世纪后期宗教团体附属的慈善事业、19 世纪在英国获得广泛发展的职工互助组织“友谊社”（Friendly Society）等。另一种是由政府实施的社会保障计划。例如，1601 年英国的伊丽莎白女王（Queen Elizabeth Ⅰ，1558—1603 年在位）颁布《济贫法》（Poor Law），规定以社区为单位对无亲属照顾的贫民进行救济和强制劳动就属于这一类。19 世纪后半期德国“铁血宰相”俾斯麦（Otto von Bismarck，1815—1898）为了削弱日益壮大的工人运动的影响，提出了一个完全由国家提供资助的综合性社会保障计划。此后，类似的社会保障计划在各工业国得到普遍实施。

苏联等社会主义国家建立以后，也根据共产党在取得政权以前所做的承诺，建立了自己的社会保障体系。在计划经济条件下，传统社会主义国家社会保障的典型特征是政府直接向社会成员提供实物福利，而不是像在市场经济条件下那样，主要是建立针对某些风险的福利维持计划。

社会保障计划具有两个最基本的功能，即储蓄功能和收入再分配功能。所谓储蓄功能，是指调节个人和家庭的消费行为，将部分收入储蓄起来以备日后不时之需。所谓收入再分配功能，则是指社会将一部分资源从拥有这些资源的人手中转移到需要却没有足够资源的老年人、伤残人、遗属及儿童等拥有较低劳动能力或没有劳动能力的人群身上。通过社会保障的这种功能，可以实现世代之间或人群之间的再分配和风险分摊。一个国家的社会保障计划要通过社会收入再分配和储蓄两大功能，在维护社会公平和促进经济增长之间保持平衡。

9.1.2 社会保障体制的类型划分

虽然现代世界各国都或多或少地建立了自己的社会保障体系，但是它们各自的社会保障体制却各具特点。一般而言，社会保障体制的类型可以从融资方式、给付标准、实施方式和管理方式等不同视角加以区分（表 9.1）。

表 9.1　社会保障制度的类型

融资方式	给付标准	实施方式	管理方式
现收现付	受益确定	强制实施	政府机构管理
基金积累	缴费确定	自愿投保	公众机构管理
			私人机构管理
混合制	混合制	多层次实施	混合制

1. 融资方式

社会保障有两种基本的融资方式，即现收现付（pay as you go）和基金积累（funding）。现收现付制以政府当期收入作为资金来源，而基金积累制则以缴费形成的基金及其经营回报作为资金来源。

早期的社会保障体系多数采用现收现付制。现收现付制的优点可以概括为：（1）保险金即期给付，而无须基金的预先积累；（2）易于运用保险金随物价而调整的指数调节方法处理通货膨胀风险，保证给付的实际价值不受通货膨胀的侵蚀；（3）通过转移支付，体现社会保障的共济性与福利性。

另一方面，现收现付制也有两个突出的缺点：（1）采用这种体制意味着实行代际转移支付，它通常会损害缴费一代的工作积极性和缴费积极性；（2）在人口老龄化的情况下，往往造成社会保障系统的财务困难，但弥补社会保障的资金缺口又会导致巨大的财政赤字，不但影响储蓄与资金积累，而且制约了劳动力市场供求，不利于社会资源的最优配置。

基金积累制用预先积累的投保人个人账户（individual account）中的社会保障基金给付保险金。基金积累制的实质是缴费人收入的延期支付，即将他们在工作期间的部分收入转移到将来使用。

基金积累制的优点在于：（1）保险缴费与保险受益之间，具有直接的关联性。这不但有助于增强劳动者的自我保险意识，也有利于提高缴费人缴费的积极性和加强对基金的监督。（2）有助于在人口逐渐老龄化的过程中预先通过基金的积累和增值，为投保人提供较为可靠的社会保障。（3）有助于增加社会储蓄和资金积累，促进资本市场的形成和发展。（4）可以形成巨额的养老基金。如果能够合理有效地管理，可以对经济发展产生积极的推进作用。

基金积累制的缺点是：（1）缺乏社会保障体系应有的再分配功能，无法救助积累能力低下的低收入阶层和残疾人；（2）基金需要在个人账户中经过若干年的积累才能实施保险金给付，而不像现收现付制那样立即支付；（3）预筹积累的社会保障的正常运转和目标实现，取决于能否从资本市场取得稳定的投资收益。在缺乏健全的资本市场或者资本市场发生巨大波动的情况下，基金的保值增值发生困难，直接影响社会保障的给付能力。

由于两种基本的融资机制各有长短，目前世界各国大多采用不同险种、适用不同融资机制的混合制度，即用现收现付的方式提供最低限度的社会保障，用基金积累的方式提供其余的社会保障。

2. 给付标准

从给付标准看，社会保障存在着两种与融资机制相对应的方式，即受益确定（defined benefit, DB）和缴费确定（defined contribution, DC）。

受益确定制的特点是：社会保障组织对受益人的给付取决于预先规定的受益标准，由于无法准确估计受益人对社会保障开支的实际需要，通常根据受益人在享受受益时的年龄、工龄、健康状况、失业延续时间、财产、抚养人口数量等容易识别的条件规定受益标准，而不论受益人以往的缴费贡献。在这种情况下，受益的公平性意味着受益水平的平均化。受益人既缺乏改变自己的经济状况和增加向社会保障体系缴费的积极性，又没有节约使用资源的动力，因而往往造成社会资源的浪费和入不敷出的压力。缴费确定的社会保障计划为参加计划的成员建立个人账户，积累其缴费和利息，在成员符合支取要求时，把缴费形成的本金及其利息返还给账户持有人或其指定受益人。

从原则上说，采取什么样的给付标准与融资方式并没有直接的联系。这就是说，受益确定制既可以用于现收现付制的社会保障计划，也可以用于基金积累制的社会保障计划，缴费确定制亦是如此。但是，以受益确定制来匹配现收现付制简单易行，因为现收现付计划没有硬预算约束。如果基金积累制采取受益确定制的方式支付，那就意味着基金管理机构或托管机构要代替受益人承担基金价值波动的风险。所以，在过去，受益确定制通常与现收现付制配对，而基金积累制计划多半采取缴费确定制的给付方式。不过，近年来发展起一种记账式缴费确定制（notional defined-contribution schemes 或

non-financial defined-contribution, NDC，或称名义账户制），是一种以现收现付制与缴款确定制配对的模式。

3. 实施方式

从社会保障的实施方式看，社会保障有两种基本类型，即强制实施和自愿投保。此外，还有一种由前两种混合而成的多层次实施方式。

强制实施方式是由国家建立的为国民提供基本社会保障的制度，以法律形式用国家的强制力量保证其实施。现收现付制的社会保障计划多半采用国家强制性的税收，如利用工薪税（payroll tax）进行融资，然后向法定的受益人提供社会保障福利。基金积累制的社会保障计划可以通过有关的法律强制实施，也可以自愿投保。

自愿投保模式一般经由商业性的保险公司或其他特定的金融中介机构实施，采取基金积累的方式。自愿投保的社会保障计划可以由政府等公共机构发起，也可以由非政府机构发起，不过它们都要在政府规制下进行商业化的经营。

4. 管理方式

社会保障系统的管理可以有不同的做法，包括由政府机构统一管理、由公众机构管理和由私人机构管理等。现收现付的社会保障计划通常是由政府机构统一管理的。基金积累制的社会保障计划则可以有多种选择。政府发起和建立的社会保障基金，可以由政府机构或者公众机构进行管理，但是，政府机构的管理容易出现低效和腐败之类的问题，因此，目前流行的做法是由私人机构或公共机构进行运营，政府负监管之责。

9.1.3 各国实施社会保障的若干经验

20 世纪 20 年代以后，特别是第二次世界大战以后，欧美各工业化国家普遍建立了自己的社会保障体系，展开了不同形态的社会保障体系的探索。

1.“福利国家”政策

19世纪末俾斯麦建立的社会保障体系，采取现收现付的受益确定制。不过，给付的标准很低，只能维持最低生活。

第二次世界大战以后，一些左翼政党，如欧洲大陆的社会民主党和英国工党在欧洲国家长期执政，建立了高标准、广覆盖的社会保障体系，形成了“福利主义”的社会保障制度。欧美各国已经历了长期持续的经济增长，社会富裕程度大大提高。于是，这种高福利的社会保障制度在非社会党执政的欧洲国家也得到保持和推广。实行这种高福利制度的国家被称为“福利国家”[①]（Welfare State）。

欧洲式的社会保障制度曾经对推动社会进步和经济增长起到了积极作用，但其弊端也逐渐暴露出来，这些弊端主要表现在：

第一，社会保障体系所提供的保障水平要与一个国家的经济发展水平相适应。第二次世界大战后，欧洲福利国家的高标准社会保障一开始就是建立在较高水平的人均GDP的基础之上的。在整个

① 布里格斯（Asa Briggs）为福利国家给出了一个著名的界定：“‘福利国家’是这样一种国家，其中，有意识地运用组织的力量（通过政治和管理）至少在三个方面努力减少市场力量发生作用的范围：第一，保证个人和家庭的最低收入，而不管他们财产的市场价值如何；第二，使个人和家庭能够应付‘社会意外事件’，如生病、年老和失业，以降低不安全感的程度，否则个人和家庭将会面临危机；第三，保证在一定范围内的社会服务领域向所有公民提供所能得到的最好服务，不管他们的地位和阶层如何。”见A. Briggs（1961）: “The Welfare State in Historical Perspective”（《福利国家的历史透视》）；转引自《新帕尔格雷夫经济学大辞典》第4卷，北京：经济科学出版社，1996年，第968页。

20 世纪 60 年代和 70 年代初期，西欧国家的社会福利继续快速提高，大大超过生产的增长速度。1965—1970 年，社会福利费用每年平均增长 11.6%；1970—1975 年，每年平均增长 15.3%。社会保障费用在国内生产总值（GDP）中所占的比重从 60 年代的不到 20%，上升到 70 年代中期的 30% 左右。由于社会保障的水准超过了经济的支撑能力，国民收入中越来越大的部分被用于社会保障，所以就会损害长远经济发展的基础。

第二，过高的社会福利不利于效率的提高。第二次世界大战后，西欧各国政府在社会保障制度中全面承担了增进社会成员普遍福利的责任，这对推动社会保障制度的发展无疑起到了重要作用。但是，对于国家究竟应在社会保障体系中起多大的作用，并不是没有疑问的：（1）社会经济资源中有越来越大的份额掌握在政府手中，由政府直接支配，削弱了市场机制的作用；（2）国家全面包揽了社会成员的高水平生活保障，使一部分人滋长依赖国家、靠社会保障过日子的心理和懒惰行为；（3）社会保障和社会福利的扩大，培育起庞大的福利机构，造成高浪费、低效率和官僚主义。

第三，过高的福利影响国家预算的稳定性。西欧国家的社会保障资金主要来自国家预算。随着实行福利主义各国社会保障水平的不断提高，用于社会保障的一般税收和指定用于社会保障目的的薪给税或社会保险税不断增加。例如，1965—1984 年，瑞典税收在国内生产总值中的比重从 35.7% 上升为 50.6%；丹麦从 29.4% 上升为 47.3%；英国从 30.6% 上升为 38.6%；法国从 35.0% 上升为 45.5%。一些国家的个人所得税的边际税率很高，例如瑞典个人所得税的最高税率高达 80%。实行这种以高税率为基础的高福利，虽然具有较强的收入再分配效应，有利于缩小贫富差距，但是同时也会使厂商成本提高，资本收益率下降，还会损害因积极工作而获得高收入的那部分人的工作积极性。而且，由于社会福利开支过大和预算入不敷出，实行“福利国家”政策的国家几乎无一例外地形成了庞大的财政赤字。

以上问题使福利主义的社会保障制度陷入困境。特别是在20世纪70年代西欧社会进入人口老龄化和低增长阶段后，它们的这种高福利政策受到了广泛的批评。东南亚地区的新加坡、南美的智利等国汲取了“福利国家”政策的教训，发展起了与之不同的社会保障制度。

2. 新加坡的中央公积金制度

新加坡的社会保障制度在建立伊始就表现出与欧洲不同的理念。

新加坡共和国独立以前的1955年，英联邦殖民政府为政府雇员建立了退休金制度，称为中央公积金制度（central provident fund, CPF）。这是一种强制性储蓄计划，由雇主和雇员分别按照雇员薪金的一定比例共同出资，存入为雇员设立的一个特别的个人账户，积累计息，雇员退休后就可以取用。1965年新加坡独立以后，把它扩展为一个覆盖整个社会的社会保障计划。

当时的新加坡领导人在确立这套社会保障制度时所依据的基本理念是：（1）在经济不够发达的阶段，国家还没有能力提供高水平的社会保障，同时考虑到由家族互济实施保障的东方传统，采用自存自用、自我保障的方式是适宜的，国家只充当法规制定者和管理人的角色，而不应直接提供资金；（2）中央公积金制度实际上是以强制性储蓄的方式进行社会保障资金的积累，同时也为经济增长提供了重要资金来源；（3）在满足居民基本需要和工作激励之间保持平衡，既让人们感到生活有保障，又有激励他们不断上进的机制，避免欧洲“福利国家”政策下居民“吃免费午餐”的弊病。

中央公积金制度是一种全积累的缴费确定制的体系。这套社会保障体系的基本内容是：第一，要求所有雇员和雇主每月分别按雇员薪金的一定比例缴纳公积金，全部公积金缴款都存入投保雇员在中央公积金局开设的个人账户。第二，个人账户上的基金属于投保人所有，由中央公积金局统一管理。第三，55岁以下投保人的个人账户一分为三，即普通账户（ordinary account）、保健储蓄账户（medisave account）和特别账户（special account）。在会员的年龄达到55岁以后，其个人账户则被改变为退休账户（retirement account）和保健账户。第四，中央公积金局按法律规定的利率付给利息。其中，普通账户和保健账户的存款利率等于新加坡四家主要的国内银行的一年期定期存款利率的算术平均值；特别账户和退休账户上的存款利率则稍高于这一利率；公积金存款用于购买政府平价屋的住房抵押贷款的利率也略高于普通账户的存款利率。第五，公积金存款的主要用途是：（1）用作投保人本人的自我保障，如医疗费用及其他不测事件开支、投保人的退休金等；（2）在积累逐渐充裕的条件下，发展其他保障和投资功能，如购置政府租屋，补足父母和配偶的公积金退休账户存款，为子女缴纳指定院校的高等教育学费，甚至购买中央公积金局指定的上市公司股票等。

中央公积金制度充分发挥了社会保障的储蓄功能，具有很强的刺激储蓄的作用。新加坡普遍推行公积金制度以后，社会储蓄率迅速从1960年的-2.4%上升到1984年的42%、1988年的41.9%和1994年的51.0%，多年来一直保持世界最高水平。而且由于新加坡采取国家统一管理基金的形式，公积金成为政府筹措建设资金的重要来源。新加坡中央公积金制度的另一个优点是强化了激励机制。在保险金的给付上，根据各自缴款多少的不同，公积金制度实行差别待遇。这给受益人提供了很强的激励。职工为了获得可靠的保障，就要努力工作，取得更多的收入并在个人账户中积累更多的基金。

不过，新加坡的中央公积金制度也在几个方面受到批评：第一，中央公积金制度不具有再分配的功能，而且雇主与雇员缴费率大致相同，高薪雇员从雇主缴费中得到的财富也多，这就在一定程度上拉大了社会收入分配的差距。第二，中央公积金存款余额巨大，中央公积金局将这笔资金交给新加坡财政部，由财政部按照前述的法定利率每半年一次向中央公积金局结算利息。政府支付给投保人的利率偏低。第三，政府通过获得这笔资金使用权，掌握了巨额资本资源用于政府的投资项目。这样，中央公积金制度就成为政府用来进行社会控制的一个有效的政策工具。有些论者认为，这是与自由市场经济的原则不协调的。

3. 智利的社会保障体制改革[①]

早在20世纪20年代，智利根据不同行业和不同职位规定的受益标准，采用现收现付的方式提供保障。50年代以后，这一现收现付制社会保障体系的财务问题日趋严重。1975年，包括健康保险在内的缴款率高达工资总额的51%—59%，但社会保障体系仍然入不敷出，出资的重担最后落到政府身上。70年代初期，智利政府对养老保险和医疗保险的财政补贴占到财政预算总支出的20.5%。由于过分地依赖财政，随着70年代初期智利财政状况的恶化，社会保障的实际受益水平也急剧下降。

1973年，智利陆军总司令皮诺切特（Augusto Pinochet Ugarte，

① 本节部分材料取自张卓元、吴敬琏、杨茂春：《从现收现付到个人基金账户——智利养老金制度改革调查报告》，《改革》，1996年第4期。

1915—2006）发动军事政变，推翻了阿连德（Salvador Allende，1908—1973）总统领导的社会主义政府。军政府于20世纪70年代中期开始推行经济自由化政策。在一批从美国芝加哥大学留学归国的经济学家的推动下，智利在1981年进行了养老金制度的改革。

智利的新养老金制度和新加坡的社会保障制度有一个共同点，这就是实行全积累的缴费确定制。同时，智利的养老金制度又有自己的特色，由民间管理公司代替政府机构负责养老金基金的经营管理。其具体做法是：

（1）基金由私营的养老基金管理公司（简称AFP）管理①。这些基金管理公司受基金所有者的信托，为他们承办养老基金的投资运营，获取利润。基金管理公司还为投保者办理附加的工伤保险和家属的养老保险。与此同时，基金管理公司向委托人收取管理费用。收费率的高低取决于各个公司之间的竞争。投保人有选择加入任何一家基金管理公司的权利，还可以随时转换基金管理公司。

（2）养老基金管理公司将它们受托管理的基金投资于资本市场。最初，基金只被允许投资于政府发行的公债，后来，逐步扩大到企业债券和股票。从20世纪80年代中期开始，养老基金又把投资重点转向正在进行民营化的公共设施。

（3）当基金所有者达到法定的退休年龄，他就可以从自己所选择的基金管理公司按月领取养老金，或者将自己的养老基金连本带利转向人寿保险公司，支取年金。如果尚未交足养老保险所规定的最低限额，只要其投保已满20年，则不足部分由国家予以补齐。

① 智利法律规定，任何人只要能够吸收到足够数量的基金所有者参加，并拥有不少于约12万美元的资本金，都可以注册成立养老基金管理公司。

（4）国家对基金管理公司的运营活动进行严格的监督。政府设立养老基金监督委员会监管基金管理公司的财务状况和金融风险。同时，基金管理公司的资产负债表和基金运营的资产负债表必须分别建立。基金管理公司要用自己的资金预缴风险准备金。如果基金营运回报低于全社会基金平均回报 2 个百分点，就要用风险准备金补足。

智利社会保障改革所面临的一个重要问题是任何一个从受益确定制转变为缴费确定制的国家都会遇到的问题，即归还由现收现付的受益确定制下政府对职工养老保险承诺形成的政府对职工的隐性负债（implicit pension debt, IPD）的问题。在当时智利公共财政已经负债累累的情况下，智利政府采取的办法是：由政府发行“认可债券”（recognition bonds），用以对那些在旧的保障体制下工作多年而现今已经退休或将要退休的人们进行补偿。每人得到的“认可债券”的数额根据他们以往的工作年限来确定。同时，实行指数化以避免通货膨胀的损失，并有 4% 的年利。当职工达到退休年龄时，可向财政部兑现。同时，该债券可以在二级市场流通，职工可以将其出售变现。

智利养老金制度改革取得了以下成效：第一，给投保者带来了较高收益。从 1981 年到 1995 年的 15 年中，全国养老基金的平均实际回报率高达 13.3%。再加上退休年龄的推迟，这就使得新体制下的养老金缴费率大大低于原来体制下的水平。第二，养老金管理成本降低，服务改善。在私人基金管理公司的竞争制约下，基金管理公司收取的管理费降低得很快。1981 年开始时投保人缴纳给基金管理公司的管理费约占工资的 8%，到 20 世纪 90 年代中期已降为 3% 左右。第三，有力地推动了本国储蓄率的提高。1981 年前，智利的社会储蓄率大体为 15%，20 世纪 90 年代已达 25% 左右。据估计，养老基金的增加占智利国内总储蓄的30%左右。1981年智利养老基金余额为3亿美元，1995年已经增加到256亿美元，相当于当年国内生产总值的40%多。第四，促进了资本市场的发育。养老基金通过专业的基金管理公司投资于金融资产，有力地促进了资本市场的发育。养老基金拥有的政府债券、住房抵押债券、商业企业债券、银行存款、股票和企业债券，约占社会金融资产总额的22%。20世纪90年代以后，智利政府允许基金向国外进行公共建设（如港口、公路、机场等方面）投资。一些基金管理公司在拉丁美洲其他国家的养老保险改革和资本市场的形成中发挥了积极的作用。第五，减轻了财政负担。在改革初期，由于归还对职工的隐性债务，政府的开支有所增加。经过一段时间以后，财政负担迅速下降。到90年代中期，智利财政预算连年出现盈余，成为世界上少数几个财政状况比较健康的国家之一。

不过，智利的养老金改革也受到来自左翼的一些批评：（1）这一制度缺乏再分配功能；（2）各公司为争取客户而竞争，大量雇佣促销人员，形成社会资源的虚耗；（3）投保人缴纳的管理费用高于有效政府下政府直接管理养老金所需成本；（4）养老基金的支付能力在很大程度上依赖于资本市场的投资运作，资本市场发生大的波动时，就会影响投保人的养老金安全。

4. 瑞典的社会保障体制改革[①]

20世纪70年代以后，瑞典的社会保障体系陷入了危机，主要表现在：公共开支比例过大，各项福利开支（养老、医疗、失业、生

① 本节部分材料取自国家发展和改革委员会宏观经济研究院2007年研究报告《进一步深化社会保障制度改革几个重要问题研究》（打印稿）。

育、伤残等）大约占政府公共开支的85%，公共开支占GDP的比重也从20世纪60年代的35%上升到20世纪90年代的70%，财政不堪重负；过度福利对劳动者积极性起反激励作用，造成了“福利欺诈”和“福利依赖”的现象；高福利导致高税收，1980年，瑞典个人所得税平均的边际税率为56.8%，最高边际税率达85%，个人所得税占个人劳动收入的比重为65.2%，占GDP的比重为47.7%，由于税收过高，导致劳动力成本较高，劳动密集型产业转移，失业率提高，迫使企业提高工资，引发通货膨胀；高福利使得个人缺乏储蓄和投资的积极性，影响经济长期发展，瑞典人均GDP在OECD（经合组织）成员国的排名已经从1970年的第4位下降到1995年的第16位。

瑞典政府从1991年着手进行养老保障体制改革，1994年引入新型养老保障模式，改革方案在1998年获得国会通过，于1999年开始实施。新体制框架包含三部分：第一部分是覆盖全民的国家强制性基本养老金制度，它包含三个层次：第一层次是记账式缴费确定制（NDC），受益人得到的养老金取决于退休时个人账户中的名义资产数量。第二层次是实账积累制养老金。基本养老金制度的总缴费率为18.5%（雇主和雇员分别缴纳9.25%），其中16%进入名义账户，2.5%进入实账积累。在这两个层次之下，还有一个基本层次，即家计调查式的最低养老金担保（GP），它由中央政府预算筹资。第二部分是准强制性的职业养老金计划，第三部分是个人自愿养老储蓄。

新体制中的一个最大的创新是建立了记账式缴费确定的养老金模式。这种社会保障体制是现收现付制与缴费确定模式的混合体。个人账户中的资产按照名义利息率获得收益，使账户资产保值增值。成员退休时，记账式缴费确定制中个人账户积累的名义资产要转换成年金，年金与成员退休余命和利息率挂钩。首年退休金是用名义账户资产除以年金化除数（annuity divisor）而得，年金化除数是群组平均退休余命和利息率的函数。利息率是按未来平均工资增长率标准（1.6%）确定的，成员退休后，还要根据实际平均工资增长率与标准工资增长率之差对年金进行指数化调整。

继瑞典之后，记账式缴费确定制很快在其他一些国家（意大利、拉脱维亚、波兰、蒙古和吉尔吉斯斯坦等）得到实施。它们之所以选择这种养老保险体制，是因为这种制度具有一些现收现付制和完全积累的个人账户制所不具备的优点。首先，一个国家从受益确定制向缴费确定制转型时，政府必须付出归还政府对职工的隐性养老金负债的代价。这项转型成本常常是非常巨大的，其总量可达公共养老金年度支出的20—30倍。引入记账式缴费确定制就避免了巨大的转型成本困难。其次，对于一些经济转型国家来说，它们除了要克服转型成本以外，采用记账式缴费确定制还避免了这些国家资本市场不成熟的困难。拉脱维亚、波兰、蒙古和吉尔吉斯斯坦等转型国家引入记账式缴费确定制的目的之一就是避免其金融市场不成熟的障碍。从引入记账式缴费确定制国家的实际运行效果来看，大部分国家改革的效果比较好，也有些存在不确定性。对于那些没有条件立即建立完全积累制的国家、老龄化趋势明显并在短期内导致其财务不稳定的国家和金融市场不发达的国家来说，引入记账式缴费确定制可以成为社会保障制度改革的首选。

9.2　改革前的社会保障体制和1993年的改革计划

中华人民共和国成立以后，依照苏联和其他社会主义国家的先例，建立了以受益为基准的现收现付制社会保障体系。

9.2.1 1949年以后社会保障体系的建立

1951年2月，中央人民政府颁布了《中华人民共和国劳动保险条例》，规定由国家统筹、企业实施对职工和职工家属的老年保险、医疗保险、工伤保险等全面的劳动保险。根据这一条例，首先在国有工业企业中建立了劳动保险制度，以后又逐渐扩展到国有商贸等行业。农村则沿用中国传统社会的办法，以家庭保障作为主要的保障形式，辅之以对鳏寡孤独等无人赡养的社员设置的“敬老院”等低水平的社会保障。

中国这套社会保障制度除具有现收现付制的一般特征外，还具有由“单位”（机关、企事业单位等）负责实施的特色。因为中国在计划经济体制下建立了“单位”这一社会基层组织形态，在计划经济体制下不需要劳动力的流动，劳动者一生甚至其后代都可以完全从属和依附于他所在的“单位”，所以使社会保障功能演变为“单位保障”。“文化大革命”以前，企业单位实施社会保障的具体形式是按工资总额的一定比例提取附加工资，用以支付各项劳动保险费用。“文化大革命”开始以后，一方面由于人口老龄化，另一方面由于处在社会动乱中的企业财力不足，附加工资往往不足以支付社会保障费用；于是从1969年起，企业不再按工资总额的一定比例提取劳动保险基金，而是把退休金、公费医疗和其他劳动保险津贴一律改为在企业营业外收支中列支。这样，社会保障便完全变成了企业保障。

9.2.2 传统社会保障体制的缺陷

在计划经济的条件下，传统的社会保障体系为城市职工提供了基本的生活保障。但是，这一体系存在着一系列体制缺陷。

1. 由现收现付制带来的问题

正如前面已提及的，以受益为基准的现收现付制，实质上是当代劳动者对上一代劳动者进行的代际转移支付，有损害前者的劳动和缴款积极性的负作用。特别是在一个社会的老龄化达到较高水平时，工作着的一代人可能要赡养过多的老年人，矛盾就更加突出。20世纪80年代中期，中国人口老龄化的迹象开始显现，90年代进一步加速，在一些老的国有企业，领取退休金的退休人员与在职人员的比例往往变得很大（1∶3乃至1∶1）。随着时间的推移，企业的退休金和医疗费用负担变得愈来愈沉重，严重影响对当前一代人的劳动激励。

2. 由“单位保障”和“企业保障”带来的问题

首先，在城乡二元化的社会结构中，国家将其垄断的社会保障资源的绝大部分都配给了城镇“国有单位”，包括政府机构、国有企业和城市基层政府机构以“集体企业”名义举办的“大集体”，而不包括广大的农村居民及城镇中没有在“国有单位”就业的居民，这对后两部分社会群体是极不公平的。

其次，就城镇人口而言，在通过“单位”配置实物性社会保障资源的条件下，个人的受益水平实际上取决于“单位”在计划配置体制中对资源的获取能力。这样，不同的单位在福利的组合和支出水平上往往形成很大的差别。同是国有企业，在一些职工获得基本保障的权利由于企业没有足够的计划指标而不能得到保证的同时，另一些职工可能由于其所在的企业能够得到充足的计划资源或者因有特殊的政治地位而得到高标准的福利，形成了社会保障上的“苦乐不均”。

再次，随着人口老龄化的发展，企业负担日益增加，特别是那些老企业的退休职工众多，退休金和医药费支出负担非常沉重，使得它们的成本畸高，财务困难日趋加重，甚至难以自拔。而新企业职工平均年龄低，需要负担的老、病、退休职工人数少，社会保障负担轻。这使前者在竞争中处于不利地位。与此同时，由于不同企业间社会保障的水平不同，也阻碍了职工的流动。

3. 由于缺乏受益人监督造成的问题

在传统的社会保障体系中，资金来自国有企业和国家预算，由"单位"进行管理，受益人只是被动地接受"单位"给予的"福利"，而没有任何动力和权力去监督社会保障资金收支。这种管理方式容易滋长官僚主义和增加营运成本。

这种管理方式还意味着国家垄断了所有的社会保障资源，由国家将住房、医疗、子女就业就学、劳动保障等以实物配给方式向受益个人提供各种社会福利，个人不能自主选择他最满意的消费品组合，更不能对自己整个生命周期的收入做出自主性的安排。这样造成了以下后果：一是消费者个体没有自主选择权，因而也就不能通过自主选择来满足自身的偏好，而只能服从国家机构（房管局、国立医院等）的决定；二是受益人被动接受政府给予的福利，使社会保障体系的营运失去了社会监督；三是国家对不同社会群体制定不同的受益基准，导致本来旨在谋求社会公平的社会保障反而扩大了不同社会群体如官员与大众之间的收入差距。

以上这些矛盾在改革开始以后变得日益突出。

第一，人民公社制度解体，原来在农村充当"赤脚医生""民办教师"等的知青回到城市，使农村简陋的社会保障体系如农村合作医疗等也荡然无存，数以亿计的农民家庭处在没有起码的社会保障的情况之下。第二，在城镇地区，包括个体私营企业、中外合资企业在内的非国有经济日益壮大，但是非国有企业的职工却没有社会保障体系加以覆盖。第三，企业独立性的增强、市场交换关系的扩展以及消费者个人选择权利的增加，与社会福利的实物化配置的传统模式愈来愈不相适应。因为实物化的社会福利的计划配置链条的削弱，所以社会保障对企业自身财力的依赖程度增加了。第四，企业的财力状况在愈来愈大的程度上取决于其市场表现，大部分国有企业由于市场竞争力弱而处在财务状况不佳的情况下，许多企业的职工养老金和医疗费难以得到支付和报销的保证；企业一旦破产（这在市场经济中是常有发生的），更会使养老送终全无着落。这对社会安定造成了很大的威胁。

在改革过程中，经济结构有很大的变动，企业重组经常发生，如果社会保障体系不能有效地实现它的保障职能，缺乏能够吸收改革振荡的社会安全网，就会增加改革的阻力，甚至导致社会不安定。

9.2.3 中共十四届三中全会确立的社会保障改革目标

随着经济体制改革的不断推进，中国原来的社会保障制度的固有缺陷日趋暴露，改革的必要性凸显出来。

1984年，针对当时新老企业养老金高低相差悬殊的矛盾，四川、广东、江苏和辽宁等省的一些市、县进行国有企业退休费用社会统筹试点，迈出了养老保险从企业保险向社会保险转变的第一步。1986年，国务院发布《国营企业实行劳动合同制暂行规定》，提出开始对国有企业部分新职工实行劳动合同制。这部分职工的退休养老费用由社会统筹提供。与此同时，开始对医疗保障制度进行改革试验，即在部分城市试行“大病医疗费用社会统筹”。1991年，国务院颁布《关于企业职工养老保险制度改革的决定》，开始在城镇广泛推行养老保险基金的社会统筹。不过，以上所有这些改革，都是在以受益为基准的现收现付制的框架内进行的改进，并没有克服这种体制的根本弊病。

在这种情况下，政府和学术界的一些人士从 20 世纪 90 年代初期开始探索如何改革传统的社会保障体制，在考察和研究了新加坡、智利等国家成功的改革经验以后，形成了对中国社会保障体制改革目标大体一致的认识①。他们认为，新的体制应当根据建立和发展市场经济的需要，从企业体制中独立出来；新体制既要体现社会公正，又要具有激励机制，鼓励人们努力工作、乐于积累，从而有利于经济的长期发展。

（1）社会保障制度的选择应当从中国的实际出发。中国是一个发展中国家，只有实现经济快速增长，才能满足人民多方面的需要。因此，在处理分配问题时要遵循效率优先、兼顾公平的原则。从这个基本原则出发，在对社会保障制度进行选择时，应当注意保持激励系统的有效性，使人们在获得基本安全保障的同时，还能够强化“多劳多得”的激励机制，避免吃“大锅饭”的弊端。

（2）以预定受益标准为基准的现收现付制具有代际转移支付的性质，切断了福利给付与保险费缴付之间的联系，弱化了缴款动机，而且不利于社会储蓄的提高，容易形成政府预算的包袱，因而，应用缴费确定的个人账户制取代受益确定的现收现付制。

（3）社会保障体系由政府行政机构直接管理，容易出现低效率和腐败等问题，因而应当将社会保障的行政管理与基金的运营分开，

① 原国家经济体制改革委员会编写的《社会保障体制改革》（北京：改革出版社，1995 年）集中收录了这段时间国务院及其他有关部门制定的关于社会保障改革的一些政策和方案，并对这些政策和方案的思路进行了说明和解释。

由受益人委托独立机构进行基金营运。

（4）重视与其他社会经济改革的配合，促进其他方面的改革，特别是对国有企业的改革和资本市场的形成发挥积极作用的改革。

此后，1993 年中共十四届三中全会通过的《中共中央关于建立社会主义市场经济体制若干问题的决定》，决定基本养老保险和基本医疗保险要引入个人账户，社会保障行政管理和社会保险基金经营要分开。如果这些原则得到切实贯彻的话，将会建成一个多元化的社会保障制度，通过吸引市场力量的参与，与政府共同承担社会保障的责任。

专栏 9.1　中共十四届三中全会确定的社会保障体制的基本原则

中共十四届三中全会通过的《中共中央关于建立社会主义市场经济若干问题的决定》对中国新社会保障体系提出的基本要求是：

（1）“建立多层次的社会保障体系”。“社会保障水平要与我国社会生产力发展水平以及各方面的承受能力相适应。城乡居民的社会保障办法应有区别。提倡社会互助。发展商业性保险业，作为社会保险的补充。”

（2）“按照社会保障的不同类型确定其资金来源和保障方式。重点完善企业养老和失业保险制度，强化社会服务功能以减轻企业负担，促进企业组织结构调整，提高企业经济效益和竞争能力。城镇职工养老和医疗保险金由单位和个人共同负担，实行社会统筹和个人账户相结合。进一步健全失业保险制度，保险费由企业按职工工资总额一定比例统一筹交。普遍建立企业工伤保险制度。”“农民养老以家庭保障为主，与社区扶持相结合。”

（3）“社会保障行政管理和社会保险基金经营要分开。社会保障管理机构主要是行使行政管理职能。建立由政府有关部门和社会公众代表参加的社会保险基金监督组织，监督社会保险基金的收支和管理。社会保险基金经办机构，在保证基金正常支付和安全性流动性的前提下，可依法把社会保险基金主要用于购买国家债券，确保社会保险基金的保值增值。”

根据《中共中央关于建立社会主义市场经济若干问题的决定》编写。

但是，由政府机构垄断社会资源，行使配置这些资源的权力，并保证本位利益最大化的做法对某些机构具有很强的诱惑力，使它们总是怀疑甚至抵触大众管理与自身利益直接有关的事务的能力，并排斥非政府力量在社会保障制度建设中的积极作用，从而在客观上使非政府力量在社会保障制度建设上无从参与，也使得后来改革的实际走向与中共十四届三中全会所确立的目标有所偏离。

9.2.4 世界银行的养老金“多支柱体系”

继中国在1993年的中共十四届三中全会决定中提出自己的新社会保障体系框架后，世界银行也在1994年发表了《防止老龄危机：保护老年人及促进增长的政策》的研究报告[①]，系统地阐述了其对养老金制度改革的主张，提出了建立“养老金多支柱体系”。

报告认为，一个完整的养老金制度不仅应当能够有效地保护老年人，而且还要能够促进经济增长。具体地说，一方面，养老金制度要具有对个人的储蓄或工资的替代功能，对低收入者进行收入再

① 世界银行（1994）：《防止老龄危机——保护老年人及促进增长的政策》，北京：中国财政经济出版社，1996年。

分配和防止各种老年风险的功能；另一方面，它又要能够使影响经济增长的隐性成本最小化，使其自身成为一个可持续而且透明度非常高的长期计划。要达到这两个方面的目标，各国的养老金要建立一个多支柱的体系（multipillar system）。该体系主要由以下三个支柱组成：

（1）公共养老金计划。这个计划实行现收现付制，靠政府取得资金，其目标仅限于对贫困的老年人进行收入再分配，以及为他们提供一个共同保险的制度安排。

（2）强制性的养老金计划。这种计划采取强制性的职业养老金计划和强制性的个人账户制两种主要形式。它的作用在于强制人们为了保障自己的老年生活而进行事先的储蓄。它是非再分配的、采用完全基金积累制的方式进行融资，对全部的基金积累实行分散化的管理。

（3）个人或企业自愿建立的养老金计划。这种自愿性的个人或企业的储蓄计划是对前两个支柱的补充，是个人或企业为自己或自己的雇员的退休生涯做更多的预防性储蓄而进行的自愿安排。政府也应采取各种政策措施来鼓励这种计划的成长。

世界银行的这个“三支柱”养老金体系框架得到了许多国家的积极响应。在此后的10年里，大多数国家采取了多支柱的社会保障模式。

2005年，在总结1994—2004年10年社会保障改革经验的基础上，世界银行发表了《21世纪的老年收入保障——养老金制度改革国际比较》[①]。这份报告扩展了“三支柱”的思想，进而提出了

① 世界银行（2005）：《21世纪的老年收入保障——养老金制度改革国际比较》，北京：中国劳动社会保障出版社，2006年。

一个“五支柱”的框架性建议：提供最低水平保障的非缴费型“零支柱”；与受益人收入水平挂钩的缴费型“第一支柱”；不同形式的个人储蓄账户性质的强制性“第二支柱”；灵活多样的雇主发起的自愿性“第三支柱”；建立在家庭成员之间或代际之间的非正规保障“第四支柱”。与1994年的报告相比，它扩展出了另外两个支柱，一个是以消除贫困为目标的基本支柱即“零支柱”，一个是非经济性的支柱即“第四支柱”，包括其他更为广泛的社会政策，如家庭赡养、医疗服务和住房政策等。该报告还提出了向“五支柱”过渡的三个原则：一是所有的养老金制度原则上都必须包括旨在提供基本收入保障并在全社会范围内进行收入再分配以消除贫困的“零支柱”，由国家建立以保证终生收入较低或从事非正规工作的人们在老年时能够得到基本的保障；二是强制性的制度强制力度不能太大，而且要具有可管理性，尤其对于低收入国家，强制型制度虽然能够有效实施，但费率应低一些；三是低覆盖的收入关联型制度应弱化再分配功能，资金应主要来自个人缴费而不是财政转移支付。该报告反映了世界银行对养老金改革的观点发生的两个变化：一是进一步关注基本收入保障对相对弱势的老年群体的作用；二是进一步强调养老金体系的所有支柱均应通过运用市场手段，以期达到为个人熨平消费的作用。

9.3 1995年以后的改革实施

按照中共十四届三中全会的部署，新社会保障体系的建设从1995年开始，以城镇企业职工基本养老保险制度和基本医疗保险制度为重点向前推进。在养老保险和医疗保险推进缓慢、很难在短期内全面建立的情况下，中国政府决定首先加快建设作为社会保障基本支柱的居民最低生活保障制度。此后，在其他领域也取得了一些进展，但是仍存在不少问题需要解决。

9.3.1 建立全民最低生活保障制度

1997 年 9 月，国务院发布《关于在全国建立城市居民最低生活保障制度的通知》，要求在“九五”期间在全国城镇建立起城市居民最低生活保障制度，使城市居民的基本生活得到保障。它的要点如下：

（1）城市居民最低生活保障制度的保障对象是家庭人均收入低于当地最低生活保障标准的、持有非农业户口的城市居民，主要是以下三类人员：无生活来源、无劳动能力、无法定赡养人或抚养人的居民；领取失业救济金期间或失业救济期满仍未能重新就业，家庭人均收入低于最低生活保障标准的居民；在职人员和下岗人员在领取工资或最低工资、基本生活费后，以及退休人员领取退休金后，其家庭人均收入仍低于最低生活保障标准的居民。

（2）城市居民最低生活保障标准由各地人民政府自行确定。各地要本着既保障基本生活，又有利于克服依赖思想的原则，按照当地基本生活必需品费用和财政承受能力，实事求是地确定保障标准，经当地人民政府批准后向社会公布，并且随着生活必需品的价格变化和人民生活水平的提高适时调整。

（3）实施城市居民最低生活保障制度所需资金，由地方各级人民政府列入财政预算，纳入社会救济专项资金支出科目，专账管理。目前最低生活保障资金采取由财政和保障对象所在单位分担办法的城市，要逐步过渡到主要由财政负担的方式上来。

近年来，各地在建立最低生活保障制度方面进展较快。据统计，2015 年，全国领取城市居民最低生活保障金的人数有 1 701.1 万人，月人均标准 451.1 元，月人均补助水平 316.6 元。[①]

20 世纪，占中国居民半数以上的农村居民没有最低生活保障，一直是中国社会保障体系的最大缺陷。在社会有识之士的呼吁下，最低生活保障在 21 世纪初逐步由城市扩大到农村居民。浙江省首先在 2001 年正式实施《浙江省最低生活保障办法》，建立了覆盖农村的低保制度。后来，愈来愈多的省份将最低生活保障扩大到农村，实现了全民低保。2007 年 8 月，国务院下发《关于在全国建立农村最低生活保障制度的通知》，决定在全国普遍建立农村最低生活保障制度，将符合条件的农村贫困人口纳入保障范围，重点保障病残、年老体弱、丧失劳动能力等生活常年困难的农村居民，中央财政对财政困难地区给予适当补助。2015 年，全国农村低保对象 4 903.6 万人，低保标准为每人每月 264.8 元，月人均补助 147 元。[②]

9.3.2 养老保险改革

根据中共十四届三中全会决定，在各项社会保障制度中，首先应当建立“社会统筹与个人账户相结合”的养老保险。但是从一开始，新养老保险制度的建立就遇到了困难。

推行这种养老保险制度的最大困难在于，业已退休的老年职工和即将退休的中年职工（他们分别被称为“老人”和“中人”）的账户中没有基金积累。在这种情况下，出路在于由国家出资补偿

① 民政部：《2015 年社会服务发展统计公报》。

② 同上。

对“老人”和“中人”养老金积累的隐性负债。经济学界和经济界人士在1993—1995年讨论社会保障制度改革问题时，就已提出了将现有国有资产“切一块”[①]和由财政发行“认可债券”[②]这两种补偿办法。但是，由于受到一些政府职能部门官员的反对，补偿未能实现。于是就只有用从企业收取的“社会统筹”来借“新人”的钱养“老人”。为此，在1995年3月部署养老保险改革的全国性会议上，提出了两种可选的方案供各地区选择。

方案一（又称“体改委方案”）：“大个人账户，小社会统筹”。职工个人缴费全部计入个人账户，企业缴费的一部分，也分别按照社会平均工资和职工本人工资的一定比例计入个人账户；职工退休后，按照个人账户的储蓄额（包括本金和利息）发给养老金。这一方案与中共十四届三中全会规定的原则比较接近。但是，由于它没有解决老职工的养老金资金来源问题，可行性并不高。

方案二（又称“劳动部方案”）：“大社会统筹，小个人账户”。职工个人缴费计入个人账户，企业缴费进入社会统筹基金；职工退休时，个人账户存款足以支付养老金，则支付形式同方案一，如果账户中存款不足或属于“空账”，则由社会统筹基金补足；社会统筹金不足，则由财政资金补足。虽然第二方案保留了个人账

① 所谓“切一块”是指在现有国有资产中切出一块来，用于归还政府对国有企业老职工养老金的隐性负债。在1993年拟定社会保障方案时，不少经济学家提出了这样的建议。参阅周小川、王林（1993）：《社会保障：经济分析和体制建议》，吴敬琏、周小川、荣敬本等：《建设市场经济的总体构想与方案设计》，北京：中央编译出版社，1996年，第211—258页。

② “认可债券”是智利政府在1981年养老金改革时发行的政府债券，用以偿还政府对那些退出政府养老金计划、加入新养老金计划的职工的隐性负债（见本章9.1.3节）。

户，但实际上“老人”和“中人”的养老金在很大程度上要靠现收现付的“社会统筹”来解决。不过，它在“老人”和“中人”的养老金资金来源问题上提出了比较实际的处理办法，而且赋予社会保障主管机关很大的权力，多数地方政府部门选择了这个方案。这一方案实质上是对“老人”和“新人”分别采取现收现付制和个人账户制。向现收现付制回归导致了以下消极后果：（1）参加养老保险的企业出现了拖欠或逃避缴费的倾向。养老保险基金缴费率逐年下降：1993 年为 92.4%，1994 年为 90.5%，1995 年为 90%，1996 年为 87%。[①]（2）非国有企业特别是民营企业和三资企业认为，由它们缴纳社会统筹来对老职工做出补偿是不公平的，因此也不愿意参加。（3）在一些供养人口比例很高的老工业城市，企业缴纳社会统筹的负担很重。当时，养老保险社会统筹的收费率平均高于工资的 20%；加上其他保险收费，社会保障总收费率高达 35%—45%。特别是在一些老工业城市，如上海，由于“老人”和“中人”多，仅养老保险收费一项即达到职工工资的 28.5%（其中，从企业收取 25.5%，从职工个人收取 3%[②]），而一些新兴的城市，则社会统筹收费率很低，这就把前者置于不平等竞争的地位。（4）在资金短缺的情况下，只好挪用现有职工个人账户内的资金，使得它们也变成了“空账户”。因此从长期看，这种做法会使养老金制度重新回到以受益确定的现收现付制的危险境地。

① 杨宜勇：《养老保险基金收缴率为何不断下降》，《经济学消息报》，1997 年 3 月 7 日。

② 联合国开发计划署驻华代表处：《中国：人类发展报告（人类发展与扶贫）》（1997），第 62 页。

为了克服新养老金制度的上述缺点，劳动部、国家体改委等政府职能部门于1996年6月提出了对现行体制的改进方案[①]，要求逐步提高个人缴费比例、逐步调整基本保险的保障水平，以及改善基金经营、监督和管理等来改善筹资的状况。不过，这些措施并没有能够解决老职工养老金的融资来源问题，仍然只能靠“社会统筹”和现有职工个人账户中的资金支付老职工的养老金。所以从1998年起，中国城市的养老保险就陷入了当期收不抵支的困境。1999年，全国有25个省（自治区、直辖市）出现赤字，个人账户被挪用超过1 000亿元。在这种情况下，中央政府不得不以每年数百亿元的预算资金来填补基本养老保险的收支缺口。

面对这种情况，社会上提出了种种不同的改革方案。

第一种方案是实行社会保障“费改税”。

这种观点主张用开征社会保障税的办法来强化现收现付制的筹资机制。这就是将基本养老保险费、基本医疗保险费及失业保险费等合并为统一的社会保障税，由税务机关统一征收。但这种主张遭到强烈的反对，因为这样一来，无异于完全背离中共十四届三中全会规定的改革方向，向受益确定的现收现付制回归。而且不难预计，采用这种办法，虽然在短时期内能够使社会保障体系的财务状况有所改善，但是从长期看，它必然使国家财政背上难以承受的负担。因此，这种意见没有得到政府的采纳。

第二种方案是继续贯彻1993年中共十四届三中全会建议的“社会统筹与个人账户”相结合的养老金体制。

① 劳动部：《关于统一企业职工养老保险制度的汇报提纲》，1996年6月9日。

2000年初，一些地方的国有企业因为职工嫌“买断身份”的补偿过低而爆发了大量职工参加的“群体性事件”。这种事态使中国政府领导人认识到在缺乏社会安全网的情况下进行国有企业的重组具有很大的危险性。于是，他们邀请一些经济学家提出如何建立新社会保障体系的建议。其中最具代表性的是斯坦福大学的刘遵义教授提出的社会养老保障体制改革方案。他建议建立由政府用一般性财政税收作为资金来源的“社会基本养老金”（相当于前述世界银行建议的“第一支柱”）和由职工及雇主缴费建立的“个人公积金账户”（相当于前述世界银行建议的“第二支柱”）两个部分组成的社会养老保障体系。其中，个人公积金账户由中央公积金信托理事会下设的中央公积金管理局进行统一管理，选择并委托中资或外资基金管理人（银行或其他金融机构）经营。[①] 他还建议政府用现有国有资产对国有单位已退休职工、在职职工及下岗职工进行隐性负债补偿。这一构想的基本想法得到许多经济学家的认同和政府主要领导人的赞许。此后，一些机构估算了政府对国有单位老职工隐性负债的规模。世界银行估计该规模为1997年我国GDP的46%—69%；一些经济学家的估计为当年我国GDP的71%—94%不等；国务院体改办课题组的估计更高，达145%。即使假定隐性负债只占我国1997年GDP的30%，其总量也超过2万亿元。[②] 2000年晚些时候，国务院决定成立全国社会保障基金理事会，负责管理由中央政府集中的社

① 参见刘遵义：《关于中国社会养老保障体系的基本构想》（2000年7月29日稿）；其框架部分后来发表在《比较》，第6辑，北京：中信出版社，2003年。

② 参见吴敬琏：《什么是国有股减持要解决的主要问题》，《财经》，2002年第2期。

会保障基金。[①] 不过由于主管部门的反对，这一方案没有得到最终的执行。

在国际经济学界，全积累个人账户制的最重要的支持者是哈佛大学教授、里根时代的美国总统经济顾问委员会主席费尔德斯坦（Martin Feldstein）。他认为，中国的养老保障应采取全积累的个人账户制。[②]

第三种方案是主张以中共十四届三中全会对养老保险的设想为基础，引入瑞典模式的记账式缴费确定制（NDC）。

2004年，"中国研究咨询项目"[③] 向中国政府提交了由麻省理工学院戴蒙德（Peter A. Diamond）教授和伦敦经济学院的巴尔（Nicholas Barr）教授执笔的《中国社会保障体制改革：问题和对策选择》研究报告。[④] 他们建议中国不采用全积累的缴费确定制（financial defined

① 2001 年末正式成立的全国社会保障基金理事会是国务院直属事业单位，其职责是负责管理由国务院批准筹集的资金及其投资收益形成的由中央政府集中的社会保障基金。由于没有开始用国有资产补偿养老金隐性债务的财务划转工作，在投资手段和投资工具仍然极不充分的情况下，全国社会保障基金理事会自成立以来工作侧重于基础建设，如选基金管理公司为投资托管人，争取到以战略投资者的身份参与新股配售等。现阶段，社保基金在政策允许范围内的投资工具包括银行存款、国债、证券投资基金、股票、信用等级在投资级以上的企业债、金融债等有价证券。其中银行存款和国债投资的比例不低于 50%，企业债、金融债不高于 10%，证券投资基金、股票投资的比例不高于 40%。风险小的投资由社保基金理事会直接运作，风险较高的投资则委托投资托管人进行投资运作。

② 费尔德斯坦、利伯曼（Martin Feldstein & Jeffrey Liebman，2006）：《实现中国养老保险体制的潜力》，见《比较》，第 24 辑，北京：中信出版社，2006 年。

③ 这是一个由海外华人募集的中国经济问题研究基金。

④ 戴蒙德、巴尔（2004）：《中国社会保障制度改革：问题及对策选择》，《比较》，第 24、25 辑，北京：中信出版社，2006 年。

contribution, FDC），而是采用记账式缴费确定的个人账户制。与FDC相比较，NDC可以缓解政府归还隐性负债的负担和证券市场波动的风险。由于名义账户制提供了一个事实上不必对个人账户“做实”的模拟运行模式，消除了转型成本过高的障碍。同时，记账式个人账户制与中共十四届三中全会选择“社会统筹与个人账户相结合”模式的初衷是相吻合的，兼顾到了“社会互济”和“自我保障”即公平与效率的问题，还由政府承担了证券市场的部分风险，避免了积累制对资本市场的高要求，更加适合我国当时的经济现状。另一方面，与传统的现收现付制相比，NDC相对提高了平衡养老金的灵活性，增强了透明度，增加了缴费的激励性，具有便携性等优势。

他们的建议得到一些中国学者的支持[①]，也得到中国政府领导人的高度评价，但最终并未成为主管部门的选项。

第四种方案是由社会保障体制改革的主管部门——劳动和社会保障部提出的。他们的基本思路是降低由个人缴费形成的个人账户资金的比重，使养老保险以社会统筹为主。这一方案得到了政府的采纳。

2001年7月，国务院决定按照劳动和社会保障部提出的思路在辽宁省进行完善城镇社会保障体系试点，其中基本养老保险试点的主要内容为：

（1）个人账户和社会统筹分账管理，个人账户实账运行。个人

① 参阅郑秉文：《“名义账户”制：我国养老保障制度的一个理性选择》，《管理世界》，2003年第8期；刘仲藜、吴敬琏（2004）：《就社会保障课题致温家宝总理的信》，吴敬琏：《呼唤法治的市场经济》，北京：生活·读书·新知三联书店，2007年，第390—392页；易纲等（2007）：《转型名义账户制：中国养老保障体制改革新思路》，《中国经济报告》，2007年9月。

账户从受益人工资的11%调减为8%，全部由个人缴费形成；企业缴费比例保持个人工资的20%不变，但是全部记入社会统筹基金。社会统筹基金专门用于支付退休人员的基本养老金；个人缴费形成个人账户基金，用于支付个人账户养老金。

（2）调整和完善养老金计发办法。在维持基本养老金月标准相当于省（自治区、直辖市）上年度职工月平均工资20%的同时，规定职工在缴费满15年以后，缴费每满一年增加一定比例的基础养老金，总体水平控制在30%左右；基本养老金领取人死亡后，其遗属领取的丧葬补助金由社会统筹基金支付。另外，个人缴费不满15年不能领取基本养老金。

（3）鼓励企业建立企业年金，规定企业缴费在工资总额4%以内的部分，可以从成本中列支。

在总结辽宁省试点经验的基础上，2003年，中共中央、国务院决定，在黑龙江和吉林两省进行扩大完善城镇社会保障体系试点工作。个人账户缴费率进一步减为受益人工资的5%—6%。2005年12月，国务院发布《关于完善企业职工基本养老保险制度的决定》[①]，从2006年起将试点范围扩大到除东三省之外的八个省、直辖市、自治区，包括天津、上海、山东、山西、湖北、湖南、河南和新疆。

采取以上办法的试点地方的养老保险体系的财务状况有所改善，

① 在国务院《关于完善企业职工基本养老保险制度的决定》中，公布了养老金缴纳和给付的新办法。与原办法相比，新办法仍然是统账制，仅仅是基本养老金的结构发生了变化，基础养老金增加，个人账户规模有所降低，总体水平与改革前大体相当。以职工缴费年限35年退休为例，改革前基本养老金的目标替代率是58.5%，其中20%为基础养老金，38.5%为个人账户养老金；改革后目标替代率调整为59.2%，其中基础养老金替代率调整为35%，个人账户养老金替代率调整为24.2%。

但是由于资金积累规模不大，投资收益又低[①]，这种改善最终是以中央财政加大转移支付力度为条件的。中央财政安排对养老保险基金的补助从1998年的23亿元增长到2015年的3 598亿元。财政补助收入近年来占整个企业养老保险基金总收入的比重保持在12%—13.5%[②]。而且，即使财政能够承担所需的巨额费用，建立起来的也将是一个很难长期维持的、以现收现付为主的养老金保险体制。一些欠发达地区和老工业基地基金缺口较大，难以靠自身力量实现养老金的收支平衡。2015年，黑龙江、辽宁、吉林、河北、陕西和青海六省的城镇企业职工养老保险基金当期收不抵支，养老负担特别沉重，其中有历史因由也有现实因素。同时，由于统筹层次低，基金不能互相调剂，像深圳、广州等外来劳动力多的城市，保险基金充盈，费率较其他省（自治区、直辖市）低，形成了不同地区基金缺口与基金结余并存的现象。[③]

个人自愿投保养老保险虽然一直被视为养老保险体系中的一个重要支柱，但是迄今为止并没有形成一个清晰的制度框架和发展规划。这个层次的融资来源只能是银行居民储蓄的转移，但是要使其成为一个真正能够用于养老的、有别于一般性储蓄的养老金计划，还需要金融机构把它作为一种适合于养老之需的新型金融产品开发出来并投向市场。此外，这种金融产品的营销还需要具有一些特殊的推进手段，如可以免征或缓征相关税收。

除了企业职工之外，还有一个重要的养老金受益群体，就是在

① 由于社会保障基金投资范围限于低风险的银行存款等，其收益率很低。东北三省试点中个人账户投资的年收益率只有3%—4%。

② 人力资源和社会保障部：《中国社会保险发展年度报告2015》。

③ 数据引自《中国劳动和社会保障年鉴（2007、2008）》，北京：中国劳动和社会保障出版社，2008、2009年。

机关事业单位等公共部门就业的职员。这部分人员的养老保险费用一直没有实行缴费确定的基金积累制，而是采取传统的受益确定的现收现付方式。但是，公务员制度的建立和人事管理制度改革的推进，增加了改革机关事业单位养老保险制度的紧迫性。

从 20 世纪 90 年代初开始，一些地区不同程度地开展了机关事业单位养老保险制度改革试点。但试点地区只是实行了单位和个人缴费，养老金的计算和发放仍执行原有受益确定的退休养老办法，待遇与缴费不挂钩。1999 年以来，部分科研机构和文化单位先后转制为企业，其养老金要按企业的办法进行计算和调整。2008 年 3 月，国务院发布《事业单位工作人员养老保险制度改革的试点方案》，选择山西、上海、浙江、广东、重庆 5 省（直辖市）先期开展试点。基本思路是：机关事业分开；离休退休分开；老中新分开；把事业单位分为承担行政职能的、转为企业的及继续保留的三类分别处理。2015 年 1 月，国务院发布《机关事业单位工作人员养老保险制度改革的决定》，独立于机关事业单位之外、资金来源多渠道、保障方式多层次、管理服务社会化的养老保险体系正在逐步建立。至 2015 年末，全国参加城镇职工基本养老保险人数为 3.536 亿人，其中，参保职工 2.622 亿人，参保离退休人员 9 142 万人。[①]

从农村的情况来看，其养老保险依然滞后于城市的发展进程，全国特别是中西部地区养老保障依然由家庭承担，急需建立起具有自身特点的保障体系和制度。

在人民公社制度下，我国农村建立起“五保”（指在吃、穿、住、医、葬方面给予的生活照顾和物质帮助，所需费用主要由集体

① 人力资源和社会保障部：《2015 年度人力资源和社会保障事业发展统计公报》。

经济负担）制度，不过保障的水平极低。实行承包制以后，农村社会保障体系因失去了原来的资金来源而瓦解。在农村改革的推进中，农村社会保障制度建设严重滞后，使得农民面临巨大的风险而缺乏有效的防范和分散机制。

在推进城镇社会保障制度建立的同时，有关部门开始进行农村社会养老保险、医疗保险和最低生活保障等制度的试点工作。1986年10月，民政部决定在农村经济比较发达的地区实行以社区为单位的农村养老保险。1991—1993年，建立了一些县级农村社会养老保险制度试点。1999年7月，国务院指出农村尚不具备普遍实行社会养老保险的条件，决定对已有的业务实行清理整顿，引导有条件的地区逐步向商业保险过渡。2003年7月，劳动和社会保障部发出通知，要求积极稳妥地推进农村养老保险事业的健康发展。此后，农村养老保险制度也在不同地区以不同方式逐步推进。上海采取了"镇保+农保"的模式；广东中山市采取了"社区单位缴纳+政府补贴"的模式；江苏阜宁市及北京大兴区则主要采取了自我保障模式。[①]然而，这些举措大多在东部沿海较发达的地区开展，中西部地区的养老保险模式并没有明显的改进。截至2007年末，全国参加农村养老保险的人数仅为5 171万人，年末农村养老保险基金累计结存412亿元。[②]

2009年9月，国务院发布《关于开展新型农村社会养老保险试点的指导意见》，决定从2009年开始在全国选出10%的县（市、区）

① 赵德余、梁鸿：《中国农村社会养老保障制度建设：挑战、试验与新思路》，中国社会保障网，2006年。

② 人力资源和社会保障部：《2007年劳动和社会保障事业发展统计公报》。

实行试点，在2020年之前建立覆盖全国的新型农村养老保险。新农保基金由个人缴费、集体补助、政府补贴构成，基础养老金标准为每人每月55元。

由于城乡差别在短期内不会得到根本性消除，农村社会保障制度应与城镇社会保障制度有所不同。在农村社会保障制度建设的立足点和发展策略上，理论界和政府部门还存在着一些不同的认识。一类观点认为，农村社会保障应当由国家、集体和个人共同负担。另一类观点则认为，在传统农业生产方式仍然没有彻底改变的情况下，家庭保障仍然是农村社会抵御风险的主要方式。在这种传统生产方式下，最为适合的是农民自愿基础上的合作性社会保障，而不是带有强制性质的统筹资金的社会保障。

在农民收入水平相对较低的条件下，如果没有外部力量的支持，单靠农民自己很难建立起能够提供多方面风险防范功能的农村社会保障制度。也就是说，农村社会保障体系的建设将是一个长期的历史过程。在现阶段，关键是如何解决农村社会保障制度方面的缺失以及与城镇社会保障制度方面的兼容问题。首先要在全面落实农村最低生活保障的基础上，根据当地经济发展水平，积极探索社会统筹与个人账户相结合的养老保险制度，逐步实现城乡养老保险制度的衔接。

9.3.3 医疗体制改革

任何一种社会医疗体系，都包含两个既有关联又相区别的组成部分。一个是医疗费用的筹措，即由谁来支付医疗费用：病家自理、由商业保险机构支付，还是政府给予补助。另一个是医疗服务的供给，即由谁来提供医疗服务：由各类医疗机构通过市场提供，还是由政府的公立医院直接以实物形式提供。

以上两方面都可以有不同的模式选择。在分析一个国家的医疗体系时，必须把这两个方面区别开来，分别加以考察。

从医疗费用的筹措看，人们遇到的最大问题是，疾病（特别是费用高昂的大病）是否发生和何时发生具有很大的不确定性，所以对于绝大多数居民来说，医药费用完全由个人自理是难以承受的。于是形成了一些可供选择的处理方式：

（1）在古代社会，常常用亲属互济或宗族组织负担的办法来解决生老病死的不时之需。但在近代核心家庭成为占主导地位的家庭形式以后，这种方式已经很难起主要作用了。

（2）通过商业保险机构来分散个人风险，是近代社会出现的一种分散风险的办法。但是对于低收入人群来说，高额保费仍然是他们难于承受的。而且由于信息不对称和逆向选择的存在，商业保险机构的运营也有很高的成本和很大的风险。

第二次世界大战结束以来，一些国家由政府为全国居民建立了全民享有的公共医疗保险。公共医疗保险制度体现了现代社会以人为本的普世价值观，而且具有节约管理费用的优点。但也有论者指出，医疗费用完全由公共医疗保险机构承担，容易助长医疗费用无节制的增长，而且政府垄断的保险机构容易滋生官僚主义行为和低效率，因而主张允许商业保险公司进入医疗保险市场[①]；此外，由个人承担部分医疗费用的医疗保险计划对于控制医疗支出的无节制增长能够产生积极作用。[②]

① 有关争论见拉丰、梯若尔（Jean Jacques Laffont & Jean Tirole，1993）著，石磊、王永钦译：《政府采购与规划中的激励理论》，上海：上海人民出版社，2004 年。

② 美国兰德公司的医疗保险实验发现，与消费者承担的比例为 95% 和 25% 的共付保险相比，完全保险的医疗支出分别为前两者的 1.5 倍和 1.18 倍。

从医疗服务的提供看，医疗服务市场的突出特点是信息不对称。疾病的诊断、治疗需要专业知识，供给方（医院、医生）在医疗市场中具有垄断优势和信息优势，需求方（病人）通常缺乏必要的医疗知识，对于祛病延年却有迫切的要求。虽然病人可以选择医生和医院，但对疾病的治疗主要还是由医生决定。医生或医院有可能会为减小风险或为增加收入推荐昂贵的或没有必要的医疗服务。如果医疗服务提供者追求利益最大化，并诱导消费者过度消费，就会出现所谓“不完善代理行为”。单个消费者（病人）显然无从或者无力约束这种行为，最终导致供需双方的“契约失灵”。[①] 解决医疗服务市场的信息不对称问题，可以有以下几种选择：

（1）医疗服务也可以由政府直接开办的医院和诊疗所直接提供医疗服务，即所谓“补供方”。

（2）加强政府对医疗服务市场的规制。例如，克鲁格曼建议，政府应当在建立统一的病例记录及质量控制方面发挥更大的作用[②]；对医疗机构的付款从事后变为事前预付，有助于给医疗机构建立一种“标尺竞争”（yardstick competition）[③]；等等。

（3）建立一个竞争性的医疗服务体系；同时引入医疗服务的第三方购买者——医疗保险机构，以集体性的力量取代势单力薄的个人消费者，来提高需求方掌握信息和与供给方谈判的能力。加强医疗保

① 参见 Henry Hansmann(1980): “The Role of Nonprofit Enterprise”（《非营利企业的作用》），Yale Law Jounal, Vol. 89, 835–901.

② 参阅克鲁格曼和威尔斯：《美国医疗保险体制的危机及其对策》，《比较》，第 24 辑，北京：中信出版社，2006 年 5 月。

③ 施莱弗提出的标尺竞争理论，是一种从规制经济学角度讨论按病种预付制对刺激医院提高效率以降低成本的作用的理论。见 Shleifer(1985): “A Theory of Yardstick Competition”（《标尺竞争理论》），Rand Journal of Economics, Vol.16, No.3, 319–327。

险计划的组织化程度，有助于发挥价格谈判和专业监督的能力。

事实上，利用市场上在服务品质和价格方面展开的竞争改善医疗服务，已成为世界性的趋势。[①] 当然，政府对医疗服务提供的监管也必须加强，强化市场竞争与加强政府监管并重，走向“有管理的市场化”是全球医疗改革特别是医疗服务提供体制改革的大趋势。

专栏 9.2　医疗体制的几种模式

把医疗费用筹措和医疗服务提供这两个方面综合起来观察，可以把世界各国的医疗体制大体上划分为四种模式：

一是以英国为代表的“国家医疗保障模式”，其特点是政府以税收方式筹集资金，直接组建医疗机构或对已有的医疗机构进行国有化，免费向全民提供包括预防保健、疾病诊治和护理等一揽子卫生保健服务。由于在这种模式下政府的医疗支出成倍增长、待诊待治时间过长、医疗质量不高，英国在 2000 年以后对这种政府全包的体制做出了一些改进，允许私立医院进入医疗服务市场和吸引私人资本投入医疗投资项目。

二是以德国为代表的“社会医疗保障模式”，资金来源于雇员和雇主按比例强制性缴纳的保险费（税），国家适当给予补贴；基金的设立按社会职业确定并相互独立，基金管理方式是实行社会与个人之间结成伙伴关系的自治或半自治的模式，在政府和医生组织、基金和医生组织之间，或以上三者之间进行集体谈判签订协

① 白重恩（2007）：《发达市场经济国家医疗体制改革的经验》，《比较》，第 32 辑，北京：中信出版社，2007 年。

议，由政府批准或备案并最终由政府出面直接监管或委托监管。

三是以新加坡为代表的“个人储蓄医疗保障模式”，依据法律规定，强制性地以家庭或个人为单位建立医疗储蓄基金，用以支付日后患病所需医疗费用。新加坡医疗服务的分工比较明确，初级卫生保健主要由私立医院、开业医师、公立医院及联合诊所提供，而住院服务则主要由公立医院提供。

四是以美国为代表的“混合型医疗保健模式”。其特点是：联邦政府向65岁以上的老人提供的“医疗保健”（medicare）、向低收入家庭提供的“医疗救助”（medicaid）等公共医疗保险覆盖全美人口的1/4，另有约60%的人口由职工个人和雇主购买私人医疗保险覆盖，还有15%左右的美国人没有任何医疗保险。至于医疗服务，则由公立医院、私立非营利医院、私立营利医院、开业医生等通过市场提供。

根据乌日图《医疗保障制度国际比较》（化学工业出版社，2003年）等资料编写。

1993年中共十四届三中全会以后，中国开始在江苏镇江和江西九江进行以“社会统筹与个人账户相结合”为核心内容的城镇职工医疗保障制度改革试点。在两个试点的经验基础上，1996年4月，国务院批准下达了国家体改委等四个部委提出的《关于职工医疗保障制度改革扩大试点的意见》，并在全国50多个城市扩大试点。

根据扩大试点的结果，1998年，国务院在总结试点经验的基础上又颁布了《关于建立城镇职工基本医疗保险制度的决定》。它仍然本着“低水平，广覆盖”和“统账结合”的原则，要求所有城镇用人单位都要参加基本医疗保险，按属地管理。单位和个人的缴费比例分别为工资总额的6%左右和2%左右；其中单位缴费的30%划入个人账户。门诊（小额）医疗费用主要由个人账户支付；住院（大额）医疗费用主要由统筹基金支付。截至2008年底，全国参加基本医疗保险人数比上年增加2 028万人。①

为进一步扩大医疗保险的覆盖范围，2007年，国务院又颁布了《关于开展城镇居民基本医疗保险试点的指导意见》，开始启动城镇非就业居民基本医疗保险试点，特别是解决中小学生、老人、残疾人等群体看病就医问题。2008年11月，国务院办公厅下发了《关于将大学生纳入城镇居民基本医疗保险试点范围的指导意见》，将在校大学生纳入医保范围。2015年底，全国参加城镇基本医疗保险人数达6.658亿，其中，参加职工基本医疗保险2.889亿人，参加城镇居民基本医疗保险3.769亿人。②

在农村医疗保障体制改革方面，随着农村家庭联产承包责任制的推广，原有人民公社农村合作医疗（“赤脚医生”）的体系随之瓦解。虽然1994年以后中央和各地政府做了一些努力，试图恢复合作医疗，但由于缺少可靠的经济来源和有效的制度设计，重建的合作医疗持续的时间往往很短，坚持下来的合作医疗也主要分布在发达的沿海地区。2002年10月，中共中央、国务院发出《关于进一步加强农村卫生工作的决定》，在全面总结以往合作医疗经验教训的基础上，决定从2003年起，在全国农村逐步建立以大病统筹为

① 数据来源于2009年3月5日温家宝总理在第十一届全国人民代表大会二次会议上所作的政府工作报告。新华网：http://www.xinhuanet.com/2009lh/gzbg/20090305/。

② 人力资源和社会保障部：《2015年度人力资源和社会保障事业发展统计公报》。

主的新型农村合作医疗制度和医疗救助制度。在财政补助方面，从2006年起，中央财政对中西部地区除市区以外的参加新型农村合作医疗的农民由每人每年补助10元提高到20元，地方财政也要相应增加10元，新型农村合作医疗制度由此在全国全面展开。截至2015年底，全国参加新型农村合作医疗人口数达6.7亿人，参合率为98.8%。[①]

总之，1995—2008年，中国医疗改革取得了一定的进展，但还存在不少问题。

从医疗费用的筹措和医疗保障的覆盖方面看，主要的问题包括：

（1）政府投入不足，使医疗保障的覆盖面离普遍覆盖的目标仍有不小距离。在医疗费用不断上升的同时，政府投入在医疗卫生总费用中的比重不但没有提高，反而逐年下降，使普通居民不胜负担（图9.1）。[②]

（2）医疗服务和医疗资源配置不合理。毛泽东在1965年的一次谈话（俗称“6·26指示”）中讲道，“城市老爷卫生部”的积习是，按照行政级别提供差距悬殊的医疗服务。这种状况至今没有得到解决。近两年我国卫生总费用只覆盖20%人口。一位卫生部前副部长指出，中国政府投入的医疗费用中，80%用于党政干部。[③]

① 国家卫生计生委：《2015年我国卫生和计划生育事业发展统计公报》。

② 政府以预算支出方式投入的比重从1980年的36.2%下降到2004年的17.1%；个人以现金支付部分从1980年的21.1%增加到2004年的53.6%。尽管近几年政府支出有所增加，但个人支出仍然占多数，如2007年卫生总费用中，政府和个人卫生支出分别为20.3%和46.2%。数据来源同上。

③ 参见周凯（2006）：《中国8成政府投入的医疗费是为各级党政干部服务》，《中国青年报》，2006年9月19日。

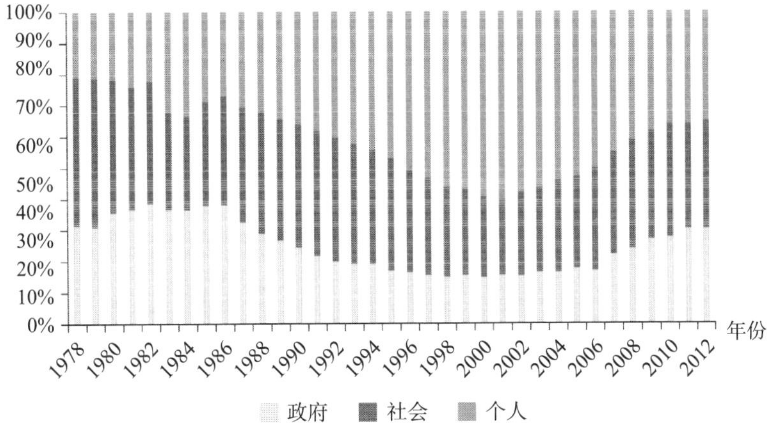

图 9.1 我国卫生费用筹资构成变化趋势（1978—2012）

资料来源：中国国家统计局：《中国统计年鉴（2013）》，第 769 页。

（3）医疗保险体系整体性不强。城镇职工基本医疗保险、城镇居民医疗保险、新农村合作医疗缺乏有效衔接，疾病保险相互之间难以转移。

（4）医疗保险的筹资和支付方式还需进一步完善。适合农民工特点的全国性医疗保险办法尚未出台。全国进城务工和在离开土地的乡镇企业就业的农民工约为 2.775 亿人，[①]虽然有 5 166 万名农民工参加了工伤和大病医疗保险[②]，但仅占 18.65%。新农村合作医疗的自愿性缴费方式很难实现普遍覆盖，采取以“保大病”为主的支付方式很难实现社会保障的收入再分配功能。

从医疗服务的提供方面看，主要的问题包括：

（1）对于是否对私人医疗机构放开医疗服务市场的政策不明确。对海外优质医疗机构和本土民营综合医院的市场准入都管得过紧，

① 国家统计局：《2015 年国民经济和社会发展统计公报》。

② 人力资源和社会保障部：《2015 年劳动和社会保障事业发展统计公报》。

对农村和偏远地区行医资格的标准规定得过高，阻碍了动员尽可能多的资源增加医疗服务供给。

（2）医疗服务几乎全部由国营医院和企事业单位的附属医疗机构提供。这些机构的制度改革进度缓慢，而是采取了早期国有工商企业相类似的“扩大自主权”的办法，让它们自行“创收”。这不但不能克服计划经济下国有企业的通病——管理差、效率低，不能按照医护人员的学识和贡献给予相应的报酬，损害了他们的工作积极性，而且导致了种种腐败行为。

（3）公立医疗机构的财政拨款严重不足[①]和要求它们自行“创收”来弥补资金缺口，引致“以药养医”“过度检查”和医疗服务价格不断上涨的局面。据统计，2015 年，医院次均门诊费用 233.9 元，按当年价格比上年上涨 6.3%，按可比价格上涨 4.9%；人均住院费用 8 268.1 元，按当年价格比上年上涨 5.6%，按可比价格上涨 4.1%。[②]

① 中国医院经费来源最初主要包括两部分：医疗业务收入和政府财政拨款。医疗业务收入指在医疗活动中的挂号费、住院费、手术费、治疗费和药费等。政府财政拨款包括差额预算和专项拨款，差额预算指医院按照国家的统一要求，除了药品销售实行加收批零差价，医院可获得部分经济收益外，其他医疗项目收费均低于医疗成本，差额部分由国家定额预算拨给。专项拨款指差额预算外，由国家拨给的大型设备购置和更新费。在医院进行投资补偿机制改革后，国家对医院采取补偿模式，包括预算补偿和经营补偿。预算补偿是由政府财政部门采取“定额总支付”形式，给医院拨付一定的预算经费。其优点是便于宏观调控、充分发挥医院的福利职能；缺点是机制僵化、医患供求矛盾加大。经营补偿是根据医院各服务项目的实际成本与价格，实行计价收费，以服务收入抵偿劳动消耗，并力求结余。这种补偿方式的最大优点是医院具有经营活力，主动面向医疗卫生服务市场，优化劳动组合，强化工作效率，缓解供需矛盾；缺点是诱发提供过度的医疗消费服务，医疗费用剧增。

② 国家卫生计生委：《2015 年我国卫生和计划生育事业发展统计公报》。

个人卫生支出不断增加。

（4）医疗保险管理机构没有履行第三方购买者的职责，虽然有了名义上的医疗服务购买者，但是在大多数情况下，这些医保机构并没有代表病人向医疗服务机构购买服务，从而对医疗服务的品质和价格实施有效的控制。

由以上这些缺陷造成的医疗服务水平低（看病难）和个人医疗支出超常增长（看病贵），招致大众对现行医疗体制的严重不满，引发了 2003 年以后全社会关于整个医疗卫生体制改革的大讨论。

正如前面所说，医疗问题，一是医疗费用的筹措，二是医疗服务的提供。对于前者，社会各方并不存在分歧，绝大多数参加讨论的人都认为政府应当负责建立国民医疗保险制度，并为低收入居民提供资金。但在医疗服务的提供上，则存在很大的分歧。

2003 年以后，关于医疗改革的争论日趋激烈。江苏省宿迁市在医疗改革中将公立医院拍卖的做法成为争议的焦点。2005 年 5 月初，卫生部官员严厉批评了公立医疗机构淡化公益性质、追求经济利益的倾向，并且认为："应当坚持政府主导，引入市场机制。产权制度改革，不是医疗制度改革的主要途径，我们决不主张民进国退。"5 月 24 日，卫生部下属的《医院报》头版刊登卫生部政策法规司司长的一次讲话——《市场化非医改方向》，该文被广泛转载。讲话认为，"看病贵""看病难"等现象，根源在于我国医疗服务的社会公平性差、医疗资源配置效率低，要解决这两个难题，主要靠政府，而不是让医疗体制改革走市场化的道路。此后，《中国青年报》在 7 月 28 日又刊出报道，"国务院研究机构称我国医改工作基本不成功"，再次引起社会关注。国务院发展研究中心几位研究人员的医改研究报告认为，医改困局的形成，是将近 20 年来医疗服务逐渐市场化、商品化引起的。所以，“核心问题在于强化政府责任”，医改方向选择上应以政府主导，公有制为主体，坚持医疗卫生事业的公共品属性。[①]

上述争论的实质是：在公共卫生服务以外的一般医疗服务[②]中，政府和市场各自应当扮演什么样的角色。一种观点认为，应该恢复医疗机构的公益性，由国家办医院直接向居民提供医疗服务（持这种观点的人们把自己称为医疗改革的“政府主导”派，把争论的对方称为医疗改革的“市场主导”派）。另一种观点认为，除公共卫生机构外的普通医疗服务应该实现市场化，各类医院都可以参与竞争，而由医疗服务的购买者（病人或医疗保险机构）选择提供方（持这种观点的人把自己称作“补需方”派，把争论的对方称为“补供方”派）。

专栏 9.3　宿迁医疗改革

财政的压力和旧医疗卫生体制下的种种弊端迫使宿迁对医疗卫生体制进行改革。宿迁医疗改革的目标在于重构以“四大分开”

① 在这场争论中，具有代表性的论著包括：李玲：《中国应采用政府主导型的医疗体制》,《中国与世界观察》，2005 年第 1 期；国务院发展研究中心课题组（2004）:《对中国医疗卫生体制改革的评价与建议》,《中国发展评论》，2005 年增刊第 1 期；顾昕：《走向有管理的市场化——中国医疗体制改革的战略性选择》,《经济社会体制比较》，2005 年第 6 期；周其仁：《病有所医当问谁》，北京：北京大学出版社，2009 年。

② 公共卫生服务（疾病预防控制、健康教育、妇幼保健、应急救治、采供血、卫生监督和计划生育等救助）与一般医疗服务（门诊、住院等）性质不同。前者属于公共品，后者属于私人品。二者显然不能混为一谈。

与“四大转变”为主要特征的新型医疗卫生体制。“四大分开”为：“管办分开”，从办医主体上把办医者与管医者分开，政府不再直接开办医院，其主要职责是对医院进行监管；“医卫分开”，是将一般医疗服务与公共卫生服务分开，市场提供一般医疗服务，政府提供公共卫生服务；“医防分开”，是将医疗与防保两类不同性质的机构分开；“医药分开”，是从利益上把医和药两个行业分开。“四大转变”指政府由补贴供方向补贴需方转变，由定点医疗服务向自由选择转变，由实物补贴向货币补贴转变，由暗补向明补转变。改革的实质是政府与市场进行专业化分工，即医疗服务以市场提供为主，公共卫生以政府提供为主，政府对贫困者购买医疗服务提供资助。

改革在沭阳县试点的基础上全面推行，其中广受关注的是医院混合所有制的改革。到 2006 年 7 月底，对全市乡镇以上 135 家医院中的 134 家进行了产权置换，置换医院所得全部投入公共卫生防保体系，政府不再新办常规医疗服务机构，优先发展民营医院，政府对医院履行监管者角色。医疗改革后，宿迁医疗服务能力和质量有所提高，医疗服务市场的竞争降低了原有医疗服务的价格，“收红包”等现象基本消失；同时，政府财政压力开始下降，公共卫生投入大幅度增加。政府的公共卫生直接投入从 2000 年的 2 875 万元增加到 2005 年的 4 692.1 万元，全市改制置换资金 42 286.37 万元，大部分投入了公共卫生建设。

宿迁医改引起了社会各界的广泛争论，其中有代表性的是北京大学和清华大学对宿迁进行的医改调研报告。北京大学的报告认为，宿迁医疗改革的思路在某些方面违背了社会和经济发展的客观规律，尤其是将全面市场化的改革手段用于已被理论和实践证明行不通的医疗卫生领域。所以，目前宿迁“看病贵”的问题没有得到解决，老百姓的医疗负担反而加重。清华大学的报告则认为，宿迁的医疗改革是一种积极的尝试，它对经济欠发达地区医疗卫生体制改革具有明显的借鉴意义。

根据北京大学中国经济研究中心医疗卫生改革课题组《江苏省宿迁地区医改调研报告》（2006 年 6 月）、清华大学公共管理学院课题组《宿迁市医疗卫生体制改革考察报告》（2006 年 11 月）等资料编写。

在中国医疗体制改革争论日益激烈之际，2006 年末，国家医药卫生体制改革部际协调小组成立。2007 年上半年，9 家国内外机构，即北京大学、复旦大学、北京师范大学、国务院发展研究中心、世界银行、世界卫生组织、麦肯锡公司、中国人民大学和清华大学各自向该小组递交了一份改革建议书，对中国医药卫生体制的改革提出指导原则和制度设计框架。在广泛征求各方意见的基础上，2008 年底形成了《关于深化医药卫生体制改革的意见》和《医药卫生体制改革近期重点实施方案（2009—2011）》。方案要求充分调动广大医务人员的积极性，努力建成覆盖全国城乡的基本医疗保障制度，初步实现人人享有基本医疗卫生服务。方案指出，2009—2011 年我国要重点抓好以下五项工作：

一是推进基本医疗保障制度建设。将全国城乡居民分别纳入城镇职工基本医疗保险、城镇居民基本医疗保险和新型农村合作医疗制度覆盖范围，3 年内参保率均应提高到 90% 以上。

二是建立国家基本药物制度。统一制定和发布国家基本药物目录，出台基本药物生产、流通、定价、使用和医保报销政策，减轻群众看病就医基本用药费用负担。

三是健全基层公共卫生服务体系。3 年内中央财政再支持 5 000

所中心乡镇卫生院、2 000 所县级医院和 2 400 所城市社区卫生服务中心建设。支持边远地区村卫生室建设，实现全国每个行政村都有卫生室。

四是促进基本公共卫生服务逐步均等化。扩大免费公共卫生服务范围，城乡居民人均公共卫生服务经费不低于 15 元，以后逐步提高。增加重大传染病、慢性病、地方病防治的专项投入。

五是推进公立医院改革试点。重点改革管理体制、运行机制和监管机制。鼓励各地探索政事分开、管办分开、医药分开、营利性和非营利性分开的有效形式。逐步取消以药补医机制，推进公立医院补偿机制改革。鼓励各地探索建立医疗服务由利益相关方参与协商的定价机制，建立由有关机构、群众代表及专家参与的质量监管和评价制度。

3 年各级政府拟投入 8 500 亿元，其中中央财政投入 3 318 亿元。[①]

9.3.4 关于失业保险

计划经济体制下，我国实行“统招统分”“统包统配”的劳动就业制度。1958 年宣布城镇已消灭失业，真实情况是失业从“显性”变成“隐性”。从 1962 年到 1978 年改革开放之前，约有 1 800 万名知识青年被下放到农村，农村成了吸纳“隐性”失业人员的“蓄水池”。改革开放后，国家对传统的就业体制进行了改革。1986 年，开始实行《中华人民共和国企业破产法》和国有企业用工的劳动合同制度改革，失业开始显性化。为了适应国有企业改革的需要，国务院颁布了《国营企业职工待业保险暂行规定》，由此开始建立起失业保险制度。1993 年 4 月，国务院在此基础上发布《国有企业职工待

① 参见十一届人大二次会议政府工作报告，2009 年 3 月 5 日。

业保险规定》。1993年，中共十四届三中全会《中共中央关于建立社会主义市场经济体制若干问题的决定》中正式提出要建立“失业保险制度”。1999年，国务院颁布《失业保险条例》，规定城镇企业事业单位及其职工必须参加失业保险。此后，我国失业保险制度开始走上正常的发展轨道。

失业保险制度的融资来源是企业缴纳的失业保险费、失业保险基金的利息收入和财政补贴，企业缴费比例一般不高于企业职工工资总额的1%，不设个人账户。20世纪90年代后期，由于国有企业职工下岗问题愈加突出，仅凭失业保险制度根本无法保证下岗职工的基本生活。因此，中央对下岗职工采取了“三家抬”的融资政策，即中央财政、地方财政和企业各出1/3，用于支付下岗职工维持基本生活的费用。鉴于失业保险金收入不足，不足以维持支出需要，尤其在下岗职工生活费相当一部分要由失业保险金支出的情况下明显收不抵支，1998年5月，中央召开的国有企业下岗职工再就业会议确定，失业保险缴费率由职工工资总额的1%提高到3%，其中个人负担1个百分点。①

截至2015年底，全国参加失业保险的人数达17 326万人，全年共为456.8万人发放不同期限的失业保险金。②

① 见《中共中央国务院关于切实做好国有企业下岗职工基本生活保障和再就业工作的通知》（中发〔1998〕10号）与劳动和社会保障部、国家经贸委、财政部、教育部、国家统计局、中华全国总工会等6部委联合下发的《关于加强国有企业下岗职工管理和再就业服务中心建设有关问题的通知》（劳社部发〔1998〕8号）。

② 数据引自人力资源和社会保障部：《2015年度人力资源和社会保障事业发展统计公报》。

第 10 章　转型时期的宏观经济政策

集中计划经济的特点是，把整个社会组织成为一个以政府作为总管理处的“国家辛迪加”。政府对这家国家大公司实施从宏观经济到微观经济“一竿子插到底”的管理。它直接在国有生产单位（“企业”）之间配置资源，决定它们生产什么、生产多少和为谁生产。于是，所有的经济问题都成了“宏观经济问题”，而没有微观经济与宏观经济的区别。随着计划经济向市场经济转型，微观经济决策开始程度不等地由企业自主做出，于是出现了宏观经济与微观经济的区别。这样，也就使我们有必要对转型时期的宏观经济做专门的讨论。

10.1　宏观经济的短期分析与长期分析

1929 年世界经济危机发生以前，虽然与计划经济条件下宏观经济与微观经济不分的原因有所不同，但以市场经济为研究对象的主流经济学也没有宏观经济与微观经济之分。古典经济学认为，工资、利率及其他物品的价格都具有充分的弹性，可以实时地反映它们的相对稀缺程度。在这种情况下，即使个别市场上的供求出现失衡，也能够通过价格变化引导资源在各个市场之间流动，实现资源的再配置和市场总体的均衡。所以，社会总供给和总需求总是相互协调的。

1929 年的世界经济危机使上述古典经济学理论受到了严重的挑战。在回应这一挑战的过程中，诞生了凯恩斯主义经济学。

10.1.1 凯恩斯革命与宏观经济学的诞生

任何一个经济体的总体均衡都建立在以下条件之上：

总供给 = 总需求

或：

消费 + 储蓄 + 政府收入 + 进口 = 消费 + 投资 + 政府购买 + 出口

如果从实物形态看，等式两边总是相等的。如果各种物品的价格都具有充分的弹性，能够实时地进行调整，在价值形态上两者也总是相等的，不可能发生总需求不足和导致经济危机。

凯恩斯主义经济学在解释经济危机为何能够发生时指出：上述推断只有从长期的观点看才是正确的。在短期内，价格如果不能立即调整到位，那么，宏观经济的短期失衡会经常发生。

自此，微观经济学与宏观经济学就成为理论经济学两个既相互联系又彼此独立的组成部分。前者考察家庭、企业等个体经济活动，后者考察整个社会的总体经济活动。

第二天世界大战以后，萨缪尔森（Paul Anthony Samuelson，1915—2009）等经济学家把凯恩斯主义的宏观经济学短期分析与新古典经济学的微观经济学长期分析综合起来，形成了名为“新古典综合”（neoclassical synthesis）的“后凯恩斯主流经济学”。

新古典综合经济学家主张建立一种“混合经济”（mixed economy）体制：它以私有部门为基础，同时，政府宏观经济政策和公共部门也起着重要的作用。凯恩斯主义宏观经济政策的主张是，当出现总需求不足和经济萧条的情况时，用扩张性的宏观经济政策增加总需求来加以救助；反之，当出现了总需求过旺和经济过热的情况时，则主张用紧缩性的宏观经济政策减少总需求来加以抑制。

第二天世界大战后，英美等主要市场经济国家在遭遇经济衰退时，通常都会采用凯恩斯主义的宏观经济政策，用扩张性财政、货币等宏观经济政策缓解和消弭经济危机，取得了显著的成效。但是在萧条得以缓解的同时，通货膨胀[①]（inflation）往往又接踵而至。这时，宏观经济部门就会转而采用紧缩性的政策来加以抑制。

10.1.2 新自由主义与凯恩斯主义的论争

坚持古典主义的经济学家（他们常常被称为新自由主义或新古典经济学家，new classical economcts），如奥地利学派的哈耶克、货币主义的弗里德曼和理性预期学派的卢卡斯（Robert E. Lucas Jr.）并不认同凯恩斯的论点。特别是到了20世纪70年代，英美等国都遭遇了前所未有的高通货膨胀和高失业率并存的“滞胀”（stagflation）。凯恩斯主义提倡的政府干预政策是“滞胀”的根源，“滞胀”的出现动摇了人们对凯恩斯主义经济学的信心。这些经济学家在与凯恩斯主义的争论中提出了许多分析经济长期运行的有用理论和方法。

哈耶克对凯恩斯主义的批评包含两个要点：第一，凯恩斯主义经济政策遵循的集体主义逻辑必然趋向于实行集中计划；第二，从宏观经济去寻找危机的根源是错误的，因为衰退乃是由微观原因造

① “通货膨胀”在经济学中的含义是物价总水平的上升，但是由于在中文文献中把inflation译为“通货膨胀”，使许多人误以为它的含义是货币的超额发行。

成的。而且，政府项目的扩大，只会窒息私有部门和民间社会的活力而增加困难。

货币主义的中心命题是：管住货币，其他事情让价格去决定。货币主义者认为，在通货膨胀和失业之间并不存在负相关关系；长时期的平均失业率由经济内生的“自然失业率”决定；中央银行的货币政策会使人们的通货膨胀预期发生变化，从而使实际失业率在自然失业率的左右，但最终仍然更收敛于自然失业率（专栏 10.1 图 10.2）。

新自由主义经济学的另一个派别是被称为“新古典宏观经济学”（new classical macroeconomics）的理性预期学派。它的代表人物美国芝加哥大学教授卢卡斯认为，凯恩斯主义宏观干预政策的有效性建立在公众未能预见到政策后果、存在“货币幻觉”的条件下。然而，人们会利用一切可以利用的信息形成和修正自己的预期。在人们具有理性预期的情况下，政府的宏观干预政策就会失去效果。

在反对凯恩斯主义的经济学家中，供应学派（supply-side economics）是一个异数。他们并没有建立严密的理论体系，而是把论述重点放在如何采取实际政策来发挥“供给方面”（企业方面）的活力。

面对西方经济在 20 世纪 70 年代出现的滞胀态势，1980 年就任英国首相的撒切尔夫人和 1981 年就任美国总统的里根采纳货币主义及供应学派的主张，采取了私有化、减税、放松管制等政策来刺激经济的活力，并在优化产业结构、提高企业竞争力等方面取得成效，使美国重新夺回了在汽车、电子等工业的霸主地位。

2008 年全球金融危机爆发后，新凯恩斯主义经济学家的活跃程度大大加强。但是，持有自由主义观点的经济学家也提出了反驳，认为危机正是由凯恩斯主义的经济政策造成的。

专栏 10.1　菲利普斯曲线

凯恩斯主义经济学对宏观经济短期波动的分析和对宏观经济政策的建议，在“菲利普斯曲线”中得到了最简明扼要的反映。

1958 年，伦敦经济学院的经济学家菲利普斯（A. W. Phillips，1914—1975）根据 1861—1957 年英国的失业率和货币工资增长率的统计资料提出，物价上涨率和失业率之间存在着一种反向替换的关系：当物价上涨率较高时，失业率就较低；当物价上涨率下降时，失业率就上升（图 10.1）。它被称为菲利普斯曲线（Phillips Curve）。凯恩斯主义的经济学家认为，宏观经济政策的目标就是沿着菲利普斯曲线寻找一个最佳点，用扩张性的宏观经济政策来缓解失业，或者用紧缩性的宏观经济政策来缓解通货膨胀压力。

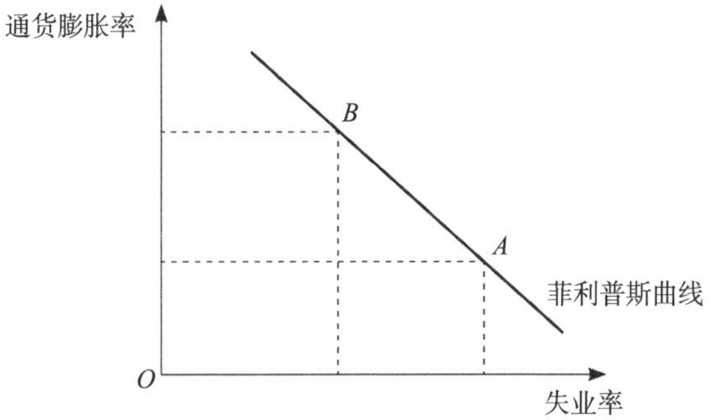

图 10.1　菲利普斯曲线

根据弗里德曼的看法，长期中通货膨胀和失业之间不存在交替关系。货币供给的过量增长最终会引起通货膨胀。但是无论通货膨胀率如何，失业率趋向于其自然失业率（图 10.2）。

对于理性预期学派的经济学家来说，通货膨胀率和失业率之间

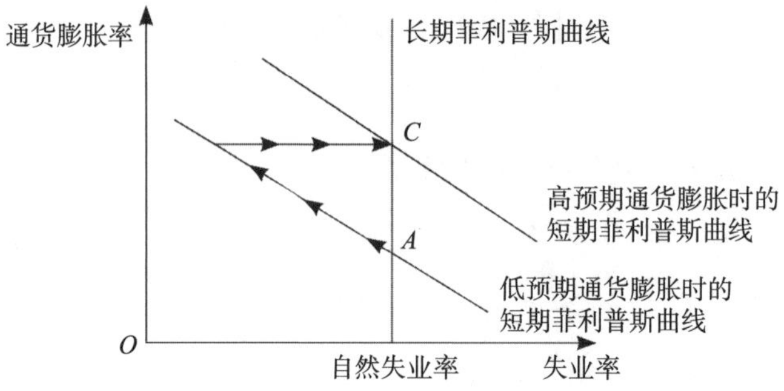

图 10.2 预期的通货膨胀如何使短期菲利普斯曲线移动

完全不存在负相关关系。在实行扩张性货币政策的早期，人们在尚未形成通货膨胀预期和存在货币幻觉（money illusion）的情况下，会增加投资和就业，但是当人们形成了通货膨胀预期，就业水平又会回到自然失业率。由于经济活动的参与者对宏观经济部门的行为会产生理性预期（rational expectation），而不会受到货币幻觉的误导，失业率将始终保持在自然失业率的水平上，而不会由于宏观经济政策的变动而改变。所以，菲利普斯曲线是一条垂直线（图 10.3）。

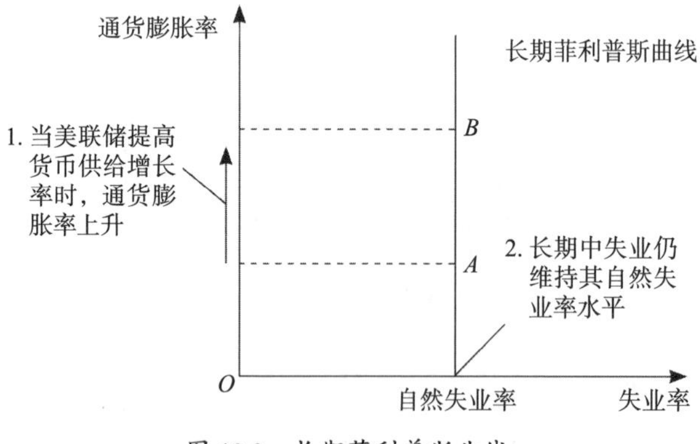

图 10.3 长期菲利普斯曲线

在争论中，部分新凯恩斯主义经济学家也对老凯恩斯主义的理论做了调整。他们指出，由于名义工资和价格黏性（stickiness）

的存在，短期的菲利普斯曲线仍然是一条下斜的线。不过，人们的通货膨胀预期愈高，菲利普斯曲线的位置也愈高。因此，政府不应当单纯依赖短期政策来解决失业问题，因为这样只会导致通货膨胀预期提高和失业率提高相互促进的恶性循环；而应当采取改变人们的通货膨胀预期和扩大就业等措施来降低失业率。

根据曼昆《经济学原理》（北京：生活·读书·新知三联书店、北京大学出版社，1999 年）等资料编写。

10.1.3 宏观经济的长期分析和经济增长模式的历史变迁

凯恩斯主义经济学和新古典经济学的分歧，主要集中在宏观经济的短期分析方面，在其他方面并非那么水火不相容。20 世纪 80 年代以后，经济学的各种流派对宏观经济运行的长期问题都给予了更多的关注。

在讨论宏观经济的短期问题时，我们着重分析在短期内发生变化的因素，即问题的需求方面；在讨论宏观经济的长期问题时，我们就要把分析的重点放到供给方面去，研究它的长期增长是靠哪些力量支撑的，或者说，它的增长模式是什么样的。在不同的经济增长模式下，自然资源、劳动、资本和技术等生产要素所起的作用有很大的区别。

根据现代经济学的研究，西方国家 18 世纪第一次产业革命前的经济增长更多的是靠自然资源，主要是土地投入实现的，由于自然资源数量有限，经济增长也十分缓慢。据此，英国经济学家马尔萨斯（Thomas Robert Malthus，1766—1834）认为，一旦自然资源无法支撑由人口增长造成的需求增长，人类就会陷入穷困的陷阱当中。产业革命打破了马尔萨斯的预言。在那以后，西欧和北美各国的经济增长模式大致经历了三个阶段（表 10.1）[①]：

表 10.1 西方国家经济增长模式的演进

增长阶段	主要特征	驱动因素	主导产业	增长理论
“起飞”以前的缓慢增长	手工劳动	自然资源开发	农业	马尔萨斯陷阱
早期经济增长	机器代替手工劳动	资本积累	重化工业	哈罗德－多马投资驱动增长模型
现代经济增长	基于科学的技术的广泛应用	生产效率提高	服务业与工农业的一体化	索洛的新古典外生增长模型
信息时代	用信息通信技术改造整个国民经济	信息成本降低	信息通信产业	新增长理论的内生增长模型

（1）18 世纪后期到 19 世纪后期的早期经济增长是现代经济增长的第一个阶段。这个阶段的特征是，增长主要靠投资驱动。随着投资率的不断提高和投资回报递减到一定程度，出现了劳动者生活水平提高缓慢、最终需求不足，以及由此导致的经济危机等一系列严重的经济社会问题。

（2）自 19 世纪后期的第二次产业革命开始以后，西方国家进入依靠技术进步和效率提高驱动的现代经济增长时期。

（3）20 世纪 50 年代开始的后工业化时期的经济增长。这个阶段的经济增长是靠国民经济的信息化和交易成本的降低推动的。

一个国家能不能实现持续稳定的发展，往往与它采取何种经济增长模式有密切的关系。

以下，我们将按照先短期分析、后长期分析的顺序，讨论中国

① 关于增长模式转变更详细的讨论，见《吴敬琏集·中国增长模式抉择》第 2 章。

转轨期间的宏观经济。

从短期的观点看，在1978年末改革开放以来至2008年的30年时间里，中国宏观经济引人注目的特征是反复出现经济过热和通货膨胀。

10.2 1979—1996年的四次经济波动

10.2.1 通货膨胀是转型国家的普遍问题

不但中国在转轨时期遭遇到多次通货膨胀，正如我们在本书第1章1.4节里已经谈到过的，东欧社会主义国家的经济改革几乎无一例外地都遇到过通货膨胀的困扰。宏观经济状况的恶化是造成匈牙利、波兰、南斯拉夫等国在20世纪80年代末期经济崩溃和社会动荡的一个重要因素。

为什么在从计划经济向市场经济转型的过程中会经常出现通货膨胀？许多经济学家认为，出现这种情况的主要原因是：

（1）隐性通货膨胀的显性化。匈牙利经济学家科尔奈早就论证过，计划经济是一种短缺经济。[①] 也就是说，它的常态是总需求远大于总供给。不过，由于在计划经济体制下绝大部分商品实行固定价格制度，需求过旺和供给不足通常并不表现为价格上涨，而是在行政压制下隐性地存在着，并以配给制度和额外的寻求成本等形式表现出来。

市场制度的核心是它的自由价格制度。所以在市场取向的改革

① 科尔奈（1978）：《短缺经济学》，北京：经济科学出版社，1986年。

启动以后，势必要或快或慢地放开商品价格和要素价格。在短缺的条件下放松价格管制，就会使隐性的通货膨胀显性化。因此，在短缺经济的市场化过程中，物价的持续上涨是不可避免的。

（2）在转型时期，特别在它的早期，财政预算存在不少增支减收的因素。一方面，改革对效率提高的效应需要一定的时间才能显现出来；另一方面，为了增加改革的助力、减少改革的阻力，在利益格局大调整的改革过程中，既要增加在旧体制中受到损害的人们的利益，同时又要尽可能保证大部分人原有的利益不受损失，或者对在改革中遭受损失的那些利益主体给予一定的补偿，为了实现这一点，政府需要增加开支以支付改革的成本。以上两方面的因素加在一起，就容易在改革开始的一段时间内出现财政赤字加大、货币超量发行的情况，加大通货膨胀的压力。

（3）改革过程中，宏观经济管理的缺陷和政策差错使通货膨胀不能在早期得到抑制。在转轨时期，良好的宏观经济管理并不容易做到。首先，良好的宏观经济管理要以良好的基础设施为前提，如独立和有效率的中央银行制度、健全的货币政策传导机制和企业财务预算的硬约束等，这些条件在转型时期，特别在它的早期阶段通常并不具备。其次，政府运用自己的财政政策、货币政策和居民收入政策来保持宏观经济的稳定，本来就是一门精巧的艺术。要让习惯于计划经济中行政命令操作而对现代经济学并不谙熟的官员来承担宏观经济管理的任务，需要一个学习的过程，很难一开始就取得满意的效果。最后，转轨时期的宏观经济决策很容易向短期利益倾斜，因而往往为了获得短期经济增长的利益而付出通货膨胀等长期的代价。

这样，伴随着市场化改革的进行，通货膨胀也不时显现，有时甚至表现得相当严重（表 10.2）。

表 10.2　价格指数（1978—1997）

	1978	1979	1980	1981	1982	1983	1984	1985	1986	1987
商品零售价格指数	0.7	2.0	6.0	2.4	1.9	1.5	2.8	8.8	6.0	7.3
居民消费价格指数（CPI）	0.7	1.9	7.5	2.5	2.0	2.0	2.7	9.3	6.5	7.3
	1988	1989	1990	1991	1992	1993	1994	1995	1996	1997
商品零售价格指数	18.5	17.8	2.1	2.9	5.4	13.2	21.7	14.8	6.1	0.8
居民消费价格指数（CPI）	18.8	18.0	3.1	3.4	6.4	14.7	24.1	17.1	8.3	2.8

资料来源：《中国统计年鉴》。

注：1985 年以前居民消费价格指数为职工生活费用指数。

10.2.2　1979—1983 年的第一次经济波动

1976 年“文化大革命”终结以后，民心振奋，从上到下都有一股“大干快上”的建设热情和投资冲动。当时的中国政府领导人没有考虑经济体制和经济结构严重扭曲的实际情况，继续按照过去的高指标、高投入、低效率的粗放增长模式，组织了一次新的“跃进”，即所谓“洋跃进”。中共中央和国务院制定的《1976 年到 1985 年发展国民经济十年规划纲要》提出，1978—1985 年期间，要新建和续建 120 个大型项目，在全国形成 14 个大型重工业基地，以便工业总产值在 1978—1985 年期间，每年增长 10% 以上。为了实现新的“跃进”，在几个月中同国外签约引进了耗资 160 亿元的 9 套大型化工项目，以及耗资600亿元的宝山钢铁厂、100套综合采煤设备等22个项目。如此巨大的投资规模、这样多的大型项目同时进入建设高峰，对国民经济形成了很大的冲击，于是出现了新一轮经济波动。①

首先，预算赤字和货币发行迅速增加。1978年预算节余10.1亿元，1979年赤字猛增到206亿元，达到国内生产总值的5.2%，形成了很大的货币扩张压力。现金（M0）供应的年增长率由1978年的9.7%急剧上升到1979年的24.4%和1980年的25.5%，银行信贷余额的年增长率由1979年的10.2%提高到1980年的18.3%。

在这样的宏观经济态势下，虽然大部分商品价格仍受到行政管制，但部分放开了的价格开始攀升。零售物价指数由1978年的0.7%上升到1979年的2.0%和1980年的6.0%。

针对这种情况，1979年3月成立的国务院财政经济委员会提出了“调整、改革、整顿、提高”的八字方针。然而，在开始的一段时间内，由于大搞基本建设之风没有得到扭转和继续进行“放权让利”的企业改革，这个方针没有得到落实。中共中央在1980年冬季决定在下一年度以更大的力度“进一步调整国民经济”。② 这次国民经济的调整是在“坚持以计划经济为主”的体制背景下进行的③，采取了以下一些紧缩措施：（1）压缩固定资产投资和基建项目；（2）压

① 造成这次经济波动的一个体制性因素，是在国有企业中进行的“扩大企业自主权”改革。关于这一改革对宏观经济的影响，我们已在第2章2.2.2节中进行过讨论。

② 陈云：《经济形势与经验教训》（1980年12月16日），《陈云文选（1956—1985年）》，北京：人民出版社，1986年，第248—254页。

③ 陈云：《计划与市场问题》（1979年3月8日），《经济建设的几个重要方针》（1981年12月22日）和《加强和改进经济计划工作》（1982年1月25日），同上书，第220—223页、275—277页、278—280页。

缩国防经费和行政管理费用；（3）加强银行的信贷管理，冻结企业存款，并向国有企业强行推销国库券48亿元。在这些政策措施的作用下，1981年通货膨胀率开始下降，并于1983年初到达了谷底（表10.3）。对外贸易也由赤字转为盈余。

表10.3　中国宏观经济情况（1978—1983）　　（年对年%）

	1978	1979	1980	1981	1982	1983
GDP增长	11.7	7.6	7.8	5.2	9.1	10.9
固定资产投资增长	—	—	—	5.5	28.0	16.2
居民消费价格指数（CPI）	0.7	1.9	7.5	2.5	2.0	2.0

资料来源：《中国统计年鉴》。

10.2.3　1984—1986年的第二次经济波动

第一次降温不久，以下因素又促使中国经济从1983年开始升温，并在1984—1985年之交形成了过热。

第一，1982年9月，中共十二大正式确定了到20世纪末工农业生产总值“翻两番”的战略目标。按照原来的部署，1980—2000年的20年间，前10年是打基础，后10年实现腾飞。但是，当时大家的热情很高，在一些中央领导人的鼓励下，从1984年初开始，各地方政府竞相攀比，层层加码，纷纷要求扩大投资规模，以便“提前翻番”。尽管后来中央政府一再号召“不要头脑发热”，但是，一些地方政府根据以往的经验，提出“下马中上马”“批评中前进”的口号，继续扩张，使经济过热的势头很难得到遏制。

第二，1984年9月的中共十二届三中全会扭转了1981—1983年的计划经济思想回潮，确立了社会主义商品经济的改革目标。因此群情振奋，认为从此可以放手改革，中国经济也将很快腾飞。此外，预计从 1985 年起扩大专业银行贷款自主权的改革在设计实施办法时发生了一项技术性错误，即规定以后中央银行给予银行的贷款额度以 1984 年的贷款实际发生额为基数。于是，各专业银行为了提高 1985 年的贷款基数，逐级下达指标，要求尽量扩大 1984 年的贷款规模。有的基层银行甚至送款上门，要求企业多贷款。

第三，1984 年 10 月适逢建国 35 周年大庆，有的中央领导人又提倡“能挣会花”，一些机关和企业突击提高工资、发放奖金和服装等消费品，更使得经济过热势头火上浇油。

上面这些因素综合起作用的结果是：货币供应迅速增加。1984 年，银行信贷总额比上年增长了 28.8%，其中，仅 12 月就比上年同期增长了 84.4%。现金（M0）发行比上年增长 49.5%。1985 年第一季度末，现金（M0）、狭义货币（M1）、广义货币（M0）分别比上年同期增长 59%、39% 和 44%。从 1985 年第二季度开始，物价迅速上扬。

从 1984 年末到 1985 年，对于经济是否过热和是否应当采取紧缩政策，不论在经济学界还是在决策层中都存在着意见分歧，因而迟迟未能做出政策决定。当时，国务院领导确认货币流通出现了不正常情况①，在 1985 年上半年连续召开了三次省长会议，要求各地采取措施制止投资和消费基金的膨胀。但是由于中央领导层意见不完全一致，所以没有起到明显的作用。到了年中，在邓小平的指示下，对宏观经济形势的估计才趋于一致。在这样的背景下，中央政府决定派出检查组分赴各省检查，监督压缩基建项目的实施情况。与此

① 吴敬琏、李剑阁、丁宁宁：《当前货币流通形势和对策》（1984 年 12 月 31 日），吴敬琏、胡季主编：《中国经济的动态分析和对策研究》，北京：中国人民大学出版社，1989 年，第 1—11 页。

同时，中国人民银行采取了紧缩性的货币政策，除加强贷款额度控制外，还连续两次上调了存、贷款利率。在行政措施与经济措施并举的情况下，货币供应量在1985年下半年开始回落，投资增长率也在同年第三季度逐月回落。1986年第一季度，M0和M2的年增长率分别下降到14%和13%，居民消费价格指数和GDP增长率也都迅速回落（表10.4）。

表10.4 中国宏观经济情况（1983—1986） （年对年%）

	1983	1984	1985	1986
GDP增长	10.9	15.2	13.5	8.8
固定资产投资增长	16.2	28.2	38.8	22.7
居民消费价格指数（CPI）	2.0	2.7	9.3	6.5

资料来源：《中国统计年鉴》。

1984—1986年的经济波动始终伴随着激烈的理论和政策争论。

早在1984年末、1985年初出现经济过热的苗头时，经济决策咨询部门和经济学家就针对当时的宏观经济形势展开了激烈的辩论。主张采取扩张性宏观经济政策的经济学家认为，对外开放、对内搞活政策的贯彻执行，客观上要求货币供应量增加。货币供应量增长速度超越经济增长速度是经济本身提出的要求，货币供应有限度地超前，对生产是一种推动。厉以宁教授以他的“非均衡理论”论证了扩张性政策的合理性。他指出，供不应求的状态是社会主义经济的常态。在中国这样一个发展中的社会主义国家，在可以预见的时期，国民经济将始终处在总需求超过总供给的“非均衡”状态之中，如果想人为地用宏观控制措施压制需求和限制货币供应量，不但不利于高速增长，而且会损害各方面的利益，从而招致人们对改革的支持力度减弱，因此，“紧”的宏观经济政策是不可取的。[①] 与上述观点相反，另一些经济学家认为，国际经验已经反复证明，通货膨胀既不利于发展，也不利于改革。同时，考虑到社会的承受力，进行经济体系包括价格体系的全面改革，要以总需求同总供给比较协调、经济环境比较宽松、国家财力有一定的余地为前提，以便保证在重大改革措施出台时不致出现严重的通货膨胀。因此，中共中央和政府应当采取果断的态度，抑制需求，改善供给，在经济环境得到一定程度治理的条件下，迅速推出配套改革的第一批措施，让新经济体制运转起来，促使国民经济尽快转入良性循环。[②]

在这场争论中，对从理论上廓清问题起了重要作用的是，1985年9月2—7日由国家经济体制改革委员会、中国社会科学院和世界银行共同召开的宏观经济管理国际讨论会（又称“巴山轮会议”）。这次会议通过经济学家之间的深入讨论，对中国应当采取什么样的宏观经济政策做出了有充分科学根据的结论。在这次会议上，特别是被人们称为凯恩斯主义货币问题大师的詹姆斯·托宾（James Tobin，1918—2002）的发言，使那种以“西方主流经济学”的名义宣称“通货膨胀有益于经济发展”的言论在一段时间里销声匿迹了。

① 吴敬琏、李剑阁、丁宁宁:《当前货币流通形势和对策》(1984年12月31日)，吴敬琏、胡季主编:《中国经济的动态分析和对策研究》，北京：中国人民大学出版社，1989年，第1—11页。

② 参阅吴敬琏（1985）:《经济改革初战阶段的发展方针和宏观控制问题》,《吴敬琏自选集》，太原：山西经济出版社，2003年，第202—210页；吴敬琏（1985）:《再论保持经济改革的良好经济环境》，同上书，第211—229页；刘国光、赵人伟（1985）:《当前中国经济体制改革遇到的几个问题》，中国经济体制改革研究会编：《宏观经济的管理和改革——宏观经济管理国际讨论会言论选编》，北京：经济日报出版社，1986年，第193—203页。

托宾根据世界银行关于中国经济情况的简报尖锐地指出，中国面临发生严重通货膨胀的危险，主张中国应当采取“三紧政策”，即紧的财政政策、紧的货币政策和紧的收入政策来避免危机，而不是西方国家在面临较温和的通货膨胀时通常使用的“松紧搭配政策”。[①]会议召开以前，国务院领导人曾经会见与会的外国专家，他们对中国宏观经济所做的分析也坚定了中国政府实施稳定经济政策的信念。

这场争论的政策性结论，则是由 1985 年 9 月中共全国代表会议做出的。邓小平在这次会议的讲话中说：“速度过高，带来的问题不少，对改革和社会风气也有不利影响，还是稳妥一点好。一定要控制固定资产的投资规模，不要把基本建设的摊子铺大了。”[②]这次会议提出的《中共中央关于制定国民经济和社会发展第七个五年计划的建议》，提出了“七五”期间（1986—1990）的经济和社会发展必须坚持的四条指导原则，其中至少有两条直接与宏观经济政策有关，它们是：

（1）坚持把改革放在首位，使改革和建设互相适应，互相促进。从根本上说，改革是为建设服务的。从当前来说，建设的安排要有利于改革的进行。为了改革的顺利进行，必须合理确定经济增长率，防止盲目攀比和追求产值产量的增长速度，避免经济生活的紧张和紊乱，为改革创造良好的经济环境。

（2）坚持社会总需求和总供给的基本平衡，使积累和消费保持恰当的比例。这里的中心问题是，在妥善安排人民生活的同时，要

① 中国经济体制改革研究会编（1986）：《宏观经济的管理和改革——宏观经济管理国际讨论会言论选编》，北京：经济日报出版社，1986 年。

② 邓小平：《在中国共产党全国代表会议上的讲话》（1985 年 9 月 23 日），《邓小平文选》第三卷，北京：人民出版社，1993 年，第 143 页。

十分注意根据国力可能来确定合理的固定资产投资规模，做到国家财政、信贷、物资和外汇的各自平衡和相互间的综合平衡。

中共全国代表会议的以上论述，是改革开始以来正确处理改革与增长、改革与经济环境之间关系的经验教训的深刻总结。可惜的是，没过多久，这些花了很大代价才取得的教训似乎又被人遗忘，于是又发生了从1986年开始、1988年全面爆发的更加严重的通货膨胀。

10.2.4 1987—1990年的第三次经济波动

是否应当采取扩张性的货币政策和运用通货膨胀政策来刺激短期经济增长，往往并不取决于学理上的正误，而是为经济和政治上的实际利益所左右。在1984—1985年的经济过热刚刚降温时，又不断有人以这样或那样的理由主张实行通货膨胀政策。这种“通货膨胀有益无害”的鼓吹到1988年春季达到了最高峰，1988年8月终于爆发了严重的通货膨胀（当月零售物价上涨合年率80%）和抢购风潮。

按照中国政府的原定计划，1986年经济工作的方针是继续稳定经济，以便迎接1987年开始的“大步改革”。[①] 然而到了1986年初，经济增长出现下滑迹象，2月还出现了GDP的零增长，这时，政府领导人决定放松对银行贷款的控制。结果，从1986年第二季度开始，货币供应迅速扩张，1987年第四季度，通货膨胀再次抬头。但这时有些领导人受“通货膨胀无害论”的影响，认为1987年的问题不是总量问题，而只是由于农业生产的局部问题。于是，1988年的中央“1号文件”一改历年以农业问题为主题的惯例，专讲宏观经济问题。

① 赵紫阳在全国经济工作会议上的讲话，见《人民日报》1986年1月13日的报道。

文件指出，1987 年实现了有效益的增长，速度快而无通货膨胀的危险。这样，到 1988 年中期，M1 和 M2 的年增长速度分别达到 33% 和 29%。

1988 年 5 月上旬，中共中央政治局常委会决定在此后 5 年中实现价格和工资改革“闯关”。5 月末，在讨论如何执行这一决定的高层会议上，参加会议的部分经济学家根据当时的宏观经济形势，提出了“先治理，再闯关”的主张。他们当时的依据是：（1）1987 年第四季度从农产品开始的涨价风，正向其他领域扩散；（2）交通、生产资料供应的“瓶颈制约”日趋严重；（3）各地零星抢购已经发生，正在此起彼伏地蔓延开来；（4）4 月的储蓄出现了负增长，表明通货膨胀预期正在形成。但是，另外一些经济学家的意见得到了当时的政府领导人的首肯。这些经济学家根据他们对拉丁美洲经济情况的观察，认为百分之几千的通货膨胀也不至于对经济繁荣造成障碍。领导人由此得出了可以在高通货膨胀、高增长速度下实行物价改革“闯关”的结论。[①]

1988 年下半年的事态，并没有按照领导人的乐观估计发展。6 月初的中共中央政治局会议正式决定进行物价—工资“闯关”以后，通货膨胀预期迅速形成。1988 年下半年对上年同期的全国零售物价指数攀升至 26%，城市普遍出现商品抢购风潮。倒买倒卖计划调拨物资和外汇额度等寻租活动的蔓延，更加剧了群众的不满。这一切都使经济问题转化为社会问题，酿成政治的不稳定。

为了控制爆发性的通货膨胀，1988 年第三季度开始急剧压缩固定资产投资规模，停止审批计划外建设项目；清理整顿公司，尤其是信托投资公司；控制社会集团购买力；强化物价管理，对重要生

① 柳红（2002）：《当代中国经济学家学术评传：吴敬琏》，西安：陕西师范大学出版社，2002 年，第 247—270 页。

产资料实行最高限价。随着1988年9月中央工作会议决定实行“强行着陆”的宏观调控，中国人民银行采取了一系列紧缩性的货币信贷政策，包括对信贷规模的控制和检查，严格控制贷款规模，并一度停止对乡镇企业贷款；提高专业银行的存款准备金率，并相应地调整了利率政策。由于通货膨胀高扬，物价上涨率大大超过了储蓄存款利率，使实际利率呈现较大负值。为了抑制实际利率走低的势头，中国人民银行于1988年9月和1989年2月两次调高了利率，为进一步稳定金融形势、保护存款人利益，同时还对3年期以上定期储蓄存款实行保值。

这一系列强硬的紧缩措施虽然使得通货膨胀率很快下降，但付出的代价也很不小。1989年第三季度，货币供应量指标下降至谷底，M1和M2年增长率下降为–1%和13%，相应地，物价迅速回落。但与此同时，市场表现疲软，工业生产下滑，企业开工不足，就业压力增大，财政状况恶化，出现了前所未有的过冷局面（表10.5）。

表10.5 中国宏观经济情况（1986—1991） （年对年%）

	1986	1987	1988	1989	1990	1991
GDP增长	8.8	11.6	11.3	4.1	3.8	9.2
固定资产投资增长	22.7	21.5	25.4	–7.2	2.4	23.9
居民消费价格指数（CPI）	6.5	7.3	18.8	18.0	3.1	3.4

资料来源：《中国统计年鉴》。

10.2.5 1991—1995年的第四次经济波动

针对1989年第三季度出现的经济衰退情况，从第四季度开始，中国人民银行根据国务院的要求，开始大量向国有企业发放贷款以

"启动"处于低谷的国有经济。中国人民银行还于1990年3月、8月和1991年4月相继三次大幅度下调了存、贷款利率。但是，由于人们的景气预期处在很低的水平上，民营经济也处在受压制的状态之下，尽管1990年的广义货币（M2）年对年的增长率达到28.0%的高水平，GDP的增长率仍然只有3.8%。

1991年，中国经济才由逐渐复苏的民营经济领头，开始走出谷底。1992年初，邓小平发表了著名的南方谈话，号召加快改革和发展。他的讲话促进了经济的上升势头，在全国上下掀起了新的改革和发展的浪潮。

在1992年国民经济新一轮高涨中，地方、部门、企业表现出了很高的积极性，分别采取了许多主动行动，推进本地区、本单位的改革开放，对市场作用范围的扩大起了重要作用。但是，中央政府部门对推进改革却显得消极被动，它们没有采取措施来推进需要由国家领导机构推动的财政、金融、国有企业等关键部门的改革。[①] 与此同时，还采取了扩张性货币政策来刺激增长，1992年M1和M2的增长率分别高达35.7%和31.3%。于是，各级地方政府和国有企业的领导人便把他们的注意力放到了基本建设铺摊子等方面，经济迅速达到过热状态。同时，很快吹起了集资热、开发区热、房地产热、债券热、股票热、期货热等经济泡沫。

在1992年中期到1993年中期长达一年的时间中，各方面对宏观经济这种态势的看法很不一致，大致形成了四种不同的观点：（1）认为出现过热的根本原因，是市场化改革推进太快。他们的"潜台词"是应当放慢改革，加强计划控制。（2）同意已经出现过

① 吴敬琏：《全力以赴，建立市场经济的基础结构》，《改革》，1992年第2期，第4—11页。

热的分析，但和第一种意见相反，认为出现过热的根本原因是关键部门的改革仍然进行得不够快。他们主张采取果断措施稳定经济和推进改革。（3）认为经济发展状况良好，既保持了高速度，也不存在通货膨胀的危险。他们对前一段经济工作持充分肯定的态度，认为应当继续这样做。（4）对改革的推进状况不甚满意，但认为经济增长的形势喜人。他们认为通货膨胀是各国高速成长中的必然伴生物，不应采取紧缩措施，以免妨碍高速增长势头的持续。

上述争论持续了将近一年的时间。直到1993年春季，通货膨胀的危险已经十分明显，零售物价指数比上年同期上升10%以上，人民币的美元汇率在1992年11月到1993年5月的6个月期间贬值45%，这时，多数人的看法才逐渐接近。加之1993年4月邓小平的亲自干预，使最高领导层做出决定，采取两方面的措施来实现宏观经济的稳定：

1. 应急措施

1993年6月，中共中央和国务院发出《关于当前经济情况和加强宏观调控的意见》（即1993年“中央6号文件”），宣布采取16项措施来稳定经济：（1）严格控制货币发行，稳定金融形势；（2）坚决纠正违章拆借资金；（3）灵活运用利率杠杆，大力增加储蓄存款；（4）坚决制止各种乱集资；（5）严格控制信贷总规模；（6）专业银行要保证对储蓄存款的支付；（7）加快金融改革步伐，强化中央银行的金融宏观调控能力；（8）投资体制改革要与金融体制改革相结合；（9）限期完成国库券发行任务；（10）进一步完善有价证券发行和规范市场管理；（11）改进外汇管理办法，稳定外汇市场价格；（12）加强房地产市场的宏观管理，促进房地产业的健康发展；（13）强化税收征管，堵住减免税漏洞；（14）对在建项目进行审核排队，严格控制新开工项目；（15）积极稳妥地推进物价改革，抑制物价总水平过快上涨；（16）严格控制社会集团购买力的过快增长，加强集团购买力的控购管理工作。

2. 根本措施

这次调整和过去历次调整主要靠加强计划管理很不相同的是，通过深化改革消除这一轮过热的制度根源。这集中地体现在1993年11月中共十四届三中全会通过的《中共中央关于建立社会主义市场经济体制若干问题的决定》中，要求改革在财政税收体制、金融体制、国有企业、新的社会保障制度等方面整体推进，确保在20世纪末以前初步建立社会主义市场经济体系。

这样，1993年中期出台的稳定经济的具体措施可以分为三类：（1）行政措施，包括限期收回违章拆借的贷款，加强对专业银行贷款的额度控制，重新审定投资项目等；（2）经济措施，包括两次提高了银行的存、贷款利率，恢复保值储蓄，发售国债等；（3）进行改革，以便消除通货膨胀的微观基础和建立适合市场经济的宏观调控体系，包括国有企业改革、财政体制改革和银行体系改革等。

"中央6号文件"出台以后，很快就使过热的势头受到抑制：狭义货币（M1）的增长率，从6月的34.0%降到了10月的15.6%；国有部门的投资增长率从74.0%降到了58.0%；生产资料物价指数上涨率从53.0%降到了31.4%；外汇调剂市场上美元对人民币的兑换率也从1美元兑11.5元人民币回落到1美元兑8.7元人民币。

与政策方面的争论同时进行的是，如何理解和正确处理抑制通货膨胀与缓解失业之间的关系问题。当时，主张适度通货膨胀有益论的经济学家提出了一个新的论据，这就是通胀虽然有害，但由于它对所有的人造成的损害是相同的，所以人们虽然会对通胀不满，但不会有人挑头闹事；失业则不同，它会造成社会不安定。因此，应当两害相权取其轻，用通货膨胀来缓解失业。持另一种看法的人们反驳说，这种把通胀和失业看作具有负相关关系，因而可以“两害相权取其轻”的说法，是老凯恩斯主义者对菲利普斯曲线的过时理解。第一，现代经济学早已超越了这种过时的理解，认识到菲利普斯曲线的位置并不是固定的，它取决于人们对通货膨胀的预期。因此，沿着一条固定的菲利普斯曲线去寻找通胀和失业都能为社会所承受的最佳点的办法早已为绝大多数经济学家所否定，我们不能重蹈第二次世界大战后初期部分国家用这种以通胀缓解衰退最终造成“滞胀”的覆辙。第二，所谓由于通货膨胀对所有人的损害都是相同的，所以不会导致社会不稳定的说法，也不符合实际。事实上，通货膨胀是一种具有再分配作用的恶税，它有利于富人而不利于“从手到口”的工薪阶层。因此，严重的通货膨胀会造成社会关系紧张和社会不安定。第三，用放松银根来缓解失业主张的实际含义，无非是用贷款去支持经营不下去的国有企业发放工资和各种补贴。不是通过改革去发挥企业的活力和提高它们的效率，从而增加就业岗位，而是用贷款对企业进行变相补贴，只能缓解失业于一时，决非长久之计。何况中国失业问题最严重的方面和一般基础，是农村中数以亿计的失业人口使整个社会的就业状况恶化。用扩张性的货币政策补贴国有企业，维持国有企业冗员的就业，即使能够暂时减轻国有企业职工下岗的压力，但由于不能对农村剩余劳动力向非农产业转移有所帮助，也就不能从根本上缓解中国的失业问题。[①]

① 争论双方的主要论点，见《改革》1994 年第 2 期，丁鹄、吴敬琏、厉以宁、马宾、张卓元等的文章。

表 10.6　中国宏观经济情况（1992—1996）　　　（年对年 %）

	1992	1993	1994	1995	1996
GDP 增长	14.2	14.0	13.1	10.9	10.0
固定资产投资增长	44.4	61.8	30.4	17.5	14.8
居民消费价格指数（CPI）	6.4	14.7	24.1	17.1	8.3

资料来源：《中国统计年鉴》。

10.3　1997—2008 年：经济全球化条件下的宏观经济波动

在前一节的讨论中，我们暂时没有考虑外部经济因素，单纯分析各种国内因素对中国宏观经济的影响。事实上，随着中国对外开放不断取得进展，对外经济关系包括出口贸易和资本流动对宏观经济的影响日益增大。在本节中，我们要把外部因素加进来讨论中国的宏观经济发展。

10.3.1　1996—2002 年：出口支持的经济繁荣和对亚洲金融危机冲击的应对

正如第 8 章 8.1.3 节讨论过的，1994 年的外汇改革和人民币深度贬值，意味着中国全面执行出口导向战略。从那以后，中国出口贸易快速增长，贸易平衡也由以前的顺差逆差互见转变为每年高达数十亿美元的顺差。

巨大的出口需求弥补了国内需求不足，为经济增长提供了强有力的支撑（表 10.7）。这使中国经济在从 1993 年中期开始采取紧缩性的财政政策和货币政策、国内需求减少的情况下，在 1994—1996 年的 3 年中继续保持每年 10% 左右的 GDP 增长率。

表 10.7　中国进出口贸易的发展（1993—2002）　　（亿美元）

	1993	1994	1995	1996	1997	1998	1999	2000	2001	2002
出口总额	917	1 210	1 488	1 511	1 828	1 837	1 949	2 492	2 661	3 256
进口总额		1 156	1 321	1 388	1 424	1 402	1 657	2 251	2 436	2 952
净出口	–122	54	167	122	404	435	292	241	226	304

资料来源：《中国统计年鉴》。

但是，这种靠出口需求支撑的繁荣，很快就受到 1997 年 7 月爆发的亚洲金融危机的冲击。

第二次世界大战以后，日本经济从废墟中崛起，创造了 30 多年的持续高速增长，到 20 世纪 80 年代后期，其经济实力达到了顶峰。韩国、新加坡、中国台湾和中国香港等亚洲“四小龙”也紧紧跟上，骄人的增长速度在全世界领先，在 90 年代初期跨入“新兴工业化经济”（newly industrialized economics, NIEs）行列。这些国家和地区以向美国等发达国家输出资本和商品，支持了 20 世纪 80 年代后期整个世界的经济繁荣，因此被称为“东亚奇迹”。[①]

早在举世争说“东亚奇迹”的时候，也有冷静的经济学家对东亚经济潜在的危机发出了警告。美国经济学家克鲁格曼在 1994 年 11/12 月号的《外交事务》上发表论文《亚洲奇迹的神话》[②]，认为东亚诸国并没有创造什么“奇迹”，它们的快速发展，所依靠的不外乎

① 1993 年 8 月，世界银行发表其大型研究报告：The East Asia Miracle (《东亚奇迹》), Oxford University Press, 1993。

② Paul R. Krugman(1994): “The Myth of Asia’s Miracle” (《亚洲奇迹的神话》), Foreign Affairs, Nov. /Dec., 1994。

是国内高额储蓄所提供的投资，而不是生产效率的提高，因此，其增长速度注定会跌下来。

这些警告并没有引起人们的正面回应。就在 1995 年和 1996 年东亚经济连续两年高增长、人们对克鲁格曼的警告已经淡忘时，爆发了一场波及亚洲许多国家和地区的金融危机。

专栏 10.2　亚洲金融危机的成因及其爆发

这场危机从泰国开始。1997 年 7 月 2 日，泰国被迫宣布泰铢与美元脱钩，实行浮动汇率制度，当天泰铢汇率狂跌 20%。到 10 月 20 日，泰铢贬值 53.32%。危机迅速扩展到东南亚和东亚各国。印尼盾贬值 49.67%，马来西亚币贬值 31.80%，新台币贬值 9.49%，新加坡元贬值 9.37%，日元贬值 5.66%，韩元贬值 4.08%。同期，这些国家和地区的股市跌幅达 30%—60%。据估算，在这次金融危机中，仅汇市、股市下跌给东亚经济造成的资产缩水损失就达 1 000 亿美元以上。

亚洲金融危机是在以下背景下发生的：第一，这些国家和地区采取了高投入、高增长的经济增长模式，造成了财政赤字和货币超发。第二，它们在允许资本跨国自由流动的条件下采取了固定汇率制，使货币政策丧失了主动性。第三，由于主要国际储备货币——美元的急剧扩张，使东南亚、东亚国家和地区出现了流动性泛滥与资产泡沫。一旦出现局部性的资产减值和流动性收缩，就会通过连锁反应迅速传递到整个金融系统，形成全面的流动性短缺。

在亚洲金融危机爆发后，相关国家银行体系因为出现巨大黑洞而面临崩溃。为了维持金融体系的运转，这些国家的政府不得不出巨资救援本国的银行。日本（1992—1998）、韩国（1997—2000）和印尼（1997—2000）为挽救银行形成的财政损失，分别达到GDP的21.5%、14.7%和55%。

在金融危机的冲击下，亚洲各经济体增长率下降，进入长时期的停滞。同时，大批外资从该地区撤出，造成了长远的影响，还触发了印尼等国酝酿已久的国内政治危机。

国际金融市场也受到亚洲经济危机的影响而急剧波动。伦敦股票市场从1997年10月初的3 077.98点跌至10月24日的2 849点，跌幅达8%。10月27日，美国道–琼斯指数暴跌554.26点，迫使纽约交易所9年来首次使用暂停交易制度。1997年11月，日本先后有数家银行和证券公司破产或倒闭，日元兑美元也跌破1美元兑换130日元大关，较年初贬值17.03%。直到1998年2月初，危机持续恶化的势头才初步被遏制。

根据黄海洲、王水林《加强中国金融系统稳定性的几点建议》（《财经》2003年第20期）等资料编写。

这一危机也对中国经济造成了冲击。

在中国深深融入国际经济体系、对国际贸易特别是出口贸易依存度很高的情况下（见第8章8.2.2节），遭遇了邻近国家货币的深度贬值和进口削减，使中国对这些地区的出口和从这些地区获得的外商直接投资（FDI）大量减少，从而加剧了中国市场疲软的状况。

中国经济受到冲击，除了和其他东亚国家和地区类似的原因外，还有自己特殊的成因：

第一，1993 年以后紧缩措施的惯性。20 年来，中国经济大致按照“高涨—膨胀—紧缩—停滞—放松—扩张”的轨迹发展。从 1993 年夏季开始的宏观调控一直持续到 1997 年。正像一切国家平抑物价的货币政策措施通常都会出现滞后效应一样，1998 年中国经济也感受到了这方面的压力。

第二，在对国有经济进行战略性改组的过程中，一方面要废弃一部分多余的生产能力，如纺织业在 3 年内要减少 1 000 万锭纺锭，占原有纺锭总量的 25%；另一方面还要有大量国有企业职工下岗，1997 年国有企业下岗职工总数达 1 275 万人，其中只有少数找到新的工作，1998 年仍有大量国有企业职工下岗。这些都会造成需求的减少。

第三，在改革过程中，特别是在住房制度改革和社会保障制度改革的过程中，旧的由国家统包的制度破除得快而新制度建立得慢，所以人们的储蓄倾向有所提高，即期消费有所减少。

以上内外因素同时发生作用，造成中国经济增长率从 1998 年初开始掉头下行，同时进入了长达两年的通货紧缩、物价指数下降的过程（表 10.8）。

表 10.8　中国宏观经济情况（1997—2002）　　（年对年 %）

	1997	1998	1999	2000	2001	2002
GDP 增长	9.3	7.8	7.6	8.4	8.3	9.1
固定资产投资增长	8.8	13.9	5.1	10.3	13.0	16.9
居民消费价格指数（CPI）	2.8	–0.8	–1.4	0.4	0.7	–0.8

资料来源：《中国统计年鉴》。

针对这种情况，中国政府自 1998 年初开始从需求和供给两方面采取有力的措施刺激经济增长。

（1）从需求方面看，宏观经济部门采取的政策措施包括：第一，实行以国债投资为主的“积极的财政政策”。1998—2001年的4年间共发行长期建设国债约5 100亿元，主要投资于基础设施，如高速公路、交通、发电和大型水利工程等，很快刹住了投资下滑势头。第二，四大国有商业银行对国债投资项目的“配套资金”与财政拨款总额也大致相等。第三，与财政政策配套的货币政策名为“稳健”实为适度扩张，中央银行七次降低存、贷款利率，增加了货币供应。

这种由政府直接创造需求的扩张性的宏观经济政策的优点在于，它能够很快地增加需求，以便遏止投资下滑的势头。但是，用这种方法增加需求，特别是长期用这种方法增加需求，也有它的消极方面：一是财政投资具有减少民间投资的“挤出效应”；二是在一般的竞争性领域内政府财政投资缺乏效益上的优势；更重要的是，从长远来看，政府投资所发的国债最终需要增加税收来偿还，这样就会抑制民间投资的积极性，使投资环境变得不那么有利。所以大致从2000年开始就出现了这样的呼声：“积极的财政政策”需要逐步淡出，政府政策的重点应当转向增强供给方面的活力。①

（2）从供给方面看，正像20世纪80年代初应对“滞胀”的经验告诉我们的，在经济放慢的情况下，除采取扩张性的需求方面的政策外，还应当采取供给方面的政策，发挥企业活力来应对衰退。

从1998年初开始，中国政府在采取扩张性的财政政策和货币政策增加需求的同时，也采取了一系列政策措施来提高供给方面的

① 吴敬琏（2000）：《经济走势出现转机，还须加大改革力度》，《改革：我们正在过大关》，北京：生活·读书·新知三联书店，2001年，第76—82页。

活力，其中包括：第一，根据中共十五大对国有经济布局进行有进有退的调整的要求，将数十万家国有中小企业改制成为产权明确、市场导向的民营企业。第二，采取了一系列措施来改善民营企业的创业环境和经营环境，包括在国家经贸委设立中小企业司，专司帮助中小企业发展；在金融系统强调改善中小企业的金融信贷服务，各省（自治区、直辖市）都成立了中小企业信贷担保公司、基金来帮助中小企业改善融资环境；等等。这些措施改善了民营企业的经营环境并刺激了民间投资的积极性，使一些地区的民营中小企业得以迅速发展起来。第三，加快了国有企业改革的步伐。对石油、通信、铁路、电力等大型国有企业集中的部门进行了重组，同时进行这些企业的公司化改制，主要做了三件事：（1）实现政企职能分离和建立新的政府监管框架；（2）打破行业垄断，促进企业间的竞争；（3）企业经过重组在海内外证券市场上市，在股权多元化的基础上搭建起公司治理的基本框架。以上措施，释放了中小企业的创业积极性，改善了它们的财务状况，扩大了就业，并且使市场活跃起来。

随着时间的推移，上述两方面政策的作用力度对比也发生了变化，到世纪之交，供给方政策的作用已经明显地超过了需求方政策，成为中国经济快速增长的主要动力：

第一，民间投资已经成为社会投资的主要部分，影响力在逐渐增强。国务院发展研究中心的一份调查报告[①]表明：1999—2001 年，各类民营经济的固定资产投资增长速度都快于国有经济的固定资产

---

① 卢中原（2002）：《民间投资态势分析》，马洪、王梦奎主编：《中国发展研究：国务院发展研究中心报告选》，北京：中国发展出版社，2003 年，第 109—121 页。

投资增长速度。与国有投资增幅放缓的趋势形成鲜明对照的是，民间固定资产投资的平均增幅不仅高于国有经济，还高于全社会投资的平均增幅（表 10.9）。

表 10.9 全社会固定资产投资中各种经济类型投资增长率（1998—2002）（%）

	全社会平均	国有经济	集体经济	个体经济	其他经济	其他经济			
						股份制经济	外国投资	港台投资	联营经济等
1998	13.9	17.4	8.9	9.2	11.6	40.3	–16.2	42	37.9
1999	5.1	3.8	3.5	12.1	5.3	27.3	–12.6	–8.7	35.1
2000	10.3	3.5	10.7	12.2	28.5	63.9	–8.4	6.2	–3.2
2001	13.0	6.7	9.9	15.3	28.9	39.4	7.8	22.4	–0.2
2002	16.9	7.2	13.4	20.1	36.2	47.1	19.1	11.5	46.2

资料来源：《中国统计年鉴》。

由于国内民间投资成长势头逐步加强，到世纪之交，社会投资增长对政府投资的依赖程度逐步降低，民间投资自主增长能力逐步出现增强的趋势。1999—2001 年，据国家统计局报告，国债投资（包括国债资金和配套资金完成的投资额）占全社会固定资产投资的比重逐步下降，依次为 8.1%、8.8%、6.5%；预算内投资资金增长率也逐步下降，依次为 54.7%、13.9%、13.2%；而全社会投资增长率则逐步上升，依次为 5.1%、10.3%、13%。

第二，在供给方政策的支持下，中国的出口保持了高速增长的势头。1999 年政府开始允许民营企业自营出口。2001 年，中国加入了 WTO，实行了全面的对外开放。于是，在 2001 年美国、欧洲、日本这三大经济体的经济都没有起色、全球贸易的绝对额下降的情况下，中国出口大幅增加，在全球贸易中的比重显著上升。到 2000 年初，中国经济增长速度下滑的趋势得到遏制，2000 年中期，经济开始进入新一轮上升期。

10.3.2 2003—2008 年：流动性过剩下的繁荣

从 2003 年初开始，中国经济急速升温。这次经济升温，是由两方面的因素促成的。

第一，由“形象工程”和“政绩工程”拉动的空前投资热潮。

2002 年末、2003 年初，各级党政领导进行换届，随后许多地方的新任领导提出了规模宏大的市政建设（民间称为“形象工程”）和工业建设（被称为“政绩工程”）计划，于是，投资快速升温。2003—2008 年，全国固定资产投资年平均增长 25% 以上（图 10.4），其中尤其以房地产投资为甚。此外，许多地方宣称“中国已经进入重化工业化时代”，要求把资本密集的“重化工业”作为本地投资的重点。[①]

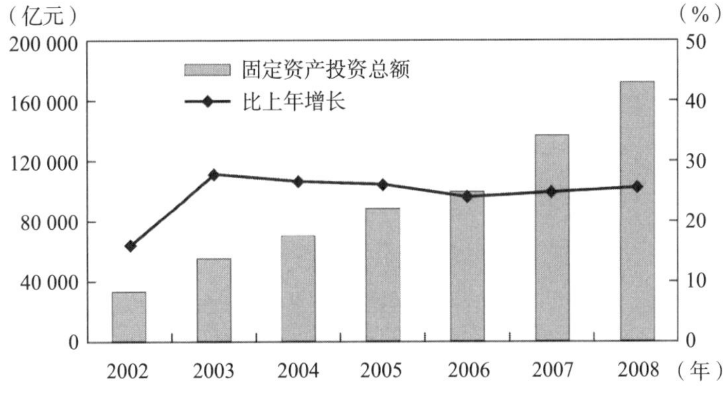

图 10.4 中国固定资产投资增长（2002—2008）

资料来源：《中国统计年鉴》。

① 参见《吴敬琏集·中国增长模式抉择》第 1 章。

面对2003年开始的这种形势，企业界、学术界和政界都存在着很不相同的意见。从2003年初开始，就有部分学者提出，宏观经济已经出现过热的迹象，需要进行调整，但是直到2008年初，占主导地位的意见仍然认为，只有部分行业出现了“局部过热”，只要对这些过热的行业的投资进行控制，就不会转化为“全面过热”。

由于对宏观经济的走势存在不同的判断，1998年为应对亚洲金融危机而开始实行的“积极的财政政策”，到2004年才开始逐步淡出。即使被确定为“局部过热”的行业，如房地产业，宏观经济部门的“窗口指导”指向也不十分明确。2003年6月，中国人民银行发布了《关于进一步加强房地产信贷业务管理的通知》(“121号文件”)，要求严格控制土地储备贷款的发放，规范施工企业流动资金贷款，第二套及以上购房的首付款比例提高，以及贷款利率上浮，意在控制房地产信贷和投资的过快增长。但是，两个月以后，国务院发出《关于促进房地产市场持续健康发展的通知》(“18号文件”)，将房地产业定位为拉动国民经济发展的支柱产业之一，提出要保持房地产业的持续健康发展。这样，银行对房地产的贷款非但没有收缩，反而有所增加，2003年全年房地产开发贷款增速高达49.1%，购房贷款增速也高达42.9%。

在“局部过热”而非“全面过热”的总体判断下，有关行政部门加强了对钢铁、水泥、电解铝等被视为“过热行业”的投资审批、市场准入等行政控制。不过，个别行业的微观干预对改善宏观经济并不明显，而寻租基础的扩大使腐败更容易蔓延。

第二，外汇占款的迅速增加，使中央银行的货币投放被动扩张。

我们在本书第8章8.1.3节曾谈到过，20世纪90年代全面实施出口导向政策，使中国经济获得了很大的发展。但是正像其他实行出口导向政策的东亚国家和地区一样，在成功地实施这一政策一段时间以后，中国也遇到了外汇储备大量增加、贸易摩擦加剧和货币政策作用空间收窄等问题。从 20 世纪 90 年代中期开始，中国的国际收支出现了经常账户和资本账户的“双顺差”不断增加的趋势。2001 年国家外汇储备增幅达到 28%，此后 6 年一直保持在 30% 以上，增长最快的 2004 年达到创纪录的 51%。中国人民银行资产负债表上的外汇占款，即中央银行为收购外汇投放的基础货币大量增加（图 10.5）。

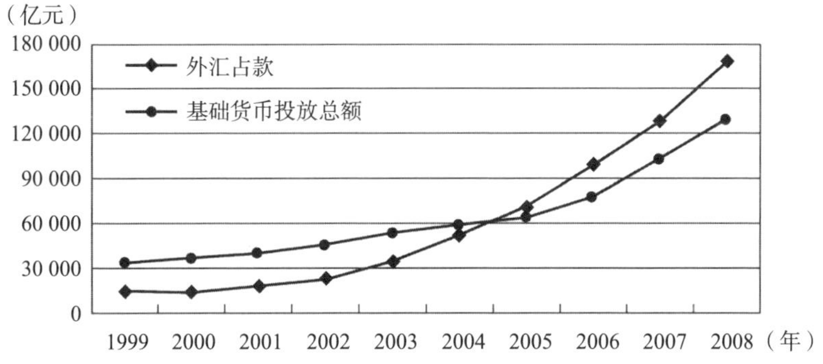

图 10.5　中国人民银行外汇占款和基础货币投放（1999—2008）

资料来源：《中国统计年鉴》，《中国经济景气月报》（2009.1）。

对于应当采取什么样的汇率政策和对外贸易政策，经济界和经济学界存在着不同的意见：

一些经济学家认为，保持人民币汇率低估固然在短期内有利于增加出口，但从更长远的视角看，这不仅意味着中国的福利损失（作为出口国的中国补贴进口中国产品的西方国家），而且不利于促使中国的出口企业努力进行技术创新和产品升级。[①] 与此同时，根据

① 余永定（2003）：《消除人民币升值恐惧症，实现经济平衡发展的过渡》，《国际经济评论》，2003 年 9 月号和 10 月号；吴敬琏（2006）：《在“第二届中国经济 50 人田横岛论坛”上的发言》，载《21 世纪经济报道》，2006 年 7 月 21 日。

蒙代尔－佛莱明三角模型[①]，在资本一定程度自由流动的情况下保持固定汇率，意味着中央银行的货币政策失去了主动性，只能被动地投放基础货币。这一切都是对中国不利的。因此，他们主张，根据东亚国家的经验和理论应当对外汇管理体制进行改革，推进人民币汇率形成机制的市场化，同时大力促进中国出口产品竞争力和附加值的提高。

不过，他们的意见在相当长的时间内没有被多数人所接受。占主流地位的意见认为，由于人民币汇率形成机制市场化必然导致人民币升值和中国出口增幅降低，所以应当坚持现行的汇率形成机制，保持人民币汇率稳定和出口增势。直到 2005 年 7 月，中国人民银行才宣布恢复有管理的浮动汇率制，人民币开始缓慢升值。但是，由于市场上对人民币升值的预期强化，再加上中美之间的贷款利率倒挂，吸引了国际上的“热钱”以更快的速度流入。所有这些都使人民币升值的压力有增无减，从而迫使中国人民银行继续不断地投放基础货币收购外汇。[②]

面对货币投放的快速增加，中国人民银行自 2002 年 6 月起开始实施以国债正回购为主的公开市场操作，以回收银行间市场过多的流动性。但是，由于当年外汇占款增长势头过猛，到当年 9 月末，中国人民银行手中的 3 000 多亿元国债头寸已被用完。于是，中国人民银行自 2002 年 9 月 24 日起开始发行中央银行票据，在银行间市

① 蒙代尔－佛莱明模型（Mundell-Fleming model），有时也被称为“克鲁格曼不可能三角”（Krugman’s impossible trinity），是指在固定汇率、资本自由流动和独立的货币政策三者间，只能取其二，而不可能三者同时具备。

② 李超、周诚君（2008）：《中国流动性过多与外汇储备累积》，《金融研究》，2008 年第 12 期。

场回收流动性。但是，面对基础货币的大量释出，中央银行回收流动性的努力很难奏效。2003 年以后，广义货币（M2）对 GDP 的比率始终保持在 150% 到 160% 左右的高位上（图 10.6）。

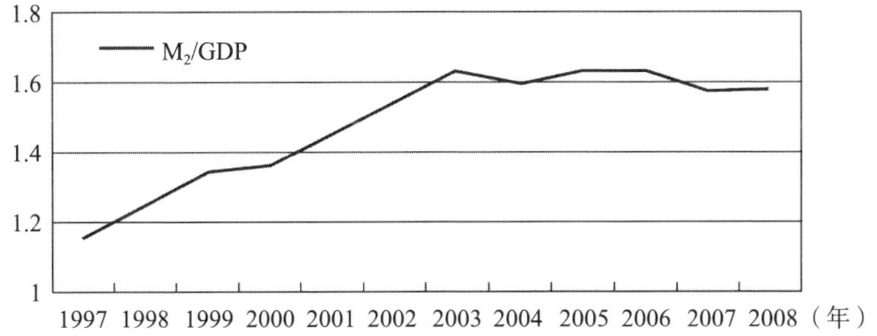

图 10.6　广义货币（M2）对 GDP 的比率（1997—2008）

资料来源：国家统计局：《中国统计摘要 2009》，北京：中国统计出版社，2009 年。

这样，中国大陆就面临着与日本在 20 世纪 80 年代末和中国台湾在 20 世纪 90 年代中期相类似的宏观经济形势：货币超发，流动性过剩，金融系统中虚拟资产大量积累，资产泡沫形成。2006 年，不仅房地产价格继续攀升，股市价格也一跃而起。上海证券交易所综合指数从年初的 1 163.88 点上升到年底的 2 675.47 点，以后继续攀升，2007 年 10 月 16 日达到 6 124.04 点的历史最高点。从 2007 年下半年开始，通货膨胀迅速抬头，居民消费价格指数（CPI）从 2007 年第二季度突破温和通胀的底线（3%），以后一路攀升，到 2008 年达到 8% 的高位。

就在这个时候，由 2007 年 7 月华尔街次贷危机演化而成的世界金融体系危机最终爆发，对中国经济体系产生了强大冲击。

10.3.3　全球金融危机下的中国经济

2007 年，正当中国经济处于景气循环的高位时，爆发了美国次贷危机引发的金融危机。这一危机沿着两条路径对中国经济形成冲击:（1）引发了某些高杠杆率的中国企业发生局部性的资产负债表危机。它们的资金链断裂，导致金融体系中某种连锁反应，以及资产市场上的价格跌落和“泡沫”破裂。（2）西方各国经济不景气，导致中国出口企业的订单减少，市场需求急剧萎缩。增长速度开始下滑，从而结束了本轮上升期（表10.10）。

表10.10 中国宏观经济情况（2003—2008） （%）

	2003	2004	2005	2006	2007	2008
GDP增长	10.0	10.1	11.3	12.7	14.2	9.6
固定资产投资增长	27.7	26.6	26.0	23.9	24.8	25.5
居民消费价格指数（CPI）	1.2	3.9	1.8	1.5	4.8	5.9

资料来源：国家统计局:《中国统计摘要2009》，北京：中国统计出版社，2009年。

专栏10.3 从美国的次贷危机到全球金融危机

2006年春季逐渐显现的美国次级按揭贷款危机（subprime mortgage crisis，简称subprime crisis，即次贷危机）迅速向美国金融体系蔓延，最后演变为全球金融体系的危机。

一场有限范围内的债务危机之所以会演变为世界性的金融危机，是因为世界金融体系早已存在严重的缺陷。

这种缺陷首先是源于三方面的原因：

第一，美国经济自第二次世界大战后出现了越来越大的内部结构失衡，核心的问题是储蓄率过低。近年来，美国的总储蓄率降低到零上下。第二，20世纪70年代布雷顿森林体系崩溃以后，世界货币体系成为一个以不受约束的美元为中心的体系。只受一个主权国家——美国的美联储约束的美元成为国际储备货币和贸易结算货币，这使美国能够利用美元作为国际储备货币的特殊地位，通过发行美元向全世界借贷和收取“铸币税”来维持投资及很高的消费水平。第三，为了通过上述机制支持美国的经济繁荣，美联储在长时期内用扩张性的货币政策和松弛的金融监管来实现货币扩张和信用扩张。

从短时期来看，美国的这种扩张性的金融政策支持了美国本身乃至全球的经济繁荣，但是从稍长的时间跨度看，它所创造的大量“美元财富”只是纸面上的财富，它的积累使美国和全球金融体系中充满了泡沫和黑洞，也使工商企业和金融企业的资产负债表由于有很高的杠杆率而变得十分脆弱，只要受到局部债务危机的触发，就会引起美国乃至全球金融体系的系统性危机。

根据吴敬琏（2008）《中国应该怎样应对国际金融危机》，《上海大学学报》，2009年第1期等资料编写。

2008年，中国经济经历了一次“过山车”式的剧烈波动。

2008年初，沿着2007年下半年的走势，工业生产和GDP依然保持很快的增长势头。3月工业增加值较2007年同期增长17.8%，直到6月，都保持着16%以上的同比增长率，接着，就开始了下降的走势，9月下降至11.4%，10月下降至8.2%，11月更下降至5.4%（图10.7）。

居民消费价格指数（CPI）在2008年2月达到8.7%的峰值，并且连续3个月维持在8%以上，生产价格指数（PPI）则以更快的速度攀升，8月达到10.1%。但是到了下半年，这些数据都呈现出快速的反转，CPI呈逐月下降趋势，8月下降至5%以下，11月下降至2.4%，12月更降至1.2%，PPI从8月以后急剧下滑，从10.1%直线下降至11月的2.0%，12月更下降至−1.1%（图10.8）。

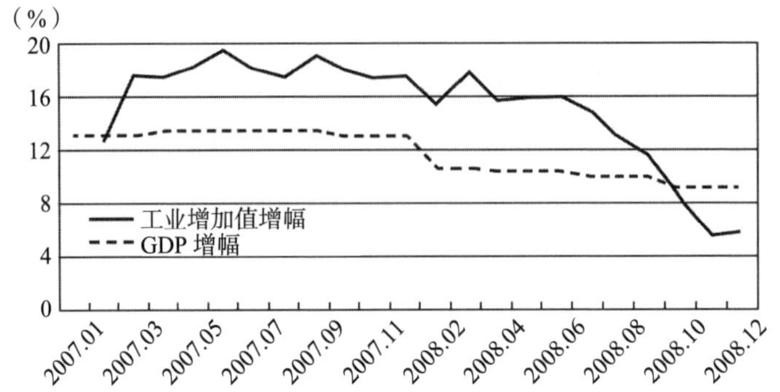

图 10.7 工业增加值和国内生产总值增长（2007—2008）

资料来源：国家统计局：《中国经济景气月报》，2008 年及 2009 年各期。

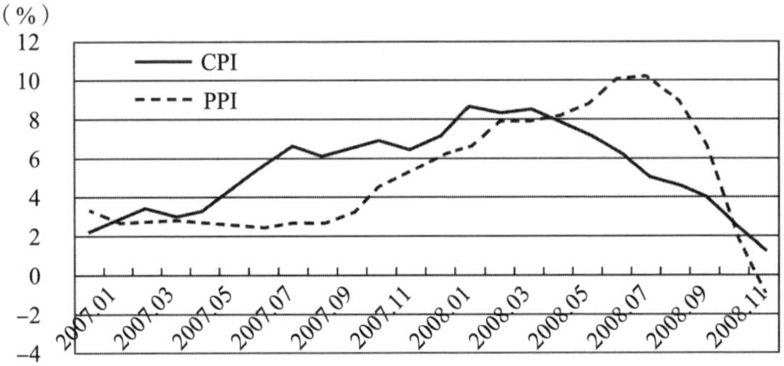

图 10.8 物价走势（2007—2008）

资料来源：国家统计局：《中国经济景气月报》，2008 年及 2009 年各期。

从 2007 年 10 月开始，股票价格开始下跌，在不到一年时间里，上证综指跌去了 2/3 以上（图 10.9）。同时房地产价格也开始松动，到 2008 年 12 月，房地产价格一改过去的上涨态势，转为下跌 0.4%（图 10.10）。

在这样的经济形势下，中国政府的宏观经济政策也由 2008 年前三季度的“把防止经济增长由偏快转为过热，防止价格由结构性上涨演变为明显通货膨胀作为宏观调控的首要任务”[①]，转变为 2008 年第四季度的“实行积极的财政政策和适度宽松的货币政策，出台更加

① 国务院温家宝在第十一届全国人民代表大会第一次会议上所做的《政府工作报告》（2008 年 3 月 5 日）。

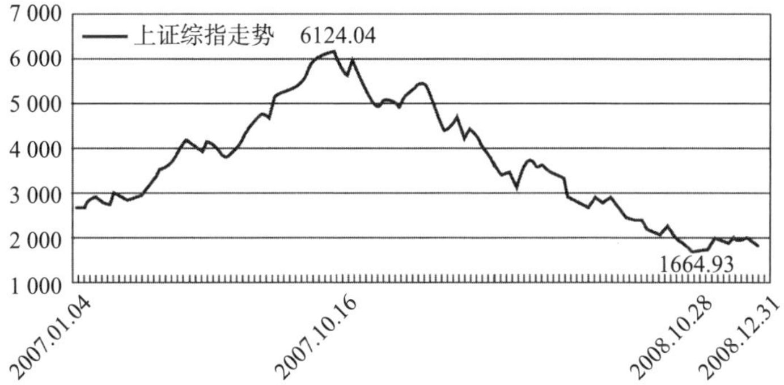

图 10.9　股价走势（2007—2008）

资料来源：上海证券交易所。

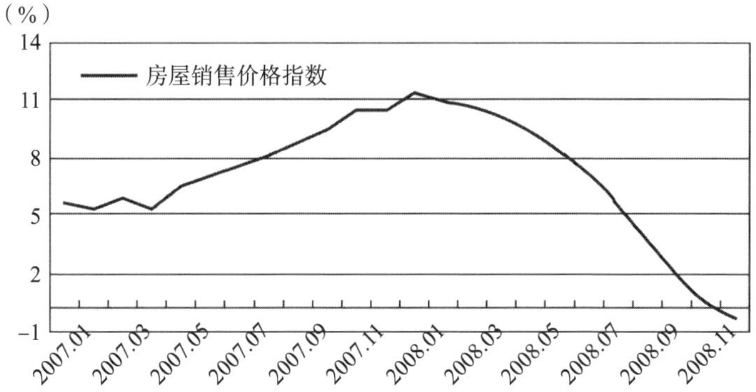

图 10.10　房屋销售价格走势（2007—2008）

资料来源：国家统计局：《中国经济景气月报》，2008 年及 2009 年各期。

有力地扩大国内需求措施……促进经济平稳较快增长”的方针[①]。

执行“扩内需、保就业”的方针，国务院出台了 2009—2010 年两年中投资 4 万亿元的宏大计划，2009 年 1—6 月商业银行贷款增加 7.72 万亿元，比上年同期增长 184%。总需求的大幅度增加，保证了 GDP 增长率的迅速回升。

① 见 2008 年 11 月 5 日国务院常务会议的相关报道：“温家宝主持国务院常务会议，确定扩大内需十项措施”，http://news.xinhuanet.com/newscenter/2008-11/09/content_10331258.htm。

10.4 中国宏观经济的长期问题：经济增长模式转型

前面两节讨论了中国转轨期间宏观经济的短期波动问题，在这一节中，我们要进一步讨论宏观经济的长期发展与这种短期波动之间的关系。从短期的观点看，足够的需求就能支持一个国家的经济高速地增长。但是，从长期的观点看，情况却不是这样，宏观经济的短期均衡是受制于经济的长期发展的，而经济的长期发展最终取决于各种生产要素是否具备和能否被有效率地使用。

10.4.1 粗放增长模式的引进及其对长期增长的影响

虽然马克思对西方国家主要靠投资驱动的早期增长模式做出过深刻的剖析，并且断言它存在的种种弊端必然导致资本主义被社会主义所取代。不幸的是，世界上第一个社会主义国家建立以后，苏联领导人斯大林却出于党内斗争的政治需要，在20世纪20年代的“工业化论战”中，把这种经济增长模式说成是“社会主义工业化路线”。在他晚年著作《苏联社会主义经济问题》中，更把“积累（即投资）是扩大再生产（即增长）的唯一源泉”进一步提升为“马克思的再生产理论的基本原理”。[①] 后起的社会主义国家，包括中国在

① 斯大林写道：“马克思的再生产理论的这些基本原理，比如关于社会生产之分为生产资料的生产与消费资料的生产的原理；关于在扩大再生产下生产资料生产的增长占优先地位的原理；关于第Ⅰ部类和第Ⅱ部类之间的比例关系的原理；关于剩余产品是积累的唯一源泉的原理；关于社会基金的形成和用途的原理；关于积累是扩大再生产的唯一源泉的原理——马克思的再生产理论的这一切基本原理，不仅对于资本主义社会形态是有效的，而且任何一个社会主义社会在计划国民经济时，不运用这些原理也是不行的。”参阅斯大林（1952）：《苏联社会主义经济问题》，《斯大林选集》下卷，北京：人民出版社，1979年，第600页。

内都把斯大林的这些论断奉为圭臬，在自己的工业化过程中采取了粗放的经济增长模式。

中国从 1953 年开始执行第一个五年计划（1953—1957）时起，就从苏联学习引进了优先发展重工业的“工业化路线”和靠大规模投资驱动的增长战略，集中人力、物力、财力建设由苏联帮助新建和改建的 156 项重点工程项目，其中绝大部分是重工业项目，重工业投资占 5 年工业投资总额的 85%。后来，又在 1958 年按照这种增长战略的要求，进一步发动了“以钢为纲”，旨在以超高速发展重化工业的“大跃进”运动。“大跃进”运动以造成巨大的国民财富乃至人民生命损失告终。然而直到“文化大革命”结束，传统的工业化战略始终没有得到纠正，经济增长主要依靠投资特别是重化工业投资驱动，成为从第一个五年计划到开始改革开放的几十年中我国经济发展的基本特征。

林毅夫、蔡昉、李周把中国当时采取的增长模式和工业化道路叫作“赶超战略”。他们在《中国的奇迹：发展战略与经济改革》一书中，对由这种战略造成的产业结构扭曲、低经济绩效和福利损失进行了详细的分析。[①]他们指出，1953—1978年，中国在高积累（平均积累率为 29.5%）下实现了工农业总产值年均 8.2%（GDP 的年均增长率为 6.0%）的高速度增长（表 10.11）。

① 林毅夫、蔡昉、李周（1999）：《中国的奇迹：发展战略与经济改革》（增订版），上海：上海人民出版社、上海三联书店，2003 年，第 28—66 页。

表 10.11 经济增长基本指标（1953—1978）（%）

	社会总产值增长	工农业总产值增长	国内生产总值增长	国民收入增长	积累率增长
“一五”时期	11.3	10.9	9.1	8.9	24.2
“二五”时期	–0.4	0.6	–2.2	–3.1	30.8
1963—1965 年	15.5	15.7	14.9	14.7	22.7
“三五”时期	9.3	9.6	6.9	8.3	26.3
“四五”时期	7.3	7.8	5.9	5.5	33.0
1976—1978 年	8.1	8.0	5.8	5.6	33.5
1953—1978 年	7.9	8.2	6.0	6.0	29.5

资料来源：《中国统计年鉴》。

注：增长速度按可比价格计算，积累率按现价计算。

10.4.2 中国长期经济问题的重要根源在于粗放的增长模式

在 1976 年“文化大革命”结束后的“拨乱反正”过程中，朝野上下痛定思痛，对过去走过的发展道路进行了反思，认识到沿着这条高指标、高投入、低效率的粗放增长道路，中国是无法顺利实现工业化和现代化的目标的。

于是，中共中央和国务院在 1979 年做出了用 3 年时间做好国民经济“调整、改革、整顿、提高”的工作部署，压缩工业基本建设规模，增加农业和提高轻工业的比重。1981 年，在“进一步调整国民经济”的过程中，又正式提出“走出一条速度比较实在、经济效益比较好、人民可以得到更多实惠的新路子”的方针。[①]

经过 1979 年和 1981 年的两次调整，中国的经济结构有了一定

① 《今后经济建设的方针》,《人民日报》，1981 年 12 月 14 日。

的改善，经济效率有了一定的提高。

首先，受到严重破坏的农业有所恢复，发展滞后的轻工业有所增强。其次，在逐步放宽非国有企业的市场准入以后，消费性服务业也有所增长。因此，服务业在 GDP 中所占比重由 20 世纪 80 年代初期的 21.6% 提高到 1985 年的 28.5%。

但是，这两次调整都仅仅是针对传统增长模式所造成的结果而进行的，并没有涉及产生这一问题的本源。因此，过了不久，经济结构上存在的问题又再次凸显。

由于以上原因，15 年以后，1996 年第八届全国人民代表大会通过的《国民经济和社会发展的“九五”计划和 2010 年远景目标纲要》，把“实现经济增长方式从粗放型向集约型转变”规定为“九五”（1996—2000）的一项基本工作任务。第十个五年（2001—2005）计划又把经济结构调整和经济结构升级规定为五年经济发展的“主线”。2002 年，中共十六大进一步明确提出“走出一条科技含量高、经济效益好、资源消耗低、环境污染少、人力资源优势得到充分发挥的新型工业化路子”的要求。①

“以结构调整和结构优化作为经济发展的主线”这一提法无疑是正确的，问题在于，产业结构由谁来调整和向什么方向调整。在现代经济中，资源配置不外乎两种基本方式：一种是以市场作为稀缺资源的基础性配置者，由通过市场竞争形成的能够灵活地反映各种资源相对稀缺程度的价格体系进行配置；另一种是由政府的行政命令充当稀缺资源的基本配置者，通过它们的行政命令进行配置。在前一种情况下，经济资源在自由交换中流向可以获得最高效率的地

① 江泽民（2002）：《全国建设小康社会，开创中国特色社会主义事业新局面——在中国共产党十六次代表大会上的报告》。

方；而在后一种情况下，资源配置反映的则是行政官员的意志和要求。在中国市场化改革远未完成、各级政府还保留着很大的配置权力的条件下，各级政府的领导人往往把“结构调整”理解为由他们按照“提高政绩”的方向进行配置，把“结构优化”理解为把资本和其他资源优先投入产值大、利税收入高的简单加工装配工业或重化工业。这样，许多地方便不顾本地是否具有发展这类工业的基本条件和比较优势，运用自己手中的权力配置资源，用经济“重型化”或“重化工业化”的办法来提高本地生产总值的增长率。于是在世纪之交很快形成了大规模投资，“铺摊子、上项目”的全国性热潮。

随着 20 世纪 90 年代中期许多地方兴起投资驱动的“重型化”之风，正像发展经济学在分析早期增长模式时揭示的那样，这种靠过度投资拉动的增长造成了投资率的节节上升。我国投资在 GDP 所占的份额由改革开放初期的 25% 左右提高到 2004 年的超过 44%，突破历史峰值（图 10.11），也大大超过了世界其他各国经济发展史上的最高水平。[①]

改革开放前，中国采取苏联式的投资驱动增长模式，很快就出现了灾难性的后果。改革开放以后，投资驱动的情况并没有得到根本改变，但维持了相当长时间的高增长而没有出现过去发生过的问题，这主要是得益于中国在对外开放中采用了一些东亚国家和地区第二次世界大战后实行的出口导向政策，用出口需求弥补了内需的不足。

① 这个数字大大超过了带有过度投资倾向的日本在高速增长时期的最高水平（32%）。至于美国，即使在 19 世纪和 20 世纪之交的高速工业化时期及第二次世界大战后恢复时期，其投资率也从来没有超过 20%。

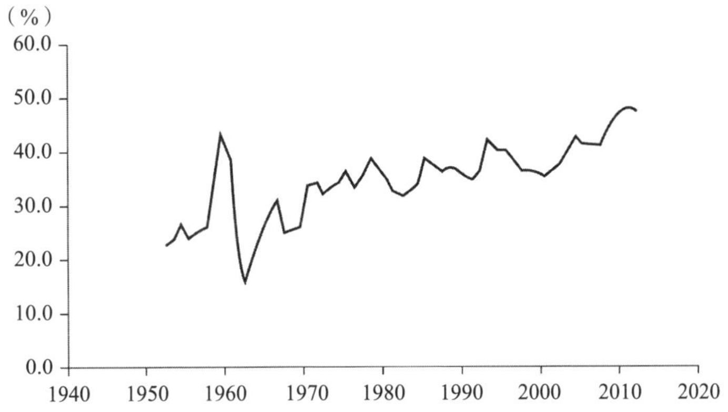

图 10.11　中国投资率的不断提高（1952—2012）

资料来源：环亚经济数据有限公司（CEIC）数据库。

在 20 世纪 90 年代，中国农村存在大量的剩余劳动力需要就业，在资源和环境约束又不突出的情况下，利用发达国家储蓄不足、消费旺盛的格局，在出口导向政策的支持下大力发展加工业，向发达国家出口，用净出口补充内需的不足，对中国经济发展、人民生活水平的提高产生了巨大的积极作用。

问题在于，正像我们在本章 10.3.2 节讨论过的那样，中国在成功执行了出口导向政策十年多以后，步日本等实施出口导向政策的国家和地区的后尘，出现了外汇储备大量增加、人民币升值压力不断加剧、外汇占款剧增造成流动性泛滥和资产泡沫形成等问题。出口导向政策不能长期原封不动地保持，它面临着进一步市场化的调整要求。

但是，出口导向政策的调整涉及内需不足如何弥补的重大问题，如果不能把中国的经济增长模式由粗放型转变为集约型，中国经济增长就会大大减退。在这种情况下，大量农村富余劳动力的就业、仍然处在低水平的人民生活的进一步提高等问题都很难获得解决。

10.4.3　转变增长方式，实现中国经济的长期稳定发展

正如我们在本章 10.1.3 节中已经谈到过的，西方国家在 18 世纪后期到 19 世纪后期的早期经济增长中所遵循的，也是投资驱动的增长模式，这导致了一系列严重的经济社会问题。直到 19 世纪后期实现了从投资驱动转到技术进步和效率提高驱动的增长模式的全面转型，这些矛盾才得到了一定程度的缓解。

新古典增长模型的倡导者索洛（Robert M. Solow）用自己对生产函数各项要素的分析来说明这两种增长模式的区别：

$$Y = K^{\alpha} \cdot L^{1-\alpha} \cdot A$$

其中，Y 代表总产出，K 代表资本投入，L 代表劳动力投入，α 和（$1-\alpha$）分别代表资本和劳动的产出弹性系数，A 代表 K 和 L 所不能解释的余量。索洛指出，如果单位劳动产出（Y/L）只由资本投入（K）决定，则投资增加必然引起投资报酬的递减。这样，为了维持一定的增长率，投资率就要不断提高，否则增长率就会下降。然而，1909—1949 年美国的统计数据却表明，它的投资率并没有明显的提高，人均增长率也没有明显的下降。索洛解释说，为什么在现代经济增长中出现了这样的现象，是因为余量 A 在支持经济增长中起到了愈来愈大的作用，索洛把余量 A（“索洛余量”）定义为“技术进步”。索洛所说的“技术进步”是一个很宽泛的概念，它不单是指工艺上的改进，而且泛指一切在投入不变情况下的产出增加，表现为全要素生产率（total factor productivity, TFP）的提高。

另一位诺贝尔经济学奖获得者舒尔茨（Theodore W. Schultz, 1902—1998）探索了现代经济增长中技术进步和效率提高的原因。他指出，技术进步源于人力资本的积累，即人的知识积累和技能提高。人力资本和物质资本不同，它的报酬是递增的，因此，教育的

普及、专业化程度的提高、人力资本的积累和报酬递增总量是与现代经济增长相伴而行的。[①]

总之，为了保证中国经济的长期稳定和持续发展，从根本上说，还是要靠经济增长模式由资源投入和出口需求驱动的粗放增长方式到技术进步和效率提高驱动的集约发展模式的转变。全国人民代表大会通过的《中华人民共和国国民经济和社会发展第十一个五年规划纲要》，把加快转变增长方式作为“十一五”期间（2006—2010）最重要的任务之一。

根据各国的经验和发展经济学的研究，提高效率的主要途径是：

（1）尽快完成农村富余劳动力从传统低效农业向具有较高效率的城市非农产业的转移。

（2）发展科学教研事业，促进基于科学的技术的广泛应用。

（3）推进制造业的服务化，尽量向产业链（“微笑曲线”[②]）的两端，即研发（R&D）、设计和品牌销售、售后服务等高知识含量和高附加值的服务性业务延伸（图 10.12）。

（4）发展服务业，特别是发展生产性服务业和知识含量高的现代服务业。

① 舒尔茨（1951—1988）：《报酬递增的源泉》，北京：北京大学出版社，2001 年，第 15—29 页。

② “微笑曲线”是在中国台湾实现新台币汇率自由化、以代工（OEM）为主的出口加工业受到严重冲击的情况下，宏碁集团创始人兼首席执行官施振荣用以说明产业升级道路的图示。他指出，20 世纪 60 年代以来，制造业的产业链一直在向附加价值高的研发、设计、品牌营销、售后服务等环节延伸。他据此制定了宏碁超越简单加工的新战略，这种转型战略也为许多台湾企业所成功仿效。见施振荣（1992）：《再造宏碁：开创、成长与挑战》，台北：天下远见出版公司，2004 年（第二版），第 296—298 页。

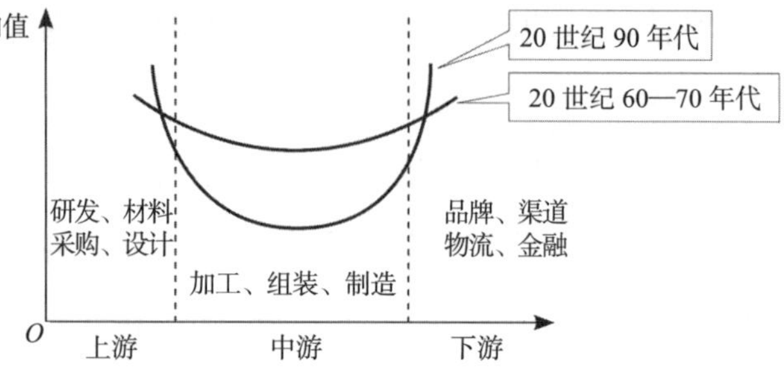

图 10.12 微笑曲线

（5）用现代信息技术改造整个社会的各个产业，以便节约信息成本，提高整个社会的效率。

这里需要注意的是，新古典增长理论把技术进步看作是一种外生的，即由外部传入的因素，而 20 世纪 80 年代以来经济学的研究表明，它在很大程度上是内生的。因此，以罗默（Paul Mchael Romer）为代表的新增长理论（又称内生增长理论）指出，技术变迁乃是人们自觉活动，如研究开发活动的结果；而这类人类活动的状况，又取决于通行于该经济中的规则和制度。

从过去数十年经济发展的历史可以看到，中国技术进步缓慢，症结不在于新技术无法取得，而在于制度存在缺陷。

具体地说，传统粗放发展方式向集约发展方式的转型难以顺利实现的主要原因可以从两个方面看：一方面，传统增长模式的退出存在着多重体制性障碍。其中最重要的障碍，是各级政府仍然掌握了过大的资源配置权力，使政府官员能够运用这种权力，投入大量土地、资本等资源来达到产值高速增长等政绩目标。[1] 另一方面，技术的开发和利用、新增长模式的采用，需要有良好的制度环境的支

① 消除传统经济增长方式的体制基础，见《吴敬琏集·中国增长模式抉择》第 4 章。

持，新体制建设的迟滞，也会阻碍经济增长模式转型的进程。因此，必须努力推进经济和政治体制改革，为经济增长模式转型准备更好的条件。

需要特别强调的是，中国应当通过完善制度和改进政策，来培育新的具有强大竞争力的产业。在产业提升的过程中，一部分高投入、高能耗、高污染的企业被淘汰是不可避免的。因此，中国在不能不做“减法”的同时，还必须努力做“加法”，加快具有更高附加值的产业发展，实现产业振兴。

有些人认为，中国技术力量薄弱，创新能力不强，不具备创建高附加值产业的比较优势，实现产业提升还不现实。这种观点可能有以偏概全的缺点。虽然中国总体水平还不够高，技术人员占总人口的比例也还很低，但是，中国有世界上最广阔的市场；改革开放以来已经发展起强大的加工制造能力。而且因为人口基数大，受过高等教育的科研和技术人员的绝对数早已超过美国，占世界第一位；此外，2007 年研发经费也已经超过日本，居世界第二位。我们在全国各地的考察表明，经过近 30 年的努力，中国技术人员的自主创新为数并不少，其中有些甚至已经走到了国际前沿。目前，除了中国规模巨大的加工制造业广泛存在提高附加值的空间外，世界许多产业都面临着或大或小的技术突破。中国如果能够抓住这种大好机会，发挥自己的优势，赢得国际竞争，包括最高层次的技术标准制定的竞争，发展出自己具有国际竞争力的拳头产业，也是完全可能的。

第 11 章　转型时期的社会关系和政治改革

中国从计划经济到市场经济的转型，不是以革命的方式而是以改革的方式进行的。这就是说，它不是在政权发生更迭的条件下进行的，而是在原有的执政党和政府的领导下逐步实现的。由于这种方式能使经济改革在稳定的社会政治环境中起步，所以避免了大的社会震动，具有明显的优点。不过，经济体制的变动必然会引起社会结构的变化，这种变化也必然要求社会的政治、文化等上层建筑发生与之相适应的变化。如果不对与经济基础不相适应的上层建筑进行改革，就会在两者之间产生种种摩擦和冲突，最终经济改革也无法顺利进行。因此，在经济改革的过程中配套进行包括政府自身改革在内的政治改革，就越来越成为一个突出的问题。

社会主义国家的政治改革本身是一个十分巨大而复杂的课题，对它的研究，远远超出了本书的论述范围。本章只能就与经济改革直接相关的社会政治问题作一些简要的讨论。

11.1　政治体制与经济体制的互动关系

中国的政治体制需要改革，根本的原因在于传统的社会主义政治体制遇到了与在经济改革中建立起来的新经济体制不相适应的挑战。所以，我们的讨论也要从这种政治体制的基本特征开始。

11.1.1 苏联式政治体制的基本特征

开始市场化改革以前，包括中国在内的社会主义各国的经济和政治体制都是按照源于列宁的苏联模式建立的。列宁的社会主义经济模式，正如我们在第 1 章 1.2.1 节中已经说明的，是一个“国家的辛迪加”，整个社会都被组织在这个国家所有的大公司里，政府是这个大公司的总管理处，社会的全体成员都是这个大公司的雇员。列宁的社会主义政治模式又叫作“无产阶级专政体系”。

斯大林在他的许多著作，特别是《列宁主义的几个问题》中，根据列宁的遗著，对“无产阶级专政体系”的基本结构做了阐明。他说，这个体系是由一个“指导力量”和若干“传动装置”“杠杆”综合起来构成的。在这里，“指导力量”是指作为无产阶级先锋队的共产党，“传动装置”和“杠杆”则是指若干“无产阶级的最广泛的群众组织”，包括：（1）“苏维埃及其在中央和地方的许许多多支脉，即行政的、经济的、军事的、文化的和其他的国家组织”。（2）“工会及其在中央和地方的支脉，即许许多多生产的、文化的、教育的和其他的组织”，“它们把各行各业的工人都联合起来”。（3）“各种合作社及其所有支脉”，“合作社使无产阶级先锋队便于同农民群众联系，并为把农民群众引上社会主义建设轨道创造条件”。（4）青年团，“它的任务是帮助党以社会主义精神教育青年一代。它以青年后备军供给一切管理部门中的所有其他无产阶级群众组织”。如此等等。

斯大林特别强调“党是无产阶级专政体系中的主要领导力量”。他说：“在我们苏联，在无产阶级专政的国家里，我们的苏维埃组织和其他群众组织，没有党的原则性指示，就不会决定任何一个重要的政治问题或组织问题……在这个意义上也可以说，无产阶级专政实质上是无产阶级的先锋队的‘专政’。”[①]

斯大林特别强调，列宁认为，为了实现共产党在无产阶级专政中的这种领导作用，它必须按照严格的集中制原则组织起来，并实行党的领袖的个人独裁。列宁说过，“谁都知道，群众是划分为阶级的”“阶级是由政党来领导的”“政党通常是由最有威信、最有影响、最有经验、被选出担任最重要职务而称为领袖的人们所组成的比较稳定的集团来主持的”。[②]“无可争辩的历史经验说明：在革命运动史上，个人独裁成为革命阶级专政的表现者、代表者和执行者，是屡见不鲜的事。”“苏维埃的（即社会主义的）民主制与实行个人独裁制之间，绝无任何原则上的矛盾。”必须“使下面两种任务协调起来，一方面经常开群众大会讨论工作条件；另一方面在工作时间绝对服从苏维埃领导人——独裁者——的意志”[③]。

十分清楚，列宁的上述政治体制模式（“无产阶级专政体系”）和他的经济体制模式（“国家的辛迪加”）是相互衔接的：无产阶级专政的国家运用自己的强制力量建立、组织和捍卫“国家的辛迪加”。作为核心领导力量的共产党及其领导人则依靠这一整套体系，“党掌握政权，党管理国家”[④]，保持对“国家辛迪加”的绝对控制。

① 斯大林（1926）：《论列宁主义的几个问题》，《斯大林选集》（上卷），北京：人民出版社，1979 年，第 413—415 页。

② 列宁（1920）：《共产主义运动中的“左派”幼稚病》，《列宁选集》第 4 卷，北京：人民出版社，1995 年，第 151 页。

③ 列宁（1918）：《苏维埃政权的当前任务》，北京：人民出版社，1975 年，第 38—42 页。

④ 斯大林（1926）：《论列宁主义的几个问题》，《斯大林选集》（上卷），北京：人民出版社，1979 年，第 417—418 页。

在国际共产主义运动中，对于苏联的这种政治模式并不是没有反对意见。德国共产党和共产国际的创始人之一卢森堡就是列宁关于党内要实行“极端的集中制”和“一党专政”思想的尖锐批评者之一。卢森堡和德国社会民主党的右翼领袖考茨基反对无产阶级专政的态度不同，她是主张对反抗革命的资产阶级进行专政的；但她同时指出，这一专政不能取消民主和限制言论出版自由，因为“没有普选，没有不受限制的出版和集会自由，没有自由的意见交锋，任何公共机构的生命就要逐渐灭绝，就成为没有灵魂的生活，只有官僚仍是其中唯一的活动因素。公共生活逐渐沉寂，几十个具有无穷无尽的精力和无边无际的理想主义的党的领导人指挥着和统治着，在他们中间实际上是十几个杰出人物在领导，还有一批工人中的精华不时被召集来开会，聆听领袖的演说并为之鼓掌，一致同意提出来的决议……这固然是一种专政，但不是无产阶级专政，而是一小撮政治家的专政……雅各宾派统治意义上的专政……不仅如此，这种情况一定会引起公共生活的野蛮化：暗杀，枪决人质等等。这是一条极其强大的客观的规律，任何党派都摆脱不了它。”[①]

虽然卢森堡关于无产阶级专政的建言遭到列宁和俄共领导的拒绝，但被卢森堡不幸言中——连当年与卢森堡对立的俄共领导人托洛茨基和季诺维也夫（Grigori E. Zinoviev，1883—1936）等人最后也死于斯大林专政机器的刀斧之下。

11.1.2 毛泽东时代的中国政治体制

在中国，1913 年反对袁世凯的“二次革命”失败以后，孙中山决定改组国民党，并且决定“以俄为师”，接受苏俄“以党治国”的

① 卢森堡（1918）：《论俄国革命》,《论俄国革命 · 书信集》，贵阳：贵州人民出版社，2001 年，第 31—32 页。

思想作为国民党的政治纲领。1924 年，他在国民党第一次全国代表大会上倡议成立国民政府时指出："现尚有一事可为我们模范，即俄国完全以党治国，比英、美、法之政党，握权更进一步。"俄国"能成功，即因其将党放在国上"。[①] 1928 年，国民党在取得全国政权以后，就按照苏联模式建立了它的党政系统。

中国共产党的领导人对这种政治体制持尖锐的批判态度。

毛泽东在 20 世纪 20 年代末的井冈山时期，就曾直截了当地批评孙中山从苏联引进的"国民党直接向政府下命令的错误办法，是要避免的"。[②]1929 年，周恩来在代表中共中央给红四军前委所做的批示中也说道："党管一切这口号，在原则上事实上都是不通，党只能经过党团作用作政治的领导。"[③]1940年，刘少奇也指出："共产党反对国民党的'一党专政'，但并不要建立共产党的'一党专政'。""共产党并不愿意包办政府，这也是包办不了的。"[④]1941 年，邓小平更是尖锐地指出："'以党治国'的国民党遗毒，是麻痹党、腐化党、破坏党、使党脱离群众的最有效的办法。我们反对国民党以党治国的一党专政，我们尤要反对国民党的遗毒传播到我们党内来。"[⑤]

① 孙中山（1924）:《在广州中国国民党第一次全国代表大会上的讲演》，转引自王府民（1993）:《孙中山详传》，北京：中国广播电视出版社，1993 年，第 1092 页。

② 毛泽东（1928）:《井冈山的斗争》，《毛泽东选集》第一卷，北京：人民出版社，1991 年，第 73 页。

③ 周恩来（1929）:《中共中央给红军第四军前委的指示信》，《周恩来选集》（上卷），北京：人民出版社，1980 年，第 41 页。

④ 刘少奇（1940）:《论抗日民主政权》，《刘少奇选集》（上卷），北京：人民出版社，1981 年，第 176—177 页。

⑤ 邓小平（1941）:《党与抗日民主政权》，《邓小平文选》第一卷，北京：人民出版社，1994 年，第 8—21 页。

在战争环境严酷的历史背景下，1942年9月1日，中共中央做出《关于统一抗日根据地党的领导及调整各组织间关系的决定》，即“九一决定”，要求各根据地建立党委会的一元化领导，由统一领导一切的党委会领导党、政、军、民等各方面的工作。[①]自那以后，各根据地建立了这种类似于苏联的党政体制。

1945年，毛泽东在中共七大的政治报告中提出了组成民主联合政府，建立“独立、自由、民主、统一和富强的新中国”的纲领。[②]1947年，毛泽东亲自撰写，并在10月10日发布的《中国人民解放军宣言》中重申：将在打倒蒋介石政权以后，联合工农兵学商各被压迫阶级、各人民团体、各民主党派、各少数民族、各地华侨和其他爱国分子，成立民主联合政府，废除蒋介石统治的独裁制度，实行人民民主制度，保障人民言论、出版、集会、结社等自由。[③]

不过，《中国人民解放军宣言》提出的政治架构并不是一个准备长期执行的政策。在这一篇宣言发表一个月以后，毛泽东提出了效法苏联和南斯拉夫的先例，建立一党执政政府的设想。他在1947年11月30日致电斯大林提出：“在中国革命取得彻底胜利的时期，要像苏联和南斯拉夫那样，所有政党，除中共之外，都应离开政治舞台。”不过，这种想法由于形势的变化和斯大林在1948年4月20日

① 中共中央政治局的这个决定指出：“根据地领导的统一与一元化，应当表现在每个根据地有一个统一的领导一切的党的委员会”，“统一各地区的党政军民工作的领导”。

② 毛泽东（1945）：《论联合政府》，《毛泽东选集》第三卷，北京：人民出版社，1991年，第1055页。

③ 毛泽东（1947）：《中国人民解放军宣言》，《毛泽东选集》第四卷，北京：人民出版社，1991年，第1237—1238页。

回电表示反对而没有付诸实施。①

1949 年 10 月中华人民共和国成立后，执行新民主主义纲领，政府组织大体上保持了《中国人民政治协商会议共同纲领》(简称《共同纲领》) 规定的“联合政府”的形式。在政府领导职务中，非中共党员约占半数。

1952 年 10 月，斯大林向中共中央建议，制定宪法用以取代《共同纲领》并进行选举，以便实现向苏联式的“一党政府”转化。中共中央接受了这个建议。②1954 年《中华人民共和国宪法》的制定，标志着苏联式政治体制的建立。政府领导职务完全由中共人士担任，实现了党政合一、议行合一。

按照左翼政治学家邹谠的说法，这是一个从公共事务、企业事务直至个人事务无所不管的“全能政府”。③

11.1.3 进行政治体制改革的必要性

20 世纪 70 年代末期的改革开始以后，中国的经济体制从“国家的辛迪加”转变为以多种所有制经济共同发展为基础的市场经济。但是，在政治体制方面，列宁式体制的基本架构并没有受到触动。这样，在已经有了巨大变化的经济体制与没有根本性变化的政治体制之间就出现了种种矛盾和冲突，既妨碍了经济体制改革继续向前推进和新经济体制的有效运转，也使政治体制难于实现它的公

① 毛泽东与斯大林之间往来的电报，载《中共党史研究》，2001 年第 2 期和 2002 年第 1 期。

② 韩大元(2008):《1954 年宪法与中国宪政》，武汉：武汉大学出版社，2008 年，第 45—53 页。

③ 邹谠(1994):《二十世纪中国政治——从宏观历史与微观行动的角度看》，香港：牛津大学出版社(中国)有限公司，1994 年，第 223 页；同见邹谠:《中国二十世纪政治与西方政治学》，《经济社会体制比较》，1986 年第 4 期。

共服务功能。

这就是邓小平一再提出“只搞经济体制改革，不搞政治体制改革，经济体制改革也搞不通”[①]的道理所在。

进行政治改革的必要性，可以从社会主义的价值追求和市场经济基础对上层建筑的要求这两个方面加以说明。从第一个方面看，民主政治和法治国家历来是先进人士包括社会主义者所追求的理想，也是社会主义者的现实政治纲领；从第二个方面看，市场经济以平权的所有者之间的自由交换为基础，这样的经济制度只有在民主与法治的政治制度下才有可能存在和发展。

首先，市场交易的主要特征在于交换的自愿性和决策的自主性。经济学家麦克米兰（John McMillan，1951—2007）说得很清楚：“市场中的参与者控制着自己的资源，决定这些资源如何使用，并不受制于其他任何人的命令。”“如果人们失去了自主权，那么根据这个定义，他们的交易将不是‘市场交易’。在存在权力关系的任何情况下，比如一方管辖着另一方，或者双方都受另一个更高的权力机构管辖时，所发生的交易都将是其他形式的交易，而绝不是‘市场交易’。”[②]在苏联式的“国家的辛迪加”中，党政领导机关是有权支配所有经济主体的最高权力机关，而这些经济主体缺乏进行自愿交易所必需的自主权，因而使市场机制无法有效运转。

其次，市场经济要求建立民主和法治。苏联式的专政政权如同

① 邓小平（1986）：《在全体人民中树立法制观念》，《邓小平文选》第三卷，北京：人民出版社，1993 年，第 163—164 页。

② 麦克米兰（2002）：《市场演进的故事》，北京：中信出版社，2006 年，第 5—6 页。

列宁所说，是“由无产阶级对资产阶级采用暴力手段来获得和维持的政权，是不受任何法律约束的政权”。[①] 在人类社会早期“熟人市场”的人格化交换中，合同的执行可以依靠人与人之间的血缘、乡亲等关系得到保证，而在发达市场经济的非人格化交换中，合同的执行则由第三方，特别是正式法律体系得到保证。因此，现代市场经济的有效运转，要求在民主政治的基础上建立起法治（the rule of law），即法律的统治。

总之，市场经济意味着市场通过它的自由价格制度在稀缺资源的配置中起基础性作用。然而，在传统的社会主义政治体制下，政府才是主要的资源配置者。因此，这种政治体制与市场经济体制之间存在着巨大的冲突。

为了实现建立民主与法治的目标，就需要进行政治改革，改造与经济基础不相适应的上层建筑。

11.1.4 政府在社会转型中的作用

对于政府在从计划经济向市场经济转型中的作用，存在着两种完全对立的意见：一种是主张“小政府即是好政府”，认为政府只要放开对经济生活和社会事务的管理，市场经济就会自然而然地成长壮大；另一种是主张保持政府对整个社会强有力的控制，以便保持稳定和使资源配置符合社会利益。看来，这两种极端的意见都不无偏颇。

① 列宁（1918）：《无产阶级革命和叛徒考茨基》，《列宁选集》第3卷，北京：人民出版社，1972年，第623页。1920年，列宁更是明确地指出：“专政的科学概念无非是不受任何限制、绝对不受任何法律或规章约束而直接凭借暴力的政权。”参阅列宁（1920）：《关于专政的历史》，《列宁全集》第12卷，北京：人民出版社，1981年，第289页。

前一种意见正确地强调了市场的作用，但也反映了所谓“市场原教旨主义”的偏颇。事实上，即使古典经济学的创始人和重商主义的激烈批评者、强烈主张减少国家对经济活动干预的斯密，也认为政府负有建立和执行产权规则，为“看不见的手”发挥作用、搭建平台等重要职能。

后一种观点强调政府对转轨过程的领导和控制，有它一定的道理。但是，这也造成了一种危险，就是政府及其工作人员（官员）把持手中的国家机器，不但不用它来破旧立新、推进改革，反倒会使它成为干扰市场有效运作、维护旧体制、保持和扩大特权利益的手段。

专栏 11.1　20 世纪政府与市场边界变动

1776 年，英国经济学家亚当·斯密出版了经济学的经典之作《国富论》一书，在书中他强烈抨击重商主义的政府对经济生活的干预，主张充分发挥市场机制的作用，推动社会经济的发展。自那以后，西欧国家政府活动的范围逐渐收缩，趋向于充当维持市场秩序的“守夜人”角色。

然而，从 19 世纪后期开始，潮流朝相反方向转变，发达国家的政府规制经济的活动开始增加。整个 20 世纪上半叶，政府权力日益扩大。无论是在社会主义的苏联，还是资本主义的西欧和美国，无论它们采取的干预方式是国家所有制和计划经济，还是凯恩斯主义的宏观调控，虽然干预的方式和干预程度有很大不同，但在强调政府代表公共利益组织和管理经济这一点上，颇有异曲同工之处。于是我们看到，不但社会主义国家力求实现“国家的辛迪加”的理想，资本主义国家的政府职能也在加强。例如，随着罗斯福“新政”的推行，美国逐步成为“规制的资本主义”（regulated capitalism）经济，西欧国家则在加强政府宏观经济管理的同时，发生了对所谓“制高点行业”的国有化运动。

强化政府职能的趋势大约持续了半个世纪，此后风向倒转过来。中国、苏联和东欧等社会主义国家计划经济体制弊病暴露无遗，纷纷采取不同方式进行市场取向的改革。西方世界自20世纪70年代遭遇“滞胀”之后，当时的英国首相撒切尔夫人和美国总统里根都实行解除管制和削弱政府干预的政策。一时间，“新自由主义”就成为新的时尚。

在苏联和东欧社会主义国家剧变后的一段时间里，许多人认为苏联和东欧社会主义国家政治经济体系的崩溃意味着“历史的终结”：政府与市场的边界问题已经按照有利于市场的方式一劳永逸地解决了。然而人们很快地发现，历史并未终结，政府与市场的冲突只是改变了形式，它将在新的更高的层次上展开。而在2007—2008年的世界金融危机爆发以后，钟摆似乎又摆向了另外一个方向。

20世纪社会经济制度变迁的基本脉络提示我们：明智合理地确定政府和市场之间的边界，是经济稳定运行和长期增长的一个重大问题。在自由市场在资源配置中起基础性作用和政府提供公共品的基本制度框架下，根据实际情况调整市场与政府之间的边界，使市场这双看不见的手和政府这双看得见的手有一个较为恰当的结合，才能保证经济繁荣和社会公正。

根据吴敬琏为《制高点：重建现代世界的政府与市场之争》（丹尼尔·耶金，北京：外文出版社，2000年）一书所作序言等资料编写。

在中国，持两种极端观点的经济学家都比较少，大多数人持有较为平衡的观点。[①]

对于成熟市场经济中政府的作用，许多经济学家归纳为四个主要的方面：一是在“市场失灵”的场合干预资源配置，如对具有外部性（如高污染、高社会效益）的产品和服务的生产进行调节；二是监管市场，执行反垄断、反不正当竞争的立法等；三是保持宏观经济稳定，以避免市场经济活动的过度波动；四是进行资源再配置和收入再分配，即对由市场决定的收入分配进行调节，以避免公共品的匮乏和收入的两极分化。

在确认政府应当发挥作用以纠正市场失灵的同时，还必须注意的是，政府毕竟是一种行政机构，它也经常会出现失灵，即政府失灵（government failure）。由于政府并不具有能够较之市场更有效地获取信息的优势，所以它在市场机构之外进行活动很有可能造成低效率，政府组织本身也有可能偏离社会的公共目标，政府机构干预派生的外部性，政府官员以权谋私的寻租活动等原因，也常常会使政府的活动产生失灵。[②]这些问题都需要加以防范和消解。防范和消解的办法是：（1）正确划分市场作用和政府作用的范围。分清楚哪些问题应当由市场解决，哪些问题应当由政府进行干预，尽量使用市场手段来解决问题。（2）在必须使用行政手段的情况下，要把市场机制和行政手段适当地搭配起来，协调地起作用。

---

① 例如，在中国，很少有人全面支持哈耶克和卢卡斯否定中央银行及其货币政策的观点，也很少有人全面肯定统治经济、回到命令经济，由政府实行全面控制的主张。多数人倾向于一种在货币主义与新凯恩斯主义之间较为平衡的政策主张。

② 沃尔夫（Charles Wolf）（1988）：《市场或政府——权衡两种不完善的选择》，北京：中国发展出版社，1994 年，第 55—57 页。

在从传统社会到现代社会和从命令经济到市场经济的双重转型期间，政府的正面作用需要加强而不是削弱。所谓政府的正面作用，主要包括以下几个方面。

1. 消除对改革的阻碍和反抗

如前所述，改革不是一个完全自发演进的过程，而是社会制度的重新安排。这就意味着经济利益关系在较短历史时期内的大调整，而利益的调整又必然会遇到那些不愿意放弃既得利益的人们的阻碍和反抗。政府只有通过运用行政、法律、教育和经济政策等各种手段，才能消除这种反抗。当然，在所有这些只有政府才拥有的手段当中，既要有强制性的，也要包括一些诱导性的。但是，即使是这种诱导性的政策，也需要政府的倡导和支持。

2. 建立市场经济体制的各种基础设施

市场的有效运作，以其他方面制度的支持和各种基础设施的建立为前提。所谓市场制度的基础设施，一方面是指工商企业、中介组织、政府机构等各种组织；另一方面是指由法律、规章制度等组成的全套“游戏规则”（rules of the game）。随着改革开放全面深入，建立“游戏规则”的工作已经提到重要的议事日程上来。国家应当加强制定法规的工作，而且要用国家的强制力量保证这些规则的实施。

3. 提升市场，弥补市场协调失灵

在转型期间，由于市场制度的不完善，经济协调方面的缺失就较经济学所定义的市场失灵范围更为宽泛，政府需要起的作用也就更大。对于政府如何在解决这方面问题中起作用，国际上存在三种观点：（1）“市场亲和论”（market-friendly view），主张政府的作用应限于保持宏观稳定和弥补市场失灵；（2）“国家推动发展论”（developmental-state view），主张在这一发展阶段上，政府应当用自己的行政干预代替市场起作用；（3）“市场增进论”（market-enhancing view），认为政府应当积极地参与发展，但它的主要参与方式应当是支持民间部门包括企业组织、金融中介、农业合作社等的发展并与它们协同工作。[①] 上面第三种观点对一个处于早期市场经济阶段的发展中国家具有更大的适用性。

如前所述，对于政治家和政府官员顺应民意、推进改革的行动，所有关心社会进步的人们都应当为之提供支持。但是由于改革是在原有的政府机构的领导下进行的，而这些政府机构通常又是干预权力十分巨大而且不可避免地与旧的体制具有千丝万缕的联系的，这样，就存在一种危险，即过分迁就反对改革的力量，在推进改革时迟疑不决。更加严重的是，某些官员有可能利用手中掌握的公共权力“设租”“寻租”，成为权贵特殊利益的代表。因此，防止政府失灵造成的危害，对于转型国家来说，是一个较之其他国家更为严峻的任务。

11.2　中国政府的政治改革规划及其进程

从上一节的讨论中可以看到，对于像中国这样的发展中国家来说，政府在社会转型中负有双重的任务：一方面要致力于规范化的市场秩序和法律制度的建设以及现代化的教育；另一方面要建立约束自身行为的法律制度，即实行宪政。东亚新兴工业化经济体在经济发展初期市场发育程度低的情况下，“威权主义”

① 青木昌彦、金滢基等编（1997）：《政府在东亚经济发展中的作用》，北京：中国经济出版社，1998 年。

（authoritarianism）的政府干预往往扮演了经济发展强力推进者的角色。但是，当这些经济体实现经济“起飞”以后，政府对市场的压制和不当干预也会造成错误的投资导向、助长腐败和“权贵资本主义”等问题，给经济的长期稳定发展埋下隐患。因此，许多发展中国家在市场经济发展到一定程度以后都提出了“从威权到民主”的政治改革问题。[①]

正因为如此，中国领导人邓小平早在改革开放初期，就提出了政治体制改革的任务。

11.2.1 1980年：邓小平提出政治体制改革

1980年，邓小平在发动农村承包制改革的同时，要求启动政治改革。

当年8月18日，邓小平在中共中央政治局会议上作了著名的“八·一八”讲话[②]，提出了对党和国家领导制度进行改革的问题（专栏11.2）。他指出，由于党和国家领导制度、组织制度上的问题，导致了“文化大革命”的十年浩劫，关系到党和国家是否改变颜色，因此必须坚决彻底地加以改革。

经过中共中央政治局的认真讨论，邓小平在这个讲话中提出的意见得到了政治局的批准。由此启动了党和国家领导体制的改革。不过，这项改革还没有开始进行，就遇到了中国改革开始后的第一次回潮。因此，邓小平倡议的改革并没有能够贯彻下去。

① 参阅大野健一：《东亚的经济增长和政治发展——从威权发展模式到民主发展模式的平稳过渡》，青木昌彦、吴敬琏编（2008）：《从威权到民主——可持续发展的政治经济学》，北京：中信出版社，2008年。

② 邓小平（1980）：《党和国家领导制度改革》，《邓小平文选》第二卷，北京：人民出版社，1994年，第320—343页。

专栏 11.2　邓小平 1980 年“八·一八”讲话论党和国家领导制度的改革

1980 年 8 月 18 日，邓小平在中共中央政治局扩大会议讨论党和国家领导制度的改革问题时，对政治改革发表了纲领性意见。他指出，由于中国长期的封建专制主义的影响，由于共产国际时期各国党的工作中领导者个人高度集权的传统，也由于长期认为社会主义制度必须对社会实行中央高度集权的管理体制，在共产党和国家现行的领导制度中存在不少的弊端：

首先，在党和国家的政治生活中广泛存在着官僚主义现象。它的主要表现和危害是：高高在上，滥用权力，脱离实际，脱离群众，好摆门面，好说空话，思想僵化，墨守成规，机构臃肿，人浮于事，办事拖拉，不讲效率，不负责任，不守信用，公文旅行，互相推诿，专横跋扈，徇私行贿，贪赃枉法，等等。“这无论在我们的内部事务中，或是在国际交往中，都已达到令人无法容忍的地步。”

邓小平说，党和国家政治生活中存在许多严重问题，主要是与党和国家的领导制度有关。在党和国家的领导制度上存在的主要问题是：

（1）权力过分集中。这就是在加强党的一元化领导的口号下，把一切权力集中于党委，党委的权力又往往集中于几个书记，特别是集中于第一书记。

（2）革命队伍内的家长制作风。个人决定重大问题、个人崇拜、个人凌驾于组织之上一类家长制现象，不断滋长。不少地方和单位，都有家长式的人物，他们的权力不受限制，别人都要唯命是从，甚至形成对他们的人身依附关系。不彻底消灭这种家长制作风，就根本谈不上什么党内民主，什么社会主义民主。

（3）干部领导职务终身制。

（4）形形色色的政治经济特权。

邓小平指出，制度好可以使坏人无法任意横行，制度不好可以使好人无法充分做好事，甚至会走向反面。因此，“如果不坚决改革现行制度中的弊端，过去出现过的一些严重问题今后就有可能重新出现。只有对这些弊端进行有计划、有步骤而又坚决彻底的改革，人民才会信任我们的领导，才会信任党和社会主义，我们的事业才有无限的希望”。

邓小平还说，中共中央正在考虑进行一系列重大改革，其中包括：

（1）提出修改宪法的建议，使之能够切实保证人民真正拥有管理国家各级组织和各项企业事业的权力，享有充分的公民权利。关于不允许权力过分集中的原则，也将在宪法中表现出来。

（2）真正建立从国务院到地方各级政府从上到下的强有力的工作系统。今后凡属政府职权范围内的工作，都由国务院和地方各级政府讨论、决定和发布文件，不再由党中央和地方各级党委发指示、做决定。

（3）有准备有步骤地改变党委领导下的厂长（经理）负责制，实行工厂管理委员会、公司董事会等领导和监督下的厂长（经理）负责制。党委领导下的校长、院长、所长负责制等也考虑加以改革。

（4）各级党委要真正实行集体领导和个人分工负责相结合的制度。重大问题一定要由集体讨论和决定。决定时，要严格实行少数服从多数，一人一票，不能由第一书记说了算。

邓小平的这个讲话，在 1980 年 8 月 31 日由中共中央政治局讨论通过。

根据邓小平《党和国家领导制度的改革》(1980 年 8 月) (《邓小平文选》第二卷，北京：人民出版社，1993 年，第 320—343 页) 编写。

11.2.2 1986—1987 年：邓小平关于加快政治改革的建议和中共十三大的改革计划

在经济改革获得了一定程度的推进，而政治改革大大滞后的情况下，中国的领导人越来越认识到，“不改革政治体制，就不能保障经济体制改革的成果，不能使经济体制改革继续前进。”

1986 年，邓小平再次提出进行政治体制改革的问题。他说：“一九八〇年就提出政治体制改革，但没有具体化，现在应该提到日程上来。”[①] “要注意政治体制改革，包括党政分开和下放权力。我想中央的领导同志，特别是书记处的同志，要考虑一下这个问题。允许用年把时间搞调查研究，把问题理一理，把主意拿好，然后再下手。政治体制改革同经济体制改革应该相互依赖，相互配合。只搞经济体制改革，不搞政治体制改革，经济体制改革也搞不通。”“我们所有的改革最终能不能成功，还是决定于政治体制的改革。”[②] 关于政治改革的内容，邓小平提出：“首先是党政要分开，解决党如何善于领导的问题。这是关键，要放在第一位。”他要求“改革总要有一个期

① 邓小平 (1986)：《在听取经济情况汇报时的谈话》，《邓小平文选》第三卷，北京：人民出版社，1993 年，第 160 页。

② 邓小平 (1986)：《在全体人民中树立法制观念》，同上书，第 164 页。

限，不能太迟，明年党的代表大会要有一个蓝图”。[①]

根据邓小平的这些指示，经过近一年的研究和准备，1987年10—11月的中共十三大决定推进以实现党政分开为重点的政治体制改革。根据邓小平的意见，中共十三大强调，党的领导是政治领导。党对国家事务进行领导的主要方式是使党的主张经过法定程序成为国家意志，通过党组织的活动和党员的模范带头作用带动广大人民群众来实现。企业中党组织的作用也要随着行政首长负责制的推行，逐步转变为起保证监督作用，不再对单位实行“一元化”领导。与此同时，提出了“以党内民主来逐步推动人民民主”的方针，并确定了一系列具体的措施，从1988年起开始实施。[②]

不过，这次政治改革刚刚开始就被1989年的政治风波所打断。风波过后，一些人对中共十三大的决定是否属于“资产阶级自由化”提出质疑。虽然邓小平明确指出，“十三大政治报告是经过党的代表大会通过的，一个字都不能动”[③]，不过实际上还是有不少措施停止执行。

① 邓小平（1986）:《关于政治体制改革问题》，同上书，第176—180页。

② 1987年10月的中国共产党第十三次全国代表大会确定的政治改革的长远目标，是“建立高度民主、法制完备、富有效率、充满活力的社会主义政治体制”。政治改革的近期目标，则是“建立有利于提高效率、增强活力和调动各方面积极性的领导体制”。具体的改革措施包括:（1）实行党政分开;（2）进一步下放权力;（3）改革政府工作机构;（4）改革干部人事制度;（5）建立社会协商对话制度;（6）完善社会主义民主政治的若干制度;（7）加强社会主义法制建设。

③ 邓小平（1989）:《组成一个实行改革的有希望的领导集体》,《邓小平文选》第三卷，北京：人民出版社，1993年，第296页。

11.2.3 1997年中共十五大以来的政治改革

中国领导人在20世纪90年代初期重新启动政治改革。1997年的中共十五大提出“扩大社会主义民主，健全社会主义法制，依法治国，建设社会主义法治国家”的政治改革总目标。[①]2002年中共十六大在推进政治改革方面又提出建设法治国家、发展民主政治、提升政治文明等要求。

虽然政治改革列入了党政领导机关的纲领性文件，而且20多年来在基层选举、市场经济的立法等方面做了不少工作，但政治改革的推进远没有原来设想的快。

11.3 中国转型期中的社会矛盾

在中国改革的初期，不少支持市场取向改革的人曾经认为，改革一旦开始，它就将是一个自我增强的平稳递进过程：经济改革促使生产力和人民生活水平得到普遍的提高，而这种提高又会促使更多的人支持经济和政治改革向前推进。可是随着中国改革的深入，社会矛盾似乎并没有得到明显的消弭，有时那些固有的矛盾和新产生的矛盾还表现得相当尖锐。出现这种情况，既有客观方面的原因，也与改革本身的不足有关。

11.3.1 转型时期是一个社会关系趋于紧张的时期

中国社会转型的一个点，是传统社会到现代社会的转型与计划

① 江泽民（1997年9月）:《高举邓小平理论的伟大旗帜，把建设有中国特色社会主义事业全面推向二十一世纪——在中国共产党第十五次全国代表大会上的报告》。

经济向市场经济的转型结合进行，但不论哪一个转型过程，都充满了矛盾冲突。

1. 传统社会到现代社会转型中的社会矛盾

帕金斯（Dwight H. Perkins）等学者在他们合著的《发展经济学》教科书中写道："经济发展起步以后，并不一定不断地前进，经济发展本身，尤其是在初期阶段，会使社会关系与政治关系趋于紧张，从而破坏经济增长所必需的稳定局面。"[①]亨廷顿（Samuel P. Huntington，1927—2008）也在他的名著《变化社会中的政治秩序》中指出："现代性孕育着稳定，而现代化过程却滋生着动乱。"[②]这就是说，在实现了现代化的情况下，社会趋向稳定；而现代化的过程中，却隐含着各种诱发社会不安定的动因。因为在一个现代化程度已经很高的社会中，居民收入水平普遍提高，个人享有较大的自主决策权，各种社会成员对现存的社会秩序持有一种满意态度。

在这个过程中，关键一环是中等收入阶层（middle class，亦称中产阶级或中等阶级）[③]的数量增加和作用扩大。一个不虞生活匮乏、具有一定政治文化素养的中等阶级的壮大是现代性的一个重要标志，

① 帕金斯等（1983）:《发展经济学》，北京：中国人民大学出版社，1989 年，第 56—58 页。

② 亨廷顿（1968）:《变化社会中的政治秩序》，北京：生活·读书·新知三联书店，1988 年，第 30—54 页。

③ 在西方国家，人们常常用收入水平来划分阶级，把拥有中等收入的阶级称为 middle class。在资本主义初期，middle class 一词是作为资产阶级（bourgeoisie 或 capitalist）的同义语使用的。"在现代社会中，middle class 远离马克思主义学说中的资产阶级范畴，而由专业人员、白领工人、农民等组成。"见 Microsoft Encarta（《微软百科全书》）1994 年版有关"middle class"的条目。

是保持社会稳定的重要力量。所以，现代性的实现一般能导致社会稳定。

现代化的过程，意味着现代性的增加或社会的进步，似乎能够增加社会的稳定性。但是，在一个变革的社会中，有利于稳定的因素和不利于稳定的因素同时存在。传统社会向现代社会的巨大变革，对不同的人群产生的影响很不相同。这就容易诱发社会的动荡：第一，现代化过程把人们从传统社会下的信息闭塞状态推向变革社会中的信息畅通状态，即使是身处穷乡僻壤的人，也能够知道大千世界里其他人是怎样生活的。在这种情况下，人们对提高生活水平的期望值就会大大提高。当这个期望得不到满足，或者满足的程度比较低时，人们就会产生不满情绪。如果没有有力和灵活的政治制度约束和疏导，社会就容易发生动乱。第二，在社会迅速发展的过程中，人们利益的增加是不均等的，当一个社会群体或个人的利益受到了实际损失，或自以为受到了不公正的对待，就会产生不满情绪，从而也会导致社会不安或动乱。第三，期望值的提高不只是数量上的增加，还包括质量上的提高。马斯洛的需求层次理论[①]告诉我们，当人们的低层次需求得到满足以后，就会进而追求高层次需求的满足。如果这种高层次需求得不到满足，同样也会引起不满，从而孕育社会动乱。

从历史上看，在从传统社会向现代社会转变的过程中，英法等目前已经实现现代化的国家都曾经历过一个动荡不安的时期。英国

① 马斯洛把人类的需求划分为五个层次：（1）生理上的需求；（2）安全上的需求；（3）社交和归属感的需求；（4）受人尊敬的需求；（5）自我实现的需求。他指出，越是低层次的需求越容易得到满足，而人们一般总是按照上述次序，由低到高地追求各项需求的满足。

的封建庄园制度在15世纪走向崩溃，此后发生了资产阶级革命，但在那以后的很长时间里，社会始终动荡不止，只是在1688年“光荣革命”确立宪政秩序和19世纪末期进入以技术进步和效率提高驱动的现代经济增长以后，才逐渐走上稳定发展的道路。在崇尚革命的法国，整个18世纪阶级对抗和暴力革命更是如火如荼。许多国家在实现现代化的漫长岁月里，都曾为社会不安定付出过巨大的代价。

后发国家要在几十年的时间里走完发达国家用几百年的时间才走完的现代化道路，在这段时间里如果不注意化解社会矛盾，那么，为快速现代化做出的努力，哪怕在经济上是成功的，也会由于得不到大众的支持而归于失败。伊朗、菲律宾等国家的经历就在某种程度上证明了这一点。

从各国的经验看，在传统社会到现代社会转变过程中的各种社会矛盾往往集中反映在各社会阶层收入差距的扩大上。第二次世界大战以后，包括东南亚和拉美地区在内的现代化“第三梯队”“第四梯队”国家在其向现代社会转变的过程中，曾经采取过各种各样的措施，设法缓解这种由高速赶超战略所引起的社会矛盾激化，取得了一定的成效。拿收入水平差距扩大问题来说，美国经济学家库兹涅茨在1955年提出了经济发展水平与不平等程度之间关系的“倒U型”曲线。这就是说，在现代化初期，随着人均国民生产总值的增加，收入的不平等程度会增大，收入达到中等水平时，收入差别也达到最高点，收入水平达到工业化国家水平后，收入差别才逐渐缩小。[1]

---

① 对于库兹涅茨的经济发展水平与不平等程度之间相关关系的“倒U型假说”，中国学者的肯定意见和否定意见分别见陈宗胜（1991）：《经济发展中的收入分配》（上海：上海三联书店，1991年）和曾昭宁（1994）：《公平与效率》（山东：石油大学出版社，1994年）。

但是，库兹涅茨的这种观点是根据欧美富裕国家的历史数据和第三世界国家在第二次世界大战后初期的数据提出的。而东亚新兴工业化经济体高速实现现代化的经验却表明，发展中国家初期的高速增长同样有可能与较低的不平等程度共存，而且比较平等的分配关系还会有力地促进社会稳定和高速增长。亚洲的日本、韩国、中国台湾等新兴工业化经济体通过制定和实施一系列政策和措施，就比较好地解决了这个问题。日本在第二次世界大战后的相当长时期中，实行抑制大商业发展的政策。这种政策从经济学上来说是不合适的，但它可以给小商业以大的生存空间，从而有利于解决就业问题。中国台湾在发展初期为防止收入差距扩大做了很多努力。世界银行《1991 年世界发展报告：发展面临的挑战》表明，中国台湾的收入平等程度和 GDP 增长率在所谓“蒋经国时代”都处于比较高的水平上。[①]

2. 计划经济向市场经济转型中的社会矛盾

向市场经济转型对社会矛盾所起的作用，和现代化的作用有类似之处，有时会表现得更为尖锐和激化。有学者称“转型所涉及的大规模制度变化，属于人类所能想象到的最复杂的经济和社会过程之列”。[②]由于转型期间利益结构的巨大变动，同时由于市场机制对建立在计划经济时代人格从属基础上的社会关系的解构作用，社会矛盾的激化和社会关系的动荡经常如影随形。

一个传统的计划经济国家要在几十年的时间内实现上述双重转型，就意味着要把现今发达国家在几百年的变革中所面对的社会矛盾压缩在几十年的短时期内加以解决。这样一来，出现社会不安定

① 世界银行：《1991 年世界发展报告：发展面临的挑战》，北京：中国财政经济出版社，1991 年，第 137 页图 7.2。

② 罗兰：《转型与经济学》，北京：北京大学出版社，2002 年，第 6 页。

的可能性就要大得多。如果政策上发生偏差，更容易激发社会动荡。

由此可以得出结论，在整个改革过程中，如何协调矛盾各方和化解矛盾，是一个必须密切关注、千万不能掉以轻心的问题。

3. 保持社会公正是转型时期的一个尖锐问题

中国经过 30 年的改革开放，市场经济取代计划经济已经是不可逆转的历史定局。问题在于，正如我们在本书第 2 章专栏 2.1 中谈到过的，中国社会转型初期力求建立起来的是所谓“经济主导型的市场经济”，在这种经济的“双轨”之间存在着一种此消彼长的关系。如果命令经济的地位和作用没有能够逐步削弱，相反政府官员的支配权力变得愈来愈大，就会偏离实现社会公正和共同富裕的社会主义市场经济的根本目标。超过一定限度，甚至不再成为市场经济，而蜕变为权贵资本主义或官僚资本主义，即毛泽东所定义的“封建的买办的国家垄断资本主义”[①]。

总之，追求一种什么样的经济社会体制，就成为转型时期一个最尖锐的社会问题。它的核心是，是否和如何在大变革中力求保持社会公正。

（1）追求社会公正是一种普世价值观

我们在第 1 章里已经讲到过，社会主义作为一种社会理想，它的核心价值就是追求社会公正，要求实现共同富裕。

社会公正不仅是各种流派的社会主义者的理想追求，在当代世界，许多非社会主义的思想家和政治家也主张社会公正。美国道德和政治哲学家罗尔斯在《正义论》[②]一书中开宗明义地指出：“正

① 吴敬琏（2001）：《正本清源 分清是非》，《读书》，2001 年第 7 期。

② 罗尔斯（1971）：《正义论》有两个中文译本：何怀宏、何包钢、廖申白译，北京：中国社会科学出版社，1988 年；谢延光译，上海：上海译文出版社，1991 年。

义是社会体制的第一美德”。他提出了作为公平的正义（justice as fairness）的两条原则：第一，每个人都有权享有与他人的自由并存的基本自由，例如思想和信念的自由，言论、集会和结社的自由，人身自由和个人财产的自由，以及法治原则所规定的其他自由权利等。第二，是与差别原则（difference）相配合的机会平等原则。机会的平等需要通过程序公正，比如全民义务教育来保证其实现。然而，对于那些由于天然禀赋和社会条件的不同所造成的不平等结果，罗尔斯用差别原则来弥补，也就是对社会弱势群体施行收入再分配来补偿。对此，另一位美国哲学教授诺齐克（Robert Nozick，1938—2002）[①]提出“持有正义理论”（theory of justice in holdings），反对罗尔斯的差别原则以及扩大国家功能至分配领域的主张。他所谓的持有正义，是指一个人的财物持有的来源是正当的，也就是“起点公正”。在诺齐克看来，如果持有的来源或在任何一个环节上是不正义的，这个持有就是不正义的，因此要追溯既往。

诺贝尔经济学奖获得者阿马蒂亚·森（Amartya Sen）突破了把发展仅仅定义为GDP增长或个人收入提高等的狭隘发展观，提出了一个综合的、全面的价值标准，用以衡量人的生活以及社会发展状况是否合于理想，或者是否在向理想的方向发展。在他看来，发展应该视为人们享有的实质自由的扩展，即享受人们有理由珍视的那种生活的可行能力，包括免受困苦、社会参与、享有各种政治权利，等等。[②]

总之，从坚持社会公正的价值观看，在转型过程中努力保持机

① 诺齐克（1974）：《无政府、国家与乌托邦》，北京：中国社会科学出版社，1991年。

② 森（1999）：《以自由看待发展》，北京：中国人民大学出版社，2002年。

会平等和起点公正、防止权贵资本主义的滋生和对人民权利的侵犯是至关重要的。

（2）通过改革，力促机会平等和改善结果平等

在转型过程中，如何处理平等和效率之间的关系，是近年来学界和经济界争论较多的一个重大问题。作为集中计划经济的制度基础的是大一统的国家所有制，或称“全民所有制”。历史经验表明，在这样的产权制度基础上，很容易出现“国富民穷”、与社会主义共同富裕目标背道而驰的情况，向市场经济转型的一项重要任务，是对多种形式的产权做出明晰的界定。如何在明晰产权的过程中保证起点的公正是一个重要的问题。正如前面已经讲到过的，在国有经济的改革和“放开搞活中小企业”的过程中，出现了掌权者或掌权者的“亲信”和“关系户”蚕食或鲸吞公共财产的问题。对于这类行为，除了要靠完善处理产权的规章制度和从上到下的监督来加以制止，更加重要的是实现交易过程的透明化以及保障公民的知情权等宪法权利的行使和对政府的有效监督。

在近年来的争论中，一种观点认为，分配的平等是社会主义的一种根本性要求，因此应当平等优先，而不能把效率放在重要地位；另一种观点认为，中国还是一个穷国，只能考虑提高效率，而不应当“兼顾平等”。其实，根据美国经济学家奥肯（Arthur M. Okun，1928—1980）提出的“效率与平等存在替换关系”（负相关关系）的原理[①]，平等可以从机会的平等和结果的平等两个角度去考察。奥肯所说与效率有着替换关系的平等，指的是结果的平等。至于机会的平等，则大体上同效率有着互相促进的关系（正相关关系），而并不

① 奥肯（1977）：《平等与效率——重大的抉择》，北京：华夏出版社，1987年。

存在负相关的关系。因此，二者应当是可以兼得的。针对中国当前权力腐败和行政垄断是贫富差距不断拉大的主要成因的状况，显然应当把反对由于政府官员权力过大和不受监督造成的机会不平等放在首要的地位。对于机会不平等和由此造成的贫富差别悬殊，需要通过市场取向的改革和实现机会的平等来解决。

当然，在市场经济的条件下也会发生机会的不平等。比如说在知识经济的条件下，知识水平越高的人就业机会越多，收入的水平也越高；相比之下，没受过高等教育或者不具备适用的专业技能的人将面临前所未有的就业压力，收入水平相对较低，会出现“数码分化”（digital divide）现象。对于这种不平等，要靠政府发挥其普及义务教育等社会公共职能来加以消弭。此外，在市场经济下还必然发生的结果不平等，也应当采取必要的社会政策措施，如建立社会保障体系，发展社会公益事业，征收遗产税、资本利得税（capital gains tax）等办法来加以缓解。

11.3.2 腐败活动加剧和贫富差距拉大激化了社会矛盾

20 世纪后期，中国经济进入了高速发展的第二个十年，在人们生活水平普遍提高的同时，对现状不满的情绪也开始在一部分人群中滋长。从当时的社会调查看，这种不满情绪的一个重要原因，就是腐败的加剧。

从腐败的经济源头来看，主要有三种情况：

1. 利用干预市场活动的行政权力，进行权钱交易

转型时期，存在着两种主要的资源配置机制：一种是市场机制，一种是行政机制。如本书第 2 章 2.2.5 节讨论过的，中国所实行的“增量改革”战略，造成了经济体制双轨并存的状态。于是某些人就利用双重体制之间的缝隙与漏洞进行寻租活动，运用干预经济活动

的行政权力谋取自己的私利。

由于“双轨制”的广泛存在，“权力搅买卖”[①]的腐败行为在中国的转型时期就有深厚庞大的基础。加上有些官员见利忘义，打着“国家利益”的旗号扩大行政权力对经济生活的干预，“设租”“造租”，就使腐败日益猖獗。

2. 利用所有制关系的调整，将公共财产掠为己有

转型时期是一个所有制结构大调整的时期。由于原来公共财产的产权界定不明晰，而产权的重新界定是在政府领导下进行的，在权力的运用没有受到严格的监督和约束的情况下，某些拥有权力的人就有可能利用这种不受约束的权力侵夺公共财产。这一问题在第5章5.2.2节讨论国有中小型企业改制中的干部“自买自卖”问题时已经提出过。

在国有企业改制的过程中，由于缺乏有效的监督机制，有些国企的主管官员和企业的领导人勾结不法商人钻政策的空子，利用手中不受约束的权力，蚕食甚至鲸吞公共财产。[②]

① 吴敬琏（2006）：《妥善处理收入差距过大问题》，《中国经济时报》，2006年7月5日。

② 对于这种相当广泛地发生的情况，香港中文大学的郎咸平教授把它归因于资本家的“原罪”和“这一轮新自由主义主导的改革，也就是所谓的国退民进”，认为它“会再度把生产资料给资本家”。参阅郎咸平（2004）：《批判主导中国产权改革的新自由主义学派》，《经济管理文摘》，2004年第18期。清华大学的秦晖教授不同意这种观点。他指出，“国有资产流失”的根源在于“掌勺者私占大饭锅”，问题主要“在官不在商，在‘国’不在‘民’。只要治好了‘官’的问题，民企再有‘原罪’，也不会有‘国有资产流失’之说……而如果治不好‘官’的问题，民企再‘原善’也无济于事。”“如果要探讨导致损公肥私现象的根源——这恐怕是‘原罪说’在这种语境中的本意——那么它不是个人性问题，而是个体制问题：不受制约的权力——这就是‘原罪’。”参阅秦晖（2004）：《国资流失，板子何以只打买方》，《南方都市报》，2004年10月2日。

其实，在这样的体制环境下，国有企业不改制也不能避免“国有资产流失”。在第 4 章 4.3.2 节中已经指出过，在没有实现股权多元化、没有建立起有效的公司治理的国有企业中，作为国家授权的投资机构的集团公司等全权行使控股股东权利，而授权投资机构本身作为一个企业，它的经营者既是所有者的全权代表，又是受雇的内部人。在这种状况下，其中某些人利用自己不受约束的权力为自己或为自己的小团体谋利益，就是轻而易举的了，一些骇人听闻的贪污大案，就是在这样的企业发生的。在这样的制度条件下，一些国有证券公司、期货公司中就出现了“做老鼠仓”，“赚了是自己的，赔了算公家的”一类情况。虽然在世纪之交时已剥离了国有银行 14 000 亿元的不良资产，但是 2002 年陆续重组上市以前，这些国有银行又长出 18 000 亿元的不良资产，原有的资本金全部归零。这种巨额亏空有相当一部分是与用贷款去补国有企业的贪污浪费窟窿有关的。

3. 利用市场不规范牟取暴利

在市场上，因为交易双方掌握的信息不对称，信息强势的一方能够利用自己的信息优势通过损害信息劣势的一方而获益。所以，为了使市场机制正常地发挥作用，就需要通过对市场的监管，规范交易行为。中国市场经济还处在建立的过程之中，所要面对的，不仅是由市场经济固有矛盾所产生的问题，更重要的是由市场关系尚未建立所造成的问题。因此，既存在欺行霸市、强买强卖、特权垄断这类前市场经济的丑恶行为，也存在欺诈舞弊、蒙骗消费者这类在缺乏法治的市场经济中的欺诈行为。

证券市场是一个信息高度不对称的市场，规范和监管显得尤为重要。我们在第 6 章中已经论述过，由于中国证券市场的制度性缺陷，虚假陈述、内幕交易、庄家操纵等刑事犯罪活动尤为猖獗。对权势者的违法违规活动的惩处不得力，就使情况变得更加严重。

总之，由于经济改革没有完全到位，政治改革滞后，权力不但顽固地不肯退出市场，反而强化对市场交换的压制和控制，造成了普遍的腐败寻租活动的基础。随着行政权力对经济活动的干预加强和寻租规模的扩大，腐败活动日益猖獗。根据1989—2008年若干学者的独立研究，中国租金总额占GDP的比例为20%—30%，绝对额高达4万亿—5万亿元（详见本书第2章2.3.3节）。

如此巨大的寻租利益，无疑会培育起人多势众的既得利益者乃至特殊利益集团。在改革开放的过程中，他们不但会竭力阻碍市场化改革，以便保持利用权力进行“寻租”活动的制度基础，而且会积极进行“设租”“造租”活动，即以种种名义加强行政权力对经济活动的干预，增加行政审批的项目，以便增加“寻租”的机会。这就使腐败活动愈发严重起来。

后果特别严重的是当人们发现不受约束的权力能够使人暴富的时候，有些人就会不择手段地谋取这种权力。其中的一种办法就是“跑官”“买官”，于是大致从20世纪90年代中期开始，有些地方就悄悄兴起了“买官”“卖官”的风气。随后这种风气不断蔓延。

巨额的租金自然会对中国社会中贫富分化加剧和基尼系数的居高不下产生决定性的影响。

在计划经济的条件下，除少数高级官员按职务规定的住房、用车等“待遇”，以及工人和农民之间有较大的收入差别外，个人收入趋于均等化。改革开放以后，相对于平均主义的分配，按能力和贡献进行分配使人们的收入差距开始拉开。邓小平在20世纪80年代初期提出“让一部分人先富起来”[①]的政策。这种政策的正确含义，应当是让勤于劳动、善于经营的人先富起来，带动广大人民逐步实现共同富裕。由于人们能力和机遇不同而形成的收入差别，本来是一种正常现象。不正常的是，由于工作失误和政策偏差，一方面，如同前面所说，少数掌握支配资源权力的贪官污吏和有寻租门道的人能够凭借权力成就暴富；另一方面，普通劳动者包括国有企业的职工，特别是一般农民从改革中得益甚少，生活改善不大，甚至由于社会保障体系的阙如而使基本生活得不到保证，就会激发社会矛盾和冲突。再如第10章谈及的通货膨胀，一方面使“从手到口”的工薪阶层的劳动所得惨遭剥夺，经济萧条更使广大低收入者的生活雪上加霜。另一方面，通货膨胀无论表现为商品价格飞涨还是股票等金融资产价格飞涨，对于那些有权力倚靠的金融市场“弄潮儿”不但无害，反而可以浑水摸鱼。因此，宏观经济的大幅度波动必然招致群众不满和导致社会不稳定因素的增长。

改革过程中收入增长最慢甚至有所下降的人群包括：

（1）国有企业的“下岗职工”。我们在第4章4.3节中谈到过国有企业的财务状况从20世纪80年代中期起日趋恶化，90年代中后期甚至陷入整体亏损的困境。这种情况使多数国有企业的一般职工的收入自然难有提高。遇到财务困难的国有企业在改革

① “农村、城市都要允许一部分人先富裕起来，勤劳致富是正当的。一部分人先富裕起来，一部分地区先富裕起来，是大家都拥护的新办法，新办法比老办法好。”参阅邓小平（1983年1月12日）：《各项工作都要有助于建设有中国特色的社会主义》，《邓小平文选》第三卷，北京：人民出版社，1993年，第23页。

的早期阶段主要靠政府的财政补贴支撑。80年代中期以后靠银行贷款维持。到了90年代，当国家财政和国有银行都无力向它们大量“输血”时，国有企业就面临巨大的经营困难乃至发生支付危机。90年代后期，每年都有大量国有企业职工“下岗”。亚洲金融危机爆发以后，中国出口不振，使国有企业“下岗”问题更趋严重。经过多方努力，2001年的城镇登记失业率为3.6%。以后，又逐年上升，2003—2008年一直维持在4.2%左右的高水平上。①

（2）没有非农职业收入的农民。改革开放以来，中国农村贫困人口大幅度减少（表11.1）。据国家统计局农调队的调查报告，中国农村的贫困人口已由1978年的2.5亿人减少到1999年的4 300万人。但是与城市居民收入水平迅速提高相比较，农村居民收入提高十分缓慢。改革开放之初，由于实行家庭联产承包责任制使农民收入有了大幅度的提高（图11.1）。1985年以后，城乡差距开始扩大。1993年农民与非农业居民消费水平的差距已经扩大到超过改革前的水平。以后，由于农村富余劳动力向城市非农产业转移的速度仍不快，农村本身经济发展缓慢，这种差距继续扩大。2003年3月，国家统计局报告显示，中国城乡居民收入差距可能达到6∶1，而世界上大多数国家的城乡收入之比为1.5∶1。②

① 人力资源和社会保障部、国家统计局：《人力资源和社会保障事业发展统计公报》。

② 中经网（www.cei.gov.cn）2003年3月11日消息。有些经济专家指出，由于农村人口和城镇人口是按照户籍所在地计算，从而夸大了城乡居民的收入差别。这一情况是确实存在的，但是这种统计上的偏差似乎并不能否定收入差距扩大的基本趋势。

表 11.1　贫困线标准和中国农村贫困人口数量减少（1990—1998）

	中国官方标准			国际标准（低于 1 美元 / 人·天）	
	贫困线（当年价）（元 / 人·年）	农村贫困人口（百万）	贫困人口占农村人口比例（%）	农村贫困人口（百万）	贫困人口占农村人口比例（%）
1990	300	85	9.5	280	31.3
1991	304	94	10.4	287	31.7
1992	317	80	8.8	274	30.1
1993	350	75	8.2	266	29.1
1994	440	70	7.6	237	25.9
1995	530	65	7.1	200	21.8
1996	580	58	6.3	138	15.0
1997	640	50	5.4	124	13.5
1998	635	42	4.6	106	11.5

资料来源：World Bank (2000): “China: Overcoming Rural Poverty, Joint Report of the Leading Group for Poverty Reduction, UNDP and the World Bank”（《联合国开发计划署和世界银行减贫领导小组联合报告：中国克服农村贫困》), Report No. 21105-CHA.P. Xili Table 1。

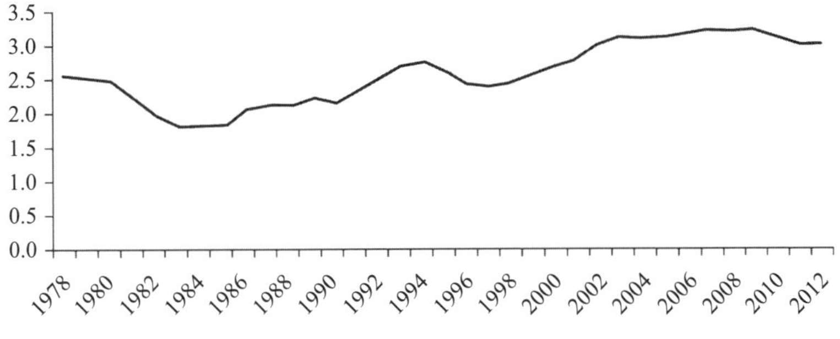

图 11.1　中国城镇居民家庭人均可支配收入与农村居民家庭人均纯收入之比（1978—2012）

资料来源：《中国统计年鉴》。

专栏 11.3　洛伦茨曲线和基尼系数

经济学常用洛伦茨曲线（Lorenz curve）来描述社会中人们收入不平等的程度（图 11.2）。图中对角线 *OP* 是收入分配完全公平的洛伦茨曲线，在这种情况下，20% 的收入由 20% 的人口获得，40% 的收入由 40% 的人口获得，此时的洛伦茨曲线便是一条直线。然而，在一个社会中，这种绝对平等的收入分配是不可能存在的。如果 80% 的人口只占很少的收入比例，而 5% 的人获得总收入的 80%，这时的洛伦茨曲线就是一条向下弯曲的线。当存在很大程度的不平等时，图中的 45° 线和洛伦茨曲线之间的阴影面积会很大。此阴影面积占整个三角形面积的比例就是常用的衡量不平等程度的变量，叫作基尼系数。

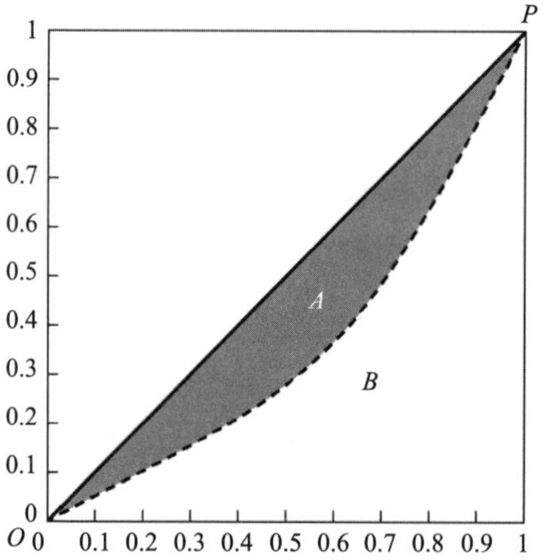

图 11.2　洛伦茨曲线与基尼系数的关系

基尼系数是由意大利经济学家基尼（Corrado Gini）于 1912 年提出的。基尼系数 = *A* 面积 ÷（*A* 面积 +*B* 面积）。根据图示，*A* 面积表示实际收入分配曲线与绝对平等曲线之间的面积，*B* 面积表示实际收入分配曲线与绝对不平等曲线之间的面积。那么如果 $A=0$，基尼系数 =0，表示绝对平等，如果 $B=0$，基尼系数 =1，表示绝对不平等。现实生活中，这二种极端情况都不存在。所以基尼系数总是在 0 与 1 之间，它越大，表示越不平等。一般认为，基尼系数在 0.1—0.2 之间，分配过于平等，0.25—0.3 之间轻度不平等，0.4 以上高度不平等。

根据萨缪尔森《经济学》(第 16 版)(北京：华夏出版社，1999 年)编写。

在市场化过程中，出现的腐败逆流所造成的最严重的社会后果，是从 20 世纪 80 年代后期起居民收入差距急剧拉大。中国居民收入的基尼系数到 90 年代初期超过了 0.4 的高水平。有几项研究得出了近似的数据。1995 年，中国人民大学的一项抽样调查表明，1994 年全国居民的基尼系数已经达到了 0.43 的高水平，超过了公认的 0.4 的警戒线。[①]中国社会科学院经济研究所“收入分配课题组”根据两次住户抽样调查数据，对 1988 年和 1995 年全国的基尼系数进行了估计，它们分别为 0.382 和 0.452。[②]世界银行《2006 年世界发展报告：公平与发展》公布的数据显示，中国居民收入的基尼系数已由改革开放前的 0.16 上升到目前的 0.47。[③]还有王绍光等学者估计中国居民收入的实际基尼系数已经超过 0.5，属于世界上收入分配不平

① 李强(1995)：《我国社会各阶层收入差距的分析》，《科技导报》，1995 年第 11 期。

② 赵人伟、格里芬主编(1994)：《中国居民收入分配研究》，北京：中国社会科学出版社，1994 年；赵人伟、李实、李思勤主编(1999)：《中国居民收入分配再研究》，北京：中国财政经济出版社，1999 年。

③ 世界银行：《2006 年世界发展报告：公平与发展》，北京：清华大学出版社，2006 年。

等比较严重的国家。[①]从衡量各社会集团收入水平差距的指标看，中国近邻日本最富的20%家庭全部收入与最穷的20%家庭全部收入之比为4倍左右，而据中国人民大学1995年的上述调查，中国竟达11.8倍，其差距超过了处于世界高水平的美国（约11倍）。[②]而据中国社会科学院社会学研究所2008年的调查，这一数值更高达17.1倍。[③]收入差距的继续扩大，必然造成社会矛盾，并对社会稳定造成威胁。

从世界各国的历史情况看，社会阶层间关系失调也往往是引发经济、社会危机的一个深层次因素。

改革开放以来，中国社会阶层结构发生了某种良性的变化，如农民的人数有所减少，以专业人员为主的中间阶层或称中等收入阶层的人数有所增加等。但是，按照现代社会的要求，这些社会阶层中该缩小的还没有小下去，该扩大的还没有大起来；农业劳动者阶层规模仍然过大，中间层的规模还太小。[④]据中国社会科学院《当代中国社会阶层研究报告》的研究，到世纪之交，中国的社会结构已经按照社会成员对组织资源、经济资源和文化资源的占有情况分化为十大阶层，即国家与社会管理者、经理人员、私营企业主、专业技术人员、办事人员、个体工商户、商业服务业员工、产业工人、农业劳动者、城乡无业失业半失业者。这些阶层分属于五个社会等

① 王绍光、胡鞍钢、丁元竹（2002）：《经济繁荣背后的社会不稳定》，《战略与管理》，2002年第3期。

② 见《中国市场经济报》，1995年7月26日。

③ 汝信、陆学艺主编：《2009年中国社会形势分析与预测》，北京：社会科学文献出版社，2008年，第19—20页。

④ 陆学艺主编：《当代中国社会阶层研究报告》，北京：社会科学文献出版社，2002年。

级，分别是社会上层、中上层、中中层、中下层、底层，形成现代化的社会阶层结构的雏形。但是该报告指出，在中国的全部劳动人口中，农民所占比例高达70%左右。而1992年，农业就业比重在英国为2%，在德国和美国为3%，在日本为7%，在韩国为17%。与此同时，在中国的全部就业人口中，中间阶层所占比例仅为18%左右，大大低于中等收入国家的平均水平。①

11.3.3 不同群体对待改革的不同态度

在中国转型时期的体制变动和利益关系重组的基础上，形成了对市场化改革持有不同态度的社会群体。在改革初期，支持改革的社会力量占有绝对优势。其具体原因是，极“左”路线尤其是“文化大革命”给整个民族带来了深重的灾难，几乎所有人的利益都受到了严重的损害。当“文化大革命”终于在1976年结束时，对在“左”的路线和政策下形成的极端扭曲的经济和社会状况十分不满的绝大部分党政机关干部、知识分子和工农大众强烈希望改变当时的状况，普遍具有变革的积极性，对突破命令经济体制和开放市场持赞同和支持的态度。他们和那些具有政治抱负及顺应时代潮流的政治家结合在一起，形成了推进中国改革的强大力量。改革初期的增量改革战略使绝大多数人得益，不但民营经济的迅速发展使广大农民、非国有部门职工和工商业者改变了过去一无所有的状态，对国有经济实行“放权让利”政策也使国有企业的干部职工人人得益，因此，满意的情绪在整个社会居于主导地位。当时，反对改革的人只占极少数，而且随着市场化改革的大方向在执政党的纲领中被确立，他们的影响趋于式微。

① 陆学艺:《建设小康社会，社会指标难于经济指标》,《社会科学报》,2002年11月28日。

但是，随着市场的部分放开和“双轨制”的确立，在赞同打破计划经济、开放市场的人们中，原来对改革目标显得微不足道的认识差别或分歧，却变得日益显露甚至尖锐化了。[①]我们在第2章专栏2.1中曾经讲到过，在改革初期，改革推动者的目标有“东亚模式”和“欧美模式”之分。在与“东亚模式”相类似的“双重体制”已经确立的情况下，就提出了它将向何处去的重大问题。

如前所述，由于中国改革采取的是从“体制外”到“体制内”的“增量改革”的方式，到了20世纪80年代中期，形成了命令经济与市场经济双重体制并存的状态，即原有的行政权力控制一切的命令经济体制已经被突破，但市场机制在资源配置中起基础性作用的市场经济新体制又没有完全形成，从而造成了一种双重体制对峙的状态。在这种状态下，一部分人可以利用体制的间隙和漏洞，靠寻租活动发财致富。这些人是“增量改革”的既得利益者。他们就像西欧原始资本主义时代的“重商主义者”（mercantilists）一样，利用市场缺乏规范和行政权力仍然起着重要作用的情况，在转型时期的双重体制中浑水摸鱼。这些新的既得利益者与留恋计划经济“好时光”的旧既得利益者不同，他们并不愿意回到计划经济体制去，但也不愿意看到规范化的、平等竞争的市场的建立，而是希望维持甚至扩大目前的行政权力广泛干预市场的寻租环境，以便继续利用

① 这里讲到的分化和断裂，从实质上说，乃是极少数权贵（运用权势以取得富贵的人们）与广大社会阶层之间利益的分化和断裂。对于当代中国出现的社会分化和断裂，也有一些与此不同的分析，例如“强势群体”与“弱势群体”之间的分裂、“富人”与“穷人”之间的分裂、“精英”与“大众”之间的分裂，等等。见孙立平（2003）：《断裂——20世纪90年代以来的中国社会》，北京：社会科学文献出版社，2003年。

自己的特殊地位自由自在地弄权寻租，进一步靠榨取剥夺包括专业人员（“中产阶级”）和工商企业家在内的大众发财致富。于是，这种新的既得利益者便构成了第三种社会力量。这种社会力量的目标是尽力保持现有的双重体制，因此极力反对一切解除行政管制、打破垄断和建立法治的改革措施。还有一种更加恶劣的做法就是扭转改革的市场化方向，在改革中塞进自己的私货，“造租”“设租”，创造新的“寻租”机会。然而，由于他们确实曾经有过改革的经历，并且即使在阻碍或歪曲改革时也继续打着“改革”的旗号，所以一方面可能使改革走入迷途，妨碍健全的市场制度的建立；另一方面，又会使大众误以为在当前出现的种种背离社会公正和共同富裕目标的不良现象都是市场化改革的产物，从而对改革产生怀疑或抵触，甚至成为“复旧”倾向的精神支持力量乃至社会基础。

如果这种阻止进一步改革和扭曲改革的活动取得成功，前面讲到的主张回到改革前旧路线和旧体制的力量就会一改过去的颓势，重新开始他们“回潮”和“复旧”的努力。

在改革开放的初期，回到旧路线和旧体制的主张得不到大众的认同，其影响力日益衰退。但是，在改革出现延误和遭到扭曲，使前面讲到的既得利益者能够大肆侵害大众利益的情况下，这种力主开倒车的社会力量却有可能用张冠李戴、诿过于改革开放的手法，蒙蔽大众，向市场化改革发起新的攻击。

力求回到旧路线和旧体制的社会力量与力求增强权贵资本主义的社会力量在形式上是相互对立的，但是，他们各自以对方的存在为理由证明自己政治目标的正当性，借以动员群众来支持自己，而且殊途同归，都是要建立一种由不受约束的权力支配的经济和政治体制。所以，他们在实质上又是互相支持的。前一种力量常常以贪腐力量的存在为理由，诋毁市场化改革，动员群众支持自己的倒退主张。而打着改革的旗帜增强权贵利益的力量，又把反改革力量的存在作为恐吓群众的稻草人，混淆对双轨体制的两种出发点与归宿完全不同的批评之间的原则界线，反对进一步改革的正确主张，同时误导支持改革的人们，使他们以为不支持那种“挂羊头、卖狗肉”的假改革主张，就会走回到命令经济的老路上去。在转型时期，正是因为存在着这么一种复杂的格局，人们特别需要进行冷静、理性的思考，认识什么是自己的真正利益所在，坚定地坚持历史前进的正确方向。

11.3.4 从2004年开始的第三次改革大争论

面对权力寻租和贫富分化加剧的状况，出现了两种完全不同的方案。

支持市场化的经济改革和与之相适应的政治改革的人们认为，既然中国社会存在的种种不良现象是由市场化改革没有完全到位和政治改革严重滞后，权力不但顽固地不肯退出市场，反而强化对市场自由交换活动的干预、压制等寻租活动所造成的，根本解决之道就在于坚持市场化的经济改革和民主法治化的政治改革，铲除产生权贵资本主义的制度基础，并使公共权力的行使受到法律的约束和民众的监督。

但是，也有人提出了完全相反的解决办法。这就是加强政府对经济生活的干预和国有大企业的垄断地位，压缩民营企业和市场活动的空间。

一些改革开放前旧路线和旧体制的支持者正是利用这种形势，极力鼓吹目前中国社会中存在的种种问题都是市场化改革、建立法治和扩大民主参与造成的，要求重新举起“阶级斗争为纲”“无产阶级专政下继续革命”的旗帜，开历史的倒车，回到“彻底破除资产阶级法权”和“对资产阶级全面专政”的旧体制去。于是，挑起了第三次改革大争论。

由于存在两种对立的思想和前途，在过去30年中，就经常出现中国将何去何从的大争论。

第一次大争论发生在1981—1983年。在这以前，开始了改革开放的初始尝试。当时，社会思想活跃，人们对旧体制以及由此产生的“文化大革命”进行反思，对改革将要带来的新局面有着美好的憧憬。这时，支持旧路线和旧体制的力量的影响显得微不足道。但是，由于1979—1980年进行的城市改革出现了一些问题，造成了经济秩序的混乱和通货膨胀的发生，改革遇到某些挫折，于是政治上的保守力量乘机抬头。他们宣传这样一种观点，即混乱的根源在于把发挥市场规律的作用和建立商品经济作为改革的目标，由此论证社会主义经济必须坚持以计划经济为主。直到1984年的中共十二届三中全会确定以商品经济为中国改革的目标，才制止了这次倒退的潮流。

第二次大争论发生在1989—1991年。20世纪80年代后期，由于改变“双重体制胶着对峙”的配套改革未能取得进展，通货膨胀、行政腐败等问题的激化，居民不满情绪趋于强烈。这导致了1989年政治风波中一个令政府感到最为棘手的问题的发生，即许多青年学生和普通群众卷入。[①] 十年改革期间积累起来的经济问题和社会矛盾促成了1988年的经济风波、1989年的政治风波。危机的爆发使改革受到严重挫折。企图回到旧路线和旧体制的人们乘机提出，以“取

① 邓小平在1989年5月31日对两位中共中央负责官员的谈话中指出：“这次出这样的乱子，其中一个原因，是由于腐败现象的滋生，使一部分群众对党和政府丧失了信心，参阅《组成一个实行改革的有希望的领导集体》，《邓小平文选》第三卷，北京：人民出版社，1993年，第300页。

消计划经济，实行市场化就是改变社会主义制度，实行资本主义制度"为口实，指责市场化改革是经济波动和政治动乱的根源，一时间大有使改革逆转之势。直到1992年邓小平南方谈话以后，市场化改革才又重新取得优势。

随着社会矛盾向深层次发展，从2004年初开始了改革开放以后的第三次改革大争论。

发生这次大争论的背景是，从21世纪初期起，国有经济改革进入对国有大型骨干企业进行根本改革的"深水区"以后，出现了放慢的趋势；同时，在应对经济过热问题时，行政机关对企业微观活动的干预有所加强；城市化加速，使各级政府从农村取得土地和进行配置的权力大为扩展。与此同时，政治改革也进展缓慢。所有这些，都使寻租活动的空间扩大，腐败蔓延和社会不满加剧。[1]

对于造成这种情势的原因，社会上存在不同的判断，也提出了不同的解决办法。一部分支持改革的人们将中国社会存在的种种不公归因于市场化经济改革没有完全到位和政治改革严重滞后，而另一部分人则把腐败蔓延、贫富两极分化的原因归结为市场化改革。

① 据中国社会科学院社会学所2000年所做的"社会分层、公众心态与社会稳定"课题研究反映的情况看，人们没有明显的乐观情绪，而有20%的被访者持悲观态度。认为在医疗改革中会有损失的占36%，没有好处或损失的占29%；认为在劳动就业制度改革中会有损失的占14%，没有好处或损失的占46%。另据2002年底的一项研究，全国城镇居民对生活状况不满者约1亿—2亿人，占全国城镇总人口的22%—45%，非常不满意者约3 200万—3 600万人，占城镇总人口的7%—8%。不满者主要是那些在经济转型和结构调整过程中的利益受损者，包括下岗失业者、农民、低收入人口、收入水平下降者，以及其他利益受损者。参阅王绍光，胡鞍钢，丁元竹：《经济繁荣背后的社会不稳定》，《战略与管理》，2002年第3期。

他们认同传统政治经济学的观点，认为市场经济必然带来贫富两极分化和劳动者生活水平下降。主流媒体对当前全球金融危机发生的原因和应对措施的阐释加强了这种思想倾向。于是，有些人把希望寄托于恢复国有企业的统治地位，以及政府主导资源配置和收入分配的状况。

在这两种观点相持不下的情况下，旧路线和旧体制的支持者就利用大众对腐败等问题的正当不满，玩弄民粹主义和民族主义的口号来误导大众，把斗争的矛头从压榨剥夺大众的特殊利益者转移到一般“富人”和知识分子身上去。他们重弹第二次改革大争论时唱过的老调，指责中国改革“背叛了列宁的无产阶级专政下继续革命理论”：在经济上，“中央领导在上边极力号召各地‘大力发展非公有制经济’，闭口不提大力发展公有制经济”，“这几年提出的‘抓大放小’政策已经造成严重的后果”。在政治上，“继续推行自由化”，“抛弃马克思主义阶级斗争学说，背叛无产阶级专政”，“这两年，中央莫名其妙地提出一些没有阶级性和革命性的口号和主张，例如什么‘以人为本’‘和平崛起’‘和谐社会’‘小康社会’等”。在外交上，“继续实行投降妥协的路线。我们党这些年根本不讲马克思主义的国际主义了，也不提帝国主义。新班子上来也不讲”“这些年世界各国的民族民主革命和反对帝国主义的斗争，……我们不仅不支持，反而跟着帝国主义屁股后面污蔑那些民族民主革命运动是什么‘恐怖主义组织’‘破坏稳定的力量’”“在改革中，私化、西化、腐化、分化基本完成，并且一再借改革开放在制度上肯定下来，培养了一些亲美的新资产阶级分子。”[①]他们还极力鼓吹，目前中国遇到的种种

① 马宾（2005）：《关于对当前形势的看法和建议》，《论形势与任务》（白皮书），2006年，第59—64页。

社会经济问题，从腐败的猖獗、分配不公直到看病贵、上学难，甚至国有资产流失、矿难频发等都是由市场化改革造成的。

据此，他们主张彻底扭转1978年以来的改革开放的大方向。经济上实行“再国有化”和“再集体化”，在城市，把在改革开放期间一切被私有化了的公有财产，全盘收归为社会主义全民所有。在农村，实行土地国有化、劳动集体化、生活社会化的三农政策。政治上，则要高举“阶级斗争为纲”和“无产阶级专政下继续革命”的旗帜，为江青、张春桥、姚文元、王洪文等人“平反昭雪”，“七八年再来一次，进行几次，把无产阶级文化大革命进行到底”，实现“对党内外资产阶级的全面专政”。①

虽然旧路线和旧体制的支持者借助于民粹主义和民族主义的煽动，在意识形态领域取得了某种程度的成功，但是，当他们亮明了自己的底牌，即回到给中国人民造成了巨大民族灾难的旧路线和旧体制的时候，那些对于改革开放的某些具体做法和中国社会的现状持有这样或那样意见，但不反对改革开放大方向的人们也就离他们而去了。

对于这种怀疑和反对改革开放的主张，中国的党政领导人表明了自己的态度。2006年3月，胡锦涛在全国人民代表大会上海代表团的讲话，以及在2007年10月召开的中共十七大上代表十六届中央委员会向大会做报告时指出，要毫不动摇地坚持改革方向，不断完善社会主义市场经济体制，充分发挥市场在资源配置中的基础性作用；改革开放符合党心民心，顺应时代潮流，方向和道路是完全正确的，成效和功绩不容否定，停顿和倒退没有出路。

① 马宾（2006）：《纪念毛泽东》（白皮书）第1—2，270—281页；萧山木（2007）：《马宾同志新书〈纪念毛泽东〉导读》；马立诚：《有人想为“四人帮”平反》，载《同舟共进》，2009年第3期。

11.4 积极而慎重地推进政治体制改革

从以上的讨论中可以看到，与进一步推进中国改革有关的主要问题，无论是国有企业改革，还是国家治理体制改革，都聚焦在一个问题，即政治改革问题上。

政治改革的进展迟缓，一方面会阻碍经济改革的进程和经济增长模式的转型；另一方面，公法不彰、社会失范、腐败蔓延，又会使社会安定和谐受到严重威胁。因此，认真积极推进政治改革，已经成为改革的一项主要任务。

11.4.1 政治改革的总体目标

中国要建立什么样的政治体制？1997—2007 年期间召开的中共十五大、十六大和十七大提出的目标是发展社会主义民主政治、建设社会主义法治国家、提升社会主义政治文明。[①] 政治文明、法治和民主，可以说概括了现代民主政治的基本要素。根据一些学者的研究，这里的要点有如下几个方面。

1. 建立法治

法治（the rule of law），即法律的统治，是一种源于古代、到近代才逐步完备起来的治理理念和治理制度安排。它的最基本的内容有以下三点：（1）法律是决定对人进行惩罚的唯一依据；（2）没有

---

① 江泽民（1997）：《高举邓小平理论的伟大旗帜，把建设中国特色社会主义事业全面推向二十一世纪——在中国共产党第十五次全国代表大会上的报告》；江泽民（2002）：《全面建设小康社会，开创中国特色社会主义事业新局面——在中国共产党第十六次全国代表大会上的报告》；胡锦涛（2007）：《高举中国特色社会主义伟大旗帜，为夺取全面建设小康社会新胜利而奋斗——在中国共产党第十七次全国代表大会上的报告》。

人能凌驾于法律之上；（3）法庭的决定是维护个人权利的最后防线。它和中国古代法家所说的"任法而治"有根本的区别。自从秦始皇统一中国、法家成为占统治地位的思想以后，中国的大多数朝代都强调刑法和法制（有时也称为"法治"）。这就是毛泽东所说的"百代都行秦政法"。[①] 中国帝王们所说的"法制"或"法治"，只不过是把法律作为自己统治臣民的工具。即使有的帝王玩弄"儒表法里"[②] 的手法，也不过在严刑峻法的外面加上一件薄薄的"王道教化"的外衣，使之更具有欺骗性。这和现代社会的法治，即以体现公认基本正义的宪法为依据的法律的统治完全是两回事。

旧中国是一个小农国家，这就使专制思想更容易长久流行。正如马克思所言，由于经济条件、生活方式和教育程度的限制，小生产者"不能以自己的名义来保护自己的阶级利益"，"他们不能代表自己，一定要别人来代表他们。他们的代表一定要同时是他们的主宰，是高高站在他们上面的权威，是不受限制的政府权力"……"所以，归根到底，小农的政治影响表现为行政权力支配社会"。[③] 恩格斯进一步指出："这就是东方专制制度的自然形成的基础。"[④]

① 毛泽东（1973）：《七律·读〈封建论〉呈郭老》，《建国以来毛泽东文稿》第十三册，北京：中央文献出版社，1998 年，第 361 页。

② 汉宣帝刘询（公元前 91—公元前 49 年）教训他"好儒"的太子刘奭说："汉家自有制度，本以霸王道杂之，奈何纯任德教，用周政乎。"这成为中国帝王治国的秘籍。中国伟大的思想家谭嗣同（1865—1898）指出："二千年来之政，秦政也，皆大盗也；二千年来之学，荀学也，皆乡愿也；惟大盗利用铃愿，惟多愿工媚大盗。"（《仁学》）一语点破了儒法并用的要害。

③ 马克思（1852）：《路易·波拿巴的雾月十八日》，《马克思恩格斯全集》第 8 卷，北京：人民出版社，1997 年，第 217—218 页。

④ 恩格斯（1875）：《论俄国的社会问题》，《马克思恩格斯选集》第 3 卷，北京：人民出版社，1995 年，第 280 页。

中华人民共和国成立以后，本来应当按照人民共和国的本义，努力实现法治。但是当时的领导人并没有这样做，相反，却倡导“和尚打伞，无发（法）无天”之类的反法治观念。在1957年的“反右运动”中，更是把否定“人治”、建立“法治”的批评建议斥为“资产阶级右派言论”，给予提出这种建议的有识之士以严厉打击，因而“法治”竟然在1957年以后几十年的时间中成为一种禁忌。虽然邓小平在1986年就提出过“要通过改革，处理好法治和人治的关系”[①]，中共十五大又正式提出“建设社会主义法治国家”，但是与法治格格不入的旧思想仍然普遍地存在，支配着人们的行为。从中国传媒发布的政府文件的外文译文中屡屡将“法治”（the rule of law）错译成“the rule by law”（利用法律来统治），可以看出这种传统观念的影响多么广泛和深远。许多官员不把自己放在受“法”所“治”的地位上，严格地依法行政，却把法律看作贯彻自己意图的一种手段和工具，在更多的场合，则不遵循法治关于程序公正的要求，完全撇开了法律的规定，以权代法，用不为公众知晓的“内部文件”、具有很大不确定性的“政策规定”乃至“首长指示”来进行治理，甚至贪赃枉法，谋取私利。

2. 实行宪政

许多中国党政领导人都强调了民主制度建设的重要性。这里需要注意的是，现代社会所要的民主，是宪政民主。在近代社会中发展起来的民主制度有两种基本的类型：一种是1789年法国大革命后雅各宾专政时期（1793—1794）实行的“激进的人民民主”或“直接民主”制。另一种是1688年英国“光荣革命”后逐步完备起来的

① 邓小平（1986）：《关于政治体制改革问题》，《邓小平文选》第三卷，北京：人民出版社，1993年，第177页。

宪政民主制。

与之相适应，就像顾准所说，以民主相号召的革命也有两种不同的思想潮流。他把前一种叫作1789（法国大革命）—1871（巴黎公社）—1917（十月革命）的革命潮流，把后一种叫作英国式的经验主义改良潮流。[①]

在前一种潮流往后的发展中，由于新建立起来的制度无法约束某些具有个人魅力（charisma）的领袖的过大的权力，从而使主权在民的民主政治蜕变为“多数人的暴虐”和“领袖专制”。

在中国革命中，1789—1871—1917思潮的影响源远流长。在旧社会专制制度下受尽压迫剥削的劳苦大众很容易在这种思想的影响下走上激进的道路。而在革命胜利、取得政权以后就出现了顾准所谓“娜拉出走以后怎样”的问题。顾准在深刻分析中国在“文化大革命”期间专制主义横行的前因后果后指出：“我自己也是这样相信过来的。然而，当今天人们以烈士的名义，把革命的理想主义转变为保守的反动的专制主义的时候，我坚决走上了彻底经验主义、多元主义的立场，要为反对这种专制主义而奋斗到底！”[②]

宪政民主制由于不承认任何不受约束的“最高主权”和要求权力制衡，就比较容易防止个别人篡夺公共权力，保证主权在民的承诺得到落实。

11.4.2　从建立法治入手进行政治体制改革

法治、民主和宪政之间是紧密联系，甚至是相互界定的。然而，

① 顾准（1973—1974）：《漫谈民主》《民主与“终极目的”》，见《顾准文稿》，北京：中国青年出版社，2002年，第374—397页。

② 顾准（1973—1974）：《漫谈民主》《民主与“终极目的”》，见《顾准文稿》，北京：中国青年出版社，2002年，第453—464页。

它们的建立和完善，又不可能一蹴而就。立足于中国的现实并充分汲取世界各国实施宪政民主的经验，从法治入手进行现代化政治体制的建设，可能是最容易取得成效的。

根据中国的实际情况，为了建设法治国家，需要在以下三方面加强工作。

1. 要在全体公民特别是各级领导干部中树立法治观念

法治观念是当代先进政治文明的一个重要组成部分，是现代社会核心价值的一项重要内容。它不仅与中国“君权高于一切”“普天之下，莫非王土”一类传统的专制皇权思想相对立，也与专政“是不受任何法律约束的政权”一类自称的“革命意识形态”有原则的区别。它要求树立法律的至高无上的地位，而一切组织和个人都必须和只能在法律规定的范围内活动，而不能凌驾于法律之上。[①]

在这方面，完全有必要进行“一次比较彻底的思想启蒙运动，以解除意识形态的束缚，真正建立起现代核心价值观”。[②]

2. 建立符合公认的基本正义的法律体系

首先，法律和行政机构的政令都必须符合宪法。宪法的主要内容和功能是进行权力的配置。它一方面要确立公民的基本权利，保证这些权利不受侵犯；另一方面要划定政府的权限范围，防止政府侵犯公民权利。

在法治的条件下，法律必须具有透明性。透明性有以下的基本要求：一是立法过程要有公众的广泛参与；二是法律要为公众所周

① 包括执政党的各级组织和它的成员也是如此。正像《中国共产党章程》总纲所规定的，党“必须在宪法和法律的范围内活动”。

② 秦晓（2007）:《“中国现代性方案”求解》，原文摘要载《财经》（总第196期），2007年第21期。

知。按照现代法治观念，不为公众所周知的法律，是不生效的法律。现在有些政府官员无视人民的知情权，把反映公共事务处理过程并与民众切身利益密切相关的法律和行政法规当作党政机关的“内部文件”，并加以“保密”，或者在公众不知情的情况下在政府内部寻求处理的办法。在这种情况下，不法官员很容易上下其手，枉法害民。三是法律不应追溯既往，这样才能使公民对自己行为的法律后果有可预见性。否则行为主体就无法主宰自己的命运，而只能靠找关系、送贿赂等办法央求具有很大自由裁量权的官员帮忙开特例，才能办成自己的事情。

3. 完善司法体系，实现法官的独立审判和公正执法

独立审判和公正执法是建立法治的一项基本要求，而司法人员的腐败和行政干预是实现这一基本要求的主要障碍。为了消除这种障碍，除了完善制度，主要要靠提高法官的素质和加强人民群众的监督。共产党作为执政党，也要对司法工作的合宪性和合规性起监督保证作用。但是，这种监督保证作用只针对人员任命和审判程序的公正性，而不是直接任命官员、干预具体案件的审判和决定审判结果。目前，对司法公正性和独立性的另一重威胁，来自所谓“司法地方化”。跨地区的经济纠纷案件的审理结果，往往由哪一边拥有司法管辖权决定。对此，已经提出了一些匡正的办法，如在法官的任命程序上，应当对地方人民代表大会的权力有所约束。另外，也有学者建议组织最高法院的巡回法庭审理跨区案件，这也是扼制地方保护主义的一种可行办法。

11.4.3 政府自身的改革是推进政治改革的关键

“国家的辛迪加”式政府管理体制的主要弊端，在于“全能政府”体制颠倒了政府和人民之间的主仆关系。

130年前，马克思和恩格斯在总结巴黎公社的经验时，曾经反复申论，最重要的事情是全力“防止国家和国家机关由社会公仆变为社会主人”。[①] 在本章11.1.2节中讲到过的“全能政府”的体制下，虽然一些官员也把“为人民服务”“做人民公仆”的口号写在墙上，挂在嘴边，可是他们实际上处在“社会的主人”和“群众”的“首长”的地位上，可以以“国家目标”的名义把自己的意志强加于社会，在一切问题上包括关系人民重大切身利益的问题上替“治下”的“百姓”做主。在中国这样一个有长期专制主义传统的国家，这种完全颠倒了的关系甚至能够得到大众的认可。地方官员被百姓称为“父母官”，为政清廉的官员，被誉为“民之父母”，都成为见怪不怪、习以为常的事情。

正是因为存在着这样一些与现代政治文明格格不入的陈规陋习，才会使一些负责官员在一些关系大众切身利益的重大问题上采取极不负责的态度。还有一些不法官员不但不为选民和纳税人服务，还利用自己的权势恣意侵犯他们的利益。

显然，政府改革就是要把这种被颠倒了的主仆关系重新颠倒过来，建立起符合现代政治文明要求，以及上述马克思主义创始人所阐明的主仆关系原则的政治体制。邓小平曾经根据中国共产党执政以来的历史教训严肃地指出：“我们过去发生的各种错误，固然与某些领导人的思想、作风有关，但是组织制度、工作制度方面的问题更重要。这些方面的制度好可以使坏人无法任意横行，制度不好可以使好人无法充分做好事，甚至会走向反面。即使像毛泽东同志这样伟大的人物，也受到一些不好的制度的严重影响，以至对党对国家

① 恩格斯（1891）：《〈法兰西内战〉1891年单行本导言》，《马克思恩格斯选集》第3卷，北京：人民出版社，1995年，第12—14页。

对他个人都造成了很大的不幸。”“斯大林严重破坏社会主义法制，毛泽东同志就说过，这样的事件在英、法、美这样的西方国家不可能发生。他虽然认识到这一点，但是由于没有在实际上解决领导制度问题以及其他一些原因，仍然导致了‘文化大革命’的十年浩劫。”①

由于政府既是政治改革的对象，又是政治改革的一个主要推动力量，政府自身的改革就成为推进政治改革的关键。

政府改革的目标是建立有限政府和有效政府。所谓有限政府，是和前面讲到的计划经济下的全能政府（无限政府）相反的政府形态。从经济方面看，市场经济条件下的政府职能范围是有限的，它所掌握的资源限于与公共品的提供有关的资源，而把稀缺资源的基本配置者的角色交由市场去担当。从政治方面看，有限政府的职能、权力和规模受到法律的约束和社会的监督，而不能任意扩张。所谓有效政府，则是政府应当在纳税人的监督之下，改善政府的管理，杜绝贪污和浪费，做到低成本、高效率地提供公共服务。

政府改革的以上目标，显然需要经过长期努力才能达到。从当前看，政府改革迫切需要解决的问题有以下几个。

1. 确保公民的基本权利不受侵犯

《中华人民共和国宪法》(简称《宪法》) 和中国政府签署的《世界人权公约》对人的基本权利有明确的规定。人民群众的这些基本权利，包括言论、出版、集会、结社、游行示威、宗教信仰等自由，人身权利以及选举和被选举的权利必须得到切实的保障，不受任何侵犯。

人民对政府公务活动的知情权，也是一项重要的人权。在政府

① 《邓小平文选》第二卷，北京：人民出版社，1994 年，第 333 页。

执行公务过程中产生的信息，作为一种公共资源，是公众得以了解公共事务和政府工作状况、监督公务人员的必要条件。因此，现代国家通常都有信息公开、“阳光政府”的立法。除了由于涉及国家安全并经法定程序得到豁免的公共信息，都要公之于众。只有建立起信息透明的制度，才能把政府和政府官员置于公众的监督之下。近年来一些贪赃枉法的官员遭到揭露，也往往是公民的监督权发挥了威力的结果。所以，在报刊杂志、广播电视、互联网络等大众传播媒介异常发达的现代社会中，政府必须支持和保护公民行使《宪法》赋予自己的知情权和监督权，把它作为自己的一项基本职责。

2. 实现党政分开

一般而言，各国执政党对国家政治生活的领导有三种方式：一是通过国家政权实施对政治生活的领导，即通过国家代议机构的立法活动和国家行政机关对法令的贯彻实施来领导；二是不通过国家政权，而在国家政权之外直接行使本应由国家代议机关和行政机关行使的职能；三是执政党居于政府之上，形成政党决策、政府执行的局面。法国的马克思主义学者普朗扎斯（Nicos Poulantzas，1936—1979）曾指出：“那种政党和国家行政不分，党政混为一体的政治，不仅与民主，也是与社会主义根本无缘的。”[①] 邓小平根据自己担任国家领导工作数十年的体验以及针对过去在“左”的路线下党政不分、政企不分等情况，反复重申要解决“党政不分”“以党代政”的问题，实现“党政分开”。他还提出过一系列实现这一原则的具体办法，其中一部分在1987年中共十三大后得到过实施。这些经验都需要认真总结，存利去弊，加以推广。

① 转引自王焱：《促进国家政治生活的法治化》，《方法》，1998年第3期。

3. 严格执行有关法律法规，实现依法行政

在目前的中国，各级政府在配置土地、资金等资源方面拥有过大的权力，对政府活动边界的法律规定又往往不够明确，这样就使官员掌握过大的自由裁量权和寻租机会。针对这种情况，必须在削减各级政府支配经济权力的同时，切实保证所有政府官员在执行自己的职能时严格遵守法定程序，防止政府和政府工作人员以国家利益的名义侵犯公民的基本权益。市场经济的活力来源于每一个公民积极性、创造性的发挥，而公民的积极性、创造性能否充分发挥，又取决于他们的基本权益是否得到了有效保护。近年来，全国人民代表大会和国务院制定了一系列限制政府行政权力的法律和法规，如《中华人民共和国行政许可法》（2004）等。现在的问题是保证这些法律法规得到切实的执行。

4. 完善基层选举制度，逐步扩展民主

中国的民主政治建设是从基层选举做起的。中共十一届三中全会以后，明确提出了在“基层政权和基层社会生活中逐步实现人民的直接民主”。20 世纪 80 年代初，农村实行农业“包产到户”以后创立了村民委员会自治组织，在 1982 年的《宪法》中明确肯定了这种基层自治制度。1987 年制定了《中华人民共和国村民委员会组织法（试行）》，规定“村民委员会主任、副主任和委员，由村民直接选举产生”。1997 年中共十五大报告中提到，“城乡基层政权机关和基层群众性自治组织，都要健全民主选举制度”。1998 年正式施行《中华人民共和国村民委员会组织法》，改进了直接选举的程序。截至 2001 年，全国农村村委会普遍进行了 4 次换届选举，数百万名“村官”实现了由任命制到直接选举的转换，有些地方还开展了乡镇直选的试验。但是，目前基层选举的选举文化还有待培育，选举被

操纵乃至贿选舞弊也时有发生。此外，村自治体的领导体制问题也有待解决。所有这些情况都说明，在基层选举上，还有许多工作需要进一步完善。

5. 培育市民社会，提升社会的自组织能力

现代社会利益多元，社会活动五彩缤纷，公共事务不能仅仅靠党政机关和行政官员来处理，还要发展民间社会，广泛实行各种社群的自治。然而，传统的“大政府、小社会”体制的一个重要特点，却是国家权力的充分扩张和民间社会活动空间的尽量压缩，因此在1956年实现社会主义改造，特别是1958年实现“政社合一”的人民公社化以后，除了独立性岌岌可危的家庭，其他的社群组织都已不复存在，整个社会的三百六十行，不论属于什么行业或领域，都被整合到一个以官职为本位的统一单调的行政科层体系中去。这是一种缺乏生机与活力的“纤维化”体系，或者叫作“没有社会的国家”（state without society）。如果政府领导做出决策和下达命令，这种组织体系可以运用国家的权威动员一切能够调动的资源去实现特定的国家目标。但是，这样的体系有一个致命的弱点，就是社群缺乏自组织能力，遇事只能依赖于政府官员的命令，任何非国家规定的项目或未经官员允准的活动都只能停顿下来，或者举步维艰。在一个人民当家作主的国家中，必须提高民间社会的自组织能力，放手让社群组织自行处理各种各样的公共事务。只有这样，才有可能真正出现丰富多彩的社会生活和生动活泼的政治局面，实现经济、政治、文化的全面繁荣。

政治体制的进一步改革，意味着各级政府进行自我革命：放弃部分原有权力和增加新的社会服务责任。而割舍自己的权力和进行自我革命通常是十分困难的。因此，某些政府官员往往成为进行政

治改革的阻碍力量。他们或者竭力阻挠市场化改革的进行，力求保持寻租的阵地，或者力图在改革中加进自己的私货，把改革扭曲为新的寻租机会。在这种情况下，执政的中国共产党必须发挥自己的政治领导作用，督促自己的成员进行自我革命，以便扫除障碍，把政治改革和经济改革推向前进。

第四篇　简短的结论

第 12 章　结束语

经过 30 年的市场化改革，中国已经初步建立起社会主义市场经济的基本框架。前面的 11 章除了第 1 章是对这一转型的起点，即集中计划经济的考察外，其余的 10 章对各个方面的转型过程进行了分析。现在，我们对前面章节的讨论做一个简短的总结。

12.1　市场经济的初步建立和它的发展前景

中国在 20 世纪末期初步建立起来的新经济体制，有着一个重要的特点，就是在政府和国有经济主导下市场经济和命令经济“双轨并存”：一方面，商品买卖和货币交换已经成为社会通行的交易方式，市场价格引导相当大部分资源的流向，这意味着市场在资源配置中已经广泛地发挥作用；另一方面，各级政府仍然掌握着土地等最重要的资源，一些重要行业也保持着国有企业的行政垄断，这就意味着各级政府及其官员在经济资源配置中的作用依然举足轻重，甚至处于关键地位。

一个按照“增量改革”原则渐次成长起来的新经济体制，存在旧体制的遗产是一种完全正常的现象。问题在于它向哪一个方向继续发展：是逐渐消除旧体制的遗产，向规范的市场经济过渡，还是巩固乃至扩大权力对经济活动的干预，形成一种扭曲的经济体制。

在第 2 章中我们曾经讲到过，在改革初期，对经济改革的目标有过不同的设想。其中最重要的是两种：一种属意于“政府主导的市场经济”（“东亚模式”）；另一种属意于“自由市场经济”（“欧美模式”）。大致说来，“东亚模式”往往为官员们所钟爱，“欧美模式”则为具有现代经济学知识的学者们所向往。不过，在改革初期命令经济仍然占统治地位、市场体系的发育程度很低、政府不能不肩负很大的协调责任的情况下，两者之间的差异并不十分显著。而在命令经济已经被全面突破，市场的规则又还有待建立的情况下，它们之间的分歧就日益突出了。对于持前一种观点的人们来说，改革的目的已经达到。特别是对于其中一些要求维护从寻租活动获得的既得利益的人们来说，最合意的做法乃是进一步增强各级政府官员不受约束的权力，以便扩大寻租的可能性。但是，对于持后一种观点的人们来说，改革的目标还远未达到。他们要求坚持改革，进一步完善市场经济体制，建设符合社会上绝大多数人，而不是极少数寻租者利益的法治的市场经济。

于是就像第 2 章所说，从双轨制确立之日起，中国社会就一直存在一个“向何处去”的问题。两种可能的前途严峻地摆在面前：一条是沿着完善市场经济的改革道路前行，限制行政权力，走向法治的市场经济；另一条是沿着强化政府作用的重商主义的道路前行，走向权贵资本主义（或称官僚资本主义、官家资本主义）的穷途。

这样，中国经济发展的过程就成为一场改革和腐败谁能跑得更快的竞赛。

当 1992 年邓小平南方谈话以后，经济改革的大潮重新被掀起，大幅度削减政府对市场的控制、放开大部分商品和服务价格，或者1997年中共十五大决定按照“三个有利于”的判断标准调整和完善所有制结构，支持民营中小企业的发展，使多种所有制经济共同发展的格局在全国许多地区迅速形成时，迎来了人民收入水平普遍提高、社会各主要阶层的积极性和主动性得到发扬、满意的声音充盈于神州大地的大好局面。

反之，当官商一体、“权力搅买卖”的寻租和设租行为得到加强，“官商”“官工”“官文”“官学”等五花八门的“红顶商人”和贪官污吏犯下了种种罪孽，贫富差别因而扩大时，社会上不满的情绪则会变得强烈起来。

正如我们在第2章—第11章分析过的，目前社会上存在的种种丑恶现象，从根本上说都是缘于市场化、法治化改革没有完全到位，行政机构拥有过大的稀缺资源配置权力，造成广泛寻租活动的结果。大众对这些丑恶现象的正当不满，正可以成为推动改革继续前行、填平陷阱、扫除腐败的重要动力。然而，如果听任改革开放前旧路线和旧体制的捍卫者利用这种情势蒙蔽和迷惑大众，也可以把人们引向歧途。

近年来，在如何看待当前中国社会腐败蔓延加剧、贫富分化加剧等社会问题的讨论中，改革前的旧路线和旧体制支持者给出的解决方案是，扩张政府的权力，加强行政机关对经济生活的干预；工商业实行“国进民退”，实现再国有化；农业重新“归大堆”，实现再集体化。既然中国社会中目前存在的种种权贵资本主义现象，究其根源，就在于不受约束的权力对经济活动的干预和对经济资源的支配，旧路线和旧体制的支持者要求用强化政府和官员的“专政”权力与国有企业的垄断地位的办法来扼制腐败和缩小贫富差别，显然只能适得其反。

如果把观察的镜头推向更远的历史深处，我们也可以从人类在20世纪进行的将近100年改良社会的历史大试验中看得很清楚：如同先贤顾准所说，不管立意多么真诚美好，沿着1789—1871—1917的道路，能够获得的决不会是人们曾经许诺过的地上天国，而只能是大灾难和大倒退，娜拉出走以后又回到了原处。

总之，对于中国来说，克服社会弊病的正道，在于全面建立和完善市场经济体制，这就是说，要排除特殊利益的干扰，推进市场化的经济改革和民主法治化的政治改革，铲除权贵资本主义的基础，并使公共权力的行使受到宪法法律的约束和民众的监督。除此之外别无他途。

12.2 全面推进改革，完善市场经济体制

为了全面建立和完善市场经济体制，必须坚持不懈地推进以下几方面的改革：

（1）虽然在全国许多地区，特别是沿海地区，《中华人民共和国宪法》所规定的基本经济制度已见雏形，但所有制结构的完善还有很长的路要走。目前，各级政府和国有企业控制着过多的经济资源，特别是土地和资本资源。这是权力寻租活动日益蔓延和腐败难以制止的主要原因。因此，除了政府要坚决摈弃作为裁判员入场踢球和与民争利的错位行为外，还应当继续推进国有经济有进有退的布局调整。国家应当采取一切手段防止一些人利用行政权力在改革过程中蚕食和鲸吞公共财产，避免出现财产初始占有的两极分化。

（2）应当积极探索，大胆试验，及时总结，开拓出各种适应于社会化生产的公有制实现形式。除极少数属于特殊行业的企业可以作为特别法人由国家垄断经营外，绝大多数企业都应当改造为股权多元化的公司。它们作为企业，不应享有任何垄断权力和得到政府的特殊政策优惠。

（3）要认真落实一切有利于国计民生的私营经济发展的方针，取消对民营企业的歧视性规定，落实中共十七大“坚持平等保护物权”“形成各种所有制经济平等竞争、相互促进新格局”的要求。在这方面需要注意的是：对在行政权力仍然多方面干预市场交易的环境中成长的私营企业家而言，特别要教育和支持这一群体抵制个别人结交官府、权力寻租的不良行为。

（4）政府还必须在人民生活水平普遍提高的基础上，尽快把惠及全民的社会保障体系建立起来。同时，要充分运用自己掌握的多种政策工具来帮助社会弱势群体，防止贫富的两极分化，保证共同富裕目标的逐步实现。

（5）厉行法治，建设民主政治。要树立宪法和法律的无上权威，不允许有任何不受约束的权力主体存在。要划定政府的权限范围，防止政府滥用权力和侵犯公民的基本权利。要在公众的广泛参与下，建立符合公认基本正义的法律体系。法律要具有透明性，为公众所周知，使每个人对自己的行为后果有确定的预期。要保证司法的独立性和公正性。

（6）为了建设政治文明下法治的市场经济，政府要做的事情首先是规范自身的行为。政府在市场经济中的职能是为社会提供公共服务，而不能对企业和居民的微观事务横加干涉。政府必须实现自己对人民的庄严承诺：坚决不管那些不该管也管不好的事情，努力管好那些应该管而没有管或者没有管好的事情。[①]

以上这些为建设富裕、民主、文明、和谐的中国而进行的改革和中国的执政党——中国共产党所承诺的社会主义目标是完全一致的。正如邓小平再三再四地说过的，社会主义的原则、社会主义的特点、社会主义的本质在于发展社会生产力和逐步实现共同富裕。在改革进程中坚持社会主义的大方向，也就意味着每一项具体的改革措施都要有利于社会生产力的提高和共同富裕目标的逐步实现。

应当承认，作为一个邓小平所说的“封建专制传统比较多，民主法制传统很少”的国家[②]，建立法治的市场经济，是一项十分伟大然而极其艰巨的任务。但是，为了中国能够在这个不断进步的时代自立于世界民族之林，这乃是关键的一步。因此，在继续完成市场经济改革任务的同时，积极而慎重地推进政治改革，将是未来中国改革的主题。

① 2006年9月4日，温家宝在加强政府自身建设推进政府管理创新电视电话会议上发表的题为《加强政府建设　推进管理创新》的讲话中讲到，“目前的问题还很多：政府及其部门仍然管了许多不该管、管不了也管不好的事，行政许可和审批事项仍然过多……一些该由政府管的事没有管或者没有管好，市场监管和社会管理体系不健全，公共服务比较薄弱”。详见《人民日报》，2006年9月8日。

② 邓小平1980年8月18日在中共中央政治局扩大会议上的著名讲话《党和国家领导制度的改革》中指出：“旧中国留给我们的，封建专制传统比较多，民主法制传统很少。”而在新民主主义革命过程中，“肃清思想政治方面的封建主义残余影响这个任务，因为我们对它的重要性估计不足，以后很快转入社会主义革命，所以没有能够完成”，以致党和国家领导制度的“种种弊端，多少都带有封建主义色彩。见《邓小平文选》第二卷，北京：人民出版社，1994年，第332—335页。

主要参考文献

阿格塔米尔（Antoine van Agtmael）:《世界是新的：新兴市场崛起与争锋的世纪》，北京：东方出版社，2007 年。

白重恩（2007）:《发达市场经济国家医疗体制改革的经验》，《比较》，第 32 辑，北京：中信出版社，2007 年。

蔡昉:《刘易斯拐点：中国经济发展新阶段》，北京：社会科学文献出版社，2008 年。

蔡昉主编:《中国经济转轨 30 年》，北京：社会科学文献出版社，2008 年。

财政部税政司:《中国税制改革三十年回顾》，谢旭人主编:《中国财政改革开放三十年》，北京：经济科学出版社，2008 年。

陈清泰主编:《加快中小企业改革的步伐》，北京：中国经济出版社，1996 年。

陈清泰、吴敬琏、谢伏瞻主编:《国企改革攻坚 15 题》，北京：中国经济出版社，1999 年。

陈锡文:《中国农村改革：回顾与展望》，天津：天津人民出版社，1993 年。

戴蒙德、巴尔（Peter Diamond & Nicholas Barr，2004）:《中国社会保障体制改革：问题和建议》，《比较》，第 24、25 辑，北京：

中信出版社，2006 年。

杜润生：《杜润生自述：中国农村体制变革重大决策纪实》，北京：人民出版社，2005 年。

费尔德斯坦、利伯曼（Martin Feldstein & Jeffrey Liebman，2006）：《实现中国养老保险体制的潜力》，《比较》，第 24 辑，北京：中信出版社，2006 年。

格雷戈里、斯图尔特（Paul R. Gregory & Robert C. Stuart，1985）：《比较经济体制学》第 1 版，上海：上海三联书店，1994 年；Gregory, Paul R. & Robert C. Stuart(1995): *Comparative Economic Systems*, Fifth Edition, Houghton Mifflin Co.

哈耶克（Friedrich A. von Hayek，1945）：《个人主义与经济秩序》，北京：生活·读书·新知三联书店，2003 年。

韩俊：《中国解决改革 30 年——农村经济卷》，重庆：重庆大学出版社，2008 年。

侯赛因、斯特恩：《中国的公共财政、政府职能与经济转型》，《比较》，第 26 辑，北京：中信出版社，2006 年。

黄明：《全球金融危机——启示与应对》，《比较》，第 39 辑，北京：中信出版社，2008 年。

黄佩华、黑迪（C. Heady）、胡永泰：《中国财政改革与财政管理》，北京：中国财政经济出版社，1993 年。

江平：《私权的呐喊：江平自选集》，北京：首都师范大学出版社，2008 年。

金雁、秦晖：《经济转轨与社会公正》，郑州：河南人民出版社，2002 年。

经济发展与发展组织：《OECD 国有企业公司治理指引》，北京：

中国财政经济出版社，2005年。

经济合作与发展组织（2004）：《OECD公司治理原则》，北京：中国财政经济出版社，2005年。

景学成、李德主编：《中国金融体系新框架》，北京国际金融论坛，2008年。

科尔奈（1992）：《社会主义体制》，北京：中央编译出版社，2007年。

科尔奈、翁笙和（2001）：《转轨中的福利、选择和一致性：东欧国家卫生部门改革》，北京：中信出版社，2003年。

克鲁格曼：《萧条经济学的回归和2008年经济危机》，北京：中信出版社，2009年。

拉迪（Nicholas R. Lardy）：《未完成的中国经济改革》，北京：中国发展出版社，1999年。

拉迪：《中国融入全球经济》，北京：经济科学出版社，2002年。

李剑阁：《中国企业改革和股票市场发展》，《改革》，1996年第6期。

李扬：《中国金融改革30年》，北京：中国社会科学文献出版社，2008年。

厉以宁：《关于经济改革中急待研究的几个理论问题》，《经济发展与体制改革》，1986年第5期；《转型发展理论》，北京：同心出版社，1996年。

梁能主编：《公司治理结构：中国的实践与美国的经验》，北京：中国人民大学出版社，2000年。

林毅夫：《制度、技术与中国农业发展》，上海：上海三联书店，1992年。

林重庚、豪斯曼（Richardo Hausmann）、斯宾塞等（Michael Spence）:《中国和全球经济：中期问题和对策》,《比较》第24辑，北京：中信出版社，2006年。

林毅夫、蔡昉、李周:《中国的奇迹：发展战略与经济改革》第2版，上海：上海人民出版社、上海三联书店，1999年。

林毅夫、蔡昉、李周（1999）:《中国的奇迹：发展战略和经济改革》（增订版），上海：上海人民出版社、上海三联书店，2003年。

刘国光、赵人伟:《当前中国经济体制改革遇到的几个问题》，中国经济体制改革研究会编:《宏观经济的管理和改革——宏观经济管理国际讨论会言论选编》，北京：经济日报出版社，1985年，第193—203页。

刘克崮、贾康编:《中国财税改革30年：亲历与回顾》，北京：北京经济科学出版社，2008年。

刘小玄:《奠定中国市场经济的微观基础》，上海：上海人民出版社，2008年。

刘遵义（2000）:《关于中国社会养老保障体系的基本构想》，《比较》，第6辑，北京：中信出版社，2003年。

隆国强:《全球化条件下中国对外开放的机遇与挑战》，王梦奎、陆百甫、卢中原等:《新阶段的中国经济》，北京：人民出版社，2002年。

楼继伟（1982—2000）:《中国改革：波浪式前进》，北京：中国发展出版社，2001年。

楼继伟:《中国三十年财税改革的回顾与展望》，中国经济50人论坛编:《中国经济50人看三十年》，北京：中国经济出版社，2008年。

楼继伟、李克平（1993）:《建立一个规范、有效的财政新体制》，吴敬琏等编:《建设市场经济的总体构想与方案设计》，北京：中央编译出版社，1996年。

罗兰（Gerard Roland，2000）:《转型与经济学》，北京：北京大学出版社，2002年。

马晓河等:《我国农村税费改革研究》，北京：中国计划出版社，2002年。

迈尔（Thomas Meyer，1980）:《社会民主主义导论》，北京：中央编译出版社，1996年。

毛泽东（1956）:《论十大关系》,《毛泽东选集》第五卷，北京：人民出版社，1977年。

Barry Naughton(2007): *The Chinese Economy: Transitions and Growth* (《中国经济：转轨和增长》), Cambridge: The MIT Press.

农业部课题组:《新农村建设战略研究》，北京：中国农业出版社，2006年。

农业部软科学委员会办公室:《农民收入与劳动力转移》，北京：中国农业出版社，2001年。

钱德勒（1977）:《看得见的手——美国企业的管理革命》，北京：商务印书馆，1987年。

钱颖一:《市场与法治》、《政府与法治》,《现代经济学与中国经济改革》，北京：中国人民大学出版社，2003年。

钱颖一、黄海洲（2001）:《加入世贸组织后金融的稳定与发展》，钱颖一:《现代经济学与中国经济改革》，北京：中国人民大学出版社，2003年。

青木昌彦、钱颖一编:《转轨经济中公司治理结构——内部人控制和银行的作用》，北京：中国经济出版社，1995 年。

青木昌彦、吴敬琏编：《从威权到民主——可持续发展的政治经济学》，北京：中信出版社，2008 年。

萨穆利（Laszlo Szamuely，1974）：《社会主义经济制度的最初模式》，长沙：湖南人民出版社，1984 年。

世界贸易组织：《世界贸易报告》（历年），北京：中国财政经济出版社。

世界银行（1997）：《中国 2020：老龄保障——中国的养老保险制度改革》，北京：中国财政经济出版社，1997 年。

史晋川、金祥荣等：《制度变迁与经济发展——温州模式研究》，杭州：浙江大学出版社，2002 年。

Andrei Shleifer & Robert Vishny(1997): "A Survey of Corporate Governance" (《公司治理考察》), The Journal of Finance, 52: 737−783。

施莱弗、维什尼：《掠夺之手——政府病及其治疗》，北京：中信出版社，2004 年。

斯蒂格利茨（1989）：《政府为什么干预经济——政府在市场经济中的角色》，北京：中国物资出版社，1998 年。

斯蒂格利茨（1990）：《社会主义向何处去——经济体制转型的理论与证据》，长春：吉林人民出版社，1998 年。

宋晓梧等（2000）：《中国社会保障体制改革与发展报告》，北京：中国人民大学出版社，2000 年。

苏联科学院经济研究所编：《政治经济学教科书》（第三版修订本）下册，北京：生活 · 读书 · 新知三联书店，1959 年。

素帕猜、克利福德（Supchai Panitchpakd and Mark L. Clifford）：《中国重塑世贸：世贸总干事解读入世》，北京：机械工业出版社，

2002年。

孙震：《台湾经济自由化的经验与检讨》，《比较》第25辑，北京：中信出版社，2006年7月。

坦尼夫（Stoyan Tenev）、张春霖、白瑞福特（Loup Brefort）（2002）：《中国的公司治理与企业改革》，北京：中国财政经济出版社，2003年。

特尔－米纳西安、费代利诺（Teresa Ter-Minassian and Annalisa Fedelino）：《中国的财政税收政策与改革：构建和谐社会》，《比较》，第26辑，北京：中信出版社，2006年。

佟志广等编：《中国与WTO：权威专家话入世》，北京：西苑出版社，2000年。

沃尔夫（Charles Wolf, Jr.）：《市场或政府：权衡两种不完善的选择》，北京：中国发展出版社，1994年。

吴敬琏：《再论保持经济改革的良好经济环境》，《经济研究》1985年第5期；《对经济形势的估量和对策建议》，《经济学动态》1998年第9期；《当前经济形势的分析与展望》，《吴敬琏自选集》，太原：山西经济出版社，2003年，第279—292页。

吴敬琏：《现代公司与企业改革》，天津：天津人民出版社，1994年。

吴敬琏（1991—2001）：《十年纷纭话股市》，上海：上海远东出版社，2001年。

吴敬琏：《发展中国高新技术产业——制度重于技术》，北京：中国发展出版社，2002年。

吴敬琏（2005）：《中国增长模式抉择》（第4版），上海：上海远东出版社，2013年。

吴敬琏：《呼唤法治的市场经济》，北京：生活·读书·新知三联书店，2007年。

吴敬琏（2008）：《金融海啸与中国经济》，《上海大学学报》，2009年第1期。

吴敬琏、樊纲、刘鹤、林毅夫、易纲等编：《中国经济50人看30年：回顾与分析》，北京：中国经济出版社，2008年。

吴敬琏、林毅夫：《划拨国有资产归还国家对老职工社保基金欠账》，《比较》，第6辑，北京：中信出版社，2003年。

吴敬琏、张军扩等：《国有经济的战略性改组》，北京：中国发展出版社，1998年。

吴敬琏、周小川（1986）等：《中国经济改革的整体设计》，北京：中国社会科学出版社，1988年。

吴敬琏、周小川、荣敬本，等（1992—1993）：《建设市场经济的总体构想与方案设计》，北京：中央编译出版社，1996年。

吴晓波：《激荡30年——中国企业1978—2008》，北京：中信出版社，2008年。

吴晓灵等：《新一轮改革中的中国金融》，天津：天津人民出版社，1998年。

肖冬连：《历史的转轨：从拨乱反正到改革开放（1979—1981）》，香港：香港中文大学出版社，2008年。

谢平、陆磊：《中国金融腐败的经济学分析》，北京：中信出版社，2005年。

薛暮桥：《关于社会主义经济的若干理论问题》，《薛暮桥晚年文稿》，北京：生活·读书·新知三联书店，1999年。

张景安、罗文等著：《创新精神与创新集群——硅谷的启示》，上海：复旦大学出版社，2002年。

张晓山等：《联结农户与市场——中国农民中介组织探究》，北京：中国社会科学出版社，2002年。

周太和等：《当代中国的经济体制改革》，北京：中国社会科学出版社，1984年。

周小川、王林（1994）：《社会保障：经济分析与体制建议》，吴敬琏、周小川、荣敬本等著：《建设市场经济的总体构想与方案设计》，北京：中央编译出版社，1996年。

周小川、杨之刚：《1994年中国税制改革：已取得的成绩和待解决的问题》，吴敬琏等编：《建设市场经济的总体构想与方案设计》，北京：中央编译出版社，1996年。

中国人民银行：《货币政策执行报告》（历年）。

中国人民银行研究局：《中国现代中央银行体制——中国人民银行管理体制的重大改革》，北京：中国金融出版社，1999年。

中国证券监督管理委员会：《中国资本市场发展报告》，北京：中国金融出版社，2008年。

中华全国工商业联合会、中国民（私）营经济研究会编：《中国私营经济年鉴》（2006.6—2008.6），北京：中华工商联合出版社，2008年。

《中华人民共和国国民经济和社会发展第十一个五年规划纲要》，北京：人民出版社，2006年。

第三版后记

2008年是中国开始市场化改革30周年。中国经济在过去30年中取得了举世瞩目的成就，同时也面临着一系列严峻的挑战。在社会各界总结中国改革和发展的经验教训之际，我们根据近5年来积累的新经验和获得的新认识，参照各界人士对中国经济改革进行的总结，用了将近一年的时间对本书进行了修订。修订工作是这样进行的：

首先，除第1章、第11、12章由我自己修改外，请对有关问题有专门研究的以下诸位学生和同事在原书的基础上负责改出一个修改建议稿本：

第2章中国改革战略的演变由王青博士负责；

第3章农村改革由马晓河博士负责；

第4章企业改革由张春霖博士负责；

第5章民营经济的发展由朱爱萍博士负责；

第6章金融改革由廖强先生、文远华博士负责；

第7章财政税收体制改革由李睿鉴先生负责；

第8章对外开放由隆国强博士负责；

第9章建立新的社会保障体系由綦树利先生负责；

第10章转型时期的宏观经济政策由魏加宁博士负责。

修改建议稿本完成后，再由我根据自己平日积累起来的一些修改想法，写出初稿。然后，在2009年6月邀请了范世涛、李睿鉴、李辑、王娴、王青、文远华、吴庆、朱爱萍等诸君在天津蓟县用两周时间对全书初稿逐章进行审读、讨论和提出修订意见，并对各章再次进行修订。

最后由我逐章统改定稿。

王青博士除负责一些章节的修改，还负责全书写作的组织协调工作。此外，还承担了繁重的文字处理工作。李辑女士也承担了部分文字处理和数据查证工作。中信出版社的肖梦与吴素萍也为本书部分人物小传的撰写提供了帮助。

对于上述诸位的辛勤劳作，我深表谢意。没有他们的努力，这样浩繁的修订任务是难以在一年的时间内完成的。

本书第一版《当代中国经济改革：战略与实施》和第二版《当代中国经济改革》均由上海远东出版社出版。此次修订出版的是第三版。在与上海远东出版社多年的合作中，无论时间多么紧迫或版式如何繁杂，给编辑、加工和排印增加了多么大的困难，都得到了出版社同仁特别是责任编辑的理解和全力的支持。对他们的通力合作，谨表示诚挚的谢意。

在本书出版之际，我真诚地希望听到来自读者的反馈，也敬请同行朋友不吝批评指正。

吴敬琏

2009年8月

索引

C

D

G

H

J

K

L

M

N

O

P

Q

R

S

T

W

X

Y

Z